History of Biblical Exegesis

Herausgeber

Mark W. Elliott (Glasgow)
Jennie Grillo (Notre Dame, IN)
David Lincicum (Notre Dame, PA)
Benjamin Schliesser (Bern, CH)

5

D0304119

Reformatorische Paulusauslegungen

Herausgegeben von

Stefan Krauter und Manuel Nägele

Mohr Siebeck

Stefan Krauter ist Assistenzprofessor für Neues Testament an der Theologischen Fakultät der Universität Zürich.
orcid.org/0000-0002-4932-9224

Manuel Nägele ist Assistent an der Professur für Neutestamentliche Wissenschaft an der Theologischen Fakultät der Universität Zürich.
orcid.org/0000-0002-5686-1358

Die Druckvorstufe und das E-Book dieser Publikation wurden vom Schweizerischen Nationalfonds zur Förderung der wissenschaftlichen Forschung unterstützt.

ISBN 978-3-16-161822-2 / eISBN 978-3-16-161823-9
DOI 10.1628/978-3-16-161823-9

ISSN 2748-0313 / eISSN 2748-0321 (History of Biblical Exegesis)

Die Deutsche Nationalbibliothek verzeichnet diese Publikation in der Deutschen Nationalbibliographie; detaillierte bibliographische Daten sind über *http://dnb.dnb.de* abrufbar.

Das Buch wurde von Gulde Druck in Tübingen aus der Stempel Garamond gesetzt, auf alterungsbeständiges Werkdruckpapier gedruckt und dort gebunden. Erschienen bei Mohr Siebeck Tübingen, Germany. www.mohrsiebeck.com.

Printed in Germany.

Vorwort

Der vorliegende Band geht auf die Tagung „Reformatorische Paulusauslegungen – Reformation Readings of Paul" zurück, die vom 15. bis 17. Oktober 2020 an der Theologischen Fakultät der Universität Zürich stattfand. Aufgrund der besonderen Umstände konnte nur rund die Hälfte der Referentinnen und Referenten anwesend sein, die übrigen nahmen per Videokonferenzschaltung teil. Für diesen Band wurden noch einige weitere Beiträge angefragt, die die Vorträge der Tagung ergänzen und abrunden.

Die Tagung wurde vom Schweizerischen Nationalfonds (Scientific Exchanges, IZSEZO_195653) gefördert. Ebenfalls wurde sie vom Fonds für ökumenische und historische Theologie der Fontes-Stiftung und der Hochschulstiftung der Universität Zürich gefördert. Für diese finanzielle Unterstützung danken wir herzlich.

Prof. Dr. Peter Opitz vom Institut für Schweizerische Reformationsgeschichte hat uns im Vorfeld der Tagung beraten und bei der Suche nach geeigneten Referenten und Referentinnen geholfen. Marie Ursula Kind, Micha Christian Baumgartner und Florian Aeberhardt haben als Hilfsassistierende die Tagung begleitet bzw. beim Layout der Beiträge und Erstellen der Register mitgewirkt. Rosa Pittorino und Sonia Caflisch haben Unterbringung und Verpflegung auf der Tagung organisiert. Angesichts beinahe täglich wechselnder Einreise- und Hygieneverordnungen in der Covid-Pandemie war das eine ganz besondere Herausforderung, die sie mit Bravour gemeistert haben. Hans-Ruedi Rutz sorgte dafür, dass die Tagung als Hybridveranstaltung ablaufen konnte. Das war im Herbst 2020 ein noch ungewohntes Format. Umso herzlicheren Dank ihm, dass alles technisch einwandfrei funktioniert hat.

Benjamin Schliesser und den weiteren Herausgebern und Herausgeberinnen von „History of Biblical Exegesis" danken wird für die Aufnahme des Bandes in diese Reihe. Elena Müller, Dominika Zgolik und Markus Kirchner vom Verlag Mohr Siebeck danken wir für die angenehme Zusammenarbeit bei Satz und Herstellung des Bandes.

Dem Schweizerischen Nationalfonds zur Förderung der wissenschaftlichen Forschung danken wir für die Unterstützung der Open-Access-Publikation.

Zürich, den 31. Oktober 2022   Stefan Krauter und Manuel Nägele

Inhaltsverzeichnis

Zürich und Oberrhein

Genf

Einleitung

Stefan Krauter

Vor hundert Jahren, im Jahr 1922, wurde die zweite Fassung von Karl Barths „Der Römerbrief" veröffentlicht.[1] Schon die erste Fassung von 1919 hatte „wie eine Bombe auf dem Spielplatz der Theologen eingeschlagen."[2] Die zweite Fassung, in der, wie Barth selbst schrieb, „kein Stein auf dem anderen"[3] geblieben war, verschärfte noch einmal die grundsätzliche Kritik an der damaligen Theologie und vor allem an deren – nach Barths Ansicht – unangemessener, rein historischer Auslegung des Römerbriefes.

Barth war weder der erste noch der letzte, der behauptete, er habe eine „neue Perspektive" auf die paulinischen Briefe mit weitreichenden Auswirkungen auf die gesamte christliche Verkündigung und Lehre gefunden. Auch die Reformatoren, auf die sich Barth bezog, hatten ihre Lehre als Konsequenz aus einer neuen, richtigen Auslegung der Bibel und insbesondere der Paulusbriefe verstanden. Von der spätmittelalterlichen Theologie und ihrer Paulusauslegung distanzierten sie sich scharf. Martin Luther behauptete, seine berühmte Entdeckung über die Gerechtigkeit Gottes bei der exegetischen Arbeit am Römerbrief im Rahmen seiner *lectura in biblia* gemacht zu haben. Auch Huldrych Zwingli, Johannes Oecolampad, Heinrich Bullinger und andere beriefen sich nicht nur auf das Prinzip des *sola scriptura*, sondern entwickelten ihre Theologie in exegetischen Werken oder durch Übersetzung und Auslegung biblischer Bücher, bevor sie dogmatische Abhandlungen veröffentlichten. Selbst für Reformatoren wie Philipp Melanchthon und Johannes Calvin, die schon früh dogmatische Werke veröffentlichten, war die Exegese nachweislich von zentraler Bedeutung für ihr Denken.[4]

---

[1] Karl BARTH, Der Römerbrief (Zweite Fassung), hg. v. Cornelis van der Kooi/Katja Tolstaja, Zürich 2010. Vgl. auch Christiane TIETZ, Karl Barth. Ein Leben im Widerspruch, München ²2019, 133–162; Cornelis VAN DER KOOI, Erster Römerbrief, in: Michael Beintker (Hg.), Barth Handbuch, Tübingen 2016, 189–194; ders., Zweiter Römerbrief, a. a. O., 195–200.

[2] Karl ADAM, Die Theologie der Krisis, in: ders., Gesammelte Aufsätze zur Dogmengeschichte und Theologie der Gegenwart, hg. v. Fritz Hofmann, Augsburg 1936, 319–337 (325).

[3] BARTH, Römerbrief (s. Anm. 1), 5.

[4] Vgl. Amy N. BURNETT, Hermeneutics and Exegesis in the Early Eucharistic Controversy, in: Bruce Gordon/Matthew McLean (Hg.), Shaping the Bible in the Reformation. Books, Scholars and Their Readers in the Sixteenth Century (Library of the Written Word 20), Leiden 2012, 85–105; Gary Neal HANSEN, Door and Passageway. Calvin's Use of Romans as Hermeneutical and Theological Guide, in: Kathy Ehrensperger/R. Ward Holder (Hg.), Reformation Readings of Romans (Romans Through History and Cultures), New York 2008,

1963, als Karl Barths monumentales dogmatisches – *und* exegetisches[5] – Hauptwerk „Kirchliche Dogmatik" noch unvollendet war, veröffentlichte Krister Stendahl einen der meist zitierten und einflussreichsten Artikel in der jüngeren Geschichte der Paulusinterpretation: „The Apostle Paul and the Introspective Conscience of the West".[6] Ausgehend von Augustinus und verschärft durch Martin Luther diagnostiziert er eine massive Fehlinterpretation des Paulus. Zusammen mit E. P. Sanders' Studie „Paul and Palestinian Judaism",[7] die die antijüdische Grundausrichtung der früheren Forschung zum antiken Judentum zu überwinden suchte, führte Stendahls Kritik zum Entstehen eines neuen Paradigmas der Paulusexegese, das von seinen eigenen Befürwortern als „New Perspective on Paul"[8] bezeichnet wurde. Die traditionelle „westliche" oder „lutherische" Auslegung des Paulus wird angegriffen, weil sie seine Briefe zu individualistisch lese, einen falschen Gegensatz zwischen Glauben und Werken aufstelle und ein Modell der Rechtfertigung verwende, das zu stark von juridischen Metaphern statt von der Idee der Partizipation geprägt sei. Paulus gehe es in erster Linie um die Frage, ob Nichtjuden zum Volk Gottes gehören können, ohne die rituellen *boundary markers* des antiken Judentums zu beachten. Seine Aussagen zum mosaischen Gesetz seien immer im Kontext des Verhältnisses zwischen Israel und den Völkern zu lesen, genauer gesagt: im Kontext der anhaltenden Auseinandersetzungen um das Verhältnis zwischen Juden und Nichtjuden in den von Paulus gegründeten Gruppen von Christusgläubigen. Es handle sich ausdrücklich nicht um dogmatische Aussagen über „Gesetz" und „Evangelium" im traditionellen Sinn.

Fast 60 Jahre später ist die New Perspective on Paul nicht mehr neu. Im Jahr 1994 veröffentlichte Stanley Stowers sein Werk „A Rereading of Romans",[9] das sicherlich als nächster Wendepunkt in der Geschichte der Paulusauslegung angesehen werden kann. Stowers schlug ein durch und durch historistisches Interpretationsprogramm vor. Durch „antikes Lesen" („reading anciently") wollte er die Fehldeutungen dieses paulinischen Briefes in der christlichen Tradition durchbrechen – allerdings unter Anerkennung ihrer Bedeutung und Wirkung

---

77–94; R. Ward HOLDER, John Calvin and the Grounding of Interpretation. Calvin's First Commentaries, Leiden 2006; Tobias JAMMERTHAL, Philipp Melanchthons Abendmahlstheologie im Spiegel seiner Bibelauslegung 1520–1548 (SMHR 106), Tübingen 2018.

[5] Vgl. Gerhard BERGNER, Um der Sache willen. Karl Barths Schriftauslegung in der Kirchlichen Dogmatik (FSÖTh 148), Göttingen 2015.

[6] Krister STENDAHL, The Apostle Paul and the Introspective Conscience of the West, HThR 56 (1963), 199–215.

[7] E. P. [Ed Parish] SANDERS, Paul and Palestinian Judaism. A Comparison of Patterns of Religion, Philadelphia 1977.

[8] Vgl. James D. G. DUNN, The New Perspective on Paul, in: ders., Jesus, Paul and the Law: Studies in Mark and Galatians, London 1990, 183–214. Einen knappen Forschungsüberblick bietet Magnus ZETTERHOLM, Approaches to Paul. A Student's Guide to Recent Scholarship, Minneapolis 2009.

[9] Stanley STOWERS, A Rereading of Romans. Justice, Jews, and Gentiles, New Haven 1994.

auf die europäische Kultur. Inzwischen hat sich ein neues Paradigma herausgebildet, das als „Newer Perspective", „Radical New Perspective" oder „Paul within Judaism" bezeichnet wird.[10] Frühere Auffassungen von Paulus – einschließlich der „Alten (lutherischen) Perspektive" sowie der New Perspective on Paul – werden als anachronistische Fehlinterpretationen zurückgewiesen. In diesem Modell befasst sich Paulus ausschließlich mit dem „gentile problem", d.h. mit der Frage, wie Nichtjudäer, die von Natur aus nicht in der Lage sind, die Tora zu befolgen, zur moralischen Selbstbeherrschung gelangen können. Etwas zugespitzt könnte man sagen: So wie die New Perspective Paulus „entlutheranisieren" wollte, will man ihn nun „entchristianisieren".

Alle diese Perspektiven, von den Reformatoren bis zu Stowers, waren für ihre Zeit neu. Keines dieser Modelle wollte jedoch neu im Sinne von neuartig oder erfinderisch sein; vielmehr ging es immer darum, auf die ursprüngliche Bedeutung der paulinischen Texte zurückzugehen. Einige von ihnen beriefen sich sogar auf frühere Paulusauslegungen, um ihr eigenes Verständnis zu stützen. Die Kommentare von Calvin und Bullinger sind voll von Verweisen auf antike Theologen wie Johannes Chrysostomos, Augustinus und Hieronymus sowie auf die Erklärungen des frühmittelalterlichen bulgarischen Bischofs Theophylakt von Ohrid. Barth stützt sich stark auf Luther und Calvin. Und selbst Stowers verwendet Origenes' Römerbriefkommentar, um zu zeigen, wie ein antiker Leser die Struktur des Textes oder rhetorische Mittel wie Prosopopoiie wahrgenommen hätte.

All diese neuen Perspektiven beruhen jedoch auf dem Gegensatz zu einer anderen Perspektive, die als „alt" abgelehnt wird. Solche Kritik, solche Brüche, solches Zurückgehen auf den ursprünglichen Sinn des biblischen Textes sind notwendig. Ohne sie wäre die Geschichte der Auslegung der paulinischen Briefe ärmer. Sie wäre bloße Traditionspflege, im schlimmsten Fall eine bloße Wiederholung. Die Gegenüberstellung von neuen und alten Perspektiven birgt aber auch eine Gefahr: Die abgelehnte alte Perspektive droht zur dunklen Folie und zur Karikatur zu werden, die nur dazu dient, den eigenen Ansatz zu profilieren und sich abzugrenzen.

Die Vertreter der neuen und neueren Paulusperspektive sind dieser Gefahr nicht immer entgangen.[11] Das Bild des „lutherischen Paulus" in ihren Werken wirkt zumindest manchmal so, als beruhe es nur auf einer eher kursorischen, leicht bultmannschen Lektüre von Luthers Römer- und Galater-Vorlesungen. Jedenfalls entspricht sie kaum dem Stand der kirchengeschichtlichen Forschung zur Bibelexegese im 16. Jahrhundert.[12] Die historische Forschung hat nämlich

---

[10] Vgl. z.B. Jacob Palle Bliddal MORTENSEN, Paul Among the Gentiles. A "Radical" Reading of Romans (NET 28), Tübingen 2018.

[11] Die Reformatoren und Barth selbstverständlich auch nicht!

[12] Zu den exegetischen Debatten über Old, New und Newer Perspective vgl. z.B. Stephen WESTERHOLM (Hg.), Perspectives Old and New on Paul. The Lutheran Paul and His Critics,

deutlich gemacht, dass es „*den* Paulus" der Reformationszeit nicht gibt – ganz zu schweigen von den vielfältigen Auslegungen der folgenden Jahrhunderte: „There was never just one Paul."[13] Spätmittelalterliche Traditionen, humanistische Aufbrüche, reformatorische Impulse und katholische Reform bestimmen das Bild in der Frühen Neuzeit ebenso wie die individuellen Vorlieben und Prägungen einzelner Exegeten. Insbesondere die reformatorische Auslegung ist in sich weitaus vielstimmiger, als es das Etikett „lutherische Paulusperspektive" vermuten ließe. Neben der Wittenberger Reformation, die in sich schon vielfältig ist (vgl. neben Martin Luther etwa Philipp Melanchthon und Johannes Bugenhagen), haben auch die Reformatoren am Oberrhein (z.B. Wolfgang Capito, Johannes Oecolampad und Wolfgang Musculus) ein eigenes Profil.[14] Auch Huldrych Zwingli, Johannes Calvin, Martin Bucer, Heinrich Bullinger, Conrad Pellican, Pietro Vermigli und andere nähern sich in ihren zum Teil umfangreichen Kommentarwerken den paulinischen Texten eigenständig und setzen eigene Akzente.

Der vorliegende Band möchte aus dieser Sackgasse der Forschung ausbrechen und bringt Experten und Expertinnen aus dem Bereich der spätmittelalterlichen und frühneuzeitlichen Kirchengeschichte sowie auf die Paulusbriefe spezialisierte Exegetinnen und Exegeten zusammen. Er konzentriert sich auf die folgenden zwei Themen:

Grand Rapids 2004; Michael BACHMANN/Johannes WOYKE (Hg.), Lutherische und neue Paulusperspektive. Beiträge zu einem Schlüsselproblem der gegenwärtigen exegetischen Diskussion (WUNT 182), Tübingen 2005.

Als historische Untersuchungen zur Bibelauslegung des 16. Jahrhunderts vgl. z.B. Irena BACKUS/Francis HIGMAN (Hg.), Théorie et pratique de l'exégèse. Actes du troisième colloque international sur l'histoire de l'exégèse biblique au XVIe siècle (EPH 43), Genf 1990; David Curtis STEINMETZ (Hg.), The Bible in the 16th Century, Durham 1990; Henning Graf REVENTLOW, Epochen der Bibelauslegung, 4 Bde., München 1990–2001; R. Ward HOLDER (Hg.), A Companion to Paul in the Reformation (Brill's Companions to the Christian Tradition 15), Leiden/Boston 2009; Torbjörn JOHANSSON/Robert KOLB/Johann Anselm STEIGER (Hg.), Hermeneutica Sacra. Studies of the Interpretation of Holy Scripture in the Sixteenth and Seventeenth Centuries (Historia Hermeneutica 9), Berlin 2011; Christine CHRIST-VON WEDEL/Sven GROSSE (Hg.), Auslegung und Hermeneutik der Bibel in der Reformationszeit (Historia hermeneutica 14), Berlin 2017.

Zu interdisziplinären Ansätzen vgl. EHRENSPERGER/HOLDER, Reformation Readings (s. Anm. 4); Michael ALLEN/Jonathan A. LINEBAUGH (Hg.), Reformation Readings of Paul, Downers Grove 2015; Stephen J. CHESTER, Reading Paul with the Reformers. Reconciling Old and New Perspectives, Grand Rapids 2017.

[13] Karlfried FROEHLICH, Paul and the Late Middle Ages, in: Holder, Companion (s. Anm. 12), 15–40 (39).

[14] Zu dieser école rhénane de l'exégèse vgl. Bernard ROUSSEL, De Strasbourg à Bâle et Zurich. Une ‚école rhénane' d'exégèse (ca 1525–ca 1540), RHPhR 68 (1988), 19–39; Bernard ROUSSEL/R. Gerald HOBBS, Strasbourg et l'école rhénane d'exégèse (1525–1540), BSHPF 135 (1989), 35–53; R. Gerald HOBBS, Pluriformity of Early Reformation Scriptural Interpretation, in: Magne Sæbø (Hg.), Hebrew Bible/Old Testament. The History of Its Interpretation, Göttingen 2008, 452–511.

a) Die Forschung zur Auslegung der paulinischen Briefe im späten Mittelalter und in der frühen Neuzeit hat sich bisher zu sehr auf „große Namen" konzentriert. Martin Luthers Römer- und Galater-Vorlesungen sind viel besprochen worden. Mit Einschränkungen gilt dies auch für Philipp Melanchthon, Johannes Calvin und in viel geringerem Maße für Huldrych Zwingli. Reformatoren wie Heinrich Bullinger, Johannes Oecolampad, Wolfgang Capito, Martin Bucer und Conrad Pellican werden dagegen (zumindest in der Neutestamentlichen Forschung) fast gar nicht berücksichtigt, obwohl ihre Werke den Beginn der neuzeitlichen Kommentarliteratur markieren und zum Teil eine größere Wirkung hatten als die Schriften der ersten Reformatoren. Dasselbe gilt für spätmittelalterliche, humanistische, katholische und täuferische Paulusauslegungen. Da sie oft nicht ediert (und erst recht nicht übersetzt und kommentiert) sind, sind sie für Exegeten mehr oder weniger unzugänglich. Dies wird ihrer Bedeutung in keiner Weise gerecht.

Im vorliegenden Tagungsband gibt Ulrike Treusch einen Überblick über die spätmittelalterliche Paulusexegese als den Kontext, in dem die Reformatoren seine Briefe verstanden. Greta Kroeker, Lothar Vogel und Ulli Roth beschäftigen sich in ihren Beiträgen zu Desiderius Erasmus und Jacques Lefèvre d'Étaples mit wichtigen humanistischen Paulusinterpretationen. Alicia Batten hat einen der bisher wenigen Artikel zum Thema der frühen täuferischen Pauluslektüre beigesteuert.[15]

Die Beiträge von Pierrick Hildebrand über Zwinglis exegetische Arbeit zu Geist und Buchstabe im 2. Korinther- und Römerbrief, Luca Baschera über Heinrich Bullingers Kommentar zum 1. Thessalonicherbrief, Manuel Nägele über anthropologische Begriffe in Bullingers Kommentaren, Jon Balserak über Pietro Vermigli, Ueli Zahnd über Wolfgang Capito und Johannes Oecolampad sowie R. Ward Holder, Esther Kobel, Arthur Huiban, Christine Gerber und Stephen Chester zu verschiedenen Aspekten von Calvins Paulusauslegung repräsentieren die Schweizer Reformation.

Tobias Jammerthal, Michael Wolter, Jonas Milde und Stefan Krauter zeigen anhand der exegetischen Werke von Philipp Melanchthon, Johannes Bugenhagen und Caspar Cruciger, dass „Wittenberg" nicht einfach dasselbe ist wie „Luther". Sven Grosse, Johannes Woyke, Martin Bauspieß, Benjamin Schliesser und Christine Gerber zeigen auf, dass es auch in Luthers Paulusauslegung noch viel zu entdecken gibt.

b) Die bisherige Forschung ist auch insofern begrenzt, als sie sich fast ausschließlich auf den Römer- und den Galaterbrief konzentriert. Dies sind natürlich die beiden Paulusbriefe, durch die Luther zu seiner reformatorischen Ein-

---

[15] Vgl. bislang nur R. Emmet McLaughlin, Paul in Early Anabaptism, in: Holder, Companion (s. Anm. 12), 215–242.

sicht gelangte und in denen er seine Konfrontation mit der römischen Kirche vorgezeichnet fand. Auch James D. G. Dunn und N. Thomas Wright haben sich insbesondere auf diese beiden Paulusbriefe gestützt, um die „New Perspective on Paul" zu entwickeln. Die Konzentration auf diese beiden Briefe wird jedoch weder der modernen Forschung noch der Paulusauslegung des 16. Jahrhunderts gerecht. Deshalb geht dieser Band einen Schritt weiter und fragt: Hatten die frühneuzeitlichen Interpreten zumindest eine ungefähre Vorstellung von der zeitlichen Abfolge der paulinischen Briefe und ihrem historischen Hintergrund, die sie bei ihren Interpretationen berücksichtigten? Inwieweit haben sie die Unterschiede, Entwicklungen und zum Teil Brüche innerhalb des Corpus Paulinum wahrgenommen? Inwieweit hat es das Paulusbild geprägt, dass 13 (oder gar 14) neutestamentliche Texte als Paulusbriefe gelesen wurden und nicht nur sieben, wie es heute meist der Fall ist? Verändert sich die Plausibilität der reformatorischen Paulusinterpretation, wenn die Deuteropaulinen einbezogen werden?

Aus diesem Grund enthält dieser Band Beiträge zum 1. Thessalonicher (Luca Baschera), zum Epheserbrief (Christine Gerber), zu den Pastoralbriefen (Stefan Krauter) und sogar zum Hebräerbrief (Benjamin Schliesser). Esther Kobel geht in ihrem Artikel der Frage nach, was Calvin über den historischen Hintergrund und die Umstände der Mission des Paulus wusste und wie er dieses Wissen in seiner Auslegung des Römerbriefs nutzte.

Es ist sinnlos und anachronistisch, schulmeisterlich zu untersuchen, ob die Ausleger der Reformationszeit Paulus nach heutigen Maßstäben „richtig" verstanden haben. Ebenso unbefriedigend ist aber auch eine Art postmoderne Rezeptionsgeschichte, die alle möglichen Zugänge zu biblischen Texten sammelt, ohne die Frage nach ihrer Angemessenheit zu stellen.[16] Stattdessen zielt der vorliegende Band auf eine gleichsam „historisch informierte" Exegese. Keineswegs ist es das Ziel der Tagung, apologetisch zu beweisen, dass die Reformatoren „doch recht hatten" – ebenso wenig wie es das Ziel ist, die New oder Newer Perspective zu rechtfertigen. Vielmehr versuchen die Artikel in diesem Band wahrzunehmen, wie Paulus in der Frühen Neuzeit gelesen wurde, vor welchem Hintergrund, mit welchen Hilfsmitteln und mit welchen Fragen, um dann zu verstehen, welches Sinnpotential die damaligen Leser in den Texten fanden. Erst nach und auf der Grundlage einer solchen deskriptiven und hermeneutischen Arbeit kann ein sinnvoller Vergleich mit den heutigen Zugängen zu Paulus gezogen werden.

In manchen Fällen macht ein solcher Vergleich deutlich, dass es sich bei Entdeckungen um Wiederentdeckungen handeln könnte. „Neue" Erkenntnisse

---

[16] Die Kommentarreihe Blackwell Bible Commentaries, hg. v. John Sawyer u. a., Chichester 2005 ff., hat ein sehr breites Konzept von Rezeptionsgeschichte und tendiert manchmal in diese Richtung.

werden „alten" Meinungen gegenübergestellt, obwohl sie durchaus Vorläufer und Wurzeln haben.[17] So wird in der modernen Paulusforschung die Kategorie der Partizipation hervorgehoben und der angeblich rein forensischen Rechtfertigungslehre der Old Perspective gegenübergestellt. In einigen reformatorischen Auslegungen des Paulus spielen jedoch sowohl Gerecht*machung* (und nicht nur Gerecht*sprechung*) als auch die Teilhabe an und die Vereinigung mit Christus eine große Rolle. In Teilen der zeitgenössischen Exegese wird die Analyse der Paulusbriefe mit Hilfe der antiken Rhetorik als Innovation stark betont. Doch bereits die humanistischen und humanistisch geprägten Exegeten der Reformation arbeiteten mit denselben Analysewerkzeugen, da sie in der antiken Rhetorik geschult, ja von ihr durchdrungen waren.

In anderen Fällen kann man zwar erkennen, dass frühneuzeitliche Ausleger ähnliche Beobachtungen an den Texten gemacht haben wie die heutige Exegese, aber sie formulieren und verstehen sie auf recht andere Weise. Entgegen dem weit verbreiteten Vorurteil stellen einige Reformatoren zum Beispiel sehr deutlich fest, dass Paulus in seinen Briefen aktuelle Konflikte zwischen Juden und Nichtjuden innerhalb der christlichen Gemeinden über rituelle Gebote der Tora kommentiert und nicht einfach „zeitlose" dogmatische Aussagen über das Gesetz macht. Dennoch besteht natürlich ein tiefgreifender Unterschied, der sich nicht ohne weiteres damit vereinbaren lässt, wie diese Aussagen des Paulus aus heutiger Sicht verstanden werden.

Die interdisziplinäre Zusammenarbeit zwischen Kirchengeschichte und neutestamentlicher Exegese birgt ein großes und noch lange nicht ausgeschöpftes Innovationspotenzial. Die neutestamentliche Exegese profitiert von einer historisch kontextualisierenden Betrachtung der Paulusauslegung in den letzten 2000 Jahren und insbesondere in der frühen Neuzeit während der Reformation. Ein solcher Ansatz vermittelt ein differenziertes Bild von den Anliegen und Möglichkeiten der damaligen Zeit. Damit wirkt er den erwähnten Dichotomien zwischen „alt" und „neu" entgegen. Da die heutige evangelische Theologie weiterhin auf den Überzeugungen der Reformation aufbaut, bietet diese historisch kontextualisierende Auseinandersetzung mit den exegetischen Ansätzen der Reformationszeit eine fundierte Möglichkeit, die Exegese in einen kritischen Dialog mit der theologischen Tradition zu bringen.[18]

---

[17] Vgl. Samuel VOLLENWEIDER, Paulus zwischen Exegese und Wirkungsgeschichte, in: ders., Antike und Urchristentum. Studien zur neutestamentlichen Theologie in ihren Kontexten und Rezeptionen (WUNT 436), Tübingen 2020, 507–522.

[18] Vgl. John THOMPSON, Reading the Bible with the Dead. What You Can Learn from the History of Exegesis that You Can't Learn from Exegesis Alone, Grand Rapids 2007; Ulrich LUZ, Theologische Hermeneutik des Neuen Testaments, Neukirchen-Vluyn 2014; Moises MAYORDOMO, Was heisst und zu welchem Ende studiert man Wirkungsgeschichte? Hermeneutische Überlegungen mit einem Seitenblick auf Borges und die Seligpreisungen (Mt 5,3–12), ThZ 72 (2016), 42–67.

Die kritischen Exegeten sollten also, um auf Karl Barth zurückzukommen und einen seiner berühmtesten Sätze aufzugreifen, kritischer werden. Erstens in einem Sinn, der von Barth wohl nicht beabsichtigt war: So notwendig die Kritik an den alten Sichtweisen auch sein mag, es bedarf immer auch einer Selbstkritik, die den allzu einfachen Gegensatz zwischen „alt" und „neu" in Frage stellt und versucht, frühere Sichtweisen und damit letztlich auch den eigenen Standpunkt in ihrem Kontext zu verstehen. Zweitens, in einem Sinn, der Barths Intention vielleicht näherkommt: Solche historische und hermeneutische Arbeit ist die Voraussetzung dafür, die biblischen Texte nicht nur zu lesen und zu erklären, sondern wirklich zu verstehen.

Kontexte

Spätmittelalterliche Paulus-Auslegung als Kontext und Verstehenshorizont reformatorischer Paulus-Exegese

Ulrike Treusch

„There was never just one Paul",[1] konstatierte der Kirchenhistoriker Karlfried Froehlich, und der Neutestamentler Samuel Vollenweider zeigte, dass sich für jede der drei seit den 1960/70er Jahren in der Forschung vertretenen Paulus-Interpretationen, den ökumenischen, antiken und jüdischen Paulus, bereits Vorläufer in der Paulus-Auslegung der Alten Kirche finden.[2] Kirchenhistorische Forschungsbeiträge der letzten Jahren erwiesen, dass es auch in der Reformationszeit nicht nur den einen (lutherischen) Paulus gab, sondern die reformatorische Paulus-Auslegung des 16. Jahrhunderts vielstimmig ist. In ihrer Vielfalt teilt sie aber die Voraussetzung, auf dem Boden der Paulus-Auslegungen der vorausgehenden Jahrhunderte zu stehen, diese zu kennen, zu übernehmen oder abzulehnen.

In diesem einleitenden Beitrag soll daher nach der vorreformatorischen Paulus-Auslegung, insbesondere des Spätmittelalters (13.–15. Jahrhundert), gefragt werden, die ebenfalls vielfältig ist und sich einer Fülle altkirchlicher und mittelalterlicher Formen und Inhalte bedient. Neben der zeitlichen Einschränkung bedarf es dabei einer weiteren Eingrenzung: Vorgestellt wird der Kontext, in dem die Reformatoren Paulus *lesen*, die Paulus-Rezeption, wie sie in Schriften ihren Niederschlag findet und sich auf Paulus als Briefautor bezieht. In den Blick genommen wird die Rezeption der (in damaliger Perspektive) 14 Paulusbriefe und ihrer theologischen Aussagen in mittelalterlichen Schriften unterschiedlicher Gattungen. Die Rezeption und Interpretation des Apostels Paulus und seiner Vita in Hagiographie, Liturgie und Kunst wird an dieser Stelle ausgeklammert, wobei freilich mittelalterliche Texte oft nicht scharf zwischen einem Paulus der Briefe und dem aus Liturgie, Kunst und vor allem Frömmigkeit vertrauten Apostel und Mystiker Paulus unterscheiden.[3] Doch der Beitrag kon-

---

[1] Karlfried FROEHLICH, Paul and the Late Middle Ages, in: R. Ward Holder (Hg.), A Companion to Paul in the Reformation (Brill's Companions to the Christian Tradition 15), Leiden/Boston 2009, 15–40 (39).

[2] Vgl. Samuel VOLLENWEIDER, Paulus zwischen Exegese und Wirkungsgeschichte, in: Moisés Mayordomo (Hg.), Die prägende Kraft der Texte. Hermeneutik und Wirkungsgeschichte des Neuen Testaments (Ein Symposium zu Ehren von Ulrich Luz) (SBS 199), Stuttgart 2005, 142–159.

[3] Vgl. FROEHLICH, Paul (s. Anm. 1), 39: „During the Catholic Middle Ages with its harmo-

zentriert sich auf die Frage, in welchen Lektüre-Kontexten die Reformatoren die paulinischen Briefe rezipieren.

Für diese Kontexte bietet sich das Bild von Räumen an, in denen sich die spätmittelalterliche Paulus-Auslegung vollzog und die den Reformatoren der ersten Generation vertraut und zugänglich waren, wobei diese Räume wie die Räume einer Bibliothek thematisch geordnet und untereinander verbunden sind und es dem Nutzer, dem jeweiligen Reformator, überlassen bleibt, sie wiederholt zu betreten oder zu meiden. Vorgestellt werden vier Räume, (1) der Raum der spätmittelalterlichen Universität, (2) der mittelalterlichen Mystik, (3) des Humanismus sowie (4) der vielfach noch unerschlossene Raum der Reformbewegungen des 15. Jahrhunderts. Der Vorstellung des Raums folgt jeweils eine exemplarische Konkretisierung, meist an Martin Luther als Vertreter der ersten Generation der Reformatoren des 16. Jahrhunderts, der sein theologisches Denken zunehmend und stärker als andere Reformatoren als paulinisch verstand und dessen Paulus-Auslegung noch immer am breitesten erforscht ist.

1. Paulus im Raum der spätmittelalterlichen Universität

Die spätmittelalterliche Universität ist der größte Raum der mittelalterlichen Paulus-Auslegung. Die Reformatoren der ersten Generation haben in der Regel an einer Universität studiert, zumindest die *Artes Liberales*. Sie setzten das Studium meist mit dem darauf aufbauenden Theologiestudium oder, wie z.B. Johannes Calvin, dem Studium der Rechte fort. Unabhängig davon, ob die Reformatoren an der Universität in Erfurt (Martin Luther), in Wien und Basel (Ulrich Zwingli), in Ingolstadt, Heidelberg und Freiburg (Wolfgang Capito), in Paris (Johannes Calvin) oder Bologna (Johannes Oekolampad) studierten, erwarben sie im Artes-Studium Kenntnisse der (a) Methoden und Formen der Spätscholastik als Voraussetzung für die Paulus-Auslegung. Im Theologiestudium lernten sie (b) die *Glossa Ordinaria* und die Sentenzen des Petrus Lombardus als Formen der Paulus-Auslegung kennen, wie in Entsprechung das Studium der Rechte mit dem *Decretum Gratiani* und dessen Auslegungsmethodik vertraut machte. Das theologische Studium vermittelte zudem inhaltlich die Kenntnis (c) wichtiger Paulus-Kommentare.

---

nistic attitude toward Bible and Tradition, the distinct trajectories of the epistolary Paul and the Paul of hagiography and legend merged easily [...]. In the underground, however, the two strands persisted."

1.1 Methoden und Formen der universitären Scholastik als Voraussetzung der Paulus-Auslegung

Durch das philosophische Grundstudium lernten die Reformatoren die akademischen Formen von Vorlesung und Disputation kennen und erwarben Kompetenzen des logisch-rationalen Differenzierens und Argumentierens. Am Ende des spätmittelalterlichen Artes-Studiums war ihnen sowohl die aristotelische Philosophie als auch die unterschiedliche Bestimmung des Verhältnisses von Theologie und Philosophie gemäß der *via antiqua* und der *via moderna* vertraut. Obwohl der Zwei-Wege-Streit auch Konsequenzen für das Theologiestudium hatte und sich die theologischen Lehrer im Sinne von *via antiqua* oder *via moderna*, des Realismus oder Nominalismus, positionierten, hatte dieser Richtungsstreit für die Paulus-Auslegung eher wenig Bedeutung, war aber insofern einflussreich, als die eigene Positionierung (bzw. die der Alma Mater) darüber entschied, welche Autoren bevorzugt gelesen und als Autoritäten anerkannt wurden.

So studierte Martin Luther an der Universität Erfurt, die sich in der Tradition der *via moderna* verstand, die *Artes Liberales* und anschließend Theologie (1501–1507). Eines seiner wichtigsten theologischen Lehrbücher war der Sentenzenkommentar des Tübinger Professors Gabriel Biel (vor 1410–1495), der zeitgenössisch als herausragender Repräsentant des Nominalismus galt.[4] Luther rezipierte damit die spätscholastische Theologie zunächst in der Perspektive des Nominalismus. Seine spätere Kritik an einer von Aristoteles geprägten Scholastik, gegen die er sich explizit auf Paulus beruft, hat auch Wurzeln in dieser nominalistischen Prägung. Doch kritisierte Luther später sowohl die *via antiqua* eines Thomas von Aquin als auch Vertreter des Nominalismus wie Gabriel Biel und Pierre d'Ailly.[5]

1.2 Glossa Ordinaria und die Sentenzen als Formen der Paulus-Auslegung

Wer nach dem Erwerb des akademischen Grads eines Magisters Artium das Theologiestudium aufnahm, wurde, selbst wenn er nur einige Semester Theologie studierte wie Ulrich Zwingli, mit Formen und Inhalten der Paulus-Auslegung bekannt. In den ersten zwei bis drei Jahren des Theologiestudiums bis zum Abschluss als Baccalaureus Biblicus (Cursor) hörte er bei seinen Lehrern

---

[4] Gabriel Biel, Collectorium circa quattuor libros Sententiarum, hg. v. Wilfridus Werbeck/Udo Hofmann, 6 Bde., Tübingen 1973–1992.

[5] Vgl. Theodor DIETER, Luther as Late Medieval Theologian. His Positive and Negative Use of Nominalism and Realism, in: Robert Kolb/Irene Dingel/L'ubomir Batka (Hg.), The Oxford Handbook of Martin Luther's Theology, Oxford 2014, 31–48. Dieter untersucht Luthers Gebrauch von Realismus und Nominalismus, a. a. O., 47: „Luther often used tools of nominalist philosophy, mainly semantic analysis and logic, in order to express his doctrine, to defend it against criticism, and to defeat opposing teachings. […] he changed and finally overcame this model of nominalist thinking."

die kursorische Auslegung biblischer Bücher. Strebte der Student die höheren theologischen Abschlüsse (Baccalaureus Sententiarius, Sententiarius formatus, ggf. Licentiatus) an, so war das eigene Weiterstudium mit Sentenzen-Vorlesungen, der Teilnahme an Disputationen und der Übernahme von Predigtaufträgen zugleich verbunden mit eigener Lehrtätigkeit, zunächst wiederum die Bibelauslegung nach dem Literalsinn, später die Auslegung der vier Bücher der Sentenzen des Petrus Lombardus.[6] So liest Martin Luther als Baccalaureus sententiarius 1509/10 über die Sentenzen. Durch die Kombination von eigenem Weiterstudium bei gleichzeitigem Unterrichten der vorausgehenden Stufen wurde der Student intensiv vertraut mit den biblischen Texten und ihrer Auslegungstradition und bereitete sich dadurch auf die höchste Stufe der Theologie vor, die eigenständige exegetische und dogmatische Bibelauslegung, wie sie der Magister theologiae (Doctor theologiae) lehren durfte.

Für die Paulus-Auslegung bedeutete dies zunächst, dass im Studium die Theologie der paulinischen Briefe im Rahmen der Väter und Autoritäten durch die *Glossa ordinaria* vermittelt wurden. Dabei galt trotz der Methodik des vierfachen Schriftsinns,[7] dass die Paulusbriefe literal ausgelegt wurden, da sie bereits als Interpretation der Schrift galten und ihre Inhalte als *aperta doctrina*: „As the last of the canonical writers, Paul was seen to stand at the end of a line. At the same time, he was first in the line of Christian teachers. [...] the language of Paul's teaching did not call for additional allegorical or tropological interpretation. It was itself *aperta doctrina*, the most adequate expression of the theological content of the Christian faith."[8]

Bereits die sog. *Glossa parva* Anselms von Laon (um 1050–1117) enthielt Glossen zu den Paulusbriefen. In der Überarbeitung und Erweiterung, u. a. durch Petrus Lombardus (um 1095–1160),[9] entstand um 1200 eine Standardform, die ab dem 14. Jahrhundert als *Glossa ordinaria* bezeichnet wurde.[10] Hier

---

[6] Zur Organisation des Theologiestudiums vgl. Ulrich KÖPF, The Institutional Framework of Theological Studies in the Late Middle Ages, in: Magne Sæbø u. a. (Hg.), Hebrew Bible/Old Testament. The History of Its Interpretation. Bd. 2: From the Renaissance to the Enlightenment, Göttingen 2008, 123–153.

[7] Eigentlich „vier Verstehensweisen" (*intelligentiae vel intellectus*) der Heiligen Schrift; mit Ludger SCHWIENHORST-SCHÖNBERGER, Der vierfache Schriftsinn – ein Einblick und ein Ausblick, in: Der Streit um die Schrift (JBTh 31), Göttingen 2018, 175–202 (182).

[8] FROEHLICH, Paul (s. Anm. 1), 29.

[9] Gilbert Universalis (lat. Porretanus, um 1080–1155) überarbeitete Anselms Glossen und erweiterte diese, indem er selbst Glossen zu alttestamentlichen Büchern verfasste (*Glossa media*). Während seiner Lehrtätigkeit in Paris (1154–1159) überarbeitete Petrus Lombardus die Glossen erneut zur *Magna Glossatura* (Kommentierung der Psalmen und der paulinischen Briefe), die Teil der *Glossa ordinaria* wurde.

[10] Glossa ordinaria, Abdruck: PL 113–114 (ohne Interlinearglosse); Magna Glossatura, PL 191–192; Biblia Latina cum glossa ordinaria. Facsimile Reprint of the Editio Princeps Adolph Rusch of Strassburg 1480/8. Bd. 4: Evangelia, Epistulae Pauli, ad Hebraeos, Acta Apostolorum, Epistulae Catholicae, Apocalypsis Johannis, hg. v. Karlfried Froehlich/Margaret T. Gibson, Turnhout 1992. Vgl. Ulli ROTH, Die Glossa ordinaria – Ein mittelalterlicher Stan-

wird der biblische Text durch kurze Erklärungen (zu Grammatik, Wortbedeutung, Lesarten, Gliederung), wie sie der Baccalaureus biblicus seinen Schülern gibt, sowie durch die umfassendere Kommentierung der Väter und neueren Theologen in Marginalglossen gerahmt. Jedem biblischen Buch vorangestellt ist ein Prolog, der meist auf Hieronymus zurückgeht bzw. diesem zugeschrieben wird. In die *Glossa ordinaria* fließen somit die patristischen und frühmittelalterlichen Kommentare ein, die parallel auch weiterhin separat überliefert werden, etwa die Kommentare von Hieronymus zu vier Paulusbriefen (Philipper, Galater, Epheser, Titus) oder von Augustinus zum Römer- und Galaterbrief. Diese traditionswiedergebende Kommentierung der Bibel wird noch um 1500 den Reformatoren in ihrem Studium vermittelt. Überliefert wurde die *Glossa ordinaria* seit Ende des 15. Jahrhunderts meist zusammen mit einem dem Dominikaner Hugo von Saint-Cher (um 1200–1263) zugeschriebenen Bibelkommentar des 13. Jahrhunderts. Diese *Postilla in totam Bibliam* bot zusätzlich die Prologe des Hieronymus zu allen biblischen Büchern und erschien ab 1498 in Basel als Druck.[11] Die *Glossa ordinaria*, dazu Hugos *Postilla* sowie die Paulus-Kommentierung von Augustinus waren die jedem Theologen bekannte Grundlage für die Paulus-Exegese.

Dominierend waren für das Theologiestudium jedoch die vier Bücher der Sentenzen des Petrus Lombardus, die um 1156 aus seinen Glossen, u. a. zu den Paulusbriefen, hervorgingen.[12] Im Schulbetrieb führte die Erörterung biblischer Aussagen zu Fragen und längeren Ausführungen, die sich zu den neuen Formen der *Quaestiones* (samt Disputationen) und der Sentenzen weiterentwickelten. Die Sentenzen des Petrus Lombardus stellten die theologische Lehre systematisch geordnet vor und wurden zum Standardlehrbuch für den Studienabschnitt zum Grad des Baccalaureus sententiarius. Sie bieten mittelbar eine Paulus-Auslegung in Konzentration auf dogmatische Fragen. Denn die Sentenzen benennen zunächst eine theologische Frage (*quaestio*) und erörtern diese durch Belege aus der Bibel, auch aus den Paulusbriefen, und aus den Kirchenvätern, v. a. aus Augustinus. Die Sentenzen wurden wiederum durch die theologischen Lehrer des 13. bis 15. Jahrhunderts kommentiert, z. B. von Bonaventura

---

dardkommentar zur Heiligen Schrift, in: Michael Quisinsky/Peter Walter (Hg.), Kommentarkulturen. Die Auslegung zentraler Texte der Weltreligionen. Ein vergleichender Überblick (Menschen und Kulturen 3), Köln u. a. 2007, 31–48; Lesley Smith, The Glossa ordinaria. The Making of a Medieval Bible Commentary (Commentaria 3), Leiden u. a. 2009.

[11] Biblia latina. Cum postillis Hugonis de Sancto Caro, 7 Bde., Basel: Johann Amerbach, ca. 1498–1502 (Bd. 7 zu den Paulusbriefen). Vgl. dazu Hugues de Saint-Cher (†1263). Bibliste et théologien. Études réunis par Louis-Jacques Bataillon, Gilbert Dahan, Pierre-Marie Gy (Bibliothèque d'histoire culturelle du Moyen Âge 1), Turnhout 2004.

[12] Als Entstehungszeit werden in der Forschung entweder die Jahre 1148–1152 oder um 1155–1158 angenommen. Erstdruck Basel 1486; Edition: Magistri Petri Lombardi Sententiae in IV libris distinctae, 2 Bde., hg. v. Collegium S. Bonaventurae ad Claras Aquas (Spicilegium Bonaventurianum 4+5), Grottaferrata (Rom) ³1971–1981.

(1221–1274; Sentenzenkommentierung 1248–1255) oder Wilhelm von Ockham (um 1288–1347; Kommentar zum 1. Sentenzenbuch 1317–1319), so dass Sentenzen- und Paulus-Kommentierung Hand in Hand gingen.[13] Theologische Lehrer kommentierten die Bibel nach der *Glossa ordinaria* unter Ergänzung eigener Anmerkungen und verfassten gleichzeitig für die universitäre Lehre systematisch-theologische Sentenzenkommentare und Summen. Exegetische Arbeit verband die Rezeption der Väterkommentare und die Bibelauslegung mit Hilfe logischer, aristotelischer Kategorien.[14]

Eine in Vielem parallele Denkweise und Methodik lernten auch Studenten der Rechte wie Johannes Calvin kennen, die im Studium das *Decretum Gratiani* (*Concordia discordantium canonum*) erarbeiteten.[15] Aus der Gegenüberstellung gegensätzlicher Canones entwarf Gratian eine Methodik scholastisch-wissenschaftlicher Unterscheidung (*distinctiones*), Diskussion und Lösungsfindung, die wiederum in Form von Glossen durch andere Rechtslehrer kommentiert wurde, so dass das *corpus iuris* (seit dem 15. Jahrhundert: *Corpus Iuris Civilis*) ab 1230 mit der *Glossa ordinaria* des Accursius gelehrt und studiert wurde. Auf der Ebene der wissenschaftlichen Methodik zeigen sich hier Parallelen zur Kommentierung der Bibel im Theologiestudium.

Diese Formen und Methoden exegetischer Arbeit lernten die Reformatoren an ihren jeweiligen Universitäten kennen. Ebenso waren das Studium und die eigene Lehrtätigkeit der Ort, an dem sie sich bedeutende Paulus-Kommentare des Mittelalters inhaltlich aneigneten.

1.3 Große Paulus-Kommentare – zu Inhalten mittelalterlicher Paulus-Auslegung

Zu den großen Paulus-Kommentaren des Mittelalters zählen z.B. Abaelards (1079–1142) Römerbrief-Kommentar (ca. 1135–1137),[16] die Kommentare von Thomas von Aquin (1225–1274) und Dionysius dem Kartäuser (um 1402–1471),[17] aber auch die Postille von Nikolaus von Lyra (um 1270–1349) als fort-

---

[13] Vgl. Friedrich STEGMÜLLER, Repertorium commentariorum in sententias Petri Lombardi, 2 Bde., Würzburg 1947.

[14] Zur scholastischen Bibelauslegung im Überblick Christopher OCKER, Scholastic Interpretation of the Bible, in: Alan A. Hauser/Duane F. Watson (Hg.), A History of Biblical Interpretation. Bd. 2: The Medieval through the Reformation Periods, Grand Rapids/Cambridge 2009, 254–279.

[15] Vgl. Decretum sive Concordia discordantium canonum, hg. v. Emil Friedberg (Corpus Iuris Canonici Bd. 1), Leipzig 1879–1881 [ND Graz 1959].

[16] Petri Abaelardi Opera theologica. Bd. 1: Commentaria in epistolam Pauli ad Romanos, hg. v. Éloy M. Buytaert (CChrCM 11), Turnholt 1969; Abaelard, Expositio in epistolam ad Romanos. Lateinisch – deutsch, übers. u. hg. v. Rolf Peppermüller (FC 25.1–3), Freiburg/Basel/Wien 2000.

[17] Dionysii Cartusiani Opera omnia. Bd. 13: In omnes B. Pauli epistolas, in VII epistolas canonicas, Montreuil 1901. Dionysius wurde von Nikolaus von Kues zur Paulus-Kommentierung angeregt. Seine Auslegung des Römerbriefs nimmt das visionäre, mystische Erlebnis von Paulus (nach 2 Kor 12), mithin Paulus den Mystiker, zum Ausgangspunkt.

laufender Kommentar zur ganzen Bibel. Die zahlreichen Bibelkommentare, Postillen und Predigtsammlungen des Spätmittelalters, die die Paulusbriefe interpretieren, sind bisher noch nicht umfassend erforscht; ihre Rezeption durch die Reformatoren ist kaum erschlossen. Von den Reformatoren nachweislich gelesen und studiert wurden die *Lecturae super epistolas Pauli* (1272/73) von Thomas von Aquin und die *Postilla litteralis super totam Bibliam* (1322–1331) von Nikolaus von Lyra.[18]

Thomas kommentierte im Rahmen seiner Lehrtätigkeit 14 Paulusbriefe, u. a. im Ordensstudium der Dominikaner in Neapel (1272/73),[19] wobei seine Kommentare in ihrem Aufbau die scholastische Exegese widerspiegeln. Streng logisch gliedert Thomas die paulinischen Briefe und bietet im Prolog zum Römerbrief eine Gliederung aller paulinischen Briefe nach *causae*, Adressaten, Thema und dessen Unteraspekten, wie sie die einzelnen Paulusbriefe laut Thomas entfalten:

Sic igitur ex verbis praemissis possumus accipere quatuor causas huius operis, scilicet epistolarum Pauli, quas prae manibus habemus. Primo quidem auctorem in vase. Secundo materiam in nomine Christi, quae est plenitudo vasis, quia tota doctrina haec est de doctrina Christi. Tertio modum in usu portationis; traditur enim haec doctrina per modum epistolarum [...]. Quarto distinctionem operis in utilitate praedicta. Scripsit enim quatuordecim epistolas quarum novem instruunt Ecclesiam gentium; quatuor praelatos et principes Ecclesiae, id est reges; una populum Israel, scilicet quae est ad Hebraeos. Est enim haec doctrina tota de gratia Christi, quae quidem potest tripliciter considerari. Uno modo secundum quod est in ipso capite, scilicet Christo, et sic commendatur in epistola ad Hebraeos. Alio modo secundum quod est in membris principalibus corporis mystici, et sic commendatur in epistolis quae sunt ad praelatos. Tertio modo secundum quod in ipso corpore mystico, quod est Ecclesia, et sic commendatur in epistolis quae mittuntur ad gentiles, quarum haec est distinctio: nam ipsa gratia Christi tripliciter potest considerari. Uno modo secundum se, et sic commendatur in epistola ad Romanos; alio modo secundum quod est in sacramentis gratiae et sic commendatur in duabus epistolis ad Corinthios, [...] et in epistola ad Galatas [...]; tertio consideratur gratia Christi secundum effectum unitatis quem in Ecclesia fecit.

---

[18] Die Kommentare von Thomas von Aquin und Nikolaus von Lyra werden deshalb stets als Beispiele für die mittelalterliche Paulus-Kommentierung genannt, vgl. FROEHLICH, Paul (s. Anm. 1), 26–32; Franklin T. HARKINS, Docuit Excellentissimae Divinitatis Mysteria: St. Paul in Thomas Aquinas, in: Steven R. Cartwright (Hg.), A Companion to St. Paul in the Middle Ages (Brill's Companions to the Christian Tradition 39), Leiden/Boston 2013, 235–263; Ian C. LEVY, Nicholas of Lyra (and Paul of Burgos) on the Pauline Epistles, in: a.a.O., 265–291; Deeana C. KLEPPER, First in Knowledge of Divine Law: The Jews and the Old Law in Nicholas of Lyra's Romans Commentary, in: William S. Campbell/Peter S. Hawkins/ Brenda Deen Schildgen (Hg.), Medieval Readings of Romans (Romans through History and Culture 6), New York/London 2007, 167–181; Thomas F. RYAN, The Love of Learning and the Desire for God in Thomas Aquinas's Commentary on Romans, in: a.a.O., 101–114; Henning Graf REVENTLOW, Epochen der Bibelauslegung, Bd. 2: Von der Spätantike bis zum ausgehenden Mittelalter, München 1994, 195–212.259–271.

[19] Thomas las über die paulinischen Briefe zweimal, möglicherweise zum ersten Mal bereits in Rom (1265–68).

Dem bisher Gesagten können wir die vier Ursachen der paulinischen Briefe entnehmen:
1. Der Autor läßt *sich im Gefäße selbst* erkennen. 2. Der Stoff im Namen Christi, dem
Inhalte des Gefäßes, denn die ganze Lehre handelt von Christus. 3. Die Art liegt in ihrer
Transportfähigkeit, denn diese Lehre ist in Form von Briefen abgefaßt [...]. 4. Die Eintei-
lung der Briefe schließlich liegt in der erwähnten Nützlichkeit, denn er schrieb vierzehn
Briefe, von denen neun die *Heiden* belehrten, vier die weltlichen und kirchlichen Vor-
steher, d.h. die *Könige*, während einer, der an die Hebräer, die *Kinder Israels* belehrte.
Ferner handelt diese ganze Belehrung von der Gnade Christi, die man in drei Teilen betrachten kann: 1. im Haupte selbst, nämlich in Christus, und so wird sie im Briefe an die
Hebräer gelehrt; 2. in den Hauptgliedern des mystischen Leibes; und so wird sie in den
Briefen an die Vorsteher behandelt; 3. im mystischen Leib selbst, der die Kirche ist; und
so wird sie in den Briefen gelehrt, welche an die Völker gesandt wurden. Auch lassen sich
die Briefe insofern einteilen, als man die Gnade Christi in dreifacher Hinsicht lehren
kann: 1. an sich, so wird sie im Briefe an die Römer gelehrt; 2. in den Sakramenten der
Gnade; und so wird sie erstens in den beiden Briefen an die Korinther behandelt [...],
zweitens im Brief an die Galater [...]. 3. *läßt sich die Gnade Christi in ihre*r Bewirkung
der Einheit betrachten, welche sie in der Kirche verursacht [in Eph, Phil, Kol, Thess,
Tim, Tit, Phlm; erg. U.T.].[20]

Ist diese Gliederung typisch für den Schulbetrieb, so boten Thomas' Kommentare zu den Paulusbriefen für die Reformatoren primär inhaltliche Anknüpfungspunkte. Denn Thomas stellt die paulinischen Briefe unter das Gesamtthe-
ma der Gnade Christi. Für ihn enthalten die paulinischen Briefe die ganze
christliche Lehre, die er in einem Thema, der Gnade Christi, zusammenfasst
und in seinen Kommentaren zu den einzelnen Paulusbriefen entfaltet sieht. Im
Prolog zu den paulinischen Briefen zitiert Thomas zudem Apg 9,15 (*Vas electionis est mihi iste*) und rekurriert mit der Rede von Paulus als Gefäß der Auserwählung nicht nur auf den Hieronymus-Prolog zu den Paulusbriefen, sondern
entwickelt aus diesem Gedanken heraus die Methode, dass nach der *„intentio
auctoris"* zu fragen sei; er präzisiert damit den Literalsinn als Autorintention.
    Die Postille des Franziskaners Nikolaus von Lyra ging ebenso aus exege-
tischen Vorlesungen, nun für das franziskanische Ordensstudium in Paris, hervor. Nikolaus verfasste die *Postilla litteralis super totam Bibliam* in den Jahren 1322–1331[21] und möchte eine literale Auslegung der biblischen Bücher bie-

---

[20] Thomas von Aquin, Super Epistolam B. Pauli ad Romanos lectura, Prooemium; ediert:
S. Thomae Aquinatis super Epistolas S. Pauli lectura. Bd. 1: Super Epistolam ad Romanos
lectura, Raffaele Cai (Hg.), Rom [8]1953. Deutsche Übersetzung: Helmut Fahsel (Hg.), Des
heiligen Thomas von Aquin Kommentar zum Römerbrief, Freiburg i.Br. 1927, 5–7 [kursiv
mit Fahsel]. – Zur Charakterisierung des Kommentars vgl. Ludger HONNEFELDER, Der
Römerbrief in der mittelalterlichen Theologie. Petrus Abaelardus und Thomas von Aquin, in:
Cilliers Breytenbach (Hg.), Der Römerbrief als Vermächtnis an die Kirche. Rezeptionsgeschichten aus zwei Jahrtausenden, Neukirchen 2012, 101–118; Thomas PRÜGL, Bibelkommentare, in: Volker Leppin (Hg.), Thomas Handbuch, Tübingen 2016, 199–211, zu den
Paulusbriefen: 207–209; REVENTLOW, Epochen Bd. 2 (s. Anm. 18), 207–210.
[21] Nikolaus von Lyra, Postilla super totam Bibliam, 4 Bde., Frankfurt a.M. 1971 [ND der
Ausgabe Straßburg 1492]. 1339 ergänzt Nikolaus von Lyra eine deutlich kürzere *Postilla moralis* ausgewählter Bibelstellen im tropologischen Sinn.

ten.[22] Für seine Auslegung der Paulusbriefe ist einflussreich, dass er den theologischen Akzent auf die Gnade Gottes legt, wie dies bereits im Kommentar des Thomas von Aquin (und vorausgehend bei Augustinus) der Fall ist, und sich auch explizit auf Thomas beruft. „Overall, Lyra's theological understanding of Paul's message is shaped by the same christological-soteriological emphasis which dominated Aquinas' exposition as inherited from Augustine: ‚Paul commends the grace of God.'"[23]

Neben einer breiten handschriftlichen Überlieferung erscheint die *Postilla litteralis* erstmals 1471/72 in Rom im Druck; wenige Jahre später auch in Nürnberg (1485), Venedig (1488) und Straßburg (1492). Dabei wird Ende des 15. Jahrhunderts meist der Bibeltext mit der *Glossa ordinaria* und Nikolaus' *Postilla litteralis* samt den Additiones des Paulus von Burgos[24] gedruckt und in dieser Form auch von den Reformatoren gelesen,[25] so z. B. von Luther in seiner Auslegung des Römer- und Hebräerbriefs.

1.4 Konkretion am Beispiel Luther

Den großen Raum der Paulus-Auslegung in der spätmittelalterlichen Universität rezipierte Martin Luther in unterschiedlicher Intensität.[26] Luther kannte aus Studium und Lehre die Methoden und Formen der Spätscholastik. Er nutzte die *Glossa Ordinaria* und für seine Erste Psalmenvorlesung (1513–15) ebenso die Postillen von Nikolaus von Lyra und Hugo von Saint-Cher. Für seine Vorlesungen zum Römer- (1515–16) und Galaterbrief (1516–17) zog er die Kommentare von Hieronymus und Ambrosiaster sowie nun auch die antipelagianischen Schriften Augustins heran.[27] In der *Magna Glossatura* des Petrus Lombardus,

---

[22] Vgl. Reventlow, Epochen Bd. 2 (s. Anm. 18), 259–271; zur Hermeneutik: Philip D. W. Krey/Lesley Smith (Hg.), Nicholas of Lyra. The Senses of Scripture (Studies in the History of Christian Thought 90), Leiden/Boston/Köln 2000; Ryan McDermott, Henri de Lubac's Genealogy of Modern Exegesis and Nicholas of Lyra's Literal Sense of Scripture, MoTh 29/1 (2013), 124–156; zur Auslegung des Römerbriefs: Klepper, First in Knowledge (s. Anm. 18), 167–181; Philip Krey, „The Old Law prohibits the Hand and not the Spirit". The Law and the Jews in Nicholas of Lyra's Romans Commentary of 1329, in: ders., Nicholas of Lyra. The Senses of Scripture, 251–266.

[23] Froehlich, Paul (s. Anm. 1), 31.

[24] Die *Additiones* sind eine Zusammenstellung von Väterzitaten des vom Judentum zum Christentum konvertierten Erzbischofs Paulus von Burgos (Paulus de Santa Maria; um 1352–1435).

[25] Vgl. exemplarisch: Biblia. Cum postillis Nicolai de Lyra et expositionibus Guillelmi Britonis in omnes prologos S. Hieronymi et additionibus Pauli Burgensis replicisque Matthiae Doering, Nürnberg: Anton Koberger, 1481; Textus biblie Cum Glosa ordinaria, Nicolai de lyra postilla, Moralitatibus eiusdem, Pauli Burgensis Additionibus, Basel: Petri & Froben, 1507–1508.

[26] Vgl. Volker Leppin, Universitätswissenschaft, in: Albrecht Beutel (Hg.), Luther Handbuch, Tübingen ²2010, 62–67.

[27] Vgl. Karlfried Froehlich, Martin Luther and the Glossa Ordinaria, Lutheran Quarterly 23 (2009), 29–48; Erik Herrmann, Luther's Absorption of Medieval Biblical Interpre-

die Luther 1515 las, findet er möglicherweise bereits die Verbindung von Rechtfertigung (*iustificatio*) und *promissio*, auf jeden Fall aber die Rede von einer Gerechtigkeit ohne vorausgehende Verdienste vor. Der frühe Luther las Paulus also
durch die Brille der altkirchlichen und mittelalterlichen Tradition, wie diese im
Raum der spätmittelalterlichen Universität vermittelt wurde.

Luther ist für die Reformatoren der ersten Generation aber auch darin exemplarisch, dass er diesen Raum später verwirft, was sich insbesondere an der Kritik
des Gebrauchs von Aristoteles sowie grundsätzlicher der Philosophie in der
Theologie zeigt.[28] Schon im Februar 1517 schreibt Luther gegen Theologen, die
„nie auch nur mit kleinem Vorgefechte den Aristoteles oder die Sentenzen an-
greifen und gegen sie mucksen",[29] und verfasst 1517 auch seine *Thesen gegen die
scholastische Theologie*.[30] Reformatoren wie Luther und Melanchthon kritisierten
damit v.a. die Methodik spätscholastischer Universitätstheologie und entwickelten ihre Theologie in bewusster Abgrenzung, während Calvin – als ein Reformator der nächsten Generation?[31] – die scholastische Methodik in seinen Schriften
positiver rezipierte.[32] Angesichts dessen, dass alle Reformatoren der ersten Generation vom spätmittelalterlichen Universitätsbetrieb geprägt sind, stellt sich für
ihre Paulus-Auslegung die Frage, wie sie Form und Inhalte mittelalterlicher Paulus-Auslegungen aus dem Raum der Universität aufnehmen, welche mittelalterlichen Autoritäten sie gelten lassen und wie sie das Verhältnis von Philosophie und
Theologie als ein „Charakteristikum, durch das in der Regel mittelalterliche und
reformatorische Theologie voneinander unterschieden werden",[33] bestimmen.

---

tation and His Use of the Church Fathers, in: Kolb/Dingel/Batka (Hg.), Handbook (s. Anm. 5),
71–90 (73–76).

[28] Zu Luthers Verhältnis zu Aristoteles vgl. Theodor DIETER, Der junge Luther und Aristoteles. Eine historisch-systematische Untersuchung zum Verhältnis von Theologie und Philosophie (TBT 105), Berlin u.a. 2001.

[29] Brief Martin Luthers an Johann Lang, 8. Februar 1517, WA.Br 1, 88, Nr. 34, Übersetzung
mit Ueli Zahnd, Lambert Daneau kommentiert Petrus Lombardus – Eine reformierte Auseinandersetzung mit einem Basistext mittelalterlicher Scholastik, in: Günter Frank/Volker
Leppin (Hg.), Die Reformation und ihr Mittelalter (Melanchthon-Schriften der Stadt Bretten
14), Stuttgart 2016, 263–282 (263). Zahnd stellt einleitend die Kritik der Reformatoren der
ersten Generation (Luther, Melanchthon, Zwingli) gegen die Scholastik zusammen (263–265).

[30] Vgl. Theodor DIETER, Martin Luthers kritische Wahrnehmung „der" Scholastik in seiner so genannten „*Disputatio contra scholasticam theologiam*", in: Frank/Leppin (Hg.), Reformation (s. Anm. 29), 153–188.

[31] Zur Frage, ob Calvin in seinem theologischen Denken ein Vertreter der ersten oder
zweiten Generation der Reformatoren ist, vgl. Volker LEPPIN, Calvin und Luther – zwei un-
gleichzeitige Reformatoren, ThGespr 34 (2010), 3–16 (15).

[32] Vgl. Volker LEPPIN, Calvins Institutio vor dem Hintergrund der Theologie des Mittelalters gelesen, in: Herman J. Selderhuis (Hg.), Calvin – Saint or Sinner (SHR 51), Tübingen
2010, 173–184 (174–181). Der Aufbau der *Institutio* (Ausgabe 1559) zeigt formale Parallelen
zum Sentenzenwerk des Petrus Lombardus; auch Calvins Gebrauch der aristotelischen *causae* sowie der erkenntnistheoretische Vorbau in der Institutio können als „adaptive Weiterfüh-
rung" (179) der Scholastik verstanden werden.

[33] LEPPIN, Calvins Institutio (s. Anm. 32), 181.

2. Paulus im Raum der mittelalterlichen Mystik

Mit dem viel diskutierten Begriff der Mystik wird an dieser Stelle ein Corpus von Schriften bezeichnet, das einem Theologen um 1500 bei der Erwähnung einer *theologia mystica* vor Augen stand, also jene Texte, die zeitgenössisch als Ausdruck einer Theologie der Mystik rezipiert und gelesen wurden. Dazu zählten die Schriften des Pseudo-Dionysius Areopagita aus dem 6. Jahrhundert, Schriften Bernhards von Clairvaux (um 1090–1153) aus dem 12. Jahrhundert, Schriften der oberrheinischen (deutschen Dominikaner-) Mystik des 14. Jahrhunderts, darunter die deutschen Predigten Meister Eckharts (um 1260–1328) und Johannes Taulers (1300–1361), und schließlich die im 14. Jahrhundert entstandene anonyme Schrift *Theologia Deutsch*.[34] Alle diese Schriften reflektieren über eine innere Erfahrung, in der zumindest momenthaft eine *Unio (mystica)* zwischen dem transzendenten Gott und dem Gläubigen erfahren wird. Die Kenntnis zumindest einzelner Schriften dieses Textcorpus kann bei den Reformatoren vorausgesetzt werden.[35] Intensiv erforscht ist die inhaltliche Aufnahme mystischen Gedankenguts bisher fast nur bei Martin Luther.

Für die Paulus-Auslegung der Reformatoren wird dieser Raum der Mystik in dreifacher Hinsicht wirksam: (a) in der Lektüre und inhaltlichen Übernahme von Gedanken, (b) in der Vermittlung von Paulus als Mystiker sowie (c) in der Rezeption des Pseudo-Dionysius Areopagita.

2.1 Lektüre und Rezeption mystischer Schriften

Die Reformatoren der ersten Generation lasen und kannten die erwähnten Schriften, so dass die Lektüre auch ihr Verständnis der paulinischen Briefe prägte. Inwiefern die Mystik auch inhaltlich die Entwicklung ihrer Theologie beeinflusste, wird unterschiedlich beurteilt und soll wiederum exemplarisch am frühen Luther gezeigt werden.[36]

---

[34] Zur Definition eines mystischen Textcorpus vgl. Volker LEPPIN, Die christliche Mystik, München 2007, 8–11.

[35] Vgl. Volker LEPPIN, The Mystics the Protestants Read, in: Ronald K. Rittgers/Vincent Evener (Hg.), Protestants and Mysticism in Reformation Europe (St Andrews Studies in Reformation History), Leiden/Boston 2019, 17–33.

[36] Vgl. zur Mystik-Rezeption bei Luther exemplarisch Berndt HAMM/Volker LEPPIN (Hg.), Gottes Nähe unmittelbar erfahren. Mystik im Mittelalter und bei Martin Luther (SuR.NR 36), Tübingen 2007; Volker LEPPIN, Mystik, in: Beutel (Hg.), Luther Handbuch (s. Anm. 26), 57–61; DERS., Luther's Roots in monastic-mystical Piety, in: Kolb/Dingel/Batka (Hg.), Handbook (s. Anm. 5), 49–61; DERS., Transformationen spätmittelalterlicher Mystik bei Luther, in: ders., Transformationen. Studien zu den Wandlungsprozessen in Theologie und Frömmigkeit zwischen Spätmittelalter und Reformation (SHR 86), Tübingen 2015, 399–417; DERS., Die fremde Reformation. Luthers mystische Wurzeln, München 2016; DERS., Luthers Kreuzestheologie als Fortentwicklung mittelalterlicher Mystik und Exegese, Lateranum 84 (2018), 55–70; DERS., Mysticism and Justification, in: Christine Helmer (Hg.), The Medieval Luther

Als Teil seines monastischen Lebens las Luther schon vor 1509 Schriften Bernhards von Clairvaux und Bonaventuras, und seine Unterstreichungen zeigen, dass er die Texte intensiv erarbeitete. In Wittenberg studierte Luther ab Frühjahr 1516 die deutschen Predigten von Johannes Tauler parallel zu seiner Vorbereitung der Römerbrief-Vorlesung (1515–16) und kommentierte seine Tauler-Lektüre durch zahlreiche Randbemerkungen in seiner Ausgabe (Druck von 1508).[37] Über die eigene Lektüre hinaus empfahl Luther Spalatin die Lektüre der Predigten Taulers und der *Theologia Deutsch* ausdrücklich (*velut epitomen*).[38] Die *Theologia Deutsch* veröffentlichte Luther sogar 1516 sowie in einer erweiterten, vollständigen Fassung 1518.[39] Diese Schrift, deren erstes Kapitel über das Vollkommene mit einem Paulus-Zitat beginnt, zeigt bereits, dass beim frühen Luther Mystik-Rezeption und Paulus-Auslegung eng verbunden sind.

Luther findet bei den Mystikern wichtige Gedanken vor, die er modifiziert in seiner Römerbrief-Vorlesung aufnimmt, z.B. bei Bernhard von Clairvaux die Konzentration auf Christus und die Betonung der Demut (*humilitas*).[40] „Luther findet also bei dem Zisterzienserabt die Abhängigkeit der Gnade von Gott, die Grundlegung jeden guten Werkes allein durch Gott und den Ausschluss eigenen Verdienstes für das ewige Leben […]. Anders gesagt: Luther findet offenbar in dem zeitlichen Zusammenhang der Römerbriefvorlesung jene Aussagen zur Rechtfertigung, auf die es ihm ankam, bei Bernhard wieder – und dies im Konsens mit Paulus und Augustin".[41] Ebenso sah Luther bei Johannes Tauler die für

---

(SHR 117), Tübingen 2020, 181–196; Ronald K. Rittgers, Martin Luther, in: Rittgers/Evener (Hg.), Protestants (s. Anm. 35), 34–55.

[37] Zu Luther und Tauler vgl. Volker Leppin, Luther and John Tauler: Some observations about the mystical impact on reformation theology, Theology and Life 36 (2013), 339–345.

[38] Brief Martin Luthers an Spalatin, 14. Dezember 1516, WA.Br 1, 79, 58–64 (61).

[39] Edition: Wolfgang von Hinten, Der Franckforter („Theologia Deutsch"). Kritische Textausgabe (Münchener Texte zur deutschen Literatur des Mittelalters 78), München/Zürich 1982.

[40] Zu Luthers Verhältnis zu Bernhard von Clairvaux vgl. Theo Bell, Divus Bernhardus. Bernhard von Clairvaux in Martin Luthers Schriften (VIEG 148), Mainz 1993; Ulrich Köpf, Wurzeln reformatorischen Denkens in der monastischen Theologie Bernhards von Clairvaux, in: Athina Lexutt/Volker Mantey/Volkmar Ortmann (Hg.), Reformation und Mönchtum. Aspekte eines Verhältnisses über Luther hinaus (SHR 43), Tübingen 2008, 29–56; ders., Die Rezeptions- und Wirkungsgeschichte Bernhards von Clairvaux. Forschungsstand und Forschungsaufgaben, in: Kaspar Elm (Hg.), Bernhard von Clairvaux. Rezeption und Wirkung im Mittelalter und in der Neuzeit (WMASt 6), Wiesbaden 1994, 5–65; Bernhard Lohse, Luther und Bernhard von Clairvaux, in: a.a.O., 271–301. – Das ausführlichste Bernhard-Zitat in Luthers Schriften findet sich in Luthers Scholion zu Römer 8,16 und zeigt die unterschiedliche Interpretation des Verdienstes bei Bernhard und Luther, vgl. Leppin, Luther's Roots (s. Anm. 36), 52. Ebd.: „This passage may indeed be interpreted as antecedent to the *pro me*, the mystical background of which may be verified beyond Luther's underlining in the Opuscula Parva Bonaventurae."

[41] Volker Leppin, Sola fide und monastische Existenz. Die Amalgierung von Paulus und Mystik in Luthers Römerbriefvorlesung, in: ders., Transformationen (s. Anm. 36), 333–354 (347).

die Mystik typische Ablehnung einer Werkgerechtigkeit und die Passivität des Menschen im Blick auf das allein von Gott gewirkte Heil.[42] Tauler bahnte Luther auch den Weg zu einem neuen Verständnis von Buße,[43] und bei ihm findet Luther schließlich seine eigene, augustinisch geprägte Paulus-Auslegung bestätigt.[44] In diesen Gedanken, insbesondere in der *iustitia passiva*, sieht Luther später Kernelemente seiner reformatorischen Theologie, die er im biographischen Rückblick jedoch allein der Beschäftigung mit den biblischen Paulusbriefen zuschreibt.[45] Seine Bibelauslegung und die Entwicklung seines reformatorischen Denkens erhält aber Impulse aus der Mystik.[46]

2.2 Paulus als Mystiker

Die mystischen Schriften des Mittelalters vermitteln auch einen Paulus, der Gott in Vision und Audition erfährt und damit als Mystiker verstanden und verehrt wurde. Den Mystiker Paulus kannte Luther, er erwähnt auch dessen visionäre Erfahrung (2 Kor 12,2), wohl in Bezug auf ein eigenes mystisches Erleben.[47] Für seine Auslegung der paulinischen Briefe sind jedoch der Autor Paulus und die paulinische Theologie entscheidend.

2.3 Rezeption der Schriften des Pseudo-Dionysius Areopagita

Luthers Haltung gegenüber den Schriften Bernhards von Clairvaux und der *Theologia Deutsch* war positiv geprägt, während seine Haltung zu den ebenfalls zum mystischen Textcorpus gehörenden Schriften des Pseudo-Dionysius Areopagita sich von anfänglicher Begeisterung zur Ablehnung entwickelte. So nahm Luther in der Psalmen-Vorlesung (1513–15) die negative Theologie des Ps.-Dionys auf, während er dessen spekulative Theologie nach 1515, in der Zeit seiner Paulus-Vorlesungen, zugunsten der Rezeption von Tauler und der *Theologia Deutsch* ablehnte. Für viele zeitgenössische Humanisten waren es jedoch gerade die Schriften des Ps.-Dionys, die ihr Interesse an den paulinischen Briefen weckten und sie zu eigener Paulus-Kommentierung veranlassten.

---

[42] Vgl. Leppin, Luther and John Tauler (s. Anm. 37), 341–343; ders., „omnem vitam fidelium penitentiam esse voluit". Zur Aufnahme mystischer Traditionen in Luthers erster Ablassthese, in: ders., Transformationen (s. Anm. 36), 261–277 (273–277).

[43] Zum neuen Bußbegriff vgl. Leppin, omnem vitam (s. Anm. 42), 266–273.

[44] Vgl. Volker Leppin, Die Verbindung von Augustinismus und Mystik im späten Mittelalter und in der frühen reformatorischen Bewegung, LuJ 85 (2018), 130–153 (146).

[45] Vgl. Luthers biographischen Rückblick von 1545 in: WA 54, 185,12–186,24.

[46] Vgl. Leppin, Luther's Roots (s. Anm. 36), 60: „Thus, Luther's relationship to mysticism cannot easily be characterized. Inasmuch as Luther converted mysticism into new, transformed configurations, he did not simply continue it, nor did he break with it. He gave it a new configuration within the context of a new theology."

[47] Vgl. Leppin, Transformationen spätmittelalterlicher Mystik (s. Anm. 36), 402 f.

Für Luther bleibt der Raum der mittelalterlichen Mystik eine Voraussetzung seiner reformatorischen Theologie und Paulus-Auslegung, ebenso wie der Raum der spätmittelalterlichen scholastischen Theologie und der des Humanismus. Seine Kritik an der scholastischen Theologie beginnt zeitlich mit seiner Lektüre mystischer Literatur und entwickelt sich unter dem Einfluss des Humanismus weiter.

3. Paulus im Raum des Humanismus

Der Humanismus prägte gleichermaßen Theologie und Frömmigkeit des 15. Jahrhunderts und die reformatorische Theologie des frühen 16. Jahrhunderts. „Durch seinen Einfluß auf die Schultheologie, auf das Mönchtum und auf besondere Ausprägungen spätmittelalterlicher Frömmigkeit wie die Devotio moderna gehört der Humanismus in die Geschichte der mittelalterlichen Theologie hinein, durch seine Bedeutung für das Denken im 16. Jahrhundert [...] in die Reformationsgeschichte."[48] Dabei teilen die unterschiedlichen Erscheinungsformen des Humanismus Grundzüge, darunter den namengebenden Bezug auf die *studia humanitatis*, das Bestreben, die antiken Textquellen aus vorchristlicher und christlicher Zeit zu erschließen, und eine „stärker auf Literatur, Rhetorik, Geschichte und Dichtung als auf eine ausgefeilte Logik bezogene Betrachtungsweise."[49] Der Humanismus war ein zeitgenössischer Diskurs, an dem die Reformatoren teilhatten, und er bot für die Paulus-Exegese konkret (a) von Humanisten herausgegebene Bibelausgaben, (b) die Vermittlung ostkirchlicher Paulus-Kommentare und (c) einzelne humanistische Paulus-Kommentare, die sich der Rezeption von Ps.-Dionys verdankten.

3.1 Humanistische Bibelausgaben

Ein Verdienst der Humanisten des 15. Jahrhunderts war die philologische Erschließung der griechischen Textüberlieferung. Da der Vergleich mit der lateinischen Vulgata zeigte, dass diese nur eine, an manchen Stellen sogar weniger gelungene, Übersetzung war, unternahm der italienische Humanist Lorenzo Valla (um 1405–1457) in seiner Schrift *Collatio Novi Testamenti* (1447) einen Vergleich lateinischer Textauszüge des Neuen Testaments mit vier griechischen Manuskripten und erweiterte diese Arbeit in seinen *Annotationes in Novum Testamentum*.[50] Mit seinen Textvergleichen gab Valla den Anstoß für das intensive Schriftstudium des Erasmus von Rotterdam (1466–1536), der 1504 im Prä-

---

[48] Ulrich Köpf, Bemerkungen zur theologiegeschichtlichen Einordnung des spätmittelalterlichen Humanismus, in: Johanna Loehr (Hg.), Dona Melanchthoniana. Festgabe für Heinz Scheible zum 70. Geburtstag, Stuttgart-Bad Cannstatt 2001, 247–266 (265).

[49] A. a. O., 266.

[50] Laurentius Valla, Collatio Novi Testamenti, hg. von Alessandro Perosa, Florenz 1970.

monstratenserstift Park bei Löwen eine Handschrift von Lorenzo Vallas *Collatio* des Neuen Testaments entdeckte, 1505 im Druck herausgab und dadurch zu seiner eigenen kritischen Edition des griechischen Neuen Testaments, die am 1. März 1516 in Basel erschien, angeregt wurde. Das *Novum Testamentum* bot eine neue, von Erasmus selbst durch Überarbeitung der Vulgata erstellte lateinische Übersetzung und war die erste vollständige griechische Textausgabe des Neuen Testaments im Buchhandel.[51] Die Bedeutung dieser Ausgabe für die Reformatoren ist unbestritten; Luther diente sie noch als Ausgangstext für seine deutsche Bibelübersetzung.

3.2 Die Vermittlung ostkirchlicher Paulus-Kommentare

Das humanistische Interesse an den antiken Sprachen führte auch zu einem neuen Interesse an griechischen Bibel- und Paulus-Kommentaren. Bekannt waren in lateinischer Übersetzung zunächst altkirchliche Paulus-Kommentierungen, z. B. die gekürzte Rufinus-Version des Römerbrief-Kommentars von Origenes (185–253), der Kommentar zu Paulusbriefen von Theodor von Mopsuestia (um 352–428) oder die Homilien von Johannes Chrysostomos (um 349–407) zu den Paulusbriefen. Die ostkirchlich-byzantinische Tradition der Paulus-Kommentierung wurde von den Humanisten neu entdeckt; deren Rezeption im Blick auf Überlieferungswege und Einfluss auf die Paulus-Kommentierung der Reformatoren ist bislang nur vereinzelt untersucht.

So regte der Humanist und Philosoph Nikolaus von Kues (1401–1464) neben der Übersetzung philosophischer Texte aus dem Griechischen wohl auch die Übersetzung griechischer Bibelkommentare an; er erwarb Manuskripte und sorgte für deren Abschrift und Verbreitung. Erasmus von Rotterdam war in seiner Arbeit am *Novum Testamentum* von den Kommentaren des byzantinischen Erzbischofs Theophylakt von Ohrid (um 1055–nach 1107) zu den Evangelien, der Apostelgeschichte und den Paulusbriefen beeinflusst und vermittelte diese, in der Tradition von Johannes Chrysostomos stehenden Auslegungen indirekt den Reformatoren.[52] Aus humanistischem Interesse besorgte Johannes Oekolampad (1482–1531) in den 1520er Jahren eine lateinische Neuausgabe von Theophylakts Kommentar zu den Evangelien.[53]

Zu seiner Schriftauslegung vgl. Henning Graf REVENTLOW, Epochen der Bibelauslegung, Bd. 3: Renaissance, Reformation, Humanismus, München 1997, 15–26.

[51] *Novum Instrumentum omne* (1516), ab der zweiten Auflage 1519 unter dem Titel *Novum Testamentum*. Erasmus besorgte drei weitere, jeweils überarbeitete Auflagen in den Jahren 1522, 1527 und 1535. Zur Auslegung der Paulusbriefe durch Erasmus vgl. Riemer A. FABER, Desiderius Erasmus' Representation of Paul as Paragon of Learned Piety, in: Holder (Hg.), A Companion to Paul in the Reformation (s. Amm. 1), 43–60.

[52] Edition der Werke Theophylakts in PG 123–126; Explanation of the Epistle of Saint Paul to the Galatians by Blessed Theophylact. Transl. from the original Greek by Christopher Stade, House Springs (Missouri, USA) 2011.

[53] Oekolampad, Theophylacti Archiepiscopi Bulgariae, in quatuor Euangelia enarratio-

3.3 Humanistische Paulus-Kommentare

Nikolaus von Kues erhielt für sein eigenes Denken nicht nur wesentliche Anregungen durch die Schriften von Ps.-Dionys, sondern vermittelte diese auch in
Humanistenkreisen und wurde innerhalb eines humanistischen Netzwerks
zum Anreger von – zahlenmäßig wenigen – humanistischen Paulus-Kommentaren.

Nach seiner Promotion zum Doktor des Kirchenrechts (Doctor decretorum)
in Padua immatrikulierte sich Nikolaus im Frühjahr 1425 an der Universität
Köln und lernte dort Heymericus de Campo (um 1395–1460) kennen, der Nikolaus u. a. mit den Schriften des Ps.-Dionys bekannt machte. Nikolaus wiederum
regte den italienischen Humanisten Ambrogio Traversari (1386–1439) zur
Übersetzung dieser Schriften an, und von 1431 bis 1437 übersetzte Traversari
alle pseudo-dionysischen Schriften ins Lateinische. Diese Übersetzung stand
nicht nur Nikolaus von Kues zur Verfügung, sondern verbreitete sich und
weckte das Interesse der Humanisten, die in diesem unbekannten Autor des
frühen 6. Jahrhunderts einen Paulusschüler (nach Apg 17) vermuteten. Aufgrund seiner vermeintlichen Nähe zum biblischen Paulus wurden die Schriften
des Ps.-Dionys gelesen und kommentiert und mit ihnen auch die Paulusbriefe
verstanden und kommentiert.[54]

Der italienische Humanist Marsilio Ficino (1433–1499) verfasste, ausgehend
von seinen Vorlesungen in Florenz, eine Auslegung der ersten fünf Kapitel des
Römerbriefs.[55] Nikolaus von Kues schrieb selbst keinen Paulus-Kommentar,
regte aber auf der gemeinsamen Visitationsreise durch die Niederlande (1451/52)
Dionysius den Kartäuser (1402/03–1471) zu einem Paulus-Kommentar an.
Ficino und Cusanus teilten das Interesse an einem Paulus, der eine mystische
Erfahrung machte, wobei sie unter dem Einfluss von Ps.-Dionys als Ziel des
mystischen Aufstiegs die Einsicht in das Wesen Gottes verstanden.

Vermutlich nach Kontakten zu Ficino hielt der englische Theologe John
Colet (1467–1519) Vorlesungen über die Paulusbriefe in Oxford,[56] wo ihm 1498

---

nes, Ioanne Oecolampadio interprete, Basel: Andreas Cratander 1524. – Der Kommentar
Theophylakts zu den Evangelien war schon Thomas von Aquin bekannt, der Zitate von Theophylakt in seine *Catena Aurea* aufnahm. Die aus der altkirchlichen Tradition hervorgehende
Catena als Bibelkommentierung durch Reihung von Zitaten nimmt v. a. patristische, nur vereinzelt byzantinische Autoren auf.

[54] Vgl. den konzisen Überblick zur Paulus-Auslegung bei den Humanisten von FROEH-
LICH, Paul (s. Anm. 1), 34–39, dem der Beitrag an dieser Stelle folgt; a. a. O. 35: „The mutual
interpretation of Paul through Dionysius and Dionysius through Paul motivated numerous
humanists to defend the disciple of Paul as the author of the Dionysian writings." Zur humanistischen Bibelauslegung vgl. auch Erika RUMMEL, The Renaissance Humanists, in: Hauser/
Watson (Hg.), History (s. Anm. 14), 280–298.

[55] Marsilii Ficini in Epistolas Pauli commentaria, Venedig 1491/ Florenz 1497; Marsilio
Ficino, Opera omnia, 2 Bde., Basel 1576 [ND Turin 1959–1962]. Vgl. REVENTLOW, Epochen
Bd. 3 (s. Anm. 50), 26–33.

[56] Zur Bibelauslegung vgl. REVENTLOW, Epochen Bd. 3 (s. Anm. 50), 50–55. Erhalten sind

Erasmus von Rotterdam anlässlich seiner Gastvorlesung begegnete und Colet Erasmus den Anstoß zur griechischen Ausgabe des Neuen Testaments gab. Durch eine Italienreise und Kontakte zu italienischen Humanistenkreisen kam auch der französische Theologe Jacques Lefèvre d'Étaples (Faber Stapulensis; 1450/55–1536) zur Lektüre der Schriften des Ps.-Dionys und durch diese zu seiner Paulus-Auslegung. Er verfasste einen Kommentar zu den Paulusbriefen (1512) mit einem aus dem Griechischen überarbeiteten Vulgata-Text.[57] Bei den Humanisten des späten 15. und frühen 16. Jahrhunderts fällt die Nähe von mystischer Paulus-Auslegung, Rezeption der Schriften des Ps.-Dionys und eigener Auslegung der paulinischen Schriften auf. Entscheidenden Einfluss auf die Paulus-Rezeption hatten persönliche Begegnungen, briefliche Korrespondenzen sowie Empfehlung und Austausch von Schriften.

Die Reformatoren waren mit ihrem Bemühen um eine philologisch genaue Auslegung der Heiligen Schrift, dem Interesse an den biblischen Ursprachen und an einem verlässlichen Bibeltext ein Teil der humanistischen Bewegung. Insofern wurde eine humanistische Bibelausgabe wie die des Erasmus positiv aufgenommen und regte z. B. Luther zu eigener Übersetzungsarbeit an.[58] Das Interesse an Paulus-Kommentaren der Ostkirche war bei den Reformatoren unterschiedlich ausgeprägt, von den humanistischen Paulus-Kommentatoren wurden Erasmus und Faber Stapulensis rezipiert, während der kurze Römerbrief-Kommentar des Marsilio Ficino wohl wenig Einfluss auf die die reformatorische Paulus-Exegese hatte.

4. Paulus im Raum der Reformaufbrüche des 15. Jahrhunderts

Für den letzten hier vorgestellten literarischen Raum, den der Reformaufbrüche des 15. Jahrhunderts, können derzeit weniger Ergebnisse als vielmehr Forschungsdesiderate benannt werden. Zwar ist in den letzten Jahrzehnten das

---

Colets Kommentare zum Römer- und zu den Korintherbriefen: Ioannis Coleti enarratio in epistolam S. Pauli ad Romanos, Joseph H. Lupton (Hg.), London 1873 [ND Farnborough 1965]; Ioannis Coleti enarratio in primam epistolam S. Pauli ad Corinthios, Joseph H. Lupton (Hg), London 1874 [ND Farnborough 1965].

[57] Jacobus Faber Stapulensis, Sancti Pauli Epistolae XIV ex Vulgata adiecta intelligentia ex graeco, cum commentariis, Paris 1512 [ND Stuttgart-Bad Cannstatt 1978]. Zur Schriftauslegung vgl. Irena BACKUS, Jacques Lefèvre d'Etaples: A Humanist or Reformist View of Paul and His Theology?, in: Holder (Hg.), Companion (s. Anm. 1), 61–90; REVENTLOW, Epochen Bd. 3 (s. Anm. 50), 39–50, zum Paulus-Kommentar: 45–47; Peter WALTER, Ad fontes. Humanistische Schriftauslegung am Beispiel des Jacques Lefèvre d'Etaples und des Erasmus von Rotterdam, in: Der Streit um die Schrift (JBTh 31), Göttingen 2018, 203–223.

[58] Zu Luthers Verhältnis zum Humanismus vgl. Helmar JUNGHANS, Der junge Luther und die Humanisten (AKG 8), Weimar 1984; Volker LEPPIN, Humanismus, in: Beutel (Hg.), Luther Handbuch (s. Anm. 26), 67–70; Robert ROSIN, Humanism, Luther, and the Wittenberg Reformation, in: Kolb/Dingel/Batka (Hg.), Handbook (s. Anm. 5), 91–104.

15. Jahrhundert mit seinen Aufbrüchen in Kirche, Theologie und Frömmigkeit erforscht worden, aber noch nicht mit Blick auf eine Paulus-Auslegung des 15. Jahrhunderts, die die Reformatoren geprägt haben könnte.

4.1 Paulus im ekklesiologischen Diskurs des 15. Jahrhunderts

So ist das 15. Jahrhundert die Zeit der Kirchenreformen und der als Reformkonzile einberufenen Kirchenversammlungen von Konstanz (1414–1418) und Basel (1431–1449). Die Konzile waren Foren des gedanklichen Austauschs europäischer Theologen sowie ein „Büchermarkt" auch für theologische Schriften.[59] Rund um die Konzile entstanden zahlreiche Schriften zu Kirchenreform und -verständnis. Bekannt sind den Reformatoren noch die Schriften *De ecclesia* von John Wycliff (um 1330–1384), vielleicht auch seine *Postilla super totam bibliam* (1372–1378),[60] und von Jan Hus, deren theologische Aussagen das Konzil von Konstanz verwarf. Weitere ekklesiologische Schriften des 15. Jahrhunderts sind bisher wenig und in ihrer reformatorischen Rezeption noch nicht erschlossen. Wenn jedoch die Autoren des 15. Jahrhunderts mit der zentralen paulinischen Metapher vom Leib Christi eine Reform der Kirche fordern, könnte diese Paulus-Auslegung auch das reformatorische Verständnis beeinflusst haben.

4.2 Paulus im Raum der Frömmigkeitstheologie des 15. Jahrhunderts

Die Frömmigkeitstheologie des 15. Jahrhunderts ist in ihrer Rezeption bei Martin Luther teilweise erforscht, im Blick auf andere Reformatoren kaum.[61] Diese Form der Theologie versuchte u. a., in volkssprachlichen Schriften (Traktaten, Predigten, katechetischen Schriften) theologische Kenntnisse und eine Alltagsfrömmigkeit zu vermitteln. Darin rezipierte sie ebenso den Paulus der Briefe wie den Mystiker. Zu prüfen wäre, inwiefern diese Schriften die (volkssprachliche) Paulus-Auslegung der Reformatoren prägte.

4.3 Paulus-Kommentare des 15. Jahrhunderts

Schließlich wird in der theologischen Forschung – zu Recht – erwähnt, dass im 14. und 15. Jahrhundert zahlreiche Paulus-Kommentare verfasst wurden. Doch stehen diese oft unter dem Verdikt, Kompilationen zu sein; dazu erschwert die handschriftliche Überlieferung ihre Erforschung. So enthält das Handbuch „A

---

[59] Vgl. Paul LEHMANN, Konstanz und Basel als Büchermärkte während der großen Kirchenversammlungen, in: ders., Erforschung des Mittelalters. Ausgewählte Abhandlungen und Aufsätze, Bd. 1 (1941), unveränderter ND Stuttgart 1959, 253–280.

[60] Vgl. REVENTLOW, Epochen Bd. 2 (s. Anm. 18), 271–287, zur Postilla: 285.

[61] Zur Definition von Frömmigkeitstheologie vgl. Berndt HAMM, Was ist Frömmigkeitstheologie? Überlegungen zum 14. bis 16. Jahrhundert, in: ders., Religiosität im späten Mittelalter. Spannungspole, Neuaufbrüche, Normierungen (SHR 54), Tübingen 2011, 116–153, dort weitere Lit.

Companion to Saint Paul in the Middle Ages" (2013) zwar je ein Kapitel zu den Paulus-Kommentaren des 11. und 12. Jahrhunderts, nennt für die spätere Zeit aber nur noch die bereits erwähnte Paulus-Auslegung von Thomas von Aquin und Nikolaus von Lyra.[62] In „Medieval Readings of Romans" (2007) exemplifziert Mark W. Elliott die Römerbrief-Kommentare des Spätmittelalters ebenfalls an Nikolaus von Lyra sowie am Kommentar von Dionysius dem Kartäuser.[63] Vor diesem Hintergrund ist zu fragen, ob die Paulus-Kommentare des 15. Jahrhunderts nur heute unbekannt sind oder möglicherweise bereits zeitgenössisch nur das partikulare Interesse eines kleinen Leserkreises bedienten und nicht weit verbreitet waren.

Diese Frage deutet an, dass an diesen letzten, noch weitgehend unerschlossenen Raum der Reformaufbrüche des 15. Jahrhunderts keine zu hohen Erwartungen im Blick auf die reformatorische Paulus-Auslegung des frühen 16. Jahrhunderts gestellt werden sollten. Denn die Verbreitung und Weitergabe von Schriften geschieht im Spätmittelalter zunächst im Rahmen des Austauschs an der jeweiligen Universität, im Orden und in humanistischer *sodalitas* sowie, diesen Rahmen überschreitend, da, „wo in der Tat eine Wanderung von Texten koordiniert mit der Wanderung von realen Personen auftritt."[64] So war die Kenntnis und Lektüre neuer Paulus-Kommentare von der Verfügbarkeit und diese von der Zugehörigkeit zu den entsprechenden Kreisen abhängig.

5. „There was never just one Paul"

Die hier vorgestellten Räume spätmittelalterlicher Paulus-Auslegung zeigen die Vielfalt der Auslegungstraditionen, aus denen die Reformatoren der ersten Generation schöpfen konnten, derer sie sich selektiv bedienten und die sie in ihrem eigenen Kontext interpretierten. Weitere Räume der Paulus-Auslegung wären zu ergänzen, z. B. die patristische Kommentierung, etwa durch Augustinus, Hieronymus, Johannes Chrysostomos oder Origenes, die sowohl die Theologen des Mittelalters als auch die Reformatoren kannten. Schließlich wird inner-

---

[62] Vgl. Cartwright (Hg.), Companion (s. Anm. 18), darin: Ann COLLIINS, Eleventh-Century Commentary on the Epistles of Saint Paul, 175–204; Steven R. CARTWRIGHT, Twelfth-Century Pauline Exegesis: William of St. Thierry's Monastic Rhetoric and Peter Abelard's Scholastic Logic, 205–234; HARKINS, Docuit (s. Anm. 18); LEVY, Nicholas of Lyra (s. Anm. 18).

[63] Vgl. Mark W. ELLIOTT, Romans Commentaries in the Later Middle Ages, in: Campbell (Hg.), Medieval Readings (s. Anm. 18), 182–201.

[64] Jürgen MIETHKE, Kirchenreform auf den Konzilien des 15. Jahrhunderts. Motive – Methoden – Wirkungen, in: Johannes Helmrath/Heribert Müller (Hg.), Studien zum 15. Jahrhundert. Festschrift Erich Meuthen, 2 Bde., Bd. 1, München 1994, 13–42 (32). Miethke stellt im Blick auf die Verbreitung der zahlreichen Schriften zur Kirchenreform im 15. Jahrhundert fest, dass die Universitäten ein gut funktionierendes, überregionales „System der Kommunikation" (34) bildeten.

halb weniger Jahrzehnte auch Luthers Paulus-Kommentierung zu einer neuen,
reformatorischen Auslegungstradition. Eine „new perspective" für die Exegese
der Paulusbriefe heute kann das Spätmittelalter nicht bieten, aber seine Auslegungstraditionen sind Voraussetzung und Verstehenshorizont der reformatorischen Theologie des 16. Jahrhunderts.

Erasmus als Paulus-Kommentator

Lothar Vogel

„Zuallererst musst Du Dich mit Paulus vertraut machen. Du musst ihn stets an der Brust halten, bei Tag und Nacht durchblättern und schließlich Wort für Wort auswendig lernen."[1] Mit diesem Worten ermahnte Erasmus im Jahre 1501 seinen Freund Johann Poppenruyter. Auch wenn er in späteren Jahren eher die Evangelien an den ersten Platz seiner Bibellese-Empfehlungen stellte,[2] entwickelt dieses frühe Zitat das Paradigma einer besonders intimen Beziehung zu den Texten des Völkerapostels.

Die Folgen eines solchen – idealtypisch ausgedrückten – Zugangs zur Bibel für das Denken des Erasmus lassen sich heute aufgrund einer vertieften Kenntnis seiner Theologie abschätzen, welche wir vor allem den Arbeiten von Friedhelm Krüger, Christine Christ-von Wedel, Erika Rummel und Greta Kroeker[3] verdanken. Zudem bieten die Bände des sechsten und siebten *ordo* der neuen Amsterdamer Erasmus-Edition (der sechste für das von Erasmus herausgegebene Neue Testament und der siebte für die Paraphrasen) der Erforschung seiner Paulus-Interpretation eine wesentlich verbesserte Quellengrundlage.[4] In diesem Beitrag beschränken wir uns auf jene Werke des Erasmus, die den bibli-

---

[1] Opus Epistolarum Des. Erasmi Roterdami, hg. v. P.S. Allen, Bd. 1, Oxford 1934, 376,8–14 (Nr. 165): *In primis autem Paulum tibi facito familiarem. Hic tibi semper habendus in sinu, nocturna versandus manu, versandus diurna, postremo et ad verbum ediscendus.*

[2] Vgl. Erasmus von Rotterdam, Ausgewählte Schriften, hg. v. Werner Welzig, Bd. 3, Darmstadt 1967, 58: der Anfänger soll die *Christi dogmata* erlernen *potissimum ex euangelio, mox apostolorum litteris* (in der Vorrede *Methodus* zum Neuen Testament von 1516).

[3] Siehe Friedhelm KRÜGER, Humanistische Evangelienauslegung. Desiderius Erasmus von Rotterdam als Ausleger der Evangelien in seinen Paraphrasen, Tübingen 1986; Erika RUMMEL, Erasmus' Annotations on the New Testament. From Philologist to Theologian (Erasmus Studies 8), Toronto/Buffalo/London 1987; Peter WALTER, Theologie aus dem Geist der Rhetorik. Zur Schriftauslegung des Erasmus von Rotterdam, Mainz 1991 (ich danke Herrn Kollegen Ulli Roth für den Hinweis); Christine CHRIST-VON WEDEL, Erasmus von Rotterdam. Anwalt eines neuzeitlichen Christentums, Münster 2003; Greta Grace KROEKER, Erasmus in the Footsteps of Paul. A Pauline Theologian, Toronto/Buffalo/London 2011; DIES., Erasmus the Theologian, Church History and Religious Culture 96 (2016), 498–515.

[4] Opera omnia Desiderii Erasmi Roterodami, Bd. VI/3–4, hg. v. Andrew J. Brown, Amsterdam 2004–2013 (Text der Paulusbriefe im Neuen Testament des Erasmus), Bd. VI/7, hg. v. Pieter F. Hovingh, Amsterdam 2012 (*Annotationes* zu Röm), Bd. VI/8–9, hg. v. Miekske L. van Poll-van de Lisdonk, Amsterdam 2003–2009 (*Annotationes* zu den weiteren Paulusbriefen, abgesehen von Hebr.). Es lag zur Abfassung dieses Beitrags nicht vor: Bd. VII/5, hrsg. v. Miekske L. van Poll-van de Lisdonk, Amsterdam 2019 (Paraphrase von Röm).

schen Text kommentieren, ohne auf die zahllosen Paulus-Bezüge in seinem übrigen Schrifttum einzugehen. Zuerst sollen die von Erasmus zu diesem Zweck produzierten Textgattungen beschrieben werden, anschließend werden einige konkrete Beispiele seiner Paulus-Auslegung vorgestellt.

1. Textsorten der Paulus-Interpretation des Erasmus

Zu Beginn des 16. Jahrhunderts hatte die Kommentierung normativer Textkorpora und auch der Bibel bereits eine lange Tradition. Was die letztere betraf, war die auf der Vulgata basierende und den Literalsinn ermittelnde Postille des Nikolaus von Lyra am wirksamsten und verbreitetsten. Die im Kern auf Augustin zurückgehende und allgemein anerkannte Denkvoraussetzung war dabei, dass aus dem Literalsinn die für die christliche Existenz grundlegenden Sinndimensionen der Schrift abgeleitet werden können, nämlich der moralische, der auf die Glaubenswahrheiten bezogene allegorische sowie der anagogisch-soteriologische Sinn.[5]

Die Exegese des Erasmus setzte sich gattungsmäßig von diesen Vorbildern ab. Grundlegend für seinen Zugang zum biblischen Text war die Textform der philologischen *adnotationes* zu einzelnen Begriffen oder Satzkonstruktionen klassischer Texte. Sie hatte das Ziel, angesichts einer als verderbt beurteilten Handschriftenüberlieferung deren Urgestalt durch Emendationen zu rekonstruieren.[6] Im Jahre 1504 stieß Erasmus im Prämonstratenserstift Park bei Löwen auf eine Handschrift von Lorenzo Vallas *Collatio* des Neuen Testaments; im Folgejahr ließ er sie mit einer an Christopher Fisher gerichteten Widmung in Paris drucken.[7] Das Herausfordernde an Vallas Werk war, dass es den Wert der latei-

---

[5] Vgl. Jochen SCHULTHEISS, *Augustinus*. De doctrina christiana, in: Oda Wischmeyer (Hg.), Handbuch der Bibelhermeneutiken. Von Origenes bis zur Gegenwart, Berlin/Boston 2016, 47–61; Ian Christopher LEVY, *Nicholas of Lyra*. The Biblical Prologues, in: a. a. O., 239–253.

[6] Vgl. schon Georg VOIGT, Die Wiederbelebung des classischen Alterthums oder das erste Jahrhundert des Humanismus, Bd. 2, Berlin ²1881, bes. 385–397. Auf biblische Texte angewandt wurde diese Methode auch in Johannes Reuchlins Kommentar zu den Bußpsalmen: Ioannis Revchlin Phorcensis ll. doctoris in septem psalmos pœnitentiales hebraicos interpretatio de uerbo ad uerbum […], Tübingen 1512 (VD 16: B 3406). Vgl. auch die neutestamentlichen Annotationen Melanchthons: Corpus Reformatorum, Bd. 14–15, Halle 1847/48; vgl. dazu Timothy J. WENGERT, Philip Melanchthon's Annotationes in Johannem in Relation to Its Predecessors and Contemporaries, Genf 1987. Zu den Annotationen des Erasmus siehe Miekske van POLL-VAN DE LISDINK, Die Annotationes in Novum Testamentum im Rahmen von Erasmus' Werken zur Bibel, in: Martin Wallraff/Silvana Seidel Menchi/Kaspar von Greyerz (Hg.), Basel 1516. Erasmus' Edition of the New Testament, Tübingen 2016, 175–186.

[7] Laurentii Vallensis viri tam grecȩ quam latinȩ linguae peritissimi in Latinam Noui testamenti interpretationem ex collatione Grȩcorum exemplarium Adnotationes apprime vtiles, Paris 1505 (Exemplar der Staatl. Bibliothek Regensburg, Script. 828, zugänglich über www. digitale-sammlungen.de); das Vorwort des Erasmus: Opus epistolarum, Bd. 1 (s. Anm. 1), 406–

nischen Vulgata durch kritische Bemerkungen und Emendationen relativierte. Als Kriterien dazu dienten ihm der Rückgriff auf den griechischen Urtext sowie die Annahme, dass die lateinische Version im Laufe der handschriftlichen Überlieferung durch Kopistenfehler Korruptionen erlitten habe. Der Bibel wurde damit methodisch eine Behandlung zuteil, die der eines beliebigen antiken Textes entsprach. Obwohl diese Arbeit Vallas durch Papst Nikolaus V. gefördert wurde, fand sie schon zu ihrer Zeit entschiedene Kritiker, nach deren Auffassung ein solches Vorgehen die Fehlerhaftigkeit der vorliegenden Vulgata voraussetzte.[8] Valla reagierte darauf, indem er der *graeca veritas* theologische Normativität zuerkannte, der Übersetzung hingegen nur, insofern sie diese getreu wiedergab. Als patristisches Modell für sein Vorgehen berief er sich auf Hieronymus, der zu seiner Zeit die älteren lateinischen Übersetzungen durch die Schaffung der Vulgata gereinigt und vereinheitlicht habe.[9]

Diese Position verteidigte Erasmus in seinem an Christopher Fisher gerichteten Widmungsschreiben. Er sieht dabei die Kritik von Fachtheologen voraus, die den „Grammatiker", d. h. Philologen Valla der Grenzüberschreitung zeihen würden. Rhetorisch erkennt Erasmus die Superiorität der Theologie an, um dann aus ihr die Unverzichtbarkeit der „Grammatik" abzuleiten:[10]

Sie beschäftigt sich mit Kleinigkeiten, ohne die jedoch niemand zu besonderer Größe gelangt. Sie befasst sich mit unbedeutenden Details, die man jedoch ernstnehmen muss. Wenn sie behaupten, dass die Theologie zu hoch sei, als dass sie von den Gesetzen der Grammatik festgehalten werden könne, und dass der gesamte Prozess der Interpretation von der Eingebung des Heiligen Geistes abhänge, dann haben die Theologen eine neue Würde, wenn es nun ihnen allein erlaubt ist, sich barbarisch auszudrücken.

---

412 (Nr. 182). Kritische Edition: Lorenzo Valla, Collatio Novi Testamenti, hg. v. Alessandro Perosa, Florenz 1970 (stand nicht zur Verfügung). Zu Vallas Werk siehe John MONFASANI, Criticism of Biblical Humanists in Quattrocento Italy, in: Erika Rummel (Hg.), Biblical Humanism and Scholasticism in the Age of Erasmus, Leiden 2008, 15–38 (21); Wouter BRACKE, Erasmus and Lorenzo Valla's Adnotationes Novi Testamenti: A Note on Royal Library of Belgium, Ms 4031–4033, in: Dirk Sacré/Jan Papy (Hg.), Syntagmata. Essays on Neo-Latin Literature in Honour of Monique Mund-Dopchie and Gilbert Tournoy, Löwen 2009, 163–178 (Lit.).

[8] Siehe Salvatore I. CAMPOREALE, Da Lorenzo Valla a Tommaso Moro. Lo statuto umanistico della teologia (1973), in: ders., Lorenzo Valla. Umanesimo, riforma e controriforma. Studi e testi, Rom 2002, 19–119 (84 f. und 91 f.).

[9] Siehe Mario FOIS, Il pensiero cristiano di Lorenzo Valla nel quadro storico-culturale del suo ambiente, Rom 1969, 423 f.

[10] Laurentii Vallensis 1505 (s. Anm. 7), f. A ii r: *In minimis versatur, sed sine quibus nemo euasit maximus; nugas agitat, sed quae seria ducant. Quod si reclament maiorem esse theologiam quam ut grammaticae legibus teneatur, totum interpretandi negotium de sancti spiritus afflatu pendere, nova vero theologorum dignitas, si solis illis licet barbare loqui.* Edition des Schreibens in Opus Epistolarum (s. Anm. 1), 406–417 (Nr. 182). Dazu vgl. Thomas KAUFMANN, Der Anfang der Reformation. Studien zur Kontextualität der Theologie, Publizistik und Inszenierung Luthers und der reformatorischen Bewegung, Tübingen 2012, 79 f.

Direkt im Anschluss an dieses Zitat beruft sich Erasmus, wie vor ihm schon Valla, auf Hieronymus. Den ebenfalls vorausgenommenen Theologeneinwand, dass es ein Frevel sei, in den heiligen Schriften etwas zu verändern (*immutare*), entkräftet er schließlich mit folgendem Argument:[11]

Je verwerflicher es ist, sie zu verfälschen, desto aufmerksamer müssen die Gelehrten korrigieren, was aus Unwissenheit entstellt worden ist. Diese Aufmerksamkeit und Maßhaltung sind allen Büchern, an erster Stelle jedoch den heiligen geschuldet.

Aus der Sicht des Humanisten ist die Bibel also „Buch" wie andere antike Bücher auch und muss entsprechend behandelt werden. Die Anwendung der philologischen Methode stellt aus seiner Sicht also die Autorität und Heiligkeit der Schrift nicht in Frage, sondern lässt diese wieder zur Geltung kommen. Bemerkenswert ist, dass Erasmus in dieser Widmung die Grundlinien einer Auseinandersetzung antizipierte, die er im Zuge des Erscheinens seines 1516 erstmals im Druck erschienenen Neuen Testaments (*Novum Instrumentum*) tatsächlich mit den Löwener und dann auch Pariser Theologen führen sollte.[12]

Im Œuvre des Erasmus führt ein direkter Weg vom Valla-Druck zu den Ausgaben des Neuen Testamentes, in denen eine revidierte lateinische Fassung von einer Edition des griechischen Textes begleitet ist. Ferner enthalten sie methodologische Traktate zur Bibellektüre, einführende Zusammenfassungen für jedes Buch (*argumentum*), diverse patristische Paratexte, didaktische Zutaten sowie, im Anhang, die eigenen, wesentlich umfangreicheren *Annotationes* des Erasmus.[13] Diese greifen oft auf die Patristik zurück, um die Urgestalt des Textes zu ermitteln und Interpretationsprobleme zu erörtern. Auch Vallas Anmerkungen werden regelmäßig rezipiert, zuweilen allerdings auch kritisch. Zu Lebzeiten des Erasmus, d.h. zwischen 1516 und 1535, hat dieses Neue Testament fünf Auflagen gesehen, in denen nicht nur die lateinischen und griechischen Versionen revidiert wurden, sondern auch der Anmerkungsteil kontinuierlich anwuchs.[14] In ihm diskutierte Erasmus die Kritiken, die ihm insbesondere aus Löwen und Paris entgegenkamen, aber auch, wenn auch eher implizit, die textliche Fundiertheit der sich ausbildenden protestantischen Theologie. Die Pau-

---

[11] Laurentii Vallensis (s. Anm.7), f. A ii v: *Immo tanto magis nefas est deprauare, tantoque attentius corrigendum a doctis quod per inscitiam est adulteratum, ea tamen cautione temperantiaque quae, quum omnibus libris tum sacris in primis debetur.*

[12] Vgl. RUMMEL, Erasmus' Annotations (s. Anm.3), 123–171; DIES., Erasmus and His Catholic Critics, 2 Bde., Nieuwkoop 1989; Robert COOGAN, Erasmus, Lee and the Correction of the Vulgate: The Shaking of the Foundations, Genf 1992; Pieter F. HOVINGH, Introduction, in: Opera omnia VI/5 (s. Anm. 4), 1–50 (12–27); Marcel GIELIS, Leuven Theologians as Opponents of Erasmus and of Humanistic Theology, in: Biblical Humanism (s. Anm.7), 197–214.

[13] Siehe RUMMEL, Erasmus' Annotations (s. Anm. 3), 20–33; zu den Paratexten vgl. Martin WALLRAFF, Paratexte der Bibel: Was Erasmus edierte außer dem Neuen Testament, in: Basel 1516 (s. Anm.6), 145–214.

[14] Für einen Überblick siehe RUMMEL, Erasmus' Annotations (s. Anm.3), passim (85–88 zur Aufnahme Vallas); HOVINGH, Introduction (s. Anm. 12), 1–30.

lus-Briefe werden in diesen Ausgaben gründlich behandelt, allerdings als Teil eines größeren Ganzen.

In spezifischer Weise an das *Corpus paulinum* gebunden ist hingegen die zweite Kommentarform des Erasmus, nämlich die Paraphrase des biblischen Textes in klassischem Latein.[15] Man könnte vermuten, dass die Anregung dazu von John Colet kam, den Erasmus 1499 besuchte und dem er 1504 berichtete, drei Jahre zuvor vier Bände eines (uns unbekannten) Werkes über den Römerbrief verfasst zu haben. Etwas später attestierte er zudem seinem englischen Freund eine besondere Nähe zu Paulus.[16] Von Colet sind in der Tat Paraphrasen des Römer- und des 1. Korintherbriefs handschriftlich erhalten; die Manuskripte sind allerdings mit Sicherheit nach 1505, vermutlich um 1516, entstanden und bieten daher kaum unverändert die Paulus-Auslegung, die Erasmus bei Colet gehört hat.[17] Grundlegende Entsprechungen zwischen Colets und Erasmus' Paraphrasen liegen in ihrem Umfang, in der Zielsetzung einer unmissverständlichen Erschließung des biblischen Textes und darin, dass die erste im Druck erscheinende Paraphrase des Erasmus im Jahre 1517 ebenfalls dem Römerbrief gewidmet ist. Beide Autoren unterscheiden sich jedoch darin, dass Colet über Paulus in dritter Person spricht, während Erasmus den Apostel seine Briefe in der ersten Person gleichsam umformulieren lässt.

Wie das Neue Testament, so erscheinen auch die Paraphrasen in verschiedenen Editionen, die sich allerdings nicht mit vergleichbarer Regelmäßigkeit über das letzte Lebensdrittel des Erasmus erstreckten. Bis 1521 veröffentlichte er Paraphrasen zum gesamten neutestamentlichen Briefkorpus, 1522 kam das Matthäusevangelium hinzu, 1540 erschien schließlich postum jene Paraphrase des gesamten Neuen Testaments, auf der die Edition von Jean le Clerc basiert. Hinzu kamen ab 1521 Übersetzungen in die Volkssprachen[18].

Die Zielsetzung dieser Kommentierungsform geht aus der Widmung an den venezianischen Kardinal Domenico Grimani hervor, die Erasmus der Römerbriefparaphrase von 1517 voranstellt. Einleitend stellt er die Frage, warum Paulus, den er als „überaus polyglott" (πολυγλώττατος) definiert, den Römern nicht auf Lateinisch, sondern auf Griechisch geschrieben hat; historisch erklärt er dies mit der Rolle des Griechischen als damaliger ‚lingua franca'. Für die Schwierigkeiten, den Brief zu verstehen, gibt es seines Erachtens mehrere Grün-

---

[15] Zu dieser Textform siehe Jan BLOEMENDAL, Erasmus' Paraphrases on the New Testament, Erasmus Studies 36 (2016), 105–122; DERS., Erasmus and His Paraphrases on the New Testament: What Kind of Enterprise?, Erasmus Studies 40 (2020), 34–54.

[16] Opus epistolarum (s. Anm. 1), 404 f. (Nr. 181) und 466,20 f. (Nr. 225: *Audebo fortassis et Paulum tuum aggredi. Audaciam Erasmi tui specta*). Zum verlorenen Pauluskommentar des Erasmus von 1501 vgl. RUMMEL, Erasmus' Annotations (s. Anm. 3), 13 und 19.

[17] Siehe John B. GLEASON, John Colet, Berkeley/London 1989, 70–93; Riemer A. FABER, Desiderius Eramus' Representation of Paul as Paragon of Learned Piety, in: R. Ward Holder (Hg.), A Companion to Paul in the Reformation, Leiden/Boston 2009, 43–60 (44 f.).

[18] Dazu s. o. Anm. 14.

de: Zum einen hat Paulus ein von Hebraismen durchsetztes Griechisch geschrieben, das einem Griechen nicht ohne weiteres verständlich gewesen wäre;
ferner hat er – inhaltlich – die darzustellenden „Mysterien" eher nur angerührt
als behandelt, da er Neulingen im christlichen Glauben schrieb. Eben daraus
leitet Erasmus nun die Legitimität seines Vorhabens ab:[19]

> Jetzt aber, wo ganz Rom in der Weise christlich ist, dass sich dort die Schutzfestung und
> Spitze der gesamten christlichen Religion befindet und in der ganzen Welt diejenigen als
> Römer bezeichnet werden, die den römischen Pontifex anerkennen, schien es mir der
> Mühe wert, Paulus zu diesen ganz zu Christen gewordenen Römern nicht nur auf rö-
> misch, sondern auch deutlicher sprechen zu lassen. Er sollte römisch auf eine Weise spre-
> chen, dass man zwar den Juden nicht mehr erkennt, wohl aber den Apostel.

Da es Paulus nach Erasmus gewohnt war, die Sprache zu wechseln (vgl.
1 Kor 9,20), vollbringt Erasmus also eine dem eigenen Vorgehen des Apostels
entsprechende Übersetzungsleistung. Diese soll „Rom", d.h. den römischen
Katholizismus, dazu bringen, sich insbesondere drei Dinge zu eigen zu machen:
den Glauben (*fides*), der „noch nirgends unverdorbener war", den Gehorsam,
der vom „Aberglauben" zur „Religion" führt, sowie die „Einfachheit/Zugäng-
lichkeit" (*facilitas*), die es erlaubt, den judaisierenden Tendenzen von Falsch-
aposteln zu widerstehen.[20]
   Erasmus vollzieht hier eine kirchenpolitische Standortbestimmung: Empha-
tisch wird die Autorität des Papsttums als Argument zur Rechtfertigung des
eigenen Vorhabens herangezogen. Zugleich scheint in den Hinweisen auf den
Aberglauben und das Judaisieren eine reformerische Position auf, die auf die
Reinigung der kirchlichen Gebräuche zielt.[21] Unverkennbar ist auch die Verwendung des Judentums als Chiffre verfehlter Religiosität. Wie aus dem oben
gegebenen Zitat erkennbar wird, führt Erasmus diesen Gedanken bis an den
Punkt, dass die Sprache des Paulus vom jüdischen Bezugsrahmen befreit werden soll. All dies entspricht der Einschätzung des Judentums und der hebräischen Bibel, die der Humanist auch in anderen Zusammenhängen äußert und
die ihn zutiefst von humanistischen Zeitgenossen unterscheidet, die sich für das
Hebräische, das Alte Testament und den Talmud interessierten, freilich nicht

---

[19] Eramus von Rotterdam, In Epistolam Pauli ad Romanos Paraphrasis […], Basel 1518
(VD 16: E 3057), 1 f.: *Nunc uero cum Rhoma tota adeo sit Christiana, ut illic totius Christianae
religionis sit arx culmenque, ac per uniuersum terrarum orbe, Rhomane loquantur quicumque
Rhomanum agnoscunt Pontificem, uidebar mihi facturus operae precium, si effecissem, ut Paulus iam mere Rhomanis, ac plene Christianis, non solum Rhomane, uerumetiam explanatius
loqueretur atque ita loqueretur Rhomane, ut Hebraeum quidem non agnoscas, agnoscas tamen apostolum loqui.*
[20] A. a. O., 4: *Fidem laudat, quae nusquam adhuc fuit incorruptior; obedientiam praedicat,
quae fecit, ut cito superstitionem religione mutares. Facilitatem tribuit, cui solet esse comes
credulitas, haec in causa est, ut a pseudoapostolis in Iudaismum pellicereris.*
[21] Dazu vgl. als Beispiel das *Enchiridion militis christiani*: Erasmus von Rotterdam, Ausgewählte Schriften, hg. v. Werner Welzig, Bd. 1, Darmstadt 1967, 55–375, bes. 168–240.

immer in gleicher Weise auch für ihre jüdischen Zeitgenossen. Auch der an in-
nerkirchliche Gegner gerichtete Vorwurf des Judaisierens tritt in den Schriften
des Erasmus wiederholt auf.[22]

Das Kriterium der *facilitas* findet einen Widerhall in der seit 1522 dem Para-
phrasenwerk vorangestellten Vorrede des Erasmus. Hier betont der Verfasser
das Recht der Laien, die Bibel zu lesen, und betrachtet sein Werk als Hilfe dazu.
Bemerkt sei, dass Erasmus dazu das Motiv des allgemeinen Priestertums bemüht:

Einst trat nur der Priester in das Allerheiligste ein. Als aber beim Tode des Herrn der
Tempelvorhang zerriss, ist allen der Zugang gewährt worden zu Christus selbst, der der
wahre Heilige der Heiligen und Heiligmacher aller ist.

Auf Einwände gegen die Übersetzung der Bibel in die Volkssprachen erwidert
Erasmus, dass die Evangelisten Jesu Worte aus dem „Syrischen" (d.h. Aramä-
ischen) ins Griechische übertragen haben und die Vulgata selbst eine Übersetzung darstelle.[23]

Kennzeichnend für die Paraphrasen ist ferner eine viel umfassendere Darstellung des *argumentum* der einzelnen biblischen Schriften, als dies in der Edition
des Neuen Testaments der Fall ist. Inhaltlich bieten diese Einführungen eine
historische Kontextualisierung der jeweiligen Schrift, wobei Erasmus auf in-
nerbiblische Querverweise und patristische Informationen zurückgreift. Ferner umschreiben sie den inhaltlichen Skopus des Buchs. Im Falle des Römerbriefs illustriert Erasmus die Ausgangslage des Schreibens anhand des Zwi-
schenfalls in Antiochia (Gal 2,11–16). Angesichts der spezifischen *pertinacia* der
Juden und des Hasses der anderen Völker auf sie[24] will Erasmus sowohl die
Ressentiments der Heiden als auch die im „Vertrauen in das Gesetz" begründete „Arroganz" der Juden durch den „Glauben an Jesus Christus" (*fidem in
CHRISTUM JESUM*) überwinden:[25] „die wahre Gerechtigkeit und das vollkommene Heil werden ohne Beitrag des Gesetzes in gleicher Weise allen durch
das Evangelium und allein den Glauben an Christus übertragen."[26]

---

[22] Vgl. Cornelis Augustijn, Erasmus und die Juden, Nederlands archief voor kerkgeschie-
denis. Nieuwe Series 60 (1980), 22–38; Heiko A. Oberman, Wurzeln des Antisemitismus.
Christenangst und Judenplage im Zeitalter von Humanismus und Reformation, Berlin 1981,
48–51.
[23] Desiderii Erasmi Roterodami Opera omnia emendatiora et auctiora […], Bd. 7, Leiden
1706, f. 2v: *Olim sancta sanctorum unus ingrediebatur Sacerdos. At ubi Templi velum in morte Domini scissum est, ad ipsum usque Christum, qui uere sanctus est sanctorum et sanctificator
omnium, datus est omnibus aditus.*
[24] Erasmus, In Epistolam (s. Anm. 19), 11; Desiderii Erasmi Roterodamo Opera omnia,
Bd. 7 (s. Anm. 22), coll. 775 f. (letztere Angabe gilt für die gesamte Wiedergabe des *argumentum*).
[25] Erasmus, In Epistolam (s. Anm. 19), 12.
[26] A.a.O., 13: *Veram iustitiam ac perfectam salutem citra legis auxilia per Euangelium ac
solam fidem in CHRISTUM conferri ex aequo omnibus.*

Bemerkenswert ist, dass Erasmus die hier enthaltene Formel *per solam fidem* auch in späteren Editionen beibehalten hat, obwohl das *sola fide* (im Ablativ) zu einer Art Symbol der von ihm abgelehnten protestantischen Theologie wurde.[27] Die klassischen Themen der Römerbrief-Interpretation wie Prädestination und Präszienz, Gnade und Verdienst, Willensfreiheit und unergründlicher göttlicher Ratschluss werden nach Erasmus hingegen von Paulus lediglich „im Vorbeigehen" (*obiter*) behandelt. Als allegorische Redeweise versteht der Humanist die Dialektik zwischen altem und neuem Adam, äußerem und innerem Menschen, Gerechtigkeit der Menschen und Gottes.[28] Die Historisierung des Textes führt damit zu einer Relativierung seiner individuell-soteriologischen Aussagen und antizipiert um ein halbes Jahrtausend einige Elemente der *New Perspective on Paul*,[29] was allerdings nicht für den Gesetzesbegriff gilt.

2. Beobachtungen zur Interpretation einzelner Paulus-Stellen

Um nun ein konkreteres Bild von der Paulus-Interpretation des Erasmus zu bieten, sollen einige Beispiele zu den Themenbereichen von Berufung und Willensfreiheit, zum Glaubensbegriff und zur Ekklesiologie angeführt werden. Dabei werden die Ausführungen der *Annotationes* mit den Paraphrasen verglichen. Um der Kohärenz mit den anderen Beiträgen dieses Bandes willen beschränken wir uns dabei auf die heute als original betrachteten Briefe. Das Paulus-Bild des Erasmus integrierte hingegen die Deuteropaulinen und ihre fortentwickelte Gemeinde- und Amtsvorstellung. Außer Betracht bleibt ebenfalls der Hebräerbrief, für den Erasmus die Autorschaft des Paulus 1516 in Frage gestellt hatte, wenn er sie dann auch in den Paraphrasen vertrat.[30] Dies bedeutet auch, dass die christologische Auseinandersetzung zwischen ihm und Jacques Lefèvre d'Étaples um die Deutung von Heb 2,7 (Gott hat Christus „eine kleine Zeit niedriger sein lassen als die Engel/als Gott") hier ebenfalls nicht behandelt wird.[31]

---

[27] Vgl. Desiderii Erasmi Roterodamo Opera omnia, Bd. 7 (s. Anm. 23), Sp. 775 f.; Athina LEXUTT, Rechtfertigung im Gespräch. Das Rechtfertigungsverständnis in den Religionsgesprächen von Hagenau, Worms und Regensburg 1540/41, Göttingen 1996, 85–88.

[28] Erasmus, In Epistolam (s. Anm. 19), 13 f.

[29] Vgl. Jens SCHRÖTER, „The New Perspective on Paul" – eine Anfrage an die lutherische Paulusdeutung, LuJ 80 (2013), 142–158.

[30] *Annotationes*: Desiderii Erasmi Roterodamo Opera omnia emendatiora et auctiora [...], Bd. 6, Leiden 1705, Sp. 1023 f. Paraphrase: Opera omnia VII/6 (s. Anm. 4), 41.

[31] Dazu vgl. als Zusammenfassung Guy BEDOUELLE, Attacks on the Biblical Humanism of Jacques Lefèvre d'Étaples, in: Rummel (Hg.), Biblical Humanism (s. Anm. 7), 117–141 (126–128).

2.1 Berufung, Glaube, Willensfreiheit

Dem Begriff der Berufung wenden sich die *Annotationes* des Erasmus bei der Behandlung von Röm 1 zu, wo Paulus dieses Konzept sowohl auf sich selbst (κλητὸς ἀπόστολος), als auch auf seine Adressaten (κλητοὶ ἅγιοι) anwendet. Von Valla übernimmt der niederländische Humanist die Einschätzung, dass κλητός in diesem Zusammenhang nicht, wie in Mt 20,16, ein Adjektiv, sondern ein Substantiv ist, weshalb es nicht den Heilsstand von Personen umschreibt, sondern auf die Apostel- bzw. Gemeindegliedfunktion bezogen und damit auf die kirchliche Amts- und Autoritätsfrage hin gedeutet wird. Erasmus weist darauf hin, dass auch Begriffe wie Erwählung und Prädestination auf das Apostolat angewandt werden können. In der Ausgabe von 1527 leitet er aus dem Aspekt der Berufung sogar das Spezifikum der paulinischen Theologie ab:[32]

Diese Bezeichnung ist eine Besonderheit des Paulus, dessen Eifer darauf gerichtet ist, allen das Zutrauen auf die menschlichen Werke zu nehmen und allen Ruhm auf den berufenden Gott zu übertragen: wer hört, wenn er ruft, ist gerettet. So hat auch Paulus, als er vom Himmel her gerufen wurde, rasch gehorcht.

Während also Paulus ein Berufener zum Apostolat ist, sind die Glieder der römischen Gemeinde als Berufene zur Heiligung verstanden. Theologisch-soteriologisch ausgedeutet wird hingegen, allerdings erst in der Ausgabe von 1527, der Eingangsgruß „Gnade und Frieden" (χάρις καὶ εἰρήνη):[33]

Als Gnade bezeichnet er ungeschuldete Großzügigkeit. [...] Die erteilte Gnade erzeugt die Vergebung der Sünden, welche er nach seiner Gewohnheit als Frieden bezeichnet. Denn die Sünde setzt Feindschaft zwischen Gott und die Menschen. Er hat uns gerufen, nicht wir haben ihn gesucht. Er hat uns zuvor geliebt, als wir Feinde waren. Denen, die Strafe verdient haben, hat er das Geschenk des Geistes erteilt. Durch den Geist jedoch die Vergebung der Sünden und ein Übermaß an Gnadengaben.

Methodologisch interessant ist, was von diesen Überlegungen in die Paraphrasen einfließt. Auch dort ist der Apostel streng amtstheologisch als „mit dieser Sendung Beauftragter" eingeführt; die Adressaten erscheinen als „Berufene zu einem heiligen Lebenswandel."[34] Die Wiedergabe des Eingangsgrußes hingegen

---

[32] Opera omnia VI/7 (s. Anm. 4), 36; das Zitat r. 76–79: *Haec vox peculiaris est Paulo, cui studium est omnibus adimere fiduciam operum humanorum totamque gloriam transferre ad vocantem Deum, cui vocanti qui auscultat saluus est. Ita Paulus e coelo vocatus mox obedit.* Vgl. a. a. O., 56, r. 452–454.

[33] A. a. O., 56, r. 460–465: ,Gratiam' *autem vocat gratuitam munificentiam.* [...] *Gratia data parit remissionem peccatorum, quam suo more* ,pacem' *vocat. Peccatum autem inimicitiam ponit inter Deum et homines. Ille nos vocauit, non nos illum quaesiuimus; ille nos dilexit prior, quum essemus inimici; ille poenam commeriti impartiit spiritus donum. Per spiritum autem peccatorum veniam et abundantiam charismatum.*

[34] Erasmus, In Epistolam (s. Anm. 19), 19 f.: Paulus ist *accersitus ad huius legationis munus*, die Adressaten hingegen *a pristinis vitijs ad sanctimoniam vitae vocati*. So auch Desiderii Erasmi Roterodamo Opera omnia, Bd. 7 (s. Anm. 23), Sp. 779.

macht eine Entwicklung durch: In den Paraphrasenausgaben von 1517 und 1521 beschränkt sich Erasmus darauf, den von Christus kommenden Frieden von dem der Welt abzusetzen.[35] Die 1540 erschienene postume Edition hingegen deutet diesen Aspekt rechtfertigungstheologisch aus: Zugesprochen wird nun[36]

die wahre neue Gnade, d. h. das unverdiente Geschenk des evangelischen Glaubens, der wahrhaft rechtfertigt, der durch ihn sich ergebende Frieden eines sicheren Gewissens nach völliger Beseitigung aller im vorangegangenen Leben begangenen Verfehlungen und eine feste Freundschaft mit Gott.

Erasmus lehrt hier also die Rechtfertigung aus dem Glauben an das Evangelium als neue, durch Christus eröffnete Heilsdimension. Das Verhältnis von Gnade und Willensfreiheit wird vertieft in der Behandlung von Röm 5,12, einem *locus classicus* der Erbsündenlehre („wie durch einen Menschen die Sünde in die Welt gekommen ist und der Tod durch die Sünde, so ist der Tod zu allen Menschen durchgedrungen, weil [ἐφ' ᾧ] sie alle gesündigt haben"). Dieser Vers wird in den *Annotationes* ausgesprochen breit erörtert und schließlich in dem Sinne ausgelegt, dass Adams Sünde nicht substantiell-zwangsmäßig, sondern moralisch durch Nachahmung auf seine Nachfahren übergeht.[37] Weil Erasmus damit die klassische Erbsündenlehre depotenziert, muss er sich in der letzten Edition von 1535 mit dem Vorwurf des Pelagianismus auseinandersetzen, der seitens der Löwener Theologen erhoben worden war.[38]

In den Paraphrasen erscheint zwischen 1517 und 1540 konstant eine Formulierung, nach der „niemand das Vorbild des Ahnen nicht nachahmt". Anschließend ist hervorgehoben, dass „wir", d. h. die Christen, durch Christus mittels des Glaubens wiedergeboren sind, wodurch[39]

sich die Unschuld sowie das Leben als Begleiterin der Unschuld, und das Glück (*felicitas*) durch den einzigen Ahnherrn einer neuen Art auf alle ausbreitet, die aufgrund der Verwandtschaft des Glaubens zu Christus gehören und durch schuldloses Leben den Spuren des Unschuldigen folgen.

---

[35] Erasmus, In Epistolam (s. Anm. 19), 20; Paraphrases Erasmi Roterodami in omnes epistolas Pauli apostoli germanas […], Basel 1521 (VD 16: E 3376), f. [b 5]v.

[36] Desiderii Erasmi Roterodamo Opera omnia, Bd. 7 (s. Anm. 23), Sp. 779: *gratiam vobis opto pacemque* [Rom 1,7]: *non quam mundus hic vulgato more solet precari, sed veram novamque gratiam, hoc est, gratuitum donum Euangelicae fidei vere justificantis, et per hanc penitus abolitis omnibus vitae praeteritae commissis, se curae jam conscientiae pacem, stabilemque amicitiam cum Deo.*

[37] Opera omnia VI/7 (s. Anm. 4), 138–159; siehe als Kernsatz auf 144, r. 1: *Nihil igitur est hic in verbis quod non accomodari possit ad peccatum imitationis.*

[38] Dazu siehe COOGAN, Erasmus (s. Anm. 12), 25–51.

[39] Erasmus, In Epistolam (s. Anm. 19), 50: *Atque ita factum est, ut malum a principe generis ortum in universam posteritatem dimanaret, dum nemo non imitatur primi parentis exemplum. Ita per unum CHRISTUM, in quo rinascimur omnes, per fidem innocentia inducta est, et innocentiae comes vita, atque ea felicitas ab uno noui generis principe profecta derivatur in omneis* [sic!]*, qui fidei cognatione ad CHRISTUM pertinent et innocentis uestigia sectantur innoxia vita.* Ebenso in Desiderii Erasmi Roterodamo Opera omnia, Bd. 7 (s. Anm. 23), Sp. 793.

Christus konstituiert also ein neues und alternatives Vorbild, dem man im Glauben anhängen kann, ohne dass ein solcher Bezug als Notwendigkeit oder Zwang zu verstehen wäre. Die nach Paulus im Glauben erfolgende Rechtfertigung drückt sich nach Erasmus in einer „Unschuld" (*innocentia*) aus, in der die Glaubenden den schuldlos am Kreuz gestorbenen Christus zum Modell nehmen.

In diesem Sinne legen die Paraphrasen den Abschnitt Röm 7,15–23, welcher in den *Annotationes* nur ganz kurz abgehandelt wird,[40] als Beschreibung der vorgläubigen Existenz aus. Erasmus lässt den Apostel hier das Verhältnis von Sünde und Gnade im Rahmen einer (im biblischen Text nicht vorgegebenen) dreigliedrigen Seelenlehre ausdrücken: Der Adam folgende Mensch kann in seiner *mens* und seiner *ratio* durchaus beurteilen, was *honestum* ist; das Problem liegt darin, dass ihn am Ende die Begierde dazu treibt, zu tun, was er eigentlich hasst. Aus pädagogischen Gründen (*docendi gratia*), so der Paulus des Erasmus, werde dieser Gegensatz auch durch das Begriffspaar „äußerer – innerer Mensch" ausgedrückt. Die Gnade wirkt schließlich die Überwindung der Begierde und die ethische Kontrolle durch *mens* und *ratio*.[41] Eine wesentliche Unterstützung dieser Sichtweise kommt von der Eröffnung des paränetischen Teils des Römerbriefs, wo Paulus zum *rationabile obsequium* auffordert (Röm 12,1), was Erasmus als vernunftentsprechende Lebensweise deutet (in der Paraphrase: *sacrificium rationale*).[42] Wie die Definition des Ziel der Existenz in Christus als *felicitas*, so belegt auch dies eine Paulus-Lesart, die an grundlegenden aristotelischen Prinzipien festhält.

Ein letzter Text, der hier zum Thema der Willensfreiheit angeführt werden soll, ist 1 Kor 15,10, wo Paulus erklärt, sein Werk habe nicht er selbst vollzogen, „sondern Gottes Gnade, die mit mir ist". Hier setzen sich die *Annotationes* kritisch mit Valla auseinander, der diesen Passus zur Bestreitung der Idee einer *gratia cooperans* genutzt hatte. In der zweiten Auflage von 1519 führt Erasmus sogar ausdrücklich Thomas von Aquin als Vertreter dieser Sichtweise an und übersetzt: „die mir hilft" (*mihi auxilio est*). Semantisch lässt er damit die scholastische Lehre des Gnaden-*auxilium* anklingen, in deren Rahmen die Kontinuität und der Beitrag des zu erlösenden Subjektes regelmäßig erörtert wurden. In der Ausgabe von 1527 bietet Erasmus zusätzlich Augustin und einen Verweis auf das griechische σύν („mit") auf, welches „Gunst und Hilfe bedeutet: Hilfe schließt aber nicht das Werk dessen aus, dem geholfen wird"[43]. Theologisch

---

[40] Opera omnia VI/7 (s. Anm. 4), 184–186.

[41] Erasmus, In Epistolam (s. Anm. 19), 66. Ebenso in Desiderii Erasmi Roterodamo Opera omnia, Bd. 7 (s. Anm. 23), Sp. 799 f.

[42] Erasmus, In Epistolam (s. Anm. 19), 108; Desiderii Erasmi Roterodamo Opera omnia, Bd. 7 (s. Anm. 22), Sp. 817.

[43] Opera omnia VI/8 (s. Anm. 4), 286. Zur Lehre vom *auxilium spiritus sancti* vgl. Martin Anton SCHMIDT, Scholastik (KIG 2G/2), Göttingen 1969, 131. Zu Erasmus' Urteil über Thomas vgl. RUMMEL, Erasmus' Annotations (s. Anm. 3), 77–80.

dient der Vers damit zur Bekräftigung einer Sichtweise, die sich bewusst an
Thomas anschließt. In einer damit kongenialen Weise reproduziert die Paraphrase den Passus mit: „durch dessen Unterstützung (*praesidio*) alles geschehen
ist, was geschehen ist."[44]

2.2 Glaube und Rechtfertigung

Das theologiegeschichtliche Profil der bisher analysierten Aussagen ergibt sich
mit größerer Deutlichkeit, wenn man sie mit den Aussagen des Erasmus zum
Glauben in Beziehung setzt. Ausgangspunkt dafür ist seine Behandlung von
Röm 1,16 (im „Evangelium" offenbart sich die „Gerechtigkeit Gottes, welche
kommt aus Glauben in Glauben"). Zum Eingang sei eine eher technische Beobachtung mitgeteilt: Im Jahre 1516 liest Erasmus unter Berufung auf die griechischen Textzeugen, die aus heutiger Sicht dem relativ späten Mehrheitstext entsprechen, in diesem Vers „Evangelium Christi", und die Reformatoren sind ihm
darin gefolgt. In der Ausgabe von 1527 erkennt Erasmus jedoch an, dass das
Wort „Christi" nicht in allen, sondern nur in „einigen" griechischen Zeugen
belegt ist und bei Johannes Chrysostomos fehlt.[45] Bis heute wird in der Forschung hervorgehoben, dass Erasmus sich im Gefolge Vallas für den griechischen Text vor allem als normativ und daher einheitlich gedachtes Kriterium
zur Korrektur der Vulgata interessierte. In dieser Hinsicht blieb seine textkritische Arbeit hinter der zeitgleichen komplutensischen Polyglotte zurück.[46] Die
Ergänzung von 1527 signalisiert jedoch bei Erasmus ein wachsendes Bewusstsein für die auf der Seite der griechischen Textüberlieferung bestehende Vielfalt
und Entwicklung.[47]

Der für Martin Luther grundlegende Text Röm 1,16 f. fand in den ersten Auflagen der *Annotationes* bei Erasmus nur begrenzte Aufmerksamkeit.[48] Im Jahre

---

[44] Paraphrases 1521 (s. Anm. 34), s.p.: *cuius praesidio factum est, quicquid gestum est*. So
auch Desiderii Erasmi Roterodamo Opera omnia, Bd. 7 (s. Anm. 23), Sp. 907.

[45] Opera omnia VI/7 (s. Anm. 4), 66; vgl. RUMMEL, Erasmus' Annotations (s. Anm. 3), 35.
Zur Rezeption der Lesart von 1516 in den Wittenberger Bibeln vgl. WA.DB 7, 30 f.; Lothar
VOGEL, La terminologia della grazia nella Bibbia di Lutero e in altre traduzioni tedesche
coeve, in: Fulvio Ferrario/Lothar Vogel, Rileggere la Riforma. Studi sulla teologia di Lutero,
Turin 2020, 73–86 (77).

[46] Vgl. Jan KRANS, Beyond What Is Written. Erasmus and Beza as Conjectural Critics of
the New Testament, Leiden/Boston 2006, 13–16; Adrian SCHENKER, From the First Printed
Hebrew, Greek and Latin Bibles to the First Polyglot Bible, the Complutensian Polyglot:
1477–1517, in: Magne Sæbø (Hg.), Hebrew Bible/Old Testament. The History of Its Interpretation, Bd. 2. From the Renaissance to the Enlightenment, Göttingen 2008, 276–291 (288 f.);
Ignacio García PINILLA, Reconsidering the Relationship between the Complutensian Polyglot Bible and Erasmus' Novum Testamentum, in: Basel 1516 (s. Anm. 6), 59–77, bes. 65 f.

[47] So auch KRANS, Beyond What Is Written (s. Anm. 46), 19 f.

[48] Opera omnia VI/7 (s. Anm. 4), 66/68. Vgl. WA 54, 185 f.; zur Bewertung vgl. Helmar
JUNGHANS, Bibelhumanistische Anstöße in Luthers Entwicklung zum Reformator, RHPhR
85 (2005), 17–42; Volker LEPPIN, „Omnem vitam fidelium penitentiam esse voluit" – Zur Auf-

1527 nimmt er aber die paulinische Formel „aus Glauben in Glauben" (*ex fide in fidem*) zum Anlass, einen langen Exkurs zum Glaubensbegriff einzufügen. Die Schwierigkeit der Formulierung liegt seines Erachtens darin, dass die lateinische Sprache über kein volles Äquivalent zum griechisch-neutestamentlichen πίστις verfügt. Insbesondere die in den *sacrae literae*, d.h. in der lateinischen Bibel, anzutreffende Verwendung von *fides* für das „Vertrauen zu Gott" (*fiducia erga Deum*) wird linguistisch als Grenzüberschreitung gedeutet. Ähnlich ist es bei der Rede von einer *Dei fides*: Einerseits bezeichnet sie die Verlässlichkeit Gottes, der seine Verheißungen erfüllt und sich als πιστός bzw. *fidelis* erweist, ohne dass sich Übertragungsprobleme einstellen. Andererseits jedoch weist die Bibel dieselbe Eigenschaft auch jenen Menschen zu, die einem gegebenen Versprechen Glauben schenken, und an dieser Stelle wird der eigentliche Sinn des lateinischen Begriffs überschritten. Genau daraus ergibt sich nun nach Erasmus das an dieser Stelle bestehende Verständnisproblem:

> Manchmal bezeichnet *fides Dei* jenen [Glauben], in dem wir ihm anstatt einem Menschen trauen. Er wird als der seinige bezeichnet, auch weil er von ihm geschenkt wird, nicht nur weil er sich auf ihn richtet. Insofern gehört er beiden, wenn ,der Gerechte aus Glauben leben wird': Gott, der nicht zuschanden wird in seinen Verheißungen, und dem Menschen, der auf Gott traut. Auf beides ist bezogen, was er [Paulus] hier sagt: *ex fide in fidem*. Wie Gott zu gegebener Zeit begonnen hat, zu erschließen, wer er ist, und zu erfüllen, was er versprochen hat, so ist bei den Menschen Schritt für Schritt die Erkenntnis Gottes und das Vertrauen ihm gegenüber angewachsen.

Dieser Prozess habe sich von den Propheten bis zu Christus hin vollzogen. Qualitativ bedeutet das „aus Glauben": „Das Leben hat daraus seinen Ursprung, dass wir den menschlichen Sinn unterwerfen und den göttlichen Worten glauben. Dies ist gegen die Philosophen gesagt."[49] Im Abschluss dieser Erörterung klingt also erneut die antischolastische Seite des Erasmus an.[50] Es ist wohl kein Zufall, dass die in der reformatorischen Theologie betonte Deutung des Glaubens als *fiducia*[51] als philologisch grenzwertig charakterisiert wird, zumindest wenn sie in lateinischer Sprache erfolgt. Allerdings gesteht Erasmus ohne wei-

---

nahme mystischer Tendenzen in Luthers früher Ablasslehre, ARG 93 (2002), 7–25 (8–13); Berndt HAMM, Naher Zorn und nahe Gnade. Luthers frühe Klosterjahre als Beginn seiner reformatorischen Neuorientierung, in: Christoph Bultmann/Volker Leppin/Andreas Lindner (Hg.), Luther und das monastische Erbe, Tübingen 2007, 111–151.

[49] Opera omnia VI/7 (s. Anm. 4), 68/70: *Nonnunquam fides Dei dicitur qua nos illi fidimus potius quam homini; cuius dicitur et ob hoc quod ab illo donatur, non solum quod in illum tendat. Interdum vtriusque, vt Iustus ex fide viuet: Dei, qui non fallit in promissis, et hominis, qui Deo fidit. Ad vtrumque pertinet quod hic dicit: ex fide in fidem. Quemadmodum enim Deus statis temporibus aperire coepit qualis esset, et praestare quae promiserat, ita creuit per gradus hominibus erga Deum cognitio et fiducia. [...] Vita enim ex hoc habet initium, quod submittentes humanum sensum credimus verbis diuinis. Hoc adversus philosophos dictum est.*

[50] S.o. Anm. 10.

[51] Vgl. als *locus classicus* WA 30, 133,2–4 (Auslegung des Ersten Gebots im Großen Katechismus).

teres die biblische Fundierung dieser Lehrweise zu und geht inhaltlich nicht zu ihr auf Distanz.

In der Paraphrase fasst Erasmus zwischen 1517 und 1521 den Sinn des Verses in der Weise zusammen, dass das Evangelium denen, die glauben, eine heilsbringende Kraft (*virtus*) ist, wie sie weder im jüdischen Gesetz noch in der heidnischen Philosophie gegeben gewesen war. Die im Jahre 1540 veröffentlichte Version spezifiziert diese Heilsdimension als Gewissensruhe.[52]

Eine mit Luther vergleichbare Erörterung des Gerechtigkeitsbegriffs sucht man bei Erasmus vergebens. Dies gilt auch für die Auslegung von Röm 3,21, wo Paulus von der Offenbarung der Gerechtigkeit Gottes „ohne Gesetz" spricht. Bis 1527 sind seine *Annotationes* hier von extremer Kürze, erst 1535 fügt er einen Verweis auf Augustin ein, der die Frage stellt, wie die Gerechtigkeit „ohne das Gesetz" offenbart sein könne, wenn sie doch „durch das Gesetz" bezeugt sei. Der „Skrupel" Augustins wird als unbegründet abgetan: „Die Gerechtigkeit durch Glauben und Gnade ist durch die Ankunft Christi offenbart worden, das Gesetz hatte aber vorhergesagt, dass es geschehen würde."[53] Aus seiner Sicht bedeutet das offenbar auch, dass die Analyse der hebräischen Bibel nichts Substantielles zum Verständnis dieser neuen Gerechtigkeit beizutragen vermag – und genau darin unterscheidet sich Erasmus von Luther, dessen Auseinandersetzung um den Gerechtigkeitsbegriff davon bestimmt ist, dass er Paulus im Lichte der Bußpsalmen liest.[54] Die Kritik an Luther wird also indirekt als Widerspruch gegen den von ihm angeführten Augustin zur Sprache gebracht.

In den Paraphrasen von 1517 und 1521 ist die heilsbringende Gerechtigkeit definiert als eine, die „nicht durch die Beschneidung oder jüdische Zeremonien" erfolgt (dies ist nach Erasmus also die Essenz des „Gesetzes"!), sondern „durch den Glauben an Jesus Christus, durch den allein die wahre Gerechtigkeit überreicht wird". Diese gilt nicht partiell den Juden oder „diesen oder jenen Völkern", sondern „ohne Unterscheidung für alle einzelnen, die ihm Glauben schenken". Kernbegriff bleibt der Glaube an Christus, der nach Erasmus alle Partikularitäten individualistisch überwindet. Die einzige Veränderung der im Jahre 1540 veröffentlichten Fassung ist, dass nun – ganz im Sinne der oben zitierten 1527 in die *Annotationes* eingeführten Begriffsanalyse – der „Glaube an Jesus Christus" genauer als „Glaube und Vertrauen in Jesus Christus" wiedergegeben ist.[55]

---

[52] Erasmus, In Epistolam (s. Anm. 19), 28; Paraphrases 1521 (s. Anm. 35), s.p.; Desiderii Erasmi Roterodamo Opera omnia, Bd. 7 (s. Anm. 22), Sp. 781.

[53] Opera omnia VI/7 (s. Anm. 4), 110: *Scrupulus autem qui mouit Augustinum, nullius est momenti. Iustitia Dei per fidem et gratiam manifestata est per aduentum Christi, sed hoc futurum praedixerat lex.* Vgl. Augustin, De gratia Christi et peccato originali I,8,9.

[54] Vgl. VOGEL, La terminologia (s. Anm. 45).

[55] Erasmus, In Epistolam (s. Anm. 19), 34 f.: *Iustitia, inquam, non legalis, sed dei, idque non per circumcisionem aut Iudaicas ceremonias, sed per fidem IESV CHRISTI, per quem unum uera iustitia confertur non Iudaeis modo, aut his, aut illis nationibus, sed citra delectum omni-*

Die hier angerissene Fragestellung kehrt wieder in der Auslegung vom Röm 4,3: Dort zitiert Paulus Gen 15,6, wonach Abraham sein Glaube „zur Gerechtigkeit angerechnet" wurde. Bereits Valla hatte in diesem Zusammenhang unter Verweis auf Psalm 32,1 den Anrechnungsbegriff diskutiert.[56] Erasmus liest in den *Annotationes* die Zurechnung im Sinne der Anerkennung von etwas, das dem Betreffenden nicht eigen ist; als juristischen Begriff verweist er dazu auf die *acceptilatio*, d. h. die durch Übertragung gerechtfertigte Anerkennung. Wie schon in seiner Analyse des Gnadenbegriffs deutlich geworden ist, erkennt Erasmus also im Grunde wie Luther die nicht-qualitative, sondern relationale Dimension der paulinischen Soteriologie. Auch hier jedoch werden die Folgen für den Gerechtigkeitsbegriff nicht weiter ins Auge gefasst.[57]

Die Paraphrasen der ersten Verse von Röm 4 sind hingegen auffällig umfangreich. Die Bemerkung des Paulus, dass Abraham durch seine Werke Ruhm, aber nicht vor Gott erlangt habe (V. 2), wird erweitert zu einer systematischen Gegenüberstellung der Kategorien *apud homines* und *apud Deum*: Erstere ist gekennzeichnet durch die Leiblichkeit, die zweite durch den damit als Innerlichkeit gedeuteten „Glauben". Sowohl das jüdische Gesetz als auch die heidnische Philosophie treten damit auf die Seite des Äußerlichen. Anschließend wird Abrahams „Glaube" bestimmt als innerliches Verhältnis zu demjenigen, der die Verheißung ausspricht, nicht als äußerliche Erwartung des verheißenen Inhalts, d. h. der Nachkommenschaft. Genau darin unterscheidet sich Abraham von seiner Frau Sara, die angesichts der aus leiblicher Sicht ganz unglaubwürdigen Verheißung in Gelächter ausbricht. In einem Detail zeigen die Fassungen der Paraphrasen hier allerdings einen Unterschied: 1517 heißt es, dass Abraham „durch den Verdienst seines Glaubens" als gerecht erachtet worden sei; 1521 wird in diesem Satz „Glaube" durch „Vertrauen" (*fiducia*) ersetzt, was dann auch für die Ausgabe von 1540 gilt. Stabil bleibt dabei der Verweis auf ein „Verdienst" (*meritum*) Abrahams, das die Zurechnung der Gerechtigkeit begründet.[58]

Auch das *argumentum* der Paraphrasen zum Galaterbrief spricht vom Heilserwerb durch den Glauben, nicht durch äußerliche Gesetzeswerke, und hebt die Gegensätzlichkeit beider Zugangsweisen (Fleisch – Geist, Schatten – Licht, Bild – Wahrheit, Knechtschaft – Freiheit) hervor. Vorausgesetzt ist dabei immer,

---

bus et singulis, quicunque illi fidem habuerint; so auch Paraphrases 1521 (s. Anm. 35), s.p.; Desiderii Erasmi Roterodamo Opera omnia, Bd. 7 (s. Anm. 23), Sp. 786: *per fidem ac fiduciam erga Jesum Christum.*

[56] Laurentii Vallensis (s. Anm. 7), f. 27v [r. 1 f.].

[57] Opera omnia VI/7 (s. Anm. 4), 116,529.

[58] Erasmus, In Epistolam (s. Anm. 19), 37 f., Zitat 38: *Ille nihil contatus fidem habuit pollicenti, non consyderans quale esset, quod promittebatur, sed quis esset promissi autor, statimque ob fidei meritum iustus est habitus, non ex circumcisione, quam nondum acceperat, sed ex credulitate, et habitus est utique non apud homines, sed apud deum;* Paraphrases 1521 (s. Anm. 35), s.p.: *ob fiduciae meritum iustus est habitus;* Desiderii Erasmi Roterodamo Opera omnia, Bd. 7 (s. Anm. 23), Sp. 788.

dass die im Glauben begründete evangelische Freiheit nicht zu ethischer Belie-
bigkeit führt, sondern zur Erfüllung der „Pflichten der *pietas*", dies aber „auf
Geheiß der Liebe, nicht aufgrund des Befehls des Gesetzes"[59]. In dieser Orientierung entsprechen die Paraphrasen im Übrigen voll der Paulus-Lesart im
Enchiridion militis christiani.[60]

2.3 Ekklesiologie

Von besonderem ekklesiologischem Interesse ist die Auslegung des Galaterbriefs. Gleich im Eingang deuten die *Annotationes* den Aposteltitel des Paulus
als göttliche, nicht menschliche Autoritätssetzung, was inhaltlich der Interpretation des Berufungsbegriffs im Eingang des Römerbriefs entspricht.[61] In den
Paraphrasen ist es das Kennzeichen des Apostels und seiner Begleiter (V. 2), dass
sie „den Glauben und die evangelische Lehre festhalten". Der einleitende Frie-
densgruß ist hier interpretiert als Einladung, die (gefährdete) *concordia* mit den
anderen Kirchen zu bewahren. Damit klingt ein Grundelement der erasmiani-
schen Ekklesiologie an, welches später auch seine Verteidigung des Papsttums
begründet. In diesem Horizont reiht sich die Ausdeutung des Verweises des
Paulus auf seine Begleiter („alle Brüder und Schwestern, die bei mir sind") ein:
Sie werden als „unfassbare Zahl" paraphrasiert und stehen damit für die welt-
weite Katholizität.[62]

Der in Gal 2,11–16 dargestellte Konflikt zwischen Paulus und Petrus in Antiochia war bereits Gegenstand eines Dissenses zwischen den Kirchenvätern
gewesen. Hieronymus entschärfte die Zurechtweisung des Petrus durch Paulus
als didaktisch motivierte Inszenierung, womit er die mögliche theatralische
Bedeutung der Wendung κατὰ πρόσωπον (V. 11, lat.: *in faciem*) anklingen ließ.
Augustin hingegen las den Passus als Paradigma für die Legitimität der öffentlichen Kritik an einem Oberen (d. h. dem Apostelfürsten) durch einen kirchlichen Untergebenen. Im Jahre 1512 bedauerte dann Jacques Lefèvre d'Étaples
die Schärfe der Auseinandersetzung zwischen den beiden Kirchenvätern und

---

[59] Paraphrases 1521 (s. Anm. 35), Gal. A 4r: *in illa* [d. h. im mosaischen Gesetz] *fuisse carnem, in euangelio spiritum, in illa umbras, in euangelio lucem, in illa imagines, in euangelio
ueritatem, in illa seruitutem, in euangelio libertatem.* [...] *Deinde* [...] *ostendit Christianam
libertatem non esse peccandi licentiam, sed ultroneam functionem officiorum pietatis, quae
charitate dictante, non lege iubente, praestantur*; Desiderii Erasmi Roterodamo Opera omnia,
Bd. 7 (s. Anm. 23), Sp. 943 f.

[60] Erasmus, Ausgewählte Schriften, Bd. 1 (s. Anm. 21), 90.

[61] Opera omnia VI/9 (s. Anm. 4), 53. S. o. Anm. 33.

[62] Paraphrases 1521 (s. Anm. 35), Gal. A 5v: *nec ego solus* [...] *sed quotquot hic sunt* (est autem immensus numerus) *qui mecum unanimes Christi nomen profitentur et relicta Mosi lege
fidem ac doctrinam euangelicam amplectantur: optamus uobis omnibus primum gratiam,
deinde pacem et concordiam: gratiam, quae praestet ut semel gratis exempti pristini peccatis,
posthac innocentem ac puram agatis vitam: concordiam, ne quid dissentiatis a reliquis ecclesiis,
aut etiam a uobis ipsis.* So auch Desiderii Erasmi Roterodamo Opera omnia, Bd. 7 (s. Anm. 23),
Sp. 944. Vgl. a. a. O., Bd. 5, 1704, Sp. 469–506 (*De amabili ecclesiae concordia*).

schlug eine lateinische Neuübersetzung vor, die dem Passus seine – aus Sicht Lefèvres im griechischen Text nicht begründete – Schärfe nehmen sollte. Zudem weigerte er sich, in eine moralische Deutung des Verhaltens der Apostel einzusteigen, wenn etwa Paulus einerseits Petrus der Verstellung gegenüber den Judaisierenden zieh und andererseits nach Apg 16,3 seinen Schüler Timotheus beschneiden ließ.[63]

In den *Annotationes* des Erasmus wird der Konflikt von Antiochia seit der Fassung von 1519 breit erörtert. Unter Rückgriff auf Hieronymus kritisiert Erasmus Augustin nun ausdrücklich dafür, Petrus ein sündhaftes Verhalten zugeschrieben zu haben. Theologiegeschichtlich interessant an diesem Stück ist, dass Erasmus hier vor allem die (von Augustin behauptete) Sündhaftigkeit der religiösen Dissimulation in Frage stellt bzw. depotenziert.[64] Dieses Problem sollte in der Folgezeit für reformerische Tendenzen vor allem in Südeuropa relevant werden, von denen zugleich Erasmus generell als Autorität in Anspruch genommen wurde.[65] Ein Hinweis auf Pariser Theologen, die Petrus gar eine Häresie anlasteten, wird 1535 noch erweitert durch die Bemerkung, dass er es generell für *impium* halte, den Aposteln – auch wenn sie untereinander im Dissens sind – nach Empfang der Inspiration noch Irrtümer in Glaubensfragen (*Petrum errasse in fide*) anzuhängen.[66] Angesichts der im Jahre 1519 im Gang befindlichen *causa Lutheri*[67] und der sich im Anschluss daran vollziehenden Glaubensspaltung hatte Erasmus, wie es scheint, ein immer stärkeres Bedürfnis, die Autorität der *cathedra Petri* und der institutionellen Kirche nicht zu unterminieren.

An der Paraphrase von Gal 2, die zwischen 1521 und 1540 konstant bleibt, sind drei Beobachtungen hervorzuheben. Erstens ist das Verhalten des Petrus als *simulatio* definiert, die zwar „aus einem frommen Geist" (*ex animo pio*) hervorgegangen, dennoch aber „recht unbedacht" (*inconsultior*) gewesen sei, da sie als Vorbild für andere eine Gefahr darstellte. Auf diese Weise nimmt Erasmus eine Mittelposition ein. Einerseits vermeidet er es, das Verhalten des Petrus als Verfehlung im eigentlichen Sinne zu deuten; andererseits jedoch rechtfertigt er

---

[63] Dazu Irene BACKUS, Jacques Lefèvre d'Étaples: A Humanist or a Reformist View of Paul and His Theology, in: Holder (Hg.), A Companion to Paul (s. Anm. 17), 61–90 (86 f.), mit Quellennachweisen, allerdings mit falscher Spaltenangabe für Hieronymus, siehe MPL 26, Sp. 339A: *quasi in publico contradicens ut ex eo quod Paulus eum* [d. h. *Petrum*] *arguens resistebat hi qui crediderant ex gentibus servarentur*; gleich im Anschluss verwahrt sich Hieronymus dagegen, dass Paulus den Petrus *vere* zurechtgewiesen habe.

[64] Opera omnia VI/9 (s. Anm. 4), 78–90 (mit Nachweisen für die angeführten patristischen Zitate).

[65] Vgl. Carlo GINZBURG, Il nicodemismo. Simulazione e dissimulazione religiosa nell'Europa del Cinquecento, Torino 1970; Silvana SEIDEL MENCHI, Erasmus als Ketzer. Reformation und Inquisition im Italien des 16. Jahrhunderts, Leiden 1993.

[66] Opera omnia VI/9 (s. Anm. 4), 90,538–543.

[67] Siehe Wilhelm BORTH, Die Luthersache (*causa Lutheri*) 1517–1524. Die Anfänge der Reformation als Frage von Politik und Recht, Lübeck 1970.

die öffentliche Zurechtweisung durch Paulus. Ferner wird der Konflikt mit den Judaisierenden in dem Sinne inhaltlich gefüllt, dass nach Paulus die „Zeremonien des Gesetzes" (Feiertage, Beschneidung, Fasten) „veraltet" und „Aberglaube" sind und nicht zum „evangelischen Heil" beitragen. Es wiederholt sich hier eine positive Vorstellung religiöser Erneuerung auf Kosten einer Abwertung der in der hebräischen Bibel kodifizierten Normen. All dies zielt primär auf eine Reinigung der zeitgenössischen religiösen Gebräuche. Als Begründung für den öffentlichen Austrag des Konflikts (κατὰ πρόσωπον übersetzt mit *coram omnibus*) erklärt schließlich der Paulus des Erasmus, er habe gewollt, dass „die anderen, wenn das Haupt gezüchtigt worden ist, nach seinem Beispiel wieder zu Sinnen kommen"[68]. Gerade im Sich-Bekehren-Lassen sollte Petrus damit eine Vorbildfunktion einnehmen. Obwohl Hieronymus sonst der von Erasmus bevorzugte Kirchenvater ist, wird hier seine Interpretation also nicht übernommen.

Als letzter Text sollen die Einsetzungsworte zum Abendmahl nach 1 Kor 11,24–26 in Augenschein genommen werden. Methodologisch interessant ist, dass Erasmus das Fehlen der in den Evangelien überlieferten Aufforderung „Nehmt und esst!" als Kopistenfehler deutet und den griechischen Text entsprechend rekonstruiert. Folgerichtig sind diese Worte auch in die Paraphrase eingefügt.[69] Während sich die *Annotationes* von 1516 auf die Beobachtung beschränken, dass einige griechische Kodizes das – von Erasmus als sekundär betrachtete – ἐστίν („das ist mein Leib") enthalten, wird 1519 eine Erörterung ergänzt, die sich im Anschluss an Thomas von Aquin mit der Frage auseinandersetzt, ob Jesus nicht zuvor die Elemente mit anderen, uns unbekannten Worten konsekriert haben müsse, da die von Paulus reproduzierte Formel auf die Austeilung zu beziehen sei. Allein die Aufnahme dieser „scholastischen" Fragestellung verdient Aufmerksamkeit, zeigt sie doch, dass Erasmus ohne Vorbehalt von der bestehenden Messordnung auf die Liturgie der Apostelzeit zurückschloss. Inhaltlich erklärt er, dass man sich in dieser Frage an das „Urteil der Kirche" halten, d.h. die festgelegten Konsekrationsworte verwenden müsse.[70] Im Jahre 1527 führt er diesen Punkt noch weiter aus:[71]

---

[68] Paraphrases 1521 (s. Anm. 35), Gal. B 4r: *Itaque cum uiderem quod nunc gentibus, nunc Iudaeis sese accomodantes ueluti claudicarent neque satis recte aut constanter ingrederentur ad euangelii ueritatem quae iam sic eluxerat, ut tempus esset ad eam libera fronte constanterque profiteri, legis ceremonias antiquatas esse neque quicquam conferre ad salutem euangelicam, ut omnium periculo mederer, restiti Petro coram omnibus, ut castigato capite, caeteri ad illius exemplum resipiscerent, ubi conspexissent illum obtemperantem admonitioni nostrae*; so auch Desiderii Erasmi Roterodamo Opera omnia, Bd. 7 (s. Anm. 23), Sp. 949f.
[69] Text: Opera omnia VI/3 (s. Anm. 4), 282; *Annotationes*: Opera omnia VI/8 (s. Anm. 4), 228/230; Paraphrases 1521 (s. Anm. 35), I Cor R 4r; Desiderii Erasmi Roterodamo Opera omnia, Bd. 7 (s. Anm. 23), Sp 897.
[70] Opera omnia VI/8 (s. Anm. 4), 230,289–298; vgl. Thomas von Aquin, STh III, qu. 78, art. 1; dazu vgl. RUMMEL, Erasmus' Annotations (s. Anm. 3), 156f.
[71] A.a.O., r. 298–303: *Quod nisi quis acquiescat in ecclesiae decretis, difficillimum fuerit*

Wenn man nicht bei den Dekreten der Kirche bleibt, wird es sehr schwierig, dem menschlichen Sinn zu beweisen, mit welchen Worten ein Priester die Konsekration durchführt. Denn sobald wir darin nachgeben, dass Christus mit solchen Worten konsekriert hat, wie kann dann dieser mit uns eingegangene Bund bestehen, wenn wir selbst beim Konsekrieren fremde Worte verwenden? Hier muss aber, wie Paulus sagt, der menschliche Verstand im Glaubensgehorsam gefangen gehalten werden, damit was, was die menschliche Vernunft weniger erfasst, ein umso höheres Glaubensverdienst ist.

Über die Betonung der kirchlichen Autorität hinaus fällt hier erneut, wie schon bei der Auslegung von Röm 4,3, die Rede von einem „Glaubensverdienst" ins Auge: Anders als Luther betrachtet Erasmus den Glauben nicht im Anschluss an Röm 3,28 als Gegenbegriff zu potentiell verdienstlichen und vielleicht auch innerlich-religiösen Werken, sondern als gewählte, wenn auch durch Gnade ermöglichte Annahme der göttlichen Verheißungen. Insofern reflektiert dieses Detail die Diskussion zwischen Erasmus und Luther um die Willensfreiheit.[72] Die Lektüre der Kommentare von Johannes Chrysostomos und Theophylakt bringt Erasmus schließlich ebenfalls in der Ausgabe der *Annotationes* von 1527 dazu, die Frage aufzuwerfen, ob Paulus hier die sakramentale Mahlfeier oder nicht eher ein Gemeinschaftsmahl behandle. Erasmus gesteht zu, dass vom Zusammenhang her der Abschnitt das christliche Gemeinschaftsmahl von heidnischen Kultmählern absetzt und für das erstere die *concordia* und die gemeinsame Teilhabe an allen Gütern hervorhebt. Schließlich erklärt er jedoch, die sakramentale Deutung vorzuziehen, seinen Lesern aber zur kritischen Prüfung anzuempfehlen.[73]

Eine Stellungnahme zur Eucharistielehre lässt sich aus dem bereits erwähnten Rückgriff auf Thomas von 1527 ableiten. Dort gibt Erasmus die Auffassung des großen Scholastikers wieder, wonach in dieser Materie allein diejenigen als häretisch bezeichnet werden können, die behaupten, dass der Leib Christi nicht „wahrhaft" (*vere*) im Sakrament sei, „sondern zeichenhaft"[74]. Vergleicht man diese Aussage mit den verschiedenen Positionen der reformatorischen Theologie zur Präsenz Christi in den Abendmahlselementen, so wäre von ihr vor allem Ulrich Zwingli getroffen. In der Tat hatte zwei Jahre zuvor dessen Zürcher Kollege Leo Jud versucht, Erasmus als Gewährsmann für Zwinglis Auffassung in dieser Materie heranzuziehen, was der in Basel residierende Humanist aber

---

probare sensui humano, quibus verbis consecret sacerdos. Nam vt donemus Christum eiusmodi verbis consecrasse, qui constat hoc pactum nobiscum initum vt referentes aliena verba consecremus et ipsi? Verum hic captiuandus est, vt inquit Paulus, intellectus humanus in obsequium fidei [2 Kor 10,5], *vt hoc maius sit fidei meritum, quo minus assequitur humana ratio.*

[72] Vgl. Lothar VOGEL, Le temps des Réformes (v. 1500–v. 1565), in: Pierre-Olivier Léchot (Hg.), Introduction à l'histore de la théologie, Genf 2016, 151–236 (178–181).

[73] Opera omnia VI/8 (s. Anm. 4), 234,361–370; vgl. RUMMEL, Erasmus' Annotations (s. Anm. 3), 158 f.

[74] Opera omnia VI/8 (s. Anm. 4), 230,293–295; vgl. Thomas von Aquin, STh III, qu. 75, art. 1.

scharf zurückwies.[75] Es ist vermutlich kein Zufall, dass in der Folgezeit von Erasmus beeinflusste reformatorische Theologen wie Martin Bucer, Heinrich Bullinger und Philipp Melanchthon das Adverb *vere* in ihre Formulierungen der Abendmahlslehre aufnahmen, die wahrhafte Präsenz Christi dabei aber spirituell, nicht materiell deuteten.[76] Ein im 15. Jahrhundert wiederholt diskutiertes Problem ist schließlich, dass in 1 Kor 11,27 die schon konsekrierten Elemente als „Brot" bezeichnet werden, was wenigstens auf den ersten Blick der Verwerfung von Wyclifs Remanenzlehre auf dem Konstanzer Konzil widerspricht.[77] Seit 1519 präzisierte Erasmus, dass Paulus den Leib Christi als Brot bezeichnet, „nicht weil es noch in der Weise Brot ist, in der es das zuvor war, sondern weil es lebendiges Brot ist, das das wahre Leben übergibt" (vgl. Joh 6,35).[78] Auf diese Weise sicherte er seine Übereinstimmung mit der kirchlichen Lehre ab.

In der Paraphrase des Erasmus zu 1 Kor 11 wird der Gemeinschaftscharakter des Mahles hervorgehoben: Selbst der Verräter Judas sei nicht von Jesus ausgeschlossen worden. Dies solle als Vorbild gelten in Zeiten, in denen sich Christen gegenseitig exkommunizieren. Vermutlich ist dies ein Kommentar zum innerevangelischen Abendmahlsstreit und zur Exkommunikation der Anhänger Luthers in römisch-katholischem Kontext. Beim Kelchwort schließlich fällt auf, dass Paulus-Erasmus vom „Symbol eines ewigen Bundes" spricht.[79] Angesichts der theologischen Grundentscheidungen des Erasmus liegt es nahe, dies im Sinne der Unaufhebbarkeit des von Christus gestifteten Bundes zu verstehen. Zugleich erlaubt die Formulierung, auch an einen zu jeder Zeit geltenden, beispielsweise die Figur Abrahams integrierenden und seitens des Menschen im Glauben realisierten Bund zu denken, was in Bezug auf den zeitlich universalen Ansatz Zwinglis und Bullingers Bundestheologie antizipieren würde, die inhaltlich allerdings anders gefüllt ist.[80]

---

[75] Dazu RUMMEL, Erasmus' Annotations (s. Anm. 3), 159.

[76] Vgl. VOGEL, Le temps (s. Anm. 72), 192–194.

[77] Vgl. DH 1151.

[78] Opera omnia VI/8 (s. Anm. 4), 234,387–389: *Hic palam corpus consecratum panem vocat, non quod adhuc sit panis eo modo quo fuit, sed quod sit panis uiuus et vitam conferens veram.* Paraphrases 1521 (s. Anm. 35), I Cor R 5r, spricht ohne weiteres von „Brot".

[79] Paraphrases 1521 (s. Anm. 35), I Cor R 4v: *Videtis hic cum praeceptore suo simul omnes accumbere* […], *ne Iudam quidem proditorem a consortio mensae semotum* […]. *Christus hoc conuiuium mortis suae commemorationem et aeterni foederis symbolum esse voluit.* So auch Desiderii Erasmi Roterodamo Opera omnia, Bd. 7 (s. Anm. 23), Sp. 897.

[80] Vgl. VOGEL, Le temps (s. Anm. 72), 196f.

3. Zusammenfassung

Ein Vergleich der *Annotationes* des Erasmus mit seinen Paraphrasen erlaubt es, seinen schon von Erika Rummel nachgezeichneten[81] Denkweg von der Philologie zur theologischen Positionsbildung nachzuvollziehen. Für den Ansatz des Erasmus sind paulinische Vorgaben entscheidend. Der Glaube an das in Christus offenbarte Evangelium wird nicht nur der Verfallenheit an die Begierde, sondern auch jeder Art von äußerlicher bzw. gesetzlicher Religiosität gegenübergestellt. Die Neuheit des in Christus Geschehenen wird dabei so stark betont, dass die hebräische Bibel – anders als bei anderen Renaissance-Philologen – kein Interesse findet, sondern als Ausdruck einer verweltlichten Zeremonien-Religion gedeutet wird, die allenfalls den Missständen der westlichen Christenheit einen Spiegel zu bieten vermag.

Unter Berufung auf die ursprüngliche Bedeutung von πίστις steht im Zentrum die Annahme des im Kern als Verheißung verstandenen Evangeliums, und zwar im Sinne der Anerkennung der Vertrauenswürdigkeit und Vollmacht seines göttlichen Stifters. Wie die Nachfolge Adams in der Sünde, so ist aber auch der Glaube eine moralische Wahl. Aus diesem Grund kann er, wie Erasmus sich wiederholt ausdrückt, vor Gott verdiensthaft sein. Für diese Haltung ist der niederländische Humanist nicht nur von Luther, sondern auch von katholischer Seite, insbesondere von den Löwener Theologen, getadelt worden.[82] Die das Heil als *felicitas*[83] konstituierende Gerechtigkeit wird von Erasmus als „Unschuld" (*innocentia*) verstanden, in der sich der Glaubende an Christus angleicht. Interessant ist, dass der niederländische Humanist sich damit, ohne die Frage eingehender zu diskutieren, doch auch – wie Luther – vom aristotelisch-tugendhaften Gerechtigkeitsbegriff absetzt.

Ekklesiologisch ist am Ende festzuhalten, dass Erasmus schon seit 1516 seine Loyalität zum Papsttum als Garanten christlicher *concordia* hervorhebt und seine Anerkennung des hierarchisch verfassten Lehramts nie in Frage stellt. Was er ablehnt, ist der voreilige Ausschluss aus der Gemeinschaft von Personen und Denkschulen, mit denen er noch einen gemeinsamen christlichen Grundkonsens zu erkennen vermag, wie er beispielsweise im *vere* der Abendmahlslehre sichtbar wird.

---

[81] S.o. Anm. 3.

[82] Siehe Marcel GIELIS, L'Augustinisme anti-érasmien des premiers controversistes de Louvain. Jacques Latomus et Jean Driedo, in: Mathijs Lamberigts (Hg.), L'Augustinisme à l'ancienne faculté de theologie de Louvain, Löwen 1994, 19–61.

[83] Zu diesem Begriff vgl. KRÜGER, Humanistische Evangelienauslegung (s. Anm. 3), 185f.

Erasmus and Paul

Greta Kroeker

Erasmus' relationship to Pauline Scripture reflected his relationship to the Reformation in general: it was a bit messy.[1] Erasmus' view of Paul and Pauline Scripture straddled diverse theological purposes and positions, and in the third and fourth decades of the sixteenth century his approach to Paul developed into an interpretation and a theology that was neither Protestant nor what passed for Catholic doctrine as the Reformation marched on. To his own bewilderment, he realized quite late that he had come up with something that, far from bridging two increasingly polarized interpretative frameworks for Paul, which had been his objective, had in fact pleased no one. As a result, Erasmus' later years were marred by isolation in quite dangerous times. His contemporaries' response to his theological approach to Paul echoed their dismay at his navigation of the Reformation schisms and revealed their frustration at his nuanced and some-times noncommittal and changeable Pauline interpretation.[2] But Erasmus' ap-proach to Paul was neither haphazard nor accidental. To the contrary, his care-ful deployment of Paul was very much strategic: he had a purpose for Paul as he navigated the theological battles around him.

Erasmus' interpretation of Paul, best illustrated in his interpretation of Paul in the *Annotations* and in the *Paraphrases*, was quite utilitarian. To borrow from William Bouwsma's exploration of "A Usable Past,"[3] I argue that Erasmus sought to create a "Usable Paul" for his age of religious conflict. While Erasmus' Pauline exegesis, summaries, grammatical analysis, and translations reveal the

---

[1] I have discussed my view of the "messy middle" of the Reformations and expressed many of these ideas and examples elsewhere. Please see, for example, "Erasmus and Scripture," in *Multiple Reformations? The Many Faces and Legacies of the Reformation*, ed. Jan Stiever-mann and Randall C. Zachman (Tübingen: Mohr Siebeck, 2018), 57–64; "Erasmus: Humanist and Theologian," in *Martin Luther in Context*, ed. David Whtiford, (Cambridge: Cambridge University Press, 2018), 290–298; "The Luther Betrayal: Luther's Humanism Problem," *ARG* 108 (2017): 74–81; "Theological and Humanistic Legacies of Erasmus in the Age of Reform," in *Basel 1516: Erasmus' Edition of the New Testament* ed. Kaspar von Greyerz et al., (Tübin-gen: Mohr Siebeck, 2017), 255–266; "Erasmus the Theologian" in *Journal of Church History and Religious Culture* 96/3 (2016): 1–18; and most thoroughly in *Erasmus in the Footsteps of Paul* (Toronto: University of Toronto Press, 2011).

[2] See for example, Erika Rummel, *Erasmus and His Catholic Critics, 1515–1536*, 2 vols. (Leiden: Brill, 1989).

[3] William J. Bouwsma, *A Usable Past: Essays in European Cultural History* (Berkeley: University of California Press, 1990).

spiritual purposes, scholarly skill, and intellectual and humanistic curiosity behind his work, they most clearly demonstrate his desire to deploy Paul to prevent theological fissure in the Age of Reform. He used Paul to craft a Pauline theology of compromise that situated him between Lutheran interpretations, on the one hand, and Catholic Orthodoxies (plural), on the other.

Erasmus' Pauline work reflects his efforts at careful theological navigation through the troubled waters of the Reformation debates. He deployed Paul to lead the way to the peace of the Church, preserve the unity of western Christendom, and give everyone a way out of the bloody conflicts and heartbreaking fissures Erasmus foresaw. To do this, Erasmus built a Pauline theology of compromise fine-tuned for his target audience of increasingly polarized Christians. This process of fine-tuning is most evident in the many changes he made to his Pauline work in the seven editions he made of the bestselling *Paraphrases* and in the *Annotations* between 1519 and his death in 1536. This essay will explore Erasmus' purpose for Paul, his methods for using Paul, and examples of this "usable" Paul.

1. Erasmus' Purpose for Paul

Erasmus understood that the growing religious crisis would turn on fine theological points. As Erasmus wrote to Thomas More, "I fear that in a short time this smouldering fire will break out into a world-wide conflagration. That is where the insolence of the monks and the intransigence of theologians are leading us."[4] He understood that while real-world practices provided the kindling for the fire of reform, the match that lit it came from theological arguments, most especially around free will. This is why, when pressured to respond to Luther's theological positions, he chose the subject of free will,[5] and he knew that the Scripture that would be key in in promoting his own theological vision would be Paul's Epistles.[6]

He used the *Novum Instrumentum*, the *Annotations*, and most importantly, his *Paraphrases* to articulate this vision. Just one year after the publication of his 1516 edition of the New Testament, Christendom experienced tectonic spasms as Luther launched his revolt. As the Reformation unfolded, Erasmus immediately understood that the theological arguments launched by Luther and the

---

[4] Erasmus, *The Correspondence of Erasmus, Letters 1802–1925*, trans. Charles Fantazzi, vol. 13 of *The Collected Works of Erasmus*, (Toronto: University of Toronto Press, 2018), Ep. 1804 (hereinafter *CWE*).

[5] *CWE* 72, see especially the editor's introduction.

[6] Harry J. McSorley, *Luther: Right or Wrong? An Ecumenical-theological Study of Luther's Major Work, 'The Bondage of the Will,' by a Roman Catholic Scholar* (New York et al.: Newman Press, 1969) offers a thorough investigation of how and to what extent Luther's theology rested on Pauline Scripture.

reactions to them very much depended on the interpretation of Paul around key theological issues, including free will and salvation. As a result, Erasmus increasingly looked at his Pauline work and revisions to it as the avenue for broadcasting the possibility of a theological compromise on the central theological themes of the Reformation conflict.

The *Paraphrases* were the perfect medium for this effort in Erasmus' view. As Jean-François Cottier explains,

The reason, then, that Erasmus privileges paraphrase is that he finds it the most adequate instrument to make known his own reading of the gospel and to make the Bible comprehensible to the wider public. Furthermore, this literary form of textual interpretation gives him more freedom as a writer and allows him to move from philology to eloquence while answering to the clear expectations of his time: 'Here I am in my element,' 'I would rather construct a thousand paraphrases than one critical edition.' His references both to Themistius and to Juvencus and other ancient and modern Christian paraphrasers also aim to justify the explanatory method that has been adopted, as well as the freedom of rewriting, which claims in particular the possibility of doing better than the original, following the principle of *aemulatio*.[7]

This methodological wiggle room had an added advantage: it provided the safest method for Erasmus to present his theological vision in treacherous times. He could tweak Scripture to express his views in a nuanced and careful fashion, and at the same time, he could revisit the text over time and plead rhetorical flourish when his views garnered criticism. As he wrote in the dedicatory letter to the *Paraphrases* on Romans to Cardinal Grimani of Venice, the primary purpose for his *Paraphrases* was to play a special role in making Paul more accessible to Christian readers,

For I know well how many people have been deterred from reading him hitherto by the strangeness of the language, and how many more by the difficulty of disentangling and understanding what he says ... It is the distaste or the despair of such people that I have tried to remedy by this enterprise of mine, so balancing my work that he who rejects any change in the letter of the Holy Writ may use it as a commentary, while he who is free from such superstition may hear the voice of Paul himself.[8]

And with that, Erasmus boldly laid out his plan for his *Paraphrases* of Paul to chart a middle course down the center of the Reformation debates.

---

[7] Jean-François Cottier, "Erasmus's *Paraphrases*: A 'New Kind of Commentary'?," in *The Unfolding of Words: Commentary in the Age of Erasmus*, ed. Nancy Senior et al. (Toronto: University of Toronto Press, 2012), 30.

[8] Ep. 710. See Erasmus, Desiderius, *Erasmus on the New Testament: Selections from the Paraphrases, the Annotations, and the Writings on Biblical Interpretation*, ed. Robert D. Sider (Toronto: University of Toronto Press, 2020), 309f for the translation.

2. The Method

Erasmus' method for Pauline interpretation, evident in both the *Annotations* and the *Paraphrases*, was twofold: first, Erasmus historicized Paul in such a way as to identify Erasmus' own times with those in which Paul wrote and Paul's historical and spiritual significance for sixteenth century Europe. Second, Erasmus sought to complicate Paul, that is, to demonstrate the flexibility of Paul, to address the theological schisms of western Christendom in the first third of the sixteenth century.

First, Erasmus used his Pauline *Annotations* and *Paraphrases* to historicize Paul, to help the believer make sense of Paul. While his *Annotations* offered a fresh New Testament text and detailed grammatical and historical justifications and explanations for his textual changes and interpretation, his *Paraphrases* sought to reach a broader audience with a comprehensible narrative of New Testament scripture. His *Paraphrases* on the Pauline Epistles, especially, established Erasmus' efforts to make Paul, in general, and his interpretation of Paul, in particular, accessible and coherent. He also "believed a paraphrase could, as he puts it in later statements, actually make the text of Scripture clearer."[9] Erasmus' *Paraphrases* provided readers with a continuous narrative and in them, Erasmus sought to communicate the historical context for Pauline Scripture to explore how the "ancients understood it, and in accordance with the intent of Paul."[10] He modeled his method on that of Quintilian and Themistius, who also sought to "simplify and clarify the text."[11] In this, he brought the full force of his humanistic rhetorical strategies to his translations and reshaping of Paul's epistles. His aim, though, was not chiefly grammatical. He was very intent to present his theological vision of Paul's meaning to his readers. The purpose of Scripture was to inform and support the believer, and so the *Paraphrases* embodied his focus on Paul as the historical center of the message of the Christian faith. His strategy worked: Erasmus' *Paraphrases* were a bestseller, and he knew how to create not only a readable Pauline Epistle, but also how to use the platform of his most popular work to advocate for a middle way forward through the Reformation.[12]

---

[9] *CWE* 42, xv.

[10] *CWE* 42, xvi.

[11] *CWE* 42, xvii.

[12] See Henk Nellen and Jan Bloemendal's exploration of the *Paraphrases* in "Erasmus' Biblical Project," in *Church History and Religious Culture* 96 (2016): 595–635 (608). They also note that "[b]oth Erasmus and Beza made use of the commentary as a receptacle or storehouse where different readings were evaluated, mostly without any consequence for the text itself. Whereas Erasmus's primary audience was erudite theologians, whose assistance he needed to implement his non-confessional program of the 'philosophia Christi,' ...," (608). I suggest that it was not to promote the *philosophia Christi*, but instead to support a theology of compromise. See also *CWE* 42, xx.

Erasmus also sought to historicize Paul by highlighting Pauline Scripture as an answer, as Robert Sider notes, to the question of the function of the mosaic law in salvation-history.

> In the paraphrases Erasmus confronts the reader with the question emphatically raised: 'What is the function of the Law in the slow movement of history?' The paraphrases on both Romans and Galatians lead the reader to see the period of Law in relation to sin, particularly the sin of the individual. In both the purpose of the Law is to restrain a people from sin and so to prepare it for the high ethical demands of the age of grace.[13]

This historicization of the purpose of Paul was at the heart of Erasmus' theology of compromise precisely because this view could accommodate the nuances of justification by faith alone and appease his critics like Beda and others who felt he left too little to the Law.[14]

Second, Erasmus used his *Paraphrases* to complicate Paul. After he attempted to make Paul's historical setting and purpose familiar to his readers, especially in the dedications and prefaces of the paraphrases, he worked to parallel the early days of the Reformation with the chaotic and challenging era of Paul as Christianity spread through the ancient world. For example, In his "The Argument of the first epistle of Paul to the Corinthians by Erasmus of Rotterdam," written in early 1519 and functioning as a preface to his Paraphrases of that Epistle, Erasmus takes the opportunity to present Paul in a setting very much like his own: Paul appeared in Corinth, populated by believers at risk of being "made strangers to the purity of Christ by philosophers who were disdaining the preaching of the cross as based and unlearned, and by false apostles…"[15]

Erasmus' Paul was an adaptable and inventive apostle of Christ. As he wrote in his dedicatory letter to the *Paraphrases* of the letters to the Corinthians,

> This Paul of ours is always skilful and slippery, but in these two Epistles he is such a squid, such a chameleon – he plays the part of Proteus or Vertumnus turning himself into every shape that he may shape [the Corinthians] for Christ; with such freedom does he himself twist and turn like a man who threads the windings of a maze, and appearing to us in fresh guise every time.[16]

Erasmus delights in this malleability because it perfectly suits his purpose to show the flexibility of Christianity and its accommodating theological possibilities in a time of theological intransigence. This flexibility aids Paul's desire to bring Christ's message for the edification and spiritual health of his followers,

---

[13] Erasmus, *New Testament* (see n. 8), 165.

[14] James K. Farge, "Noel Beda and the Defense of the Tradition," in *A Companion to Biblical Humanism and Scholasticism in the Age of Erasmus,* ed. Erika Rummel (Leiden: Brill, 2008), 143–164.

[15] *CWE* 43, 19.

[16] Erasmus, *New Testament* (see n. 8), 147. Sider relies on *CWE* 43, 16–18 and Ep. 916: 408–450.

and his description of Paul's purpose perhaps also evidences a defence of his own:

You may find that he gives an appearance of inconsistency; but he is most like himself when he seems unlike, and most consistent when he seems the reverse. Always Christ's business is his main concern; always he thinks of the well-being of his flock, like a true physician leaving no remedy untried that may restore his patients to perfect health.[17]

Erasmus painted Paul's Corinth as a place eerily similar to the chaotic religious environment he himself occupied, filled with cold philosophers and corrupted Christians, indifferent to their faith and disdainful of the gospel.[18] In Erasmus' view Paul reaches out like a father to his wayward children, giving guidance to see them through the chaos they themselves have created. Likewise, in his preface to his 1517 *Paraphrases* of Romans, Erasmus establishes his own task just as he explains Paul's aims for the Romans,

He checks the arrogance of the gentiles, showing them that neither the law of nature nor the philosophy by whose profession they are swollen up is of any use in preventing them from failing into every kind of disgraceful crime. On the other hand, he restrains the arrogance of the Jews, who by trust in the law, had destroyed the chief point of the whole law, namely, faith in Jesus Christ. He teaches them that the ceremonies of the law have now been rendered obsolete through the radiant gospel of Christ, of which the shadows of the law had provided only an outline.[19]

Alas, already in 1517, Erasmus had drawn a line right down the middle of the most central debate of the Reformation, the freedom of the will, and he had dragged Paul with him.

This was part of Erasmus' other use for Paul: show him as doctrinally flexible, offering a view of him as a concerned father addressing complex questions in a time of change and challenge. He sees Paul

exhorting his readers to mutual concord, using the example of bodily members. For inasmuch as peace cannot exist where there is arrogance or envy, he pleads that by mutual indulgence they may nourish and cherish mutual love.[20]

He fretted greatly over his interpretation of Paul and the burden it placed on him between Catholics and Lutherans. In 1527, he wrote to his dear friend Thomas More about his struggles to tread a middle path on the subject of free will,

If I treat the subject from the point of view of the monks and theologians, who attribute too much to man's merits because it is to their advantage to hold this opinion, clearly I speak against my conscience and knowingly obscure the glory of Christ. But if I govern my pen in such a way as to attribute some power to free will, but great efficacy to grace, I offend both sides, which was my experience with the Diatribe. If I follow Paul and

---

[17] Erasmus, *New Testament* (see n. 8), 148.
[18] *CWE* 43, 19–23.
[19] *CWE* 42, 9–10.
[20] *CWE* 42, 22.

Augustine, very little is left to free will. Augustine, in fact, in the two books he wrote in his old age against Valentine, does indeed affirm the existence of free will; but he makes such a case for the power of grace that I do not see what is left to free will. He admits that works performed before the action of grace are dead; he attributes to grace our ability to repent, our will to do good, the good we have done, our perseverance in doing good. He admits that grace works all these things in us. Then where is merit? Confronted by this dilemma Augustine had recourse to saying that God imputes his good works to us as merits and crowns his own gifts in us. Is that not a clever defence of free will? For myself, I should not be averse to the opinion according to which we can of our own natural powers and without particular grace acquire congruent grace, as they say, except that Paul opposed this view.[21]

3. Erasmus' Usable Paul

Despite this struggle, Erasmus continued to use his *Annotations* and *Paraphrases* to chart this middle path with Paul. Between their first appearance and Erasmus' death in 1536, Erasmus repeatedly returned to his Pauline work in the *Annotations* and *Paraphrases*, and each of the seven editions demonstrated his attempt to explore Pauline language around free will, faith, and salvation as he worked to show his contemporaries the theological possibilities for unity. While some historians and theologians, and many of Erasmus' contemporaries, dismissed his sometimes contradictory[22] use of vitally important theological terms like, *fiducia, gratia,* or *justitia,* his use of these terms was not at all accidental. Erasmus was keenly aware of the ambiguity in his use of these words: he did it on purpose. By design, he used these weighty words variably and in narrative form in order to demonstrate both the flexibility of scripture and the range of doctrinal possibilities inherent in it. This was part of his use for Paul.

For example, in his careful changes to the *Annotations* and *Paraphrases* of Romans, he went to great pains to show Catholic readers, in particular, Pauline interpretations that reflected the "theological wiggle room" on the issue of Free Will. I have documented elsewhere more than two dozen such changes in both Romans and Galatians and additional changes in the Gospel.[23] Significantly, Erasmus made these changes during a particularly challenging time in his life: he was ill, he was under attack from both Catholics and Protestants, even from friends. He had written against Luther and pleased no one with *De libero arbitrio* and the *Hyperaspistes.* He had no academic position to guarantee financial support. He depended on fickle patrons, his publications, and his publisher for precarious financial support, and everywhere, his detractors lobbed dangerous

---

[21] *CWE* 13, Ep. 1804.
[22] *CWE* 42, xxxvii.
[23] Kroeker, *Footsteps* (see n. 1). Some of these examples appear with further explanations in that text. I have also used these examples and explanations in other publications (see n. 1).

attacks against his orthodoxy and even his right to "do theology" at all. Yet, despite all of these challenges and the perilous state of his life, he made changes that continued to agitate both Catholics and Protestants while he sought to demonstrate the possibilities of a usable Paul.

Erasmus' Pauline works exhibit this changeable and varied nature in Paul and thus his usefulness for a variety audiences. He makes this point very clear in his Argument of the Epistle of Paul to the Romans. He asserts that Paul exhibits a

frequent and sudden change of masks, while he considers now the Jews, now the gentiles, now both; sometimes he addresses believers, sometimes doubters; at one point he assumes the role of a weak man, at another of a strong; sometimes that of a godly man, sometimes of an ungodly man. The result of all this is that the reader, wandering about as thought in some kind of confusing labyrinth or winding maze, does not see very whence he has entered or how he may leave.[24]

Erasmus sees his task to provide a roadmap through this Pauline Maze, and he makes this baldly clear in his argument: he admits that those words that are peculiar to Paul are difficult to render and make clear in text and he promises to address the words, "faith, grace, body, flesh, member, spirit, mind…" and "to soften as much as possible" how they are presented.[25]

A brief example helps to illustrate the way Erasmus used the *Paraphrases* with the foundation of changes to his annotation of the verse to chart a middle path on a sticking point of reformation theology. This example is representative of the many instances in his Pauline work in which Erasmus worked between 1516 and 1536 to create theological interpretations that could bridge differing positions on grace, works, and free will in the process of salvation. In his *Paraphrase* of the Epistle to the Galatians (1519), Erasmus explores again the notion of faith, salvation, and the law. In his paraphrase of Galatians 3.17–21, Erasmus expresses the nuance in these concepts:

The promise of God was free and it was established on the sole condition of faith. Anyone who fulfils this condition maintains his right to the promise. But someone might say: 'If we were intended to hope for salvation from this source, for what reason did God afterwards add the useless law?' It was not completely useless. For even if it does not confer innocence, it restrains the license to sin, holding back evil desires by means of ceremonies which serve as a kind of barricade. The law would not have been given if our unbridled malice had not required it. … But the law was conveyed by angels in such a way that power over all of it remained with Christ, and he, standing midways, intervened between the Mosaic law and the grace of the gospel, in such a manner that he was the end of the former and the beginning of the later. … They became true sons, not by the merit of observing the law, but by believing with a sincere heart the gospel that through the death of Jesus Christ innocence, life, and salvation came to all. For a time the Mosaic law also served the purpose of restraining the Jews, as if hemming them in with a wall, in part by threats of punishment in part of the expectation of the promise, in part by foreshadowing the com-

---

[24] *CWE* 42, 13.
[25] *CWE* 42, 14.

ing of Christ. Thus when Christ came, he would not find them fallen headlong into every kind of impiety and hence unworthy and unreceptive to the grace of the gospel.[26]

His work on the annotations of this verse also reveal this nuanced view. In 1519, Erasmus tweaked his *Annotations* on Galatians, first published in 1516, with additional references to faith in relationship to the law. In his annotation of Galatians 3:17, Erasmus defends his translation of "the testament previously ratified by God," instead of the Vulgate's, "the testament confirmed by God." In 1519 he adds "For faith is required in covenants." Likewise in his annotation of Galatians 3:19, he added "For [Paul] did not say 'placed,' but 'added,' lest anyone should hold it in special esteem, but that it was joined to it in passing between the first promise and the gospel."[27]

Erasmus covers a great deal of theological ground here. The paraphrase of this verse is at once an acknowledgement of justification by faith alone and a defence of both ceremonies and purpose of the law for Christians. Such views pleased neither Catholic nor Protestant critics. "Erasmus' representation of the Law was seen as essentially negative by Béda and the Paris theologians, and in his revisions of the 1530s Erasmus took some small steps to brighten the impression … ."[28] John B. Payne describes such changes more succinctly: "his changes smack of a much more deliberate program of ecumenical exegesis."[29] In my view, Erasmus was purposefully broadening the possibilities for these verses in his *Paraphrases* and the *Annotations* that philologically and theologically supported them to create a theological middle space. Indeed, had they not been so inclusive in their view of the relationship between faith, works, and salvation, they would not have been so repugnant to his Catholic and Protestant critics.

4. The Result: The Foundations of Ecumenicism

Erasmus' use of Paul failed in the short term to launch a theology of compromise. Erasmus did not prevent the fissure of the Church. He did not prevent his Catholic detractors from questioning his orthodoxy nor his Protestant foes from calling him a fraud.[30] He did not establish an acceptable middle position of inclusion that could envelope both Catholic and Protestant views in a unified theology of Grace.

---

[26] *CWE* 42, 112.

[27] *CWE* 58, 60, n. 2.

[28] Erasmus, *New Testament* (see n. 8), 165.

[29] John B. Payne, "The Significance of Lutheranizing Changes in Erasmus' Interpretation of Paul's Letters to the Romans and Galatians in His Annotations (1527) and *Paraphrases* (1532)," in *Histoire de l'exégèse au XVIe siècle: Textes du colloque international tenu à Genève en 1976*, ed. Olivier Fatio and Pierre Fraenkel (Geneva: Droz, 1978), 330.

[30] See John Monfasani, "In Defense of Erasmus' Critics," *Erasmus Studies* 2 (2019): 147–183.

Of his Protestant critics, he wrote to Thomas More in 1527 "To put it briefly, the majority of the Lutheran faction is convinced that I am the only obstacle to the conversion of all of Germany to the gospel."[31] For their part, his Catholic critics, like Beda and Lee, found fertile ground for their critiques of Erasmus. In 1527, the Paris Theology faculty "condemned 114 propositions drawn mostly from Erasmus' *Paraphrases...*" and in 1526 "Beda succeeded in getting the whole University of Paris to ratify the theologians' censures of Erasmus."[32] He defended himself in a letter to them in 1527, and he relies on Paul and the importance of historicizing scripture to do so,

Paul says of himself and of Christians, 'We are of all men most to be pitied.' He also wrote: 'let us do evil that good may come of it.' Again: 'Vain is our preaching, vain too is our faith.' What is more irreligious than these words if they are taken by themselves, without taking into account the persons speaking and without reference to the context?[33]

It was of no use. He was theologically homeless. He died an embattled man in 1536, in the house of his publisher in Basel.

Why would Erasmus play with this obvious fire? As the Reformation debates became increasingly polarizing, Erasmus saw the opportunity to demonstrate that he believed that Paul made space for various interpretations and inherently reflected theological flexibility. This was his contribution: to show a usable Paul, a historically relevant Paul, a theologically flexible Paul. This was his theology of compromise for an uncompromising time.

Erasmus' nuanced use of Paul influenced others as they sought to prevent the permanent fissure of Christendom. Gasparo Contarini, Julius Pflug, Jacopo Sadoleto, Seripando, and other contemporaries also made the effort. Erasmus' Pauline work, his letters, his prefaces, and all of their many transformations provided a foundation for those efforts. Perhaps most importantly, Erasmus' approach to Paul and his use of him provided a model for later ecumenical efforts. As Manfred Hoffman argues, Erasmus

was always primarily concerned with seeking balance in any kind of unsettling situation. Finding mediating circumstances in divisions, looking for equilibrium in oppositions, advising prudence in differences, urging moderation in controversies: these traits characterize Erasmus' ideal.[34]

His audacity in addressing the most significant texts of the reformation debate in his Pauline *Paraphrases* and *Annotations* with these goals in mind demonstrate his sincere commitment to a theology of compromise and his belief in the use of Scripture to edify believers and unite Christians.

---

[31] *CWE* 13, 20, Ep. 1804.
[32] *CWE* 13, 432, n. 25.
[33] *CWE* 13, 445, Ep. 1902.
[34] Manfred Hoffman, "Language and Reconciliation: Erasmus' Ecumenical Attitude," *Erasmus Studies* 15 (1995): 71–95 (72).

Soteriologische Aussagen in den Pauluskommentaren des Faber Stapulensis

Ulli Roth

Jacques Lefèvre d'Étaples odcr lateinisch Jacobus Faber Stapulensis (1450/1460–1536) wurde schon zu seinen Lebzeiten zu jenen großen Vorbildern wie Johannes Reuchlin (1455–1522) und Desiderius Erasmus (1466/7–1536) gezählt, die als die Wegbereiter eines Neuaufbruchs der Gelehrsamkeit nördlich der Alpen angesehen wurden. Wie diese und einige wenige andere gehörte Stapulensis zu jenen Humanisten der ersten Garde, die mit einer auch nach heutigen Maßstäben immensen literarischen Tätigkeit und Produktion die Druckerpressen nicht stillstehen, die nach Weisheit und Bildung Suchenden nicht allein zurück und den Austausch der Gelehrtenwelt nicht erlahmen ließen. Gleichzeitig verstanden sie sich durchaus als mutige Reformer, die einen Neuaufbruch wagen wollten. Der Rückgang auf die unverstellten Quellen in der Philosophie wie auch der Theologie, also Aristoteles bzw. die Heilige Schrift, und hier besonders die Originalsprachen wie Griechisch und Hebräisch, steht signifikant für diesen Aufbruch.

Jeder der Protagonisten gibt diesem Aufbruch seine persönliche Akzentsetzung. Bei Faber ist jener Akzent nicht der Schritt zurück zur ältesten Philosophie, nämlich zur Kabbala als ursprünglichster Weisheitsgestalt, wie Reuchlin sein Lebenswerk darstellt, und auch nicht die Neugestaltung der Theologie aus dem Geist von Rhetorik und Philologie in den Spuren eines Hieronymus wie bei Erasmus[1], sondern vielmehr der Versuch, „alles in Christus zusammenzuführen" (Eph 1,10). Der Christozentrismus, der immer wieder als Hauptkenn-

---

[1] Die Schriftkommentare des Jacques Lefèvre d'Etaples werden hinsichtlich Rechtschreibung und Zeichensetzung leicht modernisiert, zumal diese in den unterschiedlichen Druckausgaben nicht übereinstimmen. Bei den Paulusbriefen wurden jeweils die Erstausgabe von 1512 und der späte Druck von 1531 konsultiert, ohne aber nennenswerte Unterschiede feststellen zu können.

Jacques Lefèvre d'Etaples, S. Pauli epistolae XIV ex vulgata, adiecta intelligentia ex Graeco, cum commentariis, Paris 1512 (benutztes Exemplar: München, Bayerische Staatsbibliothek, 2 P.lat. 533 m; online verfügbar unter: https://mdz-nbn-resolving.de/details:bsb10148714), zit. als: Commentarii in Pauli epistolas (1512).

Jacques Lefèvre d'Etaples, Commentarii initiatorii in quatuor evangelia, Basel 1523 (benutztes Exemplar Bamberg, Staatsbibliothek, 3 F 1; online verfügbar unter: https://mdz-nbn-resolving.de/details:bsb11396269), zit. als: Commentarii initiatorii in evangelia.

Jacques Lefèvre d'Etaples, Iacobi Fabri Stapulensis in omneis [!] D. Pauli epistolas commentariorum libri XIIII, Köln 1531 (benutztes Exemplar: Augsburg, Staats- und Stadtbiblio-

zeichen der Schriftauslegung des Faber Stapulensis herausgestellt wurde, bildet überhaupt das Fundament für Fabers gesamtes editorisches und geistiges Schaffen. Denn gleichsam in einem stufenweisen Erkenntnisaufstieg, möglicherweise inspiriert durch Marsilio Ficino, führt der Weg über die *ratio naturalis* der Philosophie des *Corpus Aristotelicum* zum *intellectus* der mystischen Theologie eines Dionysius Areopagita, Nicolaus Cusanus und weiterer geistlicher Männer und Frauen wie z.B. Ramon Llulls, der Hl. Hildegard oder Mechthilds von Hackeborn bis dann zur Heiligen Schrift als Gottes Wort selbst. Fabers eigene Tätigkeit konzentriert sich auf das Herausgeben, Einleiten, Kommentieren und Übersetzen sowie einzelne theologische Kontroversen. Auch wenn er sich der ganzen Heiligen Schrift annimmt, sieht man, dass es ihm vor allem um das Neue Testament geht. Das christologische Interpretationsprogramm seiner Ausgabe des Psalters 1509, der bekanntlich schon von den Kirchenvätern als *vox totius Christi* verstanden wurde, weist hierauf voraus. Die ab 1512 folgende Bearbeitung der neutestamentlichen Schriften von Paulus zu den Evangelien, komplettiert durch die katholischen Briefe, liegt sogar in ihrer Feinstruktur auf dieser aufsteigenden Linie vom natürlichen über das mystische Wissen zur göttlichen Selbstoffenbarung. Die Kommentierung der vierzehn traditionell Paulus zugeschriebenen Briefe lässt einen also in das Zentrum des geistigen Schaffens des Faber Stapulensis treten.

Es ist schwer, den Charakter des exegetischen Arbeitens Fabers als gesamtes in ein Wort zu fassen. Einerseits folgt er streng seinem humanistisch-theologischen, christologischen Deutungsprogramm. Andererseits sind seine Publikationen in den 1520ern klar im Kontext der konkreten Reformen und Umbrüche in der Diözese Meaux verankert, wie Vorworte oder Anlässe der Ausgaben zeigen. Einsame Schriftmeditation am Schreibtisch und praktische Kirchenreform im Team fließen ineinander. Zudem sind Fabers exegetisch-philologische Leit-

thek, 4 Th Ex 120; online verfügbar unter: https://mdz-nbn-resolving.de/details:bsb11225063), zit. als: Commentarii in Pauli epistolas (1531).

Jacques Lefèvre d'Etaples, Iacobi Fabri Stapulensis, theologi celeberrimi, commentarii in epistolas catholicas, Iacobi I. Petri II. Ioannis III. Iudae I, Basel 1527 (benutztes Exemplar: Basel, Universitätsbibliothek, UBH Rc 89; online verfügbar unter: https://doi.org/10.3931/e-rara-1607), zit. als: Commentarii in epistolas catholicas (1527).

S. hierzu u.a. Jerome FRIEDMAN, The Most Ancient Testimony. Sixteenth-Century Christian-Hebraica in the Age of Renaissance Nostalgia, Athens/Ohio 1983; Peter WALTER, Theologie aus dem Geist der Rhetorik. Zur Schriftauslegung des Erasmus von Rotterdam (TSTP 1), Mainz 1991; Ulli ROTH, Die philologische Freiheit des Humanisten Johannes Reuchlin. Interpretation und Edition von Reuchlins Übersetzung der Psalmen 110–115, Daphnis 31 (2002), 55–105. Als erste Orientierung für die Schriftauslegung zur Zeit des Faber Stapulensis s. Guy BEDOUELLE/Bernard ROUSSEL (Hg.), Le temps des Réformes et la Bible (BiToTe 5), Paris 1989, darin besonders Guy BEDOUELLE, L'humanisme et la Bible, in: a.a.O., 53–121; ebenso in diesem Band Ulrike TREUSCH, Spätmittelalterliche Paulus-Auslegung als Kontext und Verstehenshorizont reformatorischer Paulus-Exegese; speziell dann besonders Guy BEDOUELLE, Lefèvre d'Étaples et l'Intelligence des Ecritures (Travaux d'humanisme et renaissance 15), Genf 1976.

linien nicht eindeutig. So begibt er sich auf der einen Seite in einen Streit über die biblischen Stellen, die traditionell Maria Magdalena zugeordnet wurden, hinter denen Faber aber drei unterschiedliche Frauengestalten ausmacht. Die Auseinandersetzungen um *De tribus et unica Magdalena* zogen sich mit mehreren Veröffentlichungen von 1517–1519 hin. Auch nutzt Faber oft stillschweigend die *Adnotationes* des umstrittenen Lorenzo Valla (um 1405/7–1457), die manchmal scharf mit der Vulgata ins Gericht gehen und deren kritischer Ton ihm nicht verborgen geblieben sein dürfte. Erasmus hatte sie erstmals 1505 mit der Publikation *In Latinam Novi Testamenti interpretationem ex collatione Graecorum exemplarium adnotationes* herausgegeben und selbst vielfach genutzt. Ebenso ziert sich Faber nicht, beim Streit um die Deutung von Ps 8,6 in Hebr 2,7 die ganze Tradition hinter sich zu lassen und schon im *Quincuplex Psalterium* und dann noch deutlicher im Kommentar zum Hebräerbrief davon zu sprechen, der Übersetzer habe sich vertan, als er den auf Hebräisch geschriebenen Briefes des Paulus ins Griechische übertrug. Dem steht aber auf der anderen Seite gegenüber, dass Faber am Text der Vulgata letztlich nicht rüttelt und ihn für seine Kommentierungen gemeinsam mit seinen eigenen Übersetzungen benutzt. Auch schreibt er das *Corpus Dionysiacum* trotz der schon im Mittelalter aufkommenden Bedenken dem Apostelschüler Dionysius aus Apg 17,34 zu. Das Konzept eines vierfachen Schriftsinnes verwirft er nicht, sondern hält die Unterscheidung für wertvoll.[2] Doch im Grunde hebelt er es letztlich aus, weil er für jede Textstelle nur eine Deutung als die eigentlich vom Hl. Geist intendierte akzeptiert.

So darf man Faber nicht auf einen starren Traditionalismus festlegen. An den Maßstäben der heutigen kritischen Exegese erweisen sich manche Einsichten wie beim Streit um die drei Marien als weitsichtig, ebenso manche Beobachtungen zum griechischen Text und zur Vetus Latina, die er von den Arbeiten des Hieronymus am Bibeltext unterscheidet. Doch bei einigen Themen, bei denen er die allgemein geteilten Ansichten seiner Zeit verlässt, bleibt er auch im Verhältnis zu seiner Zeit sehr unkritisch. So mangelt es an philologischer Schärfe, wenn er dafür argumentiert, der pseudo-epigraphische Briefwechsel zwischen Paulus und Seneca sei authentisch, weshalb er ihn vollständig in sein Werk zu den Paulusbriefen aufnimmt und sogar kommentiert.[3] Den Brief an die Laodizener nimmt er wie viele andere Bibelausgaben auf. Er lässt ihn mit Blick auf die Erwähnung Laodizeas in Kol 4,16 hinter dem Kolosserbrief abdrucken und bespricht ihn, legt sich allerdings bezüglich seiner Authentizität nicht fest. Hervorzuheben ist aber, dass Faber schon durch die Textgestaltung deutlich macht,

---

[2] S. Faber, Commentarii in Pauli epistolas (1512), fol. 159r (ed. 1531, fol. Xvir), *Examinatio* zu Gal 4,24.
[3] S. dazu Alfons Fürst u.a., Der Apokryphe Briefwechsel zwischen Seneca und Paulus, Tübingen 2012, darin besonders Peter Walter, Senecabild und Senecarezeption vom späten Mittelalter bis in die frühe Neuzeit, in: a.a.O., 126–146.

dass diese Briefe nicht denselben Rang wie die von ihm auch allein mit Nummern versehenen vierzehn Paulusbriefe haben. Auf eine breitere Kanondebatte lässt er sich nicht ein. Auch seine letztlich hauptsächlich theologisch geführte Argumentation für den angeblichen Übersetzungsfehler in Hebr 2,7 mit Blick auf Ps 8,6 bleibt ohne sicheres philologisches Fundament.

Dass Faber Stapulensis eine bedeutende Gestalt im Gesamtfeld der Reformen in der Kirche zu Beginn des 16. Jahrhunderts darstellt, ist unumstritten. Zu eindeutig hat er sich als *vicarius in spiritualibus* des Bischofs Guillaume Briçonnet in der Diözese Meaux in die Pastoralreform eingebracht. Auch durch die Verurteilung einiger seiner Schriften durch die Pariser Sorbonne wurde er als jemand gekennzeichnet, der es nicht beim Alten belassen wollte. Jedoch kann man Faber weder der Reformation noch einfach der altgläubigen Seite zuordnen, wofür schon die Tatsache spricht, dass er sich anders als Erasmus nie für oder gegen Luther positioniert hat. Und selbst in der Gruppe der Autoren, die man unter dem Stichwort „biblischer Humanismus" zusammenfasst, spielt er eine Sonderrolle, sofern dies nicht für einen jeden Vertreter dieser Gruppe gilt. Die Bedeutung, aber auch Uneindeutigkeit „dieser zwischen den Lagern stehenden Figur"[4] zeigt sich auch im Blick auf sozial- und rezeptionsgeschichtliche Kriterien. Inwieweit sich dieses Bild aber auch für einige seiner theologischen Positionen erhärten lässt, soll diese Untersuchung zeigen, indem sie die soteriologischen Aussagen in seinen Erläuterungen zu den Briefen des Corpus Paulinum untersucht. Eine kurze Biographie, in der auch die wichtigsten exegetischen Arbeiten genannt werden, soll zunächst einen Überblick verschaffen. Dann werden vor allem die beiden neuralgischen Themen Glaube und Werke sowie das Erlösungswirken Christi, also Aspekte der subjektiven und objektiven Erlösungslehre, untersucht, von denen besonders ersteres in den Anfängen der Reformation umstritten war.

1. Zur Biographie und den exegetischen Schriften

Das genaue Geburtsjahr des Faber Stapulensis steht nicht fest, nur der Geburtsort Étaples in der Picardie.[5] Nach einem Bakkalaureat in den Artes wurde er selbst Lehrer am Kolleg Kardinal Lemoine in Paris, das ihn als Studenten aus

---

[4] Christoph SCHÖNAU, Jacques Lefèvre d'Étaples und die Bibel. Die Auseinandersetzung mit Erasmus um die Auslegung von Hebr 2,7, in: J. Marius J. Lange von Ravenswaay/Herman J. Selderhuis (Hg.), Renaissance und Bibelhumanismus (Refo500 Academic Studies 63), Göttingen 2020, 121–136 (bes. 134); s. auch Christoph SCHÖNAU, Jacques Lefèvre d'Étaples und die Reformation (QFRG 91), Göttingen 2017.

[5] Die Angaben zur Biographie folgen v.a. BEDOUELLE, Lefèvre d'Étaples (s. Anm. 1), hier auch Grundlegendes zu seinem exegetischen Schaffen, vgl. dazu weiter den sehr detailreichen Vergleich in Peter WALTER, Ad fontes. Humanistische Schriftauslegung am Beispiel des Jacques Lefèvre d'Etaples und des Erasmus von Rotterdam, JBTh 31 (2018), 203–223.

der Picardie aufgenommen hatte. Dies ist auch der Kontext seiner Aristoteles-Editionen. Einen Abschluss in Theologie hatte er nicht, ob er wirklich die Priesterweihe empfing, ist nicht ganz gesichert. Mehrere Reisen führten ihn nach Norditalien und brachten ihn in Kontakt mit den bedeutendsten Humanisten seiner Zeit wie Hermolao Barbaro, Marsilio Ficino und auch Giovanni Pico della Mirandola. Er lernte Altgriechisch und bemühte sich später auch um das Hebräische, ohne darin sehr weit zu kommen. Dennoch erwarb er sich das Ansehen eines *vir trilinguis*. Er folgte schließlich von 1518–1525 Guillaume Briçonnet in die Diözese Meaux, wo er ungefähr die Stellung eines Generalvikars hatte, und wirkte bei dessen Reformunternehmungen mit, allerdings vor allem aus seiner Schreibstube in der Abtei Saint-Germain-de-Prés, der Briçonnet vorstand. Als der französische König Franz I. 1525 nach der verlorenen Schlacht von Pavia gefangen genommen und die Reformgruppe in Meaux ihres weltlichen Schutzes beraubt war, kam es zu massiven Angriffen auf die Reformbemühungen durch die theologische Fakultät der Sorbonne, v. a. durch Fabers Schüler und Mitarbeiter Josse Clichtove (1472/3–1543) und den Syndikus der Sorbonne Noël Beda (um 1470–1537). Zahlreiche Schriften wurden verurteilt, darunter im November 1525 auch 48 Aussagen Fabers. Er floh schon im Oktober 1525 unter dem falschen Namen Antoninus Peregrinus nach Straßburg und kehrte erst 1527 nach Frankreich zurück, nicht ohne Erasmus in Basel einen Besuch abgestattet zu haben.[6] König Franz. I hatte sich im Juli 1527 gegen das Vorgehen der Pariser Universität gewandt und die Verbreitung der Schriften seines Gegners Noël Beda gestoppt. Unter königlicher Protektion konnte Faber wieder nach Frankreich zurückkehren und seine Publikationstätigkeit fortsetzen. Er lebte später bei der Schwester des Königs, Marguerite d'Angoulême, in Nérac, wo er 1536 verstarb.

Fabers Arbeiten zur Bibel erstrecken sich in Editionen mit Kommentierungen und Erläuterungen sowie Übersetzungen. Am berühmtesten wurde sein *Quincuplex Psalterium* (1509/1513/1515), eine Synopse von fünf lateinischen Psalterübersetzungen, in dem er jeden Psalm sowohl theologisch kommentierte als auch mit philologischen Anmerkungen, u. a. mit Bezug auf das Hebräische auf der Basis von Reuchlins *De rudimentis hebraicis* (1506), versah. In ähnlicher Weise gab er 1512 die *S. Pauli epistolae XIV ex vulgata, adiecta intelligentia ex graeco, cum commentariis* bei Henri Estienne heraus. Die zweite Auflage folgte mit dem Druckdatum 1515, muss aber nach dem *Novum instrumentum* des Erasmus vom Frühjahr 1516 fertiggestellt worden sein, denn in der Zweitauflage reagiert Faber schon auf einige Kritikpunkte des Erasmus. Das wiederum verleitete Erasmus zu seiner umfangreichen *Apologia ad Fabrum* (1517), auf die

---

[6] S. hierzu den klaren Überblick bei Richard M. CAMERON, The Charges of Lutheranism Brought Against Jacques Lefèvre d'Etaples (1520–1529), HThR 63 (1970), 119–149; SCHÖNAU, Jacques Lefèvre d'Étaples und die Reformation (s. Anm. 4), 111–196.

Faber allerdings nicht mehr öffentlich reagierte, obgleich der Streit ein großes
Echo in der Gelehrtenwelt hervorrief. Der Kommentar zu den Paulusbriefen
erschien dann erneut 1517 in Paris, 1527 in Basel und 1531 nochmals in Paris.
Für die Kommentierung legt Faber die eigene Übersetzung zugrunde, die mal
mehr, mal weniger vom Text der Vulgata abweicht. Zum Neuen Testament
brachte Faber dann 1522 die *Commentarii initiatorii in evangelia* und 1525 die
Epistres et Evangiles pour les cinquante-deux sepmaines de l'an heraus. Diese
Schriften gehören schon in das Reformwirken des Kreises von Meaux. Die
Commentarii in epistolas catholicas waren zur selben Zeit schon fertig, doch
wegen der Zensur und der Flucht Fabers erschienen sie erst 1527, dafür sogleich
zweimal, einmal in Meaux und einmal in Basel. Zugleich arbeitete Faber an einer französischen Bibelübersetzung, die dann 1530 in Anvers erschien, nachdem er die Evangelien schon 1523 herausgebracht hatte. Bezeichnenderweise
nahm er auch hier die Vulgata als Textgrundlage, was aber Pierre Olivétan nicht
daran hinderte, sie mit Augenmaß für seine Übersetzung 1535 mitzuverwerten.

2. Diskussion soteriologischer Aussagen bei der Kommentierung der Paulusbriefe

Eine, wenn nicht gar die zentrale Veränderung gegenüber der mittelalterlichen
Kommentierung nimmt Faber dadurch vor, dass er die Kommentierung der
neutestamentlichen Briefe fast ohne Direktverweise auf die Auslegungen der
Kirchenväter oder der Theologen bestreitet. Er diskutiert in manchen Kommentaren wie im *Quincuplex Psalterium* Hieronymus mit oder bedauert wie
etwa bei den katholischen Briefen den Mangel an Kommentarliteratur und
nennt dort als einzigen ihm bekannten älteren Kommentator Beda Venerabilis.
Wo diese aber reichlich vorliegen wie bei den Paulusbriefen, geht er doch nur
selten direkt darauf ein. Die Kirchenväter hat er also wohl im Auge und kennt
sie teilweise so gut, dass sie ihm in manchen Deutungen einfach in die Feder
fließen. Dennoch nimmt er sie nicht mehr als festen Ausgangspunkt für seine
Deutungen, sondern greift nur einzelne Äußerungen auf. Damit setzt er weitreichende Akzente. Es geht dabei weniger darum, dass Faber wie bei Hebr 2,7
bei Einzelstellen schon fast gegen einen geschlossenen Väterkonsens eine eigene
singuläre Deutung vertritt, wie schon sein Kritiker Erasmus in dieser Sache zur
eigenen Verteidigung hervorhob. Vielmehr werden dadurch die Traditionswege
theologischer Diskussionen, die die Väterzeit mit der Schriftauslegung, aber
auch mit der systematischen Theologie der Scholastik verschränkte, einfach ab-
geschnitten oder zumindest verwischt. Dies gilt gerade mit Blick auf zentrale
Stellen oder Überlegungen zur Soteriologie, wie hier nun anhand der Frage
nach der Notwendigkeit der Menschwerdung, dem Umgang mit den beiden paradoxen Formulierungen in Gal 3,13 und 2 Kor 5,21 sowie der ähnlichen Aussa-

ge in Röm 5,3 und einigen weiteren Beobachtungen gezeigt werden soll. Nähme man die theologischen Diskussionen, wie sie etwa durch das Sentenzenwerk des Petrus Lombardus dokumentiert sind, als Referenzrahmen, hätte sich Faber allenfalls auf das Modell des Sieges über den Teufel eingelassen, schon weniger auf die Frage nach der Notwendigkeit der Menschwerdung oder den Zusammenhang von Liebe und Erlösung, gar nicht mehr auf das in der Scholastik ausgiebig diskutierte Modell der Verdienste Christi. Doch muss man sehen, dass auch die Schriftkommentierung der Scholastik nicht schematisch theologische Modelle auf die Schriftaussagen übertrug, sondern sich mit diesen im Hinterkopf auf die Auseinandersetzung mit dem genuinen Schrifttext und den bisherigen Kommentierungen einließ.[7]

Bezüglich der Notwendigkeit der Menschwerdung waren Hebr 2,10 und 2,17 mit Hebr 9,15 die üblichen zentralen Ausgangsstellen, um diese Frage zu erörtern. Von Augustinus und vermutlich Ambrosius stammende Sentenzen hatten sich als Grundpositionen so fest an diese Verse geheftet, dass sie sowohl die *Glossa ordinaria* des 12. Jahrhunderts als auch die *Postilla* aus der Arbeitsgruppe um Hugo von St. Cher des 13. Jahrhunderts aufgriffen, um damit die Frage nach der Bedingtheit oder Notwendigkeit der Menschwerdung Christi zu erörtern.[8] Offenbar gehört Fabers Zustimmung da eher der Position Augustins, der diesen Weg der Erlösung als nicht notwendig, aber zuhöchst angemessen ansieht. Faber übergeht nämlich das *debuit* in Hebr 2,17 und hebt die Barmherzigkeit Gottes hervor.[9] Bei Hebr 2,10 betont er zwar, dass es sich geziemte, dass Christus für das erlösende Leiden Mensch wurde[10], aber er bestimmt nicht genau, welchen Notwendigkeitsgrad die Modalaussage „geziemen" mit sich bringt. Weitere theologische Reflexionen stellt er nicht an. Vielmehr wird der

---

[7] Die ältere Arbeit von Fritz Hahn, Faber Stapulensis und Luther, ZKG 8 (1938), 356–432, bietet einen materialreichen und immer noch sehr nützlichen Vergleich zwischen Faber und Luther, wenn er auch etwas schematisch mit Kategorien wie Neuplatonisch, Humanistisch, Reformatorisch arbeitet. Das Kapitel zur Soteriologie und Rechtfertigung a. a. O., 375–391, stützt sich nur auf Aussagen in Fabers Kommentar zum Römerbrief, betont aber dann a. a. O., 421: „[...] im Grundsätzlichen denkt Faber nicht lutherisch."

[8] S. hierzu Ulli Roth, Soteriologie in Schriftkommentaren des 13. Jahrhunderts mit besonderer Berücksichtigung des Hugo von St. Cher, in: ders./David Olszynski, Soteriologie in der Theologie des Hochmittelalters (Archa Verbi. Subsidia 19), Münster 2021, 147–174 (151–156).

[9] S. Faber, Commentarii in Pauli epistolas (1512), fol. 233v (ed. 1531, fol. PPiiir), Kommentar zu Hebr 2,17: *Et magna erga nos dei misericordia, qui eum propter quem nos fecit, et per quem nos fecit, et per quem redemit, voluit hominem fieri omnino similem nobis, excepto peccato [...].*

[10] S. Faber, Commentarii in Pauli epistolas (1512), fol. 233v (ed. 1531, fol. PPiiv), Kommentar zu Hebr 2,10: *Sic certe decuit Christum pati, si erat futura salus hominum quae est eorum sanctificatio, ut (quae add. ed. 1531) nullo alio homine patiente, fieri potuisset. Nam nullus alius homo est propter quem et per quem omnes homines sunt, decuit quidem, quandoquidem qui sanctificat, qui salutem operatur, et qui sanctificantur, id est, qui salutem consequuntur, omnes homines sunt ex uno homine.*

Gedanke allein damit begründet, dass Christus wie der Sünder aus dem Men-
schengeschlecht sein musste, damit die Erlösung auch dem Menschen gelten
konnte. Von daher liegt die Betonung der Zweinaturenlehre, die Faber immer
wieder einbringt, auf der Hand. Sie spricht er auch sogleich mit Blick auf
Hebr 2,16 an und stellt sie – und hier berührt er dann doch die traditionelle
theologische Diskussion – einer Erlösung durch eine vom Gottessohn angenommene Engelnatur entgegen.[11] Doch diese kurze Reminiszenz an die Diskussionen der Väterzeit wie auch der Scholastik geht bezeichnenderweise nicht
auf den entscheidenden Konvenienzbegriff ein. Faber bindet den Gedanken
streng an den vorliegenden Text zurück, der ja davon spricht, dass der Teufel als
Herr über den Tod durch den Tod besiegt werden soll. Es sind also keine theo-
retisch-systematischen Fragen, die Faber der Reihe nach abzuarbeiten sucht,
sondern er verwebt gekonnt grundlegende Glaubensaussagen ohne größeres
theologisches Gebäude mit dem Schrifttext. Sogar das Erlösungsmodell des
Sieges über den Teufel, der von vielen Kirchenvätern in unterschiedlichen Ausprägungen entfaltet wurde und seit Anselm und Abaelard zahlreiche ablehnen-
de Reaktionen hervorgerufen hatte, deutet er knapp an, weil Hebr 2,14 diesen
Widersacher Gottes erwähnt. Doch entfaltet er hier nicht die Logik dieses Mo-
dells, wie etwa im *Quincuplex Psalterium* bei Ps 31 (30),10, wo er die Entrech-
tung des Teufels erwähnt, sondern beschränkt sich darauf, die Herrschaft des
Teufels über den Tod, v. a. den ewigen Tod, zu unterstreichen, indem er herausstellt, dass die Sünder Schuldner des Todes und Knechte des Teufels sind. Das
Warum und Wie klärt er weder für den Schritt in die Knechtschaft noch für den
Schritt der Befreiung aus derselben. Solange ihm der Bibeltext keine klaren Vorgaben macht, nutzt er an anderen Stellen dann auch lieber den neutestamentlichen Vergleich der Erlösung mit einer Reinigung oder Waschung, mit dem er
auch das alttestamentliche Opfergeschehen deutet[12], und gleicht diese Vorstellung nicht mehr weiter mit dem Modell des Sieges über den Teufel ab. Der Teufel betritt bei Faber eher beim geistlichen Kampf die Arena, nicht zur Formulierung einer soteriologischen Theorie.

Ähnlich verhalten gegenüber traditionellen Theologoumena zeigt sich Faber,
wenn er die beiden paradoxen Formulierungen in 2 Kor 5,21 „ihn, der keine
Sünde kannte, machte er für uns zur Sünde" (*eum, qui non novit peccatum, pro
nobis peccatum fecit*) und Gal 3,13 „er wurde für uns verflucht gemacht" (*factus*

---

[11] S. Faber, Commentarii in Pauli epistolas (1512), fol. 233r (ed. 1531, fol. PPiiir), Kommentar zu Hebr 2,11–14: *Cur potius deus angelum non assumpsit […]. Attamen, ad quid ut mors
mortem vinceret, assumpsisset angelum angelus factus cum angelus mori non possit, homo autem possit? Divinae igitur sapientiae, quae humanam redemptionem per mortem factura erat,
condecentius fuit assumere hominem qui mori posset quam angelum, mortalis sortis immu-
nem. Immo nullo modo consentaneum fuit, ut angelum assumeret.*

[12] S. bes. deutlich Faber, Commentarii in Pauli epistolas (1512), fol. 222r (ed. 1531,
fol. NNir–v), Kommentar zu Tit 2,13 f.; vgl. auch Faber, Commentarii in Pauli epistolas (1512),
fol. 248v und 250v (ed. 1531, fol. TTviv und VVir), Kommentar zu Hebr 9,15 und 10,8–10.

pro nobis maledictum) kommentiert.[13] Bei der Stelle 2 Kor 5,21 gibt Faber neben Umformulierungen des Paulustextes im Kommentar mehrere parallele Überlegungen an: Christus habe unsere Sünde auf sich genommen. Er habe unsere schwere Last getragen. Er habe unsere Verpflichtung angenommen und mit sich ans Kreuz geheftet. So habe er uns befreit.[14] Hier lässt sich kein theologisches Erklärungsmodell herauslesen, das Wie der Erlösung wird nicht weiter erläutert. In der *Examinatio* geht Faber einen kleinen Schritt weiter und verrät, dass er die Erklärungsmodelle kennt, ohne sie aber genauer zu bestimmen oder gar Vertreter zu identifizieren.[15] In der Formulierung *et ut peccatum peccatique hostiam affigi cruci pro nobis* sieht man, wie Faber die traditionelle Deutung des Wortes „Sünde" als „Opfer für die Sünde" aufgreift und mit der Aussage des Paulus parallelisiert, nicht aber wie die traditionelle Auslegung das Wort Sünde mit der Erklärung „Opfer für die Sünde" ersetzt. So macht es für ihn auch Sinn, an dieser Stelle nur einen Hinweis zu geben, wie man seine Erklärung des Paulustextes mit der traditionellen theologischen Erklärung harmonisieren kann, ohne dass er diese Lösung selbst weiter ausführt. Denn Faber will streng bei Paulus bleiben, der hier in der Tat sehr elliptisch bleibt. Darum preist Faber lieber den letztlich unbegreiflichen Tausch, als ihn menschlicher Ratio zu erschließen. Das lässt natürlich an Luther oder Calvin denken. Allerdings haben diese hierzu dann doch mit der Strafleidenstheorie ein Argumentationsmodell vorgelegt, das Faber sowohl hier als auch bei Gal 3,13 klar umgeht, weil er dessen Basis, dass Christus in irgendeinem Sinne doch die Sünde zugeschrieben werden müsste, mit Verweis auf 1 Petr 2,22 „er beging keine Sünde" (*peccatum non fecit*) explizit ablehnt.

Bei Gal 3,13 deutet Faber klarer aus, was die paradoxe Formulierung des Paulus meinen soll, nämlich nicht Strafen abzuleisten, wie wir Sünder es hätten tun müssen, sondern sich als Geisel geben und Schmach und Schande ertragen.[16]

---

[13] S. zur Auslegungsgeschichte Léopold SABOURIN, Rédemption sacrificielle. Une enquête exégétique (Studia 11), Paris 1961; DERS., „Christ made ‚Sin' (2 Cor 5:21). Sacrifice and Redemption in the History of a Formula", in: Stanislas Lyonnet/Léopold Sabourin, Sin, Redemption, and Sacrifice. A Biblical and Patristic Study (AnBib 48), Rom 1970, 187–296, und knapp ROTH, Soteriologie (s. Anm. 8), 165 f.

[14] S. Faber, Commentarii in Pauli epistolas (1512), fol. 141r–v (ed. 1531, fol. Riiiiv), Kommentar zu 2 Kor 5,21: *Ille qui pro nobis nostrum supra se accepit pecccatum, supra sanctam et innocentem cervicem peccati sarcinam baiulandam [...] grave pondus nostrum portans, et mortem accipiens, et vitam suam nobis elargiens, obligationem nostram assumens, et secum cruci affigens, nos autem liberans.*

[15] S. S. Faber, Commentarii in Pauli epistolas (1512), fol. 141v (ed. 1531, fol. Sir), *Examinatio* zu 2 Kor 5,21: *Sed dicit, quod pater Christum fecit pro nobis peccatum, et ut peccatum peccatique hostiam affigi cruci pro nobis. Est enim peccatum nostrum pariter cum eo cruci affixum, extinctum et mortuum. Et nos effecit deus iustitiam in ipso. Sic enim illa incomprehensibilis sapientia, mirabile hoc fecit commercium [...] miro et inexcogitabili modo obvians [...].*

[16] S. Faber, Commentarii in Pauli epistolas (1512), fol. 156r (ed. 1531, fol. Xiiv), Kommentar zu Gal 3,13: *Et qui omnes cum Adam in ligno peccaveramus maledicti in ligno poenas luere debebamus; ipse contra qui nihil peccaverat, in ligno pro nobis mori voluit [...] se obsidem pro*

Obwohl in mittelalterlichen Deutungen immer wieder die Überlegung eingebracht wird, Christus hätte, wenn auch selbst ohne Schuld (*culpa*), doch den Tod
als Strafe, die eigentlich den Sündern gilt, erlitten, und obwohl Faber den Strafgedanken mit Blick auf den Sünder schon einführt, um das Verfluchtsein zu
erklären, nutzt er diese Deutekategorie hier nicht für Christus. In der *Examinatio*, wo er dann auch einmal direkt auf Hieronymus verweist, greift er wie die
Tradition die Beobachtung, dass *maledictum* ein Neutrum sei, als wichtigen
Hinweis auf. Doch statt wie dort darin eine Ablehnung der persönlichen Ver-
antwortung Christi für das von ihm zu ertragenden Leid zu sehen, also den
Strafgedanken genauer auf das Kreuzesgeschehen hin zu modifizieren, dient es
Faber nur allgemein dazu, von einem *ferre peccata nostra* sprechen zu können.
Das verbindet er dann mit 1 Petr 2,24. Aber wie die Sünden mit Christus ans
Kreuz geheftet und damit verwandelt und vergeben werden, das erklärt Faber
auch hier nicht. Ähnlich verfährt Faber bei der Kommentierung von Joh 1,36
„Siehe das Lamm Gottes, das die Sünde der Welt hinwegnimmt", wenn er einer-
seits auf 1 Joh 2,22 und 1 Petr 2,24 verweist, aber andererseits keine Erklärung
des Erlösungsgeschehens anbietet, die über ein Tragen der Sünde hinausgeht.[17]

Prüft man dann, was Faber bei der Kommentierung des ersten Petrusbriefes
zu dieser Stelle schreibt, wird nicht klarer, wie sich Faber das Erlösungsgeschehen denkt. Offenbar liegt ihm mehr am Herzen – und das trifft durchaus den
Skopus des Kapitels 1 Petr 2 –, dazu aufzurufen, Christus, der gerade in der Passion ein Beispiel für alle gab, wie man auch in größter Bedrängnis handeln soll,
in allem nachzuahmen. Alles andere überlässt Faber dem unermesslichen Reichtum des göttlichen Erbarmens, der unausdenkbar bleibt.[18] Zwar greift hier Faber
das nichtbiblische Wort *satisfactio* auf, das sich seit Anselm, wenn auch sehr unterschiedlich gefüllt, zu einer Hauptbezeichnung für das Erlösungsgeschehen
entwickelt hat. Doch Faber gibt keinen Hinweis, ob er die Genugtuung wie Anselm als einer Strafe streng entgegengesetzt oder doch gerade als Strafgeschehen

---

peccatoribus et maledictis facere, et ignominiam et confusionem quae peccato et maledictioni
debebatur, perferre, ut sublato peccato et maledictione, in iis qui peccatores fuerant iustitia et
benedictio repararentur? O ineffabile commercium [...].

[17] S. Faber, Commentarii initiatorii in evangelia (1523), fol. 288r–v zu Joh 1,36. Hier unterscheidet Faber immerhin ein universelles und partikuläres Heilshandeln Christi, das in ihm
als alleinigem Heilszentrum gewirkt wird, aber einmal dem *peccatum universale* und dann
auch allen *peccata particularia* gilt.

[18] S. Faber, Commentarii in epistolas catholicas (1527), fol. 27v zu 1 Petr 2,24: *Atqui pro*
nobis passus est, non quia afflictione, cruciatu, aut morte dignum quicquam admisisset, sed ut
nos redimeret, insuper et ut se nobis relinqueret sanctae patientiae exemplum [...] sed permit-
tebat ut terrenus iudex ipsum iniuste condemnaret [...] sed vindictam faciendam tradebat
relinquebatque patri et deo qui iudicat omnia iuste [...]. Tradebat ergo vindictam patri, qui
voluit ipsum insontem mori pro omnibus nobis plusquam sontibus [...]. Et posuit in eo iniqui-
tates omnium nostrum, omnium peccatorum nostrorum satisfactionem [...] aeterni patris summa
et inexcogitata benignitate, misericordia, miseratione in morte eius condonata, remissa, deleta
[...] sequamini vestigia eius.

verstehen will oder ob die Genugtuungsleistung in der im Leiden zum Ausdruck kommenden Liebestat besteht, wie es bei Thomas von Aquin zu verstehen wäre. Nur in einem anderen Zusammenhang, bei dem er 1512 eine besondere Auslegung von Ps 31 (30),11 verteidigt, dass nämlich Christus die Höllenstrafen der Verworfenen sieht und gewissermaßen miterleidet, findet sich einmal mit Blick auf 1 Petr 2,24 die Formulierung „der für die Sünden und Strafen aller, auch derer in der Unterwelt, mit seiner Strafe genüge getan hat", ohne dass dieser Strafgedanke wiederum erläutert wird.[19] Es scheint auch eher so zu sein, dass der Anlass, eine These mit einer theologischen Argumentation stichfest verteidigen zu müssen, also die Situation einer Apologie, Faber zu dieser Präzisierung veranlasst hat, als dass an diesem Punkt ein reiflich überlegtes, sonst aber verdeckt bleibendes Grundkonzept die Oberfläche durchstoßen hätte. Faber greift spezifische Argumentationen der systematischen Theologie eher beiläufig auf, um Anfragen auf gleicher Ebene zu begegnen. Das sieht man gerade an dieser Diskussion. Denn schon bei der Auslegung des Psalms nutzt er die Idee, Christus könnte in gewisser Weise die Höllenstrafen miterlitten haben, als Trost- und Mahnwort an die durch Christus Erlösten, nicht als Erklärung des Erlösungsgeschehens. Dieses formuliert er hier anders als in den Briefkommentaren einmal vollständig mit dem von den Kirchenvätern, vor allem Augustinus entnommenen Argumentationsmodell der Teufelsentrechtung aus.[20]

Faber ist offenbar bei der Kommentierung der Paulus- und Petrusbriefe einfach nicht an der Frage interessiert, wie das Erlösungsgeschehen genauer zu erklären ist, weil seine Blickrichtung sozusagen nach vorne, auf die Konsequen-

---

[19] S. Faber, Quincuplex Psalterium, Paris 1513, fol. aiiiv: *Poena enim Christi, qui omnium peccata expiavit, qui, ut Petrus inquit, pecata nostra ipse pertulit in corpore suo super lignum, qui pro omnium peccatis et poenis, etiam inferorum, sua poena satisfecit, omnes poenas revera excessit, ut aequiparari poenis inferorum iure potuerit. Et haec pro apologia Cusae [...].* Dies steht im 1512 geschriebenen *Appendix in Psal. XXX In te domine speravi, ad D. Petrum Cartusium, venerabilem Gosnaianae domus priorem,* der an Pierre de Gosnay gerichtet ist. Faber verteidigt hier die bei Nikolaus von Kues gefundene Deutung des Höllenabstiegs Christi als Erleiden und Teilhabe an den Höllenstrafen, deutet aber zugleich den Descensus als Triumph Christi. S. hierzu Gergely M. Juhász, Translating Resurrection. The Debate between William Tyndale and George Joye in Its Historical and Theological Context (Studies in the History of Christian Traditions 165), Leiden 2014, 152–164, und Markwart Herzog, „Descensus ad inferos". Eine religionsphilosophische Untersuchung der Motive und Interpretationen mit besonderer Berücksichtigung der monographischen Literatur seit dem 16. Jahrhundert (Frankfurter Theologische Studien 53), Frankfurt 1997, 169–176.

[20] S. Faber, Quincuplex Psalterium, Paris 1513, fol. 46r–47v, zu Ps 31 (30),10, bes. a.a.O., 47r: *[...] si ipse [Christus] qui solus liber erat, se pro servo secreta dispensatione ut captivum exhibuit, ut qui iuste teneri non potuit eum liberaret qui iuste detinebatur, et tyrannus ius detinendi perderet, qui iniuste detinere voluit indetentibilem [...].* Ohne klare innere Logik bleibt dagegen der Gedanke, der dieser theologischen Argumentation unmittelbar vorausgeht und das eigentliche Thema, das Faber behandeln will, beinhaltet, s. a.a.O., 47r: *At si ita est quod Christus dominus non solum pro nobis temporalem mortem, sed et mortis secundae [...] dolores et terrores sustinere voluerit, ut nos a doloribus illis et terrifico illo sensu liberaret et immortalitati etiam secundum corpus in fine restitueret [...].*

zen der Erlösungstat Christi im praktischen Leben gerichtet ist. Obgleich er mit
1 Petr 2 die Bezeichnung Gottesknecht aus Jes 53 ebenfalls aufgreift, die in der
Kommentarliteratur immer ein Kristallisationspunkt soteriologischer Konzepte war, dient ihm dies doch nur dazu, das Vorbild Christi besser ausmalen zu
können. Auch bei Kol 2,23 hebt er ausführlich die Satisfaktion durch Christus
gegenüber menschlichen Bußleistungen hervor, doch erläutert er nicht, wie er
sich diese Genugtuungstat genauer denkt.[21] Er stellt sich aber gegen Bußleistungen wie Geißelungen oder Ähnliches, sofern die Menschen darin die eigentliche
Genugtuung sehen. Diese hat in Wahrheit Christus erbracht, an dessen Leiden
wir teilhaben sollen, ohne aber zu denken, mit unserem Leiden für die Sünde im
eigentlichen Sinne Genüge zu tun. Als Zeichen von Buße und Demut, vor allem,
sofern sie durch päpstliche Autorität als solche bestätigt wurden, kann er sie
zulassen. Überhaupt ist die Teilhabe an den Leiden Christi, die *communio passionum, societas passionum* (Phil 3,10) und die *imitatio Christi* auch in den Leiden, ein häufig wiederkehrendes Motiv der Christusfrömmigkeit Fabers.[22] Wie
das Haupt leidet, wenn ein Körperglied leidet, so leidet auch Christus, wenn
Christen leiden. Diese Grundidee scheint Faber auch dazu gebracht zu haben,
die auf Nikolaus von Kues zurückgehende Überlegung, Christus teile mit den
Menschen auch das Erleiden des ewigen Todes, in seine Deutung einzubringen,
ohne allerdings viel daraus abzuleiten.[23] Ganz konkret sieht Faber dieses Mitleiden mit Christus bei den Märtyrern gegeben und schildert hier plastisch das
Leiden des angeblich durch jüdischen Ritualmord ums Leben gekommenen
Kindes Simon von Trient und seiner Mutter, die er selbst im Jahr 1500 getroffen
habe.[24] Diese Reminiszenz mit einem antijüdischen Einschlag, den man auch
sonst bei Faber findet, ist ihm einen Exkurs wert, nicht aber eine theologische
Erörterung des Verhältnisses vom Leiden der Heiligen zum Leiden Christi. Bezüglich der im 16. Jahrhundert und dann vor allem danach stark umstrittenen
Stelle Kol 1,24 über den Anteil der Leiden des Paulus an den Leiden Christi geht
Faber noch viel weniger als Erasmus auf theologische Streitfragen ein, sondern
nutzt die Stelle paränetisch, um zum Lob Christi aufzurufen.[25]

---

[21] S. Faber, Commentarii in Pauli epistolas (1512), fol. 184v (ed. 1531, fol. DDiiiir–v), Kommentar zu Kol 2,23: *Sed ipse Christus satisfecit pro peccatis nostris, et cum satisfactionis eius sumus participes, dimissa sunt nobis peccata nostra non quod satisfecerimus aut satisfacere potuerimus, sed ipse satisfecit. [...] Et ideo si non sumus participes, et excludimur, id ideo est, quia nolumus sequi satisfactorem beneficium satisfactionis eius agnoscentes.*
[22] S. z. B. Faber, Commentarii in Pauli epistolas (1512), fol. 217v bzw. 177v (ed. 1531, fol. LLiiiv bzw. BBiiiv–iiiir), Kommentar zu 2 Tim 3,10 bzw. zu Phil 3,13 und 3,17.
[23] S. Faber, Commentarii in Pauli epistolas (1512), fol. 214v (ed. 1531, fol. KKviiir), Kommentar zu 2 Tim 1,10: *[...] mortem nobis sustulit, mortem quidem sempiternam et tenebrarum [...].* Zu dieser Frage siehe schon die Verteidigung Fabers in ders., Quincuplex Psalterium, Paris 1513, fol. Aiiiir–aiiiv, vgl. oben Anm. 19.
[24] S. Faber, Commentarii in Pauli epistolas (1512), fol. 178r–v (ed. 1531, fol. BBiiiiv), *Examinatio* zu Phil 3,10.
[25] S. Faber, Commentarii in Pauli epistolas (1512), fol. 182v und 183v (ed. 1531, fol. DDCir

Eines ist hinsichtlich der objektiven Seite des durch Christus bewirkten Erlösungswerkes deutlich. Das Erlösungshandeln und -wirken Christi geht nicht in einem bloßen Lehren durch Wort und Tat oder dem Wirken als Beispiel und Vorbild auf. Auch wenn Faber kein klares Erlösungskonzept zu erkennen gibt, die Erlösung von der Sünde ist für Faber mehr als nur Beispielgeben, denn an verschiedenen Stellen stellt er gerade Beispielgeben und Erlösung nebeneinander oder hebt das Wirken des Exemplars von einem Exemplum ab.[26] Eine ähnliche Schwierigkeit bei der Suche nach einer letzten Erklärung findet man bei der anderen Seite zum Erlösungsgeheimnis, nämlich der Frage nach der Ursprungssünde. Die neuralgische Stelle Röm 5,12 *in quo omnes peccaverunt* legt Faber doch so aus, dass er das *in quo* auf die Tatsache des Sündigens und nicht auf Adam bezieht und die scholastischen Bestimmungen der Erbsünde meidet.[27] Es verwundert wenig, wenn Noël Beda bei seinem Angriff gegen Faber genau hier einhakt.[28]

Wie verhält es sich nun hinsichtlich der subjektiven Seite des Erlösungsgeschehens, also der Bedeutung des Glaubens und des Verhältnisses von Gnade und Werken? Während Jean Calvin die Klarheit der Kommentierungen Fabers lobt, stellt ihm Richard Stauffer die Einschätzung entgegen, dass Faber Semipelagianer sei, was hier wohl eher als unausgegorene Theorie zu verstehen ist.[29] Diesen Synergismus hinsichtlich der Gnadenlehre sieht Stauffer auch in den Evangelienkommentaren gegeben und vermag hinsichtlich des Glaubensver-

---

und DDiiir), Kommentar und Examinatio zu Kol 1,24; zur Auslegungsgeschichte s. Jacob KREMER, Was an den Leiden Christi noch mangelt (BBB 12), Bonn 1956.

[26] S. z.B. Faber, Commentarii in Pauli epistolas (1512), fol. 222r (ed. 1531, fol. NNir–v), Kommentar zu Tit 2,11–14: *Et non solum apparuit, sed apparendo vita et verbo supra exemplum, et plus quam exemplo docuit, nam ipse non erat typus et exemplum, sed exemplar et archetypus. [...] Et non solum apparuit et docuit, sed dedit semetipsum pro nobis in mortem [...].* Vgl. Faber, Commentarii in Pauli epistolas (1512), 177v (ed. 1531, fol. BBiiiv–iiiir), Kommentar zu Phil 3,17.

[27] S. Faber, Commentarii in Pauli epistolas (1512), fol. 79r (ed. 1531, fol. Cviiv), Kommentar zu Röm 5,12: *Et hunc in modum mors in omnes homines, qui peccaverunt in eo quo peccaverunt pertransiit, et ob proprium peccatum mortui sunt; et in eos qui non peccaverunt identidem pertransiit mors, perinde ac si ut Adam praevaricati fuissent.* Die Schwierigkeit löst er so auf, dass er das *non peccaverunt* aus Röm 5,14 so deutet, dass diese zwar ein Vergehen begingen, aber dieses eben vor der Gabe des Gesetzes noch nicht als Sünde erklärt worden war, obgleich seine Schädlichkeit feststand. Hier ist doch eine Verschiebung gegenüber dem mittelalterlichen Erbsündengedanken zu erkennen, da von einer wie auch immer zu denkenden Inklusion der Menschheit in Adam etwa dem Ursprung nach (*peccatum originale*) nicht mehr die Rede ist. Faber selbst weist auf den Abstand zwischen der Aussage des Paulus und seiner Interpreten hin, s. Faber, Commentarii in Pauli epistolas (1512), fol. 80v (ed. 1531, fol. Div), Examinatio zu Röm 5,12: *Latissimum sane est inter Apostoli et aliorum disserendi modos interstitium.*

[28] S. bes. Noël Beda, Annotationes, Paris 1526, fol. 33v, der Faber vor allem vorwirft, nicht eindeutig den Schuldcharakter der Ursprungssünde herauszustellen.

[29] S. Richard STAUFFER, Interprètes de la Bible. Études sur les réformateurs du XVIe siècle (ThH 57), Paris 1980, 17. Stauffer sieht dann zwar nach 1523 einen Bruch bei Faber und eine Hinwendung zu reformatorischen Positionen, muss aber sogleich eingestehen, dass Faber nicht konsistent bleibt, s. a.a.O., 26f.

ständnisses keinen lutherischen Einschlag bei ihm zu finden.[30] Wie viel soll man
dem Umstand zuschreiben, dass Faber z. B. die Erwählung des Paulus aus Gnade in Gal 1,16 mit einem *sola gratia* versieht? Oder dass er bei seiner Übersetzung von Gal 2,16 beim Glauben ein *solum* einfügt und in der Erklärung den
Glauben gegenüber einem Vertrauen auf die Werke hervorhebt?[31] Gewissermaßen scheint hier Faber die protestantischen Exklusivpartikel und die in sie
kondensierte Theologie fast schon vor ihrer Entfaltung bei Luther aufzugreifen
oder besser selbst zu entwickeln. Doch warum gibt sich Faber dann solche
Mühe, den rechten Sinn des Pauluswortes Gal 6,3 zu ergründen, sich nicht
selbst hochzuschätzen? Statt allein die Gnade und das Werk Gottes zu rühmen,
gehört es für Faber zu einer genauen Abwägung des Sinnes der christlichen
Demut dazu, auch die Werke nicht zu übersehen.[32] Ebenso betont er bei der
Gnade Gottes, dass sie nicht vom Menschen selbst, ja gerade nicht aus ihm heraus kommt, sondern von einem anderen. Doch steht ihm dies nicht im Gegensatz zum Wirken der Gnade im Menschen, da sie ihm ganz innerlich ist. Keine
disjunktive Dialektik zwischen Gott und Mensch will hier Faber erfassen, vielmehr schiebt er jedem *Sola* immer die mit diesem Ausdruck offenbar nur dem
Anschein nach ausgeschlossene Seite unter. *Sola fide* und *sola gratia* sind für
Faber nicht exklusiv gemeint. Sie fügen sich besser in den Gesamtrahmen einer
eigenständigen Christusmystik ein als in eine langsame, nur innerlich vollzogene Hinwendung zu reformatorischem Gedankengut, dessen genauere Ausprä-
gung – Luther, Bucer, Melanchthon? – noch zu klären wäre. Liest man etwa
Fabers Römerbrieferklärung zu den neuralgischen Stellen wie Röm 3,21 f. und
3,28 nach, sieht man sehr klar, wie Werke und Glaube, bei allem Vorrang des
Glaubens, gar nicht im Gegensatz zueinander stehen. So sehr Werke des Menschen und Gnade Gottes voneinander zu unterscheiden sind und Faber von ei-

---

[30] S. STAUFFER, Interprètes (s. Anm. 29), 21 mit Verweis auf Charles-Henri GRAF, Essai sur
la vie et les écrits de Jacques Lefèvre d'Étaples, Straßburg 1842 (ND Genf 1970). Dagegen
beruft sich Thierry WANEGFFELLEN, Lefèvre nicodémite? Qu'est-ce que le nicodémisme?, in:
Jean-François Pernot (Hg.), Jacques Lefèvre d'Étaples (1450?–1536): Actes du colloque d'Étaples les 7 et 8 novembre 1992 (Colloques, congrès et conférences sur la Renaissance 5), Paris
1995, 155–181 (169), auf STAUFFER, Interprètes (s. Anm. 29), 25.
[31] S. Faber, Commentarii in Pauli epistolas (1512), fol. 154v (ed. 1531, fol. Viiiiv), Kommentar zu Gal 2,16: *Quapropter non iustificabitur ex operibus legis, sed solum per fidem Iesu
Christi. [...] sed per solam fidem Christi infunditur iustificatio [...]. Facessant igitur opera
veteris legis, ne ingrati simus, ne gratiam Christi, per quam solam omnes salvantur, irritam,
supervacuam, nullamque putemus.* Auch schon zuvor Faber, Commentarii in Pauli epistolas
(1512), fol. 153v (ed. 1531, fol. Viiir), Kommentar zu Gal 1,15: *vocavit me per gratiam suam:
Quid est vocavit me per gratiam suam nisi accersivit me in apostolatum, non quidem meis
operibus, non meis meritis, sed per suam solam gratiam qui per se bonus est?*
[32] S. Faber, Commentarii in Pauli epistolas (1512), fol. 161r–v (ed. 1531, fol. Xviiiv), zu
Gal 6,3, dort 4. und 5. Gebot: *[...] ergo gratia veram humilitatem, et veram magnanimitatem
facit, non opera, etsi opera non desint. [...]. Sed qui gloriatur, in domino glorietur. Si quis autem
deum iustificationis nostrae autorem cogitet, si quis gratiam, non in se ipso, sed in alio habebe-
bit gloriandi materiam. Et si in se ipso, nam gratia intima est, non tamen ex se ipso.*

nem *sola gratia* oder *solus deus* bei der Rechtfertigung spricht, so verhalten sich
Werke und Gnade oder Glaube doch wie Vorbereitung und Vollendung. Schon
die Beispiele, die Faber für eine Errettung durch die Gnade allein ohne Werke
nennt, etwa die Taufe von Heiden oder kleinen Kindern oder die Errettung des
Schächers am Kreuz, zeigen, dass ein eventuell exklusiv gemeintes *sola fide* ein
Sonderfall und nicht der Regelfall wäre. Es gilt nämlich: „Denn keiner wird so
aus dem Glauben gerechtfertigt, dass der Glaube selbst die Rechtfertigung ist
und nicht die Werke."[33] Gleich danach sucht Faber eine weitere Formulierung
für die Synthese, die ihm vor Augen schwebt, indem er geschickt die Formulierung des Apostels Paulus von Röm 3,30 *unus est deus qui iustificat* als Lösung
benutzt und sowohl dem Glauben wie auch den Werken die Rechtfertigung ab-
spricht und diese Tat allein Gott zuschreibt.[34]

Die reformatorische Umformung des Glaubensbegriffs gegenüber der mittelalterlichen Trias der theologischen Tugenden Glaube, Hoffnung und Liebe vollzieht Faber nicht mit, auch wenn er diese drei eher wie eine in sich greifende
Entfaltung, etwa die Liebe als die Vervollkommnung und Erfüllung von Glaube und Hoffnung, sieht und das scholastische Erklärungsmodell mit der Liebe
als Form (*fides caritate formata*) nicht aufgreift.[35] Dies tritt besonders deutlich
bei der Kommentierung des Jakobus-Briefes in den *Commentarii in epistolas
catholicas* (1527) hervor. Die innerneutestamentliche Spannung von Paulus und
Jakobus, die Luther so sehr umtrieb, erwähnt Faber nicht einmal. Vielmehr
kommentiert er Jak 2,17 f. ohne Schwierigkeiten auf eine *fides per charitatem
operans* oder *fides charisma infusa* hin.[36] Insofern kann man gerade für diese
Kommentare nicht einfach veranschlagen, sie bezeugten, dass Faber protestantischen Prinzipien anhänge, nur weil er mit diesen den Vorrang von Gnade und
Glaube im Rechtfertigungsgeschehen betont.[37] Auch bei Faber sind die Werke

---

[33] Faber, Commentarii in Pauli epistolas (1512), fol. 75r (ed. 1531, fol. Ciiir), Kommentar zu
Röm 3,28: *Nam non quisquam sic ex fide iustificatur, ut fides ipsa iustificatio sit, ut neque opera.*

[34] S. Faber, Commentarii in Pauli epistolas (1512), fol. 75r (ed. 1531, fol. Ciiv), Kommentar
zu Röm 3,28: *Neque fides neque opera iustificant, sed praeparant ad iustificationem, quandoquidem unus est deus qui iustificat circumcisionem ex fide, et praeputium per fidem. [...] Opera igitur sunt ut praeparantia et purgantia viam, fides autem ut terminus et aditus quidam divini ingressus.* Vgl. Faber, Commentarii in Pauli epistolas (1512), fol. 74v (ed. 1531, fol. Ciir),
Kommentar zu Röm 3,19 f.: *[...] adiuvantibus enim operibus legis homo se praeparat, deus
autem iustificationis est autor.*

[35] S. etwa Faber, Commentarii in Pauli epistolas (1512), fol. 78v (ed. 1531, fol. Cviir), Kommentar zu Röm 5,4 f.

[36] S. zum Folgenden Faber, Commentarii in epistolas catholicas (1527), fol. 8v zu Jak 2,8 f.:
[Legem perficere] est ex fide per charitatem operante [...]. Und a. a. O., 9r zu Jak 2,18–26: *Est
enim fides, charisma a spiritu dei infusum, et arbor bona. [...] Secus forsitan fuerit, si exercendi
opera fidei nondum advenit tempus, ut in parvulis, quibus sola fides sufficit ad iustitiam [...].*

[37] Gegen STAUFFER, Interprètes (s. Anm. 29), 26 f., der aber selbst bemerkt, dass es Faber
noch nicht gelungen sei, alle altgläubigen Schlacken zu vermeiden. Denn letztlich definiert bei
Stauffer der konfessionelle Blick, was Schlacke und was Erz sein soll, wohl aber nicht Faber.

die Früchte des Glaubens. Ein *sola fides* kommt bei ihm allerdings nur vielleicht für die kleinen Kinder, die noch nicht viel tun können, oder für den Schächer am Kreuz in Frage, wobei dessen Flehen auch schon ein Tun sei. So macht Faber auch der Begriff eines Gesetzes der Freiheit (*lex libertatis*) in Jak 2,12 keine Schwierigkeiten und er zweifelt nicht aufgrund theologischer Bedenken an der Kanonizität des Jakobusbriefes. Eher im Gegenteil sieht er ihn als wichtige Ergänzung zum Römerbrief an. Faber und seinen Kreis als äußerlich katholisch praktizierende, aber innerlich protestantisch Glaubende, also Nikodemiten in irgendeiner Form, einzuschätzen, die nur der Wunsch, nicht mit der Kirche zu brechen, von den Reformatoren trennte, hat sich als Irrweg herausgestellt, so dass eher von einem für diese Frühzeit noch nicht konfessionell fixierbaren Glauben zu sprechen ist.[38]

Genau auf derselben Linie interpretiert Faber 1 Joh 2,2–6. Statt sich lange über das Tun Christi, nämlich seine Sühneleistung (1 Joh 2,2: *ipse est propitiatio pro peccatis nostris*) auszulassen, betont Faber mit 1 Joh 2 das Tun der Gebote. Ja, dieses Tun der Gebote wird ihm gerade zur Weggemeinschaft mit Christus in der Nachahmung seines Tuns.[39] Dabei spricht er einerseits ganz traditionell vom in der Liebe tätigen Glauben, aber auch vom Glauben, der durch den Geist Christi und die Liebe geformt ist.[40] Hier kommt Fabers mystisch-spirituelles Anliegen zum Ausdruck, sodass er in einer Parallelsetzung fast schon den Geist Christi mit der theologischen Tugend Liebe identifiziert. Dies erinnert an die bei Petrus Lombardus im *Sentenzenbuch* I dist. 17 deutlich hervorbrechende und dann in der Hochscholastik eher zurückgewiesene Theorie, den Heiligen Geist direkt mit der eingegossenen Liebe zu Gott zu identifizieren. So weit geht Faber aber bei der Kommentierung der hierfür u. a. entscheidenden Stelle Röm 8,15 nicht.

Ähnlich verhält es sich, wenn Faber die Einheit der drei Tugenden Glaube, Hoffnung und Liebe betont, so dass, wer eine davon habe, alle drei habe. Gegen jegliche Überheblichkeit betont Faber auch, dass der wahrhaft Liebende wisse, dass er in Gott sei und, wenn er nur auf sich sehe, sich als erbärmlich und nackt erkenne, aber aufgrund der Liebe erkenne, dass er in Gott sei und damit selig und reich. Fabers Christusmystik hat hier m. E. nur den Anschein eines Lutherischen *simul iustus et peccator*, denn die Radikalität des Gegensatzes wird gera-

---

Hervorzuheben ist aber die Einsicht bei STAUFFER, Interprètes (s. Anm. 29), 28, dass man Faber nicht in konfessionelle Kategorien einordnen kann.

[38] S. WANEGFFELLEN, Lefèvre nicodémite? (s. Anm. 30).

[39] S. Faber, Commentarii in epistolas catholicas (1527), fol. 47r zu 1 Joh 2,6: *Haec ambulatio, est in conversatione et in toto nostrae peregrinationis tempore, conversationis et vitae Christi dum in terris visus est, et cum hominibus sua ineffabili miseratione conversatus, in fide et charitate imitatio* [...].

[40] S. Faber, Commentarii in epistolas catholicas (1527), fol. 46v zu 1 Joh 2,5 f.: *Ubi enim est illa fides, et spiritus Christi est, per quem fide per charitatem operante adimplentur mandata* [...] *fidem vivam, fidem spiritu Christi et charitate informatam* [...].

de nicht in Bezug auf Gott entwickelt, sondern in Bezug auf die von Gott als
Gabe geschenkte Liebe, die den doppelten Blick ermöglicht und damit eben den
Gegensatz überbrückt.[41]

Faber vermeidet jegliche strenge Dialektik im Menschen und kommt so zu
einer eigenartigen Synergismustheorie. Denn nicht Gott oder Gnade und
Mensch kooperieren im guten Werk, sondern der Glaube durch die Liebe.[42] So
führt der Glaube zur Rechtfertigung. Aber genauso deutlich, wie Faber den
Glauben in den Mittelpunkt stellt, vermeidet er jegliche Exklusivität, wenn er
manchmal ein *Sola* verwendet. Bei der Deutung von Röm 4, wo sich ja Paulus
die Frage nach dem Sinn der Gesetzeswerke stellt, legt Faber dar, dass es zur
Zeit des Paulus zwei Extrempositionen gegeben habe, diejenigen, die bei der
Rechtfertigung auf den Glauben vertrauten, und diejenigen, die auf die Werke
setzten. Gegen erstere sei Jakobus aufgetreten, gegen letztere Paulus.[43] Entsprechend betont Faber bei der Auslegung von Röm 4 mit Paulus die Gnade Gottes
und spricht auch vom *sola gratia*, um die Gnade herauszustellen, die für ihn aber
auch Jak 1,17 zur Geltung bringt. Damit ist klar, dass für Faber der Römerbrief
gerade mit dem Jakobusbrief zusammen zu lesen ist. Das *sola gratia* oder *sola
fide* schließt die Werke mit ein und ist nicht als Gegensatz dazu gemeint, sie
gehören als Zeichen des Glaubens so zum Glauben wie unser Atem als Lebens-
zeichen zum Leben. Umgekehrt sich nur auf die Werke, gar die Werke des Gesetzes zu verlassen, steht im Gegensatz zur Gnade.[44] Anders gesagt kann man

---

[41] S. Faber, Commentarii in epistolas catholicas (1527), fol. 47r zu 1 Joh 2,6: *Proinde qui
perfectam dei charitatem habet, eo ipso scit se in deo esse, non se attendens sed sublime donum
dei in quo seipsum melius cognoscit, quam se in seipso [...].* Ähnlich dialektische Formulierungen finden sich bei Faber, Commentarii in Pauli epistolas (1512), fol. 223r (ed. 1531, fol. NNiiv),
Kommentar zu Tit 3,3–7: *[...] ut in contemplatione benignitatis eius ad eius rapiamur amorem,
in contemplatione autem nostra humiliemur et confundamur [...] non ex operibus nostris, sed
contra opera nostra, per suam solam misericordiam, nos salvos fecit per sanctum regeneratio-
nis et renovationis spiritus sancti lavacrum [...].* Die Formulierung *contra opera nostra* kommt
ihm aufgrund des *odibiles* in Tit 3,3 in den Sinn. Dieses bezieht er bezeichnenderweise nicht
auf den Menschen als solchen, sondern die Werke und hat dabei offenbar wie Tit 3,3 die gottlosen, bösen Werke im Sinn, nicht Werke als solche oder gar gute Werke.

[42] S. Faber, Commentarii in epistolas catholicas (1527), fol. 9v zu Jak 2,18–26: *Et cui haec
fides adest, is continuo iustus est, et iustus et iustificatus, reputante deo huiusmodi fidem ad
iustitiam, id est, deo iustificante, alioqui non dum iustificato opus sequens, bonum non est. [...]
sed fides operibus eius per dilectionem erga deum cooperabatur. Sic omnium fidelium fides per
dilectionem cooperari debet [...].*

[43] S. Faber, Commentarii in Pauli epistolas (1512), fol. 76r (ed. 1531, fol. Ciiiiv), Kommentar
zu Röm 4,1f.: *Duae sectae olim erant: Prima confidentium in operibus, ut quae sententia
eorum sufficerent ad iustificandum. Secunda confidentium in fide, nihil opera curantium, hanc
confutat Iacobus, illam Paulus. Et tu, si spiritu sapis, neque in fide, neque in operibus, sed in
deo confide, et primas partes assequendae a deo salutis, fidei tribue ex Paulo, et opera fidei
adiunge ex Iacobo. Sunt enim signum vivae et fructiferae fidei, at carentia operum signum fidei
otiosae et mortuae.* Vgl. zu dieser Stelle in diesem Band Lothar VOGEL, Erasmus als Paulus-
Kommentator, dort bei Anm. 56.

[44] S. Faber, Commentarii in Pauli epistolas (1512), fol. 77r (ed. 1531, fol. Cvr), Kommentar
zu Röm 4,9f.: *Similiter et opera quae fidem sequuntur, vivae fidei signum sunt, ut spiritus et*

wie bei der Deutung von Röm 3,30 von einem *solus deus* jenseits einer vermeintlichen Dichotomie von Gnade und Werken sprechen, also vom Zuvor der Liebe
Gottes vor unserem Tun oder Nicht-Tun, das Faber bei der Deutung von
Röm 8,35 preist. Dass Faber kaum von Verdiensten spricht, weder für Christus
noch für die Menschen, könnte so nicht nur daher rühren, dass er bei der Kommentierung diesen eher unbiblischen und in der Vulgata sehr seltenen Terminus
bei Paulus nicht vorfindet und darum meidet, sondern auch daher, dass er ihm
die innere Zusammengehörigkeit von Glaube, Handeln und Christusförmigkeit
zu sehr auseinanderzieht. Entsprechend lässt sich Faber nicht darauf ein, *fides* in
Richtung *fiducia* auszuformulieren.[45]

3. Resümee

Zusammenfassend kann festgehalten werden, dass die Kommentierungsweise
des Faber Stapulensis bei den Pauluskommentaren sehr nahe am Text bleibt.
Faber scheint bei der christologisch ausgerichteten Deutung des alttestamentlichen Psalters eher für systematisch-theologische Aussagen und Diskussionen
offen zu sein, besonders bei den großen christologischen Psalmen, hält sich aber
bei der Kommentierung der Paulusbriefe damit stark zurück. Paulus steht für
ihn näher am Christusereignis als der Psalmensänger David und ist selbst der
inspirierte Theologe, der keiner weiteren Systematisierung bedarf, sondern für
sich alleine sprechen kann. Dabei liest ihn Faber dann aber nicht wie die hoch-
mittelalterlichen Kommentatoren als einen überlegen distinguierenden Scholastiker, der in verdichteter Form präsentiert, was Traktate und Quästionen dann
nur noch auszufalten brauchen. Vielmehr befindet er sich für Faber auf einer
höheren Erkenntnisebene. Mit dieser Zurückhaltung gegenüber der systematischen Theologie trennt sich Faber von der exegetischen Tradition des Mittelalters, insbesondere der *Glossa ordinaria* und der Hugo von St. Cher zugeschriebenen *Postilla*. Dies könnte es reizvoll machen, einmal seine Textbeobachtungen und Schlussfolgerungen mit heutigen Ergebnissen der historisch-kritischen

---

halitus noster signum vitae. Dabei sieht man aber aus der sich über mehrere Seiten hinziehen-
den Diskussion, dass das Folgen der Werke nicht als zeitliche Folge zu denken ist. Aber auch
eine logische Folge scheint Faber nicht zu erwägen, wie das Vergleichsbild zeigt, nur eben eine
Gewichtung, die dem Glauben den Vorrang gibt.

[45] Nur einmal konnte ich *fiducia* finden, wobei Faber den Appell, sich im Glauben ganz auf
das Evangelium und Christus zu konzentrieren, in den Kontext seines mystisch geprägten
Aufstiegsschemas von der Vernunft zum Geist Gottes und von der Vielheit der Welt zur
Christusförmigkeit bringt. Im Glauben wird nicht mehr etwas Endliches im Lichte Gottes
erfasst, sondern das Licht oder Unendliches selbst, s. u. a. Faber, Commentarii initiatorii in
evangelia (1523), Vorwort: *Tota fides eorum [sc. martyrum], tota fiducia, totus amor ad ipsum
[sc. Christum] colligebatur, et haec etiam in nobis ad eundem colligerentur. [...] At ut credulitas
oculi maius quid est quam visio, cum haec sit exigui, illa immensi, sic et credulitas mentis maius quid est quam intelligentia, cum haec sit finiti, illa etiam infiniti.*

Exegese zu vergleichen, die sich ja eine vergleichbare, methodische Abstinenz von dogmatischen Vorgaben und der Denkweise der Dogmatik verordnet hat.

Bezüglich der Soteriologie entfaltet Faber hinsichtlich der objektiven Erlösungslehre und dem Handeln Christi kein klares Konzept. Er kennt verschiedene Modelle und Terminologien wie Teufelsbesiegung, Teufelsentrechtung, Genugtuung, Beispiel, Erweis der Liebe Gottes, Übernahme und Erleiden von Strafe, doch verschreibt er sich keinem. Eher ist es so, dass ihn dieser Aspekt wenig beschäftigt, weil er sich viel mehr auf die subjektive Seite des Erlösungsgeschehens konzentriert. Da bewegt ihn das Verhältnis der theologischen Tugenden von Glaube, Hoffnung und Liebe untereinander und auch zu den Werken. Dieses Interesse könnte auch begründen, warum er einen gewissen Hang dazu hat, das Wirken Christi mit einer Reinigung oder dem Wirken eines Exemplars zu vergleichen, da auch hier das objektive Geschehen direkt als Handeln an den Erlösten erkennbar wird und nicht in einen dazu vorgängigen, quasi transzendentalen Bereich wie beim Modell der Teufelsentrechtung oder auch der Genugtuung, sei sie nun als Ersatztat, Liebestat oder auch Strafleiden, verlegt wird. Die Abwendung von, genauer das Übergehen der scholastischen Theologie, und Faber nennt nach meiner Beobachtung in den Pauluskommentaren keinen einzigen Scholastiker, entspricht genau der Konzentration allein auf die Heilige Schrift. Diese soll nicht unvorbereitet aufgeschlagen werden, ganz im Gegenteil, wie Fabers Editionsprogramm zeigt. Doch will man sich der Schrift öffnen, muss und darf man nichts mehr heranziehen, was eigentlich sowieso eine oder mehrere Erkenntnisstufen darunter zurückbleibt. Insofern entspricht Fabers Kommentierung der Paulusbriefe inhaltlich und formal ganz seinem eingangs skizzierten mystisch-theologischen Gesamtprogramm und kann hierin auch heute noch beeindrucken, so sehr es damals und heute Fragen offen lässt.

Wittenberg

Römerbriefauslegung bei Origenes und Luther[*]

Sven Grosse

Das Profil der Lutherschen Auslegung des Römerbriefs wird gerade in der Gegenüberstellung zu der ersten Auslegung des Briefs überhaupt in aller Schärfe deutlich, der des Origenes. Stellt man beide gegenüber, so kann man abwägen, wie man den Brief auslegen kann und wie man berechtigt ist, ihn auszulegen, und man kann Fragestellungen in den Blick bekommen, welche in der letzten Zeit aufgekommen sind.

Zuerst ein Wort zur Methode einer Gegenüberstellung. Will man den Gehalt von Auslegungen erfassen, die Texte sind, die an anderen Texten, Satz für Satz, manchmal auch Begriff für Begriff entlang gehen, dann bietet es sich an, zuerst einmal Summarien aufzusuchen, in denen der Verfasser der Auslegung zusammengefasst hat, was der Inhalt des auszulegenden Textes ist. Diese Summarien sind so etwas wie Keimzellen dessen, was in der späteren Theologie die Theologie des Römerbriefs, die Theologie der Paulusbriefe, die Theologie des AT oder des NT genannt wird.

Ich werde auf diese Weise und dann in das Detail der Kommentierung gehend zunächst einmal Origenes vorstellen, und zwar zwei Aspekte seiner Paulus-Deutung: zuerst die *translatio*, die Übertragung von den Juden als einzelnem Volk an alle Völker, sodann seine Auffassung von der Gerechtigkeit des Glaubens. Im zweiten Teil werde ich Luther gegenüberstellen.

1. Origenes

Sehen wir nach Zusammenfassungen, die Origenes dem Brief des Paulus gibt, so müssen wir vorweg sehen, dass er ihn nicht, wie heute seit Stephen Langton († 1228) üblich, in 16 Kapitel einteilte, sondern offenbar in 15 Tomoi, wobei diese nicht Abgrenzungen haben, welche mit den heutigen Kapitelgrenzen übereinstimmen.[1] Der Kommentar des Origenes ist sodann nur in einer etwas

---

[*] Dieser Aufsatz enthält vielfache Überschneidungen zu einem Abschnitt meines Aufsatzes: Hermeneutik und Auslegung des Römerbriefs bei Origenes, Thomas von Aquin und Luther, in: Christine Christ-von Wedel/Sven Grosse (Hg.), Auslegung und Hermeneutik der Bibel in der Reformationszeit (Historia Hermeneutica. Series Studia 14), Berlin/New York 2017, 3–26, und zwar 14–21, die hier nicht im einzelnen nachgewiesen werden.

[1] Theresia HEITHER, Translatio religionis. Die Paulusdeutung des Origenes in seinem

zusammenfassenden lateinischen Übersetzung Rufins überliefert, der ihn in zehn Bücher einteilt.[2] Ich orientiere mich somit an dieser Übersetzung mit ihrer Einteilung.

1.1 Die translatio von den Juden zu den Heiden

Im Vorwort des Kommentars gibt Origenes eine erste Übersicht über die Themen, welche, ihm zufolge, Paulus in seinem Brief an die Römer bespricht: das Gesetz des Mose, die Berufung der Völker, das Israel nach dem Fleisch und das Israel, das nicht nach dem Fleisch ist, die Beschneidung des Fleisches und die des Herzens, das geistliche Gesetz und das Gesetz des Buchstabens, das Gesetzes des Fleisches und das Gesetz der Glieder, das Gesetz der Vernunft und das Gesetz der Sünde, den inneren und den äußeren Menschen.[3] Zu Beginn des neunten Buches, d. h. zu Beginn der Auslegung des zwölften Kapitels verbindet Origenes diese Begriffe in einem Summarium, das im Rückblick den vorangegangenen Teil des Briefes, also Kap. 1–11, umfasst, und dem er eine Vorschau auf den noch vor ihm liegenden Teil des Briefes verbindet:

> Nachdem der Apostel im ganzen bisherigen Text des Briefes gelehrt hat, wie die gesamte Religion *übertragen wird* von den Juden zu den Völkern, von der Beschneidung zum Glauben, vom Schatten zur Wahrheit, von der fleischlichen zur geistlichen Praxis, [...] macht er sich nun daran, die Lebensweise und die Einrichtungen dieser geistlichen Praxis anzuordnen, zu welcher der Ritus der Gottesverehrung, wie er lehrt, übertragen worden ist [...].[4]

Zentrales Thema des Römerbriefs ist also eine *translatio*, ein Hinüber-Tragen, ein Übergang.[5] Dieser Übergang wird von Origenes anhand von vier Begriffspaaren beschrieben: (a) Juden – Völker, (b) Beschneidung – Glauben, (c) Schat-

---

Kommentar zum Römerbrief (BoBKG 16), Köln 1990, 11. Die Einteilung in 15 Tomoi ist überliefert bei dem Mönch Ephraim im 10. Jh., welcher eine textkritische Arbeit aus dem 5. oder 6. Jh. abgeschrieben hat, in dem sich diese Einteilung findet.

[2] HEITHER, Translatio (s. Anm. 1), 22f. Zu dieser Übersetzung s. auch die Bemerkungen von Theresia Heither im sechsten Band ihrer mehrsprachigen Ausgabe des Kommentars, FC 2/6, 11–15. Der Kommentar in der Übersetzung Rufins ist kritisch ediert von Caroline P. HAMMOND BAMMEL, Der Römerbriefkommentar des Origenes. Kritische Ausgabe der Übersetzung Rufins, 3 Bde., Freiburg/Br. 1990–1998 (Vetus Latina 16; 33; 34) [zit.: Vetus Latina]. Die Ausgabe von Theresia HEITHER, Origenes, Commentarii in epistulam ad Romanos/Römerbriefkommentar, übers. u. eingel. von Theresia Heither, 6 Bde., Freiburg/Br. 1990–1999 (FC 2/1–2/6) [zit.: FC], druckt für die Übersetzung den Text von Migne Patrologia Graeca Bd. 14 ab (Bd. 1–5) und bringt in Bd. 6 die griechischen Fragmente mit Übersetzung.

[3] Comm. in Rom., Praefatio Origenis, Vetus Latina 16, 41,91–98/FC 2/1, 70,6–12.

[4] *Cum per omnem textum epistulae in superioribus docuisset apostolus quomodo a Iudaeis et gentes a circumcisione ad fidem a littera ad spiritum ab umbra ad ueritatem ab obseruantia carnali ad oberuantiam spiritalem religionis summa translata sit, [...] nunc spiritalis huius oberuantiae ad quam cultus Dei ritum docuit esse translatum aggreditur mores et instituta sancire [...],* comm. in Rom. IX, 1, Vetus Latina 34, 710,1–7/FC 2/5, 22,1–8.

[5] Dies ist denn auch der Titel der Arbeit von Theresia Heither, s. Anm. 1.

ten – Wahrheit, (d) fleischliche – geistliche Praxis. Die geistliche Praxis ist dann der Gegenstand des Briefes ab Kap. 12.

Wie sich Origenes diese *translatio* denkt, sagt er in der Auslegung von Röm 2,14, „Was ist nun der Vorzug der Juden …?“: „In diesem Brief tritt Paulus als Schiedsrichter auf zwischen Juden und Griechen, das heißt denen, die als Heiden zum Glauben kommen. Beide ruft er zum Glauben an Christus und lädt sie ein, und zwar so, dass er weder die Juden beleidigt, indem er gänzlich die jüdischen Riten niederreißt, noch die Heiden in die Verzweiflung treibt dadurch, dass er auf der Befolgung des Gesetzes dem Buchstaben nach besteht.“[6]

Wir wollen als erstes festhalten, dass Origenes behauptet, dass Paulus *nicht gänzlich* die jüdischen Riten niederreißt. Wie denkt er sich dies? In einem ersten Schritt beobachtet man, dass Origenes zufolge Mose als ein Feldherr, den Gott gegen den Tyrannen, d.h. den Tod der Sünde, gesandt hat, ein erstes Volk diesem entrissen hat: „Er hat es schließlich erreicht, ein Volk und wer immer sich ihm anschließen wollte, zu bekehren. Auf Befehl des Königs [also Gottes] hat er als erster die Opfer eingeführt. Wenn sie nach der Vorschrift in gültiger Weise dargebracht würden, sollte so die Sündenvergebung erlangt werden. Auf diese Weise fingen die Menschen an, wenigstens teilweise von der Herrschaft der Sünde und des Todes frei zu werden.“[7]

Es gibt also wirkliche Befreiung von der Sünde durch das mosaische Gesetz, und zwar, wie Origenes erläutert, durch die Opfer zur Vergebung der Sünde. Die Wirkung dieser Opfer ist auf das Volk Israel beschränkt und diejenigen, die sich diesem Volk anschließen. Diese Aussage gilt aber nur bis zur Menschwerdung des Wortes. Origenes führt im Zusammenhang der Auslegung von Röm 7,1–5 aus: „Solange nämlich ‚das Gesetz den Schatten der künftigen Güter‘ [Hebr 10,1] enthielt und im irdischen Jerusalem das Vorausbild [vgl. Hebr 8,5] des himmlischen Kultes gegeben war, solange Altar und Priestertum bestanden, war das Wort des Gesetzes, der Buchstabe nämlich, offenkundig lebendig. Denn Christus war noch nicht in ein ‚nicht von Menschenhand gemachtes Heiligtum‘ [Hebr 9,24] hineingegangen, er hatte sich dem inneren Vorhang noch nicht genähert, den der Apostel im Brief an die Hebräer als Fleisch Christi erklärt [Hebr 10,20]. Als aber ‚das Wort Fleisch wurde und unter uns wohnte‘ [Joh 1,14], da wurde durch seine Gegenwart das irdische Jerusalem mit Tempel

---

[6] *In hac epistula Paulus uelut arbiter quidam inter Iudaeos residens et Graecos, id est eos, qui ex gentibus credunt, utrosque ad fidem Christi ita evocat et inuitat ut neque Iudaeos offendat penitus destruendo Iudaicos ritus neque gentibus iniciat desperationem confirmando obseruantiam legis et litterae,* comm. in Rom II, 14, Vetus Latina 16, 176,7–11/FS 2/1, 300,18–24.

[7] *et obtinuit tandem ut unam gentem etsi qui se huic uoluit sociare conuerteret, et ex praecepto regis primus sacrificia instituit quibus certa sollenitate oblatis diceret: ‚et remittetur ei peccatum.‘ Et ita demum ex parte aliqua homines coeperunt de regno peccati mortisque liberari,* comm. in Rom. V, 1, zu Röm 5,12–14, Vetus Latina 33, 382,472–476/FC 2/3, 68,11–16. Caroline Hammond Bammel gibt im Apparat zu der Stelle *et remittetur ei peccatum* Lev 4 an, den Beginn der Sündopfer-Gesetzgebung.

und Altar sowie alles, was hier als Dienst vollzogen wurde, niedergerissen."[8]
Das Gesetz ist seitdem „in seinem Buchstaben tot, weil keine Opfer, kein Pries-
terdienst und keine Verrichtungen der Leviten in seinem Sinn mehr dargebracht
werden."[9]

Der Dreh- und Angelpunkt der Überlegungen des Origenes ist also hier
Hebr 10,1: Das Gesetz enthält den Schatten der künftigen Güter, verwandt damit die Stellen Hebr 8,5 von dem Opferdienst gemäß dem mosaischen Gesetz,
der dem Vorbild und Schatten des Himmlischen dient, und Kol 2,16 f.: die Gebote über Speise und Trank, bestimmte Feiertage, Neumonde oder Sabbate sind
ein Schatten des Künftigen; der Körper, der den Schatten wirft, ist Christus.[10]

Es ist möglich, im Schatten den Körper zu haben, der den Schatten wirft, also
das, was Leben bringt und die Sünde überwindet – also Jesus Christus selbst.
Das trifft zunächst auf das Israel von der Zeit des Mose bis zum Kommen Jesu
Christi zu, wenn es so, wie es sein sollte, an den Sündopfern teilnahm. Das ist
sodann der Fall, wenn man das mosaische Gesetz, das diese Opfer vorschreibt,
richtig auslegt, d. h. geistlich auslegt. Origenes weist dies auf in einem Kommentar zu Röm 7,14, „Wir wissen nämlich, dass das Gesetz geistig ist" und bezieht
die Ausführungen des Paulus 2 Kor 3,6 hier ein: „Denn wer fleischlich und unter die Sünde verkauft ist, der weiß nicht, dass das Gesetz geistig ist. Nur wer
den Geist Gottes in sich hat, weiß dass das Gesetz geistig ist. So kann man es
passend vom mosaischen Gesetz sagen. Denn dieses Gesetz ist für den, der es
geistig versteht, ein geistiges Gesetz und lebenspendender Geist. Wer es aber
fleischlich versteht, für den ist es das Gesetz des Buchstabens und damit töten-
der Buchstabe."[11]

---

[8] *Etenim donec lex umbram gerebat futurorum bonorum gerebatur et altare manebat ac
sacerdotium sermo legis litterae uiuere uidebatur. Nondum enim introierat in sancta non
manufacta Christus nec accesserat ad uelamen interius quod ad Hebraeos scribens apostolus
carnem Christi interpretatur. Ubi uerum uerbum caro factum est et habitauit in nobis et prae-
sentia eius Ierusalem terrena cum templo et altari atque omnibus quae inibi gerebantur euersa
est*, comm. in Rom. VI,7 zu Röm 7,1–6, Vetus Latina 33, 490,134–142/FC 2/3, 242,16–25.

[9] *mortuus sermo legis cui nulla sacrificia nullum sacerdotium nulla leuitici ordinis ministe-
ria deferuntur*, comm. in Rom. VI,7 zu Röm 7,1–6, Vetus Latina 33, 490,144 f./FC 2/3, 242,26–
242,1.

[10] Außer an dieser Stelle geht Origenes auf diese biblischen Aussagen ein z. B. in comm. in
Rom. II, 9 (FC 2/1, 226); V,1 (FC 2/3, 78–80) sowie De principiis III, 6,8 (Ausgabe hg., übers.,
mit krit. Anm. vers. v. H. Görgemanns u. H. Karpp, Darmstadt 1976, 290,1). Zu den Zusammenhängen, die bei Origenes durch die Bildlichkeit von Körper und Schatten entworfen werden, s. Sven GROSSE, Der Messias als Geist und sein Schatten. Leiblichkeit Christi und Mystik
in der Alten Kirche und bei Bernhard von Clairvaux, Analecta Cisterciensia 58 (2008), 172–
189 und 198–206.

[11] *non enim scit legem spiritalem esse qui carnalis est et sub peccato uenundatus, sed qui
habet in se spiritum Dei ille scit quia lex spiritalis est; quod de Mosei lege conuenit dictum. Ipsa
namque est quae his qui spiritaliter intellegunt lex spiritalis est et spiritus uiuificans, qui uero
carnaliter lex litterae et littera occidens esse memoratur*, comm. in Rom. VI, 9, zu Röm 7,14–
25a, Vetus Latina 33, 508,39–509,1/FC 2/3, 270,14–20.

Origenes bezieht darum die oben genannten Überlegungen über die begrenzte Wirksamkeit der Sündenvergebung durch das mosaische Gesetz auf das Beispiel, das Paulus Röm 7,1–5 bringt: die Frau, die durch den Tod ihres Mannes von dem Gesetz befreit wird, was die Bindung an ihren Mann betrifft, und nun einen neuen Mann heiraten kann. Hier ist, so Origenes, von den Juden die Rede, welche zum Glauben an Jesus Christus kamen.[12] Die zum Glauben gekommenen Heiden hingegen vergleicht er mit der einsamen und unfruchtbaren Frau von Jes 54,1, die also keinen Mann hatte, die aber nun aufgrund der Verheißung mehr Söhne hat als die Vermählte.[13]

Origenes fügt hinzu: „Wir müssen aber genau untersuchen, wie er [jener Mann] gestorben ist. Er kann nämlich auch deshalb als tot angesehen werden, weil das geistige Verständnis das leibliche ausschließt und sozusagen tötet; so zeigt es, dass man den tötenden Buchstaben fliehen und dem lebendigmachenden Geist folgen muss."[14]

Das Kommen Jesu Christi und der Verkündigung des Evangeliums von ihm führt also zu einer Klärung des Verständnisses, mit dem man bislang die mosaischen Sühneopfer praktiziert hat. Man konnte im Schatten den Körper erfassen, der den Schatten wirft, aber man hatte dann ein geistliches Verständnis des Gesetzes, das diese Opfer vorschrieb. Man kann sich denken, dass es in ein fleischliches Verständnis eingehüllt war, so wie der Körper in den Schatten. Nun ist diese Praxis beendet, aber man hat noch mit dem Text zu tun, welcher diese Praxis vorschrieb, und dieser Text wird nun im geistlichen Sinne in einer solchen Weise verstanden, dass dieser Sinn sich ausdrücklich von dem fleischlichen Sinn abgrenzt. Die Juden, die zum Glauben an Jesus Christus kamen, gaben also die Teilnahme an den mosaischen Sühnopfern auf und sie hoben den Sinn, in dem sie das Alte Testament verstanden, ab von einem fleischlichen Verständnis. Dieses fleischliche Verständnis lehnt seinerseits die Auslegung der Opferriten als eines Schattens, den Jesus Christus wirft, ab.

Der Vers Röm 1,17b = Hab 2,4, „Der Gerechte lebt aus meinem Glauben", wird von Origenes so gelesen: entweder der im Gesetz Lebende – also in der Heilsgeschichte vor der Fleischwerdung des Wortes – glaubt auch den Evangelien, oder der in den Evangelien Lebende – im Glauben an das fleischgewordene Wort nach dessen Fleischwerdung – glaubt auch dem Gesetz und den Propheten – die er geistlich versteht.[15]

---

[12] Comm. in Rom. VI,7, FC 2/3, 240,12–242,3. Origenes spricht hier davon, dass diese Juden nach dem Tod des Buchstabens den Geist heirateten, indem sie an Christus glaubten: FC 2/3, 240,18 f.

[13] Comm. in Rom. VI,7, FC 2/3, 240,21–242,6.

[14] *Sed is quomodo sit mortuus peruidendum est. Potest quidem etiam in hoc uideri mortuus cum spiritalis intelligentia excludit et uelut interimit corporalem et ostendit refugiendam esse occidentem litteram et sequendum uiuificantem spiritum*, comm. in Rom. VI,7, Vetus Latina 33, 490,129–133/FC 2/3, 242,10–14.

[15] Comm. in Rom I, 15, FC 2/1, 134,6–1/Vetus Latina 16, 80,8–11: *,quia iustus ex fide mea*

Wir können nun resümieren, was Origenes damit meint, wenn er sagt, dass Paulus *nicht gänzlich* die jüdischen Riten niederreißt. Die jüdischen Riten, das ist die Praxis der Sühneopfer, und was von ihnen bleibt, ist das, was der Schatten von dem Körper ausgesagt hat, der ihn wirft. Es ist das, was durch ein geistliches, d. h. typologisches Verständnis des Alten Testaments erkannt werden kann. Es gibt also, um einen platonischen Begriff in Anspruch zu nehmen, eine Teilhabe, eine μέθεξις, des mosaischen Sühneopfers an der Erlösung, die durch Jesus Christus gekommen ist.[16] Zwischen dem, was Anteil gibt – dem Körper –, und dem, was Anteil bekommt – dem Schatten –, gibt es keinen absoluten Gegensatz. Einen solchen gibt es nur zwischen den zwei Möglichkeiten des Verständnisses des Schattens: dem einen, welches den Schatten absolut setzt, d. h. nicht als Schatten erkennt – und dieses Verständnis ist das tödliche –, und dem anderen, welches den Schatten in Beziehung zu dem Körper setzt, der ihn wirft – und das ist das lebenbringende Verständnis.

Die *translatio* von den Juden zu den Heiden besagt nun nicht, dass das Heil gar nicht mehr bei den Juden und von ihnen zu den Heiden übergegangen wäre, sondern dass die Juden – bzw. solche, die sich dem Judentum angeschlossen haben – nicht mehr das einzige Volk sind, aus dem Menschen zum Heil gelangen. Das Kommen Jesu Christi bringt also eine Ausweitung der Heilsgemeinschaft.

1.2 Die Gerechtigkeit des Glaubens

Nun übersieht aber Origenes keineswegs, dass ihm der Text des Römerbriefs noch andere Themen aufgibt als diese. Immerhin spricht er in einem der oben genannten Summarien von dem „Gesetz der Sünde", und damit ist der Anschluss an den Themenkreis von Gesetz, Sünde, Gerechtigkeit und Glauben angedeutet.

Das „Gesetz der Sünde", um damit anzufangen, ist das Gesetz, von dem Paulus in Röm 7,5 sagt, dass durch es die Leidenschaften der Sünde hervorgerufen werden. Dieses Gesetz ist aber nun laut Origenes nicht das mosaische Gesetz, und zwar nicht einmal dann, wenn man es dem Buchstaben nach befolgt. Es ist vielmehr das „Gesetz in den Gliedern", von dem Paulus in Röm 5,20 und später in Röm 7,23 spricht und dort eben „das Gesetz der Sünde" nennt.[17] Dieses ist ein

---

uiuit;' siue qui in lege est ut etiam euangeliis credat siue in euangeliis est ut etiam credat et profetis. Alterum enim sine altero integritatem non habet uitae.

[16] Damit soll nicht behauptet werden, dass Origenes hier platonisiere. Die platonische Ideenlehre greift im Höhlengleichnis (Politeia 514a–517a) auf dieselbe Bildlichkeit von Schatten und Körper zurück wie die genannten Stellen im Kolosser- und im Hebräerbrief, die für Origenes leitend werden. Zum Begriff der Teilhabe s. Rolf Schönberger, Teilhabe, HWP 10 (1998), 961–969.

[17] Comm. in Rom. VI, 7, FC 2/3, 248,3 – 250,5, vgl. V, 6, als Deutung von Röm 5,20f., FC 2/3, 122,3–21, sowie, in der Deutung von Röm 4,14: comm. in Rom. IV, 4, FC 2/2, 200.

Ausdruck für die fleischlichen Begierden, welche die Seele der Sünde unterwerfen und ihr somit Gesetz sind.[18]

Ein anderer Aspekt ist aber, dass die Sünde durch das Gesetz tötet, und zwar so, dass das Gesetz der Sünde wegen den Menschen anklagt und zum Tode verurteilt. Dies ist nun ein Gesetz, das von Gott kommt. Es ist aber das Gesetz, das von Natur aus in das menschliche Herz geschrieben ist, von dem bereits in Röm 2,14–16 die Rede ist[19] und das nach einer ersten Phase, in dem ein Kind sich nicht bewusst über Schuld und Unschuld ist, in ihm erwacht (Röm 7,9). Es ist nun das natürliche Gesetz, das anklagt und durch das Erkenntnis der Sünde kommt, wie Origenes in seinen Erläuterungen zu Röm 3,9 und 3,20 erklärt.[20]

Gegenüber der Anklage des Gesetzes hilft dem Menschen aber nur die Gnade. Dies wird von Origenes in der Auslegung von Röm 4,18 eingeführt mit einem Verweis auf Röm 6,23: „Der Sold der Sünde ist der Tod. Die Gnade Gottes aber ist das ewige Leben."[21] „Paulus wollte", so Origenes, „das ewige Leben nur der Gnade zuweisen."[22] Mit dem Begriff „Gnade" kommt Origenes dann auch zu dem Begriff „Glauben."[23]

Glaube ist nun das, was im Menschen sein muss, damit er die Gnade empfängt. „Solche Verheißungsworte werden jener Seele eingeschrieben, die ihren Glauben Gott wie vorbereitetes Wachs darbietet, damit die Gnade Gottes sich dort in würdiger Weise einschreiben kann. Ein solcher Glaube, der aufnahmefähig für die Gnade des Himmels ist, wird darum als Gerechtigkeit angerechnet."[24] Von

---

[18] Comm. in Rom. VI, 9, FC 2/3, 280,2–4.

[19] Comm. in Rom. VI, 8, FC 2/3, 252–266. Der Kommentar des Origenes zu Röm 2,14: comm. in Rom. II, 9, FC 2/1, 226–229.

[20] Comm. in Rom. III, 2, FC 2/2, 60, zu Röm 3,9: Das Gewissen klagt alle Menschen an, dass sie nicht nach dem Gesetz handeln. Das Gesetz hat dabei eine Funktion wie eine medizinische Diagnose: comm. in Rom. III,6, FC 2/2, 94: zu Röm 3,20. Es handelt sich auch bei den Juden um das natürliche Gesetz. Denn Paulus, der als Kind jüdischer Eltern geboren und am achten Tage beschnitten wurde, konnte nicht im Blick auf das mosaische Gesetz in Röm 7,8–10 sagen, er hätte zu einer Zeit seines Lebens ohne das Gesetz gelebt. Das natürliche Gesetz wird aber erst wirksam, so dass Sünde angerechnet werden kann, wenn der Mensch das früheste Kindesalter hinter sich hat und zwischen Gut und Böse unterscheiden kann: comm. in Rom. VI, 8, FC 2/3, 256,24 – 258,7. Vgl. comm. in Rom. V, 1, FC 2/3, 58–60, zu Röm 5,13.

[21] In der Rufinschen Übersetzung heißt es nicht *donum*, wie in der Vulgata, sondern *gratia autem Dei uita aeterna*, comm. in Rom. IV,1, Vetus Latina 33, 278,179f./FC 2/2, 172,11f. In dem griechischen Fragment, das von dieser Stelle im Kommentar des Origenes überliefert ist (Frg. 34), ist zwar, wie im Griechischen des Paulus, von χάρισμα die Rede, aber in der Fortsetzung des Gedankengangs wird mit einem Zitat von Eph 2,8f. der Begriff χάρις aufgenommen: FC 2/6, 124,21–23.27. Eine Unterscheidung von Gnade und Gnadengabe ist für Origenes in diesem Zusammenhang ohne Belang; es geht ihm um den Begriff Gnade/χάρις.

[22] *uitam uero aeternam soli gratiae consignaret*, comm. in Rom. IV,1, Vetus Latina 33, 278,181f./FC 2/2, 172,14.

[23] In der Kommentierung vom Röm 4,5 sagt Origenes: „dass es im Glauben um die Gnade der Rechtfertigung geht."/*in fide quidem gratia sit iustificantis*, comm. in Rom. IV,1, Vetus Latina 33, 277,156/FC 2/2, 170,12f.

[24] *Talibus ergo litteris promissionis inscribitur anima quae fidem suam Deo uelut ceras obtulerit praeparatas ut in his Dei gratia dignanter possit inscribi; et ideo huiusmodi fides reputa-*

diesem Glauben sagt Origenes nun, dass „die Rechtfertigung durch den Glauben allein genüge, so dass jemand nur aufgrund des Glaubens gerechtfertigt wird, auch wenn er kein einziges Werk vollbracht hat."[25] „Wo aber der Glauben fehlt, der den Glaubenden rechtfertigt, gibt es keine Rechtfertigung, auch wenn jemand Werke des Gesetzes vorweisen kann."[26] Also Rechtfertigung *sola fide*.

Wir müssen uns aber noch etwas umsehen, was Origenes sonst noch zu dem Thema zu sagen hat. Die Stelle Röm 4,2, wo Paulus Gen 15,6 zitiert, „Abraham glaubte Gott, und das wurde ihm als Gerechtigkeit angerechnet", wird von ihm so ausgelegt, dass hier die Vielzahl der Akte des Glaubens, die er in seinem bisherigen Leben getan hatte, nun endlich zur Vollkommenheit gelangt war. Er hatte solche Akte verrichtet, als er aus seiner Heimat zog, als er in das verheißene Land kam, als er von Melchisedek gesegnet wurde. Diese einzelnen Akte wurden ihm noch nicht als Gerechtigkeit angerechnet, genauso wenig, wie der Glaube der Israeliten in Ex 14,31, „Sie glaubten an den Herrn und an Mose, seinen Knecht", ihnen als Gerechtigkeit angerechnet wurde. Erst an dem Punkt seines Lebens, den Gen 15 beschreibt, war Abrahams Glaube soweit gewachsen, dass er ihm zur Gerechtigkeit wurde.[27]

In diesem Zusammenhang löst Origenes auch das *sola fide* wieder auf.[28] Er sagt: „Dann könnte man wohl genauso auch von den anderen Tugenden sprechen, zum Beispiel, dass einem jeden seine Barmherzigkeit als Gerechtigkeit angerechnet werden kann oder seine Weisheit, Erkenntnis, Sanftmut, Demut."[29] Glaube ist also eine Tugend, die erst, wenn sie vollkommen ist, rechtfertigt, und andere Tugenden rechtfertigen auch.

Den Psalm 31,1 f., den Paulus in Röm 4,7 f. zitiert, legt Origenes dann so aus: „Die Seele fängt an, sich zu bekehren, wenn sie vom Bösen ablässt, so dass sie es verdient, die Vergebung der Sünden zu empfangen. Nachdem sie aber begonnen hat, Gutes zu tun, bedeckt sie gleichsam alles vorhergehende Böse mit dem neuen Guten. Sie lässt das Gute in weitaus höherem Maße, als früher Böses vorhan-

---

tur ad iustitiam quae capax gratiae caelestis extiterit, comm. in Rom. V,5, Auslegung von Röm 4,16 f., Vetus Latina 33, 302,72–76/FC 2/2, 210,23–26.

[25] *sufficere solius fidei iustificationem, ita credens quis tantummodo iustificetur etiamsi nihil ab eo operis fuerit expletum*, comm. in Rom. III,9, Auslegung von Röm 3,27 f, Vetus Latina 16, 248,23 f./FC 2/2, 132,18–20.

[26] *iustificatur homo per fidem cui ad iustificandum nihil conferunt opera legis. Ubi uero fides non est quae credendum iustificet, etiamsi opera quis habeat ex lege*, comm. in Rom. III,9, Auslegung von Röm 3,27 f., Vetus Latina 16, 249,61–251,64/FC 2/2, 136,10–13.

[27] Comm. in Rom. IV,1, Auslegung von Röm 4,1–8, FC 2/2, 166,6–170,8.

[28] Damit ist die Behauptung von Theresia Heither widerlegt, „Origenes lässt das ‚sola fide' ohne alle Abstriche bestehen", FC 2/2, 20, in Zusammenhang ihrer Ausführung über Glaube und Werke in der Einleitung zu FC 2/2, a.a.O., 20–24, die durchgehend versucht, die Widersprüche, die Origenes in sich und gegenüber Paulus hat, zu überspielen.

[29] *ita de aliis uirtutibus dici possit, quia uerbi gratia misericordia unicuique reputari potest ad iustitiam aut sapientia aut scientia aut mansuetudo aut humilitas [...]*, comm. in Rom. IV,1, Auslegung von Röm 4,1–8, Vetus Latina 33, 276,141–144/FC 2/2, 168,22–25.

den war, in sich ein. Darum kann man vom Bedecken der Sünden sprechen. Sobald sie aber zur Vollkommenheit gelangt ist, so dass die Bosheit aus ihr mit der Wurzel ausgerottet ist, ja dass nicht einmal eine Spur von Schlechtigkeit mehr in ihr zu finden ist, dann wird die vollkommene Seligkeit verheißen, da der Herr keine Sünde mehr anrechnen kann."[30]

Angesichts einer solchen Auslegung drängt sich die Frage auf, wie Origenes zu Röm 7 steht. Wer spricht in Röm 7,14–25?[31] Origenes meint, dass es ausgeschlossen ist, dass der Apostel selbst hier spricht. Denn eine ganze Reihe von Aussagen, die er hier macht, widerspricht Aussagen, die er woanders macht. Röm 7,14 sagt er, er sei fleischlich, 2 Kor 10,3 sagt er, er kämpfe nicht mit den Waffen des Fleisches; er sagt an jener Stelle, er sei unter die Sünde verkauft; 1 Kor 7,23 und Gal 3,14 behauptet er, dass er von der Sünde losgekauft worden sei. Röm 7,17 f. sagt er, dass die Sünde in ihm wohne und nichts Gutes, Gal 2,20 bekennt er, dass Christus, und Röm 8,11, dass der Heilige Geist in ihm wohne usw. Der Schluss, den Origenes daraus nur ziehen kann, ist, dass „Paulus gleichsam als Lehrer der Kirche selbst die Rolle der Schwachen" annimmt.[32] Er wird eben den Schwachen ein Schwacher, um die Schwachen zu gewinnen (1 Kor 9,22). Es liegt also hier die rhetorische Figur der *prosopopoeia* vor: Paulus spricht an der Stelle eines anderen.[33] Der Schwache, an dessen Stelle Origenes tritt, ist indes kein völlig Schwacher. An diesem Punkt bezieht er sich auf Röm 7,15: „Ich tue nämlich nicht das, was ich will, sondern das, was ich hasse." Dieser Schwache „versucht [...] dennoch, den Lastern ein wenig Widerstand zu leisten, aufgrund des natürlichen Gesetzes nämlich", auch wenn er „von den Lastern besiegt" wird – aber dies geschieht dann „gegen seinen Willen."[34]

Der Apostel begibt sich also in die Position eines solchen schwachen Menschen hinein, der von seinem freien Willen versucht, den rechten Gebrauch zu machen,[35] ihn aber erst noch üben muss. Er tut dies, um diesem Schwachen Mut

---

[30] *initium est conuersionis animae mala derelinquere pro hoc iniquitatum remissionem mereatur accipere; cum autem coeperit bona facere uelut singulae quaeque quae praecesserant mala bonis recentibus obtegens et abundantiorem numerum bonorum introducens quam prius fuerat malorum tegere peccata dicatur; ubi uero iam ad perfectum uenerit, ita ut omnis de ea malitiae radix penitus amputetur eo usque ut nullum in ea uestigium possit inueniri nequitiae ibi summa perfectae beatitudinis promittatur cum nullum possit Dominus imputare peccatum,* comm. in Rom. IV,1, Auslegung von Röm 4,1–8, Vetus Latina 33, 281,235–282,243/FC 2/2, 176,16–26.

[31] Comm. in Rom. VI, 9, FC 2/3, 268–284.

[32] *hic iam tamquam doctor ecclesiae personam in semet ipsum suscipit infirmiorum,* comm. in Rom. VI, 9, Auslegung vom Röm 7,14–25a, Vetus Latina 33, 509,45–47/ FC 2/3, 270,22 f.

[33] Dazu frg. 41, FC 2/6, 204.

[34] *tamen etiam resistere aliquantulum uitiis conetur legis scilicet naturalis instinctu, sed uincatur a uitiis et opprimatur inuitus,* comm. in Rom. VI, 9, Auslegung vom Röm 7, Vetus Latina 33, 510,62–64/FC 2/3, 272,13–15.

[35] Dazu die Ausführungen über Röm 9,14 f. in comm. in Rom. VII, 16, FC 2/4, 148–158. Origenes stimmt in seinem Römerkommentar mit seinem Traktat über die Willensfreiheit in De principiis III,1 überein, auf welchen sich Erasmus in seiner Schrift ‚De libero arbitrio'

zu machen und davor zu bewahren, zu verzweifeln. Der Grund, nicht zu verzweifeln, ist indes die Gnade Gottes. Mit dem Satz „Die Gnade Gottes durch
Jesus Christus unseren Herrn" – so gibt Origenes Röm 7,25a wieder – spricht
der Apostel wieder als er selbst, in seiner apostolischen Vollmacht.[36] Die Gnade
Gottes ergänzt also offenbar das, was der Mensch – noch nicht – selbst zu schaf-
fen vermag. Paulus kehrt aber, Origenes zufolge, mit der zweiten Hälfte dieses
Verses wieder in die zuvor angenommene Rolle zurück: „es ergibt sich also, dass
ich mit meiner Vernunft dem Gesetz Gottes diene, mit dem Fleisch aber dem
Gesetz der Sünde" (Röm 7,25b). „Wer jedoch annimmt, dies habe der Apostel
für sich selbst gesagt", erklärt Origenes, „der treibt meiner Meinung nach alle
Menschen zur Verzweiflung. Denn dann gäbe es überhaupt niemanden, der im
Fleisch nicht sündigte."[37]

Wir sehen: wir haben es auch hier mit einem „nicht gänzlich" zu tun. Es gibt
keinen gänzlichen Mangel an Gerechtigkeit unter den Menschen; zumindest ist
jeder Mensch *fähig*, in einem gewissen Maße gerecht zu werden. Diese Gerechtigkeit ist oft nicht ausreichend; sie ist nicht ausreichend, die Sünde und das
Laster zu überwinden. Vielmehr ist sie oft dem Laster unterlegen. Aber sie ist
immerhin etwas. Es gibt eine relative Gerechtigkeit: im Vergleich zum übrigen
Volk Israel ist Miriam, die Schwester des Mose, gerecht, im Vergleich zu ihr
Aaron, im Vergleich zu diesem Mose selbst. Eine absolute Gerechtigkeit findet
sich indes nur bei Jesus Christus.[38] Das Verhältnis zwischen dieser absoluten
Gerechtigkeit und der relativen Gerechtigkeit ist aber nun nicht wie das Ver-
hältnis zwischen der absoluten Gerechtigkeit und einem absoluten Mangel an
Gerechtigkeit. Man kann dies vergleichen mit dem Verhältnis zwischen der
Vollkommenheit, die durch den schattenwerfenden Körper dargestellt wird,
und dem Schatten.

Wir können nun darüber nachdenken, ob und inwiefern die sogenannte Neue
Paulus-Perspektive schon von Origenes vorweggenommen worden ist, wenden
uns aber nun Martin Luther zu.

---

beruft. Siehe etwa bei Erasmus, III a 3; III a 6; III a 10; III a 14 f.; III c 1, in der Ausgabe: Erasmus von Rotterdam, Ausgewählte Schriften, hg. v. Werner Welzig, Bd. 4, Darmstadt 1969
[zit.: Schriften], 94, 98, 106, 112–114, 136–138. Auf den Römerbriefkommentar des Origenes
beruft sich Erasmus in III a 3 f., Schriften 4, 94. Es handelt sich eben um die Passage in comm.
in Rom. VII, 16. Außerdem verwendet Erasmus in II a 1, Schriften 4, 36, die Auslegung von
Sir 15,14–18, die Origenes in comm. in Rom. I, 18, FC 2/1, 150 vorträgt.

[36] *gratia Dei per Iesum Christum Dominum nostrum*, comm. in Rom. VI,9, Auslegung von
Röm 7,14–25a, Vetus Latina 33, 516,183 f./FC 2/3, 282,5.

[37] *Sed haec qui ex persona apostoli accipit dicta desperationem mihi uidetur incutere omni
animae quod nemo sit prorsus, qui non peccet in carne. Hoc est enim carne seruire legi peccati*,
comm. in Rom. VI,10, Auslegung von Röm 7,25b, Vetus Latina 33, 519,10–13/FC 2/3, 286,4–6.

[38] Comm. in Rom III,2, Auslegung von Röm 3,2, FC 2/2, 64,15–22. Origenes macht an
dieser Stelle bezeichnenderweise keinen Unterschied zwischen *iustificatus* und *iustus*. Vgl.
comm. in Rom. III,7, Auslegung von Röm 3,21–24, FC 2/2, 100,9–16: die Gerechtigkeit Gottes übersteigt alles, was der natürliche Mensch erforschen kann.

2. Luther

Die Verschiedenheit zwischen Origenes und Luther wird auf den ersten Blick schon deutlich, wenn man Luthers Summarien des Römerbriefs betrachtet.

In den Scholien seiner Aufzeichnungen zu seiner Römerbrief-Vorlesung von 1515/16 schreibt Luther zu Beginn:

Die Summe dieses Briefes ist: zu zerstören und auszureißen und zunichte zu machen alle Weisheit und Gerechtigkeit des Fleisches (so groß sie auch sein mag in der Sicht der Menschen, und auch vor uns selbst), obgleich sie von Herzen und aufrichtig geschehen mag, und zu pflanzen und zu begründen und großzumachen die Sünde (obgleich sie nicht existiert oder man meint, dass sie nicht sei).[39]

Aus den Begriffen, die Origenes im Vorwort seines Kommentars aufgeführt hat, wird hier *einer* herausgegriffen, nämlich das Gesetz der Sünde bzw. die Sünde selbst, und es werden die Ausführungen des Römerbriefs über die Sünde bewusst hyperbolisch dargestellt; in der Fassung des Summariums in seiner Glosse werden diese Hyperbeln dann erläutert: Paulus will nicht die Sünde pflanzen und großmachen, sondern er will bewirken, dass man *erkenne*, dass die Sünden noch immer bestehen und viel und groß sind.[40] Erst im zweiten Teil des Scholien-Summariums spricht Luther dann von der Gerechtigkeit, durch welche Gott uns retten will.[41] Von den Juden und einer *translatio* von den Juden zu der Gesamtheit der Völker gibt Luther hier nicht einmal eine Andeutung. In den Inhaltsangaben zu den Kapiteln des Römerbriefs, in denen Paulus spezifisch von den Juden spricht, Kap. 2 und 3, und dann 9, 10 und 11, spricht er auch von den Juden, und zwar sehr knapp, aber die translatio bekommt nicht die Geltung eines Themas.[42]

Luther gibt eine weitere, summarienhafte Zusammenfassung des Römerbriefs in der Vorrede zu demselben in seiner Übersetzung des Neuen Testaments von 1522. Dort nennt er zu Beginn folgende Begriffe, die für den Römerbrief wesentlich sind und die er anschließend erläutert, bevor er Zusammenfassungen der einzelnen Kapitel gibt (Kap. 9–11 dabei gemeinsam behandelnd): Gesetz, Sünde,

---

[39] *Summarium huius Epistolę Est destruere et disperdere omnem sapientiam et Iustitiam carnis (id est quantacunque potest esse in conspectu hominum, etiam coram nobis ipsis), quantumvis ex animo et synceritate fiant, Et plantare ac constituere et magnificare peccatum (quantumvis ipsum non sit aut esse putabatur),* WA 56, 157,2–6/BoA 5, 222,1–6. Dies ist der Scholientext. Der Glossentext formuliert mit Erläuterungen der Hyperbolen: *Summa et intentio Apostoli in ista Epistola est omnem Iustitiam et sapientiam propriam destruere et peccata | atque insipientiam |, quę non erant (i. e. propter talem Iustitiam non esse putabantur a nobis), rursum statuere, augere et magnificare (i. e. facere, vt agnoscantur adhuc stare et multa et magna esse) ac sic demum pro illis | vere | destruendis Christum et Iustitiam eius nobis necessarios esse,* WA 56, 3,6–11.

[40] *i. e. facere, ut agnoscantur adhuc stare et multa et magna esse,* WA 56, 3,9 f.

[41] WA 56, 158,10–24/z. T. in BoA 5, 222,7–223,15.

[42] WA 56, 17,6 f.; 29,3 f.; 87,15 f.; 98,1 f.; 105,9 f.

Gnade, Glaube, Gerechtigkeit, Fleisch und Geist.[43] Luther fängt also hier mit dem Begriff Gesetz an; er macht dabei keinen Unterschied zwischen dem natürlichen und dem mosaischen Gesetz. Er macht aber geltend, dass das Gesetz geistlich verstanden werden muss. An diesem Punkt stimmt er mit Origenes überein, aber wir müssen sehen, was er dabei denkt. Er denkt nicht an ein typologisches Verständnis der mosaischen Sühneopfer-Gesetzgebung. Ausgehend vom Röm 7,14, „Das Gesetz ist geistlich", sagt er: „Wenn das Gesetz leiblich wäre, so geschähe ihm mit den Werken genug. Nun es aber geistlich ist, tut ihm niemand genug, es komme denn aus Herzens Grunde alles, was du tust. Aber ein solches Herz gibt niemand als Gottes Geist, der macht den Menschen dem Gesetz gleich, dass er Lust zum Gesetz von Herzen gewinnet."[44] Das Kriterium, das Luther hier anwendet, ist die Polarität geistlich – leiblich. Diese beiden Begriffe schließen sich aber gegenseitig aus. Es ist nicht so, dass mit dem Leiblichen anteilhaftig etwas von dem Geistlichen schon erfasst sei oder ein Etwas jedenfalls errungen werden könnte, das gegenüber dem Absoluten nicht nichts und der Ergänzung fähig ist. Geistlich heißt, dass erkannt wird, wie es im Grunde des menschlichen Herzens bestellt ist. Dieser Ausdruck „des Herzens Grund" wird von Luther mehrmals verwendet: „Gott richtet nach des Herzens Grund, darum fordert auch sein Gesetz des Herzens Grund"[45], es straft „die Werke, die nicht von Herzens Grund getan werden"[46], es hält kein Mensch „aus Herzens Grund Gottes Gesetz"[47], weil das Gesetz „geistlich ist, tut ihm niemand genug, es komme denn aus Herzens Grunde alles, was du tust."[48] Dabei besagen die Begriffe „Herz" und „Geist" keine Einschränkung auf die Innerlichkeit des Menschen, so als habe diese keine Ausstrahlung auf das Ganze des Menschen: „,Geist' darfst du hier nicht so verstehen, dass [...] Geist [*allein*] das Innerliche im Herzen betreffe." Paulus nennt „auch den geistlich, der mit den alleräußerlichsten Werken umgeht, wie z. B. Christus, da er der Jünger Füße wusch, und Petrus, da er das Schiff führet und fischet", so dass ,Geist' der ist, „welcher inwendig und auswendig lebt und wirkt, was dem Geist und dem zukünftigen Leben dienet."[49]

---

[43] WA DB 7, 2.18 f./Luther Deutsch [LD]. Die Werke Martin Luthers in neuer Auswahl für die Gegenwart, hg. v. Kurt Aland, Bd. 5: Die Schriftauslegung, 2., erw. u. neubearb. Aufl., Stuttgart/Göttingen 1963, 45.

[44] „Wenn das Gesetz leiblich were, so geschehe jm mit wercken genug, es gehe denn von hertzens grund, alles was du thust. Aber ein solches hertz gibt niemand, denn Gottes geist, der machet den Menschen dem Gesetz gleich, das er lust zum Gesetz gewinnet von hertzen", WA DB 7, 5,30–33/LD 5, 46 f.

[45] „Gott richtet nach des hertzens grund, Darumb foddert [sein Gesetz des Hertzen] grund, vnd lessit yhm an wercken nicht benugen", WA DB 7, 3,24–4,1/LD 5, 45 [der Text in WA ist unvollständig und wurde aus der Glosse ebd. ergänzt].

[46] „strafft viel mehr die werck [nicht] an hertzen grund gethan", WA DB 7, 4,1 f./LD 5, 45.

[47] „aus hertzen grund Gottis gesetz", WA DB 7, 4,3/LD 5, 46.

[48] „Nu es aber Geistlich ist, thut jm niemand genug, es gehe denn von hertzen grund, alles was du thust.", WA DB 7, 5,30–32/LD 5, 47.

[49] „geyst mustu hie nicht also verstehen [...] was das ynnerliche ym hertzen betreffe [...]

„Sünde" heißt dementsprechend „nicht allein das äußerliche Werk des Leibes, sondern all das, was sich mit regt und bewegt, wenn das äußerliche Werk geschieht, nämlich des Herzens Grund mit allen Kräften."[50]

Den Begriff „Gnade" unterscheidet Luther von dem der „Gabe" gemäß Röm 5,15: die Gnade bedeutet „Gottes Huld oder Gunst, die er zu uns bei sich selbst trägt", sie „nimmt ganz und gar in die Huld auf, um Christi unseres Fürsprechers und Mittlers willen" – und, wie er hinzufügt „weil in uns die Gaben angefangen haben."[51] Der Mensch ist somit *ganz* schuldig in seiner Sünde vor Gott, so wie das Gesetz es aufdeckt und ihn anklagt, und er wird *ganz* von Gott angenommen durch die Gnade Gottes. Es gibt zwar auch ein stufenweises Voranschreiten des Menschen auf seine Vollkommenheit hin, und dies wird durch die *Gabe* bewirkt, aber das gänzliche Angenommen-Werden des Menschen durch Gott kraft der Gnade geht dem voraus.

‚Glaube' ist nun „eine lebendige, unerschütterliche Zuversicht auf Gottes Gnade."[52] „Der Geist aber wird nicht außer in, mit und durch den Glauben an Jesus Christus gegeben."[53] „‚Gerechtigkeit' ist nun solcher Glaube und heißt ‚Gottes Gerechtigkeit' oder ‚(Gerechtigkeit), die vor Gott gilt' deshalb, weil es *Gottes* Gabe ist"; „durch den Glauben wird der Mensch ohne Sünde". Luther verbindet dies hier ganz eng mit dem neuen Leben des Menschen, von dem er aber im selben Text sagt, dass es nur ein stückhaftes ist: die Gerechtigkeit macht „den Menschen (bereit), dass er jedermann gibt, was er schuldig ist"; der Mensch „gewinnet Lust an Gottes Geboten."[54] Es macht „allein der Glaube gerecht", „denn er bringet den Geist aus Christi Verdienst."[55]

Widderum, [Paulus] auch den geystlich heyssist, der mit den aller euserlischsten wercken vmbgehet, als Christus, da er der iunger fuss wusch, vnd Petrus da er das schiff furet vnd fischet.", WA DB 7, 12,5 f.16–18/LD 5, 51, 2. u. 3. Abs.

[50] „Sunde heisset [...] nicht allein das eusserliche werck am Leibe, Sondern alle das Gescheffte das sich mit regt vnd weget zu dem eusserlichen werck, nemlich des hertzen grund mit allen krefften.", WA DB 7, 7,27–29/LD 5, 48.

[51] „Gottis hulde odder gunst, die er zu vns tregt bey sich selbs [...] nympt vns gantz vnd gar auff ynn die hulde, vmb Christus vnsers fursprechers vnd mittelers willen, vnd vmb das ynn vns die gaben angefangen sind.", WA DB 7, 8,11.20–22/LD 5, 48 f.

[52] „ein lebendige, erwegene zuuersicht auff Gottes gnade", WA DB 7, 11,16/LD 5, 50, 2. Abs.

[53] „Der geyst aber wirt nicht denn alleyn, ynn, mit vnd durch den glawben an Jhesum Christ geben", WA DB 7, 6,15 f./LD 5, 47, 3. Abs. Luther fügt hinzu: „wie er ynn der vorrhede sagt". Wenn Röm 1,1–17 die Vorrede des Röm sein sollte, findet sich hier allerdings nichts. In Frage kommt indes Gal 3,2.

[54] „Gerechtigkeit ist nu solcher Glaube, Vnd heisset Gottes gerechtigkeit, gerechtigkeit, oder die fur Gott gilt, darumb, das sie Gott gibt, vnd rechent fur gerechtigkeit, vmb Christus willen vnsers Mittlers, vnd macht den Menschen, das er jederman gibt was er schueldig ist. Denn durch den glauben wird der Mensch on suende, vnd gewinnet lust zu Gottes geboten.", WA DB 7, 11,28–32/LD 5, 50, 3. Abs.

[55] „Daher kompts, das allein der Glaube gerecht machet [...] Denn er bringet den Geist aus Christus verdienst.", WA DB 7, 7,20 f./LD 5, 48, 1. Abs.

Der Glaube ist dabei keine Disposition, die der Mensch in sich schafft, um Gottes Gnade in sich aufnehmen zu können „wie vorbereitetes Wachs"[56], denn es ist dem Menschen unmöglich, „sich zur Gnade zu bereiten [...] aus unlustigem und widerwilligen Herzen."[57] Der Glaube ist vielmehr „ein göttlich Werk in uns, das uns wandelt und neu gebiert aus Gott."[58] „Bitte Gott, dass er Glauben in dir wirke, sonst bleibst du wohl ewiglich ohne Glauben"[59]; „wie niemand sich selbst den Glauben geben kann, so kann er auch den Unglauben nicht wegnehmen". Darum können auch „Natur, freier Wille und unsere Kräfte" die Gerechtigkeit, die vor Gott gilt, „nicht zuwege bringen."[60]

Mit der Unterscheidung der Begriffe Gnade und Gabe hat Luther schon die Grundlage frei gelegt, auf der Röm 7 gedeutet werden muss: „So verstehest du dann (auch) das siebente Kapitel, da sich Paulus noch einen Sünder schilt und doch im achten (Kapitel) sagt, es sei nichts Verdammliches an denen, die in Christus sind [Röm 8,1], der unvollkommenen Gaben und des Geistes halber. Um des ungetöteten Fleisches willen sind wir noch Sünder, aber weil wir an Christus glauben und des Geistes Anfang haben, ist uns Gott so zugetan und gnädig, dass er solche Sünde nicht achten noch richten, sondern nach dem Glauben in Christus mit uns verfahren will, bis die Sünde getötet werde."[61]

Es ist dann auch klar, dass dann das Ich von Römer 7 das Ich eines geistlichen Menschen sein muss. Luthers erstes Argument in der Römerbrief-Vorlesung lautet: „Dieser ganze Abschnitt zeigt ausdrücklich ein Seufzen und einen Hass wider das Fleisch und Liebe zum Guten und zum Gesetz. Das trifft aber bei einem fleischlichen Menschen in keiner Weise zu, der vielmehr das Gesetz hasst [...] Der *geistliche* Mensch nämlich kämpft mit dem Fleisch und seufzt, dass er nicht so kann, wie er will."[62] Dem fleischlichen Menschen ist hingegen die Er-

---

[56] Siehe die oben zitierte Stelle bei Origenes, FC 2/2, 210,23–26.

[57] „die schul zencker vnd sophisten [...] leren, mit wercken sich zur gnade bereyten [...] von unlustigem vnd widder willigem hertzen", WA DB 7, 6,7 f./LD 5, 47, 2. Abs. Luther wendet sich hier ausdrücklich gegen die von manchen Scholastikern vertretene Lehre, man könne sich durch Werke auf die Gnade vorbereiten. Sein Argument trifft aber auch die These des Origenes, dass der Glaube als vom Menschen vorgebrachtes selbst eine solche Vorbereitung sei.

[58] „ein goettlich werck in vns, das vns wandelt vnd new gebirt aus Gott", WA DB 7, 11.6 f./ LD 5, 50, 1. Abs.

[59] „Bitte Gott, das er den Glauben in dir wircke, sonst bleibstu wol ewiglich on Glauben", WA DB 7, 11,26 f./LD 5, 50, 2. Abs.

[60] „Solche gerechtigkeit kan Natur, Freier wille, vnd vnser Kreffte nicht zu wege bringen, glauben nicht weg nehmen.", WA DB 7, 11,34–12,1/LD 5, 51.

[61] „Also verstehestu denn das vii. Cap. da sich S. Paulus noch einen Suender schilt. Vnd doch im viii. spricht, Es sey nichts verdamlichs an denen, die in Christo sind, der vnuolkomen Gaben vnd des Geistes halben. Vmb des vngetoedten Fleisches willen, sind wir noch Suender, Aber weil er an Christo gleuben, vnd des Geistes anfang haben, ist vns Gott so guenstig vnd gnedig, das er solche suende nicht achten noch richten wil, Sondern nach dem glauben in Christo mit vns fahren, bis die suende getoedtet werde.", WA DB 7, 9,23–29/LD 7, 49, 2. Abs.

[62] WA 56, 340,5–10/BoA 5, 255,33–256,3/Ausgewählte Werke, hg. v. Hans Heinrich Borcherdt u. Georg Merz, 3. Aufl., Ergänzungsreihe Bd. 2, München 1965 [MA], 235.

kenntnis vom Röm 3,9, dass er unter der Sünde ist, verschlossen, in dem tieferen Sinne, um den es hier geht: was den inneren Menschen betrifft.[63] So ist auch die Auslegung zu verwerfen, dass Paulus hier in einer *prosopopoeia* rede: „die falsche und gefährliche Anschauung […], der Apostel habe hier nicht in seiner eigenen Person, sondern in der eines fleischlichen Menschen geredet, weil doch der Apostel, so schwatzen sie daher, überhaupt keine Sünde haben könne, entgegen seinen vielfältigen und sehr deutlichen Aussagen in vielen Briefen."[64]

Das Problem, das Luther mit dieser Auffassung von Römer 7 hat, ist allerdings, dass er sehr wohl darauf besteht, dass der wiedergeborene Mensch kraft der Gabe der Gnade jedenfalls *etwas* Gutes tut. Dem stehen aber diese Stellen entgegen, die ich zuvor bei Origenes aufgeführt habe: Röm 7,14: „Ich aber bin fleischlich" usw. Luther erklärt dazu: „Nun darf man nicht meinen, der Apostel wolle den Satz, er tue das Böse, das er hasst, und tue das Gute nicht, das er will [Röm 7,19] im moralischen und metaphysischen Sinne verstanden wissen, gleich als tue er *überhaupt nichts* Gutes, sondern lauter Böses. Sondern er will sagen, er tue nicht so viel Gutes und nicht nur das Gute und nicht mit der Bereitwilligkeit, wie er's gerne möchte. Er will nämlich ganz rein, ganz frei und ganz fröhlich, ohne durch das widerstrebende Fleisch beschwert zu sein, das Gute tun. Aber das bringt er nicht fertig."[65] Es handelt sich somit um Hyperbeln. Es ist also gerade der sehr strenge, am Absoluten sich messende Maßstab, der den geistlichen Menschen dazu nötigt, so von sich zu sprechen, als sei er fleischlich usw., obgleich er sowohl fleischlich als auch geistlich ist und er mitten in dem Kampf zwischen Geist und Fleisch steht.[66]

Luther steht nun mit dieser Auslegung des Römerbriefs, die an zentralen Punkten der des Origenes frontal widerspricht, in der Schule Augustins. Augustin hat selber anfangs gemeint, dass Paulus hier nicht von sich spreche, war aber dann zu der Auffassung gelangt, dass die Stelle vom Apostel selbst verstanden werden müsse.[67] Die radikale Position, die Luther bereits im Sum-

---

[63] WA 56, 234–237/BoA 5, 236f. (auszugweise)/MA 106–109.

[64] WA 56, 349,26–30/MA 249, 1. Abs.

[65] *Non Est putandum, Quod Apostolus velit intelligi se malum, quod odit, facere et bonum, quod vult, non facere, vt moraliter et methaphysice, quasi nullum bonum, Sed omne malum faciat; sic enim humanum sensui verba eius sonant. Sed vult, quod non tot et tantum bonum nec tanta facilitate faciat, quantum et quanta vult. Vult enim purissime, liberrime et lętissime, sine molestiis repugnantis carnis agere, quod non potest,* WA 56, 341,27–33/BoA 5, 256,18–24/ MA 237.

[66] Siehe die Charakterisierung der Kapitel 7 und 8 in der Vorrede zum Römerbrief, WA DB 7, 21,23–22,25/LD 7, 57f.

[67] Contra duas epistolas Pelagianorum I, 10,17–24, MPL 44, 559ff./CSEL 60, 439–444, resümierend: *His atque huiusmodi in ista scripturae apostolicae circumstantia diligenter consideratis recte intelligitur apostolus non quidem solum in sua persona, uerum alios etiam sub gratia constitutos significasse, sed secum nondum in illa constitutos pace perfecta,* CSEL 60, 444,6–9. In den Retractationes 1, 23, MPL 32, 620/CSEL 36, 67,9–19 berichtet Augustin von seinem Umschwung in der Deutung von Röm 7, dass die Stelle *auch* vom Apostel selbst verstanden werden könne.

marium des Römerbriefs einnimmt, begründet er ausdrücklich mit Augustin, De spiritu et littera: „Darum sagt der selige Augustin im 7. Kapitel seines Buches ‚Vom Geist und Buchstaben‘: Der Apostel Paulus streitet gar viel wider die stolzen und vermessenen Menschen und die auf ihre Werke pochen."[68]

Vor allem aber vollzieht Augustin bereits die Wendung in der Bestimmung der zentralen Bedeutung des Satzes „Der Buchstabe, d. h. das Gesetz, tötet." (2 Kor 3,6). Er schließt nicht aus, dass dieser Vers auch in dem Sinne aufgefasst werden könne, wie Origenes es tat: als eine hermeneutische Regel, wie das Zeremonialgesetz des Alten Testaments zu verstehen sei: nicht mehr im buchstäblichen, fleischlichen, sondern im geistlichen, lebensspendenden Sinne. Doch besteht er darauf, dass die Stelle *nicht nur so* und *nicht so sehr* so aufzufassen sei.[69] Er interpretiert die Stelle vor allem im Zusammenhang mit dem Römerbrief und verknüpft sie mit Röm 7,11: die Sünde tötet durch das Gesetz. Das Gesetz ist aber an erster Stelle der Dekalog (Ex 20,2–17), und dieser enthält nur eine Zeremonialbestimmung, das Sabbatgebot (V. 8) ansonsten aber lauter Gebote, die auch für die Christen gelten und keineswegs abgetan ist. Vor allem enthält er das Gebot *Non concupisces* (V. 17), mit dem in Röm 7,7 argumentiert wird. Es ist also das Nicht-Erfüllen-Können dieser Gebote, wodurch der „Buchstabe" tötet, und nicht eine falsche Auffassung der Gebote, die ihre schattenhafte Vorläufigkeit verkennt.[70] Sie müssen im litteralen Sinne aufgefasst werden, und das Töten durch das Gesetz muss dann im strengen Sinne aufgefasst werden: als Verurteilen von etwas, das tatsächlich vollständig verurteilenswert ist.

Luther folgt aber Augustinus auch darin, dass die typologische Auslegung des Alten Testaments durchaus bleibt. In seiner Vorrede zum Alten Testament von 1523 behandelt er diese Auslegungsmöglichkeit nicht an erster Stelle und widmet ihr auch nicht viel Raum. An erster Stelle kommt eine litterale Auslegung des Alten Testaments unter dem Titel, dass es ein „Gesetzbuch" sei,[71] und „Gesetz" wird hier so aufgefasst, dass es das Gesetz in seinem aufdeckenden, richtenden, tötenden Gebrauch ist.[72] Am Schluss der Vorrede sagt Luther aber noch: „Aufs letzte sollte ich auch wohl die geistliche Bedeutung anzeigen, wel-

---

[68] *Unde b. Augustinus c.7 de spi. et lit. ait: Paulus Apostolus ‚multum contra superbos et arrogantes ac de suis operibus presumentes dimicat‘*, WA 56, 157,7 f./MA 9. Die Stelle bei Augustin ist spir. et litt. VII,12, MPL 44, 207/Augustinus, Lehrer der Gnade. Schriften gegen die Pelagianer, lat.-dt., hg. v. Adalbero Kunzelmann u. Adolar Zumkeller, Bd. 1 [ALG 1], Würzburg 1971, 318: *[Paulus] multum contra superbos et arrogantes ac de suis operibus praesumentes pro commendanda ista Dei gratia fortiter atque acriter dimicat.*

[69] Spir. et litt. IV,6 – V,7, ALG 1, 308–312.

[70] Spir. et litt. XIV,23–26, ALG 1, 342–350. Des weiteren dazu s. Sven GROSSE, Geist und Buchstabe. Varianten eines biblischen Themas in der Theologiegeschichte, JBTh 24 (2009), 157–178 (163 f.).

[71] WA DB 8, 12,9/LD 5, 10, 2. Abs.

[72] WA DB 8, 12–29/LD 5, 10–22, zusammenfassend WA DB 8, 27,15–24/LD 5, 20, 3. Abs.

che mit dem levitischen Gesetz und dem Priestertum Moses gegeben ist. Aber davon wäre zu viel zu schreiben, es will Raum und Zeit haben und mit lebendiger Stimme ausgelegt sein. Denn Mose ist gewiss ein Brunn aller Weisheit und allen Verständnisses, daraus alles gequollen ist, was alle Propheten gewusst und gesagt haben; dazu fließt auch das Neue Testament da heraus und ist darin gegründet."[73] – Was dann folgt, ist eine Auslegung des Sühneopfer-Rituals nach der Maßgabe des Hebräerbriefs. Er schließt dann mit den Worten: „Das sei für dieses Mal genug zur kurzen Anleitung, Christus und das Evangelium im Alten Testament zu suchen."[74]

Wenn man das recht erwägt, besagt es keineswegs eine qualitative Zurücksetzung dieser Auslegungsmöglichkeit.[75] Und ich denke, man kann auch die beiden Auslegungsstränge entflechten, die bei Origenes miteinander verbunden sind: den einen (a), welcher das Sühneopfer-Ritual nach dem Schema von Schatten und Körper auffasst, und den anderen (b), welcher den sündigen Mensch und den heiligen Gott in einem nur relativen Gegensatz sieht, aus dem jener stufenweise, durch die Gnade Gottes immer ergänzt, sich herausarbeiten könne. Was Luther im Anschluss an Augustin vertritt, ist eine tiefgreifend andere Auffassung des Verhältnisses von Gott und Mensch, aber sehr wohl die grundsätzliche Bejahung der christologischen typologischen Auslegung des mosaischen Sühneopfers. „Gesetz" ist also einerseits forderndes und verurteilendes Wort Gottes im Gegensatz zum zusprechenden und freisprechenden Evangelium, andererseits ist „Mose" eine verhüllte Gestalt des Evangeliums vor dem Kommen Christi. Das eine schließt das andere nicht aus.

---

[73] „Auffs letzt, solt ich auch wol die geistliche Deutung anzeigen, so durch das Levitisch Gesetz vnd Priesterthumb Mose furgelegt. Aber es ist sein zu viel zu schreiben, es wil raum vnd zeit haben, vnd mit lebendiger stimme ausgelegt sein. Denn freilich Mose ein Brun ist aller weisheit vnd verstands, dar aus gequollen ist alles, was alle Propheten gewust vnd gesagt haben. Dazu auch das newe Testament er aus fleusst vnd drein gegruendet ist", WA DB 8, 29,24–29/LD 5, 22, 2. Abs.

[74] „Das sey dis mal gnug zur kurtzen anleitung, Christum vnd das Evangelium zu suchen im alten Testament.", WA DB 8, 31,17 f./LD 5, 23.

[75] Zu der von Luther stets gepflegten allegorischen Auslegung der Heiligen Schrift s. Johann Anselm STEIGER, Fünf Zentralthemen der Theologie Luthers und seine Erben: Communcatio – Imago – Figura – Maria – Exempla, Teil III: In figura, Leiden u. a. 2002, 147–179.

De lege simpliciter et universaliter?

„Werke des Gesetzes" in Thesen Martin Luthers zu Römer 3,28 für Disputationen 1535–1537 im Spiegel der Debatte um die Neue Paulusperspektive

Michael Bachmann zum 77. Geburtstag

Johannes Woyke

1. Einleitung

Bekanntlich hat Martin Luther in seine deutsche Übersetzung von Röm 3,28 das Wörtchen „allein" eingeführt – „So halten wir es nu, das der mensch gerecht werde, on des Gesetzes werck, ALLEIN durch den glauben" (WA.DB 7,39,27–29) – und nicht zuletzt damit hat er deutlich gemacht, dass dieser Vers zu den zentralen Belegtexten seiner theologischen Neuentdeckung gehört, „von denen das reformatorische Verständnis des Christentums seinen Ausgang nimmt und in denen es sich, wie in einem Brennpunkt, artikuliert und wiederfindet".[1] In seinem 1530 veröffentlichten „Sendbrief vom Dolmetschen" (WA 30,2,632–646) rechtfertigt er die Hinzufügung der Exklusivpartikel gegenüber seinen Kritikern: Er habe für Röm 3,28 sehr wohl gewusst, „das ym Lateinischen und krigischen text das wort ‚solum' nicht stehet"; freilich trage „die meinung des text" diese Zuspitzung „ynn sich": jedenfalls sei es „die art unser deutschen sprache, wenn sie eine rede begibt, von zweyen dingen, der man eins bekennet, und das ander verneinet, so braucht man des worts ‚solum' (allein) neben dem wort ‚nicht' oder ‚kein', [...] obs gleich die lateinische oder kriechische sprach nicht thut" (WA 30,2,636,31–637,12). Für die Verdeutschung seien mithin Wortlaut und Textsinn zu unterscheiden.

Luther ist es nicht um Wortklaubereien oder semantische Spitzfindigkeiten getan. Vielmehr sieht er in Römer 3,28 den *articulus iustificationis* verdichtet, der für die Gewissheit der Seele des Einzelnen wie für die ganze Kirche entscheidend sei, da nur mit ihm dem Teufel in allen Arten von Anfechtung widerstanden werden könne (*ut animi nostri fiant certi et ut possimus resistere diabolo*

---

[1] Johannes SCHILLING, Einleitung, in: Martin Luther. Lateinisch-Deutsche Studienausgabe, Bd. 2: Christusglaube und Rechtfertigung, hg. u. eingel. v. Johannes Schilling, Leipzig 2006, IX–XXXIX, XXII.

in omni genere tentationum). Daher, so Luther, könne man gar nicht genug über diese Thematik disputieren (*recte igitur facimus, si quam saepissime de hac re disputamus*).[2]

Eine entsprechende Erschütterung bedeutete die grundsätzliche Kritik, die gegenüber Luthers und der lutherischen Paulusdeutung in der neutestamentlichen Exegese der vergangenen Jahrzehnte aufkam, und entsprechend scharf und unversöhnlich in der Tonalität wurde diese Debatte seither wenigstens teilweise geführt. Im deutschsprachigen Raum ist es besonders mein geschätzter Lehrer und Freund Michael Bachmann, der mit detaillierter, nicht zuletzt semasiologischer Argumentation den Nachweis führt, dass die paulinische Negation „gerechtfertigt nicht durch Werke des Gesetzes" weder das Handeln, Tun und Lassen des Menschen betrifft, noch überhaupt von der Tora im Sinne der dekalogischen Gebote handelt; in Frage gestellt sei von Paulus vielmehr Präskriptives und darin konkret die Verpflichtung nichtjüdischer Jesusanhänger auf halachische Ausführungen vornehmlich ritueller Vorschriften der mosaischen Tora wie Beschneidung, Sabbatgebot und Speisevorschriften.[3]

Welchen Gewinn könnte eine Analyse von Martin Luthers Thesenreihen zu Röm 3,28 im Spiegel der Paulusinterpretation Michael Bachmanns haben? Und wie kann eine methodisch sichere Herangehensweise aussehen? Klar ist ja von vornherein, dass der Reformator eine theologische Paulusinterpretation in Auseinandersetzung mit der scholastischen Theologie und mit antinomistischen und biblizistischen Strömungen der Reformation vornimmt, während dem Freiburger Neutestamentler an einer historisch adäquaten Exegese gelegen ist, die freilich eingebettet ist in eine Kontroverse mit der von Luther sich herleitenden bibelwissenschaftlichen wie systematisch-theologischen Paulusauslegung und die gleichermaßen nach theologischen Implikationen für die Gegenwart und darin nicht zuletzt für den christlich-jüdischen Dialog fragt.[4] Andererseits

---

[2] So Luther in seiner Einleitung zu einer Disputation über Röm 3,28 am 1. Juni 1537, vgl. a. a. O., XXXIII–XXXIV samt Anm. 124 (a. a. O. XXXIV wohl fälschlich „1. September"; korrekt a. a. O., XXIII: „Am 1. Juni 1537 disputierte der Däne Peder Plade (Petrus Palladius) erneut über Römer 3,28"). Vgl. a. a. O., XXXIV: „[E]s geht nicht um theologische Spekulationen, sondern darum, was im Leben und im Sterben Bestand haben kann und Bestand hat und geeignet ist, in Anfechtung Trost zu geben, und das heißt, die Gewissen der Menschen aufzurichten, ihnen Kraft zu geben und Hoffnung auf das Heil in Christus."

[3] S. u. Abschnitt 2.2. Bachmann selbst betont indes, dass er nicht alleiniger Protagonist dieser These ist, dass vielmehr „eine ganze Reihe prominenter Exegeten eben diese Halakhot-Interpretation vertritt" (Lutherische oder Neue Paulusperspektive? Merkwürdigkeiten bei der Wahrnehmung der betreffenden exegetischen Diskussion, BZ 60 [2016], 73–101, 75 f. sowie 83 f. samt Anm. 44 f.). Hier wäre, jedenfalls für den deutschsprachigen Raum, insbesondere Roland Bergmeier zu nennen (u. a. Das Gesetz im Römerbrief und andere Studien zum Neuen Testament [WUNT 121], Tübingen 2000; Gerechtigkeit, Gesetz und Glaube bei Paulus. Der judenchristliche Heidenapostel im Streit um das Gesetz und seine Werke [BThSt 115], Neukirchen-Vluyn 2010).

[4] Ein besonderes Augenmerk richtet Bachmann dabei seit langem zu Recht auf die christliche, ja protestantische antijüdische Verunglimpfung des nachexilischen und des rabbini-

sind die exegetischen Ausführungen beider auf die akademische Klärung und Auseinandersetzung hin angelegt – bei Luther mit für Promotionsdisputationen seiner Schüler konzipierten Thesenreihen und bei Bachmann publizistisch und auf Tagungen –, so dass, bei allem historischen und exegetisch-methodischen Abstand, eine durchaus vergleichbare Ebene besteht, zumal es bei der Lutherinterpretation auch immer um wirkungsgeschichtliche Aspekte geht.

Freilich hält Michael Bachmann selbst einen Vergleich der Paulusdeutung Luthers mit den Ergebnissen der neuen exegetischen Paulusforschung für zwar „völlig legitim", jedoch für nicht die vordringlichste theologische Aufgabe der Paulusexegese; vielmehr verstelle eine ständige Auseinandersetzung mit der Rechtfertigungstheologie Luthers den Blick für einen echten Paradigmenwechsel in der Paulusforschung.[5]

Gleichwohl scheint es mir lohnend, Martin Luthers theologische Deutung von Röm 3,28 von der Exegese Michael Bachmanns her noch einmal zu fokussieren. Dies geschieht mit aller gebotenen Umsicht eingedenk der Mahnung Bachmanns, dass nämlich möglicherweise auch beim Verfasser „eine gewisse Scheu davor" besteht, „mit von Martin Luther beeinflussten Paulusauffassungen oder mit seiner eigenen Sicht des Apostels in Konflikt zu geraten"[6], die als existentiell bedeutsam erlebt worden ist bzw. sind. Zuvor seien aber die jeweiligen Rahmenbedingungen der akademischen Debatten Luthers und Bachmanns ein wenig erhellt.

---

schen Judentums als werkgerecht und im Rituellen versteinert: „Luther's perception that [...] the apostle's negative connotating [of] ‚works of the law' [...] should be understood as [to] criticizing first of all *Jewish* works[-]righteousness, Jewish ‚Werkerei' [...] If the anti-Judaic moment in the ecclesiastical, particularly protestant ‚doctrine of justification' could finally be seen as *not* Pauline, *un*-Pauline, I believe this should have a liberating effect. [...] The positive value of the Torah, as well as of obedience to the Torah, would then be easier to grasp – without distortion" (Michael BACHMANN, The Anti-Judaic Moment in the „Pauline" Doctrine of Justification: A [Protestant] Misinterpretation of the Relevant Statements in Paul's Letters, in: František Abel [Hg.], The Message of Paul the Apostle within Second Temple Judaism, London 2020, 21–59, 42 u. 43 f. Überdies „könnte die Verwendung des Syntagmas ἔργα νόμου durch den Apostel, weil sie es mit Grenzmarkierungen zu tun haben wird, für die multikulturelle Situation der Gegenwart und für die damit sowie überdies mit unterschiedlichen Besitz- und Bildungsgegebenheiten verbundenen derzeitigen Verhältnisse von ganz erheblichem Belang sein" (BACHMANN, Paulusperspektive? [s. Anm. 3], 100).

[5] BACHMANN, Paulusperspektive? (s. Anm. 3), 79(f.).

[6] A.a.O., 77.

2. Kontexte

2.1 Martin Luther

In einer Sammelausgabe veröffentlichte Martin Luther 1538 fünf Thesenreihen zu Röm 3,28[7] mit dem Anspruch, die einzelnen Worte jenes paulinischen Diktums aus Röm 3,28[8] aufs Sorgfältigste zu prüfen (*diligentißime expendit Doctor Martinus Lutherus singulas voces huius Paulini dicti Roma. 3*) und ihren wahren Sinn dem Verständnis des Paulus gemäß zuverlässig wiederzugeben (*et sententiam eius germanam, iuxta Pauli mentem fide reddit*).[9] Jede der Disputationsthesen, die von Luther allesamt für Promotionsverfahren zur Erlangung der Doktorwürde konzipiert wurden, setzt einen anderen thematischen Schwerpunkt: Die erste und die zweite Reihe (11. und 14.09.1535: Hieronymus Weller und Nikolaus Medler) befassen sich mit dem Verständnis des Glaubens und dem des Gesetzes in Röm 3,28; mit 71 bzw. 87 Thesen bilden sie die ausführlichsten Erörterungen. Die dritte Disputation (10.10.1536: Jakob Schenck) kontrastiert in 35 Thesen die Rechtfertigung vor Gott und vor Menschen, während die vierte (10.10.1536: Philipp Motz) in 33 Thesen der Frage nachgeht, wie der *homo iustificandus*, also der Mensch, welcher der Rechtfertigung bedarf, zu charakterisieren ist. Die fünfte Reihe mit insgesamt 45 Thesen (01.06.1537: Petrus Palladius [und Tilemann von Hussen?]) argumentiert für die Notwendigkeit aller *opera*, der des Gesetzes wie solcher der Gnade, bzw. der Werke der Gerechten und denen der Gottlosen.[10] Gerhard Ebeling hat vor 35 Jahren überzeugend begründet, „daß die fünf Thesenreihen schon in ihrer ursprünglichen Konzeption auf Rm 3,28 hin entworfen sind", und geurteilt, dass mit der Sammelausgabe von 1538 „ein in seiner Ganzheit eindrückliches theologisches Werk" vorliegt, „das den von Luther geplanten, jedoch ungeschrieben gebliebenen Liber de loco iustificationis durchaus zu ersetzen vermag".[11] Freilich müsse

---

[7] Die ersten beiden Promotionsdisputationen wurden zuvor 1535 in einem Einzeldruck veröffentlicht, die letzte Thesenreihe, ebenfalls anlässlich einer Promotion, wurde 1537 als selbstständiger Plakatdruck publiziert (vgl. SCHILLING, Einleitung [s. Anm. 1], XXII–XXIII).

[8] Auffällig ist, dass Luther für die Disputationen zu Röm 3,28 nicht auf den Text seiner Vulgata-Revision von 1529 zurückgreift – *arbitramur hominem iustificari per fidem sine operibus legis* –, sondern durchweg den griechischen Dativ πίστει mit dem Ablativ *fide* konstruiert: *arbitramur hominem iustificari fide absque operibus legis* (Thesen für fünf Disputationen über Römer 3,28 [1535–1537], übersetzt von Hellmut Zschoch, in: Schilling, Studienausgabe [s. Anm. 1], 401–441, 402.412; so im Übrigen auch in der Übungsdisputation *De homine*, These 32, aus dem Jahr 1536). In These 48 der 2. Thesenreihe zu Röm 3,28 für die Disputation vom 11.09.1535 paraphrasiert Luther Röm 3,28 (vgl. Gal 2,16) mit Einfügung des *solus*: *Hominem non legis operibus, Sed fide iustificari sola* (a.a.O., 418).

[9] A.a.O., 401.

[10] Zum Ganzen s. ausführlich Reinhard SCHWARZ, Disputationen, in: Albrecht Beutel (Hg.), Luther Handbuch, 2., neubearb. u. erw. Aufl., Tübingen 2017, 372–384, zu den Daten und Quellen s. die Tabelle a.a.O., 380f.

[11] Gerhard EBELING, Sündenblindheit und Sündenerkenntnis als Schlüssel zum Rechtfer-

man „mit der Behauptung sehr vorsichtig sein, Luther habe von Anfang an das Ganze auf diese fünf Teile hin konzipiert", auch wenn erkennbar „der Anfang auf eine Fortsetzung hin angelegt" war.[12]

Mit den Disputationen knüpft Luther Mitte der 1530er Jahre an seine Zeit als Universitätsprofessor in Wittenberg 30 Jahre zuvor an, nun allerdings unter anderen Vorzeichen: Theologische Promotionen waren nach 1525 in Wittenberg „außer Brauch geraten", wie Volker Leppin ausführt,[13] „zum einen, weil man offenbar ihre Notwendigkeit nicht mehr als zwingend gegeben ansah, zum anderen aber wohl auch, weil das Recht zur Verleihung von Doktortiteln nur aufgrund päpstlicher Privilegien möglich war". Erst eine Anfrage aus Hamburg 1533, den dortigen Superintendenten Johannes Äpius zum Doktor der Theologie promovieren zu können, bewog den Kurfürsten Johann Friedrich zu der Verfügung, „dass nun wieder Promotionen durchzuführen seien".[14] Die von Luther verfasste Promotionsformel[15] berief sich „auf Gott als eigentlich verpflichtende Instanz" unter Verzicht „auf jeden Hinweis auf die päpstliche Autorität", im Unterschied zur Benennung der kaiserlichen Autorität.[16] „Für Luther wurden die Disputationen, in denen nun wieder wie in seiner Frühzeit der Professor die Thesen aufstellte, die der Promovend dann zu disputieren hatte, zur Gelegenheit, die erreichten theologischen Ergebnisse in solenner akademischer Form vortragen und verteidigen zu lassen. Die von ihm gestellten Disputationsthesen rankten sich immer wieder um die Frage nach dem Menschen im Angesicht Gottes."[17] Zugleich ist die Einzelausführung der Thesenreihen bei aller Grundsätzlichkeit des Themas durchaus mitbestimmt durch aktuelle Auseinandersetzungen mit theologischen Positionen etwa des linken Flügels der Reformation, „deren Umtriebe" – so Heinrich Hermelink – Luther „in diesen Jahren die Wiederaufrichtung der gelehrten Studien und Grade zur Pflicht machten".[18] Seinen Promovenden legte Luther entsprechend Thesenreihen vor, die diese nicht bestreiten, sondern erläutern und verteidigen sollten. Als Res-

---

tigungsverständnis. Zum Aufbau der vierten Thesenreihe Luthers über Rm 3,28, in: ders., Lutherstudien Bd. III: Begriffsuntersuchungen – Textinterpretationen – Wirkungsgeschichtliches, Tübingen 1985, 258–310, 270 mit Hinweis auf einen Brief Luthers an Melanchthon vom 24.08.1530.

[12] A.a.O., 272.

[13] Volker LEPPIN, Martin Luther (Gestalten des Mittelalters und der Renaissance), Darmstadt ³2017, 329.

[14] Ebd.

[15] Zum Text s. SCHILLING, Einleitung (s. Anm. 1), XXXI Anm. 116.

[16] LEPPIN, Luther (s. Anm. 13), 329.

[17] Ebd.

[18] Heinrich HERMELINK, Die Doktorpromotion von Hiernoymus Weller und Nikolaus Medler 11. und 14. September 1535. Einleitung, WA 39.1, 40–42, hier 42. Hermelink weist a.a.O., 41, darauf hin, dass Luther neben den Thesen auch die Promotionsrede Wellers verfasste und Melanchthon die Dankesrede Medlers abfassen ließ im Bemühen, „mit dieser ersten solennen Doktorpromotion einen geschlossenen Eindruck zu erzielen".

ponsoren waren reformatorische Theologen wie Melanchthon (1. Disputation, 1./2. Thesenreihe) oder Bugenhagen (5. Thesenreihe) zugegen.[19] Damit konnte die reformatorische Prägung des Christentums weit über Wittenberg hinaus weiter Einfluss nehmen: nach Dänemark etwa mit Peder Plade (Petrus Palladius), der 1537 die 5. von uns zu besprechende Thesenreihe zur Promotion verteidigte und wenig später Karriere als Bischof in der wichtigen Hafenstadt Ribe an der Nordseeküste sowie als Theologieprofessor in Kopenhagen machte, und mit Johannes Bugenhagen, welcher der 1536 in Dänemark durch Christian III. offiziell eingeführten Reformation zur Verbreitung und Konsolidierung verhalf. Ausführungen in den Thesenreihen zu dem, wie Luther die paulinischen Überlegungen zum Gesetz bzw. zu den Werken des Gesetzes versteht, münden wenig später in konzentrierte Streitschriften „Wider die Sabbater" (1538) und „Wider die Antinomer" (1539; vgl. bereits die entsprechenden Disputationsthesenreihen 1537–1538). Sie können freilich bereits anknüpfen zum einen an seine früheren Auseinandersetzungen des Jahres 1525 „Wider die himmlischen Propheten", die das Gesetz Gottes für den christlichen Glauben als grundsätzlich irrelevant erklärten, sowie zum anderen an die homiletisch ausgerichtete „Unterrichtung, wie sich die Christen in Mosen sollen schicken", die Orientierung geben sollte gegenüber dem nach heutiger Terminologie biblizistischen Ansatz Andreas Karlstadts, der auch den christlichen Lebenswandel dem alttestamentlichen Gesetz, zumal dem Bilderver- und dem Sabbatgebot, verpflichtet sah.

2.2 Michael Bachmann

Erstmalig hat Michael Bachmann den Nucleus seiner These zum paulinischen Verständnis einer „Rechtfertigung nicht aus Gesetzeswerken, sondern aus Glauben" in seiner 1992 veröffentlichten Habilitationsschrift aufgestellt, und zwar im Zusammenhang seiner Auslegung von Gal 2,15 ff.[20] Bei dem „rätselhaften Ausdruck" der Gesetzeswerke handle es sich, so seine Hauptthese, „um die Gesetzesvorschriften selbst [...], nicht [...] um ihre Erfüllung".[21] Es gehe Paulus entsprechend nicht um das, was klassisch reformatorisch als „Leistungs- oder Werkgerechtigkeit" bezeichnet wird, ja, nicht einmal werde primär „das Insistieren auf Merkmalen wie der Beschneidung im Sinne von ‚boundary markers'" (J. D. G. Dunn) abgelehnt. Kritisiert werde vielmehr, dass Christen mit judäischem Hintergrund *in praxi* leugnen [...], daß gerade auch für sie nicht das fordernde Gesetz, sondern Christus das Heil bedeutet".[22] Neben Gal 2,15 ff. sei es auch der Zusammenhang von Röm 3,20 ff., kulminierend in 3,28, der text-

---

[19] Vgl. WA 39.1, 53–59 sowie 205–237.
[20] Michael BACHMANN, Sünder oder Übertreter. Studien zur Argumentation in Gal 2,15 ff. (WUNT 59), Tübingen 1992.
[21] A. a. O., 93 f.
[22] Ebd.

logisch erst und nur dann Sinn ergebe, wenn es nicht um die *Erfüllung* des vom Gesetz Geforderten geht, sondern um die „letzte[-] Irrelevanz der Vorschriften des Gesetzes – und damit *des fordernden Gesetzes selbst* – für die Rechtfertigung".[23] „Klarer und [...] angemessener" als die traditionelle lutherische Explikation der Rechtfertigungslehre sei es, zu sagen[24],

daß es sich bei den Gesetzeswerken um die Gebote und Verbote der Tora [...] handelt und daß nach Paulus diesem Maßstab schon kein Jude genügt [...]. Nicht die Tora wird getadelt, nicht das Erfüllen von Regelungen des mosaischen Gesetzes wird gebrandmarkt, nicht einmal ein nationalistisches Insistieren auf *einigen* (besonders augenfälligen) Vorschriften der Tora, sondern das – sich für Paulus in einem Fall wie der galatischen Krise freilich gerade auch als Beschneidungswunsch [...] dokumentierende – Verkennen jenes Sachverhalts des faktischen wie prinzipiellen Nicht-Genügens, der angesichts des Christusgeschehens nicht verkannt werden dürfte.

Während Bachmann 1992 beim Verständnis des paulinischen Syntagmas „Werke des Gesetzes" mithin noch keine Beschränkung auf die Beschneidungsforderung und Reinheitsgebote wahrnimmt, sondern zumindest „die sich [...] mit der Beschneidungsforderung ergebenden Konsequenzen in Rechnung" gestellt und entsprechend darin „die Gesamtheit der Forderungen der Tora" bezeichnet sieht und gerade „nicht vom (ethischen) Dekalog abzusehen" sei[25], fokussiert sich in der weiteren Diskussion bei ihm im Sinne der These J. D. G. Dunns der Blick auf „die Opposition von gewissen Halakhot und von Christus(-Glaube)"[26], so dass die paulinische These nun (2016) folgendermaßen zusammengefasst wird[27]:

---

[23] A. a. O., 96 (kursiv JW).

[24] Das folgende Zitat a. a. O., 99 f.

[25] A. a. O., 92 u. 93.

[26] BACHMANN, Paulusperspektive? (s. Anm. 3), 83 (vgl. bereits BACHMANN, Rechtfertigung und Gesetzeswerke bei Paulus [1993], in: ders., Antijudaismus im Galaterbrief? Exegetische Studien zu einem polemischen Schreiben und zur Theologie des Apostels Paulus [NTOA 40], 1–31, 21 f., wo in Hinsicht auf das Syntagma „Werke des Gesetzes" zunächst von den „Forderungen" bzw. „Einzelregelungen der Tora" gesprochen wird, dies dann aber konkretisiert wird zur „gerade auch die Beschneidungsforderung umgreifenden Tora", was wiederum zu unterscheiden sei vom Begriff der „Gebote" [ἐντολαί] Gottes von 1 Kor 7,19, welche die Beschneidungsvorschrift nachgerade ausschließen; s. u. Anm. 32). Bachmann polemisiert gegen „O. Hofius' Formel vom ‚Toragehorsam in ganz umfassendem Sinn'", Paulusperspektive? (s. Anm. 3), 88.

[27] Das folgende Zitat a. a. O., 92 f. Vgl. a. a. O., 94: „[...] Halakhisches, [...] und die textlichen Zusammenhänge lassen dabei vor allem an ‚identity' und ‚boundary markers' des Judentums denken, nicht zuletzt an die (männlichen) Juden geltende Beschneidungsregel"; a. a. O., 99: „andere Menschen ausgrenzende Zeremonialvorschriften". Vgl. auch Bachmanns quasi autobiographische Notizen in Paul, Israel and the Gentiles: Hermeneutical and Exegetical Notes, in: Reimund Bieringer/Didier Pollefeyt (Hg.), Paul and Judaism: Crosscurrents in Pauline Exegesis and the Study of Jewish-Christian Relations, London 2012, 72–105, 92 zu seinem Verständnis der paulinischen Wendung ἔργα νόμου als Halakhot: „In principle, I've retained this proposition ever since, however altered slightly, inasmuch I soon after – now still closer to the sociological impulse of Dunn – intended to represent the proximity of the

Es geht nämlich überall [d. h. in Gal 2 wie in Röm 3] um das Problem, ob ein nicht-jüdischer Mensch, der sich der im Judentum entstandenen Gemeinde der Christus-Anhänger anschließt oder angeschlossen hat, auch – im Sinne einer vollen oder doch weitgehenden Integration in diese Gruppe – charakteristische Merkmale des Judentums als für sich verbindlich zu erachten hat.

Seit nunmehr fast 20 Jahren wirbt und streitet der Freiburger Neutestamentler für seine Sicht in steter Auseinandersetzung mit Kolleg:innen aus der neutestamentlichen Exegese (Otfried Hofius, Christian Kammler u. a. m.) wie aus der Systematischen Theologie (Wilfried Härle, Friedrich Beißer u. a. m.). Als ausführliche und grundlegende Darstellungen seien wenigstens vier Veröffentlichungen genannt: Der Aufsatz „Keil oder Mikroskop" im von ihm unter Mitarbeit des Verfassers herausgegebenen Band „Lutherische und Neue Paulusperspektive" von 2005[28], die 2009 in New Testament Studies erschienene Antwort auf O. Hofius[29], sodann der 2016 in der Biblischen Zeitschrift erschienene Aufsatz „Lutherische oder Neue Paulusperspektive?"[30] sowie jüngst 2020 der englischsprachige Aufsatz „The Anti-Judaic Moment in the ‚Pauline' Doctrine of Justification: A [Protestant] Misinterpretation of the Relevant Statements in Paul's Letters".[31] Bachmann sieht mittlerweile einen kategorialen Unterschied im paulinischen Verständnis der „Werke des Gesetzes" einerseits und der „Gebote" andererseits.[32] Nicht zuletzt in einer über „Kerygma und Dogma" 2004 und 2005 geführten Kontroverse zwischen dem Mainzer Systematiker Friedrich Beißer und dem Kopenhagener Neutestamentler Mogens Müller, in die sich Bachmann 2006 einschaltete, wird das deutlich. Diese sei hier kurz dargestellt, obwohl es dort um Röm 10,4 und nicht 3,28 geht; denn die Kontroverse betrifft die Frage nach der Rolle des Liebesgebots in der paulinischen und der

---

Pauline expression to what the New Testament scholar of Durham had defined with ‚identity' and ‚boundary markers' of Judaism."

[28] Michael BACHMANN, Keil oder Mikroskop? Zur jüngeren Diskussion um den Ausdruck „‚Werke' des Gesetzes", in: ders. (Hg., unter Mitarbeit von J. Woyke), Lutherische und Neue Paulusperspektive. Beiträge zu einem Schlüsselproblem der gegenwärtigen exegetischen Diskussion (WUNT 182), Tübingen 2005, 69–134.

[29] Michael BACHMANN, Was für Praktiken? Zur jüngsten Diskussion um die ἔργα νόμου (2009), in: ders., Von Paulus zur Apokalypse – und weiter. Exegetische und rezeptionsgeschichtliche Studien zum Neuen Testament (NTOA/StUNT 91), Göttingen/Oakville (CT) 2011, 207–226. Eine ausführliche Auseinandersetzung mit O. Hofius findet sich im Übrigen auch bei BERGMEIER, Gerechtigkeit (s. Anm. 3).

[30] S. Anm. 3.

[31] S. Anm. 4.

[32] Dies scheint mir im o. Anm. 26 angeführten Aufsatz (BACHMANN, Rechtfertigung, 21 f.) des Jahres 1993, wenngleich angelegt, so doch noch nicht derart kategorial unterschieden worden zu sein. Aus den dortigen Ausführungen könnte auch geschlossen werden, dass das Syntagma „Werke des Gesetzes" gegenüber „Geboten Gottes" ein breiteres semantisches Feld umfasst und also neben Weisungen zum Gottesverhältnis und zur zwischenmenschlichen Gerechtigkeit eben auch Beschneidung, Reinheits- und Speiseregelungen beinhaltet. Zur genannten kategorialen Unterscheidung s. auch BERGMEIER, Gerechtigkeit (s. Anm. 3), 16 f.44.

reformatorischen Theologie, die auch für Luthers Thesen zu Röm 3,28 eine bedeutsame Angelegenheit ist. Beißer beschäftigte sich mit der folgenden These Müllers: „Bei Paulus finden wir also nicht einen Christus, der die Gebote Gottes aufgehoben hat, sondern einen Christus, der das τέλος νόμου (Röm 10, 4) verkündigt, ‚das Ende des Gesetzes zur Gerechtigkeit für jeden, der glaubt.' Das Gesetz als ethnische Identität stiftende Größe ist außer Kraft gesetzt, weil es nicht darum geht, äußerlich Jude zu sein oder zu werden. Das Gebot Gottes dagegen (das exemplarisch im Dekalog gefasst ist) steht unvermindert, wenn nicht sogar in einem qualitativ anderen Grad in Kraft, weil es verbunden ist mit wirksamem Glauben und neuer Schöpfung"[33]. Beißer setzt dagegen seine „Überzeugung: *Paulus meint hier [in Röm 10,4] das ganze Gesetz, also gerade auch das Sittengesetz, gerade auch das ewig geltende Gebot der Gottes- und der Nächstenliebe.*"[34] Bachmann schließt sich demgegenüber Müller an und differenziert[35] zwischen den „Werken des Gesetzes" als einer technischen Bezeichnung halakhischer Regelungen als identity und boundary markers des Judentums[36], die den aus den Völkern stammenden Christus-Anhängern nicht aufzuerlegen seien[37], und „Geboten" und „Werken", was das Befolgen der Dekalogweisungen meine und bleibenden Bestand habe – wie sonst solle man den

---

[33] Mogens MÜLLER, Jesus und das Gesetz. Eine Skizze im Licht der Rezeptionen, KuD 50 (2004), 208–225, 211. Vgl. a.a.O., 210: „Zwar meint Paulus [...], dass ein Mensch nicht durch eine äußere Erfüllung einer Reihe von Geboten gerechtfertigt wird. Es gibt aber Gebote, die dem Apostel zufolge erfüllt werden müssen [...]."

[34] Friedrich BEISSER, Was heißt bei Paulus „Jesus Christus ist das Ende des Gesetzes"? – Eine Anfrage an Mogens Müller, KuD 51 (2005), 52–54, 53 (kursiv im Original). Darauf antwortet wiederum Mogens MÜLLER, Aufhören oder Vollendung des Gesetzes? Eine Antwort an Friedrich Beißer, KuD 51 (2005), 308 f.

[35] Michael BACHMANN, Christus, „das Ende des Gesetzes, des Dekalogs und des Liebesgebots"? (2007), in: ders., Paulus (s. Anm. 29), 181–184.

[36] Freilich bewahrt Bachmann Zurückhaltung in der semantischen Bestimmung, wenn er formuliert, das Syntagma ἔργα νόμου sei „auf *so etwas wie* halakhische Regeln zu deuten" und beziehe sich, „*zumindest primär*, auf ‚boundary markers', auf andere Menschen ausgrenzende Zeremonialvorschriften" (Paulusperspektive? [s. Anm. 3], 99, kursiv JW). BERGMEIER, Gerechtigkeit (s. Anm. 3), spricht pointierter von „Vorschriften und Regelungen, eben Halakhot, die Reinheit, Heiligung, Gerechtigkeit und Erlösung bedingen und gewährleisten" (37) bzw. von den „konventionellen Regeln der Reinheitstora" (16) oder auch vom „hagiasmotischen Impetus" der Missionsverkündigung des Paulus, „bevor die rechtfertigungstheologische Antithetik in Erscheinung getreten war" (14). Es handle sich auch bei Paulus um „einen technischen Brauch [...], der, zumindest ursprünglich, nicht jegliches in der Tora gebotene Tun, sondern die das jüdische Leben bestimmenden Handlungsanweisungen zur alltäglichen Torapraxis bezeichnete" (150).

[37] Diese Paulusstellen werden auch angeführt von MÜLLER, Jesus (s. Anm. 33), 201 f. Vgl. auch BACHMANN, Anti-Judaic Moment (s. Anm. 4), 36: „By *erga nomou*, the apostle means prescriptive rules, and such rules are indeed considered part of the total stock of the law: the Torah and its associated rules. However, the ‚works of the law' are a specific subarea, namely that of ‚identity' and ‚boundary markers,' [J.D.G. Dunn] or in other words: such halakhot that, according to Paul, should not be imposed on non-Jews within the community of believers in Christ."

Hinweis auf die Nächstenliebe als Erfüllung des Gesetzes in Röm 13,8–10 und Gal 5,13 f. plausibel machen? Und man könnte Ähnliches anfügen zur Parallelisierung vom „Befolgen der Gebote Gottes", dem „Glauben, der durch Liebe wirksam bzw. tätig ist" sowie der Verheißung der „Neuschöpfung" in Christus, stellt man die ähnlichen Sentenzen aus 1 Kor 7,19 (ἡ περιτομὴ οὐδέν ἐστιν καὶ ἡ ἀκροβυστία οὐδέν ἐστιν, ἀλλὰ τήρησις ἐντολῶν θεοῦ), Gal 5,6 (ἐν γὰρ Χριστῷ Ἰησοῦ οὔτε περιτομή τι ἰσχύει οὔτε ἀκροβυστία ἀλλὰ πίστις δι' ἀγάπης ἐνεργουμένη) und Gal 6,15 (οὔτε γὰρ περιτομή τί ἐστιν οὔτε ἀκροβυστία ἀλλὰ καινὴ κτίσις) zusammen.[38]

3. Interpretationen

Erkennbar ist, dass Bachmanns Thesen ihren Ausgangspunkt bei der in Gal 2 geschilderten galatischen Krise nehmen[39] und diese dann an den späteren Ausführungen des Römerbriefs und darin besonders in Röm 3,20.28 überprüft werden. Sein Erkenntnisweg geht also vom konkreten Problem hin zur grundsätzlichen Klärung, während Luther Röm 3,28 als Dreh- und Angelpunkt des christlichen Glaubens und der theologischen Anthropologie fasst, also von vornherein prinzipiell argumentiert und auch nicht von einer möglichen Entwicklung der Theologie des Paulus ausgeht. Beide entfalten ihr Verständnis paulinischer Rechtfertigungstheologie freilich aus einer Gesamtschau der paulinischen Belegstellen im Versuch einer kohärenten und konsistenten Systematik.

Im Rahmen dieses Beitrags steht im Folgenden *die Frage, was Paulus in Röm 3,28 (und Gal 2,16 u. ö.) mit „Werken des Gesetzes" bezeichnet und wie sich dazu das „Halten der Gebote" verhält, und damit das Kernthema von Michael Bachmanns Paulusdeutung, im Fokus. Dabei werden Luthers thetische Ausführungen zu Röm 3,28 sorgfältig nachgezeichnet und ins Licht von Bachmanns Deutung gerückt.*

3.1 Die Zweite Thesenreihe zu Röm 3,28 (1535) – Thesen 1 bis 34

Wie der Ausdruck „Werke des Gesetzes" in Röm 3,28 zu verstehen sei, wird zunächst ausführlich in Luthers *zweiter* Thesenreihe zur Disputation vom 11./ 14. September 1535 entfaltet.[40] Die Thesen 1 bis 34 setzen sich kritisch-ablehnend

---

[38] Vgl. nochmals BACHMANN, Rechtfertigung (s. Anm. 26), 22.

[39] Vgl. ein weiteres Mal BACHMANN, Paulusperspektive? (s. Anm. 3), 92 f. (Zitat s. o. S. 110).

[40] II. De lege/Über das Gesetz, in: Schilling, Studienausgabe (s. Anm. 1), 412–423 (Übersetzung: Hellmut Zschoch, s. Anm. 8). Die Thesenreihen 3 und 4 sind ausführlich und wegweisend behandelt worden von Gerhard EBELING, Lutherstudien III (s. Anm. 11): (1) Die Rechtfertigung vor Gott und den Menschen. Zum Aufbau der dritten Thesenreihe Luthers über Rm 3,28, a. a. O., 223–257, sowie (2) Sündenblindheit und Sündenerkenntnis als Schlüssel

mit der im Laufe der Theologiegeschichte des Öfteren geäußerten[41] Annahme auseinander, die Abweisung der „Werke des Gesetzes" für die Gerechtigkeit des Menschen bei Paulus beziehe sich auf das Kult- (*lex ceremonialis*) und nicht auf das Sittengesetz (*lex moralis*). Demgegenüber konstatiert These 4: „Paulus redet einfach und umfassend vom Gesetz (*Paulus loquitur de lege simpliciter et universaliter*), nämlich in erster Linie (*maxime*) vom Sittengesetz bzw. vom Dekalog (*de morali seu decalogo*)." Als entscheidender Quellenbeleg dafür wird Röm 7,7 mit der Zitation „Du sollst nicht begehren" aus dem Dekalog genannt (These 6).[42] Und wenn Paulus dekretiert, dass die ganze Welt vor Gott schuldig sei, weil aus Werken des Gesetzes kein Mensch gerechtfertigt werde (vgl. Röm 3,9.19 f.), dann könne er nicht das Zeremonialgesetz im Blick haben, das erst bei Mose beginne und allein die Juden betreffe (Thesen 7 u. 8); zudem dürfe man nicht von der Erwähnung der Beschneidung als Gegensatz zur Rechtfertigung aus Glauben[43] auf die Bezugnahme auf das Zeremonialgesetz schließen, da diese nach Joh 7,22[44] auf die Väter und nicht auf Mose zurückgehe und daher bedeutender als das mosaische Kultgesetz und ihm vorgeordnet sei (Thesen 10 u. 11).[45] Wer lehre, Paulus rede lediglich vom Zeremonialgesetz, nehme kurzerhand Christus mitsamt dem Evangelium aus der Welt und verführe dazu, dass wir uns selbst ohne Christus zu rechtfertigen versuchen durch *opera moralia seu decalogum* (Thesen 27 u. 28). Der Reformator geht dabei davon aus, dass es sich bei der kultischen Gesetzgebung um rein äußerliche, einfach zu haltende Gebote handelt, so dass er mit deutlichem Spott schlussfolgert, dann könne man gleich behaupten, Christus sei gestorben, damit man keine Ziegen mehr melken oder keine andere Hausarbeit mehr tun müsse (These 32). Den Bezug etwa der Essensvorschriften zum Heiligkeitsgesetz[46] stellt Luther dabei nicht her – weil dies sein Argument, es könnte mit „Werke des Gesetzes" gar nicht die so ge-

---

zum Rechtfertigungsverständnis. Zum Aufbau der vierten Thesenreihe Luthers über Rm 3,28, a. a. O., 258–310.

[41] Vgl. nur Bachmann, Paulusperspektive? (s. Anm. 3), 85 f. samt der dort in Anm. 47 f. angegebenen Literatur.

[42] Man könnte freilich auch Röm 2,21 f. mit der Nennung der Verbote des Stehlens, des Ehebrechens und der Verehrung von Fremdgöttern nennen.

[43] So etwa bei den Sentenzen 1 Kor 7,19; Gal 5,6; 6,15 oder in Phil 3,1 ff.; vgl. auch Röm 2,25–29.

[44] Zschoch überträgt versehentlich mit „Joh 5" (II. [s. Anm. 40], 413). Luther lässt unbeachtet, dass Joh 7,22 vor der oben genannten Präzisierung konstatiert, Μωϋσῆς δέδωκεν ὑμῖν τὴν περιτομήν, und im johanneischen Kontext die Argumentation mit dem Gesetz des *Mose* maßgeblich ist. Genannt werden könnte als Belegtext auch Röm 4,9b–12.

[45] Philo von Alexandrien stellt seiner Abhandlung über die Einzelgesetze als Ausführungsbestimmungen zu den grundlegenden Bestimmungen des Dekalogs eine Erörterung über die Beschneidung voran (spec. I,1–12).

[46] So ausdrücklich Lev 11,44 f.: „Ihr sollt heilig sein, denn ich bin heilig", zusätzlich mit der Verankerung im Exodusgeschehen. Vgl. Dtn 14,2 mit Bezug auf die Erwählung Israels als Gottes eigenes Volk. Vgl. Hermut Löhr, Speisenfrage und Tora im Judentum des Zweiten Tempels und im entstehenden Christentum, ZNW 94 (2003), 17–37.

nannte *lex ceremonialis* gemeint sein, rhetorisch schwächen würde? Sinnvoll sei die Assertio von Röm 3,28 nur, so bekräftigt Luther, wenn Paulus von der *lex moralis* spreche (These 34), die in These 47 auch als *vera lex* bezeichnet wird, und damit zugleich von deren ganzer Macht und Kraft (These 34).

Die Parallelsetzung von *lex moralis* und *decalogus* in Thesen 4 und 28 der zweiten Thesenreihe sowie die Charakterisierung, Paulus spreche *universaliter* vom Gesetz (These 4), überrascht freilich angesichts früherer Äußerungen Martin Luthers zum Dekalog und wäre im Rahmen einer Disputation zumindest erläuterungsbedürftig, hatte Luther doch schon Jahre zuvor 1525 dekretiert, mit der Zuordnung des Dekalogs zum moralischen Gesetz in Abgrenzung zum Ritualgesetz und weiteren Rechtsbestimmungen sei „eyn gemeyner alter unterschied" gegeben, der freilich auf „unverstand" beruhe (WA 18,76,23 f.). Wenden wir uns also zunächst, bevor wir den weiteren Ausführungen aus der 2. Disputationsreihe folgen, früheren Ausführungen Luthers zu den Zehn Geboten zu!

3.2 Frühere Überlegungen zur Bedeutung des mosaischen Gesetzes für Christen (1525)

In der homiletischen „*Unterrichtung, wie sich die Christen in Mosen sollen schicken*" *aus dem Jahr 1525* hatte sich Luther im Rahmen einer Predigtreihe über das Buch Exodus ausführlich und differenziert zum Dekalog ausgelassen. Kategorial sei die Unterscheidung von Gesetz und Evangelium: Während Gott durch ersteres gebietet und fordert, was wir tun sollen – „das thue, das lasse, das wil ich von dir haben" (WA 16,367,19 f.) –, empfangen wir bei letzterem, was Gott in Christus für uns getan hat – „er hat seinen son für dich ynns fleisch gesteckt, hat yhn umd deinet willen erwürgen lassen und dich von sunde, tod, Teuffel und helle errettet, das gleube und nym es an, so wirstu selig" (WA 16,367,23–26). Dieser Unterscheidung stellt Luther eine zweite zur Seite, die von Gottes weltlichem und seinem geistlichen Regiment, also dem, „das mit dem schwerd regirt und eusserlich gesehen wird", gegenüber dem, das „allein mit gnaden und vergebung der sunden [regirt]", welches man nicht mit leiblichen Augen sieht, vielmehr allein im Glauben ergreift (WA 16,371,18–22). Dem Volk Israel beziehungsweise den Juden käme ein Sonderstatus zwischen diesen beiden Reichen vor der Welt in ihrem äußerlichen Wesen zu, „halb geistlich und halb weltlich, das fasset die Jüden mit gepotten und eusserlichen Zeremonien, wie sie sich halten sollen gegen Gott und den Menschen" (WA 16,371,23–25). Dieses besondere Regiment Gottes werde sichtbar im mosaischen Gesetz und verpflichte allein das Volk Israel; „die heyden sind hie ausgeschlossen" (WA 16,371,26–29; vgl. 378,23: „Moses ist der Jüden Sachssenspiegel"). Die Gesetze, die die Nichtjuden mit den Juden gemeinsam haben – „das ein Gott sey, das man niemand beleydige, das man nicht ehebreche noch stele und der gleichen andere mehr" –, sei jenen vom Himmel gegeben, allen Menschen hingegen, Juden wie Nichtjuden, „natürlich ynns hertz geschrieben" (WA 16,372,20–23; vgl. 380,16–23) – eine Referenz zu Röm 2,14 f., von Luther in der philosophischen Tradition des Natürlichen Gesetzes interpretiert. Daraus folge für ihn als Christ: „Also halt ich nu die gepot, die Moses geben hat, nicht darümb, das sie Moses geboten hat, sondern das sie mir von natur eingepflanzt sind und Moses alhie gleich mit der natur ubereinstymmet" (WA 16,380,23–25). Der Text und Wortlaut des Gesetzes sei verbindlich allein für das Volk Israel und binde zumal „uns" Christen „forhyn nicht mehr" (WA 16,371,26–28). Das beziehe im Übrigen auch den Dekalog in seiner schriftlichen Fassung in Ex 20 und Dtn 5 mit ein, was sich bereits aus der Selbstvorstellung Gottes Ex 20,2; Dtn 5,6: „Ich bin der Herr, dein Gott, der dich aus Ägyptenland, aus der Knechtschaft geführt hat", deutlich zeige: „Aus dem Text haben wir klar, das uns auch die zehen gepot nicht angehen, denn er hat uns nye aus Egypten gefürt, sondern allein die Jüden" (WA 16,373,31–33). Die christlich maßgebliche Fassung der Zehn Gebote ist dann für Luther, *in Anwendung der* genannten *hermeneutischen Grundsätze der Unterscheidung erstens von Gesetz und Evangelium, zweitens von weltlichem und geistlichem Regiment Gottes und drittens von allein Israel vom Himmel gegebenem Text und allen Menschen ins Herz geschriebener Weisung Gottes*, eine, die alle auf Israel bzw. das jüdische Volk bezogenen Spezifika und solche, die nach Luthers Auffassung vom Evangelium aufgehoben wurden, tilgt, wie es 1528 zunächst im Großen und dann auch im Kleinen Katechismus konsequent durchgeführt ist.[47] Freilich ist Luther nicht daran gelegen, das Alte Testament aus der christlichen Lehre und Praxis zu eliminieren, wie die Bewe-

---

[47] Vgl. Die Bekenntnisschriften der evangelisch-lutherischen Kirche, hg. im Gedenkjahr der Augsburgischen Konfession 1930, Göttingen [11]1992, 507–510 (Dekalog im Kleinen Katechismus) und 560–645 (Dekalog im Großen Katechismus). Man könnte dies, wenn es rhetorisch nicht mit robuster Verächtlichkeit vorgebracht wäre, aus heutiger Sicht durchaus als Maßnahme würdigen, unangemessene kulturelle Aneignung zu verhindern, gerade auch, weil Luther sich stets an die Heilige Schrift aus Altem und Neuem Testament rückbindet. Eindeutig antijüdisch wird Luthers Theologie wohl erst an dem Punkt, wo er die Verheißungsgeschichte Gottes mit dem jüdischen Volk bei Jesus Christus enden lässt, dies mit Verweis auf 2 Sam 23,5 f. untermauert (Wider die Sabbather, WA 50,317,23–28) und von Jer 23,7 f. her das Festhalten des Judentums an der mosaischen Tora als heilgeschichtlichen Anachronismus deutet, da die in Jer 23,7 f. verheißene neue Heilstat Gottes in Jesus Christus geschehen und damit das Judentum als solches obsolet geworden sei (Wider die Sabbather, WA 50,334,2–20; s. u. Abschnitt 3.3. und Anm. 52). Freilich muss man aus der Perspektive einer Theologie nach der Schoa und angesichts des insbesondere mit dem Neutestamentler Walter Grundmann verbundenen, 1939 in Jena gegründeten sog. „Entjudungsinstituts", das sich auf die Fahnen schrieb, über eine entjudete Fassung des Neuen Testaments namens „Die Botschaft Gottes" (hg.v. Institut zur Erforschung des jüdischen Einflusses auf das deutsche kirchliche Leben, Weimar 1940, V–VIII) das Werk Luthers zu vollenden, auch bei Luther von einem Prozess der Entjudung sprechen; vgl. KLAUS HOLZ/THOMAS HAURY, Antisemitismus gegen Israel, Hamburg 2021, 261: „Die christliche Theologie spaltete das Judentum in Anteile, die es entjudet zum Christlichen, und Anteile, die es antijüdisch zum Jüdischen erklärte" (im Kapitel „Christen für und wider Israel", a. a. O., 257 ff.) sowie die Definition von Antijudaismus im Sinne

gung der Antinomer dies tut. Gegen diese argumentiert der Reformator, Mose bleibe Lehrer auch der Christen, wenngleich nicht ihr Gesetzgeber, jedenfalls letzteres nicht, sofern er nicht „gleich stymme mit dem neuen Testament und dem natürlichen gesetze" (WA 16,374,20–22).

Die ikonoklastische Bewegung um Andreas Karlstadt, von Luther „Schwermgeister" genannt, die mit Hinweis auf das zweite Dekaloggebot Gottvater-, Christus- und Heiligendarstellungen abschaffen möchte, versäume solche maßgeblichen Unterscheidungen, wenn sie versuche, „nach dem buchstaben des gesetzes Mose das volck [zu] regiren" (WA 16,372,29 f.; vgl. 378,32 und 379,19–25). Das hieße, „Mosen zum meister und gesetzgeber" anzunehmen, was wiederum zur Folge habe, sich auch beschneiden lassen und die Kleider-, Reinheits- und Speisevorschriften befolgen zu müssen (WA 16, 373,23–26). Dies aber sei nach dem Kommen des Christus ein Anachronismus, denn „Moses ist tod, sein regiment ist aus gewesen, da Christus kam, er dienet weiter hieher nicht" (WA 16,373,27 f.). Karlstadts bilderstürmerische Bewegung führe zu einem schwerwiegenden Schritt von der Freiheit in Christus weg, denn „[w]enn ich Mosen anneme ynn eim stueck (spricht Paulus zun Galatern) so bin ich schüldig das gantze gesetz zu halten" (WA 16,375,27–29; vgl. WA 18,77,28–30 [s. u.]: „Wer eyn gesetz Mosi als Moses gesetz hellt odder zu hallten noettig macht, der mus sie alle halten als nöttig, wie S. Paulus Gal. 5 schleust"). Diese Paraphrase Luthers von Gal 5,3 („Jeder, der sich beschneiden lässt, ist das ganze Gesetz zu tun schuldig") stellt nun aber eine nicht unerhebliche Akzentverschiebung dar, geht es in Gal 5,3 doch um die Beschneidung als das Bundes- und Erkennungszeichen von Gottes erwähltem Volk, das auf das Halten der gesamten Tora in allen ihren Einzelbestimmungen verpflichtet, während Luther aus der Orientierung Karlstadts an der Tora in Hinsicht auf das Bilderverbot die Verpflichtung folgert, sich auch an sämtliche andere rituelle Bestimmungen oder, wie er es in anderem Zusammenhang nennt, „eusserliche werck" (WA 18,64,18 u. ö.) zu halten. In der Sache freilich kann Luther sich durchaus auf die in Gal 3,15–22 dargelegte heilsgeschichtliche Beschränkung der Gültigkeit der mosaischen Gesetzgebung berufen. Und wenn er betont, „Ich bin kein Jüde, las mich unverworren mit Mose" (WA 16,375,27; vgl. WA 18,76,8: „durch Mosen aus uns Juden machen"; WA 18,77,26 f.: „Er würd uns warlich aller dinge zu Juden machen, das wyr uns auch beschneytten müsten"; WA 18,70,37 f.: „Mich wundert aber disser Jüdischen heyligen, die so steyff am gesetz Mosi hangen und wider die bilde toben"), ist erkennbar, dass es ihm nicht allein um die Verbindlichkeit der Israel-spezifischen Bestimmungen bzw. des schriftlich niedergelegten Wortlauts der Tora auch für Christ:innen geht, sondern letztlich um korporale Zugehörigkeit zum Volk Israel bzw. zum jüdischen Volk. Zugleich ist „jüdisch" für Luther

---

„alle[r] Ausprägungen der Judenfeindschaft, die als Negativität christlicher Selbstbilder entworfen werden" (a. a. O., 259).

erkennbar kein rein deskriptiver Begriff, bei dem es allein um Zugehörigkeit oder Nichtzugehörigkeit ginge; vielmehr ist „Jude" bzw. „Jüdisch Sein" bei ihm pejorativ belegt als das stets Andere, als das, was das Christliche gerade nicht *mehr* ist und hinter sich gelassen zu haben meint.

Seine Überzeugung in Hinsicht auf die von Karlstadt behauptete Verbindlichkeit des Dekalogs in seiner biblischen Fassung wird von Luther außerdem in der Streitschrift „*Wider die himmlischen Propheten*" von 1525 traktiert. Die Position, bei dem durch Christus abgetanen mosaischen Gesetz handle es sich lediglich um das den äußerlichen Gottesdienst und die öffentliche Gerichtsbarkeit betreffende Zeremonialgesetz (WA 18,76,18–21: „von den ceremonien und iudicialibus, das ist was von eusserlichem Gotts dienst und von eusserlichem regiment Moses leret"), hält Luther für falsch, da grundsätzlich alle anderen Gebote, ja, „der gantze Mose" aus dem Dekalog flössen und an ihm hingen (WA 18,76,24 f.).[48] Außerdem, so Luther, beinhalteten die Zehn Gebote selbst auch äußerliche Zeremonien, beispielsweise im Sabbatgebot und beim Bilderverbot, und das Elterngebot und die Verbote von Ehebruch, Mord, Diebstahl und Falschaussage bezögen sich offenkundig auf die äußerliche Gesetzgebung (WA 18,76,28–77,6).[49] Die Zeremonialgesetze, im Rahmen des Dekalogs Bilderverbot und Sabbatgebot, seien zeitlich beschränkt gegeben worden und durch das Neue Testament explizit aufgehoben (WA 18,77,7 ff. mit Bezugnahme auf Kol 2,16 f. und Gal 4,10 f. zum Sabbatgebot; WA 18,78,12 ff. mit Bezugnahme auf 1 Kor 8,4 zum Bilderverbot[50] und 1 Kor 7,19 zur Beschneidung), was wiederum in Jes 66,23 für das Eschaton verheißen sei (WA 18,77,18–20) und also nicht allein Nichtjuden, sondern auch das jüdische Volk betrifft. Und bezüglich der anderen genannten Gebote und Verbote sei festzuhalten, dass sie nicht auf das mosaische Gesetz beschränkt seien, sondern auch „eyn naturlich gesetze" darstellten (WA 18,80,18 f.). „Wo nu Moses gesetz und natur gesetze eyn ding sind,

---

[48] Damit könnte Luther, was er freilich selbst nicht tut, auf Philo von Alexandrien als jüdischen Gewährsmann rekurrieren, der die Interpretation der Einzelgesetze der Tora den Dekaloggeboten als quasi Ausführungsbestimmungen jeweils zuordnet, weil den Spezialgesetzen die im Dekalog zur Sprache kommenden „allgemeinen Gesetze" zugrunde lägen (spec. I,1).

[49] In Thesen 4 u. 28 (*morali seu decalogo*) der 2. Disputation aus dem September 1535 hält Luther, wie gesehen, diese Differenzierung freilich nicht durch.

[50] Das Bilderverbot ist nach Luther Teil des Fremdgötterverbots, WA 18,78,12–79,7 (WA 18,78,12: „die bilderey ym ersten gebot"). In 1 Kor 8,4 lehre Paulus, Bilder seien einerlei und daher auch nicht mehr verboten, entscheidend sei, ob „du sie anbetest odder trawest auff sie". In der Argumentation von 1 Kor 8 spreche der Völkerapostel „alle disse drey stuck frey [...] Nemlich die götzen, das götzen haus und götzen speise, welche doch alle drey ym ersten gepot, und die draus folgen, hoch verbotten sind", woraus folge, dass das Bilderverbot innerhalb des ersten Gebots „eyne zeyttliche cerimonia" sei, „ym newen testament auff gehaben [sic]". Zur historisch-kritischen Erschließung der Argumentationszusammenhänge in 1 Kor 8; 10 vgl. Johannes WOYKE, Götter, ‚Götzen', Götterbilder. Aspekte einer paulinischen ‚Theologie der Religionen' (BZNW 132), Berlin/New York 2005, 158–214 (zu 1 Kor 8,4–6.7).215–257 (zu 1 Kor 10,19–20).

da bleybt das gesetze und wird nicht auffgehaben [sic] eusserlich", es sei denn geistlich durch den Glauben, „wilchs ist nicht anders denn das gesetz erfullen" (Röm 3,31; WA 18,81,4–6). Alles, was in der Tora über das natürliche Gesetz hinausgehe, sei „alleyne dem Judischen volck ynn sonderheyt gegeben" (WA 18,81,9 f.). Die biblischen Zehn Gebote seien freilich auch für Christen gut zu lehren und zu halten, weil „die naturlichen gesetze nyrgent so feyn, und ordenlich sind verfasset als ynn Mose" (WA 18,81,18–20). Luthers diesbezügliche Logik lässt sich gut an seinem Umgang mit dem dekalogischen Sabbatgebot nachzeichnen (WA 18,81,26–82,6): Schon die Natur lehre, dass „mensch und vieh" zuweilen einen Tag ruhen sollen, um sich von der Arbeit auszuruhen und für die Arbeit zu regenerieren. Nicht nur Christus, sondern bereits Mose habe für das Gebot natürliche Gründe angeführt und in die Entscheidungsverantwortung des Menschen gestellt; „wer der ruge [d.i. Ruhe] nicht bedarff, mag den sabbath brechen und auff eynen andern tag dafur rugen, wie die natur gibt". Freilich diene der Sabbat oder Sonntag auch dazu, „das man predige und Gotts wort höre". Eine gewisse Verbindlichkeit ist damit gegeben, ein Beharren auf einem speziellen Tag und auf der Unbedingtheit des Haltens des Ruhetags hingegen ausgeschlossen.

3.3 Spätere Ausführungen zur Relevanz des mosaischen Gesetzes für Christen (1538)

Sein differenziertes theologisches Verständnis des Dekalogs entwickelt Luther 1525 in Auseinandersetzung mit der Position Andreas Karlstadts anlässlich dessen Forderung, Darstellungen von Gott, Christus, Maria und Heiligen in Kirchen und an öffentlich zugänglichen Plätzen zu zerstören und zu verbieten. 13 Jahre später und damit zeitlich in unmittelbarer Nähe zur Veröffentlichung der Sammelausgabe aller fünf Thesenreihen zu Röm 3,28 ist es eine andere Frontstellung, die den Reformator erneut die Frage nach der bleibenden Relevanz der mosaischen Gesetzgebung und des Dekalogs traktieren lässt: der Bericht aus Böhmen und Mähren, dass „die Jüden mit jrem geschmeis [d.i. Gift] und lere [...] etliche Christen schon verfüret haben, das sie sich beschneiten lassen und gleuben, das Messias oder Christus noch nicht komen sey, Und der Jüden gesetze müsse ewiglich bleiben, dazu von allen Heiden angenomen werden" (Wider die Sabbather, WA 50,312,9–12), was sich insbesondere an der Übernahme des siebten Wochentags als verordnetem Ruhetag auch in christlichen Gemeinden manifestiere. Hinsichtlich der Behauptung, das mosaische Gesetz solle ewig bestehen, sei zunächst auf das geschichtliche Faktum hinzuweisen, dass es seit 1500 Jahren weder Priestertum noch Tempel noch Opferkult noch ein davidisches Fürstentum gebe, „was heisst das gesetz auffhören" (WA 50,323,20–22). Mit kaum verholenem Hohn wird daher den reformatorischen Gemeinden in den betroffenen Ländern geraten, den dortigen Juden zu sagen, diese mögen erst einmal selbst Juden werden und das Mosaische Gesetz halten; „[d]enn sie sind nicht mehr Jüden, weil jr gesetze nicht halten", eben nicht halten können, weil es am verheißenen Land, am Tempel, am Fürsten und dergleichen mangle (WA 50,323,26–28). „So lasst sie noch hinfaren jns land und gen Jerusalem, Tempel bawen, Priesterthum, Fürstenthum und Mosen mit seinem gesetze auffrichten und also sie selbs widerumb Jüden werden und das Land besitzen" (WA 50,323,36–324,2). Es sei nicht allein damit getan, dass Juden die Beschneidung praktizierten und „etlich fissche und fleisch nicht essen" und anderes mehr, denn die Juden seien schuldig, das vollständige mosaische Gesetz zu halten; „[d]enn wer Moses gesetz halten will, der mus es gantz halten" (WA 50,326,16–23) – eine ähnliche Formulierung wie Luther sie zuvor als Paraphrase von Gal 5,3 verwendet hatte (s.o. WA 16,375,27–29; WA 18,77,28–30). Grundsätzlich sei freilich zu betonen, dass demgegenüber den Nichtjuden „solch gesetz Mosi nie gegeben, befolhen noch auffgelegt" sei (WA 50,324,17f.). Überdies gehöre die Beschneidung nicht zum mosaischen Gesetz, weil diese Verordnung bereits Abraham gegeben worden sei (WA 50,327,16–19 mit Verweis auf Joh 7,23[51]) und bei Mose eine völlig untergeordnete Rolle spiele (WA 50,328,29–33). Diese Argumentation spitzt Luther in Hinsicht auf den Dekalog noch weiter zu. Wenn man die Zehn Gebote als Moses Gesetz bezeichne, dann sei „Moses viel zu langsam komen […], weil die Zehen gebot nicht allein vor Mose, sondern auch vor Abraham und allen Patriarchen auch uber die gantze welt gegangen" seien (WA 50,330,28–34). Gott selbst habe sie „jnn aller menschen hertzen mit der schepffung ein gepflanzt", dem auserwählten, jüdischen Volk darüber hinaus noch „mündlich" gegeben (WA 50,331,13–16). Als „Gesetz des Mose" seien also allein die auf das Volk Israel beschränkten *spezifica et differentia* zu bezeichnen und damit die das Opferwesen, Essenstabus und Reinheitsriten sowie das verheißene Land betreffenden Ordnungen. Im Dekalog, der darum genau genommen nicht zum Mose-Gesetz zu zählen sei, seien die Israel betreffenden Besonderheiten offensichtlich, während die „eigentliche meinung" (WA 50,332,26) der Zehn Gebote, die alle Menschen beträfen, leicht herauszufinden sei. Analog zu Gottes besonderen Anweisungen für das jüdische Volk seien bei allen anderen Menschen und Völkern „ein iglich Land und Haus schüldig seines Fürsten und Hausherrn ordenung zu halten" (WA 50,332,17–20). Beim Sabbatgebot gehe es eigentlich darum, einen Tag in der Woche dafür vorzubehalten, Gottes Wort zu lehren, zu predigen und zu hören; dass dies am 7. Tag der Woche zu geschehen habe, sei „ein zeitlicher zusatz und schmuck, allein auff dies volck, so aus Egypten gefurt ist, gestellet" (WA 50,333,6–14). Die mit dem Elterngebot verbundene, allein dem jüdischen Volk gegebene Verheißung, lange im verheißenen Land zu leben, interpretiert Luther heils- bzw. genauer: unheilsgeschichtlich angesichts der zu seiner Zeit

---

[51] Bei Luther fälschlich „Johannis am Fünfften Capitel".

bereits über 1400 Jahre währenden Zerstreuung der Juden unter alle Völker. Die andauernde Diaspora sei begründet im hartnäckigen Ungehorsam gegenüber den Vätern und Propheten, die den Messias „verkündigt, und geweissagt und an zunemen befolhen und geboten haben" (WA 50,335,11–14).[52] In Hinsicht auf die Konkretionen des Begehrensverbots schließlich – Luther spricht vom „Neunden und Zehenden gebot", offenkundig weil er das Bilderverbot als dem Fremd-

---

[52] Vgl. am Ende der Schrift WA 50,336,15–20: „So ist offenbar, das er sie verlassen hat, und nicht mehr Gottes volck sein mügen und der rechte Herr Messias müsse vor Funffzehenhundert jaren komen sein. Was kann doch hie die Sunde jmer mehr sein fur solch grewliche plage und still schweigen Gottes, denn das sie den rechten samen Abraham und Davids, den lieben Herrn Messiam, nicht angenomen haben und noch nicht annemen". Zuvor hatte Luther bereits infam unterstellt, mit ihrer Theologie vom ewigen Bestand des mosaischen Gesetzes wollten die Juden Gott zum Lügner machen, und man müsse „bedencken, wem wir billicher sollen gleuben, dem trewen, warhafftigen Gott odder den falschen, verlogenen Jüden" (WA 50,330,5 f.). Entsprechend beruft sich der Tübinger Kirchengeschichtler Erich VOGELSANG, Luthers Kampf gegen die Juden (Sammlung gemeinverständlicher Vorträge 168), Tübingen 1933, 34 auf den Antijudaismus Luthers als durch „die sachliche Strenge" seiner theologischen Entscheidungen begründet und „in keiner Weise durch persönliche Leidenschaft getrübt"; daher gelte für die sich auf Luther berufende Kirche „nur Anerkenntnis des gänzlich verschiedenen Wesensgrundes der Synagoge, Scheidung der Geister und entschiedener Abwehrkampf gegenüber der inneren Zersetzung durch jüdische Art, gegenüber allem ,Judaisieren' und ,Judenzen'". Natürlich wird dabei betont, man werde „[e]iner vom Religiösen losgelösten, rein völkischen oder rein rassischen Betrachtungsweise [...] bei Luther nicht begegnen. Auch die Judenfrage ist für ihn niemals nur eine Rassenfrage" – aber eben doch auch! –; „Anfang und Ende seiner Gedanken ist Christus" (a. a. O., 32). Dies wiederum führt ohne große Umwege zu einer Position, wie sie etwa bei Walter KÜNNETH, Antwort auf den „Mythus". Die Entscheidung zwischen dem nordischen Mythus und dem biblischen Christus, Berlin ⁴1936, 68 f. (Hervorhebung im Original) ihren Ausdruck findet, was an dieser Stelle, wenngleich mit Widerwillen, aus dokumentarischen Gründen zitiert werden muss: „Das Volk Israel geht mit der Verwerfung des Jesus von Nazareth als irdisches geschlossenes Volkstum, das in einem bestimmten geographischen Lebensraum seine Heimat und das eine bestimmte politisch-national-kulturelle Sendung hat, ähnlich anderen Völkern, zugrunde. *Am Kreuze Jesu zerbricht das Volk als Volk, ist seine Volksgeschichte zu Ende*, es beginnt die Zeit der Zerstreuung, der ruhelosen Fremdlingschaft, es wird zum ,Volk des Fluches' für alle andern Völker. [...] Der Fluch heißt: du darfst und kannst nicht mehr ein Volk, auf einem Heimatboden verwurzelt, sein, du wirst in allen Nationen das zersetzende und gehaßte Element werden, Gott hat dich verworfen, weil du den Christus verstoßen hast. Das Kreuz Jesu wird zum Schicksal des Volkes Israel, weil es als ,Gottesvolk' erwählt, einen besonderen Heilsauftrag von Gott empfangen hatte, der in dem Christus-Messias zur Erfüllung kam. Das Volk Israel war ja Volk nicht wie andere Völker allein auf Grund gemeinsamen Blutes und gemeinsamer Geschichte, sondern primär auf Grund seiner einzigartigen Gottesbeziehung. In dem Augenblick, in dem sich aber das Volk endgültig von Gott löst, indem es den ,Gottessohn' ans Kreuz schlägt, beginnt der innere Zusammenbruch des jüdischen Volkes, geht ein unaufhörlicher Auflösungsprozeß an, der sich furchtbar bis zum heutigen Tage in aller Welt auswirkt. Das Volk des Heils wird zum Volk des Fluches, das Volk Gottes zum Keimträger der Völkervergiftung." Zur Frage des Antijudaismus bei Luther insgesamt vgl. bes. Andreas PANGRITZ, Theologie und Antisemitismus. Das Beispiel Martin Luthers, Frankfurt a. M. u. a. 2017. Bezeichnend ist, dass in einem zur Zeit der Weimarer Republik veröffentlichten Heftchen von Alfred FALB, Luther und Marcion gegen das Alte Testament, Leipzig 1923,26 f. die hier besprochenen Passagen Luthers zu den Zehn Geboten angeführt werden und Luther Inkonsequenz unterstellt wird.

götterverbot zugehörig und dort als vollständig israelspezifisch versteht und es entsprechend in seinen Ausführungen wie auch in seinen Katechismen übergeht – versteigt sich Luther zu der Aussage, „die tück und rencke, einem sein Weib und Haus auszuspannen", sei, wie Mal 2,14 ff. belege, anders als bei den „Heiden" „bey den Jüden ein grosser mutwil" (WA 50,335,15–20).[53] Während man den früheren Verweis darauf, dass Gott dem Volk Israel seine Zehn Gebote zusätzlich mündlich vom Himmel hat zukommen lassen, noch als Erweis einer Vorzugsstellung des auserwählten Volks deuten könnte, wird hier von Luther eine moralische Minderwertigkeit der Juden gegenüber den nichtjüdischen Völkern insinuiert. Inwiefern sich angesichts dessen die 1525 geäußerte Betonung halten lässt, die Zehn Gebote der biblischen Fassung seien freilich auch für Christen gut zu lehren und zu halten, weil „die naturlichen gesetze nyrgent so feyn, und ordenlich sind verfasset als ynn Mose" (WA 18,81,18–20, s. o.), wäre in Hinsicht auf Entwicklungen in Luthers theologischer Bewertung des Judentums zu klären.[54] Jedenfalls seien all solche auf das Volk Israel gezielten und beschränkten Verordnungen und Gebote, die das ausmachen, was eigentlich als „Gesetz des Mose" zu bezeichnen ist, nicht ewig, sondern zeitlich durch das Kommen des Messias beschränkt und aufgehoben[55], und zwar auch für das jüdische Volk. Es bleibe „allein das gesetz der Zehen gebot, so vor Mose

---

[53] Vgl. auch die nach heutigem Verständnis rassistisch-antisemitische, weil an einer gemutmaßten typisch jüdischen Veranlagung orientierte, Verunglimpfung, dass „die Jüden gerne schlipffern und fladdern von einem auffs ander, wenn sie fülen, das sie getroffen werden" (WA 50,316,1–3).

[54] Im Jahr der 5. Thesenreihe Luthers zu Röm 3,28, 1537, ließen die sog. Antinomer Thesen verbreiten, dass Buße (*poenitentia*) „nicht aus dem Dekalog oder aus irgendeinem Gesetz des Mose zu lehren" sei, „sondern durch das Evangelium", nämlich „aus der Verletzung des Sohnes" (These 1 der Antinomer, Jens Wolff [Übers.], Thesen für die erste Disputation gegen die Antinomer 1537, in: Schilling, Studienausgabe [s. Anm. 1], 447–459, hier 448 f.). Es sei mithin „nicht notwendig, dass das Gesetz des Mose gelehrt wird, weder für den Anfang, noch für die Mitte, noch für das Ziel der Rechtfertigung" (ebd., These 9 der Antinomer). Abgelehnt wird die Lehre der Visitatoren, der Dekalog sei auf den Befehl Christi hin zu lehren (*docendus est Decalogus*, a. a. O., 452 f.); der Dekalog gehöre zwar „auff das Ratthaus", nicht aber „auff den Predigtstuel" (ebd.). Wenn Luther demgegenüber in seiner ersten Disputation *contra quosdam antinomos* von 1537 betont (a. a. O., 454–459), der erste Teil der Buße sei der Schmerz über die Sünde (*dolor de peccato*, These 1), der nichts anderes sei als die Empfindung bzw. das Spüren des Gesetzes im Herzen bzw. im Gewissen (*tactus seu sensus legis in corde seu consciencia*, These 2), und Sünde sei das, was gegen das moralische Gesetz ist (*quod contra moralem legem*, These 14), wie es sich auf den Gebotstafeln des Dekalogs festmache (vgl. These 15), so liegt dem das oben herausgearbeitete Verständnis Luthers eines von Gott allen Menschen ins Herz gelegten, „natürlichen Gesetzes" zugrunde, das im Dekalog seinen konzentriertesten Ausdruck findet – freilich im um das spezifisch Israel Betreffende reduziert und also in dem Dekalog nach Luthers Katechismusfassung. Vgl. dazu auch Volker STOLLE, Nomos zwischen Tora und Lex. Der paulinische Gesetzesbegriff und seine Interpretation durch Luther in der zweiten Disputation gegen die Antinomer vom 12. Januar 1538, in: Bachmann/Woyke, Paulusperspektive (s. Anm. 28), 41–67.

[55] Luther bemüht für diese Sicht zum einen die Gegenüberstellung von Altem und Neuem Bund aus Jer 31,31–34 (WA 50,329,20–330,4) und zum andern die Ablösung des Schwurs auf den

von anfang der welt und unter allen Heiden gewest ist" (WA 50,334,21 f.) – wobei nochmals zu betonen ist, dass sich diese bleibende Verbindlichkeit für Luther nicht auf die biblische, sondern auf seine Katechismusfassung des Dekalogs bezieht.

3.4 Zwischenresümee

Ziehen wir ein Zwischenresümee! Wenn der Reformator in der 2. Thesenreihe von 1535 *lex moralis* und *decalogus* gleichstellt und diesbezüglich von *lex vere* sowie *lex simpliciter et universaliter* spricht, geht er beim „Dekalog" offenkundig nicht von der biblischen, Israel zugeeigneten Version aus, sondern von seiner Katechismusfassung als der, die den allen Menschen nach seiner Lesart von Röm 2,14 f. von Anbeginn an ins Herz eingeschriebenen Willen Gottes repräsentiert. Von der Sache her zeigen sich durchaus Analogien der von Michael Bachmann und anderen Vertreter:innen der Neuen Paulusperspektive propagierten Unterscheidung von „Werken des Gesetzes" einerseits und „Geboten Gottes" andererseits mit dem, was Luther in den besprochenen Texten „Gesetz des Mose" auf der einen Seite und „Dekalog" im beschriebenen qualifizierten Sinne eines von Gott allen Menschen eingeschriebenen natürlichen Gesetzes auf der anderen nennt. Einigkeit besteht jedenfalls darin, dass jeweils Letzteres auch für Christ:innen weiterhin maßgeblich ist, während Ersteres dem jüdischen Volk vorbehalten bleibt.[56] So wird man jedenfalls auch von Luthers Ausführungen her auf jeden Fall im oben erwähnten Disput von Mogens Müller und Michael Bachmann mit Friedrich Beißer den beiden Neutestamentlern Recht geben müssen, man könne von Paulus her „wohl schwerlich (und jedenfalls nicht einfach) sagen: „Es ‚ist Christus das Ende des Gesetzes, des Dekalogs und des Liebesgebots'."[57] Darüber hinaus lassen sich durchaus strukturelle Ähnlichkeiten zwischen der von Luther behandelten Situation gegenüber den christlichen „Sabbathern" – abgeschwächt auch in Hinsicht auf die Bilderstürmer unter Führung Andreas Bodensteins – und dem Anlass der paulinischen Ausführungen in Gal 2 und Phil 3 erkennen, so dass in beiden Fällen wohl von Paulus her geurteilt werden kann: „Non-Jewish Christian believers are required to affiliate themselves with Judaism. [...] [T]hey do not need to adapt for themselves Jewish identity and

---

Gott, der sein Volk aus Ägypten, aus der Knechtschaft geführt hat, durch den auf die künftige Sammlung Israels zum Gewächs Davids bezogenen Schwur aus Jer 23,5–8 (WA 50,334,1–11).

[56] Gegenüber Luthers Theorie der Gottverlassenheit des jüdischen Volkes freilich (s. o. Anm. 52) wird man christlich-theologisch dringend von der bleibenden Erwählung Israels als dem von Gott einst aus der Knechtschaft in Ägypten heraufgeführten Gottesvolk sprechen müssen, das seine Aussonderung als heiliges Volk des heiligen Gottes unter anderem an der Beachtung der Speisevorschriften (vgl. Lev 11; Dtn 14) sichtbar werden lässt. Vgl. u. a. den Band Edna Brocke/Jürgen Seim (Hg.), Gottes Augapfel. Beiträge zur Erneuerung des Verhältnisses von Christen und Juden, Neukirchen-Vluyn 1986.

[57] So BACHMANN, Christus (s. Anm. 35), 183 f. mit Zitierung von BEISSER, Ende (s. Anm. 34), 54. Zur Kontroverse s. o. bei Anm. 33–35.

boundary characteristics. They should join the ‚community of salvation‘ as Gentiles, non-Jews, and also should be permitted to belong to it permanently as such."[58] Bei Bachmann freilich – und dies sei, um jegliches diesbezügliche Missverständnis zu vermeiden, in aller Deutlichkeit betont – ist damit gerade nicht wie bei Luther das Postulat der Ablösung des Dekalogs bzw. des Liebesgebots von seinem Ursprung in der Offenbarung an Israel verbunden, was letztlich die Grundlage von dessen Sicht der Substitution Israels als Gottes Verheißungsträger durch die Kirche aus den nichtjüdischen Völkern bildet.

Der entscheidende exegetische Unterschied dürfte darin bestehen, dass Luther diese Position aus Röm 2,14 f. als paulinischem Schlüsseltext für die Anforderungen seiner Gegenwart entwickelt, während Bachmann sie als Ergebnis philologischer und historischer Exegese der Formel aus Gal 2,16; 3,2 und Röm 3,20.28 bestimmt. Statt die Bezogenheit der Rechtfertigungsformel auf die Beschneidungsthematik nun konstruktiv zur Frage, was mit „Werke des Gesetzes" gemeint ist, auszuwerten, begnügt sich Luther mit dem Hinweis, dass Beschneidung und Gesetz des Mose, verstanden als Zeremonial- und Judizialgesetz, nichts miteinander zu tun hätten. Dies ist exegetisch gesehen insofern problematisch, als Luther in der paraphrasierenden Vergegenwärtigung von Gal 5,3 für den Umgang mit den Bilderstürmern und den Sabbathern, wie beschrieben, eine deutliche Akzentverschiebung vornimmt und die von Paulus angeführte Beschneidung ersetzt durch den Faktor eines beliebigen Gebots aus der Fülle der mosaischen Gesetzgebung. Letztlich wird man sagen müssen, dass aus Sicht des Reformators das, was er als „Gesetz des Mose" versteht, reine Äußerlichkeiten sind. Die theologische Tiefendimension, dass es hier um die heilvolle Gegenwart des heiligen Gottes unter seinem erwählten Volk geht, das zur Heiligkeit und Reinheit und zur Absonderung von den Völkern aufgerufen ist, was etwa in der Beachtung von Speisetabus sichtbar wird (vgl. Lev 11; Dtn 14), bleibt unbeachtet. Entsprechend kann Luther in seiner 2. Thesenreihe von 1535 „Kraft und Macht (*vis et potentia*) […] zu töten bzw. zu zeigen, dass die Sünde mit dem ewigen Tod bestraft werden muss" (These 36), nur dem, was er „moralisches Gesetz oder Dekalog" nennt, zusprechen (s. u.).

Luthers Argumentation steht und fällt im Übrigen mit seiner Auslegung von Röm 2,14 f. als allen Menschen, insbesondere den nichtjüdischen Völkern trotz ihrer verdorbenen Natur (*gentes in natura corrupta*) eingeschriebenes natürliches Gesetz, worauf er auch in der 1. Thesenreihe von 1535 zu sprechen kommt (These 55), um kontrastiv überbietend herauszustellen, um wieviel mehr „Paulus oder ein vollkommener Christ, erfüllt vom Geist (*perfectus Christianus plenus spiritu*), einen Dekalog aufstellen und über alles ganz richtig urteilen" könne (These 56). Diese neuen Dekaloge[59] seien „vortrefflicher als der Dekalog des

---

[58] BACHMANN, Anti-Judaic Moment (s. Anm. 4), 40.

[59] Folker SIEGERT, Luther und das Recht. Mit einem Beitrag von Frieder Lötzsch (Studien-

Mose, wie auch das Antlitz Christi strahlender leuchtet als das Angesicht des
Mose", so These 54 in Anspielung auf 2 Kor 3,6–18. Sicherlich steht hier bei
Luther auch die Auslegung von Jer 31,31–34 im Hintergrund, dass es dort nicht
heiße, „der alte Bund soll vernewert [d.i. erneuert] werden, Sondern, Es solle
nicht der selbe Bund sein [...] Er sols nicht sein, Sondern ein ander und newer
Bund sols sein" (Wider die Sabbather, WA 50,329,31–34). Dass aus dem Evangelium materialiter „neue Dekaloge", neue Gebote entstehen sollten, bedeutet
wiederum eine eigenwillige Akzentverschiebung sowohl des paulinischen Ar-
gumentationszusammenhangs in 2 Kor 3, der den zur Verurteilung führenden
Dienst dem zur Gerechtigkeit führenden gegenüberstellt, als auch von Jer 31, bei
dem die entscheidende Veränderung des neuen gegenüber dem alten Bund darin
besteht, dass die Weisung Gottes unmittelbar ins Herz geschrieben sein wird.
So ist für Paulus das Toragebot der Nächstenliebe Lev 19,18 der Kern der Gebote der zweiten Tafel des Dekalogs und damit wiederum die Erfüllung des gesamten Gesetzes (Röm 13,8–10; vgl. Gal 5,14). Und der entscheidende Unterschied
für die an Christus Glaubenden ist, dass solche Liebe als eine Auswirkung dieses Glaubens verstanden wird (Gal 5,6) und aus der durch den Heiligen Geist ins
Leben der Glaubenden eingegossenen Liebe Gottes fließt (vgl. Röm 5,8) – kurz:
dass sich im Halten der Gebote (1 Kor 7,19) Neuschöpfung manifestiert (Gal 6,15;
vgl. 2 Kor 5,17); dass Reinigung, Heiligung, Rechtfertigung „durch den Namen
des Herrn Jesus Christus und durch den Geist unsres Gottes" (1 Kor 6,11) wirksam geschieht und eben nicht durch die Verpflichtung auf die Gottes Heiligkeit
und Erwählung seines Volkes symbolisierenden und manifestierenden *identity
and boundary markers* des Judentums durch Beschneidung. Luther selbst freilich nennt für seine o.g. These von den „neuen Dekalogen", die durch Jesus und
Paulus aufgestellt worden seien, im Kontext der Thesenreihen zu Röm 3,28 keine konkreten Beispiele oder Belege. Natürlich wird man von Luther her fragen
müssen, ob der Dekalog nicht aus der Perspektive der Christozentrik auch qualitativ modifiziert wird. Bereits in der 1. Thesenreihe war formuliert worden,
dass die Zehn Gebote (im qualifizierten allgemeingültigen Sinn) letztlich und
eigentlich auf Christus als den Herrn bezogen seien: „Halte die Gebote" müsse
beispielsweise verstanden werden im Sinne von „Halte sie, nämlich in Christus

---

reihe Luther 3, hg.v. D. Beese u.a.), Bielefeld 2014, 41 f. behauptet, dass seit dem Mittelalter
vollzogene Veränderungen des Dekalogs in christlichen Kirchen dahingehend, „dass sie das
Sabbatgebot auf den Sonntag und die christlichen Feiertage umstellten und das Bilderverbot
ganz wegließen", nun bei Luther theologisch mit der „Freiheit des Christenmenschen in ethischen Entscheidungen" begründet wurden. Dabei berücksichtigt er zu wenig den naturrecht-
lichen, allgemein-anthropologischen Aspekt von Luthers entjudeter Dekalogfassung, den
dieser von Röm 2,14 f. herleitet. Zudem benötigt er für seine o.g. Interpretation der „neuen
Dekaloge" als Gegenpart das Klischee von der „Statik der Tora-Theologie" (a.a.O., 46). Wie
anders ist zu erklären, dass Siegert Luthers Rede von „neuen Dekalogen" benötigt, um „neue
Verhaltensregeln zu finden, wie sie einer von Kriegen und anderen selbst gemachten Katastro-
phen bedrohten Menschheit nötig sein werden" (a.a.O., 36)?

bzw. im Glauben an Christus (*in Christo vel in fide Christi*)" (These 42).[60] Und in der 4. Thesenreihe betont Luther, dass der Unglaube gegen Christus (*non credere in Christum*, These 9) die eigentliche Hauptsünde gegen das Erste Gebot sei (*primi praecepti principale peccatum*, These 11).

3.5 Die Zweite Thesenreihe zu Röm 3,28 (1535) – Thesen 35 bis 87

Da der Reformator Röm 2,14 f. im Sinne eines natürlichen Gesetzes in allen Menschen und Völkern deutet[61], muss er das natürliche „Tun des Gesetzes" durch Nichtjuden in Beziehung setzen zur Sentenz Röm 2,13, dass die Täter des Gesetzes gerechtfertigt werden (οἱ ποιηταὶ νόμου δικαιωθήσονται). Wenn dann im Syntagma ἔργα νόμου von Röm 3,28 nicht, wofür innerhalb der New Perspective on Paul im deutschsprachigen Raum insbesondere Michael Bachmann und Roland Bergmeier argumentieren, Forderungen („das zu Tuende") sondern Taten des Gesetzes („das Tun" bzw. „das Getane") verstanden werden, wie Luther dies tut, bedeutet dies nun in der Konsequenz: Das Tun des Gesetzes des Mose im Sinne des die Zeremonien des Judentums und die öffentliche Ordnung Israels betreffenden Verordnungen könne in Röm 3,28 nicht gemeint sein, weil solcherlei Gesetze offensichtlich problemlos zu befolgen seien und wir, sofern der Passus „gerechtfertigt [...] ohne Werke des Gesetzes" nicht auf das Moralgesetz bezugnehme, leicht der Verblendung erlägen, „uns selbst zu rechtfertigen durch Werke des Sittengesetzes bzw. des Dekalogs ohne Christus (*nostri iustificatores per opera moralia seu decalogum sine Christo*, These 28 der 2. Thesenreihe); folglich könne Röm 3,28 nichts anderes als das Moralgesetz bzw. den allen Menschen ins Gewissen eingeschriebenen Dekalog bezeichnen. Kritisch kann man gegen Luther in Hinsicht auf diese Argumentation einwenden, dass

---

[60] Hier zieht Luther freilich die Assertio des johanneischen Christus hinzu, „denn ohne mich könnt ihr nichts tun" (Joh 15,5; These 43).

[61] STOLLE, Nomos (s. Anm. 54), 46 weist darauf hin, dass eine entsprechende Deutung des Dekalogs von Röm 2,14 f. her auch 1538 in Luthers Auseinandersetzung mit den Antinomern angeführt wird. Stolle gibt den lateinischen Text (*decalogus non est Mosi lex, neque primus ipse eam dedit, sed decalogus est totius mundi, inscriptus et insculptus mentibus omnium hominem a condito mundo*) und die deutsche Übersetzung a. a. O., Anm. 24, korrekt wieder, während er im Fließtext statt nach der Formulierung Luthers von „den *Gedanken* aller Menschen eingeschrieben" nun von Röm 2,15 her „dem menschlichen *Herzen* von seinem geschöpflichen Ursprung an eingeschrieben" schreibt [kursiv JW], was aus theologischer Perspektive zumindest missverständlich ist, scheint Luther doch durch die Vokabel *mens* – nicht *cor*! – ausdrücklich zu kennzeichnen, dass er in Röm 2,15 keine traditionsgeschichtliche Bezugnahme auf Jer 31(LXX 38),33 sieht. Stolle selbst macht freilich kenntlich, dass auch er Jer 31,33 als Hintergrund für Röm 2,15 ausschließt: „Nicht das Gesetz selbst, sondern eine dem Gesetz entsprechende Praxis ist ihnen ins Herz geschrieben" (a. a. O., 59); „[d]ie Formulierung unterscheidet sich von der zunächst verwandten Wendung Jer 38(31),33 [...] gerade dadurch, dass nicht die Handlungsnorm, sondern die ausgeführte Tat im Herzen dokumentiert ist" (a. a. O., 59 Anm. 95); was man sich darunter vorzustellen habe, erschließt sich mir freilich nicht.

bereits die positive Wendung „gerechtfertigt durch Glauben" solches Missverstehen ausschließt. Luther untermauert sein Argument indes damit, dass nur dann auch nach Röm 3,20 gelte, dass das Gesetz, statt zu rechtfertigen, die Sünde sichtbar macht. An diesem Punkt setzt die weitere Argumentation der 2. Thesenreihe vom September 1535 an: Macht und Kraft (*vis et potentia*) des Gesetzes bestehe nach Paulus (Röm 5,20; 7,11; 4,15) darin, zu töten und sichtbar zu machen, dass Sünde mit dem ewigen Tod bestraft werden muss (These 36).

Der Reformator sieht nun zwei Wege, wie ein Mensch zu seinem Unheil reagieren kann: Entweder man verstehe das Gesetz richtig und gerate in Verzweiflung, weil man Gottes Barmherzigkeit (*Dei misericordia*) nicht alles zutraut (vgl. These 37–38), oder aber man wähne sich selbst in Selbstüberschätzung gerecht, weil man die richtende, tödliche Kraft des Gesetzes ausblende.[62] Es sei „eine Bosheit des Teufels, dass er uns mit […] seiner Einbildung von Gerechtigkeit so sehr […] verblendet, dass wir die Größe unserer Sünde und unseres Übels nicht erkennen und deswegen den Zorn Gottes missachten. Wenn der nicht erkannt wird, weiß [der Teufel] sicher, dass wir auch die Größe der uns in Christus zuteil gewordenen Gnade und der Barmherzigkeit nicht erkennen können" (Thesen 85–86). Denn nicht das *debitum*, sondern das *factum* bzw. *perfectum* der Gebote Gottes sei entscheidend für die Rechtfertigung bzw. Rettung, so die Thesen 62–63 im impliziten Rückgriff auf Röm 2,13 (οὐ γὰρ οἱ ἀκροαταὶ νόμου δίκαιοι παρὰ [τῷ] θεῷ, ἀλλ' οἱ ποιηταὶ νόμου δικαιωθήσονται); nicht das Hochhalten der Vorschriften und Gebote sei entscheidend, sondern deren Verwirklichung im Leben des Menschen. Und hier gelte nun folgender Syllogismus (Thesen 67–69):

1.) „Wer zum Leben gelangen will, muss Gottes Gebote halten" (vgl. Lk 10). „Aber:"
2.) „Kein Heiliger hält Gottes Gebote" (vgl. 1 Joh 1,8). „Daraus folgt:"
3.) „Kein Heiliger kann zum Leben gelangen."

Damit nun aber die Sentenz Röm 2,13b gültig bleibt, sei diese nun christologisch und soteriologisch zu füllen, nämlich, so Thesen 74 bis 79 in Paraphrase:

4.) Nur einer, Jesus Christus, Mittler zwischen Gott und den Menschen, hat keine Sünde getan und das Gesetz erfüllt.
5.) Der Jesus Christus eigene Gehorsam gilt für uns (*pro nobis*, vgl. 2 Kor 5,19.21; Phil 2,8), die wir Gottes Willen nicht getan haben (*non fecerint voluntatem Dei*) und sein Gesetz nicht wie bei Christus im Zentrum des Herzens tragen (*lex eius in medio cordis*, mit Bezugnahme auf Ps 40[Vulgata: 39],8 f.). Daraus folgt:
6.) Gott will, dass wir alle durch Christus geheiligt und gerecht gemacht werden (Phil 2; Röm 5; vgl. 1 Kor 6,11).

---

[62] These 42 (Übersetzung Zschoch, II. [s. Anm. 40]): „Notwendigerweise muss man entweder verzweifeln, weil man das Gesetz erkennt, aber nichts von Gottes Gnade weiß (*intellecta lege desperare, ignorata gratia Dei*), oder sich selbst überschätzen, weil man das Gesetz nicht erkennt, aber Gottes Zorn missachtet (*non intellecta lege, de seipso praesumere, contempta ira Dei*)."

Entsprechend bezögen alle Worte und Beispiele der Heiligen Schrift *de lege vel operibus* notwendigerweise Christus ein, der dem Vater *pro nobis* gehorsam ist; eben weil wir nach Röm 5,19 durch Adams Ungehorsam alle Sünder geworden seien, seien wir nicht in der Lage, aus uns selbst heraus (*per nos ipsos*) dem Gesetz gehorsam zu werden (Thesen 80–81). Weil im Gegenteil der *sensus carnis* Gottes Gerechtigkeit widerstrebt und Feindschaft gegen Gott sei – so Luther im Rückbezug auf Röm 8,2–8 und damit in impliziter Gegenüberstellung der paulinischen Theologumena Fleisch und Geist –, war es notwendig, dass der Sohn Gottes an unserer Stelle (*loco nostrorum omnium*) und für uns alle (*pro nobis omnibus*) gehorsam werden musste (vgl. Thesen 83–84). Denn ohne Christus befinde sich das Gesetz Gottes nicht inmitten unseres Herzens (*lex Dei non est in medio cordis nostri*, These 82), und es sei ein Blendwerk der Bosheit des Teufels, um dem Heil der Menschen entgegenzuwirken, dass wir uns aus uns selbst heraus für gerecht halten und weder die Größe unserer Sünde erkennen noch die Größe der uns in Christus zuteil gewordenen Gnade Gottes (Thesen 85–87). In Hinsicht auf die Formulierung *lex Dei non est in medio cordis nostri* aus These 82 lohnt ein Blick auf mögliche Intertextualität und deren theologische Konsequenzen. Wie These 76(f.) zeigt, ist hier eine Formulierung aus Ps 39,9 der Vulgata (Ps 40,9 der Biblia Hebraica) aufgenommen, in der die betende Person bekennt: *legem tuam in medio ventris mei*, „dein Gesetz [habe ich] inmitten meines Bauches". Dies scheint aber in These 82 durch Luther von Jer 31,33 her umgestaltet zu sein, wo es nach der Vulgata heißt, *[...] dabo legem meam in visceribus eorum et in corde eorum scribam eam [...]*. Das wiederum dürfte nach Luthers Verständnis bedeuten: Der Mensch, der unter den Bedingungen des Alten Bundes behauptet, Gottes Gesetz befinde sich tatsächlich derart in seinem Inneren, dass er seine Weisung tut, unterliegt einer fatalen Selbsttäuschung, weil er das Fleisch-Sein des Menschen ohne Christus verkennt. Erst durch Christus erfülle sich an unserer Stelle und für uns, was in Jer 31,31–34 als Neuer Bund angekündigt ist. Von dorther müsste man dann auch das Verständnis von Röm 2,(14–)15 schärfen[63]: Allen Menschen wäre seit Anbeginn das *opus legis* – so die Fassung der Vulgata des griechischen Syntagmas τὸ ἔργον τοῦ νόμου, – in ihr Herz geschrieben (*scriptum in cordibus suis*, γραπτὸν ἐν ταῖς καρδίαις αὐτῶν), jedoch nicht in dessen Mitte, was allein für Christus gelten könne.[64]

---

[63] In Luthers Thesen zu Röm 3,28 wie in seinen Ausführungen zum Dekalog findet sich indes keine Erörterung des Zusammenhangs von Röm 2,15 und Jer 31,31–34.

[64] Bachmann geht in den genannten Veröffentlichungen zum Thema auf die Interpretation von Röm 2,15 kaum ein. Anders BERGMEIER, Gerechtigkeit (s. Anm. 3), 73–94 (Kapitel „Wie ‚Täter des Gesetzes' gerechtfertigt werden ‚ohne des Gesetzes Werke'"), der für ein Verständnis wirbt, bei dem sich Röm 2,15 auf an Jesus Christus glaubende Nichtjuden bezieht, was explizit die oben beschriebene, von Martin Luther her kommende Interpretation ausschließt: „Wenn man also genau hinschaut, fehlt der Theorie vom weltweit in den Herzen verankerten Maßstab des Gerichts philologisch die Textgrundlage. Heiden mit ‚Herzensinschrift' am

Sind damit nun aber durch Christi Stellvertretung die Gebote für an Christus Glaubende obsolet geworden bzw. inwieweit und inwiefern behalten sie ihre Gültigkeit?

3.6 Die erste Thesenreihe zu Röm 3,28 (1535)

Diese Frage war bereits Gegenstand der ersten Thesenreihe vom September 1535[65], die sich indes vorwiegend mit dem von Paulus her angemessenen Verständnis des rechtfertigenden Glaubens (*De fide*) auseinandersetzt. Hier hatte Luther gegen das thomistische Verständnis der *fides infusa* – „(erst) durch die (von Gott dem Menschen gegebene!) Liebe werde der Glaube zum rechtfertigenden, rettenden Glauben. D.h. der Glaube alleine und an sich sei für das Heil des Menschen unzureichend"[66] – eingewandt, dass es sich mit der wahren *fides infusa* folgendermaßen verhalte (Thesen 14–16): Der rechtfertigende Glaube, der angesichts des gepredigten Wortes des Evangeliums (*vox Euangelii*) von der Liebe (*charitas*) Gottes des Vaters, mit der dieser „dich" – Luther wechselt in diesem Zusammenhang ostentativ in die direkte Anrede! – durch Christus, der für „deine" Sünden (*pro tuis peccatis*) hingegeben ist, erlösen und retten (*te redimere et salvare*) will, in einem existentiellen Sinn erkennt (*intelligat*), dass solches „für mich, für meine Sünden (*pro me, pro peccatis meis*)" gilt (These 18), steht nicht in des Menschen Macht – ist keine *fides acquisita* –, sondern ist allein Gabe und Wirkung des Heiligen Geistes (These 15, vgl. These 1)[67]. Durch solchen Geist-gewirkten Glauben „wohnt Christus in unserem Herzen (*fidem hanc Christi in corde nostro [...] habitare*)", formuliert These 30 in Aufnahme

---

Tage des Gerichts sind gerade die Ausnahme" (84), „wenn man die Rede vom Tun und Erfüllen ernst nimmt, können da nur Heiden*christen* gemeint sein" (88); „die verborgene Wirklichkeit der ‚Herzensinschrift' ermöglicht zwar in der Gegenwart, dass Heiden das vom Gesetz Gebotene tun, aber den Nachweis dafür, dass die Gesetzesvorschrift in ihre Herzen geschrieben war, erbringen sie erst, wenn Gott das Verborgene der Menschen in das Licht des Jüngsten Tags rücken wird" (91). Freilich sieht Bergmeier an dieser Stelle eine Modifikation des Ausdrucks ἔργα νόμου durch Paulus: „Sie erscheinen in Röm 2 nicht als die Regeln, nach denen sich jüdische Lebensweise zu vollziehen hat, sondern in der verwandelten Gestalt der geistlichen Norm der ‚Herzensinschrift' [...], aufgrund deren Heidenchristen zu Tätern des Gesetzes werden, d.h. tun, um was es im Gesetz geht" (93f.). Der „ἔργα-νόμου-Gebrauch" von Röm 3,28 steht nach Bergmeier zunächst wieder „in unmittelbarer Beziehung zum Judentum, wie V.29 klar vor Augen führt" (a.a.O., 104, Kapitel „Gesetz und Werke im Römerbrief, a.a.O., 95–134). In Röm 4,1 ff. zeige sich dann „eine Verschiebung gegenüber dem früheren Gebrauch, so dass bei ἐξ ἔργων in Röm 4,2 nunmehr „an *getane* Werke zu denken sei" (106).

[65] I. De fide/Über den Glauben, in: Schilling, Studienausgabe (s. Anm. 1), 402–411 (Übersetzung: Hellmut Zschoch, s. Anm. 8)

[66] So treffend zusammengefasst bei Wilfried HÄRLE, Glaube und Liebe bei Martin Luther, in: ders., Menschsein in Beziehung. Studien zur Rechtfertigungslehre und Anthropologie, Tübingen 2005, 145–168, 149.

[67] Man beachte freilich, dass Luther hier die paulinische Formulierung aus Röm 5,5 von der durch den Heiligen Geist in die Herzen der Glaubenden ausgegossenen Liebe umformuliert.

des traditionell Paulus zugeschriebenen Texts Eph 3,17. Und es sei daher Christus selbst, der in uns, den so an ihn Glaubenden, tätig ist und das Tun des Guten und das Halten der Gebote Gottes bewirkt (These 29):

Auf diese Weise umsonst gerechtfertigt (*iustificati autem sic gratis*), tun wir daraufhin Werke (*tum facimus opera*), vielmehr tut Christus selbst alles in uns (*imo Christus ipse in nobis facit omnia*).

Offensichtlich nimmt die erste Satzhälfte Röm 3,24 auf – *iustificati gratis* in Luthers revidierter Vulgata-Edition –, während die Qualifizierung am Ende des Satzes Gal 2,20 (*vivo autem iam non ego, vivit vero in me Christus*) und 1 Kor 15,10 (*[...] abundantius illis omnibus laboravi. Non ego autem, sed gratia Dei quae mecum est*) kombiniert. Der Mittelteil des Satzes spielt wohl auf Eph 2,10 an: *ipsius enim sumus factura creati per Christum Jhesum in operibus bonis [...].* Die Liebe, und das ist die entscheidende Neuerkenntnis des Reformators, wird mithin nicht zum anthropologischen Wesensmerkmal des durch Glauben an Christus Gerechtfertigten; vielmehr wird durch den von Gott geschenkten und durch seinen Geist eingegossenen Glauben Christus im Herzen und Leben des so Gerechtfertigten gegenwärtig, so dass der gegenwärtig geglaubte Christus selbst im Gerechtfertigten Liebe wirkt. Wo „gute Werke", und Luther meint damit: das Tun des Guten, dem Glauben nicht von selbst (*sponte*) folgen (These 34), sei dies ein gewisses Zeichen, dass „nicht solcher Glaube an Christus in unserem Herzen wohnt (*in corde nostro non habitare*)", „sondern der tote Glaube (*mortuam illam*), den man als erworbenen Glauben (*acquisitam fidem*) bezeichnet" (These 30). Die Aufforderung Jesu, die Gebote zu halten, mit der Verheißung, dadurch Leben zu bekommen – so die lukanische Fassung des Doppelgebots der Liebe in Lk 10,25–28 –, werde nur richtig und damit lebensförderlich „unter der Voraussetzung der Herrschaft Christi" (*dominante Christo*) verstanden; die Gebote könnten nur *in Christo vel in fide Christi* verwirklicht werden (Thesen 42 bis 44). Luther formuliert hier mit Verweis auf Joh 15 und auf das Bild vom guten Baum, der gute Früchte trägt, aus Mt 7,17–20, was sich mit der Rede von der „Frucht des Geistes" aus Gal 5,22 f., aber auch mit Jak 3,18 bildlich verbinden lässt.[68] Trotz der Einwohnung Christi in den Herzen

---

[68] HÄRLE, Glaube (s. Anm. 66), 158 f., macht darauf aufmerksam, dass Luther hier „[in] fundamentale[m] Widerspruch gegen die aristotelische Theorie vom Erwerb der Tugendhaftigkeit durch die Einübung habitueller Tugenden [steht]. Dabei bestreitet Luther keineswegs, dass in der Beziehung zu den äußeren Dingen ethische und dianoetische Tugenden durch Habitualisierung erworben werden (können). Aber dies versagt notwendigerweise dort, wo es um die Bildung der Person bzw. des Herzens geht. Denn hier müsste das handelnde Subjekt selbst schon gebildet sein, um sich durch Übung bilden zu können. [...] Die entscheidende Veränderung muss an der Person stattfinden, und eben dies geschieht dadurch, dass im Menschen (durch die Verkündigung der bedingungslosen Liebe Gottes) Glaube, d. h. daseinsbestimmendes Vertrauen auf diese Liebe geweckt wird. Dass dem Glauben eine solche Kraft und Fähigkeit zukommt, liegt nicht an ihm selbst, sondern an dem, was, richtig gesagt: den er ergreift, an den er sich hängt und mit dem er darum ‚quasi una persona' wird [...]. Was würde es

der Glaubenden und der daraus erwachsenen „Frucht guter Werke" – ein Zusammenspiel des Sprachbildes von Gal 5,22 f. mit Mt 7,17–20, Jak 3,18 und Joh 15,5 – habe Gott zur Orientierung die Gebote und Anordnungen der Heiligen Schrift gegeben, weil wir „zuweilen einen unbeständigen Geist haben und das Fleisch gegen den Geist kämpft" (These 58) – so in Aufnahme von Ps 51,12 und Gal 5,17 und in Frontstellung gegen die „schwarmgeisterische" Theologie der radikalen Reformation (*propter vagos spiritus*) – und ohne solche Anordnungen irren und im Glauben zu Fall kommen (These 60).

Wenn Luther die Thesenreihe beschließt mit dem Hinweis, dass allein Gottes Barmherzigkeit unsere Gerechtigkeit sei und nicht die eigenen Werke (*non opera propria*, These 64) und dass es lästerlich sei, zu behaupten, man sei durch seine „Werke" im Sinne von Taten gerechtfertigt (*suis operibus iustificari*, These 71), dann orientiert er sich textlich an Eph 2,8 f. (*non ex vobis [...], non ex operibus [...]*) und deutet die Wortverbindung *opera legis* aus Röm 3,28 nicht von der *lex*, sondern vom *operator* (These 63) und seinen *opera* her. Möglicherweise spielt hier auch die Entgegensetzung der eigenen Gerechtigkeit aus dem Gesetz und der Gerechtigkeit Gottes aus Glauben an Christus, wie sie in Röm 10,3 (*iustitia Dei* gegenüber *iustitia sua*) und Phil 3,9 (*non habens meam iustitiam quae ex lege est, sed illam quae ex fide est Christi, quae ex Deo est iustitia per fidem*) formuliert wird, hinein, die ihr Echo in Eph 2,8 f. findet. Erkennbar ist jedenfalls, dass für Luther, auch hinsichtlich der Entfaltung dessen, was Glauben an Christus nach Paulus bedeutet, der Gegensatz von eingegossenem gegenüber erworbenem Glauben und damit von Gottes Gabe im Gegensatz zu menschlichem Vermögen maßgeblich ist. Die Absage an Glauben als menschliches Vermögen ist indes kein paulinischer Gedanke; nicht einmal im deuteropaulinischen Epheserbrief ist erkennbar, dass man den Glauben als „gutes Werk" missverstehen könnte, und auch die vermutliche Referenzstelle der Episode des sog. reichen Jünglings spricht wohl vom Verkauf aller Güter und von der Christusnachfolge, nicht aber vom Glauben. Vielmehr erwächst diese Gegenüberstellung Martin Luthers aus seiner Frontstellung gegen die thomistische Theologie. Freilich scheint der Gedanke für den Reformator mit der Opposition von „Werken des Gesetzes" und „Glauben" in Röm 3,28 gegeben zu sein.

---

aber [...] bedeuten, wenn aus dem Rechtfertigungsgeschehen keine Erneuerung der Person und ihres Werkes folgen würde? Im Sinne Luthers ist zu antworten: Dann hätte sich nur scheinbar Rechtfertigung ereignet, weil gar kein Glaube im Sinne daseinsbestimmenden Vertrauens auf Gottes Liebe geweckt worden wäre". Härle weist eindrücklich auf die „Verwurzelung" von Luthers Ablehnung der scholastischen Lehre von der *fides infusa* in seiner „persönlichen Erfahrung" hin, was „als methodische Anweisung für alle theologische Arbeit *sachgemäß und vorbildlich*" sei: Luther habe „jene Lehre [...] absolut ernst genommen", habe „sich auf sie eingelassen" und sei „an ihr total gescheitert", er habe „Anfechtung und Verzweiflung angesichts der Macht der Sünde und des Todes durchlitten" (a. a. O., 167 [kursiv im Original]).

3.7 Die fünfte Thesenreihe zu Röm 3,28 (1537)

Die abschließende *fünfte* Thesenreihe zu Röm 3,28, die für die Disputation am 1. Juni 1537 entworfen wurde[69], widmet sich nach der zweiten Thesenreihe noch einmal, freilich aus einem anderen Blickwinkel, der Frage, was unter den *opera legis* in Röm 3,28 zu verstehen ist. These 1 dieser 5. Reihe setzt damit ein, dass zwischen *opera legis* und *opera gratiae* kategorial unterschieden werden müsse und sowohl *opera legis* als auch *opera gratiae* – beides als Taten verstanden! – notwendig seien. Definiert werden die „Werke des Gesetzes" in einem ersten Schritt als Taten, die außerhalb des Glaubens (*extra fidem*) und aus dem menschlichen Willen heraus (*voluntate humana*) geschehen (These 2)[70]. Gesetzgebung – und hier unterscheidet Luther nicht die obrigkeitliche von der göttlichen – diene dazu, den sogar im Tugendhaften stets auf sich selbst bezogenen (*semper quaerens quae sua sunt*) und darin in Hinsicht auf die Rechtfertigung vor Gott untauglichen und verdorbenen menschlichen Willen (Thesen 4 bis 6) entweder mit Drohungen und Strafen zu zwingen oder mit Versprechungen und Belohnungen zu locken, um in der Gesellschaft die öffentliche Ordnung und den äußeren Frieden herzustellen (These 7).[71] Den so bestimmten „Werken des Gesetzes" werden als „Werke der Gnade" (*opera gratiae*) nun per definitionem solche Taten gegenübergestellt, die aus dem Glauben heraus (*ex fide*) geschehen, indem der Heilige Geist den menschlichen Willen bewegt und erneuert (*spiritu sancto movente et regenerante voluntatem hominis*, These 8), weil der Glaube – so in Anlehnung an Jak 2,14–26 – sich durch gute Werke zeige (These 32). Freilich müsse auch ein solcher, regenerierter Wille durch Drohungen und Versprechungen ermahnt und angestachelt werden (These 9), so dass sich der Unterschied zur Existenz vor bzw. außerhalb der Gemeinschaft mit Christus weitgehend einebnet. Luther begnügt sich an dieser Stelle mit den Hinweisen, der Einfluss des Heiligen Geistes müsse im Leben des Glaubenden immer stärker werden (These 10) und Christus unablässig in uns Gestalt annehmen (vgl. Gal 4,19b), und wir müssten, solange wir leben, zu seinem Bild, dem Bild Gottes, umgestaltet werden (vgl. 2 Kor 3,18) (These 34); später fügt er in einer eigentümlichen Anspielung auf Röm 8,13 und Gal 5,24 hinzu, der Leib müsse gezüchtigt und unter Kontrolle gebracht und das Fleisch mit seinen Gebrechen getötet und gekreu-

---

[69] V. Quinta disputatio/Fünfte Disputation, in: Schilling, Studienausgabe (s. Anm. 1), 436–441 (Übersetzung: Hellmut Zschoch, s. Anm. 8).

[70] Dieses Verständnis gehört zu Luthers stabiler reformatorischer Einsicht, wie an einer Formulierung aus seiner gegen Karlstadt gerichteten Schrift „Wider die himmlischen Propheten" von 1525 erkennbar ist, in der er die sich an einer strikten Auslegung des dekalogischen Bilderverbots orientierenden bilderstürmerischen Aktivitäten als „eyn gesetz werck, on geyst und glauben geschehen" bezeichnet (WA 18,71,17 f.).

[71] Ein Rückgriff auf die Unterscheidung der zwei Regimente und auf den mehrfachen Gebrauch des Gesetzes, der wir zuvor bereits begegnet waren bei der Besprechung der 1525 veröffentlichten homiletischen „Unterrichtung, wie sich die Christen in Mosen sollen schicken", s. o. Abschnitt 3.2.

zigt werden (These 39). Entscheidend sei dabei, dass jene Taten (*opera*) nicht selbst *coram Deo* rechtfertigen, vielmehr von den durch Glauben bereits Ge-rechtfertigten in Folge getan werden (These 11). Wenn man von einer „Gerech-tigkeit der Werke" (*iustitia operum*) – wohlgemerkt: nicht „durch Werke"! – sprechen mag, handle es sich um gerechte Taten, „die Gott durch Christus", weil in ihm bzw. im Glauben an ihn getan, „angenehm sind (*Deo grata per Christum*)" (These 11). Allein durch die Zurechnung Gottes (*reputatio Dei*), also die Zurechnung des Gehorsams Christi als unsere Gerechtigkeit (vgl. 2 Kor 5,20f.), würden Taten in Einklang mit dem Gesetz zu „guten Taten bzw. Werken" (These 45, vgl. Eph 2,10; Tit 2,14), während für Paulus im eigentlichen Sinne (*proprie vero*) Gesetz und Werke des Gesetzes (*lex et opera legis*) dort zu finden seien, wo der menschliche Wille tätig ist (*ubi voluntas humana operatur*), und zwar ohne Zurechnung Gottes bzw. außerhalb von Christus (*extra Chris-tum*), unserem Versöhnungsmittel (*propitiatorium nostrum*, These 42, vgl. Röm 3,25). „Werke des Gesetzes" und „eigene Werke" bzw. „Werke des Men-schen" versteht Luther entsprechend als in der paulinischen Theologie dasselbe beschreibend, wobei Paulus erstere Wendung bevorzuge, „um die Größe unse-rer Sünde und Krankheit (*magnitudo peccati et morbi nostri*) zu zeigen" (The-se 43).[72]

In dieser fünften Thesenreihe stellt Luther sich schließlich noch der Beobach-tung, dass Paulus davon sprechen kann, dass das Gesetz durch die Liebe erfüllt ist (Röm 13,8; Gal 5,14). Eigentümlich ist nun aber zweierlei: Zum einen stellt der Reformator die These auf, das Gesetz werde einerseits durch den Glauben (*per fidem*) und andererseits durch die Liebe (*per charitatem*) erfüllt; für Letz-teres finden sich bei Paulus bekanntlich Belege (Gal 5,13f.; Röm 13,8–10), für Ersteres ließe sich allenfalls johanneische Tradition (Joh 6,28f.) anführen:

> Da sagten sie zu ihm: „Was sollen wir tun, damit wir die Werke Gottes wirken?" Jesus antwortete ihnen: „Das ist das Werk Gottes, dass ihr an den glaubt, den er gesandt hat."

Zum anderen weist Luther – gegen Paulustexte wie 1 Thess 1,3, Gal 5,6 und 1 Kor 13, aber auch gegen die johanneische Tradition (Joh 13,34f.; 1 Joh 4,7–12 u. ö.) – den Glauben dem gegenwärtigen Leben und die Liebe der zukünftigen eschatologischen Vollendung in der Neuschöpfung zu (Thesen 16 bis 18).[73] Dies

---

[72] Vgl. HÄRLE, Glaube (s. Anm. 66), 166 (kursiv im Original): „Solange es um die Liebe *als Erfüllung des Gesetzes oder Gebotes* Gottes geht, blickt der Mensch auf das, was *er* (durch Gottes Gnade und Gabe) zu tun hat, ist und bleibt er insofern *bei sich* und damit unter dem *Gesetz*. [...] Demgegenüber gilt vom Glauben: Er ist bedingungslos, also nicht gebunden an irgendwelche vom Menschen zu erbringenden Vorleistungen. Er verbindet den Menschen mit Christus und befreit ihn gerade so von der Zentrierung um sich selbst, von der Orientierung am eigenen Tun, sei es an seinem Gelingen oder seinem Scheitern." Freilich formuliert Härle hier ganz innerhalb des Paradigmas der lutherischen Paulusinterpretation und unter Abse-hung der New Perspective on Paul.

[73] Zu dieser Merkwürdigkeit siehe die kritischen Anmerkungen von Wilfried HÄRLE, Rechtfertigung vor Gott und vor den Menschen in Luthers Disputationen aus den Jahren

wird sachlich von Röm 8,18–21 (vgl. 2 Kor 5,1–5) her begründet, dass wir erst im künftigen Leben (*in futura vita*) als neue Schöpfung Gottes vollkommen sein werden (*perfecti erimus nova creatura Dei*, These 18)[74]; allerdings kontrastiert Röm 8,18 ff. das gegenwärtige Unterworfensein unter die Vergänglichkeit mit der herrlichen Freiheit der Kinder Gottes in Unvergänglichkeit. Für seine theologische Anthropologie scheint Luther 2 Kor 5,17 nicht wirklich auszuwerten, wenn er in These 31 lediglich formuliert, gegenwärtig seien wir „gleichsam als Anfang der neuen Schöpfung" (*tanquam initium creaturae novae*) „geborgen in Gottes Schoß" (*fovemur in sinu Dei*, vgl. Lk 16,23?), und solcher Anfang – eine Anspielung auf 2 Kor 1,22; Eph 1,13 f.? – zeige sich durch gute Werke (*per bona opera*, vgl. nochmals Eph 2,8–10; Tit 2,14) und vergewissere uns unserer Berufung (These 32). Von der Erfüllung des Gesetzes könne in der eschatologischen Vollendung gleichwohl nur noch uneigentlich gesprochen werden (*improprie dicitur*, These 19).

Die lebensverändernde Befreiung durch zugesprochene und im Glauben erfahrene und wirksame Vergebung und Liebe und damit auch der im Herzen des Gerechtfertigten als gegenwärtig geglaubte Christus – kurz: der effektive Aspekt des Rechtfertigungsgeschehens – tritt in Luthers Ausführungen vom Juni 1537, in erstaunlicher Gewichtsverschiebung gegenüber den Thesen der ersten Disputation zu Röm 3,28 im September 1535, zurück gegenüber dem Fokus auf dem „Fleisch" als anthropologischer Konstante auch des im Glauben an Christus gerechtfertigten Menschen und dem imputativen Charakter von Gottes Rechtfertigungshandeln. Inwiefern sich in diesem Punkt eine wesentliche Akzentverschiebung während einer schweren Erkrankung 1536[75], die sich insbesondere in der 3. Thesenreihe spiegelt, niederschlägt[76], mag an dieser Stelle of-

---

1535–37, in: ders., Menschsein (s. Anm. 66), 21–37, 37 (kursiv im Original): „Inbegriff dieser aus dem Glauben folgenden guten Werke ist die *Liebe.* Dieser notwendige innere Zusammenhang zwischen Glauben und Lieben wird bei Luther jedoch in Frage gestellt durch die Art und Weise, wie er zwischen der Erfüllung des Gesetzes durch den Glauben und durch die Liebe unterscheidet, indem er die Erfüllung durch den Glauben in diesem Leben, die Erfüllung durch die Liebe jedoch dem kommenden Leben zuordnet (5. Reihe, These 16–18). Das wäre theologisch nur dann akzeptabel, wenn das kommende Leben im Sinne des ewigen Lebens verstanden wird, das schon *hier und jetzt* beginnt [...] Was über den inneren Zusammenhang von Glaube und Liebe hier fehlt, hat Luther jedoch in seinem Großen Galaterkommentar von 1531/35 fast gleichzeitig in differenzierter Form geboten."

[74] Es sei erinnert an die Rede vom vollkommenen Christen (*perfectus Christianus*) in These 56 der 1. Thesenreihe zu Röm 3,28, s. o. Abschnitt 3.6.

[75] Vgl. Härle, Rechtfertigung (s. Anm. 73), 21 f.

[76] Vgl. a. a. O., 33 f. Vgl. Siegert, Luther (s. Anm. 59), 37 f. zur Rede Luthers von den „neuen Dekalogen" in der 1. Thesenreihe von 1535: „So optimistisch wie hier war Luther später nicht mehr, zumal er sich in Wittenberg alsbald gegen gewisse Gegner des Alten Testaments in der Kirche, die sog. Antinomer, abgrenzen musste, die die Tora nicht einmal als Hintergrund einer Gesetzespredigt – will sagen: einer Bußpredigt – gelten lassen wollte. [...] Der späte Luther [...] betonte mehr das ‚Gefallensein' des Menschen, ja der Natur überhaupt, und hielt ihn für so hilfsbedürftig, dass er ohne göttliche Intervention nicht in der Lage sei, sich

fenbleiben. Man hätte sich gewünscht, dass mit dieser pessimistischeren präsentischen Anthropologie und der Verlagerung der effektiven Rechtfertigung in die eschatologische Zukunft auch eine kritische Reflexion Luthers zu seiner Haltung zum Judentum eingesetzt hätte; das Gegenteil ist freilich der Fall, wie nicht nur die späteren Hetzschriften gegen das Judentum belegen, sondern bereits in der Schrift „Wider die Sabbather" von 1538 erkennbar wurde[77]. Möglicherweise bedingt sich beides aber auch, verringert sich doch mit der Verdüsterung innerhalb der Anthropologie und der Futurisierung des geistdurchwirkten Lebens der an Christus Glaubenden die theologische Distanz zum Judentum und muss sich die Vergewisserung des eigenen evangelischen Glaubens immer stärker des polemisch geäußerten Gegensatzes bedienen.

4. Schluss

Trotz der offenkundig divergenten Lesarten von Röm 3,28 zeigten sich überraschende Konvergenzen von Martin Luthers Paulusauslegung mit der Michael Bachmanns. Beide unterscheiden die die Gerechtigkeit betreffenden Gebote Gottes, unter denen das Liebesgebot zuvörderst zu nennen ist, von spezifischen, allein Israel bzw. das jüdische Volk betreffenden und dessen kulturell-religiös einzigartige Identität bezeichnenden Regelungen; letztere nennt der Wittenberger Professor „Gesetz des Mose", während der Freiburger Neutestamentler sie im Syntagma „Werke des Gesetzes" bezeichnet sieht. Für den Reformator wie für den Protagonisten der Neuen Paulusperspektive bleibt das Gebot der Nächstenliebe auch für die an Jesus als den Christus Glaubenden verbindlich; ja, die Liebe im tiefsten Sinne der Selbsthingabe entsteht erst und nur in diesem Glauben bzw. ἐν Χριστῷ und wird durch diesen pneumatisch bewirkt. Dass Rechtfertigung vor Gott durch Christus bzw. den Glauben an ihn geschieht, ist ebenfalls Konsens.

Luther freilich – und darin unterscheidet sich Bachmann grundsätzlich von ihm – löst die die Liebe zu Gott und dem Nächsten betreffenden Weisungen von der mosaischen Tora, so dass sie als den nichtjüdischen Völkern nicht durch Mose bzw. Israel vermittelt, sondern von Gott allen Menschen unmittelbar ins Herz gelegt gedacht sind. Weil der Wittenberger Theologe seine theologische Anthropologie von der moralischen Fähigkeit und Kraft des einzelnen Menschen her entfaltet, bleibt ihm verborgen, dass die mit den auf Israel als von Gott erwähltem und mit seiner Gegenwart beschenktem Volk bezogenen Regelungen zu Speisen und Reinheit als Spiegelung der Heiligkeit Gottes und Mittel zur

---

seines Verstandes zur eigenen Besserung zu bedienen." Dieser spätere „anthropologische[] Pessimismus" sei „in jenen Thesen von 1535 nicht zu spüren" – bereits 1537 wird er indes in der 5. Thesenreihe zu Röm 3,28 deutlich erkennbar.

[77] S.o. Abschnitt 3.3.

Heiligung verstanden sind. Luther sieht hier lediglich banale Äußerlichkeiten, so dass ihm eine Bezugnahme darauf im Basissatz der Rechtfertigung von Röm 3,28 absurd erscheint.

Der Fokus der Antithese von „Werken des Gesetzes" und „Glauben an Christus" weg vom menschlichen Leisten und hin zu Kennzeichen des exklusiven Bundes zwischen Gott und seinem Volk Israel scheint mir eine wichtige Errungenschaft der Neuen Paulusperspektive zu sein und zu bleiben. Gerade in der paulinischen Kontroverse, wie Michael Bachmann sie versteht – Sünder sind nicht allein die aus den Völkern, sondern auch, so Paulus, „wir aus den Ἰουδαῖοι", und daher sind halachische Regelungen nicht mehr Bedingung zur Teilhabe an der Heilsgemeinschaft, behalten aber ihr relatives Recht – kann paulinische Theologie im christlich-jüdischen Gespräch neu entdeckt werden. Ob „Werke des Gesetzes" mit dem frühen Bachmann und anders als in dessen späteren Überlegungen auch die halachischen Entfaltungen des Gottes- und Liebesgebots miteinschließen, wird an dieser Stelle offenbleiben müssen.

Das Mindestziel der hier vorgelegten Ausführungen wäre erreicht, wenn der Nachweis überzeugend geführt ist, dass die Paulusinterpretation Luthers und die Exegese der Neuen Paulusperspektive – jedenfalls nach der Spielart Bachmanns und Bergmeiers – in wesentlichen theologischen Positionsbestimmungen miteinander weitgehend übereinstimmen und die Debatte um die „Werke des Gesetzes" in Röm 3,20.28 und Gal 2,16 eine exegetische Kontroverse darstellt, die nicht notwendig an den Kern des evangelischen Bekenntnisses rührt, die gleichwohl Auswirkungen auf Theologie und Rhetorik in Hinsicht auf Antijudaismus hat.

Auf der Suche nach der Sache der Schrift

Zur „lutherischen" Perspektive auf Paulus und Jakobus

Martin Bauspieß

1. Perspektiven auf Paulus

In der gegenwärtigen Paulus-Forschung hat Martin Luther keine gute Presse. Die in den 80er-Jahren ausgerufene „New Perspective on Paul"[1] war von Anfang an mit einer Emanzipation von einer „lutherisch" geprägten Paulus-Exegese verbunden, die diese faktisch zur „Old Perspective" erklärt und dabei „alt" im Sinne von „veraltet" versteht.[2] Ihre besondere Schärfe erhält die Diskussion dadurch, dass der Weg von der „Lutherischen" zur „Neuen" Paulusperspektive von einigen Forschern als „Paradigmenwechsel" verstanden wird.[3] Dadurch er-

---

[1] Bekanntlich hat James D. G. Dunn den Begriff geprägt: James D. G. DUNN, The New Perspective on Paul, in: ders., The New Perspective on Paul. Collected Essays (WUNT 185), Tübingen 2005, 89–110 und dabei die Entwicklung beschrieben, die durch die Arbeiten von Krister Stendahl angestoßen und von Ed Parish Sanders weitergeführt worden sei. Nach Dunn befreite sich die Paulus-Forschung damit aus einem Prokrustesbett, in dem sie bis dahin gefangen gewesen sei. Stendahl habe die Form geknackt, Sanders dann vollends aufgebrochen: Stendahl „cracked the mould" (a. a. O., 90), Sanders „broke the mould" (a. a. O., 93). Grundlegend sind Krister STENDAHL, Paul among Jews and Gentiles and other Essays, Philadelphia 1976 sowie Ed Parish SANDERS, Paul and Palestinian Judaism. A Comparison of Patterns of Religion, Philadelphia 1977. Die Entwicklung ist wiederholt dargestellt worden, s. etwa Christian STRECKER, Paulus aus einer neuen Perspektive. Der Paradigmenwechsel in der jüngeren Paulusforschung, KuI 11 (1996), 3–18; Christof LANDMESSER, Umstrittener Paulus. Die gegenwärtige Diskussion um die paulinische Theologie, ZThK 105 (2008), 387–410, den Sammelband von Michael BACHMANN/Johannes WOYKE (Hg.), Lutherische und neue Paulusperspektive. Beiträge zu einem Schlüsselproblem der gegenwärtigen exegetischen Diskussion (WUNT 182), Tübingen 2005 sowie Michael BACHMANN, „The New Perspective on Paul" und „The New View of Paul", in: Friedrich Wilhelm Horn (Hg.), Paulus Handbuch, Tübingen 2013, 30–38.

[2] S. dazu die differenziert argumentierende Studie von Stephen WESTERHOLM, Perspectives Old and New on Paul. The „Lutheran" Paul and His critics, Grand Rapids/Cambridge 2004, in der auch die augustinische und die reformatorischen Paulus-Auslegungen besprochen werden: Augustin (a. a. O., 3–21); Luther (a. a. O., 22–41); Calvin (a. a. O., 42–63); John Wesley (a. a. O., 64–87), so dass Westerholm schließlich „a portrait of the ‚Lutheran' Paul" beschreiben kann (a. a. O., 88–97).

[3] Diesen – von Thomas S. Kuhn stammenden – Begriff wendet zum Beispiel Michael Bachmann auf die Paulus-Forschung an (Michael BACHMANN, Keil oder Mikroskop? Zur jüngeren Diskussion um den Ausdruck „‚Werke' des Gesetzes", in: ders. [Hg.], Lutherische und neue Paulusperspektive [s. Anm. 1], 69–134 [72]; ders., Lutherische oder Neue Paulusperspektive?

scheint die „Lutherische" Perspektive prinzipiell als überholt. Hinter der forschungsgeschichtlichen These steht die grundsätzliche Frage nach dem Verhältnis von Theologie und wissenschaftlicher Exegese: Luthers theologisch engagierter Umgang mit den Texten des Paulus ruft den Verdacht hervor, der Reformator habe – fixiert auf sein theologisches Anliegen – seine eigenen Fragen und Alternativen in die Paulustexte eingetragen.[4] Zur Diskussion steht insbesondere, welche Funktion die sogenannte „Rechtfertigungslehre" für die Theologie des Paulus hat. Als „Old Perspective" wird eine Position angesehen, die die Entgegensetzung von ἔργα νόμου und πίστις[5] für eine grundsätzliche theologisch-soteriologische Alternative hält[6] und damit Stendahls These widerspricht, nach der die betreffenden Sätze lediglich die Funktion hätten, den Platz der Heidenchristen in der Heilsgemeinde zu verteidigen.[7] In letzter Zeit hat eine *Radical New Perspective* den Ansatz Stendahls noch einmal verstärkt und dabei sogar noch die Absetzung von dem zweiten Hauptvertreter der „New Perspective" – von Ed Parish Sanders – gesucht, der seinerseits noch der traditionellen Frage verhaftet geblieben sei, was Paulus denn eigentlich „falsch" am Judentum gefunden habe. Wie Stendahl selbst sehen die Vertreter der *Radical New Perspective* diesen Weg bereits mit Augustin eingeschlagen, auf dem Luther sich dann bewege.[8] An die Stelle einer Differenz zwischen Christen- und Judentum,

---

Merkwürdigkeiten bei der Wahrnehmung der betreffenden exegetischen Diskussionen, BZ NF 60 [2016], 73–101 [80]), er ist aber etwa auch im Untertitel des oben in Anm. 1 genannten Aufsatzes von Christian Strecker enthalten. Zum Begriff s. Thomas S. KUHN, Die Struktur wissenschaftlicher Revolutionen, aus dem Englischen übersetzt von Kurt Simon und Hermann Vetter (stw 25), Frankfurt am Main ²2011.

[4] Exemplarisch ist die Bemerkung von Peter WICK, Martin Luther und der Jakobusbrief, EvTh 77 (2017), 417–426 (419): „Luther ist fixiert auf die Frage, wie der Mensch einen gnädigen Gott findet und erhält hier bei Paulus eine direkte Antwort. Jakobus versteht er so, dass er die Frage gegenteilig beantwortet." (s. dazu unten).

[5] Die Begrifflichkeit begegnet bei Paulus ausschließlich im Galater- und im Römerbrief (sowie in Phil 3,9), und hier konzentriert auf die Abschnitte Gal 2–3 (Gal 2,16; 3,2.5.10); Röm 3 (Röm 3,20.27.28) sowie im „Israel-Abschnitt" Röm 9–11 (Röm 9,12.32; 11,6). Dieser Befund klärt natürlich noch nicht die Frage, welche sachliche Bedeutung die genannten Sätze für die paulinische Theologie insgesamt haben.

[6] S. dazu Michael WOLTER, Paulus. Ein Grundriss seiner Theologie, Neukirchen-Vluyn 2011, 342–350 (§ 40: Die paulinische Rechtfertigungslehre als semantisches Feld und ihre Entstehung), aber auch den gesamten Abschnitt XIII: „Die Rechtfertigung aus Glauben", a.a.O., 339–411.

[7] Exemplarisch Krister STENDAHL, Paul among Jews and Gentiles, in: ders., Paul among Jews and Gentiles and other essays (s. Anm. 1), 1–77 (27), der festhält, „that the doctrine of justification is *not* the pervasive, organizing doctrinal principle or insight of Paul, but rather that it has a very specific function in his thought. I would guess that the doctrine of justification originates in Paul's theological mind from his grappling of how to defend the place of Gentiles in the Kingdom – the task with which he was charged in his call."

[8] „Because the New Perspective starts from the same deep conviction found in traditional Christian interpretation – that Paul had to have something wrong with Judaism in order to write what he is understood to have written – it has gone on to replace the traditionally supposed ‚wrongs' of work-righteousness and legalism, which have been presumed to give rise to

die an den Texten des Paulus festgemacht wird, tritt deshalb das Programm, den Apostel konsequent „within Judaism" zu interpretieren.[9]

Mit dem Abbau der Gegensätze zwischen der paulinischen und einer früh-jüdischen Theologie musste auch ein Gegensatz abgebaut werden, für den Martin Luther exemplarisch steht: der Gegensatz zwischen Paulus und Jakobus. Gern angeführt wird in diesem Zusammenhang Luthers Wort über den Jakobusbrief als einer „strohernen Epistel", die „wider Paulus" lehre. Demgegenüber verlangt eine *New Perspective on James* den Verzicht darauf, den Jakobusbrief durch die „paulinische Brille" zu lesen[10] und damit von dem Maßstab aus, den Luther an den Jakobusbrief angelegt habe. Von der „neuen" Perspektive auf Jakobus aus wird deshalb eine „Rehabilitation der strohernen Epistel"[11] angestrebt. Wenn wir heute nach Luthers Verständnis des Verhältnisses von Paulus und Jakobus fragen, dann ist die Diskussionslage, in der wir das tun, einigermaßen komplex. Denn die Frage setzt ja sowohl ein bestimmtes Paulus- als auch ein bestimmtes Jakobus-verständnis voraus. Auf beiden Gebieten aber wird vehement eine gegen Luthers Verständnis gerichtete „neue Perspektive" behauptet. Gerade deshalb ist es notwendig zunächst einmal *Luthers* Perspektive in ihrem Kontext zu beleuchten.

2. Die „stroherne Epistel": zum Zusammenhang der Äußerung Luthers

Was die Äußerungen Luthers im Zusammenhang mit seiner Bibelübersetzung anlangt, ist zunächst einmal zu unterscheiden zwischen der *allgemeinen* Vorrede zur Übersetzung des Neuen Testaments[12] und den Vorreden zu den *einzel-*

---

the ineluctable sin of arrogance at least since Augustine, with the supposed sin of ethnic par-ticularism, variously described and named" (Mark D. NANOS, Introduction, in: ders./Mag-nus Zetterholm [Hg.], Paul within Judaism. Restoring the First-Century Context to the Apostle, Minneapolis 2015, 1–30 [7]). Zur Sicht der Entwicklung über Augustin und Luther s. auch Magnus ZETTERHOLM, Paul within Judaism: The state of the questions, in: a.a.O., 31–51 (38–40). Die Formulierung „wrongs" spielt deutlich auf SANDERS, Paul and Palestinian Juda-ism (s. Anm. 1), 552 an: „In short: *this is what Paul finds wrong in Judaism: it is not Christian-ity*." S. dazu WESTERHOLM, Perspectives (s. Anm. 2), 132 f.

[9] Exemplarisch NANOS, Introduction (s. Anm. 8), 1.29. Zur Kritik s. Udo SCHNELLE, Über Judentum und Hellenismus hinaus: Die paulinische Theologie als neues Wissenssystem, ZNW 111 (2020), 124–155.

[10] Karl-Wilhelm NIEBUHR, „A New Perspective on James"? Neuere Forschungen zum Ja-kobusbrief, ThLZ 129 (2004), 1019–1044 (1019).

[11] Vgl. den Aufsatzband Petra von GEMÜNDEN/Matthias KONRADT/Gerd THEISSEN (Hg.), Der Jakobusbrief. Beiträge zur Rehabilitation der „strohernen Epistel" (BVB 3), Münster 2003. Zum Problem s. Martin BAUSPIESS, Ein Gesetz, das in die Freiheit führt? Überlegungen zum Existenzverständnis des Jakobusbriefes, in: ders./Johannes U. Beck/Friederike Porten-hauser (Hg.), Bestimmte Freiheit (ABG 64), Leipzig 2020, 183–203 (184 f.201–203).

[12] In der WA sind der Text von 1522 und derjenige von 1546 synoptisch nebeneinander abgedruckt: M. Luther, WA DB 6, 2–11.

nen Büchern, in unserem Fall zum Jakobus- und zum Judasbrief.[13] Das Wort
von der „strohernen Epistel" findet sich in der allgemeinen Vorrede. In seiner
Vorrede zum Jakobusbrief wiederholt Luther es nicht. Auch scheint sich zwischen der Fassung der Vorrede von 1522 und 1546 abzuzeichnen, dass Luther
seine Kritik am Jakobusbrief zurücknimmt. Inwiefern das der Fall ist, ist in der
gegenwärtigen Diskussion umstritten.[14] Zudem wird darauf aufmerksam gemacht, dass Luther den Jakobusbrief keineswegs grundsätzlich verworfen habe.
Er spielt sowohl in Luthers theologischen Schriften eine Rolle als auch in seinen
Predigten, in denen Luther auch nach seiner Äußerung von 1522 den Jakobusbrief ausgelegt hat. Aus diesem Grund hat man Luther eine „ambivalente Haltung" zum Jakobusbrief attestiert.[15] Wie lässt sich diese Ambivalenz beschreiben? Und: Lässt sich tatsächlich sagen, dass die Position Luthers zum Jakobusbrief ausschließlich durch seine „paulinische Brille" bedingt ist?

2.1 Die Vorrede zur Übersetzung des Neuen Testaments von 1522

Die Vorrede zum Neuen Testament von 1522 lässt den Kontext erkennen, in
dem Luther seine Anmerkungen zu den einzelnen Schriften formuliert. Nur in
dieser ersten Fassung der Vorrede finden sich entsprechende einleitende Bemerkungen zu der Frage, weshalb eine solche „Vorrede" überhaupt notwendig ist,[16]
und nur hier begegnet ein abschließender Text unter der Überschrift „Wilchs
die rechten und edlisten Bucher des newen testaments sind".[17] In diesem
Schlussabschnitt von 1522 erklärt Luther:

> Summa, Sanct Johannis Euangeli und seyne erste Epistel, Sanct Paulus Epistel, sonder-
> lich die zu den Romern, Galatern, Ephesern, unnd Sanct Peters erste Epistel, das sind die
> bucher, die dyr Christum zeygen, unnd alles leren, das dyr zu wissen nott und selig ist,
> ob du schon keyn ander buch noch lere nummer sehest noch horist, Darumb ist sanct
> Jacobs Epistel eyn rechte stroern Epistel gegen sie, denn sie doch kein Euangelisch art an
> yhr hat, Doch davon weytter ynn andern vorrheden.[18]

---

[13] M. Luther, WA DB 7, 384–387. Auch hier in synoptischer Gegenüberstellung der Fassungen von 1522 und 1546.

[14] WICK, Martin Luther und der Jakobusbrief (s. Anm. 4), 419 erklärt: „Diese Revision der
Vorrede zeigt doch eine deutliche Mäßigung der Kritik, die seit 1530 greifbar wird. Dies ist
insofern bemerkenswert, als dass der späte Luther nicht für Altersmilde bekannt ist." Im Gegensatz dazu bemerkt Roland DEINES, Jakobus. Im Schatten des Größeren (BG 30), Leipzig
2017, 31, das Urteil über die „stroherne Epistel" werde „nicht etwa, weil Luther seine Meinung geändert hatte", in der Vorrede des Jakobusbriefes nicht wiederholt: „Im Gegenteil. Für
ihn (sc. Luther) kann dieser Brief ‚keines Apostels Schrift' sein, und zwar aus mehreren Gründen: Er widerspricht Paulus in Bezug auf die Rechtfertigungslehre und er unterlässt es, obwohl er einen so langen Brief schreibt, ‚des Leidens, der Auferstehung, des Geistes Christi' zu
gedenken." Deines benennt damit sehr viel präziser, als dies bei Wick der Fall ist, worum es in
Luthers Kritik am Jakobusbrief geht (s. dazu unten).

[15] So WICK, Martin Luther und der Jakobusbrief (s. Anm. 4), 418.

[16] Luther, WA DB 6 (s. Anm. 12), 2.

[17] A.a.O., 10.

[18] Ebd.

Die Formulierung über den Jakobusbrief als einer „stroern Epistel" steht demnach in einem grundsätzlichen Zusammenhang, in dem Luthers theologische
Schrifthermeneutik zur Sprache kommt. Diese Schrifthermeneutik zielt auf
theologische *Unterscheidungen*, die für Luther wesentlich, ja lebensnotwendig
sind. Lebensnotwendig ist die Unterscheidung von *Gesetz und Evangelium*.[19]
Durch „manche wilde deuttung und vorrhede", so erklärt Luther, sei „der
Christen synn dahin vertrieben ..., das man schier nit mehr weys, was Euangeli oder gesetz, new oder alt testament, heysse".[20] Angesichts dieser Verwirrung
möchte Luther eine Orientierung geben, „da mit der eynfelltige man, aus seynem allten wahn, auf die rechte ban gefuret und unterrichtet werde, wes er nun
ynn disem buch gewartten solle, auff dass er nicht gepott oder gesetz suche, da
er Euangeli und verheyssung Gottis suchen sollt".[21] Luthers Perspektive ist
demnach zunächst einmal ganz praktisch und pädagogisch: Die biblischen Texte sind als *gegenwärtige Anrede* an den Menschen zu verstehen, und deshalb ist
es entscheidend, was für ein Wort einem Menschen in ihnen begegnet. Hier
wird der tiefe Ernst, mit dem Luther Exegese betreibt, erkennbar. Schriftauslegung ist für ihn – wie er drei Jahre später gegenüber Erasmus von Rotterdam
formuliert – kein „Spiel oder Spaß", sondern eine Angelegenheit, bei der es um
das Heil des Menschen geht.[22] Es geht Luther um die Frage, was bei den vielen
Stimmen, die auch in den biblischen Texten zu hören sind, das Leben schaffende
Wort Gottes ist, das Evangelium. Für Luther ist es das Wort, mit dem Jesus
Christus den Glaubenden sein „Testament" hinterlässt, indem er ihnen erschließt, was sein Leben und Sterben *für* die Glaubenden bedeutet. Es ist das
Wort, mit dem ein Mensch leben und sterben kann.[23] Gleichzeitig deutet sich

---

[19] Prägnant formuliert Hans-Martin Barth zu Luthers Unterscheidung von Gesetz und
Evangelium: „Sachlich ist an dieser Stelle der Nerv der Theologie Luthers getroffen, weil es
bei der Unterscheidung von Gesetz und Evangelium darum geht, lebensgefährliche Ver-
wechslungen zu vermeiden" (Hans-Martin Barth, Die Theologie Martin Luthers. Eine kritische Würdigung, Gütersloh 2009, 234).

[20] Luther, WA DB 6 (s. Anm. 12), 2.

[21] Ebd. Vgl. a. a. O., 8: „Darumb sieh darauf, dass du nit aus Christo eyn Mosen machist,
noch aus dem Euangeli ein gesetz oder lere buch". S. dazu auch den aus dem selben Jahr stammenden Text „eyn kleyn unterricht, was man ynn den euangeliis suchen und gewartten soll",
M. Luther, Kirchenpostille 1522, WA 10 I, 8–18, v. a. S. 10, Zeile 20: „..., das du nit auß Christo eynen Mosen machist ...".

[22] M. Luther, De servo arbitrio, WA 18, 600–787, 620: *Non est ludus neque iocus, sacras
literas et pietatem docere*: „Es ist kein Spiel und kein Scherz, die Heilige Schrift und die Gottesfurcht zu lehren." Bemerkenswerter Weise verweist Luther unmittelbar darauf auf den
Jakobusbrief: „Sehr leicht nämlich widerfährt einem jener Fall, von dem Jakobus spricht: ‚Wer
an einer Stelle anstößt, wird aller Dinge angeklagt' [Jak 2,10b]." Übersetzung nach Athina
Lexutt, in: Martin Luther, Lateinisch-Deutsche Studienausgabe Band 1: Der Mensch vor
Gott, hg. und eingeleitet von Wilfried Härle, Leipzig 2006, 219–661 (259).

[23] M. Luther, WA DB 6 (s. Anm. 12), 4: „Also hat auch Christus fur seynem sterben befolhen und bescheyden, solchs Euangelion nach seynem todt, aus zuruffen ynn alle welt, und
damit allen, die do glewben, zu eygen geben alles seyn gutt, das ist seyn leben da mit er den
todt verschlungen, seyn gerechtigkeit da mit er die sund vertilget, und seyn seligkeit da mit er

hier aber auch eine hermeneutische Einsicht an, die Luther 1525 gegenüber
Erasmus auf den Begriff bringen wird: die Einsicht nämlich, dass zwischen der
Schrift selbst und der *Sache* der Schrift zu unterscheiden ist.[24] Diese Unterscheidung findet sich wieder in der Differenzierung von Gottes Schrift und Gott
selbst:[25] Während in Gott selbst „vieles verborgen ist, was wir nicht wissen"[26],
lässt sich die „Sache der Schrift" sehr wohl erkennen. Wenn Luther davon
spricht, dass für das Verständnis der Schrift zentral ist, was man „in ihr erwarten" soll, dann ist damit ein hermeneutisches Zirkelverfahren anvisiert: Jesus
Christus als die „Sache" der Schrift ist der Schrift selbst zu entnehmen, sie bestimmt dann aber auch wieder die Lektüre der Texte und wird zu ihrem Kriterium. Rudolf Bultmann hat vierhundert Jahre später den hermeneutischen
Grundsatz formuliert, dass jede Auslegung sich die eigene *Sachfrage*, mit der sie
an einen Text herantritt, bewusstmachen muss. Gerade dann kann sie der Leit-
vorstellung der „Objektivität" nahe kommen, weil sie nicht mehr *unbewusst*
vom eigenen Vorverständnis und dem leitenden Interesse bestimmt wird.[27] Ein
sachliches Interesse und ein Vorverständnis, mit dem ein Ausleger an einen Text
herangeht, ist deshalb nicht *per se* Ausdruck von Positionalität, sondern vielmehr eine Folge der notwendigen Perspektivität einer jeden Auslegung.[28] Wenn
in der neutestamentlichen Wissenschaft heute der Begriff der „Perspektive" gebraucht wird, dann sollte diese hermeneutische Einsicht berücksichtigt werden.
Ansonsten verkommt die Rede von der „Perspektive" zum bloßen Kampf-
begriff, mit dem man jede andere Position als die eigene als „alt" im Sinne von
„veraltet" abwertet. Dies geschieht vor allem dann, wenn man für die eigene
Sicht beansprucht „rein historisch" vorzugehen und anderen Perspektiven – wie
etwa derjenigen Luthers, aber auch Augustins – attestiert, dogmatisch voreinge-

---

die ewige verdammnis uberwunden hat, Nu kann jhe der arme mensch, ynn sunden todt und
zur helle verstrickt, nichts trostlichers horen, denn solche tewre lieblich botschafft von Christo, und mus seyn hertz von grund lachen und frohlich druber werden, wo ers gleuwt das war
sey."
    [24] Luther, De servo arbitrio (s. Anm. 22), 606. Luther spricht im Plural von den „Dingen"
(res) der Schrift und benennt sie inhaltlich präzise: *Christum filium Dei factum hominem, Esse
Deum trinum et unum, Christum pro nobis passum et regnaturum aeternaliter* (a. a. O., Zeile
26–28) – „..., dass nämlich Christus, der Sohn Gottes, Mensch geworden ist, dass Gott drei-
faltig ist und ein einziger, dass Christus für uns gelitten hat und herrschen wird in Ewigkeit".
Übersetzung Lexutt (s. Anm. 22), 235.
    [25] Luther, De servo arbitrio (s. Anm. 22), 606: *Duae res sunt Deus et Scriptura Dei, non
minus quam duae res sunt, Creator et creatura Dei.* „Zwei Dinge sind Gott und die Schrift
Gottes. Und zwar nicht weniger, als auch Schöpfer und Geschöpf Gottes zwei Dinge sind."
Übersetzung Lexutt (s. Anm. 22), 235.
    [26] Ebd.
    [27] Rudolf BULTMANN, Das Problem der Hermeneutik, in: ders., Glauben und Verstehen,
Zweiter Band, Tübingen 1952, 211–235 (228.230).
    [28] S. dazu Christof LANDMESSER, Wahrheit als Grundbegriff neutestamentlicher Wissen-
schaft (WUNT 113), Tübingen 1999, 443 f. 450.

nommen Exegese zu betreiben.[29] Sicherlich ist Luthers Auslegung der neutestamentlichen Texte von bestimmten Leitannahmen geprägt. In derselben Weise
lässt sich aber sagen, dass auch die „New" oder „Radical New Perspective" von
einem erkennbaren Anliegen geleitet ist, das in den Auslegungsprozess eingebracht, und das heißt: anhand der Texte *zur Diskussion* gestellt werden muss.

2.2 Die Metapher vom „Stroh" bei Paulus

Wir haben gesehen: Die Bezeichnung des Jakobusbriefs als „stroherne Epistel"
steht in einem schrifthermeneutischen Rahmen. Luther verwendet dabei ein
Bild, das von Paulus stammt, denn die Metapher entnimmt er offensichtlich
1 Kor 3,12.[30] Darum lohnt sich ein kurzer Blick auf den Zusammenhang:

Paulus unterscheidet das in 1 Kor 3,11 genannte „Fundament" (ὁ θεμέλιος),
das Jesus Christus selbst ist, von den Materialien, die auf dieses Fundament
aufgebaut werden können (V. 12). Hier wird neben „Gold", „Silber", „wertvol-
len Steinen", „Holz" und „Heu" auch das „Stroh" (ἡ καλάμη) genannt. Luther
nimmt zutreffend wahr, dass es Paulus in diesem Zusammenhang nicht etwa
allgemein um das gelebte Leben eines Menschen, sondern um das „Werk" der
Verkündigung geht.[31] Im Ersten Korintherbrief bezieht sich Paulus namentlich
auf *Apollos*, der, wie er selbst, in der korinthischen Gemeinde als Verkündiger
gewirkt hatte. In 1 Kor 3,5 macht Paulus deutlich, dass sowohl Apollos als auch
er selbst lediglich als „Diener" des Evangeliums zu verstehen seien.[32] Damit
nimmt Paulus auf den bereits in 1 Kor 1,12 genannten Konflikt Bezug, der die
Gemeinde offensichtlich bewegt: Einige in Korinth berufen sich auf einzelne
Autoritäten wie Paulus, Apollos oder Kephas (= Petrus). An dieser Stelle werden Auseinandersetzungen in Korinth erkennbar, deren Wahrnehmung die
Auslegung des Ersten Korintherbriefs nachhaltig bestimmt und zu teilweise

---

[29] Dies geschieht etwa bei NANOS, Introduction (s. Anm. 8), 3 f.

[30] Darauf weist auch Jason D. LANE, Luther's Criticism of James as a Key to his Biblical
Hermeneutic, in: Christine Christ-von Wedel/Sven Grosse (Hg.), Auslegung und Hermeneutik der Bibel in der Reformationszeit, Berlin 2017, 111–124 (119) hin.

[31] So mit Recht LANE, Luther's Criticism (s. Anm. 30), 119–121. Im Anschluss an Johannes
Bugenhagen weist Luther damit die von Johannes Eck vertretene Berufung auf 1 Kor 3,15 als
Beleg für das Fegefeuer zurück, vgl. M. Luther, WA 30 II, 378 (zitiert bei LANE, a. a. O., 121 mit
Anm. 33). Die Frage nach dem Fegefeuer ist eines der Themen der Leipziger Disputation von
1519, in der sich zunächst Johannes Eck und Karlstadt, dann aber Eck und Luther gegenüber-
standen, s. dazu Martin BRECHT, Martin Luther. Sein Weg zur Reformation 1483–1521, Stuttgart 1981, 285–332 (307, zum Fegefeuer als Thema). Christine GERBER, Paulus, Apostolat und
Autorität oder Vom Lesen fremder Briefe (ThSt 6), Zürich 2012, 80 bemerkt mit Recht, dass
es in 1 Kor 3,9–17 nicht um „Lehrstreitigkeiten" zwischen den „Parteien" in Korinth gehe,
sondern dass Paulus „die Gruppenbildung als solche" kritisiere. Paulus thematisiert aber
grundsätzlich, in welchem Verhältnis die Verkündiger zum „Fundament" der Verkündigung
stehen, und kommt in diesem Zusammenhang auf die Gerichtsperspektive zu sprechen.

[32] Τί οὖν ἐστιν Ἀπολλῶς; τί δέ ἐστιν Παῦλος; διάκονοι δι' ὧν ἐπιστεύσατε, καὶ ἑκάστῳ ὡς ὁ
κύριος ἔδωκεν. Vgl. 2 Kor 4,1 sowie 1 Kor 4,1.

recht spekulativen Versuchen geführt hat, eine „Weisheitstheologie" in Korinth, gegen die Paulus argumentiere, zu rekonstruieren.[33] Ferdinand Christian Baur (1792–1860) hat nicht umsonst ausgehend von 1 Kor 1,12 das Bild eines harmonischen „Urchristentums" destruiert und diese Einsicht zum Ausgangspunkt seiner „Tendenzkritik" gemacht, die zur „historisch-kritischen" Forschung führt.[34]

Ohne dass die Positionen der einzelnen Gruppierungen in Korinth für uns präzise greifbar würden, so lässt sich aus dem Ersten Korintherbrief doch erkennen, dass sich bereits zur Zeit des Paulus die Frage nach einem *Kriterium* für die Verkündigung stellt. Dieses Kriterium ist Jesus Christus selbst, der – wie Paulus in 1 Kor 1,13 durch zwei rhetorische Fragen deutlich macht – für die Glaubenden gekreuzigt wurde und auf dessen Namen sie getauft wurden. Jesus Christus ist für Paulus der Inhalt des Evangeliums, das er deshalb als das „Wort vom Kreuz" bezeichnen kann (1 Kor 1,18), das der Verkündigung voraus liegt und an dem sie zu messen ist. Es ist wichtig wahrzunehmen, dass bereits Paulus die Unterscheidung zwischen Evangelium als Wort *Gottes* und der menschlichen Verkündigung, die sich auf dieses Wort bezieht, kennt.[35] Wenn Luther im Blick auf den Jakobusbrief von einer „strohernen Epistel" spricht, dann nimmt er die paulinische Unterscheidung von „Fundament" und demjenigen, was auf dem Fundament aufgebaut wird, von Wort Gottes und Theologie, auf. Dass Jakobus wie Paulus und Apollos, aber eben auch Johannes und Petrus, die Luther in der Vorrede nennt, an dem „Fundament", das Jesus Christus ist, zu messen sind, liegt *in ihrer eigenen Intention* begründet. Sie wollen „Christenleute lehren", wie Luther schließlich auch im Blick auf den Jakobusbrief sagt.[36]

---

[33]   Mit Recht kritisch dazu GERBER, Paulus (s. Anm. 31), 80.

[34]   Ferdinand Christian BAUR, Die Christuspartei in der korinthischen Gemeinde, der Gegensatz des petrinischen und des paulinischen Christenthums in der ältesten Kirche, der Apostel Petrus in Rom (1831), in: ders., Ausgewählte Werke in Einzelausgaben, Band 1: Historisch-kritische Untersuchungen zum Neuen Testament, hg. von Klaus Scholder, Stuttgart 1963, 1–146. S. dazu Martin BAUSPIESS, Geschichte und Theologie bei Ferdinand Christian Baur, in: Volker Drecoll (Hg.), 750 Jahre Augustinerkloster und Evangelisches Stift in Tübingen, Tübingen 2018, 245–263 (252–254).

[35]   Grundlegend dazu Otfried HOFIUS, Wort Gottes und Glaube bei Paulus, in: ders., Paulusstudien (WUNT 51), Tübingen ²1994, 148–174, zur Unterscheidung von Wort Gottes und Predigt a.a.O., 150.

[36]   Paulus bemerkt entsprechend im Blick auf Apollos, dass er auf der von Paulus durch die Evangeliumspredigt angelegten „Pflanzung" angeknüpft habe („ich habe gepflanzt, Apollos hat gegossen", 1 Kor 3,6). Insofern muss auch zwischen 1 Kor 3,10 und 11 kein Widerspruch konstruiert werden, denn der von Paulus gelegte θεμέλιος ist kein anderer als der von Gott selbst gelegte θεμέλιος, es ist die Predigt des Evangeliums (vgl. 1 Kor 2,2), die die Gemeinde als Wort Gottes gehört hat und darin verstanden hat (vgl. 1 Thess 2,13; Gal 3,1 f.). Bereits Hans CONZELMANN, Der erste Brief an die Korinther (KEK 5), Göttingen ¹²1981, 101 bemerkt, der Ausdruck sei „paradox" und Paulus vermeide es konsequent, selbst als das Fundament zu gelten. Vgl. Christian WOLFF, Der erste Brief an die Korinther (ThHK 7), Leipzig ²2007, 71: „Der tragende Grund der Gemeinde ist und bleibt der von Paulus verkündigte Jesus Christus (2,2)".

Luther misst Jakobus demnach nicht einfach nur *an Paulus*, auch wenn Luther die Unterscheidung von Evangelium und Verkündigung der Sache nach von Paulus aufnimmt. Er sieht das „Fundament" vielmehr in gleicher Weise wie bei Paulus auch im Ersten Johannesbrief, im Johannesevangelium und im Ersten Petrusbrief bezeugt. Dieses „Fundament" ist die Jesus-Christus-Geschichte als eine Geschichte *pro nobis* – eine Geschichte, die *für* die Menschen geschieht. Hier lässt sich auf Passagen aus den Paulusbriefen wie 2 Kor 5,21 und Gal 3,13, aber eben genauso auf 1 Joh 2,1 f.; Joh 3,14–16 oder 1 Petr 2,21–25 hinweisen. An anderer Stelle wird Luther deutlich machen, wie er diese „Sache" in den Evangelien bezeugt sieht.[37] Dort wäre nur an die Abendmahlsworte zu erinnern (Mk 14,22–24; Mt 26,26–28; Lk 22,19 f., vgl. 1 Kor 11,23–25).

2.3 Die Vorrede zum Jakobus- und zum Judasbrief

Luthers Vorrede zum Jakobus- und zum Judasbrief beginnt mit einem Wort der Wertschätzung. Der Reformator hält den Jakobusbrief für „gutt, darumb, das sie gar keyn menschen lere setzt und Gottis gesetz hart treybt".[38] Auch an dieser Stelle wird die oben angesprochene Differenziertheit des Wortes Gottes in Gesetz und Evangelium erkennbar: Als *Gesetz* ist der Jakobusbrief Gottes Wort. Luthers Kritik bricht an der Stelle auf, an der Gesetz und Evangelium miteinander vermengt werden. So kritisiert er, „das sie (sc. die Epistel Sanct Jacobi) stracks widder Sanct Paulon unnd alle ander schrifft, den wercken die rechtfertigung gibt, und spricht, Abraham sey aus seynen wercken rechtfertig worden, da er seynen sohn opffert".[39] Luther spielt hier auf die berühmte Passage Jak 2,14–26 an, in der der Verfasser des Jakobusbriefes (mit V. 23) – wie Paulus in Röm 4,1–5; Gal 3,6 – auf Gen 15,6 Bezug nimmt, diese Stelle aber – anders als Paulus – mit Gen 22,1 ff. kombiniert (Jak 2,21), um das *Zusammenwirken* von πίστις und ἔργα zu erweisen (V. 22). Wir werden darauf zurückkommen. Zunächst noch einmal zu Luther: Neben seiner Kritik an der „Rechtfertigungslehre" des Jakobus steht ein zweiter Punkt, der m. E. noch gewichtiger ist:

---

[37] Luther, Kirchenpostille (s. Anm. 21), 13: „Wenn du nu das Euangeli buch auffthuist, list oder horrist, wie Christus hie odder dahynn kommet oder yemandt tzu yhm bracht wirt, solltu du da durch vornehmen die predigt odder das Evangelium, durch welchs er tzu dyr kommet odder du tzu yhm bracht wirdist." Der Titel des Abschnitts lautet ganz ähnlich wie in der allgemeinen Vorrede zum Neuen Testament: „Eyn kleyn unterricht, was man ynn den Euangeliis suchen und gewartten soll" (a. a. O., 8). Auch hier unterstreicht Luther, dass Jesus in den Evangelien in erster Linie als *Gabe* vorgestellt wird und dass die Evangelien deshalb auch in diesem Sinne zu lesen sind (vgl. die Unterscheidung von Christus als Gabe und als Exempel a. a. O., 12). Zur inhaltlichen Füllung des „Schriftprinzips" bei Luther s. auch WA DB 6 (s. Anm. 12), 10, wo er zu den oben genannten biblischen Büchern erklärt: „[...] ynn disen findistu nicht viel werck unnd wunderthatten Christi beschrieben, Du findist aber meysterlich außgestrichen, wie der glawbe an Christum, sund, tod und helle uberwindet, und das leben, gerechtigkeyt unnd seligkeyt gibt, wilchs die rechte artt ist des Euangeli, wie du gehoret hast".
[38] Luther, WA DB 7 (s. Anm. 13), 384.
[39] Ebd.

Auffs ander, das sie (sc. die Epistel Jacobi) will Christen leutt leren, und gedenckt nicht eynmal ynn solcher langen lere, des leydens, der aufferstehung, des geysts Christi, er nennet Christum ettlich mal, aber er leret nichts von yhm, sondern sagt vom gemeynem glawben an Gott.[40]

Wie bereits gesagt, misst Luther den Jakobusbrief an seinem *eigenen* Anliegen, nämlich „Christenleute zu lehren". Dieses Anliegen bestimmt ihn ja tatsächlich, ist der Jakobusbrief doch an die „zwölf Stämme in der Diaspora" gerichtet (Jak 1,1b), die er zum Ausharren in den „Versuchungen" (1,2–4.12) motivieren will. Dazu erinnert der Jakobusbrief seine Adressaten an ihren „Herrn Jesus Christus", als dessen „Knecht" er sich selbst versteht (Jak 1,1a). Dass der Jakobusbrief – wie die Paulusbriefe – an Menschen gerichtet ist, die an Jesus als ihren κύριος glauben, lässt sich deshalb nicht bestreiten. Was Luther hier der Sache nach feststellt, ist allerdings, dass der Jakobusbrief Jesus Christus zwar als κύριος bezeichnet (Jak 1,1; 2,1; 5,7f.), darüber hinaus aber nichts über das Sterben Jesu *für* die Glaubenden sagt und deshalb gerade den *Grund* der Rechtfertigung nicht benennt. Deshalb „lehrt" er nicht von Christus. Auf diese Beobachtung bezieht sich Luthers Bemerkung, er halte den Jakobusbrief „fur keyns Apostel schrifft".[41] An dieser Stelle formuliert Luther auch sein Kriterium für „Apostolizität", in der seine Unterscheidung von Schrift und Wort Gottes[42] begründet ist. Sie ist in der *Aufgabe* (seinem „Amt") begründet, die darin besteht, „das er von Christus leyden unnd aufferstehn und ampt predige und lege des selben glawbens grund".[43] Die Metapher des „Grundes" stammt erneut aus dem Zusammenhang von 1 Kor 3,10f. Das Evangelium wird für Luther dort erkennbar, wo die neutestamentlichen Texte „Christum predigen und treyben".[44] Dieses – inhaltlich sehr klar benennbare – Kriterium ist es, das Luther an den Jakobusbrief als „Prüfstein" anlegt:

Was Christum nicht leret, das ist nicht Apostolisch, wens gleych Petrus odder Paulus leret, Widerumb, was Christum predigt, das ist Apostolisch, wens gleych Judas, Annas, Pilatus und Herodes thett.[45]

An dieser Stelle formuliert Luther in der Fassung von 1546 vorsichtiger:

Was Christum nicht leret, das ist *noch* nicht Apostolisch, wens gleych S. Petrus odder Paulus leret, Widerumb, was Christum prediget, das *were* Apostolisch, wens gleych Judas, Annas, Pilatus und Herodes thet.[46]

---

[40] Ebd.
[41] Ebd.
[42] Luther, De servo arbitrio (s. Anm. 22), 606 (s. oben).
[43] Luther, WA DB 7 (s. Anm. 13), 384.
[44] Ebd.
[45] Ebd.
[46] A.a.O., 385 (Hervorhebungen M.B.).

M.E. lässt sich an dieser Stelle in der Tat eine Akzentverschiebung beobachten. Auch in der Beschreibung der Absicht und der Grenzen des Jakobusbriefes lassen sich zwischen 1522 und 1546 Veränderungen beobachten. 1522 schreibt Luther:

> Er hat wollen denen weren, die auff den glawben, on werck sich verließen, und ist der sach mit geyst, verstand und wortten zu schwach gewesen, und zerreysset die schrifft, und widdersteht damit Paulo und aller schrifft, wils mit gesetz treyben außrichten, das die apostel mit reizen zur liebe außrichten. Darumb will ich yhn nicht haben ynn meyner Bibel ynn der zal der rechten hewbtbucher, will aber damit nimandt weren, das er yhn setz und hebe, wie es yhn gelustet, denn es viel guter spruch sonst drynnen sind.[47]

Luther streicht 1546 sein Urteil, dass der Verfasser des Jakobusbriefes „der Sache mit Geist, Verstand und Worten zu schwach gewesen" sei und „die Schrift zerreiße". Außerdem tilgt er den Hinweis auf den Widerspruch zu Paulus und formuliert nun allgemeiner, der Jakobusbrief wolle „es mit dem Gesetz treiben ausrichten, das die Apostel mit reizen zur Liebe ausrichten".[48] Er verändert die Formulierung, dass er den Jakobusbrief „in seiner Bibel nicht haben wolle unter den Hauptbüchern" und schreibt nun nur noch: „Darumb kann ich ihn nicht unter die rechten Heubtbuecher setzen."[49] Von einer *vollständigen Verbannung* des Jakobusbriefes aus dem Kanon war auch 1522 nicht die Rede gewesen, wohl aber davon, dass er ihn nicht zu den „Hauptbüchern" der Bibel rechne. Zudem spricht Luther bereits 1522 davon, dass der Jakobusbrief „viele gute Sprüche" enthalte. 1546 aber macht Luther noch deutlicher, dass der Jakobusbrief *nicht explizit* erkennen lässt, dass er von Christus Zeugnis gibt: Für ihn gilt, dass er „noch" nicht apostolisch ist – so lange nämlich, wie ihm – Luther – niemand zeigen kann, dass er das Fundament, den *Christus pro nobis* enthält. Vor allem aber lässt Luther 1546 den abschließenden Satz weg, der – wie der einleitende Satz zur Vorrede zum Neuen Testament von 1522 – den direkten Kontext erkennbar werden lässt, in dem Luther seine Schrifthermeneutik entwickelt. So fragt er 1522 abschließend rhetorisch: „Eyn man ist keyn man in welttlichen sachen, wie sollt denn diser eyntzeler, nur alleyn, widder Paulum unnd alle andere schrifft gelten?"[50] Es geht Luther offensichtlich nicht einfach darum, den Jakobusbrief *per se* zu kritisieren und zu verwerfen. Es geht ihm darum, dass vom Jakobusbrief aus nicht *gegen* das Evangelium, wie Luther es *bei Paulus*, aber auch in den Evangelien, im Ersten Petrus- und im Ersten Johannesbrief gefunden hatte, argumentiert werden kann. In den Auseinandersetzungen um seine 95 Thesen muss Luther schon bald gemerkt haben, dass die bloße Berufung auf die *gesamte* Schrift als *primum principium*[51] in der Praxis scheiterte,

---

[47] A.a.O., 386.
[48] A.a.O., 387.
[49] Ebd.
[50] A.a.O., 386.
[51] In seiner *Assertio omnium articulorum*, mit der Luther 1520 auf die Bannandrohungsbulle Leos X. antwortete, bezeichnet Luther noch die *verba Dei* insgesamt als *principium*

weil auch seine Gegner mit Schriftstellen argumentieren konnten. Im Blick auf
den Jakobusbrief ist ihm dieser Aspekt offensichtlich im Zusammenhang mit
der Leipziger Disputation im Jahr 1519, die er mit Johannes Eck bestritten hatte,
deutlich geworden.[52] In einem Rückblick auf diese Diskussion erklärt Luther,
dass mit Jak 2,17 – ‚Glaube ohne Werke ist tot' – gegen die paulinisch-luther-
ische „Rechtfertigungslehre" argumentiert werde.[53] Bemerkenswert ist das Argument, das Luther seinerseits gegen diese Berufung auf den Jakobusbrief vor-
bringt: Paulus rede von einem „lebendigen Glauben". Deshalb sei für ihn ein
Glaube, der tot ist, überhaupt kein Glaube, sondern vielmehr nur eine „Meinung", d.h. ein vermeintlicher Glaube.[54] Aus diesem Grund könne Jakobus
nicht mit Paulus verglichen werden.[55] Luther ist hier also der Meinung, dass
Jak 2,14 (die πίστις kann nicht „retten") Paulus überhaupt nicht treffe, weil hier
ein defizitäres Glaubensverständnis vorausgesetzt ist. Für Luther entscheidend
ist, dass der Glaube in sich selbst „lebendig" ist, d.h. am Menschen wirkt und
ihn in seiner Existenz bestimmt. Aus diesem Grund ist auch verständlich, dass
Luther sich positiv v.a. auf Texte aus Jak 1 – und nicht aus Jak 2 – bezieht. Das
fällt etwa auch in seinen Predigten auf.[56] Insbesondere das Wort Jak 1,18, in dem
von der Geburt der Glaubenden durch „das Wort der Wahrheit" geredet wird,
führt Luther immer wieder an.[57] Das Verständnis dieser Stelle spielt auch in der

---

primum (M. Luther, Assertio omnium articulorum, in: ders., Lateinisch-Deutsche Studienausgabe 1 (s. Anm. 22), 71–217 [80 f]). Das später in der altprotestantischen Orthodoxie ausge-
bildete Lehrstück von der Heiligen Schrift als wissenschaftstheoretischem „Prinzip" (vgl.
Johannes WALLMANN, Kirchengeschichte Deutschlands seit der Reformation, Tübingen
⁵2000, 98) hat hier also durchaus einen Anknüpfungspunkt. Zu Luthers Schriftverständnis s.
jetzt Kinga ZELLER, Luthers Schriftverständnis aus rezeptionsästhetischer Perspektive. Eine
Untersuchung zu Anknüpfungsmöglichkeiten, Transformationsmöglichkeiten und bleibenden Differenzen (AStH 15), Leipzig 2020.
   [52] Darauf wird immer wieder hingewiesen, so etwa bei DEINES, Jakobus (s. Anm. 14), 30,
aber auch bereits bei Hans HEINZ, Jakobus 2,14–26 in der Sicht Martin Luthers, AUSS 19/2
(1981), 141–146 (142 f.); LANE, Luther's Criticism (s. Anm. 30), 112 f. Zu Ecks Sicht s. J. Eck,
Enchiridion. Handbücher gemainer stell und Artickel der jetzt schwebenden Neuwen leeren,
Faksimile-Druck der Ausgabe Augsburg 1533, hg. von Erwin Iserloh (CCath 35), Münster 1980.
   [53] M. Luther, Resolutiones Lutherianae super propositionibus suis Lipsius disputatis
(1519), WA 2, 425, 10–16 (vgl. LANE, Luther's Criticism [s. Anm. 30], 112).
   [54] *... deinde de fide viva loquitur Paulus. Nam fides mortua non est fides, sed opinio.* (WA 2,
425).
   [55] Ebd.
   [56] S. dazu die bei LANE, Luther's Criticism (s. Anm. 30), 118 mit Anm. 26 genannten Predigten Luthers über den Jakobusbrief, die sämtlich dem ersten Kapitel des Schreibens entnommen sind: zu Jak 1,21–27 (WA 41, 69–73 [1535]), über Jak 1,27–21 (WA 41, 578–590 [1536]),
über Jak 1,16–21 (WA 45, 77–81 [1537]), über Jak 1,16–21 (WA 47, 742–748 [1539]), über
Jak 1,22–27 (WA 47, 748–756 [1539]). S. dazu auch die Monographie von Jason D. LANE,
Luther's Epistle of Straw. The Voice of St. James in Reformation Preaching, Berlin 2018.
   [57] LANE, Luther's Criticism (s. Anm. 30), 116 mit Verweis auf Johann HAAR, Initium Creaturae Dei. Eine Untersuchung über Luthers Begriff der „neuen Creatur" im Zusammenhang
mit seinem Verständnis von Jakobus 1,18 und mit seinem „Zeit"-Denken, Gütersloh 1939;
WICK, Martin Luther und der Jakobusbrief (s. Anm. 4), 421.

neueren Forschung zum Jakobusbrief eine zentrale Rolle.[58] Die damit verbundene Forderung besteht darin, den Jakobusbrief nicht ausgehend von Jak 2,14–26, sondern vielmehr von Jak 1,18.21 aus zu interpretieren, wo von der „Geburt" durch das „Wort der Wahrheit" (λόγος ἀληθείας) und von dem „eingepflanzten Wort" (ἔμφυτος λόγος) die Rede ist (s. u.). Auch der Jakobusbrief vertritt demnach eine „Wort-Gottes-Theologie".[59] Es kommt für die Auslegung deshalb alles darauf an, was genau der Verfasser unter dem Wort Gottes versteht und wie er es inhaltlich füllt. Auch auf diesen Aspekt müssen wir deshalb noch einmal zurückkommen.

2.4 *Luther, Melanchthon und Calvin zu Paulus und Jakobus*

Bereits zu Luthers eigener Zeit lässt sich eine Tendenz beobachten, Jakobus und Paulus einander anzunähern. An diese Harmonisierungsversuche können heutige Ausleger deshalb anknüpfen, namentlich an Philipp Melanchthon, den Verfasser der *Confessio Augustana*, und an Johannes Calvin.[60] Sie richten sich der Sache nach bereits gegen Luthers Beurteilung des Jakobusbriefes als der „Papisten Epistel"[61] und versuchen ihn positiv aufzunehmen. In seiner Apologie der *Confessio Augustana* geht Melanchthon auf die gegen die reformatorische Rechtfertigungslehre vorgebrachte Argumentation mit dem Jakobusbrief ein und weist sie in dreierlei Weise zurück:

a) Zum einen spreche Jak 2,24 („Seht, dass der Mensch aus Werken gerechtfertigt wird und nicht aus Glauben allein.") nicht dafür, dass ein Mensch aufgrund eigener Verdienste gerechtfertigt würde und er Christus nicht mehr als „Mittler" brauche.[62] Denn Jakobus lasse „den Glauben nicht außen, sondern redet vom Glauben, damit läßt er Christum den Schatz und den Mittler bleiben, dadurch wir für Gott gerecht werden, wie auch Paulus, da er die Summe setzt christlichen Glaubens, setzt er Glauben und Liebe zusammen."[63]

---

[58] S. Matthias KONRADT, „Geboren durch das Wort der Wahrheit" – „gerichtet durch das Gesetz der Freiheit". Das Wort als Zentrum der theologischen Konzeption des Jakobusbriefes, in: von Gemünden/ders./Theissen (Hg.), Der Jakobusbrief (s. Anm. 11), 1–15.

[59] S. dazu BAUSPIESS, Ein Gesetz, das in die Freiheit führt? (s. Anm. 11), 192–195.

[60] Darauf wird in der heutigen Diskussion hingewiesen: Auf Melanchthon weist DEINES, Jakobus (s. Anm. 14), 35 f. hin und sieht diesen in einer Linie mit der „deutliche[n] Abwendung von einem konfessionell vorgeprägten Jakobusbild" in der neueren Jakobusforschung (a.a.O., 36), die ich oben (im Anschluss an die Formulierung von Niebuhr) als „New Perspective on James" beschrieben habe. WICK, Martin Luther und der Jakobusbrief (s. Anm. 4), 426 bezieht sich auf Calvin (s. dazu unten).

[61] M. Luther, WA TR 5, 414, vgl. 382,17 f.

[62] Apologia Confessionis Augustanae/Apologia der Confession, aus dem Latein verdeutscht durch Justum Jonam, in: Die Bekenntnisschriften der Evangelisch-Lutherischen Kirche (BSLK). Herausgegeben im Gedenkjahr der Augsburgischen Konfession 1930, Göttingen [11]1992, 139–404 (207, Zeile 35 ff.).

[63] A.a.O., 208, Zeile 15–21.

b) Zum zweiten meine Jak 2,17 („So ist auch der Glaube, wenn er keine Werke hat, tot in sich selbst") nicht, „daß wir durch Werke Gnade oder Vergebung der Sünde verdienen".[64] Jakobus rede aber von den Werken derer, die bereits durch Christus Vergebung der Sünden erlangt hätten. Melanchthon wendet sich demnach gegen ein Verständnis, dass die Werke die *Voraussetzung* der Rechtfertigung seien, und setzt an deren Stelle die These, dass die Werke bei Jakobus die *Folge* der Rechtfertigung seien.[65]

c) Als drittes geht Melanchthon auf die ebenfalls bereits angesprochene Stelle Jak 1,18 ein. Melanchthon interpretiert den Vers mit den Worten: „So er nu sagt, daß wir durch das Evangelium neu geboren sein, so will er, daß wir durch den Glauben gerecht sein für Gott worden."[66] In Jak 1,18 sieht Melanchthon demnach die „Neugeburt" durch das Evangelium angesprochen.

Aus all diesen Gründen sieht Melanchthon bewiesen, „daß der Spruch Jacobi nicht wider uns ist".[67] Vielmehr wolle er „faulen Christen" wehren, die meinten, „sie hätten den Glauben, so sie doch ohne Glauben waren".[68] So versteht Melanchthon den Gegensatz zwischen „totem" und „lebendigem Glauben" im Sinne von Jak 2,17: „Den toten Glauben nennt er, wo nicht allerlei gute Werke und Früchte des Geistes folgen, Gehorsam, Geduld, Keuschheit, Liebe etc. Lebendigen Glauben, nennet er, da gute Früchte folgen."[69] Melanchthon nimmt damit die Metapher des „lebendigen Glaubens" auf, die Luther bereits 1519 in der Reaktion auf Eck verwendet hatte. Dabei interpretiert Melanchthon den Jakobusbrief von Gal 5,22 her, wo Paulus von der „Frucht des Geistes" (ὁ καρπὸς τοῦ πνεύματος) spricht. Hier liest gerade *Melanchthon* Jakobus durch die „paulinische Brille". Das Bild vom Baum und seinen Früchten ist auch für Luther zentral. Er verwendet es Ende der 1530er Jahre in Disputationsthesen über den Glauben,[70] er kommt auf das Bild im Blick auf den Jakobusbrief aber auch in seiner Genesis-Vorlesung von 1539 noch einmal zu sprechen. Hier nimmt Luther nun auf die „Spitzenaussage" in Jak 2,21 Bezug, wo der Verfasser in einer rhetorischen Frage die These aufstellt, dass Abraham „aus Werken gerechtfertigt" worden sei.[71] Jakobus behauptet *nach Luther* gerade *nicht* – wie Melanchthon meint – dass die Werke aus dem Glauben *folgen*. Denn hier würden eben nicht die Früchte durch den Baum gut, sondern umgekehrt, der Baum durch die

---

[64] Ebd., Zeile 30 f.
[65] Ebd., Zeile 32 ff.
[66] Ebd., Zeile 49–52.
[67] A. a. O., 209, Zeile 2.
[68] Ebd., Zeile 2–7.
[69] Ebd., Zeile 8–12.
[70] *Fatemur opera bona fidem sequi debere, imo non debere, Sed sponte sequi, Sicut arbor bona non debet bonos fructos facere, Sed sponte facit* (M. Luther, WA 39 I, 46, 28–30). Hier nimmt Luther das Bild aus Mt 7,18 auf: „Ein guter Baum kann keine schlechten Früchte hervorbringen, und ein fauler Baum kann keine guten Früchte hervorbringen."
[71] Ἀβραὰμ ὁ πατὴρ ἡμῶν οὐκ ἐξ ἔργων ἐδικαιώθη κτλ., s. dazu unten.

Früchte.[72] An Jak 2,21 scheitert nach Luthers Auffassung die Argumentation Melanchthons.[73] Luther hat ausdrücklich Melanchthons Argumentation aus der *Apologie* im Blick, wenn er erklärt: „Wer die (sc. Paulus und Jakobus) tzusammen reimen kann, dem will ich mein paret auffsetzen und wil mich einen narren schelten lassen."[74] Es ist nicht weniger als sein Doktorhut, den Luther an den verwettet, der wie Melanchthon Paulus und Jakobus zusammendenken kann.

Es entspricht der oben beschriebenen Tendenz in der neueren Forschung, wenn Peter Wick in seinem 2017 erschienenen Aufsatz zu „Martin Luther und der Jakobusbrief" bemerkt, dass bei Calvin in Genf die „Rehabilitation" des Jakobusbriefes bereits „voll greifbar" werde.[75] Luther habe sich indes „aufgrund seiner Gegner und ihrem Gebrauch des Briefes nicht dazu durchringen" können, den Jakobusbrief ebenfalls zu „rehabilitieren".[76] Calvin hatte bemerkt, dass der Jakobusbrief „nichts eines Apostels Unwürdiges" enthalte und stattdessen „gesättigt" sei „von mannigfaltigem Lehrstoff, dessen Bedeutung für alle Seiten des Christenlebens klar zutage liegt".[77] Er weist im Folgenden auf die „vortreffliche[n] Sentenzen über Geduld und Gebet, über die Wirksamkeit und Frucht der himmlischen Lehre, über Demut, heilige Prüfungen, die Zügelung der Zunge, Friedfertigkeit, Unterjochung der Lüste, Verachtung des gegenwärtigen Lebens und dergleichen" hin.[78] Dass der Jakobusbrief durchaus „viele gute Sprüche" enthalte, hatte freilich auch Luther von Anfang an zugestanden. Lassen sich Jakobus und Paulus also doch zusammendenken? Anders gefragt: Hat Luther seinen Doktorhut verwettet?

3. Den Doktorhut verwettet?
Eine Prüfung der Thesen Melanchthons

Wir haben gesehen, dass in der neueren Forschung zum Jakobusbrief Thesen wiederkehren, die in Melanchthons Argumentation angelegt sind. Darum möchte ich seine Argumentation aus der *Apologie* aufnehmen und im Licht der

---

[72] *Non autem sequitur, ut Iacobus delirat:* ‚*Igitur fructus iustificant‘. Sicut non sequitur: ego agnosco arborem ex fructu. Igitur arbor ex fructibus fit bona* (M. Luther, WA 43, 231, 39–41).

[73] M. Luther, WA TR 3, 253 f: „*Plures sudarunt in epistola Iacobi, ut cum Paulo concordarent. Et Philippus Melachthon in sua Apologia aliquid tractat, sed non serio. Sunt enim contraria: Fides iustificat, et: Fides non iustificat.* Wer die tzusammen reimen kann, dem will ich mein paret auffsetzen und wil mich einen narren schelten lassen."

[74] Ebd.

[75] Wick, Martin Luther und der Jakobusbrief (s. Anm. 4), 426.

[76] Ebd.

[77] J. Calvin, Johannes Calvins Auslegung der Heiligen Schrift in deutscher Übersetzung. Der Jakobus- und Judasbrief, Band 12, hg. von Ernst Friedrich Karl Müller, Neukirchen o.J. 1903, 3, zitiert nach Wick, ebd.

[78] Ebd.

neueren Diskussion prüfen. Ich gehe dabei nicht nach der Reihenfolge der Thesen Melanchthons, sondern nach der Abfolge der Texte im Jakobusbrief vor.

3.1 Das „Wort der Wahrheit": zu Jakobus 1,18

In Jak 1,18 heißt es: βουληθεὶς ἀπεκύησεν ἡμᾶς λόγῳ ἀληθείας εἰς τὸ εἶναι ἡμᾶς ἀπαρχήν τινα τῶν αὐτοῦ κτισμάτων – „Weil er es wollte, hat er uns durch das Wort der Wahrheit geboren, damit wir gewissermaßen eine Erstlingsfrucht seiner Geschöpfe seien."

In seiner Interpretation geht Melanchthon davon aus, dass mit dem in Jak 1,18 genannten λόγος ἀληθείας *das Evangelium* gemeint ist. Diese These wird auch in der neueren Diskussion vertreten.[79] Christoph Burchard, der diese Auslegung als die „Mehrheitsmeinung" bezeichnet, räumt allerdings ein, dass die Wendung λόγος ἀληθείας „traditionell, aber für sich genommen mehrdeutig" sei.[80] Sie lässt sich zunächst sowohl vor alttestamentlichem Hintergrund (Ps 118,43 LXX) als auch im Kontext neutestamentlicher Formulierungen (Eph 1,13; Kol 1,5; 2 Tim 2,15) interpretieren. Im einen Fall wäre mit dem λόγος ἀληθείας in Jak 1,18 *die Tora*, im anderen aber – wie Melanchthon die Stelle versteht – *das Evangelium* gemeint. Die Formulierung ohne Artikel (λόγος ἀληθείας) entspricht genau Ps 118,43 LXX, während an den genannten neutestamentlichen Stellen jeweils determiniert von ὁ λόγος τῆς ἀληθείας die Rede ist.[81] Zudem wird das „Wort der Wahrheit" dort jeweils im Kontext eindeutig mit dem Evangelium von Jesus Christus identifiziert.[82] Der λόγος τῆς ἀληθείας bezieht sich an den – sämtlich aus der Paulus-Schule stammenden – Stellen jeweils auf die Botschaft der Jesus-Christus-Geschichte als Geschichte *pro nobis*, auf die es auch Luther ankommt. Einen solchen Hinweis auf das *pro nobis* sucht man im Jakobusbrief vergeblich.

---

[79] Christoph BURCHARD, Der Jakobusbrief (HNT 15/1), Tübingen 2000, 78: „Jak bezeichnet damit kaum die Sinaitora. [...] Er redet [...] von der ihm vertrauten Form christlicher Heilsbotschaft". Karl-Wilhelm NIEBUHR, Jakobus und Paulus über das Innere des Menschen und den Ursprung seiner ethischen Entscheidungen, NTS 62 (2016), 1–30 (10); KONRADT, „Geboren durch das Wort der Wahrheit" (s. Anm. 58), 3. Vgl. bereits Martin DIBELIUS, Der Brief des Jakobus (KEK XV), Göttingen [10(4)]1959, 100; Franz MUSSNER, Der Jakobusbrief (HThKNT 13), Freiburg im Breisgau 1975, 95 f. Zur Diskussion s. Rainer METZNER, Der Brief des Jakobus (ThHK 14), Leipzig 2017, 86 f.

[80] BURCHARD, Jakobusbrief (s. Anm. 79), 78.

[81] Zur exegetischen Argumentation s. BAUSPIESS, Ein Gesetz, das in die Freiheit führt? (s. Anm. 11), 189–192.

[82] In Eph 1,13 erfolgt die Identifizierung noch im selben Satz: Ἐν ᾧ (sc. ἐν τῷ Χριστῷ, V. 12b) καὶ ὑμεῖς ἀκούσαντες τὸν λόγον τῆς ἀληθείας, τὸ εὐαγγέλιον τῆς σωτηρίας ὑμῶν. Ebenso in Kol 1,5: ἐν τῷ λόγῳ τῆς ἀληθείας τοῦ εὐαγγελίου. Der in 2 Tim 2,15 genannte λόγος τῆς ἀληθείας ist mit jenem λόγος identisch, der in V. 11a genannt wird (πιστὸς ὁ λόγος) und unmittelbar zuvor das in V. 10 genannte „Heil in Christus Jesus" entfaltet: „Sind wir nämlich mitgestorben, werden wir auch mitleben" (V. 11b). Bei Paulus begegnet die indeterminierte Formulierung λόγος ἀληθείας in 2 Kor 6,7. An dieser Stelle ist aber nicht speziell die Evangeliumsverkündigung gemeint, sondern „die Wahrhaftigkeit apostolischen Redens überhaupt" (Christian WOLFF, Der zweite Brief an die Korinther [ThHK 8], Berlin 1989, 141).

Für ihn stellt vielmehr *das Gesetz* den Ausgangspunkt dar, das er in Jak 1,25a als das „vollkommenen Gesetz der Freiheit" bezeichnet. Nach Jak 2,12 ist es der Maßstab, nach dem die Glaubenden im Endgericht beurteilt werden. M. E. legt es sich nahe, dass der Verfasser des Jakobusbriefes in Jak 1,18 an die *Tora* denkt.[83] Toragehorsam und Christusglaube gehören für ihn zusammen. Die für Paulus wie Luther zentrale *Unterscheidung* von Gesetz und Evangelium findet sich bei ihm jedenfalls nicht.[84] Luther selbst allerdings scheint das Wort Jak 1,18 in ähnlicher Weise wie Melanchthon zu verstehen. Er bezieht sich häufig auf das Motiv der „Erstlingsfrucht"[85] und verbindet damit den Gedanken der Neuschöpfung im Sinne von Gal 6,15 und 2 Kor 5,17.[86] So belegt Luther etwa in *De servo arbitrio* mit Jak 1,18, dass Gott den Menschen durch den Geist neu schafft.[87] Trotzdem überzeugt ihn Melanchthons Argumentation nicht. Diese Frage entscheidet sich für Luther an der Auslegung von Jakobus 2.

3.2 Toter Glaube: zu Jakobus 2,17

In Jak 2,17 formuliert der Verfasser: οὕτως καὶ ἡ πίστις, ἐὰν μὴ ἔχῃ ἔργα, νεκρά ἐστιν καθ' ἑαυτήν – „So ist auch der Glaube, wenn er keine Werke hat, tot in sich selbst."

Die aus Jak 2,17 stammende Rede vom „toten Glauben" zieht Luther bereits in seiner Hebräerbriefvorlesung von 1517 im Zusammenhang mit der Auslegung des „Glaubenskapitels" Hebr 11 im Blick auf Hebr 11,6 heran. Der „tote" Glaube ist lediglich ein „erworbener" (*fides acquisita*), aber kein angeeigneter

---

[83] So mit Recht Rolf WALKER, Allein aus Werken. Zur Auslegung von Jakobus 2,14–26, ZThK 61 (1964), 15–192 (158 f.); Markus LAUTENSCHLAGER, Der Gegenstand des Glaubens im Jakobusbrief, ZThK 87 (1990), 163–184 (167–169); Manabu TSUIJ, Glauben zwischen Vollkommenheit und Verweltlichung. Eine Untersuchung zur literarischen Gestalt und inhaltlichen Kohärenz des Jakobusbriefes (WUNT II/93), Tübingen 1997, 109; Martina LUDWIG, Wort als Gesetz. Eine Untersuchung zum Verständnis von „Wort und Gesetz" in israelitisch-frühjüdischen und neutestamentlichen Schriften; gleichzeitig ein Beitrag zur Theologie des Jakobusbriefes (EHS.T 502), Frankfurt am Main u. a. 1994, 63.

[84] Das gesteht Karl-Wilhelm NIEBUHR, Glaube im Stresstest. Πίστις im Jakobusbrief, in: Jörg Frey/Benjamin Schliesser/Nadine Ueberschaer (Hg.), Glaube. Das Verständnis des Glaubens im Christentum und in seiner jüdischen und hellenistisch-römischen Umwelt (WUNT 373), Tübingen 2017, 473–501 (500) ausdrücklich zu. Auch nach KONRADT, „Geboren durch das Wort der Wahrheit" (s. Anm. 58), 3, Anm. 18 ist λόγος „Oberbegriff" und νόμος „ein Aspekt des Wortes".

[85] So in seiner Römerbriefvorlesung (WA 56, 81), wo er Jak 1,18 im Zusammenhang mit Röm 8,28 und 1 Joh 3,2 interpretiert. Es steht dann auch häufiger im Zusammenhang mit Luthers Auslegung von Römer 7, wo er das Motiv der „Erstlingsfrucht" in dem Sinne versteht, dass Gott zwar angefangen hat, im Menschen zu wirken, ihn aber noch nicht vollendet hat (WA 56, 258 f.352 f.).

[86] So in der Galaterbrief-Vorlesung von 1519 (WA 2, 614); in seiner Schrift *Von der babylonischen Gefangenschaft der Kirche* (1520), hier im Zusammenhang mit Hebr 1,3 (WA 6, 514); in den Disputationsthesen über den Glauben (1535), WA 39 I, 48 im Zusammenhang mit 2 Kor 5,17.

[87] M. Luther, WA 18, 757.

Glaube.[88] Er ist ein Glaube „über Gott" (*de Deo*), aber kein Glaube „an Gott"
(*in Deum*).[89] Luther denkt dabei wohl an Jak 2,19, wo den Dämonen ein solcher,
rein äußerlicher Glaube an die Existenz Gottes attestiert wird. Wie bereits gesehen, setzt Luther diese Auslegung auch in der Auseinandersetzung mit Eck
voraus: Der „Glaube", der in Jak 2,17 beschrieben wird, ist gar kein echter Glaube, und deshalb kann er den Menschen auch nicht „rechtfertigen", d. h. in die
Gottesgemeinschaft versetzen. Auf den Begriff ἔργα geht Luther in diesem Zusammenhang nicht ein. Tatsächlich ist es aber dieser *Begriff*, auf den es in der
Diskussion ankommt. Melanchthon jedenfalls sieht die „Werke" als *Folge* der
Rechtfertigung an, eine Interpretation, die auch in der heutigen Diskussion vertreten wird.[90] Der Verfasser des Jakobusbriefes unterstreicht in Jak 2,17 zum
ersten Mal die für ihn charakteristische Zusammengehörigkeit von πίστις und
ἔργα, die den Abschnitt 2,14–26 bestimmt. Dieses Begriffspaar ist für die Frage
nach dem Verhältnis zwischen Paulus und Jakobus entscheidend.

3.3 Rechtfertigung aus „Werken": zu Jakobus 2,24

Die wichtigste Stelle in diesem Zusammenhang ist Jak 2,24: ὁρᾶτε ὅτι ἐξ ἔργων
δικαιοῦται ἄνθρωπος καὶ οὐκ ἐκ πίστεως μόνον. Melanchthon interpretiert den
Satz von Gal 5,6 her, wo Paulus von der πίστις δι' ἀγάπης ἐνεργουμένη spricht:
Der Glaube wirkt sich in Liebe aus. Das entspricht Gal 5,13 f., wonach das Liebesgebot als die Erfüllung des Gesetzes (im Sinne des Willens Gottes) gilt.[91] Es
entspricht aber auch Gal 5,22, wo die ἀγάπη als erste „Frucht des Geistes" genannt wird. Deutlich ist, dass Jak 2,24 nicht einfach die Gegenthese zu Gal 2,16
und Röm 3,28 darstellt. Denn die Rechtfertigung ἐξ ἔργων (Jak 2,19) ist für den
Verfasser des Jakobusbriefes kein absoluter Gegensatz zur Rechtfertigung ἐκ

---

[88] M. Luther, WA 57, 233 (der Band ist nicht durchgängig paginiert, weshalb es die Seiten-
zahl mehrmals gibt): *Ideo apostolus Iacobus ,mortuam' eam vocat, et alii fidem ,acquisitam'
eam appellant.* („Daher nennt der Apostel Jakobus diesen Glauben ,tot' (Jak 2,17) und andere
sprechen vom ,erworbenen' Glauben." Übersetzung nach Luther Deutsch. Die Werke Luthers
in Auswahl, hg. von Kurt Aland, Band 1: Die Anfänge [UTB 1656], Tübingen ²1983, 333). Zu
dieser Unterscheidung, die derjenigen von *fides* und *fides historica* entspricht s. Joachim
Ringleben, Wort und Rechtfertigungsglaube. Zur Horizontauffächerung einer Worttheolo-
gie in Luthers Disputation „De fide", ZThK 92 (1995), 28–53 (32–34).

[89] Luther, WA 57 (s. Anm. 88), 233.

[90] So etwa von Wick, Martin Luther und der Jakobusbrief (s. Anm. 4), 419 (s. dazu gleich).

[91] Melanchthon zitiert zu dieser Stelle 1 Tim 1 (BSLK [s. Anm. 62], 208, Zeile 21 f.). Er
scheint V. 5 im Blick zu haben und gibt den Text mit den Worten wieder: *Finis mandati caritas
est de corde puro et conscientia bona et fide non ficta.* In der deutschen Übersetzung heißt der
Vers: „Die Summe des Gesetzes ist die Liebe aus ungefärbtem Glauben." In 1 Tim 1,5 formuliert der Verfasser: τὸ δὲ τέλος τῆς παραγγελίας ἐστὶν ἀγάπη ἐκ καθαρᾶς καρδίας καὶ συνειδήσεως
ἀγαθῆς καὶ πίστεως ἀνυποκρίτου. Die deutsche Übersetzung ersetzt also faktisch den Begriff
παραγγελία (= „Anordnung", „Befehl") durch den Begriff νόμος (= „Gesetz"). Im Kontext
bezieht sich das Nomen auf das in 1 Tim 1,3 verwendete entsprechende Verb. Der Verfasser
des Ersten Timotheusbriefes meint damit offensichtlich die „Weisung" an den Gemeinde-
leiter. Mit der Frage nach den ἔργα νόμου hat 1 Tim 1,5 demnach nichts zu tun.

πίστεως. Ein Glaube ohne „Werke" ist für den Verfasser des Jakobusbriefes kein echter Glaube und kann deshalb auch nicht „rechtfertigen" (vgl. Jak 2,14). In diesem Zusammenhang führt der Verfasser das Beispiel Abrahams mit Verweis auf Gen 15,6 an, das für das paulinische Verständnis der Rechtfertigung aus Glauben im Galater- und im Römerbrief zentral ist (Röm 4,3; Gal 3,6).[92] Charakteristisch ist aber die Verbindung mit Gen 22,1 ff. Die Kombination beider Stellen belegt für Jakobus die Rechtfertigung aus Glauben *und* „Werken". Die Kombination von Gen 15,6 mit Gen 22,1 ff. muss allerdings nicht zwingend vom Verfasser des Jakobusbriefes selbst stammen. Sie könnte ihm bereits aus früh-jüdischer Tradition überliefert gewesen sein, denn sie findet sich der Sache nach bereits im Ersten Makkabäerbuch (1 Makk 1,52).[93] An dieser Stelle lässt sich sagen, dass der Jakobusbrief tatsächlich „within Judaism" verstanden werden kann.

Peter Wick bemerkt zu dieser Passage: „Diese Verbindung von Glauben und Werken in Jak 2 ist für Luther nicht apostolisch. Allerdings gibt es diese Verbindung auch bei Paulus. Der Glauben führt in all seinen Briefen zum Leben, und dieses Leben zeichnet sich durch gerechte Werke der Liebe aus."[94] Wick argumentiert hier einmal mehr auf der Linie Melanchthons. Seine Bemerkung stimmt m. E. aber nur zum Teil. Denn sicherlich trifft es zu, dass sich der Glaube bei Paulus in einem bestimmten Lebenswandel niederschlägt, der durch die Liebe bestimmt ist. Diesen Niederschlag nennt Paulus aber gerade *nicht* ἔργα. Mit der Entgegensetzung von πίστις und ἔργα markiert Paulus vielmehr ein Problem, das sich ihm aus seiner neu gewonnenen Christuserkenntnis in soteriologischer Perspektive ergibt. Demnach hat das Gesetz für Paulus *nicht* die Funktion, den Menschen zum Leben, d. h. zur Gottesgemeinschaft (= zur „Gerechtigkeit") zu führen (Gal 3,21b, vgl. 2,21). Es bewirkt vielmehr „Erkenntnis der Sünde" (Röm 3,20, vgl. 5,13). Mit dem Begriff der „Werke" ist bei Paulus eine *soteriologische* Problematik angesprochen, deren grundsätzlichen Charakter Jakobus ausdrücklich wahrnimmt, wenn er die Frage danach stellt, ob die πίστις (im Endgericht) „retten" könne (Jak 2,14b).

---

[92] Michael WOLTER, Die Rechtfertigungslehre. Der missionstheologische Hintergrund, in: Friedrich Wilhelm Horn (Hg.), Paulus Handbuch, Tübingen 2013, 347–350 (348 f.) nimmt deshalb an, dass die „Rechtfertigungslehre" des Paulus „aus der Kontroverse über Abraham entstanden ist" (a. a. O., 349) und Gen 15,6 der Ausgangspunkt zu ihrer Ausformulierung war.

[93] S. dazu Matthias KONRADT, Antipauliner oder Zeugen eines nichtpaulinischen Christentums? Kritische Überlegungen zum Verhältnis des Jakobusbriefes und des Matthäusevangeliums zur paulinischen Tradition, in: Jens Schröter/Simon Butticaz/Andreas Dettwiler (Hg.), Receptions of Paul in Early Christianity. The Person of Paul and His Writings Through the Eyes of His Early Interpreters (BZNW 234), Berlin/Boston 2018, 675–728 (709 f.). Zu 1 Makk 1,52 vgl. Michael TILLY, 1 Makkabäer (HThK AT), Freiburg/Basel/Wien 2015, 106, der auf Sir 44,19 f.; Jdt 8,25 f.; Jub 17,15–18 hinweist.

[94] WICK, Martin Luther und der Jakobusbrief (s. Anm. 4), 419.

Friedrich Avemarie hat darauf aufmerksam gemacht, dass die terminologische
Entgegensetzung von πίστις und ἔργα außer in Jak 2,14–26 „sonst im jüdischen
Umfeld nur bei Paulus" begegne.[95] Aus diesem Grund sei nicht „die Verbindung
von Gen 22 mit Gen 15 [...] das traditionsgeschichtliche Problem, sondern die
kritisierte Kontrastierung des Abrahamsbeispiels mit den ‚Werken'."[96] In der
neueren Diskussion wird dieses wichtige Argument allerdings oft gar nicht berücksichtigt. Die *Terminologie* in Jak 2,14–26 legt nahe, dass der Verfasser hier
zwar nicht die paulinische Theologie, wohl aber die im Anschluss an diese gebildete Gegenüberstellung von πίστις und ἔργα (also einen „Paulinismus") im Blick
hat. Da diese Begriffskombination allerdings auch innerhalb des Jakobusbriefes
ausschließlich im Abschnitt 2,14–26 begegnet, ist der Einwand berechtigt, dass
dieser Abschnitt nicht das „Hauptthema" des Briefes widerspiegelt und er als
Ganzer deshalb nicht nur von diesem Abschnitt aus interpretiert werden kann.
Wir haben aber gesehen, dass Luther das im Blick etwa auf Jak 1,18 auch gar nicht
tut! Luther nimmt aber dennoch angemessen wahr, dass sich der Jakobusbrief in
2,14–26 gegen die paulinische „Rechtfertigungslehre" wenden möchte. Der Verfasser kennt offensichtlich nicht die Begründungszusammenhänge bei Paulus,
wohl aber die Schlagworte πίστις vs. ἔργα. Für den Verfasser des Jakobusbriefes
ergibt diese Entgegensetzung keinen Sinn, weil ihm die Tora in soteriologischer
Hinsicht nicht problematisch ist. Er scheint davon auszugehen, dass ein Mensch
in der Lage ist, den in der Tora offenbarten Gotteswillen zu tun. Darin unterscheidet er sich von Paulus. Bei allen Unterschieden, die sich zwischen *Luther*
und Paulus feststellen lassen,[97] treffen sie sich doch in der Auffassung, dass das
Gesetz nicht in der Lage ist, einen Menschen in den Raum der Gottesgemeinschaft zu versetzen oder auch darin zu erhalten. Denn die Gottesgemeinschaft
wird einzig und allein durch *Jesus Christus* und das Christusgeschehen eröffnet
und bewahrt. Für Jakobus gibt es diese Alternative zwischen der Tora und Jesus
Christus nicht. Diese Differenz hat Luther angemessen erkannt. Er wird deshalb
auch heute noch seinen Doktorhut behalten dürfen.[98] Zu berücksichtigen ist
allerdings, in welchem Zusammenhang seine Rede vom Jakobusbrief als einer
„strohernen Epistel" steht. Die Äußerung dient nicht einfach zur Abwertung
des Schreibens, sondern macht auf die Frage nach der *Begründung* der Rechtfertigung des Menschen vor Gott aufmerksam.

---

[95] Friedrich AVEMARIE, Die Werke des Gesetzes im Spiegel des Jakobusbriefs. A Very Old
Perspective on Paul, ZThK 98 (2001), 282–309 (291).

[96] A. a. O., 292.

[97] Hier ist insbesondere die bereits von Stendahl herausgestellte Tatsache zu nennen, dass
Paulus – anders als Luther – nicht mit der Frage nach der Gesetzeserfüllung gerungen hat.
Vielmehr äußert Paulus, dass er nach jüdischen Maßstäben als „untadelig" gelten konnte
(Phil 3,6, vgl. Gal 1,13 f.).

[98] Zu diesem Ergebnis kommt bereits LAUTENSCHLAGER, Der Gegenstand des Glaubens
im Jakobusbrief (s. Anm. 83), 184: „Martin Luther wird – ungeachtet aller Harmonisierungs-
bemühungen Melanchthons und seiner Nachfolger – seinen Doktorhut behalten können."

4. Der Christus *pro nobis* als Fundament des Glaubens

Wir haben gesehen, dass die Metapher von der „strohernen Epistel" dem Zusammenhang von 1 Kor 3,12 entnommen ist. Luther nimmt die in diesem Kapitel verhandelte *Sachproblematik* auf, weil ihm eine analoge Problematik in der Auseinandersetzung um die reformatorische Theologie begegnet. In der Leipziger Disputation von 1519 wurde deutlich, dass sich Luthers Berufung auf die Schrift gegen die Tradition – die Autorität des Papstamtes und der Konzilien – richtete. Diese Ausrichtung der Schrift gegen die Tradition musste begründet werden. Deshalb musste das *Schriftprinzip* nun zunehmend besser *begründet* werden. Volker Leppin hat auf den Unterschied hingewiesen, der in dieser Hinsicht zwischen Luther und Melanchthon bestand: Während es dem mehr formal denkenden Melanchthon um die Formulierung des *Sola Scriptura* als *Prinzip* ging, war Luther stärker an der „material-theologische[n] Bedeutung der Schrift als des Wortes Gottes, das den Glauben weckt und nährt und letztlich Christus selbst vermittelt", gelegen.[99] So werden Luthers Kritikpunkte am Jakobusbrief verständlich: Es findet sich in diesem weder die Unterscheidung von Evangelium und Gesetz noch die Rede vom Christus *pro nobis*. Es findet sich in ihm – was Luther gerade *nicht* kritisiert – auch keine *Pneumatologie*.[100] So kann der Jakobusbrief zwar durchaus auch das Bild von der „Frucht" gebrauchen. Es ist für ihn aber bezeichnenderweise nicht die Frucht des *Geistes* (Gal 5,22), sondern die Frucht der *Gerechtigkeit* (Jak 3,18).[101] Auch der Jakobusbrief weiß darum, dass diese Frucht von Gott gegeben wird.[102] Luthers Rede von der „strohernen Epistel" kann deshalb nicht in den Generalvorwurf einer „Werkgerechtigkeit" des Jakobusbriefs umformuliert werden. Eine solche Kritik wird Luther indes zu Unrecht unterstellt. Seine kritischen Bemerkungen zum Jakobusbrief haben ihren Grund in Luthers Suche nach der *Sache* der Schrift. So kann man zwar sagen, dass Luther bei dieser Suche eine Unterscheidung aufgreift, die auch Paulus kennt, nicht aber, dass er den Jakobusbrief ausschließlich mit der „paulinischen Brille" lese. Er liest ihn von dort aus, was er in seiner Schriftlektüre als die *Sache der Schrift* erkannt hat: *Jesus Christus selbst*. So hat Luther am Ende seines Lebens zwar die Rede von der „strohernen Epistel" getilgt, nicht aber seine Kritik, dass der Jakobusbrief zwar Jesus Christus *nennt*, aber nicht von ihm lehrt und stattdessen von einem *allgemeinen* Glauben an Gott redet.[103] An Luthers Haltung zum Jakobusbrief wird deutlich, was nach

---

[99] Volker Leppin, Martin Luther, Darmstadt ²2010, 151.

[100] So mit Recht Metzner, Brief des Jakobus (s. Anm. 79), 225.

[101] καρπὸς δὲ δικαιοσύνης ἐν εἰρήνῃ σπείρεται τοῖς ποιοῦσιν εἰρήνην. In diesem Zusammenhang ist erneut von den ἔργα die Rede (V. 13). Bei Paulus begegnet der Begriff καρπὸς δικαιοσύνης in Phil 1,11.

[102] Nach Jak 3,17 stammt die „Frucht" aber „von oben" (vgl. V. 15), d. h. von Gott.

[103] Luther, WA DB 7 (s. Anm. 13), 384 (in der Vorrede zum Jakobusbrief).

seiner Auffassung die bleibende Aufgabe der christlichen Theologie ist: die Konsequenzen der Christusoffenbarung für die Rede von *Gott* zu bedenken. Christologie und Theologie sind für Luther nicht voneinander zu trennen. Darin liegt das Erbe seiner reformatorischen Theologie, in der er zur Geltung bringt, was auch für Paulus zentral ist. Beide – Paulus wie Luther – stellen das Denken vor eine *theologische* Frage, die keineswegs veraltet, sondern nach wie vor aktuell ist. Dass diese Frage jeweils in erkennbaren situativen Zusammenhängen formuliert worden ist, schließt nicht aus – wie im Zuge der „New Perspective" immer wieder suggeriert wird –, dass es dabei um *grundsätzliche* anthropologische und theologische Einsichten geht.[104] Die theologische Bedeutung der „Rechtfertigungslehre" für die paulinische Theologie ist deshalb weder durch die „New" noch durch die „Radical New Perspective" erledigt.

---

[104] Völlig zu Recht erklärt WOLTER, Rechtfertigungslehre (s. Anm. 92), 349: „Dass es eine individuelle historische Situation war, der Paulus die Zentralthese seiner Rechtfertigungslehre verdankt, relativiert nicht deren theologische Bedeutung."

Martin Luthers Hebräerbriefvorlesung (1517–1518) als Paulusexegese

Zur Subjektivität und Existentialität des Glaubens

Benjamin Schliesser

Der Hebräerbrief hat in Martin Luthers Denkwelt vordergründig keinen leichten Stand: Er steht im „tiefen Schlagschatten des Apostels Paulus", und es fehlt ihm der apostolische Charakter.[1] In Luthers Neuem Testament findet er sich abgeschlagen im hinteren Teil, ja fällt fast aus dem Kanon heraus. Theologisch ist er für Luther weit weniger ertragreich als die Hauptbücher des Neuen Testaments. Allerdings: Zu Beginn von Luthers akademischer Laufbahn stellt er den Hebräerbrief zusammen mit dem Römer- und Galaterbrief in den Mittelpunkt seiner Beschäftigung mit dem Neuen Testament. Er findet sich dort nicht im Schatten des Paulus neben und nach den Paulusbriefen, sondern *als* Paulusbrief. Und so tauchte er in den Jahren 1517/1518 im Vorlesungsverzeichnis der Universität Wittenberg auf.[2]

---

[1] Erich GRÄSSER, An die Hebräer, Band 3: Hebr 10,19–13,25 (EKK 17/3), Zürich/Neukirchen-Vluyn 1997, 419.

[2] Innerhalb eines Jahres erschienen zwei kritische Ausgaben von Luthers Hebräerbriefvorlesung, von denen die erste mit reichhaltigen Anmerkungen versehen ist, die zweite noch weitere Handschriften berücksichtigt, aber erheblich weniger Anmerkungen bietet: Luthers Vorlesung über den Hebräerbrief nach der vatikanischen Handschrift, hg. v. Emanuel Hirsch/ Hanns Rückert (AKG 13), Berlin 1929; Luthers Vorlesung über den Hebräerbrief 1517/18, hg. v. Johannes Ficker, Leipzig 1929. In seiner Sammelrezension lässt Heinrich Bornkamm durchblicken, dass sich an die unkoordinierte Doppeledition ein „persönliche[r] Streit" anschloss, der „ungebührlich von sich reden gemacht hat" (Heinrich BORNKAMM, ThLZ 56 [1931], 487–494 [488]). Nach Bornkamms Urteil stellt die Ausgabe von Hirsch und Rückert den „wertvolleren Beitrag" dar (a.a.O., 494). Im Jahr 1939 wurde der von Ficker bearbeitete lateinische Text in der Weimarer Ausgabe veröffentlicht: Martin Luther, Die Vorlesung über den Hebräerbrief, WA 57 III, 3–91 (Glossen), 93–238 (Scholien). Den lateinischen Text zitiere ich in leicht modifizierter Orthographie nach der Weimarer Ausgabe, gleiche ihn aber stets mit der Erstausgabe von Hirsch/Rückert ab. Ein Jahr nach den beiden lateinischen Ausgaben erschienen auch zwei Übersetzungen, von denen die eine Hirsch/Rückert, die zweite Ficker folgt: Hebräerbrief-Vorlesung von 1517/18, hg. v. Erich Vogelsang (AKG 17), Berlin 1930; Martin Luther, Vorlesung über den Hebräerbrief, übertragen von Georg Helbig, Leipzig 1930. Nach Bornkamm hat die erste als die „viel zuverlässigere" (a.a.O., 494) zu gelten, und sie wird auch im vorliegenden Beitrag mit wenigen geringfügigen Abweichungen zitiert. Fickers Auskunft, dass ihm die Ausgabe von Hirsch und Rückert sowie die Übersetzung von Vogelsang „nur dem Titel nach bekannt" seien (WA 57 III, XXV), spricht für sich.

Dieser immer noch recht wenig beachteten Vorlesung Luthers widmen sich die folgenden Ausführungen. Unter der Überschrift „‚Paulus docuit…‘ Auf den Spuren der Tradition" nehme ich Luthers Positionen zur Verfasserfrage in den Blick, in der er sich zunächst der überkommenen Sicht anschließt und den Hebräerbrief dem Paulus zuweist. Im zweiten Teil mit der Überschrift „‚Est autem fides…‘ Auf dem Weg zur Entdeckung der Subjektivität des Glaubens" wird erörtert, welche Rolle der Hebräerbrief in Luthers Ringen um ein adäquates Glaubensverständnis gespielt hat und wie sich Luther im kritischen Dialog mit der Kirchenväterexegese, der mittelalterlichen Scholastik und dem aufkeimenden Humanismus seine eigene reformatorische Perspektive auf der Grundlage eines „paulinischen" Hebräerbriefes erarbeitete.

1. „Paulus docuit…" Auf den Spuren der Tradition

„Apollo ist ein hochverstendiger Man gewest, Die Epistel *Hebreorum* ist freilich sein."[3] So formulierte Martin Luther in einer Predigt aus dem Jahr 1537. Häufig wird behauptet, dass Luther selbst auf die Idee kam, Apollo sei Autor des Hebräerbriefs.[4] Jedenfalls liegt keine frühere Quelle vor, in der diese These vertreten wird. Luther selbst allerdings hatte sich fünfzehn Jahre früher in der Kirchenpostille von 1522 zu Hebr 1,1–12 wie folgt geäußert:

Das ist eine starke, mächtige und hohe Epistel, die da hoch herfährt und treibt den hohen Artikel des Glaubens von der Gottheit Christi. Und das ist eine glaubwürdige Meinung, sie sei nicht von St. Paul, darum daß sie eine sehr viel mehr geschmückte Rede führt, als St. Paulus an anderen Orten zu tun pflegt. Etliche meinen, sie sei von St. Lukas. Etliche (sagen) von St. Apollos, welchen St. Lukas rühmt, wie er in der Schrift mächtig gewesen sei gegen die Juden (Apg. 18,24). Es ist ja wahr, daß keine Epistel mit solcher Gewalt die Schrift führt wie diese, so daß es ein trefflicher apostolischer Mann gewesen ist, er sei auch, wer er wolle."[5]

---

[3] M. Luther, Alius Sermo. 1. Corinth: 3. ‚Ego Sum Cephae‘ (1537), WA 45, 389–392 (389), (deutschsprachige Originalzitate Luthers werden durchweg in modernisiertem Deutsch wiedergegeben). Vgl. ders., Genesisvorlesung (cap. 31–50) 1543/45, WA 44, 709 (zu Gen 48,20): *Autor Epistolae ad Hebraeos, quisquis est, sive Paulus, sive, ut ego arbitror, Apollo, eruditissime allegat hunc locum.*

[4] Vgl. z. B. Craig R. Koester, Hebrews (AncB 36), New York 2001, 35 Anm. 53; David L. Allen, Hebrews (The New American Commentary), Nashville 2010, 47: „The popular theory that Apollos wrote Hebrews was first suggested by Luther." Gareth Lee Cockerill, The Epistle to the Hebrews (NIC.NT), Grand Rapids 2012, 9: „The Church Fathers never identify Apollos as the author of Hebrews. Dissatisfaction with other possibilities, however, led Martin Luther to propose his candidacy." Dazu auch George H. Guthrie, The Case for Apollos as the Author of Hebrews, Faith & Mission 18 (2001), 41–56 (43 f.).

[5] M. Luther, Zu [Hebr] 1,1–12 (1522), in: Hartmut Günther/Ernst Volk (Hg.), D. Martin Luthers Epistel-Auslegung, Band 5, Göttingen 1983, 420–426 (420) (= WA 10 I 1, 143).

Luther kennt also „etliche" – wie er sagt – die von Apollo als Verfasser ausgehen, nennt aber leider keine Namen. Er selbst lässt hier bereits durchscheinen, dass er dieser Auffassung zuneigt. Möglicherweise bezieht er sich auf Ansichten, die in Gesprächen im Wittenberger Kreis geäußert wurden.[6]

Die Apollo-These fand einige Resonanz. Im 19. Jh. trat v. a. Friedrich Bleek in seinem großen Hebräerbriefkommentar mit Nachdruck für sie ein und kam zum Schluss, „daß Luther, wie in andern Dingen, so auch in dieser Vermuthung, mag er sie zuerst aufgestellt oder ihr nur beigepflichtet haben, ein eben so freimüthiges Urtheil, als richtigen kritischen Takt bewiesen hat."[7] Im 20. Jh. wird das Feld der Befürworter der Apollo-These vom Dominikaner Ceslas Spicq angeführt, der detailreich alle Argumente zusammenstellt und den Brief aus seinem Alexandrinischen Setting heraus erklärt.[8] Die Vorstellung ist attraktiv und besitzt nach wie vor heuristischen Wert. Denn das Bild des Apollo, das uns Paulus und Lukas präsentieren, „dürfte … den Typus darstellen, den auch der Hebr-Autor repräsentiert: theologisch eigenständig, schriftkundig, ‚alexandrinisch' gebildet und rhetorisch gewandt, in freien (für Lk durchaus problematischen) Beziehungen zum Paulus-Kreis stehend." So die Einschätzung von Knut Backhaus.[9]

Bislang wurden noch keinerlei Anhaltspunkte genannt, weshalb und inwiefern die Hebräerbrief-Auslegung Luthers als Paulusexegese zu verstehen ist. Im Gegenteil: Schon 1522, dem Veröffentlichungsjahr der Kirchenpostille, scheint ihm Apollo der wahrscheinlichere Kandidat. Im gleichen Jahr erschien auch das Septembertestament. In seiner Vorrede zum Hebräerbrief nennt Luther das für ihn schlagende Argument, weshalb Paulus *nicht* der Verfasser des Hebräerbriefs gewesen sein konnte:

[D]aß die Epistel an die Hebräer nicht S. Pauli noch irgend eines Apostels sei, beweiset sich damit, daß im zweiten Kapitel [Hebr 2,3] stehet also: Diese Lehre ist durch die, die es selbst von dem Herrn gehört haben, auf uns gekommen und geblieben. Damit wird es

---

[6] Vgl. Friedrich Bleek, Der Brief an die Hebräer. Erläutert durch Einleitung, Uebersetzung und fortlaufenden Commentar, Band 1: Versuch einer vollständigen Einleitung in den Brief an die Hebräer, Berlin 1828, 249 Anm. 338: „Vielleicht bezieht es sich nur auf mündliche Urtheile von gelehrten Freunden, sei es nun daß diese dem seinigen beigetreten waren, oder daß das seinige sich erst durch sie gebildet hatte." Weniger plausibel ist die These von Walter Köhler „daß einer seiner Gegner irgendwo die Vermutung geäußert hatte" (WA 10 I 1, 143).

[7] Bleek, Hebräer I (s. Anm. 6), 430.

[8] Ceslas Spicq, L'Épître aux Hébreux, Band 1: Introduction (*Études Bibliques*), Paris 1952, 209–219. Vgl. ders., L'Épître aux Hébreux, Apollos, Jean-Baptiste, Les Hellénistes et Qumrân, Revue de Qumrân 1 (1959), 365–390.

[9] Knut Backhaus, Der Hebräerbrief und die Paulus-Schule (1993), in: ders., Der sprechende Gott. Gesammelte Studien zum Hebräerbrief (WUNT 240), Tübingen 2009, 21–48 (44). Zu Apollos jetzt Samuel Vollenweider, Apollos of Alexandria. Portrait of an Unknown, in: Benjamin Schliesser/Jan Rüggemeier/Thomas J. Kraus/Jörg Frey (Hg.), unter Mitarbeit von Daniel Herrmann, Alexandria. Hub of the Hellenistic World (WUNT 460), Tübingen 2021, 325–344.

klar, daß er von den Aposteln redet als ein Jünger, auf den solche Lehre von den Aposteln gekommen sei, vielleicht lange hernach. Denn S. Paulus Gal. 1 [Gal 1,12] mächtiglich bezeuget, er habe sein Evangelium von keinem Menschen noch durch Menschen, sondern von Gott selber.[10]

Der Name Apollos fällt in diesem Zusammenhang nicht.

Nun ist höchst aufschlussreich, dass Luther noch kurz zuvor und mit beiläufiger Selbstverständlichkeit Paulus als Verfasser des Hebräerbriefs genannt hat. Ein Beispiel ist seine Magnificat-Auslegung aus dem Jahr 1521.[11] Wir können nur spekulieren, wie es zu Luthers Meinungsumschwung kam. Es wird ein Bündel an Gründen sein: So ist anzunehmen, dass ihn die intensive philologische Arbeit auf der Wartburg und der Austausch mit seinen Vertrauten zum Nachdenken brachte. Mehr noch werden ihn die im Jahr 1516 vehement vorgebrachten Argumente des Erasmus von Rotterdam gegen paulinische Verfasserschaft beeindruckt und schließlich umgestimmt haben.[12] Der Humanisten-Streit zwischen Erasmus und Faber Stapulensis über Hebr 2,7, der die humanistische Welt seit einigen Jahren in Atem hielt und auch die Verfasserfrage berührte, war zwar schon wieder abgeflaut, mag aber dennoch am Rande mit Luthers Meinungsumschwung zu tun haben.[13]

Ab 1522 jedenfalls hat Paulus als Autor des Hebräerbriefs ausgedient. Das ist keine Quisquilie: Luthers Entscheidung samt ihren Konsequenzen sollte die protestantische Rezeption des Hebräerbriefs bis in die Neuzeit bestimmen, wo er erst seit einigen Jahrzehnten aus dem Schatten des Paulus heraustritt. Ande-

---

[10] M. Luther, Vorreden auf die Epistel an die Hebräer (1522), in: Heinrich Bornkamm (Hg.), Luthers Vorreden zur Bibel, Göttingen ³1989, 214 f. (214).

[11] M. Luther, Das Magnificat verdeutschet und ausgelegt (1521), WA 7, 538–604 (600).

[12] Vgl. hierzu Kenneth HAGEN, Hebrews Commenting from Erasmus to Beze 1516–1598 (BGBE 23), Tübingen 1981, 6 f. Erasmus stellt seine Überlegungen pointiert ans Ende seiner Anmerkungen zum Hebräerbrief und lässt sie mit einem Verweis auf Hieronymus enden (Erasmus, Novum Instrumentum omne, Basel 1516, 600 f.). Nach der scharfen Ablehnung paulinischer Verfasserschaft in der Erstauflage des *Novum Instrumentum* lässt Erasmus 1521 eine Paraphrase des Hebräerbriefs erscheinen, die ohne Diskussion über den Autor auskommt und im Titel Paulus nennt (Erasmus, In Epistolam Pauli apostoli ad Hebraeos Paraphrasis, Basel 1521/Köln 1522). Kurz darauf erscheint die zweite Auflage des *Novum Instrumentum*, in dem Erasmus die Ausführungen der Erstauflage lediglich leicht modifiziert und erweitert. Die Diskrepanz zwischen *Novum Instrumentum* und *Paraphrasis* mag sich daraus erklären, dass ersteres primär für gebildete Theologen intendiert war, letzteres für den formal weniger gebildeten Klerus, den eine Diskussion der Verfasserfrage verunsichert hätte (vgl. Jan BLOEMENDAL, Erasmus' Paraphrases on the New Testament. Introduction, Erasmus Studies 36 [2016], 105–122 [120]: „lower, less educated clergy").

[13] HIRSCH/RÜCKERT (Hg.), Hebräerbrief (s. Anm. 2), 119 Anm.: „Faber hatte in seinem Kommentar zu den Paulusbriefen 1512 die These von der von Paulus verfaßten hebräischen Urschrift des Hebräerbriefs und ihrer Übersetzung ins Griechische durch einen andern vertreten." Vgl. Helmut FELD, Der Humanisten-Streit um Hebräer 2,7 (Psalm 8,6), Archiv für Reformationsgeschichte 61 (1970), 5–35. Luther bespricht die Auseinandersetzung in den Scholien zu Hebr 2,7 recht ausführlich (vgl. HIRSCH/RÜCKERT [Hg.], a.a.O., 118–124 mit Anmerkungen).

rerseits kodifizierte das Tridentinum im „Dekret über die Annahme der heiligen Bücher und der Überlieferungen" vom 8. April 1548 die Anschauung, dass
der Hebräerbrief zu den Paulusbriefen zu zählen sei (DS 1503), und stellte sich
damit nicht nur gegen Erasmus und Cajetan, sondern eben auch gegen Luther.[14]
Unser Weg zurück zu den Anfängen von Luthers Hebräerbriefauslegung
führt nun endlich zu seiner Vorlesung aus dem Jahr 1517/18. Nachdem er die
Römerbrief- und Galaterbriefvorlesungen abgeschlossen hatte, wandte sich
Luther dem Hebräerbrief zu – nach der lange vorherrschenden Auffassung von
Ostern 1517 bis Ostern 1518,[15] nach jüngeren Forschungen erst ab dem Winter-
semester 1517/18 bis ins Sommersemester 1518.[16] Vom Hebräerbrief erwartete
Luther ein vertieftes Verständnis der Theologie des Paulus. So fährt er gleich zu
Beginn schweres theologisches – und man könnte sagen: reformationstheologi-
sches – Geschütz auf. Zum ersten Vers des Briefs bemerkt er in der Randglosse:
„Man muß in dieser Epistel Acht darauf haben, daß Paulus die Gnade rühmt
wider allen Hochmut gesetzlicher und menschlicher Gerechtigkeit [...] schlechthin nichts, denn allein Christum zu lehren, nimmt er sich vor (*omnino igitur
solum Christum docendum proponit*)."[17] Auch wenn wir die Vorlesung nur aus
studentischen Nachschriften kennen, kommt diese „zugespitzte Bestimmung
des wesentlichen Themas" zu Beginn des Kollegs den eigenen Worten Luthers
mit Sicherheit nahe.[18] Sie stehen betont am Seitenanfang. Der Hebräerbrief –
also Paulus – ist für Luther schon vor seiner Auseinandersetzung mit Rom Zeuge für das *solus Christus* und, wie wir gleich sehen werden, auch für das *sola fide*.
Die Verfasserfrage spielt zu jener Zeit allenfalls eine untergeordnete Rolle;
hier und da können wir bereits leise Zweifel an der Zuschreibung an Paulus
heraushören. Schon hier ist sich Luther der bereits genannten Diskrepanz zwischen Hebr 2,3 und Gal 1,12 bewusst, die ihn ja einige Jahre später davon über-

---

[14] Die Konzilsväter sprechen ausdrücklich von vierzehn Paulusbriefen (*quatuordecim
epistolae Pauli Apostoli*), doch lässt die Formulierung die Interpretation zu, dass es ihnen
lediglich um die Kanonizität, nicht aber um die Authentizität ging (so SPICQ, Hébreux I
[s. Anm. 8], 192). Gleichwohl legte sich zu Beginn des 20. Jh. die Päpstliche Bibelkommission
auf paulinische Verfasserschaft fest (DS 3591–3593).
[15] Vgl. Kenneth HAGEN, A Theology of Testament in the Young Luther. The Lectures on
Hebrews (SMRT 12), Leiden 1974, 5–7 (vom 21. April 1517 bis 26. März 1518).
[16] Vgl. Oswald BAYER, Promissio. Geschichte der reformatorischen Wende in Luthers
Theologie, Darmstadt ²1989, 203–205. Mit dieser Datierung bleibt zwar eine Lücke zwischen
dem Ende der Galatervorlesung im März 1517 und dem Beginn der Hebräerbriefvorlesung,
aber es ergibt sich ein organischer Übergang zum Beginn der zweiten Psalmenvorlesung zu
Beginn des Jahres 1519.
[17] WA 57 III, 5 (Randglosse zu Hebr 1,1) (Übers. VOGELSANG [Hg.], Hebräerbrief-Vorlesung [s. Anm. 2], 1). Nach Erich Gräßer hat Luther hier richtig erkannt, dass diese christologische Konzentration „[b]ei unterschiedlicher Sprachgestalt" der „verbindende gemeinsame
Sachverhalt" zwischen Paulus und dem Hebräerbrief sei (Erich GRÄSSER, Aufbruch und Verheißung [BZNW 65], Berlin/Boston 2019, 180).
[18] Bernhard LOHSE, Luthers Theologie in ihrer historischen Entwicklung, Göttingen 1995,
82.

zeugen sollte, dass Paulus *nicht* der Verfasser sein könne. Der Verweis auf diejenigen, die das Wort „gehört haben" (Hebr 2,3) „ist ein sehr starker Grund zu Gunsten der Behauptung, diese Epistel habe nicht Paulus zum Verfasser; denn in dem Galaterbrief erklärt und erweist er, daß er nichts von den Aposteln [also von denen ‚so es gehöret haben'] empfangen habe."[19] Aber Luther hält sich nicht lange an diesem Problem auf und begibt sich gleich wieder auf theologisches Terrain. Am Ende behält in der Verfasserfrage der damals *noch* gültige exegetische Mainstream die Oberhand, zumal Luther im Briefschluss einen Verweis auf die Gefangenschaft des Paulus heraushört. Die Worte „damit ich euch umso schneller wiedergegeben werde" (Hebr 13,19) „klingen nach Gefangenschaft und Fesseln" – ein Beweis dafür, „daß diese Epistel Paulus zugehört".[20]

Die Bedeutung des Hebräerbriefes für Luthers reformatorischen ‚Durchbruch' wird nach wie vor zu gering veranschlagt.[21] Das mag verschiedene Gründe haben. Die Hebräerbriefvorlesung „stürmt nicht allerorten so wie die Römerbriefvorlesung mit unmittelbar herzandringender Gewalt auf uns ein" und mag deshalb heutigen Leserinnen und Lesern spröde erscheinen.[22] Auch liegt der Schatten der späteren abwertenden Anmerkungen Luthers zum Hebräerbrief auf seiner Erstlingsexegese. Dennoch ist Luthers epochemachende theologische Leistung, nämlich die „Entdeckung der Subjektivität des Glaubens" (Ulrich Barth), entscheidend auf seine Lektüre des Hebräerbriefes im Schicksalsjahr 1517/1518 zurückzuführen.[23] In seinem Ringen mit den „paulini-

---

[19] WA 57 III, 10 (Randglosse zu Hebr 2,3) (Übers. VOGELSANG [Hg.], Hebräerbrief-Vorlesung [s. Anm. 2], 20). An weiteren Aussagen sind u. a. zu nennen: „Merke: weil der Apostel hier sagt, ein gülden Räuchfaß sei im Allerheiligsten gewesen, sehen viele sich veranlaßt, diesen Brief nicht dem Paulus zuzuschreiben, da von solchem Räuchfaß Moses anscheinend nichts gesagt hat" (Scholion zu Hebr 9,4; a.a.O., 126). „Wiederum erwähnt der Apostel hier bestimmte Dinge, davon in den Büchern Moses nichts gelesen wird. Darin bestätigt sich die Meinung derer, die diese Epistel dem Apostel Paulus nicht zuschreiben wollen" (Glosse zu Hebr 9,18; a.a.O., 141). „Davon liest man nirgends in der Schrift. Drum war auch dies ein Beweisgrund für die, die Paulus diesen Brief absprechen wollten" (Glosse zu Hebr 12,21; a.a.O., 182).
[20] WA 57 III, 91 (Glosse zu Hebr 13,19) (Übers. VOGELSANG [Hg.], Hebräerbrief-Vorlesung [s. Anm. 2], 186 f.).
[21] An Einzelstudien erschienen Erich VOGELSANG, Die Bedeutung der neuveröffentlichten Hebräerbrief-Vorlesung Luthers von 1517/18. Ein Beitrag zur Frage Humanismus und Reformation, Tübingen 1930; Eduard ELLWEIN, Die Entfaltung der theologia crucis in Luthers Hebräerbriefvorlesung, in: Ernst Wolf (Hg.), Theologische Aufsätze. Karl Barth zum 50. Geburtstag, München 1936, 382–404; Helmut FELD, Martin Luthers und Wendelin Steinbachs Vorlesungen über den Hebräerbrief (VIEG 62), Wiesbaden 1971; HAGEN, A Theology of Testament (s. Anm. 15).
[22] VOGELSANG (Hg.), Hebräerbrief-Vorlesung (s. Anm. 2), III. Vgl. BORNKAMM, ThLZ 56 (1931) (s. Anm. 2), 488: „Das knappe Diktat der Hebräervorlesung verschließt sich dem Zugang spröder als das breit angelegte gedankengewaltige Römer-Kollegheft Luthers."
[23] Vgl. den gleichnamigen Aufsatz von Ulrich BARTH, Die Entdeckung der Subjektivität des Glaubens. Luthers Buß-, Schrift- und Gnadenverständnis (1992), in: ders., Aufgeklärter Protestantismus, Tübingen 2004, 27–51. Vgl. schon BORNKAMM, ThLZ 56 (1931) (s. Anm. 2), 494: „Existentialität und Gewißheit des Glaubens".

schen" Texten und mit den gegenwärtigen kirchlichen Zuständen gelangte er zur Einsicht, „daß der die Gerechtigkeit Gottes ergreifende Glaube tatsächlich das Ganze des christlichen Gottesverhältnisses repräsentiert."[24]

Wie sich zeigen lässt, wurde diese Erkenntnis maßgeblich von Hebr 11,1 inspiriert.[25] Ein näherer Blick auf Luthers exegetische Arbeit an diesem Vers, auf ihren auslegungsgeschichtlichen Kontext und auf die weitere Entwicklung lohnt. Luther fand sich auf dem keineswegs geradlinigen Weg zu einem neuen Verständnis des christlichen Glaubens, und auf diesem Weg begegneten ihm die beiden Begriffsbestimmungen des Glaubens als *substantia*/ὑπόστασις (Hebr 11,1a) und als *argumentum*/ἔλεγχος (Hebr 11,1b). In einem ersten Anlauf gelangte Luther zu folgender Annäherung: *Est autem fides sperandarum*, i. e. quae sperantur, i. e. futurarum, non praesentium *substantia*, i. e. possessio, hereditas *rerum*, *argumentum* indicium, signum *non apparentium*.[26]

2. „Est autem fides…" Auf dem Weg zur Entdeckung der Subjektivität des Glaubens

Ins kulturelle Gedächtnis des Protestantismus hat sich die Fassung aus der „Lutherbibel" des Jahres 1534 eingeprägt, die auch in der jüngsten Revision von 2017 nur sprachlich modernisiert, aber nicht inhaltlich modifiziert wurde: „Es ist aber der Glaube / eine gewisse zuuersicht / des / das man hoffet / vnd nicht zweiueln an dem / das man nicht sihet."[27] Heute lautet der Text: „Es ist aber der Glaube eine feste Zuversicht dessen, was man hofft, und ein Nichtzweifeln an dem, was man nicht sieht."[28] Luthers Wiedergabe dieser Wesensbeschreibung des Glaubens als „gewisse Zuversicht" (*substantia*/ὑπόστασις) und als „Nicht-zweifeln" (*argumentum*/ἔλεγχος) stand für ihn mitnichten von Anfang fest. Das lässt sich schon daran sehen, dass er die Wendung „gewisse Zuversicht" bereits im Septembertestament 1522 gebrauchte, während die Wortschöpfung „Nicht-zweifeln" erst in der Vollbibel von 1534 auftaucht. Aber es lässt sich zeigen, dass die Grundgedanken dieses sich in den Worten „Zuversicht" und „Nichtzwei-feln" verdichtenden Glaubensverständnisses schon in seiner paulinischen Lektüre des Hebräerbriefs 1517/18 angelegt sind.

---

[24] BARTH, Entdeckung (s. Anm. 23), 44.

[25] In der Lutherforschung wird häufig auf die Bedeutung der Scholien zu Hebr 5,1 und 7,1 verwiesen, in denen zentrale reformatorische Einsichten aufscheinen, doch sind auch diese Auslegungen – wie die Auslegung zu Hebr 11,1 – eingebunden „in einen von Anfang bis Ende gehenden Spannungsbogen" (Andreas STEGMANN, Luthers Auffassung vom christlichen Leben [BHTh 175], Tübingen 2014, 224).

[26] WA 57 III, 61 f. (kursiviert ist der Hebräerbrieftext).

[27] Luther 1534.

[28] Luther 2017.

In ihrer *editio princeps* der Vorlesung kommentieren Emanuel Hirsch und Hanns Rückert: „Luthers Auseinandersetzung über Hebr. 11,1 steht [...] im engsten Zusammenhang mit der Hauptaufgabe seines Denkens damals 1517/18: mit der begrifflichen Herausarbeitung des *sola fide*."[29] Der Vers bietet sich wie kaum ein anderer dafür an, eine Wesensbeschreibung des Glaubens zu versuchen; immerhin findet sich neutestamentlich nur hier eine Wendung wie *fides est ...*, die den Charakter einer „Definition" hat. Wir lassen hier aber (wie Luther selbst) die Debatte über die Gattung des Verses beiseite, die spätestens seit dem frühen Mittelalter teils heftig geführt wurde: Präsentiert der Hebräerbriefautor hier eine Art Schuldefinition des Glaubens, d.h. eine *definitio fidei*,[30] oder stimmt er vielmehr eine Lobrede über den Glauben an, d.h. ein *encomium fidei* bzw. eine *laus et commendatio fidei*.[31] In seiner Sentenzen-Vorlesung hatte sich Luther für Letzteres ausgesprochen,[32] und auch Erasmus folgte dieser Auffassung mit Nachdruck.[33]

Luther geht in der Glosse zunächst auf die rhetorische Funktion der Beispielreihe ein: „Er [d.h. der Apostel] reizt zu dem Glauben, den er bis dahin durchs Wort gelehrt hat, nun auch durch das Exempel der Väter. Denn die allerklarste Weise zu lehren, wie jener [d.h. Varro] sagt ist die, daß man [zu dem Wort] Exempel gibt." Er fährt nun fort: „Einige meinen aber, unter Glaube sei an dieser Stelle mehr die Zuversicht (*pro fiducia*) als die Gläubigkeit (*pro credulitate*) zu verstehen. Davon später."[34] Damit lenkt er den Blick schon auf die beiden Subjekte in Hebr 11,1, ὑπόστασις/*substantia* und ἔλεγχος/*argumentum*, die noch intensiver als die Gattung des Satzes schon in der Alten Kirche diskutiert wurden. Auf die beiden Wörter und ihre Auslegungsgeschichte konzentriert er sich dann im Scholion, das etwas umständlich und ausführlich geriet. Dies ist umso auffälliger, als die Scholien im weiteren Verlauf immer knapper werden und er ab Hebr 11,29 nur noch in Glossen kommentiert. Dem 35-jährigen Professor

---

[29] HIRSCH/RÜCKERT (Hg.), Hebräerbrief (s. Anm. 2), 261 Anm.

[30] So Thomas von Aquins Auffassung, auf der die katholische Auslegung von Hebr 11,1 gründet: *definitio apostoli includit omnes alias definitiones de fide datas* (Summa theologica II–II, q. 4, a. l).

[31] So in der aus dem 9. Jh. stammenden Glossa Ordinaria (PL 114, 663) und bei Petrus Lombardus, Collectanea in epistolas Pauli (zu Hebr 11,1) (PL 192, 488). Vgl. Heinrich DÖRRIE, Zu Hbr 11,1, ZNW 46 (1955), 196–202 (198 mit Anm. 9).

[32] WA 9, 91.

[33] Erasmus, Novum Instrumentum omne, Basel 1516, 595. Vgl. HIRSCH/RÜCKERT (Hg.), Hebräerbrief (s. Anm. 2), 67 Anm., 257 Anm. Die Frage nach der rhetorischen Einordnung des Satzes wird heute als zweitrangig betrachtet (vgl. COCKERILL, Hebrews [s. Anm. 4], 520 Anm. 1: „The question as to whether this verse should be called a ‚definition‘ is inconsequential.") Dazu auch Benjamin SCHLIESSER, Glauben und Denken im Hebräerbrief und bei Paulus. Zwei frühchristliche Perspektiven auf die Rationalität des Glaubens, in: Jörg Frey/Benjamin Schliesser/Nadine Ueberschaer (Hg.), Glaube. Das Verständnis des Glaubens im frühen Christentum und in seiner jüdischen und hellenistisch-römischen Umwelt (WUNT 373), Tübingen 2017, 503–560 (521–524).

[34] WA 57 III, 61 (Übers. VOGELSANG [Hg.], Hebräerbrief-Vorlesung [s. Anm. 2], 161).

ging am Ende des Semesters schlicht die Zeit aus; in seinen Auslegungen zum paulinischen Zentralsatz des Glaubens Hebr 11,1 ließ er sich aber nicht vom nahenden Semesterschluss in die Enge treiben.

Über die altkirchliche Auslegung war Luther v. a. durch die *Glossa ordinaria* im Bilde. Im Jahr 1509/1510 hatte Luther als *Baccalaureus sententiarius* in Erfurt über die Sentenzen des Petrus Lombardus gelesen und sich in diesem Zusammenhang schon mit dem Glaubensverständnis des Hebräerbriefes auseinandergesetzt.[35] Chrysostomos, auf den er sich in der Hebräerbriefvorlesung stützt und den er auch zu Hebr 11,1 beizieht, las er in der aus dem 6. Jh. stammenden und lateinischen Übersetzung des Mutianus Scholasticus.[36] Natürlich nutzte er auch das 1516 in erster Auflage erschienene zweibändige *Novum Instrumentum* von Erasmus samt dessen ausführlichen Annotationen, die auch die altkirchliche und mittelalterliche Exegese in Auswahl referiert. Mit diesem und einigem weiterem exegetischen Rüstzeug[37] näherte er sich den Bedeutungen der Worte *substantia*/ὑπόστασις und *argumentum*/ἔλεγχος. Seine Griechischkenntnisse sind zu dieser Zeit noch recht bescheiden, so dass der griechische Bibeltext und gräzistische Fragen noch wenig Raum einnehmen.

2.1 Was meint Paulus mit substantia/ὑπόστασις?

Zu ὑπόστασις legt Luther seinen Ausführungen das lateinische *substantia* aus der Vulgata zugrunde. Worauf zielt der Satz des Paulus,[38] dass der Glaube *substantia* sei?

---

[35] Vgl. die umfassende Analyse der Auslegung von Hebr 11,1 in der Sentenzen-Vorlesung bei Reinhard Schwarz, Fides, spes und caritas beim jungen Luther. Unter besonderer Berücksichtigung der mittelalterlichen Tradition (Arbeiten zur Kirchengeschichte 34), Berlin 1962, 50–66. Im Gegenüber zur aristotelisch-scholastischen Logik legt Luther den Akzent nicht auf das Wesen des Glaubens an sich, sondern auf seine Relationalität, insofern er dem Menschen eine Beziehung eröffnet. „Hebr. 11, 1 ist nicht mit den Kategorien der Logik zu verstehen. Der Satz ist keine Definition, die mit substantialen Begriffen angibt, was wesenhaft das Sein eines seienden Gegenstandes ausmacht… Er ist vielmehr eine Art Empfehlung des Glaubens" (a. a. O., 63).

[36] Vgl. Hirsch/Rückert (Hg.), Hebräerbrief (s. Anm. 2), 118 Anm. Nach WA 57 III, 227 nutzte Luther den Basler Druck von 1504. Luthers Rückblick auf seine anfängliche Kirchenväterbegeisterung fällt später nüchtern aus (vgl. die Zusammenstellung bei Hirsch/Rückert [Hg.], a. a. O., XXII f.; zum Ganzen Volker Leppin, Kirchenväter, in: Albrecht Beutel [Hg.], Luther Handbuch, Tübingen ³2017, 65–70, bes. 68). Von den Conciliis und Kirchen 1539 (WA 50, 519): „… Und las sie noch ein Buch für sich nehmen aus der heiligen Schrift und die glose suchen bey den Vetern, so sols jm gehen wie mir gieng, da ich die Epistel ad Ebreos furnam mit S. Chrysostomos glosen …" WA TR 1,85 (Nr. 188): *„Cum primum legerem epistolam ad Hebraeos, ibi accipiebam Chrysostomum eumque legebam, sed* er ließ mich stecken an allen orten, da ich sein dorfft. Er ist ein lauter wescher [= Schwätzer], lest den Text fallen."

[37] Vgl. Vogelsang (Hg.), Hebräerbrief-Vorlesung (s. Anm. 2), V–VI, mit einer knappen Zusammenstellung der wichtigsten Autoritäten.

[38] In der Nachzeichnung der Argumentation Luthers spreche ich im Folgenden und im Sinne Luthers von Paulus als dem *auctor ad Hebraeos*.

Drei Vorschläge nimmt Luther unter die Lupe und lässt seine Hörer an seinen Erwägungen teilhaben:[39] (1) Meint Paulus, dass der Glaube der „Grund" (*causa*) oder das „Fundament" (*fundamentum*) sei, wie dies in der zeitgenössischen Auslegung häufig behauptet wird und wie dies Luther schon in seiner Sentenzen-Vorlesung angedacht hatte?[40] Möglicherweise sei dem so; diese Sicht wäre jedenfalls anschlussfähig an den Satz Jesu, „auf diesen Felsen will ich meine Gemeinde bauen", denn mit dem Felsen ist nicht etwa Petrus gemeint, sondern der Glaube! (2) Oder denkt Paulus an das „Wesen" (*subsistentia*) oder die „Wesenheit" (*essentia*)? In diesem Sinne schreibt Chrysostomos, dem Petrus Lombardus folgt:

[Dieweil das, was man erhofft, noch] kein Wesen (*substantia*) hat, wie man meint, so gibt der Glaube ihm das Wesen; mehr noch: er gibt ihm nicht das Wesen, sondern ist selbst seine Wesenheit (*essentia*); z. B. die Auferstehung ist noch nicht geschehen und ist noch nicht im Wesen, die Hoffnung aber läßt sie Wesen haben in unserer Seele. Das ist's, was er ,Wesen' genannt hat.

Vielleicht. Luther enthält sich eines klaren Urteils. (3) Am ehesten neigt er der dritten Option zu, die er in seiner Galaterbriefvorlesung bei Hieronymus fand und nun auf die Hebräerbriefstelle anwendet: *Substantia* bedeute „Besitz" (*possessio*). Glaube sei „nichts anderes … denn das Hangen am Worte Gottes, nach Röm 1,17, so ist er folglich der Besitz des Wortes Gottes, d.i. der ewigen Güter." Luther verweist auf den Vulgata-Text von Hebr 10,34, wo Paulus von der „besseren und bleibenden Habe" (*meliorem et manentem habere substantiam*) spricht.

Theologisch ist Luther damit zum reformatorischen Kern durchgedrungen, insofern die *fides* eben nicht etwas ist, was dem subjektiven Glauben vorgelagert ist oder zugrunde liegt – ein „Grund" (*causa*), ein Fundament (*fundamentum*). Glaube ist existenzielles Ergreifen, Besitzen. So stichhaltig die Konstruktion theologisch sein mag, argumentativ und philologisch steht sie auf wackligen Beinen.

---

[39] WA 57 III, 226–229 (Scholion zu Hebr 11,1) (Übers. Vogelsang [Hg.], Hebräerbrief-Vorlesung [s. Anm. 2], 161–164).

[40] In seiner Sentenzen-Vorlesung 1509/1510 verstand Luther *substantia* „ganz unphilosophisch als das Zugrundeliegende", d.h. als *fundamentum*, und er kann für diese Sicht auf die *Glossa Ordinaria* und Petrus Lombardus zurückgreifen (Schwarz, Fides [s. Anm. 35], 55). Wie ein Haus aus einem Fundament und dem Gebäude besteht, so ist im geistlichen Bau der Glaube das Fundament, die Verdienste und Werke das Gebäude (vgl. WA 9, 91: *substantia est fides, constructio est merita et opera*). Dahinter steckt auch der Gedanke, dass ohne das Fundament des Glaubens die Verdienste und Werke nicht errichtet werden können. Zum Verständnis des Glaubens in diesem Zusammenhang vgl. Schwarz, a.a.O., 58: „Die *fides* aber ist die notwendige Voraussetzung für die Hoffnung auf die unsichtbaren Güter, die als Lohn auf die erworbenen Verdienste in Aussicht stehen." Luther geht hier nicht auf das Problem ein, wie angesichts dieser Vorordnung des Glaubens vor die Hoffnung und die Liebeswerke nun die *virtus fidei* mit der *virtus spei* und der *virtus caritatis* zu verknüpfen sei, wenn doch die Liebe die Grundlage aller Tugenden ist. Petrus Lombardus diskutiert den Sachverhalt ausführlich (Lomb., Sent. III d. 23, c. 8f., n. 9).

Das scheint Luther selbst schon bald aufgegangen zu sein, und zwar mithilfe von Philipp Melanchthon. Im August 1518 kam Melanchthon nach Wittenberg und wurde schnell ein geschätzter Berater Luthers, vor allem aufgrund seiner philologischen Expertise.[41] In Luthers (kleinem) Galaterkommentar aus dem Jahr 1519 zeichnet sich eine Modifikation ab, die noch stärker auf das Innenleben des glaubenden Subjekts zielt. Luther gesteht ein, dass er sich von Melanchthons sprachlichen Einwänden überzeugen ließ und ὑπόστασις nun in einem tieferen Sinn als „(Haltung der) Erwartung" (*expectatio*) begreift.[42] Damit nähert er sich bereits seiner endgültigen Übersetzung im Septembertestament 1522, das ὑπόστασις nun vollends als existenzielle Haltung begreift und mit der Wendung „gewisse Zuversicht" wiedergibt. Dieser Wiedergabe blieb Luther nun zeitlebens treu.[43] Sie entfaltete eine bemerkenswerte Wirkung, und noch bis in die neueste Zeit wird vereinzelt an ihr festgehalten,[44] trotz philologischer Bedenken. Seine Auslegung hat „die protestantische Interpretation dieser Stelle fast durchweg beherrscht und die katholische Exegese sehr stark beeinflußt und ist auch über den deutschen Sprachraum nicht ohne Wirkung geblieben."[45]

Natürlich blieb auch Kritik nicht aus: Für Hermann Dörrie wurde Luthers Übertragung das πρῶτον ψεῦδος eines psychologischen Glaubensverständnisses, dem die gesamte nachfolgende Hebräerbriefexegese aufgesessen sei. Nach Dörrie bezeichnet ὑπόστασις „den Prozeß des Wirklich-Werdens und das Wirklich-Sein", „eine absolut gültige, objektive Wirklichkeit, die durch nichts in Frage gestellt ist, sondern dauerhaft besteht."[46] Auf dieser Argumentationslinie schließt sich die gegenwärtige Hebräerbriefexegese wieder dem altkirchlichen und mittelalterlichen Auslegungstyp an, der ὑπόστασις mit „Wesenheit" oder „Wirklichkeit" (*subsistentia, substantia, essentia*) wiedergibt.[47] Problematisch ist an dieser aktuell dominierenden Deutung, dass die definitorische Wendung „der Glaube *ist* ..." (ἔστιν δὲ πίστις) paraphrasiert werden muss, um Sinn zu ergeben.[48] In der Literatur finden sich etliche Varianten einer solchen umschrei-

---

[41] Vgl. WA 2, 595 (*adolescens corpore, senex venerabili mentis canicie*).

[42] WA 2, 595. Vgl. Melanchthons Ausführungen in den Quaestiones Academicae (Nr. 5, 1533), CR 3,696–698 (697), die in der Übersetzung münden: *Est ergo sententia: Fides est expectatio rerum sperandarum.* Hinsichtlich Hebr 10,34 ist der Beleg für *substantia* = Besitz nur für den lateinischen Bibeltext stichhaltig, da die griechische Vorlage in Hebr 10,34 ὕπαρξις liest. Melanchthons philologische Einwände mussten Luther daher schnell einleuchten.

[43] Auch in der Vollbibel steht „gewisse Zuversicht".

[44] Vgl. z.B. Hans-Friedrich Weiss, Der Brief an die Hebräer (KEK 15), Göttingen 1991, 560–562.

[45] Helmut Köster, ὑπόστασις, ThWNT 8 (1969), 571–588 (584f.).

[46] Dörrie, Zu Hbr 11,1 (s. Anm. 31), 197 mit Anm. 5.

[47] Vgl. die Zusammenstellung neuerer Auslegungen, die in diesem Sinne argumentieren, bei Steven M. Baugh, The Cloud of Witnesses in Hebrews 11, WTJ 68 (2006), 113–132 (115–118). Altkirchliche Belege (Chrysostomos, Theodoret, Oikumenios und Theophylakt sowie Ambrosius und Augustin) bei Gottlieb Lünemann, Kritisch exegetisches Handbuch über den Hebräerbrief (KEK 13), Göttingen ³1867, 347.

[48] So schon die Kritik bei Lünemann, Hebräerbrief (s. Anm. 47), 347, gegen die Ausleger,

benden Wiedergabe.[49] Auch wenn man versucht, die πίστις sprachlich mit der jenseitigen Wirklichkeit zu identifizieren – „Der Glaube *ist* die Wirklichkeit des Erhofften" – bleibt doch der Anschluss an die Beispielreihe der Glaubensväter und -mütter holprig. Denn dort geht es um eine „Aktivität im Glauben",[50] nicht um eine πίστις-Ontologie. Eine Interpretation, die auf eine Paraphrasierung verzichten kann und sich zugleich als Überschrift für die „Hall of Faith" eignet, ist m. E. vorzuziehen. Exegetisch wie etymologisch leuchtet die von Adolf Schlatter in seiner großen Monographie „Der Glaube im Neuen Testament" vorgetragene Erklärung am meisten ein. Er betont, dass ὑπόστασις den Aspekt des „Stehens" nicht verloren habe: „[S]oviel ich sehe, bleibt der Zusammenhang zwischen ὑπόστασις und ὑποστῆναι im Sprachgebrauch durchaus lebendig, so daß es substantivisch nichts anderes ausdrückt, als was ὑποστῆναι verbal besagt."[51] Damit ist der Glaube in der Beschreibung des Hebräerbriefs ein „Darunterstehen"; wer im Sinne des Hebräerbriefs glaubt, steht die Mühen und Gefahren aus, fließt nicht am Ziel vorbei (Hebr 2,1: παραρρεῖν), fällt nicht ab (3,12: ἀποστῆναι). Luthers Übersetzung kommentiert Schlatter so: „Gewiß ist ἀποστῆναι auch Verzagtheit, ὑπόστασις demgemäß auch Zuversicht; aber kongruent sind deswegen die beiden Begriffe nicht."[52] Nach der „Glaubensdefinition" in Hebr 11,1 heißt πίστις demnach, „sich unter das zu stellen bzw. unter das gestellt zu werden, was zu erhoffen ist"[53] bzw. was erhofft wird.

---

die ὑπόστασις als „Wesenheit" erklären oder mit οὐσία, *substantia, essentia* etc. gleichsetzen. Dies sei „unstatthaft", weil eine solche Interpretation auf eine Umdeutung angewiesen ist, „um passend zu werden".

[49] Dörrie, Zu Hbr 11,1 (s. Anm. 31), 202 („Der Glaube verleiht dem, was wir hoffen, die volle Sicherheit künftiger Verwirklichung"); William L. Lane, Hebrews, Bd. 2 (WBC 47B), Dallas 1991, 329 („[F]aith celebrates *now* the reality of the *future* blessings that constitute the objective content of hope. [...] ‚[F]aith' [...] bestows upon the objects of hope even now a substantial reality, which will unfold in God's appointed time"); Luke Timothy Johnson, Hebrews. A Commentary (New Testament Library), Louisville 2006, 278 („Faith [...] makes actual, or makes ‚real', for the believers the things that are hoped for, as though they were present"); Martin Karrer, Der Brief an die Hebräer, Bd. 2 (ÖTBK 20), Gütersloh 2008, 274 („Der Glaube stellt die Gemeinde [...] fest unter das, was sie erhofft [...]"); Cockerill, Hebrews (s. Anm. 4), 521 („[F]aith is living in accord with the reality of things hoped for"). Teresa Morgan schließt sich demgegenüber Otto Betz an und deutet ὑπόστασις als „Grundlegung" („foundation"): *„Pistis* is ... foundational in two senses: it creates the divine-human relationship within which it becomes possible for human beings to hope for certain things, and the relationship within which those hopes become achievable" (Teresa Morgan, Roman Faith and Christian Faith. *Pistis* and *Fides* in the Early Roman Empire and Early Churches, Oxford 2015, 339).

[50] Adolf Schlatter, Der Glaube im Neuen Testament, Stuttgart ⁵1927, 526.

[51] Schlatter, Glaube (s. Anm. 50), 614. Vgl. den Exkurs zum Begriff ὑπόστασις (a. a. O., 614–617).

[52] Schlatter, Glaube (s. Anm. 50), 617.

[53] Thomas Söding, Zuversicht und Geduld im Schauen auf Jesus. Zum Glaubensbegriff des Hebräerbriefes, ZNW 82 (1991), 214–241 (225). Eine detaillierte Begründung dieser Sicht findet sich in Benjamin Schliesser, Zweifel. Phänomene des Zweifels und der Zweiseeligkeit im frühen Christentum (WUNT 500), Tübingen 2022, 359–366.

2.2 Was meint Paulus mit argumentum/ἔλεγχος?

Das Wort ἔλεγχος zitiert Luther zwar auf Griechisch, aber seine Beweisführung gründet ganz auf dem lateinischen *argumentum*. Worauf zielt also der Satz des Paulus, dass der Glaube *argumentum* sei?

Luther brachte in der Glosse zunächst die Begriffe *indicium* und *signum* als Äquivalenzbegriffe zu *argumentum* ins Spiel. Damit greift er einen Gedanken auf, den er bereits in seiner Sentenzen-Vorlesung formuliert hatte, als er *argumentum* mit den Worten „Kuntschafft", *signum* und *notificatio* verknüpfte und die „Zeige-Beziehung" des Glaubens unterstrich.[54] Wohlgemerkt war dies eine Deutung, die nicht unmittelbar an die traditionelle Interpretation anschloss: Die Tradition nämlich deutete die Gleichung *fides = argumentum* im Sinne einer subjektiven Überzeugung und Gewissheit, die sich als Resultat einer Beweisführung (*argumentatio*) einstellt. Luther hingegen will die *fides* selbst als „hinweisende[n] Beweis und anzeigendes Zeichen" im Blick auf das Nicht-Sichtbare verstehen.[55]

Im Scholion seiner Hebräerbriefvorlesung knapp zehn Jahre später rekurriert er zunächst wieder auf Auslegungen der Tradition und der Gegenwart.[56] (1) Bestimmt Paulus den Glauben als „Bestätigung" (*probatio*) oder „Überzeugung/Nachweis" (*convictio*) und damit als das erwünschte Ergebnis eines argumentativen Prozesses? Auf diese Sicht der *Glossa ordinaria* und des Petrus Lombardus, die sich ihrerseits auf Chrysostomus beziehen, geht Luther zunächst nicht weiter ein, sondern referiert gleich (2) die zweite Option, nach der Paulus eine „ganz bestimmte Gewißheit (*certitudo*) … um Dinge" meine, „die man nicht wahrnimmt". Das hieße, dass wir zu einer Gewissheit gelangen aufgrund dessen, „daß Patriarchen und andere Heilige solchen Glauben gehabt hätten." Hier gerät Luther in Wallung: „Diese Auffassung gefällt mir nicht." Glaube wäre völlig falsch verstanden, wenn er lediglich die Gläubigkeit (*credulitas*) eines Menschen wäre,

---

[54] Vgl. Gesche LINDE, Zeichen und Gewißheit. Semiotische Entfaltung eines protestantisch-theologischen Begriffs (Religion in Philosophy and Theology 69), Tübingen 2013, 386: „Seine Argument- oder Zeichenfunktion kommt dem Glauben … nicht substantialiter, sondern akzidentialiter zu: Als Argument oder Zeichen ist er Akzidenz des Unsichtbaren (so wie Rauch Akzidenz des Feuers ist)."

[55] Vgl. SCHWARZ, Fides (s. Anm. 35), 58–61. „Die Tradition richtet ihren Blick auf die psychologische Seite der fides und versteht unter dem argumentum die subjektive Wirkung einer vorhergehenden argumentatio, so daß die fides die Gewißheit von dem Vorhandensein unsichtbarer Dinge und Wahrheiten sowie die darauf gegründete Überzeugung ist, die beweiskräftig den Zweifel niederzuhalten vermag" (a.a.O., 59). Gegen Schwarz (a.a.O., 61) lässt sich m.E. nicht bestreiten, dass Luther in dieser Phase eher die objektive Seite des Glaubens herausstellt und erst in seiner weiteren Beschäftigung mit dem Glaubensbegriff (und mit Hebr 11,1) zu einer stärker am glaubenden Subjekt orientierten Deutung gelangt. Zur Gleichsetzung von *fides = probatio et convictio* bei Petrus Lombardus s.u.

[56] WA 57 III, 226–229.

die sich durch eines anderen Gläubigkeit hat überreden und beweisen lassen. Und so würde der Apostel nicht von aller Menschen Glauben reden, sondern nur von denen, die [durch fremden Glauben] überredet sind; und so wäre der Glaube nicht aktivisch ein Beweisen, sondern passivisch ein Bewiesenwerden (*non activa probatio, sed passiva esset*).[57]

(3) Die dritte Variante, die Luther in seiner lateinischen Chrysostomos-Ausgabe findet, gehört ins Kuriositätenkabinett: Dort steht nämlich das Übersetzungswort *coniunctio* („Zusammenhang") für ἔλεγχος, und Luther wundert sich zurecht: „Zusammenhang dessen, das man nicht sieht"? Er fragt sich und seine Studenten, ob „irgendein Kodex hier verderbt war", und ist damit auf der richtigen Fährte. Wahrscheinlich las ein Abschreiber versehentlich *coniũctio* anstelle von *convictio*.[58] Luther lehnt den korrupten Text aus philologischen Gründen ab: „Denn ἔλεγχος … bedeutet Beweis (*argumentum*), Begriff (*comprehensio*) und Kennzeichen (*indicium*)."[59] Mit der vorgenommenen Konjektur des Chrysostomos-Textes von *coniunctio* zu *convictio* kann sich Luther durchaus anfreunden, zumal ihm diese Deutung vom Magister Sententiarum ja bereits vertraut ist. Er zitiert Chrysostomos breit: „Welch wundersames Wort hat der Apostel gebraucht, da er sagte: ‚Nachweis (*convictio*) dessen, das man nicht sieht'. Denn Nachweis (*convictio*) gibt es nur in greifbaren Dingen. Also ist der Glaube, sagt er, ein Schauen dessen, das man nicht sieht."[60] Die eigentliche Pointe in Luthers Argumentationsgang liegt aber darin, dass er den Glauben im Anschluss an Erasmus mit *indicium* gleichsetzt[61] und diesen wiederum – so in der oben zitierten Glosse – mit *signum*.[62] Terminologisch hält er damit an seiner Sentenzen-Auslegung fest und bestätigt den Verweischarakter des Glaubens, der das Nicht-Sichtbare zeichenhaft zu erkennen gibt und in der „‚Kundschaft' des Zukünftig-Verborgenen ein glaubend-hoffendes Existieren begründet."[63] Zugespitzt formuliert: „Der Glaube führt zum Begreifen von etwas, das sich außerhalb des Glaubens dem Begreifen entzieht."[64]

---

[57] WA 57 III, 227 (Scholion zu Hebr 11,1) (Übers. VOGELSANG [Hg.], Hebräerbrief-Vorlesung [s. Anm. 2], 162). Die Unterscheidung zwischen einer übernommenen Gläubigkeit (*probatio passiva*) und einer subjektiven Gewissheit (*probatio activa*) wurde bereits in der Frühscholastik diskutiert. Vgl. SCHWARZ, Fides (s. Anm. 35), 59 Anm. 140, mit einem Verweis auf Stephen Langton (ca. 1150–1228).

[58] So HIRSCH/RÜCKERT (Hg.), Hebräerbrief (s. Anm. 2), 260 Anm. Vgl. WA 57 III, 227 Anm.: Der Basler Druck der Chrysostomus-Homilien von 1504 hat *coniunctio*, ebenso die Mehrheit der handschriftlichen Überlieferung.

[59] VOGELSANG (Hg.), Hebräerbrief-Vorlesung (s. Anm. 2), 163.

[60] Ebd.

[61] Erasmus, Novum Instrumentum omne, 595: *Argumentum.)* ἔλεγχος. i[d est] indicium. Nam id hoc loco significat argumentum.

[62] Vgl. LINDE, Zeichen (s. Anm. 54), 390 mit Anm. 165, mit einem Verweis auf die Begriffsverwendung von *indicium* und *signum* bei Quintilian, Inst 5,9,1–11.

[63] So SCHWARZ, Fides (s. Anm. 35), 64.

[64] LINDE, Zeichen (s. Anm. 54), 390. Vgl. a. a. O., 390 f.: „Argument ist der Glaube dadurch, daß durch ihn das Hoffnungsgut anschaulich wird, nicht aber dadurch, daß er die Existenz

Luther blieb in seiner weiteren Beschäftigung mit dem Text nicht bei dieser Deutung des zweiten Satzteils stehen. In der Frühphase liegt der Akzent, wie eben gesehen, auf der „Anzeigefunktion"[65] und dem Verweischarakter des Glaubens und damit auf der objektiven Seite des zukünftig-verborgenen Hoffnungsgutes, nicht auf der Subjektivität des glaubenden Individuums. Zwar hatte Luther die subjektive Seite des individuellen Begreifens und Überführtwerdens durch das Nichtsichtbare sachlich durchaus vor Augen – das belegt der weitere Gang seiner Erläuterungen –, aber terminologisch spiegelt sich dieses Moment in seiner Wiedergabe des Wortes ἔλεγχος als *argumentum, convictio, signum, indicium* und *comprehensio* noch nicht wider. Dies sollte sich bald ändern: Wie im Fall des Parallelbegriffs ὑπόστασις kommt es auch für ἔλεγχος zu einer sukzessiven Umformung im Sinne eines persönlichen, inneren Überzeugtseins und zugleich zu einer kritischen Rückbesinnung auf das traditionelle scholastische Verständnis, das mit Fug und Recht als „Glaubenspsychologie" bezeichnet wurde.[66] Im Septembertestament 1522 gelangt er zwar zunächst zu einer recht blassen Wiedergabe, die gar nicht erst nach einem nominalen Äquivalent für ἔλεγχος sucht: „und richtet sich nach dem / das nicht scheinet". Ein Jahrzehnt später ‚findet‘ Luther das Wort „Nichtzweifeln".

Die Wortschöpfung „Nichtzweifeln" ist kein Geistesblitz, der ihn in einer inspirierten Stunde aus heiterem Himmel traf. In den Sentenzen des Lombarden, mit denen Luther seit seiner Sentenzen-Lektur bestens vertraut war, wird mittels des Zweifels der Begriff *argumentum* erläutert: Der Glaube ist „Beweis (*probatio*) und Nachweis (*convictio*) des Nichtsichtbaren, weil, wenn jemand über das Nichtsichtbare im Zweifel ist (*dubitet*), es ihm durch den Glauben bewiesen wird."[67] Zudem war das Nichtzweifeln des Abraham exegetischer Allgemeinplatz in der Auslegung von Hebr 11 (vgl. Röm 4,20) und findet sich auch in Luthers Kommentierung wieder. Abrahams Gewissheit und Kompromisslosigkeit in Glaubensdingen wird auf seine spätere Übersetzung von ἔλεγχος als

---

des Hoffnungsgutes beweisen, diese nämlich von Instanzen wie dem Glauben der Patriarchen und Heiligen logisch ableiten und auf diese Weise Gewißheit erzeugen würde."

[65] Linde, Zeichen (s. Anm. 54), 390.

[66] Vgl. zu diesem Begriff Georg Englhardt, Die Entwicklung der dogmatischen Glaubenspsychologie in der mittelalterlichen Scholastik, Münster 1933. Kritisch ist Luthers Rückbesinnung in zweierlei Hinsicht: Zum einen hat die Gläubigkeit eines anderen keine Beweiskraft für den eigenen Glauben (*probatio passiva*), zum anderen kann der Glaube als *argumentum* den Wahrheitsgehalt des Glaubensgegenstands nie garantieren oder beweisen. Vgl. Schwarz, Fides (s. Anm. 35), 155: „Luther … hält die Deutungen fern, die von dem logischen Begriff des argumentum ausgehen und dann zu dem problematischen Begriff der probatio kommen."

[67] Petrus Lombardus, sent. III dist. 23, cap. 8: *Et ipsa est probatio et convictio non apparentium, quia, si quis de eis dubitet. per fidem probantur.* Ganz ähnlich in der Glossa ordinaria; der Begriff *argumentum* wird dort folgendermaßen erklärt: *certitudo rerum quae non apparent et, si quis de ea dubitet, probatio …* (vgl. Hirsch/Rückert [Hg.], Hebräerbrief [s. Anm. 2], 257 Anm.).

„Nichtzweifeln" eingewirkt haben. Für Luther ist der Erzvater ein Glaubens-beispiel sondergleichen, in dem wie in keinem anderen die „Herrlichkeit des Glaubens" (*gloria fidei*) Gestalt gewinnt. Abraham hat „mit diesem Glaubens-gehorsam (*oboedientia fidei*) das höchste Vorbild eines evangelischen Lebens gegeben ..., da er alles hinter sich gelassen hat, ... das Wort Gottes allem vorge-zogen."[68] Und als sein Gehorsam auf die härteste Probe gestellt wurde und ihm die Opferung seines Sohnes aufgetragen wird, „zweifelte er nicht an der Zu-kunft Isaaks, dem Samen der Verheißung."[69]

Luthers Urteil, dass dem Wort ἔλεγχος als „Nichtzweifeln" eine ausgeprägt subjektive Dimension innewohnt, wurde auch von anderen reformatorischen Auslegern geteilt,[70] entwickelte sich zur *opinio communis* und findet bis in die neuere theologische Fachliteratur Widerhall.[71] Philologisch ist die Übersetzung „Nichtzweifeln" wie übrigens auch die analoge, positiv gewendete Wiedergabe mit „Überzeugung" schwer zu halten; deren Beliebtheit auch im englischen Sprachraum („conviction") geht wohl auch auf eine neuzeitliche fideistische Verengung der πίστις als ein Überzeugtsein ohne Evidenzbezug zurück.[72]

Im Gegenüber zu der von Luther vorgeprägten Interpretationslinie, die auf den subjektiven Glaubensakt abhebt („Nichtzweifeln", „Überzeugung") ver-tritt die aktuelle Forschung wieder eine stärker auf den objektiven Grund des Glaubens und die Überzeugungskraft des (noch) Nicht-Sichtbaren gerichtete Deutung („Beweis").[73] In einem sachlich verwandten Satz Epiktets geht es etwa darum, dass ein denkendes Individuum auf dem Vernunftweg von der Wirk-lichkeit bzw. vom Wahrheitsgehalt einer Sache (πρᾶγμα) überführt wird: „Hier ist der Beweis der Sache, die Überprüfung des Philosophen."[74] Im Genitiv kann also die Sache stehen, auf die der „Beweis" zielt, aber auch das, was der Über-zeugungsarbeit „die argumentative Kraft verleiht."[75] So etwa im Satz des De-mosthenes: „Die Sache wird den Beweis geben."[76] In Hebr 11,1 wird in der Ge-

---

[68] WA 57 III, 236 (Scholion zu Hebr 11,8) (Übers. Vogelsang [Hg.], Hebräerbrief-Vorle-sung [s. Anm. 2], 173).

[69] WA 57 III, 66 (Glosse zu Hebr 11,8): *non dubitavit futurum Isaac semen benedictionis* (Übers. BS).

[70] Vgl. z. B. U. Zwingli, In Epistolam Beati Pauli ad Hebraeos Expositio Brevis, in: Melchior Schuler/Johannes Schulthess (Hg.), Huldrici Zuinglii Opera 6/2, Zürich 1838, 291–319 (314): *Ea fides cum non nisi doctore spiritu discitur, ductoreque illo apprehenditur, non constat ex humano ingenio... Est ergo fides hoc loci non opinio, arbitrium, vel humana quaedam et frigi-da suscipio, sed fiducia firma, certa indubitata, cui innititur homo apud deum, divinitusque hominis menti indita.*

[71] Vgl. z. B. Friedrich Hermanni, Metaphysik. Versuche über letzte Fragen (Collegium metaphysicum 1), Tübingen 2011, 15.

[72] Vgl. Morgan, Roman Faith (s. Anm. 49), 340.

[73] Vgl. exemplarisch die Zürcher Übersetzung: „Der Glaube aber ist ... der Beweis für Dinge, die man nicht sieht."

[74] Epiktet, diatr. 3,10,11: ἐνθάδ᾽ ὁ ἔλεγχος τοῦ πράγματος, ἡ δοκιμασία τοῦ φιλοσοφοῦντος.

[75] Karrer, Hebräer II (s. Anm. 49), 273.

[76] Demosthenes, or. 4,15: τὸ δὲ πρᾶγμ᾽ ἤδη τὸν ἔλεγχον δώσει.

nitivverbindung πραγμάτων ἔλεγχος οὐ βλεπομένων beides im Blick sein: das Nichtsichtbare ist Ziel und zugleich Grund des ἔλεγχος. Im Kontext des Glaubenskapitels Hebr 11 bietet sich eine Wiedergabe von ἔλεγχος an, die die „Dialektik des subjektiven und des objektiven Glaubensmoments" widerspiegelt.[77] „Beweis" ist „zu objektivierend"[78], Luthers „Nichtzweifeln" zu subjektiv. Ein Wort, das objektive und subjektive Seite umgreift, ist „Überführtsein". Glaube ist das Überführtsein vom (noch) Nicht-Sichtbaren, wobei sich der Glaube auf das Nichtsichtbare richtet und zugleich auf dem Nichtsichtbaren basiert. Mit der Wahl des Wortes ἔλεγχος weist der Hebräerbriefautor die πίστις ausdrücklich dem Bereich der *ratio* zu und gibt ihr einen intellektuellen Zug.[79] Zugleich macht er einen „kühne[n] Schritt über alle *ratio* hinweg",[80] indem er die πίστις jeglicher Sinneswahrnehmung entzieht und ihren „paradoxen Charakter" betont, insofern sie „schlechterdings nicht mit Verfügbaren rechnen kann."[81] Wie kein anderer neutestamentlicher Theologe inszeniert der Verfasser des Hebräerbriefs das Ineinander von Rationalität und Paradoxalität des Glaubens.[82]

Luthers jahrelange Auseinandersetzung mit dem Vers – von der Sentenzen-Vorlesung 1509/1510 bis zur Übersetzung von 1534 – reflektiert weniger dieses Ineinander von Rationalität und Paradoxalität als vielmehr die Dialektik der objektiven und subjektiven Dimension des Glaubens. In der Hebräerbriefvorlesung dominierte in der begrifflichen Analyse noch die traditionelle objektivierende Wiedergabe (ἔλεγχος = *argumentum, comprehensio, indicium*), in der exegetischen Durchführung traten aber die Individualität und Unvertretbarkeit des glaubenden Subjekts bereits in den Vordergrund. Der Glaube als *argumentum* überführt den Menschen dadurch, dass er auf das nicht-sichtbare Zukünftig-Verborgene verweist und auf der kognitiven Ebene den Glaubensgegenstand glaubhaft und einsichtig macht, „vor allem aber auf der Ebene des Herzens Affekte erzeugt" und so den Glaubensgegenstand „eindrücklich präsent werden läßt."[83]

---

[77] Söding, Zuversicht (s. Anm. 53), 225.

[78] Söding, Zuversicht (s. Anm. 53), 225.

[79] Das ist eine zentrale Erkenntnis der bahnbrechenden Arbeit von Erich Grässer, Der Glaube im Hebräerbrief (MThSt 2), Marburg 1965. Vgl. in diesem Sinn u. a. Hans Windisch, Der Hebräerbrief (HNT 14), Tübingen ²1931, 106; Spicq, Hébreux I (s. Anm. 8), 148: „[L]'élément intellectuel de la foi est davantage mis en lumière (XI, 1), elle est connaissance de Dieu et du monde invisible."

[80] Dörrie, Zu Hbr 11,1 (s. Anm. 31), 199.

[81] Rudolf Bultmann, ἐλπίς κτλ., ThWNT 2 (1935), 515–531 (527).

[82] Vgl. Schliesser, Glauben und Denken (s. Anm. 33), 521–526.

[83] So Linde, Zeichen (s. Anm. 54), 392, die darin den Einfluss humanistischer Rhetorik erkennt.

3. Resümee

Die Hebräerbriefvorlesung „führt uns in die Brunnenstube der Reformation." So – etwas blumig – Erich Vogelsang in der Einleitung zur ersten deutschen Übersetzung von Luthers Vorlesung. Er fährt fort:

> die Hebräerbrief Vorlesung zeigt uns wie weniges sonst *Luther als Schriftausleger*. Nicht der fertige Reformator steht vor uns, der mit der neuerrungenen Wahrheit die Feinde des Evangeliums nach außen kämpfend zu Boden wirft, sondern die Geburt seines Glaubens aus der Schrift mit allen Wehen und Nöten, im Kampfe gegen sich selbst, wird sichtbar. In dieses Werden und Wachsen des evangelischen Christen durch die Schriftauslegung will die Beschäftigung mit Luthers Hebräerbriefvorlesung hineinziehen.[84]

Durch die Nachzeichnung des Weges, den Luthers Übertragung von Hebr 11,1 vor, in und nach seiner Hebräerbriefvorlesung nahm, ergibt sich eine Vorstellung von seiner Arbeit am Text und von seinem Gespräch mit der älteren Auslegung und dem Humanismus, aber auch von seiner kollegialen Beratung mit Melanchthon und anderen Weggefährten. Doch noch eindrücklicher als der Blick in die Studier- und Disputierstube sind die Impressionen von Luthers stetigem Ringen um das adäquate Verständnis einzelner biblischer Begriffe im Horizont einer umwälzenden und neuartigen Sicht auf das, was Glaube heißt. Für diese neuartige Sicht ist der Paulus des Römerbriefs und Galaterbriefs, aber auch der „Paulus" des Hebräerbriefs der entscheidende Gewährsmann.

In Luthers nicht allzu zielstrebiger Exegese von Hebr 11,1 in seiner Hebräerbriefvorlesung, die ich in meinem Beitrag zu systematisieren versuchte, bahnt sich dieses neue, aber längst noch nicht ausgereifte Verständnis des Glaubens an. Es geht ihm um das subjektive Ergreifen und das existenzielle Überführt-Werden. Bloße Gläubigkeit, *credulitas*, schlichtes Fürwahrhalten, *fides acquisita*, sind nichts weiter als Fehlformen des Glaubens.[85] Wer so glaubt – so Luther zu Hebr 11,6 –, glaubt nicht, „was ihn selbst, sondern lediglich was andere betrifft." Er glaubt nicht, „daß Gott [für ihn] da sei … Derhalben tut ein andrer Glaube not, dadurch wir nämlich glauben, daß wir selbst zu deren Zahl gehören, für die Gott da ist … Solch Glaube kommt aber nicht aus dem natürlichen Menschen, sondern aus Gnaden."[86]

Luther machte es sich und seinen Studenten nicht leicht. Sie werden gespürt haben, dass hier etwas Neues im Entstehen ist; ihnen wird deutlich geworden

---

[84] VOGELSANG (Hg.), Hebräerbrief-Vorlesung (s. Anm. 2), IV.

[85] Vgl. HIRSCH/RÜCKERT (Hg.), Hebräerbrief (s. Anm. 2), 269 Anm.: „Luthers Gleichsetzung der fides acquisita mit der fides mortua des Jacobus entspricht den Aussagen der Scholastiker insofern, als die fides acquisita auch unter bleibender Todsünde erworben werden kann und durch Todsünde an sich nicht verloren geht." Vgl. a. a. O., 270 Anm.: „Einen Niederschlag hat dies Scholion über Hebr. 11, 6 gefunden in der *disputatio de fide infusa et acquisita* von 1520 … Vgl. dort: 2. *Fides acquisita sine infusa nihil est, infusa sine acquisita est omnia* (WA 6, 85 f.).

[86] Übers. VOGELSANG (Hg.), Hebräerbrief-Vorlesung (s. Anm. 2), 169.

sein, dass sich seit der Römerbriefvorlesung entscheidende Fragen weiter ge-
klärt haben.[87] Durch das Dickicht der Scholien mit ihren auslegungsgeschichtlichen Verästelungen konnten sie die Umrisse einer anderen Gestalt christlichen
Denkens und christlicher Existenz erkennen. Luther entdeckte, was er in seiner
„Paulusphase" finden wollte und musste: die Subjektivität und mit ihr die Existentialität und Gewissheit des Glaubens. Schon bald würde er hierfür einen
„paulinischen" Hebräerbrief als Kronzeugen nicht mehr benötigen.[88]

---

[87] Vgl. Vogelsang (Hg.), Hebräerbrief-Vorlesung (s. Anm. 2), IV, im Blick auf die Sakra-
mentenlehre, die Christologie und das Glaubensverständnis.

[88] Für die inhaltliche und formale Durchsicht des Beitrags danke ich Daniel Herrmann
sehr herzlich.

Philipp Melanchthons Römerbriefkommentar aus dem Jahr 1540

Michael Wolter

1. Melanchthons Römerbriefkommentare vor und nach 1540

Philipp Melanchthons *Commentarii in Epistolam Pauli ad Romanos* aus dem Jahr 1540[1] sind die chronologisch dritte von vier Römerbrief-Kommentierungen aus seiner Feder.[2]

Eine erste Auslegung des Römerbriefs erschien im Jahr 1522 unter dem Titel *Annotationes Phi=||lippi Melanchthonis in Epistolas Pauli Ad Rhoma=||nos Et Corinthios*.[3] Sie wurde freilich nicht von Melanchthon selbst, sondern von Martin Luther veröffentlicht. Dieser hatte sich eine studentische Nachschrift von Melanchthons Römerbrief-Vorlesung aus dem Jahr 1520/21 besorgt und in den Druck gegeben. Melanchthon selbst hat sich zehn Jahre später von dieser Kommentierung ausdrücklich distanziert.

Im Jahr 1532 war es Melanchthon selbst, der unter dem Titel *COM||mentarii in Episto||lam Pauli ad || Romanos* eine neue Auslegung des Römerbriefes drucken ließ.[4] Im Widmungsbrief an Erzbischof Albrecht von Mainz teilt er mit, dass er mit Hilfe dieser Kommentierung die *Annotationes* von 1522 verdrängen möchte:

---

[1] Für eine kritische Edition mit deutscher Übersetzung dieses Kommentars vgl. Philipp Melanchthon, Commentarii in Epistolam Pauli ad Romanos M.D.XL. Der Kommentar zum Römerbrief aus dem Jahr 1540, Wittenberg 1541, hg. u. übers. v. Michael Wolter, Bonn 2021. Eine PDF-Version ist unter der URL https://bonndoc.ulb.uni-bonn.de/xmlui/handle/20.500.11 811/9340 zugänglich. Nach ihr wird im Folgenden mit vorangestellter Angabe der Folioseite des ersten Wittenberger Drucks von 1541 (Wit 41-1; s. u. S. 181–184) zitiert. Für eine ausführlichere Darstellung der Einleitungsfragen vgl. a. a. O., 5–15.

[2] Vgl. Georg Th. Strobel, Historisch-Litterarische Nachricht von Philipp Melanchthons Verdiensten um die heilige Schrift, Altdorf/Nürnberg 1773, 96–119; s. auch Timothy J. WENGERT, The Biblical Commentaries of Philip Melanchthon, in: Irene Dingel u. a. (Hg.), Philip Melanchthon. Theologian in Classroom, Confession, and Controversy, Göttingen 2012, 43–76 (62–67).

[3] VD 16 M 2447; Helmut CLAUS, Melanchthon-Bibliographie 1510–1560, 4 Bde. (QFRG 87/1–4), I, 1522.32.1, Gütersloh 2014. Eine deutsche Übersetzung von Rolf Schäfer ist im Jahr 2020 erschienen (Melanchthon deutsch. V. Melanchthons Römerbriefauslegung 1519 bis 1532, Leipzig 2020, 76–228).

[4] VD 16 M 2741; CLAUS, Melanchthon-Bibliographie (s. Anm. 3), I, 1532.56; kritische Ausgabe: Melanchthons Werke in Auswahl. V. Römerbrief-Kommentar 1532, hg. v. Rolf Schäfer, Gütersloh 1965.

Vor einigen Jahren ist unter meinem Namen so etwas wie eine Sammlung von Kommentaren zum Römerbrief und zu den Korintherbriefen herausgegeben worden, die ich auf keinen Fall anerkenne. Um die zu unterdrücken, habe ich eine ausführlichere Erklärung des Römerbriefes vorbereitet.[5]

Gut anderthalb Jahrzehnte nach dem Kommentar von 1540 erschien 1556 bei Veit Kreutzer in Wittenberg die *Epistolae || Pauli scriptae || ad Romanos, Enarratio*[6] in der Melanchthon sich vor allen Dingen mit Andreas Osiander und dessen Interpretation der Rechtfertigungslehre auseinandersetzt.[7]

2. Die Publikationsgeschichte des Kommentars von 1540

Nach Auskunft des VD 16 ist Melanchthons Römerbriefkommentar von 1540 in den Jahren 1540–1544 in fünf separaten Drucken von Crato Mylius (Kraft Müller) in Straßburg und Joseph Klug in Wittenberg verlegt worden.[8] Beide Fassungen, die Straßburger und die Wittenberger, weichen nicht nur in ihrem Textbestand voneinander ab, sondern sie konkurrieren auch miteinander. Letzteres geht aus den Titelblättern und den Druckvermerken hervor.[9]

Der Erstdruck erschien im März 1540 bei Crato Mylius in Straßburg: *COM-MEN||TARII IN EPISTO-||LAM PAVLI AD ROMA||nos hoc anno M.D.X.L. || recogniti & locu||pletati. || Autore Philippo Melanchtone*[10] (Str 40-1). Das Impressum lautet (S. 462): *ARGENTORATI APVD CRA||TONEM MYLIVM AN. || M.D.XL. || MENSE MARTIO.*

Bereits sechs Monate später erschien ebenfalls bei Crato Mylius eine Neuauflage des Kommentars, die sich sowohl auf dem Titelblatt als auch im Impressum als solche zu erkennen gibt: *COMMENTARII || IN EPISTOLAM PAVLI AD || Romanos, iam denuo hoc anno || M.D.XL. recogniti & || locupletati. || Autore Phil. Melanch.*[11] (Str 40-2). Das Impressum auf der letzten bedruckten Seite lautet: *ARGENTORATI EX OFFICINA || CRATONIS MYLII, || MENSE SEPT. ANNO || M.D.XL.*

---

[5] Melanchthons Werke in Auswahl V (s. Anm. 4), 26,5–8.

[6] VD 16 M 3216; Claus, Melanchthon-Bibliographie (s. Anm. 3), III, 1556.97; s. auch CR 15,797–1052.

[7] Vgl. Timothy J. Wengert, Commentary as Polemic. Philip Melanchthon's 1556 *Enarratio ad Romanos* against Andreas Osiander, in: Torbjörn Johansson u. a. (Hg.), Hermeneutica Sacra, Berlin/New York 2010, 147–163; s. aber auch schon Strobel, Historisch-Litterarische Nachricht (s. Anm. 2), 113.

[8] Digitalisate aller fünf Drucke sind über die jeweiligen VD 16-Nummern zugänglich. – Der Kommentar ist auch in alle vier Sammelausgaben mit Werken Melanchthons aufgenommen worden. Für die Einzelheiten vgl. die Einleitung zu der in Anm. 1 genannten Edition, Abschn. 3.

[9] Im Folgenden sind die Abkürzungen die in der Edition (s. Anm. 1) benutzten Siglen.

[10] VD 16 M 2743; Claus, Melanchthon-Bibliographie (s. Anm. 3), I, 1540.87.

[11] VD 16 M 2744; Claus, Melanchthon-Bibliographie (s. Anm. 3), I, 1540.90.

Gegenüber der im März 1540 erschienenen Fassung ist dieser Druck neu gesetzt worden. Dabei sind gegenüber der Erstauflage nicht nur einige Druckfehler korrigiert, sondern auch zahlreiche Marginalien ergänzt worden. Hinzugekommen ist auch ein 15seitiger *Index praecipuorum locorum*, den es in Str 40-1 noch nicht gab. Umgekehrt sind mehrere exkursartige Abschnitte ausgelassen worden, und zwar vor allem solche, in denen Melanchthon sich mit anderen theologischen Positionen auseinandersetzt.

Die bei Joseph Klug in Wittenberg erschienene Fassung des Kommentars hat auf dem Titelblatt denselben Wortlaut wie der erste Straßburger Druck: *COM=||MENTARII IN EPI=||STOLAM PAVLI* || *ad Romanos, hoc anno M.D.XL. reogni=||ti & locuple=||tati. Autore Philippo* || *Melanthone*[12] (Wit 41-1). Keine Entsprechung im ersten Straßburger Druck hat eine weitere Zeile, die den Erscheinungsort nennt und die Jahresangabe wiederholt: *VITEBERGAE. Anno M.D.XL.* Aus dem Impressum auf der letzten bedruckten Seite geht dann jedoch hervor, dass der Kommentar durchaus nicht im Jahr 1540 erschienen ist, sondern erst ein Jahr später gedruckt wurde: *IMPRESSVM VITEBER||gæ per Iosephum Clug.* || *Anno.* || *M.D.XLI.* Dieser Sachverhalt wird auf dem Titelblatt in irreführender Absicht verschleiert, so dass man der über die beiden Straßburger Drucke hinausgehenden Angabe von Erscheinungsort und Jahresangabe auf dem Titelblatt eine gezielte Täuschungsabsicht zuschreiben muss. Sie unternimmt den Versuch, den ersten Straßburger Druck auszustechen und den Eindruck zu erwecken, dass es der Wittenberger Druck ist, der als authentische Originalausgabe des Kommentars zu gelten hat.

Zwischen den beiden Straßburger Ausgaben und der Wittenberger Ausgabe gibt es vor allem die folgenden Unterschiede:

(1) Von inhaltlicher Bedeutung sind vor allem die z. T. gravierenden Differenzen im Textbestand: Bei den Kommentierungen von Röm 1,32–2,1.6 und von Röm 3,4c wurden die Straßburger Texte durch Neufassungen ersetzt, die in allen Fällen wesentlich umfangreicher sind. Darüber hinaus gibt es die Kommentierung des Ausdrucks ἐφευρετὰς κακῶν (Röm 1,30) nur in der Wittenberger Ausgabe. Hinzu kommen über den gesamten Kommentar hinweg noch weitere Auslassungen, Ergänzungen und Textänderungen unterschiedlichen Umfangs, durch die sich die beiden Wittenberger Drucke von ihren Straßburger Vorgängern unterscheiden.

(2) An vielen Stellen weichen die Übersetzungen der kommentierten Römerbrieftexte zwischen den beiden Straßburger Drucken und der Wittenberger Ausgabe voneinander ab. Für die Wittenberger Neuauflage seines Kommentars hat Melanchthon den Übersetzungen sehr viel Aufmerksamkeit gewidmet. Vom Wittenberger Druck aus betrachtet, gewinnt man den Eindruck, dass

---

[12] VD 16 M 2745; Claus, Melanchthon-Bibliographie (s. Anm. 3), II, 1541.93.

mehr als die Hälfte der Übersetzungen entweder anders oder überhaupt nicht
im ursprünglichen Straßburger Druck vorgekommen waren.

In einer bestimmten Hinsicht lässt sich bei den Änderungen von Str 40-1/2 zu
Wit 41-1 sogar so etwas wie eine durchlaufende Tendenz feststellen: Bei den
Übersetzungen der Römerbrieftexte für den Straßburger Druck hat Melanchthon häufig auf die Übersetzungen der Vulgata zurückgegriffen, oft wählt er
aber auch eigene Formulierungen, und ebenfalls sehr häufig greift er auch auf
Übersetzungen aus dem *Novum Testamentum omne* des Erasmus von Rotterdam aus dem Jahr 1519 zurück.[13] In der Wittenberger Ausgabe hat Melanchthon
die Erasmus-Übersetzungen des Straßburger Erstdrucks an nicht wenigen Stellen durch die jeweiligen Vulgata-Übersetzungen ersetzt. In diesem Sinne wird
z. B. in Röm 10,4 (τέλος γὰρ νόμου Χριστός) aus *Nam perfectio Legis Christus*
(Str 40-1/2 wie Erasmus 1519) in Wit 41-1 *Finis enim Legis, Christus est* (wie
Vulgata), in Röm 11,33 (ὦ βάθος πλούτου) aus *O profunditatem divitiarum*
(Str 40-1/2 wie Erasmus 1519) in Wit 41-1 *O altitudo divitiarum* (wie Vulgata)
und in Röm 13,11 (ὥρα ἤδη ὑμᾶς ἐξ ὕπνου ἐγερθῆναι) aus *Quod tempestivum sit,
nos iam a somno etc.* (Str 40-1/2 wie Erasmus 1519) in Wit 41-1 *Hora est iam nos
de somno surgere* (wie Vulgata).

In keinem einzigen Fall ist Melanchthon umgekehrt vorgegangen, indem er
eine Vulgata-Übersetzung der Straßburger Ausgabe im Wittenberger Druck
durch eine Erasmus-Übersetzung ersetzt hätte.

(3) Über den gesamten Kommentar hinweg gibt es deutliche Unterschiede in
der typographischen Gestaltung: Wit 41-1 ist vor allem gegenüber Str 40-1, aber
auch im Vergleich mit Str 40-2 nicht nur durch eine weitaus kleinteiligere Ab-
satzgliederung gekennzeichnet, sondern auch dadurch, dass sich die Zahl der
Marginalien, die in Str 40-1 noch vollständig fehlten, auch gegenüber Str 40-2
spektakulär vervielfacht hat. Hinzu kommt noch, dass sich vor allem in der
*Summa Doctrinae in propheticis et apostolicis scriptis traditae, de iustificatione
coram Deo*, die Teil des *Argumentum* ist, aber auch in anderen thematisch orientierten Abschnitten des Kommentars an vielen Stellen textgliedernde Zwischenüberschriften finden, die in beiden Straßburger Drucken vollständig fehlen.[14]

---

[13] Es ist denkbar bis wahrscheinlich, dass Melanchthon diese Übersetzungen aus der Ausgabe von Erasmus' Übersetzung des Römerbriefes bezog, die er für seine Römerbrief-Vorlesung im Jahr 1520/21 hat drucken lassen: *Epistola Pau‖li ad Roma‖nos D. Eras‖mo inter-‖prete.
rerum theo‖logicarum, et ‖ summam, ‖ et me‖thodum ‖ continens* (VD 16 B 5020; CLAUS,
Melanchthon-Bibliographie (s. Anm. 3), I, 1520.10). Für eine kritische Edition der Erasmus-
Übersetzung vgl. Opera omnia Desiderii Erasmi Roterodami, recognita et adnotatione critica
instructa notisque illustrata. VI/3. Novum Testamentum ab Erasmo recognitum. Epistolae
Apostolicae (Prima Pars), hg. v. Andrew J. Brown, Amsterdam u. a. 2004.
[14] Str 40-1 hat in der *Summa doctrinae* null Zwischenüberschriften und null Marginalien
und Str 40-2 null Zwischenüberschriften und 21 Marginalien. Wit 41-1 hat 13 Zwischenüberschriften und 125 Marginalien.

(4) Die Disputation *De Ecclesia et de autoritate verbi Dei* aus dem Jahr 1539[15], die in Str 40-1/2 zwischen den Kommentierungen von Röm 14 und Röm 15 stand, hat Wit 41-1 nicht übernommen.

(5) Im Unterschied zu Str 40-1, jedoch wie Str 40-2 (aber mit ganz anderen Stichwörtern) hat auch Wit 41-1 einen *Index eorum quae notatu digna sunt.*

In ihrer Summe lassen sich diese Unterschiede nur dadurch erklären, dass Melanchthon selbst die neuerliche Drucklegung seines Kommentars durch Joseph Klug in Wittenberg veranlasst und auf sie durch eine stellenweise durchaus tiefgreifende Neubearbeitung des Textes Einfluss genommen hat.

Die Frage nach dem Grund für diese Aktion kann eine Bemerkung beantworten, die sich in einem Brief findet, den Melanchthon am 5. April 1540, d. h. unmittelbar nach dem Erscheinen des Straßburger Erstdrucks, an Joachim Camerarius geschrieben hat. Melanchthon beklagt sich hier über die schlechte Arbeit des Setzers:

> Die Einleitung zum Römerbrief enthält eine, wie ich finde, vollständige Erörterung des Locus von der Gerechtigkeit; der Setzer ist freilich bei der Herstellung ausgesprochen nachlässig gewesen.[16]

Als Grund für Melanchthons Unzufriedenheit nicht in Frage kommt eine sachliche Verzeichnung der Rechtfertigungslehre durch den Straßburger Drucker[17], denn in Wit 41-1 gibt es keine inhaltlichen Veränderungen gegenüber Str 40-1, die in einem solchen Fall zu erwarten wären. Anders sieht es aus, wenn man davon ausgeht, dass Melanchthons Klage sich ausdrücklich auf die typographische Gestaltung der *Summa doctrinae ... de iustificatione coram Deo* bezieht. Hier gibt es nur einen einzigen Unterschied zwischen den beiden Drucken: Anders als in Str 40-1 finden sich in Wit 41-1 vor allem innerhalb der *Summa doctrinae*, aber auch sonst im *Argumentum* sowie im eigentlichen Kommentar an vielen Stellen Absätze, Zwischenüberschriften und Marginalien, die den Text strukturieren und die Lektüre erleichtern. Melanchthons Kritik am Straßburger Druck bezieht sich darum auf nichts anderes als auf die didaktische Qualität von dessen typographischer Gestaltung. Es spricht auch einiges dafür, dass Melanchthon seine Unzufriedenheit mit der Typographie von Str 40-1 seinem Straßburger Verleger zu verstehen gegeben hat, denn mit dieser Annahme lässt

---

[15] VD 16 M 3080–3082; Claus, Melanchthon-Bibliographie (s. Anm. 3), I, 1539.79.1–2; 1540.4.

[16] *In Romanis prolegomena continent explicationem, ut iudico, integram loci περὶ τῆς δικαιοσύνης, sed typographus fuit in edendo admodum negligens* (Melanchthons Briefwechsel. Kritische und kommentierte Gesamtausgabe T 9, bearb. v. Christine Mundhenk, Stuttgart-Bad Cannstatt 2008, Nr. 2407, Zl. 24–26).

[17] So Georg Kuhaupt, Veröffentlichte Kirchenpolitik: Kirche im publizistischen Streit zur Zeit der Religionsgespräche (1538–1541) (FKDG 69), Göttingen 1998, 128 Anm. 167: „durch die Schuld des Druckers Kraft Müller" sei „die Rechtfertigungslehre im März 1540 falsch dargestellt worden".

sich gut erklären, warum dieser nur sechs Monate später mit Str 40-2 eine Ausgabe druckt, in der sich in der *Summa doctrinae* zwar weiterhin keine Zwischenüberschriften finden, dafür aber an zahlreichen Stellen Marginalien als Orientierungshilfen ergänzt sind. Mit diesem Versuch, die Mängel der Erstausgabe zumindest notdürftig zu reparieren, ist Melanchthon ganz offensichtlich aber nicht zufrieden gewesen. Das kann man daraus schließen, dass er Joseph Klug in Wittenberg veranlasst hat, eine gerade in der *Summa doctrinae*, aber auch sonst typographisch stark veränderte Neuausgabe zu drucken. Das eigentliche Ziel von Wit 41-1 war die Verbesserung der typographischen Gestalt, um die Lektüre des Kommentars zu erleichtern und seinen Inhalt leichter zugänglich zu machen. Die inhaltlichen Textänderungen sind nicht mehr als ein Mitnahmeeffekt.

Der zweite Wittenberger Druck (Wit 41-2) hat auf dem Titelblatt und im Impressum denselben Text wie Wit 41-1. Dass es sich um einen anderen Druck handelt, ist auf dem Titelblatt nur an einem unterschiedlichen Layout sowie an den Differenzen bei der Groß- und Kleinschreibung erkennbar. Darüber hinaus liegt in Wit 41-2 von Fol. 1^r bis Fol. 24^v, d. h. in den ersten drei Druckbögen, ein unterschiedlicher Satz vor, während von Fol. 25^r bis zum Ende ein und derselbe Satz verwendet wurde. Dass Wit 41-2 gegenüber Wit 41-1 der jüngere Text ist, kann man daran erkennen, dass Wit 41-2 auf Fol. 1^r–24^v im Verhältnis zum Rest dieses Druckes eine extrem überdurchschnittliche Zahl von Satzfehlern aufweist. Sie lassen den Schluss zu, dass der Setzer auf diesen Seiten ganz offensichtlich unter großem Zeitdruck gearbeitet hat und dass dieser Teil von Wit 41-2 unter anderen Bedingungen entstanden ist als der Rest. Auch wenn man über die Gründe, die in Wit 41-2 einen Neusatz von Fol. 1r bis Fol. 24v erforderlich gemacht haben, nur spekulieren kann[18], lässt sich mit einiger Sicherheit sagen, dass Wit 41-2 nicht mehr sein wollte als ein unveränderter Nachdruck der ersten Wittenberger Ausgabe. Gegenüber Wit 41-1 erhebt dieser Druck darum nicht den Anspruch, eine eigenständige Neuauflage des Kommentars zu sein, wie es bei Str 40-2 gegenüber Str 40-1 der Fall ist.

Unter dem Titel *COMMEN*||*TARII IN EPISTO*=||*lam Pauli ad Roma*=||*nos.* || *Autore Phil. Melanth.*[19] (Str 44) erscheint im Jahr 1544 wiederum bei Crato Mylius in Straßburg eine Fassung des Kommentars, in der sich Eigentümlichkeiten sowohl der beiden anderen Straßburger Drucke als auch der Wittenberger Ausgabe finden. Es handelt sich also um so etwas wie eine Harmonie-Ausgabe, die sich dem Bemühen des Straßburger Verlegers verdanken dürfte,

---

[18] Weil der neugesetzte Text exakt die drei ersten Druckbögen des Buches betrifft, ist der Neusatz vielleicht auf Grund einer physischen Beschädigung oder gar Zerstörung des Stehsatzes erforderlich geworden. Vielleicht war der Stehsatz der ersten drei Bögen inzwischen aber auch anderweitig verwendet worden, so dass er nicht mehr zur Verfügung stand, als der Verlag den Kommentar nachdrucken wollte.

[19] VD 16 M 2747; CLAUS, Melanchthon-Bibliographie (s. Anm. 3), II, 1544.76.

die beiden Konkurrenzausgaben zusammenzuführen und sich auf diese Weise auch die Wittenberger Ausgabe zu eigen zu machen.

Als Ergebnis ergibt sich aus dem vorstehenden Überblick, dass der erste Wittenberger Druck von 1541 (Wit 41-1) als Ausgabe letzter Hand gelten kann. Ihn habe ich darum für meine eigene Edition als Leittext genommen und die beiden Straßburger Drucke (Str 40-1 und Str 40-2) mit ihm durchgehend kollationiert. Bei Abweichungen zwischen diesen Drucken wurde auch der Befund der anderen Ausgaben verzeichnet.

3 Melanchthon und Paulus

Für eine Darstellung des theologischen Profils von Melanchthons Römerbriefkommentar aus dem Jahr 1540 gibt es mehrere Möglichkeiten: Man kann diese Interpretation mit Melanchthons anderen Kommentaren zu diesem Paulusbrief[20] sowie mit anderen Schriften Melanchthons vergleichen. Darüber hinaus kann man sie natürlich auch neben andere reformatorische Römerbriefauslegungen stellen. Hier soll aber keiner dieser beiden Wege beschritten werden, sondern es soll erst einmal darum gehen, Melanchthon und Paulus miteinander ins Gespräch zu bringen und dabei nach theologischen Interpretationszusammenhängen zu fragen, die sowohl den paulinischen Römerbrief als auch Melanchthons Kommentar konzeptionell prägen. Dabei steht natürlich außer Frage, dass die folgende Darstellung weit davon entfernt ist, den Reichtum des Materials, den Melanchthons Römerbriefkommentar von 1540 für die Erforschung seiner Theologie bereitstellt, mehr als nur extrem fragmentarisch und oberflächlich sichtbar machen zu können. – Wir beginnen mit dem *Gesetzesverständnis.*

Wenn *Paulus* vom „Gesetz" (νόμος) spricht, so meint er damit bis auf wenige Ausnahmen[21] immer die Tora, die Gott seinem Volk Israel gegeben hat, damit es seine Unterscheidung von den Völkern jeden Tag aufs Neue zur Anschauung bringen kann. Die paulinische Rede vom „Gesetz" setzt darum ein Verständnis der Tora voraus, das diese als konstitutiven Bestandteil von Israels Erwählung zu Gottes Eigentumsvolk ansieht. Gott hat Israel aus den Völkern erwählt, und

---

[20] S. o. Abschn. 1.

[21] In Röm 3,27e; 7,21a. 23a. c–d und 8,2 bedeutet νόμος soviel wie „Prinzip" oder „Gesetzmäßigkeit" (vgl. die Darstellung der Diskussion bei Michael WOLTER, Der Brief an die Römer I [EKK.NF 6/1], Neukirchen-Vluyn/Ostfildern 2014, 268–270). – In Röm 4,15; 7,1b; Gal 5,23 spricht Paulus ganz allgemein von der Gattung „Gesetz". – In Gal 6,2b meint er mit „Gesetz Christi" (νόμος τοῦ Χριστοῦ) metaphorisch die aus der christlichen Identität sich ergebende ethische Verpflichtung. – In Röm 3,21b benutzt er „Gesetz" als literarischen Begriff zur Bezeichnung des ersten Teils der heiligen Schrift Israels. Dieselbe Bedeutung hat νόμος auch in Röm 3,31c und Gal 4,21c, wo Paulus mit den unterschiedlichen Bedeutungen des Gesetzesbegriffs spielt.

damit es seine dadurch gewonnene Alleinstellung erfahren und darstellen kann, hat Gott ihm die Tora gegeben. Israels Leben mit der Tora ist darum nichts anderes als die ethische Außenseite seiner Erwählung. Daran, dass Israel anders *lebt* als die Völker, kann man erkennen, dass es anders *ist*. Der Tora kommt damit die Aufgabe zu, die Erwählung Israels, die als solche ja noch ganz unanschaulich ist, wahrnehmbar und erfahrbar zu machen. Schon der Pharisäer Paulus hat darum wie einst Pinchas, Elia und die Makkabäer als „Eiferer" (ζηλωτής) für die von ihm „meine väterlichen Überlieferungen" genannte Tora (Gal 1,13–14; s. auch Phil 3,5–6; Apg 22,3) agiert, um Israel vor dem Verlust seiner ihm von Gott geschenkten Heiligkeit zu bewahren. Und so ist auch, wenn dann der Apostel Paulus die Gesetzesfrage erörtert, immer Israel im Spiel. Die Gesetzesfrage ist bei ihm immer in die Israelfrage eingebettet.[22] Dieser Zusammenhang steht auch in Röm 2,14–15 im Hintergrund, wo Paulus betont, dass auch die Heiden die von der Tora geforderten Werke kennen, weil sie „von Natur aus" (φύσει) „das vom Gesetz Verlangte" (τὰ τοῦ νόμου) tun, obwohl sie „das Gesetz nicht haben". Daraus könne man schließen, „dass das Werk des Gesetzes in ihre Herzen geschrieben ist"[23]. Auch hier spricht Paulus von der Tora, wenn er „Gesetz" sagt, und es geht ihm darum, den Zusammenhang von Erwählung und Torabesitz zu relativieren, der aus jüdischer Sicht den Unterschied zwischen Israel und den Völkern ausmacht.

Von Bedeutung ist dabei auch, dass Paulus innerhalb der Tora keine Unterscheidung vornimmt, wie in Fortschreibung der in der Alten Kirche aufgekommenen Unterscheidung zwischen „Sittengesetz" und „Kultgesetz" auch heute mitunter noch angenommen wird.[24] Das geht z. B. aus Röm 13,9 deutlich hervor, denn Paulus stellt die Dekaloggebote, die Ehebruch, Mord, Diebstahl und Begehren verbieten, allen anderen Torageboten gleich (εἴ τις ἑτέρα ἐντολή) und sieht sie alle ohne Unterschied als erfüllt an, wenn man seinen Nächsten nach Lev 19,18 liebt: „Wer den Nächsten liebt, hat das Gesetz erfüllt" (Röm 13,8b). Er sagt es auch anders herum: „Das ganze Gesetz (ὁ πᾶς νόμος) ist in *einem* Wort erfüllt, nämlich in dem Wort ‚Liebe deinen Nächsten wie dich selbst'" (Gal 5,14). Darum darf man auch nicht das, was Paulus „Werke des Gesetzes" (ἔργα νόμου) nennt, auf lediglich solche Forderungen reduzieren, durch die Israel sich von den Völkern unterscheidet, wie z. B. die Gebote der Beschneidung und der Fest-

---

[22] Für eine ausführlichere Erörterung dieses Zusammenhangs vgl. Michael WOLTER, Paulus. Ein Grundriss seiner Theologie, Göttingen ³2021, 18–23. 355–359.

[23] Zum Hintergrund dieser Vorstellung vgl. WOLTER, Brief an die Römer I (s. Anm. 21), 186.

[24] Vgl. z. B. Christoph HAUFE, Die sittliche Rechtfertigungslehre des Paulus, Halle 1957, 20–30; Rudolf BULTMANN, Theologie des Neuen Testaments, Tübingen ⁶1968, 342 (anders a. a. O., 260); Ulrich LUZ, Das Neue Testament, in: Rudolf Smend/Ulrich Luz, Gesetz, Stuttgart 1981, 58–139 (106. 108–109 f. 154 Anm. 182); Wolfgang SCHRAGE, Ethik des Neuen Testaments (NTD.E 4), Göttingen ⁴1982, 197; Peter STUHLMACHER, Biblische Theologie des Neuen Testaments I, Göttingen 1992, 267.

tagsobservanz sowie die Speisegebote und Opfervorschriften.[25] Wenn Paulus „Werke des Gesetzes" sagt, bezieht er sich an keiner Stelle auf bestimmte einzelne „Werke der Tora" und sieht dabei von anderen Teilen der Tora, wie etwa dem Dekalog, ab. Er spricht vielmehr immer von der einen Tora in ihrer ungeteilten Gesamtheit.

In der Topographie der paulinischen Rechtfertigungslehre stehen die Begriffe „Gesetz", „Werke des Gesetzes" oder „Werke" der aus Gen 15,6 entwickelten Zentralthese, dass Gott die Menschen auf Grund ihres Glaubens für gerecht erklärt[26], antithetisch gegenüber. Dementsprechend spricht Paulus vom Gesetz meistens in negierten Aussagen wie „ohne Gesetz, „ohne Werke des Gesetzes", „nicht durch das Gesetz" und „nicht durch Werke" (Röm 3,20. 21. 28; 4,5. 13; s. auch Gal 2,16; 3,11a u. ö.), um zu betonen, wodurch die Rechtfertigung *nicht* zustandekommt.

Diese Unmöglichkeit der Rechtfertigung durch Werke des „Gesetzes" hat ebenfalls damit zu tun, dass Paulus die Tora meint, wenn er „Gesetz" sagt: Kein Mensch ist in der Lage, der Forderung des Gesetzes durch sein Tun zu entsprechen, weil alle Menschen seit Adam der Macht der Sünde unterworfen sind und darum mit dem Gesetz immer nur als Sünder umgehen können. Weil Adam als Stammvater der Menschheit gesündigt hat, ist die Sünde zu einer anthropologischen Qualität geworden, die alle Menschen auch gegen ihren Willen dazu zwingt zu sündigen. Wenn Paulus in Röm 5,20 schreibt, dass das Gesetz „hinzugekommen ist" (παρεισῆλθεν), will er zum Ausdruck bringen, dass die Tora das unentrinnbare Verhängnis der Sünde bereits vorgefunden hat, als Gott sie seinem Volk gegeben hat. Die Sünde ist immer schon da gewesen, und es gibt keinen Menschen, der nicht durch die Übertretung des Gesetzes immer wieder Sünde produzieren könnte. In Röm 1,18–3,20 legt Paulus dar, dass nicht nur Heiden, sondern auch alle Juden von dieser Situation betroffen sind, in 5,12–21 liefert er dafür die Erklärung, und in 7,7–25 beschreibt er die Interaktion von Sünde und Gesetz, indem er zeigt, dass die Sünde geradezu das Gesetz benutzt, um aktiv zu werden und den Menschen dazu zu zwingen, mit seinem Tun (Röm 1,27.28. 32; 2,3. 9; 7,15–20) gegen die Forderung des Gesetzes zu verstoßen. Nicht nur durch Röm 1,18–3,20, sondern auch durch 5,12–21 und 7,7–25 will Paulus deutlich machen, dass es zwischen dem jüdischen und dem nichtjüdischen Teil der Menschheit keinen Unterschied gibt, sofern dieser Unterschied durch die Tora hergestellt wird. Er will zeigen, dass auch das jüdische Leben mit der Tora derselben *condicio humana* unterliegt wie das Leben aller anderen Menschen. Denn das ist es, was Juden und Nichtjuden miteinander

---

[25] So z. B. James D. G. DUNN, The New Perspective on Paul. Revised Edition, Grand Rapids/ Cambridge 2008, 99–120. 121–141. Unausgesprochen wirkt auch bei dieser These die alte Unterscheidung zwischen Sittengesetz und Kultgesetz nach (vgl. die vorangegangene Anmerkung).

[26] Vgl. dazu ausführlich WOLTER, Paulus (s. Anm. 22), 343–348.

verbindet: dass sie Menschen sind, an die Adam das Verhängnis des Sündigen-Müssens weitergegeben hat.

Auf Grund der virtuellen Universalität der paulinischen Soteriologie – der Weg zum Heil steht *allen Menschen* offen, *die glauben* (Röm 1,16), unabhängig davon, ob sie Juden sind und nach der Tora leben oder nicht – muss er den auf die Exklusivität der Erwählung bezogenen Anspruch der Tora theologisch depotenzieren. Darum lässt sich der in diesem Abschnitt beschriebene theologische Begründungszusammenhang auch historisch recht präzise verorten: Er verdankt sich dem christlich-jüdischen Trennungsprozess, in dem er gewissermaßen als apologetische Theorie der paulinischen Heidenmission fungiert.[27] Seine Intention richtet sich darauf, in Auseinandersetzung mit der jüdischen Einteilung der Menschheit in Juden und Nichtjuden eine eigenständige „christliche" Identität zu begründen, in der die Grenze, die Nähe und Ferne zu Gott voneinander trennt, neu gezogen wird.

Melanchthons Kommentar ist in einem ganz anderen historischen und kulturellen Kontext entstanden als der Römerbrief. Der christlich-jüdische Trennungsprozess war seit vielen Jahrhunderten abgeschlossen und konnte darum nicht mehr als hermeneutischer Resonanzraum für die Trennung der Rechtfertigung vom Gesetz und deren exklusive Bindung an den Glauben fungieren.

Diese Veränderung der hermeneutischen Großwetterlage macht sich vor allem im Gesetzesverständnis bemerkbar: Für Melanchthon ist das, was er „Gesetz" nennt, von vornherein nicht mehr Bestandteil der Erwählung Israels, sondern er verortet es in der Anthropologie. Dabei nimmt er eine ethische Verallgemeinerung vor: „Gesetz" ist bei ihm nicht mehr die Tora, sondern „eine Lehre, mit der Gott vorschreibt, wie wir beschaffen sein sollen und was man tun und lassen soll"[28] bzw. „jenes natürliche Wissen, das das Anständige empfiehlt und das Schändliche missbilligt"[29]. Melanchthon nennt es „natürliches Gesetz" *(lex naturalis* oder *lex naturae)*[30], „dessen Kenntnis mit uns geboren wird"[31] bzw. das Gott in den Herzen der Menschen als „Fähigkeit zur Unterscheidung zwischen dem Anständigen und dem Schändlichen eingepflanzt

---

[27] Vgl. in diesem Sinne bereits Paul WERNLE, Der Christ und die Sünde bei Paulus, Freiburg/Leipzig 1897, 83–84 sowie in neuerer Zeit die Vertreter der sog. „New Perspective on Paul" von Krister STENDAHL (The Apostle Paul and the Introspective Conscience of the West, HThR 56 [1963], 62–77; Paul Among Jews and Gentiles, London 1977) über James D.G. DUNN (New Perspective [s. Anm. 25]) bis hin zu John M.G. BARCLAY (Paul and the Gift, Grand Rapids/Cambridge 2015).

[28] *Doctrina, in qua Deus praecipit quales nos esse oporteat, et quae facienda, quae vitanda sint* (Fol. 21^r / S. 40).

[29] *Illa naturalis noticia, docens honesta, et reprehendens turpia* (Fol. 99^r / S. 138); s. auch ebd.: Das Gesetz ist „die natürliche Kenntnis der ethischen Normen und Werte, die zwischen dem Anständigen und dem Schändlichen unterscheidet" *(noticia naturalis de moribus, discernens honesta et turpia)*.

[30] Fol. 12^{r-v}. 21^v. 82^r. 83^v. 93^v u.ö. / S. 29. 40. 117. 119. 131 u.ö.

[31] *Legis noticia nobiscum nascitur* (Fol. 82^r / S. 117).

hat"[32]. Melanchthon kann darum auch ausdrücklich feststellen, dass „das Gesetz nicht zwischen Juden und Heiden unterscheidet".[33] Dementsprechend sei das „Gesetz", von dem Paulus in Röm 2,15 sagt, dass den Heiden „sein Werk in ihre Herzen geschrieben ist", eben dieses „natürliche Gesetz", nämlich „die natürliche Kenntnis der ethischen Normen und Werte" *(noticiam naturalem de moribus)*.[34] Umgekehrt reduziert Melanchthon das Israel am Sinai gegebene Gesetz auf „einen *politischen* Zweck"[35]: „Der Kult und das gesamte Gemeinwesen sind äußere Umstände *(res externae)* gewesen, die in erster Linie zu dem politischen Zweck eingerichtet worden sind, um dieses Volk von den übrigen Völkern zu unterscheiden."[36]

Für die begriffliche Differenzierung zwischen diesen beiden Gesetzen übernimmt Melanchthon die aus altkirchlicher Zeit stammende Dissoziation von einerseits „Sittengesetz" *(lex moralis)* und andererseits „Zeremonien" *(ceremoniae)* sowie dem später hinzugekommenen „Rechtsgesetz" *(lex iudicialis)*.[37] Das „Sittengesetz" ist mit dem „natürlichen Gesetz" identisch. Zu ihm gehört auch der Dekalog. Demgegenüber betreffen die „Zeremonien" alle kultischen und rituellen Handlungen wie z. B. Opfer, Beschneidung, Beachtung von Speisetabus sowie Kalenderobservanz und regelt das „Rechtsgesetz" (auch „öffentliches Gesetz" *[lex forensis]*)[38] das zwischenmenschliche Zusammenleben. „Zeremonien" und „Rechtsgesetz" hätten nur innerhalb des „mosaischen Staates" Gültigkeit.[39] Wenn Paulus schreibt, dass Gott die Menschen „ohne Werke des Gesetzes" oder „ohne Gesetz" für gerecht erklärt, so meine er damit nicht lediglich „ohne Zeremonien", sondern „ohne Sittengesetz". In diesem Sinne stellt Melanchthon in seiner Auslegung von Röm 3,20 („aus Werken des Gesetzes wird kein Fleisch vor ihm gerechtfertigt") fest: „Dieses Wort löst den Ruhm der Rechtfertigung nicht nur von den Zeremonien ab, sondern auch von den sittlichen Werken; er spricht sogar von der gesamten Lebensführung."[40] Diese Unterscheidung ist gerade auch dort von Bedeutung, wo Melanchthon dem Gesetz

---

[32] *Inseverit animis nostris discrimen honestorum et turpium* (Fol. 82ᵛ / S. 117); vgl. auch Fol. 86ʳ / S. 121: *Discrimen honestorum et turpium naturaliter notum est humanae menti* („die Unterscheidung zwischen dem Anständigen und dem Schändlichen ist dem menschlichen Verstand von Natur aus bekannt").

[33] *Lex non facit discrimen inter Iudaeos et Gentes* (Fol. 101ᵛ / S. 141).

[34] Fol. 100ʳ / S. 139.

[35] *Ostendit finem fuisse politicum* (ebd.; Hervorhebung von mir).

[36] Fol. 102ʳ / S. 141–142.

[37] Zum Ursprung dieser Unterscheidung in der antijüdischen Apologetik der Alten Kirche vgl. Michael WOLTER, „Zeremonialgesetz" vs. „Sittengesetz". Eine Spurensuche, in: ders., Theologie und Ethos im frühen Christentum (WUNT 236), Tübingen 2009, 453–470; s. auch o. bei Anm. 24.

[38] Fol. 253ᵛ / S. 337.

[39] Fol. 167ᵛ. 244ᵛ / S. 223. 325.

[40] *Id dictum detrahit laudem iustificationis non tantum ceremoniis, sed etiam moralibus operibus, ac loquitur de tota disciplina* (Fol. 14ᵛ / S. 31).

eine anklagende Funktion zuschreibt: Paulus spreche weder vom „Gesetz des Mose" noch „lediglich von den Zeremonien", wenn er schreibt, dass es „die Gewissen anklagt sowie in Qualen und Verzweiflung stürzt", sondern „vom Sittengesetz, das in alle Menschen hineingelegt ist" bzw. „vom gesamten Gesetz und vor allen Dingen über den Dekalog".[41]

Ein solcher „Gebrauch"[42] des „Sittengesetzes" wird jedoch erst dadurch möglich, dass Melanchthon innerhalb dieses Gesetzes eine weitere Unterscheidung vornimmt: die Unterscheidung zwischen „äußeren Werken" *(opera exteriora)* bzw. „äußerem Gehorsam" *(obedientia exteriora)* auf der einen Seite und „inneren Werken" *(opera interiora)* bzw. „innerem Gehorsam" *(obedientia interiora)* auf der anderen.[43]

Die „äußeren Werke" bzw. den „äußeren Gehorsam" verlange das Sittengesetz als eine „anständige äußere Lebensführung" *(externa disciplina honesta)*[44]. Sie beträfen das Verhalten der Menschen in ihren alltagsweltlichen Lebenszusammenhängen. Als Beispiele für diejenigen, die ihr zuwiderhandeln, nennt Melanchthon darum „Meineidige, Gotteslästerer, Aufrührer, Mörder, Ehebrecher, Diebe Lügner".[45] Die vom Sittengesetz geforderte *honesta disciplina* nennt Melanchthon eine „herausragende Zierde des Menschen"[46], die jeder Mensch – und damit urteilt er dezidiert anders als Paulus – „aus eigenen Kräften praktizieren kann"[47]. An anderer Stelle sagt er es noch deutlicher: „Es liegt auf der Hand, dass auch diejenigen, die nicht wiedergeboren sind, mit Hilfe ihrer natürlichen Fähigkeiten in der Lage sind, die äußeren Werke des Gesetzes und die Unterweisung zu tun oder sich durch bürgerliche Werke auszuzeichnen".[48] Von dieser Lebensführung sagt Melanchthon, dass Paulus sie „,Gerechtigkeit des Gesetzes' und ,Gerechtigkeit der Werke' nennt".[49] Als Bestandteil des Sittengesetzes, dessen Kenntnis Gott jedem Menschen bei seiner Geburt eingestiftet hat[50], sind diese „Werke" und dieser „Gehorsam" zwar von Gott geboten[51],

---

[41] Fol. 150ʳ⁻ᵛ. 108ʳ. 173ᵛ / S. 200. 148. 231.

[42] Fol. 11ᵛ / S. 28 u. ö.

[43] Z. B. Fol. 21ʳ. 39ʳ. 127ʳ. 232ᵛ / S. 40. 63. 171. 309.

[44] Z. B. Fol. 14ʳ / S. 31.

[45] Ebd.

[46] *Egregium ornamentum hominis* (ebd.).

[47] *Quam homo suis viribus efficere potest* (ebd.).

[48] *Manifestum est etiam non renatos viribus naturalibus posse externa Legis opera facere, et disciplinam seu civilia opera praestare* (Fol. 99ᵛ / S. 139); vgl. auch Fol. 157ᵛ / S. 210, wo es von „dieser Ordnung" heißt, dass sie „aus menschlichen Kräften *(humanis viribus)* gewährleistet werden kann".

[49] *Hanc et Paulus vocat iusticiam legis ac iusticiam operum* (Fol. 14ʳ / S. 31). – Beide Ausdrücke gibt es bei Paulus freilich nicht. In die Nähe des Syntagmas *iusticia legis* kommt aber die paulinische Rede von der δικαιοσύνη ἐκ νόμου (Röm 10,5; Phil 3,9), διὰ νόμου (Gal 2,21) und ἐν νόμῳ (Phil 3,6).

[50] S. o. bei und mit Anm. 31 und 32.

[51] *Scire debemus, hanc disciplinam praecipi a Deo* („wir müssen wissen, dass diese Lebensführung von Gott geboten ist"; Fol. 157ᵛ / S. 210).

doch weil es sich um eine „fleischliche Ordnung und Gerechtigkeit"[52] handelt, machen sie keinen Menschen vor Gott gerecht: „Niemand ist vor Gott gerecht, das heißt, um der äußeren Lebensführung willen angenommen".[53] – Aufs Ganze gesehen kann Melanchthon darum sagen: Gott verlangt von jedem Menschen, dass er ein anständiges Leben führt. Auf Grund seiner ihm von Gott verliehenen natürlichen Ausstattung ist jeder Mensch dazu auch in der Lage. Von Gott bestraft werden darum alle, die dieser Forderung zuwiderhandeln.[54] Umgekehrt wird aber kein Mensch auf Grund ihrer Erfüllung – und sei sie auch noch so perfekt – von Gott für gerecht erklärt.

Als Grund dafür, dass kein Mensch durch die Erbringung der vom Gesetz verlangten *bona opera moralia*[55] gerechtfertigt wird, macht Melanchthon das Ungenügen einer solchen Gesetzeserfüllung geltend: „Die Erfüllung des Gesetzes ist nicht lediglich eine Sache der äußeren Ordnung"[56], sondern das Gesetz verlange stets einen „vollkommenen und vollständigen Gehorsam" (*perfectam ac integram obedientiam*)[57], und das heißt: nicht nur „äußeren Gehorsam", der durch eine anständige äußere Lebensführung erbracht wird und erbracht werden kann, sondern auch einen „inneren"[58] bzw. „geistlichen"[59] Gehorsam", der in „inneren Werken" bzw. in „inneren" oder „geistlichen Regungen" (*motus interiores* oder *spirituales*)[60] seinen Ausdruck findet. Als diese Werke nennt Melanchthon immer wieder vor allem „Gottesfurcht, Glaube, Liebe [sc. Gottes], Buße, Geduld, Anrufung" (*timor Dei, fides, dilectio [sc. Dei], poenitentia, patientia, invocatio*).[61] Mitunter treten auch noch „klare Gotteserkenntnis" (*illustris agnitio Dei*), „Vertrauen" (*fiducia*), „Keuschheit" (*castitas*) und „Bekenntnis" (*confessio*) hinzu.[62]

Dieser „innere Gehorsam" ist vom „äußeren Gehorsam" außerdem dadurch unterschieden, dass keine „fleischliche Natur"[63] in der Lage ist, ihn zu erbringen. Was bei Paulus vom gesamten Gesetz gilt, gilt bei Melanchthon also nur für den „inneren Gehorsam". Den Grund für diese Unmöglichkeit entnimmt Me-

---

[52] Fol. 177ʳ / S. 235.

[53] *Neminem esse iustum coram Deo, id est, acceptum propter disciplinam externam* (Fol. 14ᵛ / S. 31) mit Verweis auf Röm 3,20a. Ähnlich stellt Melanchthon zu Röm 2,14–15 fest: Auch wenn die Heiden die „äußeren bürgerlichen Werke getan haben" (*externa civilia opera fecisse*) dürfe man daraus nicht schließen, „dass irgendwer um dieser Lebensführung willen vor Gott gerecht gewesen wäre" (*quod propter illam disciplinam ulli fuerint iusti coram Deo*; Fol. 99ᵛ–100ʳ / S. 139).

[54] So ausdrücklich Fol. 14ʳ / S. 31: *punit Deus violantes disciplinam*.

[55] Fol. 106ᵛ / S. 147.

[56] *Legis impletio non sit tantum externa disciplina* (179ʳ / S. 238).

[57] Fol. 188ᵛ / S. 251; s. auch . Fol. 14ʳˑᵛ. 21ʳˑᵛ. 66ᵛ. 98ᵛ u.ö. / S. 31. 40. 98. 137 u.ö.

[58] Fol. 188ᵛ u.ö. / S. 251 u.ö.

[59] Fol. 176ᵛ. 177ʳˑᵛ u.ö. / S. 235. 236 u.ö.

[60] Fol. 96ᵛ. 233ʳ u.ö. / S. 135. 309 u.ö.

[61] Fol. 232ᵛ–233ʳ / S. 309; vgl. auch Fol. 157ʳ / S. 209.

[62] Vgl. z.B. Fol. 12ʳ. 62ᵛ. 83ᵛ. 157ʳ. 177ʳ. 260ᵛ. 273ʳˑᵛ u.ö./ S. 28. 92. 118. 209. 236. 346. 362 u.ö.

[63] Fol. 176ᵛ / S. 235.

lanchthon Röm 5,12–21: Es ist die „Ursünde" *(peccatum originis)* bzw. „Ur-
krankheit" *(morbus originis)*[64], welche seit Adam mit jedem Menschen geboren
wird, die die menschliche Natur so sehr schwächt, dass bei keinem Menschen
der von ihm verlangte „innere Gehorsam" mit den ihm entsprechenden „inneren Werken" vorgefunden werden kann. Die durch Adam verursachte „Ver-
derbtheit der menschlichen Natur"[65] hindert den Menschen für Melanchthon
darum durchaus nicht daran, das „Sittengesetz" zu erfüllen und ein „anständiges Leben" zu führen. Was sie unmöglich macht, ist vielmehr die Erfüllung der
„Werke des ersten und zweiten Gebots, … für die wir in erster Linie erschaffen
sind"[66]:

> Gott als Gott verherrlichen – das heißt: Gott, dem ewigen Schöpfer der Dinge, den Lob-
> preis darzubringen, dass er Gott ist … ewig, allmächtig, Schöpfer und Erhalter der Din-
> ge, weise, gerecht, dass er die Ungerechten bestraft, die Gerechten erhört und ihnen zu
> Hilfe kommt –, ihm zu gehorchen sowie sein Urteil wahrhaft zu fürchten, ihm wahrhaft
> zu glauben und von ihm Gutes zu erbitten und zu erwarten.[67]

Stattdessen ist das menschliche Leben von dem bestimmt, was Melanchthon
„innere" bzw. „verborgene Sünden" *(interiora* bzw. *arcana peccata)*[68] und „innere" bzw. „verborgene Laster" *(interiora* bzw. *arcana vicia)* nennt[69] Er subsu-
miert sie unter das Begriffspaar „Zweifel und Unglaube" *(dubitatio et diffidentia)*[70], das er Röm 4,20 entnimmt[71]. Konkret nennt er u. a. den „Zweifel daran,
ob Gott sich um die menschlichen Angelegenheiten kümmert, ob er straft, ob er
erhält, ob er hilft, ob er die Menschen erhört"[72] oder dass die Menschen Gott
„nicht anrufen, ihm nicht vertrauen und keine Hilfe von ihm erwarten"[73] oder
die „Begierden" *(cupiditates)*[74].

Zu den inneren Sünden und Lastern zählt Melanchthon aber auch die „Sicherheit" *(securitas)*, auf Grund der Erfüllung des Sittengesetzes bzw. einer „anstän-

---

[64] Fol. 10ᵛ. 21ᵛ. 84ᵛ. 188ᵛ u. ö./ S. 26. 40. 120. 251 u. ö.

[65] Fol. 82ʳ u. ö. / S. 117 u. ö.

[66] *Opera primi et secundi praecepti, … ad quae praecipue conditi sumus* (Fol. 88ᵛ–89ʳ / S. 124).

[67] *Glorificare ut Deum, est Deo aeterno rerum conditori tribuere hanc gloriam, quod sit Deus, id est, aeternus, immensae potentiae, rerum conditor et conservator, sapiens, iustus, puniens iniustos, exaudiens et adiuvans iustos, eique obedire, ac vere timere eius iudicium, et vere ei credere, et ab eo petere et expectare bona* (Fol. 88ᵛ / S. 124).

[68] Fol. 106ʳ. 171ʳ. 179ʳ / S. 146. 228. 238.

[69] Fol. 61ʳ. 75ʳ. 106ʳ. 188ᵛ / S. 90. 108. 146. 251.

[70] Vgl. z. B. Fol. 131ʳ. 171ʳ·ᵛ. 263ʳ·ᵛ u. ö. / S. 177. 228. 229. 349 u. ö.

[71] Hier sagt Paulus von Abraham, dass er gegenüber dem Verheißungswort Gottes οὐ διεκρίθη τῇ ἀπιστίᾳ. Melanchthon übersetzt durchgängig: *non dubitavit diffidentia* (z. B. 17ʳ. 32ᵛ. 131ʳ / S. 35. 55. 176). Die Vulgata hat *non haesitavit diffidentia*, während Erasmus *non haesitabat ob incredulitatem* übersetzt. Anderenorts gebraucht Melanchthon *diffidentia* des öfteren als Gegenüber zu *fides* (z. B. Fol. 42ʳ. 131ʳ / S. 66. 176).

[72] *Dubitatio de Deo, an curet humana, an puniat, an alat, an iuvet, an exaudiat homines* (Fol. 24ᵛ–25ʳ / S. 44).

[73] *Non invocent, non confidant, non expectent a Deo auxilium* (Fol. 170ᵛ / S. 228).

[74] Z. B. Fol. 34ᵛ. 94ᵛ. 95ᵛ / S. 57. 132. 134.

digen äußeren Lebensführung"[75] von Gott gerechtfertigt und angenommen zu sein. Diese Selbstgewissheit geht damit einher, dass „das Herz nicht in Gottesfurcht, in Gottesliebe und im Glauben brennt"[76], so dass sie auf ein und derselben Ebene steht wie der Zweifel, weil auch eine solche Haltung Gott mit Verachtung begegnet.[77] Dementsprechend sieht Melanchthon auch in der Kette der Schriftzitate, mit der Paulus in Röm 3,10–18 zum Ausdruck bringt, dass die gesamte Menschheit der Sünde verfallen ist, „nicht lediglich bürgerliche Vergehen missbilligt, sondern innere Sünden gegen die erste Tafel".[78]

Daraus erwächst dann die Anklage des Gesetzes, die nach beiden Seiten hin ergeht: Sie richtet sich nicht nur gegen „die innere Verkehrtheit, Zweifel in Bezug auf Gott und andere Laster des Herzens sowie alle verkehrten Begierden"[79], sondern auch gegen „alle, die auf Grund ihres bürgerlichen Lebenswandels annehmen, sie seien gerecht"[80]. Melanchthon unterscheidet zwischen drei Gruppen:

Die „Fleischlichen" *(carnales)*, die wie die Epikureer und Pharisäer „ohne Gesetz" leben, d. h. „ohne das richtende und anklagende Gesetz". Dadurch leben sie „voll Sicherheit … und haben keine echten Beklemmungen des Gewissens".[81] Diese Gruppe sieht Melanchthon in Röm 7,9a („einst lebte ich ohne Gesetz") bezeichnet. „Ohne Gesetz" bedeute hier: „nicht auf das Gesetz hören, das die Sünde aufweist und anklagt, nicht durch diese Anklage belästigt werden, keine Schmerzen empfinden"[82]. Die Angehörigen dieser Gruppe werden zwar durch das Gesetz angeklagt, doch nehmen sie die Anklage nicht wahr.

Diejenigen, die die Anklage des Gesetzes in ihrem Gewissen erfahren und sie „als Urteil und Zorn Gottes wahrnehmen" und dadurch „in großen Schrecken geraten sowie in Verzweiflung und ewigen Tod gestürzt werden"[83]. Als Beispiele für diese Gruppe fungieren immer wieder Saul und Judas.[84] Diese Aktivität des Gesetzes nennt Melanchthon den „verborgenen Gebrauch, den das Gesetz

---

[75] S. o. Anm. 43–44.

[76] *Fiducia propriae sapientiae et iusticiae, nec timore, nec dilectione Dei, nec fide ardet pectus* (Fol. 61ʳ / S. 91).

[77] Vgl. Fol. 89ᵛ / S. 126: „Die schlimmste Gottlosigkeit besteht demnach darin, dass man entweder daran zweifelt, bei Gott Erhörung zu finden, oder dass man sich mit der eigenen Gerechtigkeit bekleidet" *(Prima est igitur impietas, quod aut dubitant se exaudiri a Deo, aut induunt fiduciam propriae iusticiae)*; s. auch Fol. 45ʳ. 81ᵛ. 188ᵛ / S. 70. 116. 251.

[78] *Non tantum civilia delicta culpantur, sed interiora peccata contra primam tabulam* (Fol. 106ʳ / S. 146).

[79] *Interiorem pravitatem, dubitationem de Deo, et cetera vicia cordis et omnes pravas cupiditates* (Fol. 95ᵛ / S. 134).

[80] *Omnes qui se propter civiles mores iudicant esse iustos* (ebd.).

[81] *Nec habent veros pavores conscientiae* (Fol. 175ʳ / S. 233).

[82] *Non audire Legem, ostendentem peccatum et accusantem, non affici accusatione illa, non sentire dolores* (Fol. 175ʳ / S. 233).

[83] *Sentiunt hoc iudicium et iram Dei, perterrefiunt et adiguntur ad desperationem et aeternam mortem* (Fol. 174ᵛ / S. 232).

[84] Fol. 16ʳ. 30ᵛ. 162ᵛ. 175ʳ. 188ᵛ / S. 34. 52. 216. 234. 251.

im Gewissen hat"[85], und findet sie in Röm 5,20 beschrieben: „Das Gesetz vermehrt die Sünde ... im Gewissen, d. h. es macht sie mächtiger, um Erschrecken
herbeizuführen sowie Verzweiflung und Tod zu bewirken".[86] Menschen, die
sich in dieser Weise durch das Gesetz angeklagt und verurteilt sehen, erwarten
von Gott keine Hilfe. Sie vertrauen nicht auf Gottes Barmherzigkeit und rufen
ihn darum nicht an. Eben dadurch geraten sie aber nun auch tatsächlich in ewigen Tod und ewige Verdammnis, weil hierin ihr Zweifel und ihre Verachtung
Gottes zum Ausdruck kommen.

Die dritte Gruppe besteht aus denjenigen, die in dieser verzweifelten Situation durch das Wort des Evangeliums und durch den Glauben „aufgerichtet werden" *(eriguntur)*[87]. Evangelium und Glaube wirken zusammen: Das Evangelium
verheißt den Menschen, dass sie nicht um ihrer guten Werke willen, sondern
„gnadenhalber" *(gratis)*, auf Grund des Erbarmens Gottes und um Christi willen, die Vergebung der Sünden erlangen und die Gerechtigkeit zugerechnet bekommen, und der Glaube besteht darin, dass er dieser Verheißung „zustimmt"
(assentit) und sie „annimmt" *(accipit)*.[88] Wenn Paulus schreibt: „wir sind aus
Glauben gerecht", so wolle er damit sagen: „Wir sind durch das Erbarmen um
Christi willen gerecht, doch muss man im Glauben davon überzeugt sein, dass
dieses Erbarmen uns gilt."[89] Der Glaube gilt Melanchthon darum als „Gegenteil
des Zweifels" *(contraria dubitationi)*[90], denn er ist „das Mittel, mit dem das Erbarmen angenommen wird"[91]. Er ist darum „ein Werk ... wie andere Tugenden,
z. B. Liebe, Geduld, Keuschheit"[92]. Aus diesem Grund kann Melanchthon den
Glauben auch als „Beginn des übrigen inneren Gehorsams" bezeichnen.[93]

Diesen Glauben lässt Melanchthon nun aber nicht allein bleiben, sondern er
gibt ihm eine „notwendige" Begleitung, die er „neuer Gehorsam" bzw. „ange-
fangener Gehorsam" *(nova* bzw. *inchoata obedientia)*[94] nennt: *Haec inchoatio
necessario sequi fidem debet.*[95] Dieser Gehorsam findet seine Gestalt nun aber
nicht lediglich in einer bestimmten äußeren Lebensweise, mit der das natürliche

---

[85] *Usus arcanus, quem in conscientia habet Lex* (Fol. 159ʳ / S. 211).

[86] *Lex auget peccatum ... in conscientia, id est, reddit potentius, ut perterrefaciat et afferat desperationem et mortem* (Fol. 159ʳ / S. 212).

[87] Fol. 20ᵛ. 39ʳ. 108ᵛ. 194ᵛ. 175ᵛ. 195ʳ. 273ᵛ / S. 39. 63. 149. 234. 258. 259. 362.

[88] S. auch Fol. 58ʳ / S. 87: *Fides est assensus quo voluntas vult et accipit promissum, et ac-
quiescit propter mediatorem filium Dei* („Der Glaube ist die Zustimmung, mit der der Wille
das Verheißene will und annimmt und Ruhe finden wird um des Mittlers, des Sohnes Gottes
willen").

[89] *Per misericordiam propter Christum sumus iusti, sed tamen fide statuendum est illam
misericordiam ad nos pertinere* (Fol. 62ʳ⁻ᵛ / S. 92).

[90] Fol. 129ᵛ / S. 174.

[91] *Instrumentum, quo apprehendatur misericordia* (Fol. 62ᵛ / S. 92).

[92] *Fides est opus ... ut caeterae virtutes, dilectio, patientia, castitas* (Fol. 62ᵛ / S. 92).

[93] *Inchoatio ... reliquae interioris obedientiae* (Fol. 39ᵛ / S. 63).

[94] Z. B. 37ʳ. 38ʳ. 45ʳ. 49ʳ. 116ᵛ. 121ᵛ / S. 60. 61. 71. 76. 159. 165; s. auch gleich im Folgenden.

[95] „Dieser Beginn muss notwendigerweise den Glauben begleiten" (Fol. 38ʳ / S. 61).

Gesetz erfüllt wird, sondern er besteht aus denselben „inneren" oder „geistlichen Regungen" *(motus interiores/spirituales)*[96], die der „natürliche Mensch"[97] nicht erbringen kann: „dem angefangenen Gehorsam gegenüber Gott, (nämlich) Anrufung, Furcht, Liebe, Geduld, Keuschheit und anderen Regungen, die mit dem Gesetz Gottes übereinstimmen".[98] Dass er dabei in der Tat ausschließlich den von ihm so genannten „inneren Gehorsam" bzw. „fromme Regungen des Herzens" *(pii motus cordis)*[99] im Auge hat, unterstreicht Melanchthon dadurch, dass er Jer 31,33 zitiert: *Dabo Legem meam in corda eorum.*[100]

Weil auch in den aus Glauben Gerechtfertigten immer noch die Sünde wohnt[101], ist der Glaube genauso „schwach" *(imbecillis)*, wie „die anderen Tugenden" – Melanchthon nennt hier exemplarisch wiederum Liebe, Geduld und Keuschheit – „unvollkommen" *(imperfectae)* sind[102]. Dies ist auch der Grund dafür, dass Melanchthon mit Bezug auf die *opera in credentibus*[103] immer wieder von einem nur „angefangenen" *(inchoata)* und „unvollkommenen" *(imperfecta)* Gehorsam spricht.[104] Der findet aber trotzdem bei Gott Gefallen, jedoch nicht um seiner selbst willen, sondern weil die Glaubenden um ihres Glaubens und um Christi willen Gefallen finden[105]: „Werke finden keinen Gefallen, außer in einem, der glaubt oder gerecht ist."[106] Auf der anderen Seite gilt aber auch: Denjenigen, die das Wort des Evangeliums im Glauben annehmen und auf die Barmherzigkeit Gottes vertrauen, sieht Gott nach, dass ihr Gehorsam unvollkommen ist.

Für das Verständnis der Paulusinterpretation Melanchthons ist aber noch ein anderer Aspekt von Bedeutung: Es sind nicht die vom Sittengesetz gebotenen „äußeren Werke" *(externa opera)*[107], auf die es in diesem Zusammenhang, d. h.

---

[96] S.o. bei Anm. 60.

[97] Fol. 164ᵛ / S. 219 unter Verweis auf 1 Kor 2,14.

[98] *Inchoata obedientia erga Deum, invocatio, timor, dilectio, patientia, castitas, et reliqui motus, consentientes Legi Dei* (Fol. 157ʳ / S. 209).

[99] Fol. 38ʳ / S. 62.

[100] Ebd.

[101] So. z. B. Fol. 181ᵛ / S. 242.

[102] Fol. 62ᵛ / S. 92; vgl. auch die ausführliche Beschreibung der Schwäche der „Wiedergeborenen" (Fol. 40ᵛ–41ʳ / S. 65).

[103] Fol. 233ʳ / S. 309.

[104] Vgl. z. B. Fol. 128ʳ. 136ʳ. 146ᵛ. 166ʳ·ᵛ. 167ʳ / S. 172. 182. 196. 221. 222; s. auch o. Anm. 94. – Dasselbe ist gemeint, wenn Melanchthon von „so etwas wie der angefangenen Erfüllung des Gesetzes" spricht *(quaedam inchoata Legis impletio;* Fol. 232ᵛ / S. 309).

[105] So z. B. Fol. 98ʳ / S. 137: In den aus Glauben Gerechtfertigten „muss es einen angefangenen Gehorsam geben, der Gefallen findet, nicht weil er dem Gesetz Genüge tut, sondern weil der Einzelne aus Glauben versöhnt ist und seine Schwäche erkennt und weil er glaubt, dass diese Gottesdienste dem Vater um Christi willen gefallen" *(necesse est esse inchoatam obedientiam, quae placet, non quia Legi satisfaciat, sed quia fide reconciliata est persona et agnoscit suam infirmitatem, et tamen credit hos cultus propter Christum Patri placere);* s. auch Fol. 45ᵛ / S. 71.

[106] *Opera non placent, nisi in credente seu iusto* (Fol. 123ʳ / S. 167).

[107] Z. B. Fol. 14ʳ·ᵛ. 99ᵛ. 157ᵛ / S. 31. 139. 210.

coram Deo, ankommt, sondern der „innere Gehorsam" *(interior obedientia)*, der die „geistlichen Werke" *(opera spiritualia)* hervorbringt, die Melanchthon auch „Werke in den Glaubenden" *(opera in credentibus)*[108] oder „fromme Regungen des Herzens" *(pii motus cordis)*[109] oder „Regungen des heiligen Geistes, die geschehen, wenn wir das Evangelium annehmen"[110] nennt. Besonders deutlich wird diese Sichtweise in seinem Kommentar zu Röm 7,6 („so dass wir in der Neuheit des Geistes dienen"):

,Geist' bezeichnet die wahren geistlichen Regungen: wahre Gottesfurcht und wahres Vertrauen, die in wahrem Trost empfangen werden, wenn nämlich die erschreckten Herzen sich durch die Verheißung des Evangeliums aufrichten und das Erbarmen annehmen, das um Christi willen verheißen ist. Wenn sie dabei das Erbarmen erkennen, beginnen sie, Gott wirklich anzurufen und wirklich von ihm Hilfe zu erwarten, ihn wirklich zu lieben usw. Diese Regungen sind wirkliche Gottesdienste und der neue Gehorsam, von dem Paulus hier spricht. Sie werden vom heiligen Geist geweckt, der mit jenem Trost, d. h. wenn wir durch den Glauben aufgerichtet werden, empfangen wird.[111]

All das macht Verstöße gegen das „natürliche Gesetz"/„Sittengesetz" durch Glaubende aber soteriologisch nicht irrelevant. Denn weil Gott alle Menschen mit dem Wissen um Gut und Böse ausgestattet hat, sind solche Verstöße „Vergehen gegen das Gewissen" *(lapsus contra conscientiam)*[112]. „Etwas mit einem zweifelnden oder missbilligenden Gewissen zu tun" – so Melanchthon zu Röm 14,14b –, heißt, „aus Verachtung gegenüber Gott und ohne Glauben zu handeln".[113] Weil der Glaube das Vertrauen darauf ist, dass wir bei Gott um Christi willen Gefallen finden, geht das schlechte Gewissen mit dem Verlust dieses Vertrauens einher. Der wird von Gott als Todsünde bestraft, weil der äußere Ungehorsam dadurch gewissermaßen zum inneren Ungehorsam wird:

Um eine Todsünde handelt es sich zweifellos, wenn Menschen im Widerspruch zu ihrem Gewissen gegen die Gebote Gottes verstoßen. In diesem Sinne nimmt Paulus diese Einstufung vor, wenn er darlegt, wie die Heiligen leben sollen: Sie sollen nicht gegen das Gewissen handeln.[114]

---

[108] S. Anm. 103.

[109] Fol. 38ʳ / S. 62.

[110] *Motus Spiritus sancti, qui fiunt, cum Evangelium apprehendimus* (Fol. 157ʳ / S. 209).

[111] *Spiritus significat veros motus spirituales, scilicet verum timorem Dei, et veram fiduciam, quae concipiuntur in vera consolatione, cum scilicet corda in terroribus erigunt se promissione Evangelii et apprehendunt misericordiam, propter Christum promissam, Ibi cum agnoscunt misericordiam, incipiunt vere invocare Deum, et vere expectare ab eo auxilium, vere diligere etc. Hi motus sunt veri cultus et nova obedientia, de qua hic loquitur. Et fiunt excitati a Spiritu sancto, qui in illa consolatione cum fide erigimur, concipitur* (Fol. 172ᵛ / S. 230).

[112] Fol. 52ʳ / S. 79.

[113] Fol. 259ᵛ / S. 345.

[114] *... haud dubie est peccatum mortale, cum ruunt homines contra conscienciam adversus mandata Dei, Ideoque Paulus describens, qualis sit vita Sanctorum, constituit hunc gradum, ne agant contra conscienciam* (Fol. 193ᵛ / S. 257). – Ganz ähnlich argumentiert Melanchthon auch Fol. 46ᵛ. 49ᵛ. 51ʳ. 258ᵛ. 262ᵛ u. ö. / S. 72. 76. 78. 340. 345–346 u. ö.

Der paulinische Römerbrief und Melanchthons Kommentar unterscheiden sich vor allem durch die Topographie der jeweiligen theologischen Begründungszusammenhänge. Diese Situation verdankt sich im Wesentlichen den unterschiedlichen historischen Kontexten, in denen die beiden Konzepte jeweils entstanden sind. Sie haben dazu geführt, dass die Zuordnung von Evangelium, Gesetz, Glaube, Sünde und Rechtfertigung – dogmatisch gesprochen – bei Paulus ihren Ort in der Ekklesiologie hat, während sie bei Melanchthon Teil der Anthropologie ist.

Wir müssen uns jedoch nicht damit begnügen, die theologischen Konzeptionen der beiden einfach nur in der Weise nebeneinanderzustellen, dass wir auf das aufmerksam machen, was sie voneinander trennt. Denn wenn wir einen Schritt zurücktreten und die theologischen Konzeptionen Paulus' und Melanchthons nicht unter Rückgriff auf die von ihnen selbst verwendeten Nomenklaturen, sondern aus einer allgemeinen kulturwissenschaftlichen Perspektive in den Blick nehmen, sind wir auch in der Lage, Gemeinsamkeiten zwischen ihnen auszumachen.

Unter ihnen gibt es in Melanchthons Kommentar ein Element, in dem nicht nur ein zentraler Topos der paulinischen Theologie wiederkehrt, sondern das es auch in der Gegenwart verdient, nicht in Vergessenheit zu geraten. Ich möchte es *die ethische Unanschaulichkeit der christlichen Identität* nennen.

Bei *Melanchthon* durchzieht dieses Element den gesamten Kommentar, und er schärft es seinen Lesern immer wieder mit großer Eindringlichkeit ein. Er nimmt dabei Abgrenzungen nach zwei Seiten hin vor:

Zum einen markiert er mit Hilfe dieses Elements den „Unterschied zwischen Christen und Gottlosen":[115] In seinem Kommentar zu Röm 8,15c („in ihm [scil. im Geist der Sohnschaft; MW] rufen wir: ‚Abba', Vater") stellt er fest, dass in diesem Ruf die Erkenntnis zum Ausdruck kommt, „dass Gott der Vater ist und uns wirklich erhört" und dass „wir durch diesen Glauben Trost empfangen und Gott anrufen".[116] Im Anschluss daran fährt er fort:

Dieser Glaube und die Erkenntnis des Erbarmens Gottes machen den eigentlichen Unterschied zwischen den Christen und den Gottlosen aus: In den Gottlosen bleiben Zweifel und Auflehnung gegen Gott, während der Glaube in den Glaubenden die neugewonnene Erkenntnis des Erbarmens Gottes ist.[117]

An anderer Stelle nennt er erst die „inneren Werke" *(opera interiora)*, die die christliche Existenz kennzeichnen *(timor Dei, fides, dilectio, poenitentia, patientia, invocatio)*, und stellt dann fest: „Diese inneren Regungen gibt es nicht in

---

[115] Fol. 195ʳ / S. 259.
[116] Ebd.
[117] *Haec fides et agnitio misericordiae Dei, facit proprie discrimen inter Christianos et impios, Quia in impiis manent dubitatio et indignatio adversus Deum* (ebd.).

den Gottlosen, auch wenn die äußere bürgerliche Lebensweise gegeben ist.“[118] Demnach sind Christenmenschen nicht daran zu erkennen, dass sie im Unterschied zu den Gottlosen ein anständiges Leben führen, denn das können die Gottlosen auf Grund der ihnen von Gott gegebenen „natürlichen Fähigkeiten“ (*viribus naturalibus*)[119] auch. Als Beispiel dafür nennt Melanchthon mehrfach Titus Pomponius Atticus (110–32 v. Chr.): Der war „bescheiden und gerecht gegenüber den Mitbürgern, bezweifelte aber, dass Gott sich um die menschlichen Angelegenheiten kümmert, und war ohne Gottesfurcht“.[120]

Zur anderen Seite hin nimmt Melanchthon eine innerchristliche Abgrenzung vor: Im Kommentar zu Röm 4,18 warnt er vor denen,

die der Lehre vom Glauben widersprechen und öffentlich erklären, dass sie Lehrer der guten Werke sind. Sie maßen sich dieses Lob fälschlicherweise an, weil sie nur äußere und bürgerliche Werke und dabei nicht auch die wahren und inneren Gottesdienste lehren, nämlich die Betätigungen des Glaubens und die Anrufung. *Diese Werke sind die den Christenmenschen eigentümlichen Merkmale.*[121]

Im nächsten Absatz heißt es dann:

Wenn die Lehre vom Glauben fehlt, finden die anderen Werke bei Gott keinen Gefallen und können die Gewissen nicht verstehen, auf welche Weise sie gefallen können. Darum lehren solche Lehrer, die die Lehre von diesem Glauben aufgeben, auf gar keinen Fall von den guten Werken, sondern gewissermaßen von ihren eigenen Werken, die von Gott verworfen sind. Wenn sie sie als Gottesdienste ausgeben und auf sie die Ehre übertragen, die Christus geschuldet ist, lehren sie götzendienerische Werke.[122]

Dementsprechend spricht Melanchthon wenig später[123] von einer „wahren Lehre *(vera doctrina)* von den guten Werken“, die den Christenmenschen einschärft, dass die christliche Identität ihren exklusiven Ausdruck im Glauben und in der „Praxis“ *(exercitia)* des Glaubens findet. Das seien „die Gottesdienste, die Gott in Wirklichkeit Ehre zuerkennen: dass wir in jeder Lebenslage und bei allen Unternehmungen die Anrufung praktizieren *(exerceamus)*“. Es ist darum bei Melanchthon immer nur der „innere Gehorsam“, der in den „inneren Werken“

---

[118] *Hi interiores motus non sunt in impiis, etiamsi adest externa civilis disciplina* (Fol. 232ᵛ–233ʳ / S. 309); ähnlich Fol. 94ᵛ / S. 132: *corda impiorum omnium sunt sine timore Dei, sine fiducia* („die Herzen aller Gottlosen sind ohne Gottesfurcht und Vertrauen“).

[119] Fol. 99ᵛ / S. 139; vgl. überhaupt o. bei Anm. 47–54.

[120] *modestus, iustus erga cives, sed dubitat, an Deus curet res humanas, est sine timore Dei* (Fol. 61ʳ / S. 90).

[121] *Qui adversantur doctrinae fidei, et iactitant se esse doctores bonorum operum. Hanc laudem isti falso sibi arrogant, quia tantum docent externa et civilia opera, interim non docent veros et interiores cultus, scilicet exercitia fidei et invocationem. Haec opera sunt propria Christianorum* (Fol. 132ᵛ / S. 178; Hervorhebung in der Übersetzung von mir; MW).

[122] *Omissa doctrina fidei, nec placent Deo alia opera, nec conscientiae possunt intelligere, quomodo placeant. Ideo tales Doctores, qui omittunt doctrinam de hac fide, nequaquam docent de bonis operibus, sed de suis quibusdam operibus reiectis a Deo, quae cum proponunt tanquam cultus, et transferunt in eos honorem debitum Christo, docent idolatrica* (ebd.).

[123] Fol. 133ʳ / S. 178.

bzw. den „inneren geistlichen Betätigungen" *(interiores exercitia spiritualia)*[124] Gestalt gewinnt, in dem die christliche Identität ihren konkreten und exklusiven Ausdruck findet.

Diese Sicht der Dinge können wir noch durch einen Blick auf Melanchthons Kommentar zu Röm 12,2 illustrieren. Paulus fordert seine Leser hier auf: „Gleicht euch nicht der Gestalt dieser Weltzeit an, sondern verwandelt euch durch die Erneuerung des Verstandes."

Wenn wir uns das oben zu Melanchthons Unterscheidung zwischen „äußerem" und „innerem Gehorsam" Gesagte in Erinnerung rufen[125], nimmt es nicht wunder, dass er diese Aufforderung nicht auf den „äußeren Gehorsam" bzw. die „äußeren Werken" bezogen wissen will, sondern auf den „inneren Gehorsam" bzw. die „inneren Werke": Paulus spreche hier nämlich über die „Empfindungen" *(affectus)*:

Wir sollen nicht Empfindungen haben, die denen der Weltlinge gleichen, sondern neue Empfindungen, die Gott gehorchen[126], und dann gleich darauf: Die ‚Einstellungen', d. h. die Regungen des Herzens, sollen nicht den weltlichen gleichen[127], sowie im nächsten Absatz: Paulus verlangt, dass wir anders denken sowie eine andere Gotteserkenntnis und andere Empfindungen in uns aufkommen lassen, nämlich wahre Gottesfurcht und wahren Glauben.[128]

Bei *Paulus* findet diese Sicht ihre Entsprechung vor allem in der Rede vom „Glauben", der als πίστις Χριστοῦ[129] seine Eigenart dadurch gewinnt, dass er im Christusgeschehen das Handeln Gottes zum Heil der Menschen wahrnimmt. Auch bei ihm ist der Glaube ein *opus interius*, wie Melanchthon sagen würde. Das geht schon daraus hervor, dass bereits Paulus genauso wie dann später Melanchthon vom Glauben als einem „Gehorsam" sprechen kann: Nach Röm 1,5 hat sein apostolischer Auftrag den „Gehorsam des Glaubens (ὑπακοὴ πίστεως) unter allen Heiden"[130] zum Gegenstand. Denselben Sprachgebrauch gibt es

---

[124] Fol. 251ʳ / S. 334.

[125] S. o. S. 190–192.

[126] *Ne habeamus affectus similes mundanorum, sed novos affectus, Deo obedientes* (Fol. 237ʳ / S. 314).

[127] *Gestus, id est motus animi non sint similes mundanis* (ebd.). – *motus* wie Wit 41-1/2 und Str 44. – Str 40-1/2 haben *mores*.

[128] *Iubet nos aliter sentire, alias notitias de Deo, et alios affectus concipere, videlicet verum timorem Dei, et veram fidem* (Fol. 237ᵛ / S. 315).

[129] Röm 3,22a. 26; Gal 2,16; 3,22; Phil 3,9; s. auch Gal 2,20; Eph 3,12. – Der Genitiv wird am besten als *genitivus qualitatis* aufgelöst: Er bringt zum Ausdruck, dass es sich um einen Glauben handelt, der seine Bestimmtheit durch den Bezug auf das Christusgeschehen gewinnt, das durch Χριστοῦ metonymisch umschrieben wird (vgl. dazu ausführlich WOLTER, Brief an die Römer I [s. Anm. 21], 249f.).

[130] Die Diskussion um das Verständnis dieses Ausdrucks hat ergeben, dass der Genitiv nur als *genitivus epexegeticus/appositivus* sachgerecht verstanden ist (vgl. die Darstellung bei Don B. GARLINGTON, The Obedience of Faith in the Letter to the Romans. Part I: The Meaning of ὑπακοὴ πίστεως (Rom 1:5; 16:26), WThJ 52 [1990], 201–224): Paulus spricht vom Gehorsam, der im Glauben besteht, bzw. er charakterisiert den Glauben als Gehorsam.

auch in Röm 10,16, wo Paulus mit Hilfe des Zitats von Jes 53,1 „gehorchen"
(ὑπακούειν) und „glauben" (πιστεύειν) sich gegenseitig interpretieren lässt. Auch
in Röm 15,18 (Christus wirke durch Paulus εἰς ὑπακοὴν ἐθνῶν) und 2 Kor 10,5
(„jeden Gedanken führen wir als Gefangenen εἰς τὴν ὑπακοὴν τοῦ Χριστοῦ")
wird der Glaube metaphorisch als „Gehorsam" charakterisiert.[131]

Von hier aus ist es nur noch ein kleiner Schritt zum nächsten Element. Genauso wie der Gehorsam gegenüber den Weisungen der Tora Israel von den Völkern trennt[132], so trennt bei Paulus der Glaube die Christen von allen anderen
Menschen. Paulus geht sogar so weit, dass er die Christen, für die er noch keinen
eigenen Begriff hat[133], als οἱ πιστεύοντες bezeichnen kann.[134] Außerhalb des
Neuen Testaments ist diese Verwendung von οἱ πιστεύοντες als Gruppenbe-
zeichnung gänzlich unbekannt. Zur anderen Seite hin ist dieser Glaube, der die
exklusive Identität aller Christenmenschen so konstituiert, dass er sowohl nach
innen als „identity marker" wie nach außen als „boundary marker" fungiert[135],
bei Paulus genauso wie bei Melanchthon ein *motus cordis*, eine „Regung" des
Herzens, „denn mit dem Herzen glaubt man zur Gerechtigkeit" (καρδίᾳ γὰρ
πιστεύεται εἰς δικαιοσύνην; Röm 10,10).[136] „Herz" umschreibt hier wie auch
sonst oft[137] in metonymischer Weise das nach außen hin verborgene Wesen des
menschlichen Individuums, d.h. seine Personalität und Intentionalität. Me-
lanchthonisch gesprochen ist auch bei Paulus der Glaube, der die christliche
Identität konstituiert, kein *opus externum* und ist die Besonderheit der christlichen Identität nicht in einer bestimmten *externa disciplina* erkennbar. Dementsprechend stehen in seinen Paränesen gerade solche Normen und Werte im
Mittelpunkt, die bei *allen* Menschen anerkannt sind und sich allgemeiner Wertschätzung erfreuen. In diesem Sinne verlangt er in Röm 12,17b, „auf das bedacht
zu sein, was im Urteil aller Menschen als gut gilt", und heißt es in

---

[131] Vgl. auch noch Röm 6,16. 17; 16,19(.26); 2 Kor 9,13.

[132] S. dazu o. S. 185 f. – In zahlreichen alttestamentlichen Texten sind „gehorchen" (שׁמע)
und „Gottes Gebote tun" o. ä. semantisch isotop (vgl. z. B. Lev 26,14; Dtn 13,5. 19; 27,10; 28,1
u. ö.).

[133] In 1 Kor 15,23 nennt er sie οἱ τοῦ Χριστοῦ und in Röm 8,1 οἱ ἐν Χριστῷ.

[134] 1 Kor 1,21; 14,22; 1 Thess 1,7; 2,10. 13; s. auch Röm 3,22; 4,11; Gal 3,22; Apg 2,44; 4,32;
18,27; 19,18; Eph 1,19 sowie Hebr 4,3; 1 Petr 2,7. Wichtig ist dabei, dass οἱ πιστεύοντες kein
Genitiv-Attribut hat. Die mit diesem Partizip bezeichnete Gruppe unterscheidet sich demnach von allen anderen Menschen nicht dadurch, dass sie etwas anderes glaubt als diese, sondern dass sie die einzige Gruppe von Menschen ist, deren Alleinstellungsmerkmal darin besteht, dass sie „glauben".

[135] Diese Kategorien nach Dunn, New Perspective (s. Anm. 25), 122–125. Sie bringen zum
Ausdruck, dass der Glaube sowohl *alle* Christen miteinander verbindet als auch *nur* bei den
Christen anzutreffen ist.

[136] Melanchthon spricht Fol. 222ᵛ / S. 295 vom Glauben als einem *verus motus cordis, qui
apprehendit misericordiam promissam propter Christum* (einer „wahren Herzensregung, die
das um Christi willen verheißene Erbarmen annimmt"); s. auch Fol. 173ʳ / S. 230.

[137] Vgl. allein bei Paulus Röm 2,5. 15. 29; 5,5; 8,27; 10,9; 1 Kor 4,5; 14,25; 2 Kor 1,22; 5,12;
Gal 4,6.

Phil 4,8: Außerdem, Brüder: alles, was rechtschaffen ist, was ehrenvoll, was gerecht, was rein, was liebenswert, was einen guten Ruf hat, sei es eine Tugend oder was lobenswert ist: darauf seid bedacht.

Genau dasselbe Bild vermitteln die Tugend- und Lasterkataloge, denn wenn Paulus seine Gemeinden zu „Liebe, Freude, Friede, Geduld, Freundlichkeit, Güte, Treue" (Gal 5,22–23) auffordert, befindet er sich genauso im Einklang mit allgemein verbreiteten Wertvorstellungen, wie wenn er sie vor „Streit, Neid, Zorn, Zank, übler Nachrede, Verleumdung, Aufgeblasenheit, Unordnung" (2 Kor 12,20) warnt.[138]

Diesen Weisungen kommt aber auch eine profilierte theologische Qualität zu, denn sie sind gerade durch ihre materialethische Universalität unmittelbar mit dem Anliegen der paulinischen Rechtfertigungslehre[139] verbunden, denn durch sie findet deren virtuelle Universalität ihren ethischen Ausdruck. Weil Gott *alle* Menschen auf Grund ihres Christus-Glaubens gerecht spricht und dabei keinen Unterschied zwischen Juden und Nichtjuden macht, formuliert Paulus auch in seiner Paränese Weisungen, die für *alle* Menschen, d. h. für Juden genauso wie für Nichtjuden zustimmungsfähig sind. Gleichzeitig eröffnet die Tatsache, dass allein der Christus-Glaube als exklusive Identitätsmarkierung fungiert, einen nicht unbeträchtlichen Freiraum für unterschiedliche Lebensstile. Juden, die jüdisch leben, und Nichtjuden, die das nicht tun, sind „in Christus" trotzdem „einer" (εἷς; Gal 3,28), und zwar einzig und allein auf Grund ihres gemeinsamen Christus-Glaubens und ihrer Taufe „auf Christus Jesus" (Röm 6,3). Melanchthon erörtert diese Fragen im Kommentar zu Röm 14, weil es hier um die „Zeremonien" gehe, ohne die das menschliche Leben nicht auskommen kann[140], bei denen es sich aber lediglich um „menschliche Traditionen" *(traditiones humanae)* handele, „die auf Grund ihrer Eigenart Adiaphora sind wie Feiertage, Kleidung und Speisen".[141] Es ist darum auch keine Überraschung, dass es gerade diese ethische Offenheit und Unanschaulichkeit der christlichen Identität war, die in den paulinischen Gemeinden den Raum für Auseinandersetzungen darüber eröffnete, in welchen *opera externa* die christliche Identität auch auf der Ebene der Lebensführung authentisch zum Ausdruck gebracht werden kann. Einblicke in solche Diskussionen vermitteln uns vor allem der 1. Korintherbrief, der Kolosserbrief und die Pastoralbriefe. Auch Jak 2,14–26 nimmt auf diese Problematik Bezug.

Aus dem Vorstehenden ergibt sich aber noch eine weitere Gemeinsamkeit, denn die theologischen Begründungszusammenhänge sowohl des paulinischen Römerbriefs als auch von Melanchthons Kommentar implizieren eine deutlich

---

[138] Vgl. auch Röm 6,13. 16. 18–20; 12,2. 9–21; 13,13; 1 Kor 5,10–11; 6,9–10; Gal 5,19–21; 6,9–10.

[139] Zu ihm s.o. S. 187 f.

[140] Fol. 250ᵛ / S. 334.

[141] Fol. 251ᵛ. 252ʳ. 255ʳ / S. 335. 339.

erkennbare Affinität zwischen christlicher Identität und ethischem Pluralismus.

Bei Melanchthon wird sie – wie gerade gesehen – nicht nur in dem erkennbar, was er über die „Zeremonien" bzw. „menschlichen Traditionen" schreibt, sondern auch in seiner Ethik des Politischen, die im Kommentar zu Röm 13,1–7 vorgetragen wird.[142] Auf die Frage, woher wir wüssten, was *recte facta* sind, antwortet er, Paulus würde in diesem Kapitel ganz allgemein sagen,

dass er die Gesetze aller Völker *de civilibus negociis* gutheißt, wenn sie nur mit dem natürlichen Gesetz übereinstimmen *(si tamen consentiant cum Lege naturae).* Denn von ihm aus will er *recte facta in civilibus negociis* beurteilt wissen.[143]

Noch deutlicher wird er in einem Exkurs *De libertate christiana* zu Beginn des Kommentars zur Röm 14:

Weil das Evangelium von der geistlichen und beständigen Gerechtigkeit des Herzens spricht, … erlaubt es uns, in diesem leiblichen Leben die Gesetze aller Staatswesen, in denen wir leben, in Gebrauch zu nehmen, wenn sie denn mit der Vernunft übereinstimmen *(ut sint consentaneae rationi).* Genauso erlaubt es uns auch, Architektur und Medizin aller Völker in Gebrauch zu nehmen.[144]

Damit erklärt Melanchthon alle Gesetze in all ihrer Verschiedenheit, solange sie sich im Rahmen des „natürlichen Gesetzes" bzw. der „Vernunft" bewegen, als für Christen akzeptabel. Eine spezifisch christliche Politik gibt es demnach ebensowenig, wie es eine spezifisch christliche Architektur oder Medizin gibt.

In diesem Zusammenhang ist noch erwähnenswert, dass Melanchthon in seinem Kommentar zu Röm 13,1–7 anders als Paulus durchaus damit rechnet, dass es auch Obrigkeiten geben kann, die das „böse Werk" (V. 3) nicht bekämpfen, sondern selber tun. Sie werden dann zu „Tyrannen, die Gottes Ordnung nicht weniger zerstören als Aufrührer". Von ihnen heißt es dann: „Auch deren Gewissen wird schuldig[145], weil sie Gottes Ordnung nicht gehorchen, d. h. den Gesetzen, denen sie gehorsam sein müssen. Darum gelten die hier ausgesprochenen Drohungen auch ihnen."[146] Und unter Zitierung von Apg 5,29 („Man muss Gott mehr gehorchen als den Menschen") stellt er dann wenig später fest: „Traditionen, die dem Gebot Gottes zuwiderlaufen, darf man nicht gehorchen – egal ob sie von Obrigkeiten stammen, die das Schwert führen, oder von Bischöfen."[147]

---

[142] Röm 12–14 wird von Melanchthon so eingeteilt, dass er in Kap. 12 *praecepta de privatis moribus* vorfindet, in Kap. 13 *praecepta de vita politica* und in Kap. 14 die paulinische *doctrina de ceremoniis* (Fol. 240ʳ. 250ᵛ / S. 320. 334).

[143] Fol. 244v / S. 325.

[144] Fol. 253v–254r / S. 337. – Die „Vernunft" *(ratio)* steht in diesem Zitat an derselben Stelle wie im vorangegangenen Zitat das natürliche Gesetz (die *Lex naturae*).

[145] Zu dieser theologischen Argumentationsfigur s. o. bei Anm. 112–114.

[146] *Magistratus, qui cum fiunt Tyranni, non minus dissipant ordinationem Dei, quam seditiosi* (Fol. 246ʳ / S. 327).

[147] Fol. 246ᵛ / S. 328.

Hiervon abgesehen tritt die genannte Affinität zum ethischen Pluralismus vor allem darin zutage, dass auch Melanchthon dort, wo er bestimmten *opera externa* soteriologische Qualität zuschreibt, nicht proptreptische, sondern apotreptische Weisungen formuliert. Genauso wie die zweite Tafel des Dekalogs und genauso wie Paulus mit dem Verbot von Götzendienst und Unzucht in 1 Kor 5,1–13; 6,12–20; 10,7–10.14–22 verlangt auch Melanchthon nicht, bestimmte Handlungen als christliches Ethos zu institutionalisieren, sondern er sagt immer nur, was man *nicht* tun darf und was Gottes Strafe nach sich zieht wie z. B. vor allem Unzucht, Ehebruch, Meineid, Diebstahl, Mord.[148] Durchweg handelt es sich um Verstöße gegen das allen Menschen auferlegte und ihnen bekannte „natürliche Gesetz" oder gegen die „anständige Lebensführung". Paulus wie Melanchthon benennen Ausschlusskriterien und markieren damit gewissermaßen ethische Grenzen. Dadurch lassen sie einen Raum entstehen, der Platz für eine nicht unbeträchtliche Vielfalt von Lebensstilen zulässt.

Diese ethische Uneindeutigkeit der christlichen Identität weist bei Paulus und Melanchthon ein und dieselbe komplementäre Entsprechung auf: die Ausschließlichkeit des Christus-Glaubens als der einzigen Eigenschaft, die die christliche Identität kennzeichnet. Beide Elemente sind unmittelbar aufeinander bezogen. Paulus und Melanchthon betreiben damit ein christliches Identitätsmanagement, dessen ekklesiologische Bedeutung offenkundig ist. Sie besteht darin, dass unter den Christenmenschen die Gemeinsamkeit des Christus-Glaubens die kulturellen Differenzen, die sie als – wie Melanchthon sagen würde – *traditiones humanae* voneinander trennen, theologisch bedeutungslos macht.

---

[148] Vgl. z. B. Fol. 14^r / S. 31.

The Work of a Lifetime

Philip Melanchthon's Commentaries on Pauline Epistles

Tobias Jammerthal

Julia und Daniel Hoffmann
zur Ordination am 18. Oktober 2020

Even before the 1533 statutes of the theological faculty decreed a lecture on Romans to be held "most often",[1] the exegesis of the Pauline Corpus played an important role in the university of Wittenberg. A rather large part of this importance was due to the untiring exegetical bustle of Philip Melanchthon who started his career as a professor of Greek in that university by lecturing on the Greek text of the letter of Paul the Apostle to Titus in 1518 and, after acquiring the degree of a *baccalaureus biblicus*, in 1519 commenced a series of exegetical lectures within the theological faculty only stopped by his death in 1560.[2] To a large part, these lectures were devoted to Saint Paul's letters, and it is from these

---

In this contribution, the following abbreviations appear for important source material: CR = *Corpus Reformatorum. Philippi Melanthonis Opera quae supersunt omnia*, 28 vols., ed. Karl Bretschneider and Heinrich Ernst Bindseil (Halle 1834–1860). MBW = *Melanchthons Briefwechsel. Kritische und kommentierte Gesamtausgabe, im Auftrag der Heidelberger Akademie der Wissenschaften*, ed. Heinz Scheible, since vol. T 11 Christine Mundhenk (Stuttgart-Bad Cannstatt: Frommann-Holzboog, 1977 ff). MSA = *Philipp Melanchthon: Werke in Auswahl, Studienausgabe*, 7 vols., ed. Robert Stupperich (Gütersloh: Bertelsmann, 1951–1975). PMOO.OP = *Philipp Melanchthon: Opera Omnia. Opera Philosophica*, ed. Günter Frank and Walter Sparn (Berlin and Boston: De Gruyter, 2017 ff). WA = *D. Martin Luthers Werke. Kritische Gesamtausgabe* (Weimar 1883 ff).

[1] *Urkundenbuch der Universität Wittenberg. Teil I (1520–1611)*, ed. Walter Friedensburg, Geschichtsquellen der Provinz Sachsen und des Freistaates Anhalt 4 (Magdeburg 1926), 155: *saepissime repetantur enarratio epistolae Pauli ad Romanos*.

[2] The gap between 1524 and 1526 has convincingly been explained as Melanchthon's being occupied with the university's rectorate rather than having any sort of Berufskrise (as argued by Wilhelm Mauer, *Der junge Melanchthon zwischen Humanismus und Reformation*, 2 vols. [Göttingen: Vandenhoeck & Ruprecht 1969], 2:421–423) by Heinz Scheible ("Luther and Melanchthon," *Lutheran Quarterly*, NS 3 [1990]: 317–339) and Timothy J. Wengert ("Biblische Übersetzungen und Kommentare," in *Philipp Melanchthon: Der Reformator zwischen Glauben und Wissen. Ein Handbuch*, ed. Günter Frank and Axel Lange [Berlin and Boston: De Gruyter, 2017], 233–350 [235]; cf. already idem, "The Biblical Commentaries of Philip Melanchthon," in *Philipp Melanchthon (1497–1560) and the Commentary*, ed. idem and Patrick Graham, [Sheffield: Sheffield Academic Press, 1997], 106–148 [106 n. 3]).

lectures that Melanchthon's commentaries on Pauline epistles originated, dating from as early as 1522 to as late as 1561 and encapsulating unauthorised printing of lecture notes, commentaries carefully prepared for print by the preceptor himself, and the posthumous publication of lectures by his students.[3] In what follows, an overview over Melanchthon's exegetical œuvre as far as Paul's letters are concerned shall mark the beginning. As the importance of the preceptor's Pauline exegesis rests not on the quantity of his publications alone but rather more on his method of interpretation, a cartography of this method is attempted in a second step, leading to an endeavour in illustrating this way of expounding scripture by looking at an example from Melanchthon's late Corinthians commentary. If, in the end, the contours of the work of the preceptor's lifetime regarding the Apostle to the Heathens have been beginning to manifest themselves, this contribution has reached its aim.

1. Melanchthon on Paul – Attempting an Overview

As already mentioned, Melanchthon's commentaries on Pauline epistles are inseparably connected to his lecturing in the theological faculty, either originating in what he presented in the lecture hall, in material he prepared for the classroom, or, in the case of new runs, documenting developments in Melanchthon's thought emerging from his teaching a course again. Already making for a complicated printing history, this is additionally obscured by the fact that we have to account for a number of his commentaries published by others unauthorised. An attempt at providing a somewhat systematic overview is provided in the table below (page 210–212).

This is especially true for the first of Melanchthon's commentaries: in 1522, Martin Luther occasioned the printing of the lectures his younger colleague had given on Romans in 1520 and 1521 and on the Corinthian correspondence in 1521 and 1522.[4] Luther excused his 'theft', as he jokingly called it in a witty epistle prefatory to Melanchthon, by the theological significance of these lec-

---

[3] For an overview over the entirety of Melanchthon's exegetical works, see Wengert, "Biblical Commentaries" (see n. 2) and idem, "Biblische Übersetzungen und Kommentare" (see n. 2), 233–250. Scholars have been paying particular attention to Melanchthon's early exegetic lectures which are partly available to us in MSA 4. See for these texts Peter F. Barton, "Die exegetische Arbeit des jungen Melanchthon 1518/19 bis 1528/29. Probleme und Ansätze," *ARG* 54 (1963): 52–89. The importance of differentiating between lectures Melanchthon gave within the faculty of arts and that of theology has been called to mind in particular by Lowell C. Green, "Formgeschichtliche und inhaltliche Probleme in den Werken des jungen Melanchthon," *ZKG* 84 (1973): 30–48.

[4] According to Timothy Wengert, these commentaries formed a part of what he has styled "the Wittenberg Commentary": a concerted effort of theologians belonging to the Wittenberg circle to accumulate as many commentaries on biblical books as possible in a short period of time, cf. Timothy J. Wengert, *Philip Melanchthon's Annotationes in Johannem in Relation to*

tures;[5] and the fact that these lectures were not only reprinted at least ten times but also translated into German – a highly unusual phenomenon for exegetical literature of the time – did not make it easier for Melanchthon to disagree.

Given the fact that his lectures on John were also published without his leave,[6] Melanchthon in 1527 decided to finally start publishing his commentaries himself, opening the series with his *Scholia in Epistolam Pauli ad Colossenes* in that year – only to voice his disappointment with the work of his publisher and to see for a thoroughly re-worked re-run in 1528.[7] This as well was translated into German, and the fact that it was Justus Jonas germanising them and Martin Luther writing a preface to this translation demonstrates the importance the Wittenberg circle assigned to this commentary.

Melanchthon, meanwhile, had started to lecture on Romans again. In 1529, John Setzer of Haguenau published a *Dispositio orationis in epistolam Pauli ad Romanos* – a premature decision, as Melanchthon continued his work on the piece, handing over the completed manuscript to another publisher, Joseph Klug. This 1530 version was more to the liking of the author, as Melanchthon sent Klug's print rather than Setzer's to his own correspondents. He was, however, far from being done with Romans and, upon returning from the Diet of Augsburg, busied himself with extensive lectures on that letter. The resulting *Commentarii in epistolam Pauli ad Romanos* where published in 1532 with an epistle dedicatory to Archbishop Albert of Mainz – apparently, Melanchthon still hoped to demonstrate to the primate of all Germany the theological validity of Wittenberg's reformation. The fact that the, again thoroughly revised, re-run of that commentary in 1540 was dedicated to Landgrave Philip of Hesse instead bears witness not only to Melanchthon's disappointment with the German episcopate but also, and more important to the purpose of this contribution, to his never being satisfied with his own work – which is demonstrated by the fact that in 1534, he published yet another re-run of his 1528 Colossians

---

its Predecessors and Contemporaries, Travaux d'humanisme et renaissance 220 (Genf: Droz, 1987), 31–42.

[5] WA 10/2, 309,9. Robert Kolb, "Instruction in Sound Teaching, The Wittenberg Curriculum, the Wittenberg Commentary, the Wittenberg Colleagues," in *Martin Luther and the Enduring Word of God. The Wittenberg School and Its Scripture-Centered[!] Proclamation*, ed. idem (Grand Rapids, MI: Baker Academic, 2016), 239–273 (249) states that the unauthorised publication enables one to observe "fundamental characteristics of Melanchthon's exegesis", because Melanchthon was being deprived of the chance to streamline his less-conventional utterances.

[6] On this commentary, see the magisterial study by Wengert, *Melanchthon's Annotationes* (see n. 4).

[7] For a careful analysis of this commentary and its theological importance, see Timothy J. Wengert, *Human Freedom, Christian Righteousness. Philip Melanchthon's Exegetical Dispute with Erasmus of Rotterdam*, OSHT (Oxford and New York: Oxford University Press, 1998).

commentary which included numerous additions and corrections most likely originating in lectures on that epistle.[8]

The religious colloquies of the 1540s in which Melanchthon was heavily involved (despite being convinced of their futility)[9] necessitated a break in his exegetical lectures simply by his being away from Wittenberg most of the time, and with the university being adjourned during the Smalkaldic War, lecturing was out of the question anyway. As soon as teaching re-commenced, Melanchthon returned to Paul. His lectures on Colossians in 1547[10] have not yet been unearthed, but at the same time, he started to write down a rather lengthy commentary on the Corinthian correspondence which was published posthumously in 1561 by Paul Eber under the not quite honest title of a *Brevis et utilis Commentarius in priorem epistolam Pauli ad Corinthios, et in aliquot capita secundae*. It turns out that Eber had been delivering these lectures but the fact that Melanchthon's autograph has survived and that the printed version conforms with it, at least in the parts which I myself have examined, justify Eber's claim of a Melanchthonian authorship.[11]

With Paul Eber teaching the preceptor's interpretation of Corinthians to the student body in Wittenberg, Melanchthon himself lectured on Paul's letters to Timothy in 1550 and 1551.[12] It was his student Paul Crell who arranged for the posthumous publication of this *Enarratio in Epistoli prioris ad Timotheum, et duarum capitum secundae, scriptae et dictatae in praelectione publica* in 1561.

The treatment of Timothy was followed by Melanchthon's favourite Pauline epistle: In 1552, the preceptor yet again launched a lecture on Romans which he himself saw to the printing press.[13] The *Epistolae Pauli scriptae ad Romanos Enarratio* was published in 1556 and given the fact that Melanchthon sent this commentary to at least fifteen different people, he would seem to have been rather satisfied with it.[14] The same goes for his last commentary, the 1559 *Enar-*

---

[8] In this text, Melanchthon for the first time dwells on the idea of a third use of the law, cf. Timothy J. Wengert, *Law and Gospel. Philip Melanchthon's Debate with John Agricola of Eisleben over 'Poenitentia'*, Texts and Studies in Reformation and Post-Reformation Thought (Grand Rapids, MI: Baker Books, 1997).

[9] Cf. Wibke Janssen, „*Wir sind zum wechselseitigen Gespräch geboren*". *Philipp Melanchthon und die Reichsreligionsgespräche von 1540/41*, Forschungen zur Kirchen- und Dogmengeschichte 98 (Göttingen: Vandenhoeck & Ruprecht, 2009).

[10] Cf. the university announcement on 16 October 1547 (CR 6, 702) and Melanchthon's letters to Simon Pistorius (22 October 1547: MBW 4937) and John Mathesius (26 October 1547: MBW 4939).

[11] See Tobias Jammerthal, *Philip Melanchthons Abendmahlstheologie im Spiegel seiner Bibelauslegung 1520–1548*, Spätmittelalter, Humanismus, Reformation 106 (Tübingen: Mohr Siebeck, 2018), 43–44.

[12] Cf. Wengert, "Biblical Commentaries" (see n. 2), 146.

[13] Cf. the university announcement on 5 July 1552 (CR 7, 1048 f) and Melanchthon's letter to John Hales (18 August 1555: MBW 7554).

[14] For this commentary's contemporary background and its role in polemics, cf. Timothy J. Wengert, *Defending Faith. Lutheran Responses to Andreas Osiander's Doctrine of Justifica-*

ratio Epistolae Pauli ad Colossenes – despite the scandal it created amongst parts of the Lutheran spectrum by Melanchthon's treatment of the highly controversial Christological issue of Christ's sitting at the right hand of the Father.[15]

As the table below (page 210–212) shows, this makes for five completely separate commentaries on Romans, four on Colossians, two on Corinthians and one on Timothy, most of which are not accessible to us in critical editions but rather, if at all, in the version of the Corpus Reformatorum which, mostly, reproduces contemporary 16th-century prints of the preceptor's works. Even if we allow ourselves not to become confused by numerous authorised and unauthorised re-prints, the picture would be incomplete without mentioning exegetic writings of Melanchthon on Pauline letters which did not appear in print under his name or which did appear in print as part of another scholar's commentary. That goes for the rather exegetical preface to Christopher Hoffmann's 1541 commentary on Philippians as well as for the highly contested possibility of a Melanchthonian origin of the *argumentum* for Caspar Cruciger's controversial lectures on 1 Timothy in 1535 which appeared in print in 1540.[16] George Major, however, would seem to have profited most from such preceptorial inspiration: The epistle dedicatory to Major's 1552 Ephesians commentary and, according to Major, the *argumentum* of this piece, were written by Melanchthon, as well as the *argumentum* for Major's Philippians commentary published in 1554 and the one for his 1556 Romans commentary.[17] In addition, Major's commentary on 2 Corinthians published in 1558 profited from copying in an *argumentum* written by Melanchthon as part of his own commentary on that epistle published posthumously by Paul Eber.

---

tion, 1551–1559, Spätmittelalter, Humanismus, Reformation 65 (Tübingen: Mohr Siebeck, 2012), 330–351.

[15] For the theological significance of Melanchthon's treatment of these issues, see Timothy J. Wengert, „"Mehr Licht" – Die letzte Exegese Philipp Melanchthons," in *Melanchthon. Der Reformator zwischen Eigenständigkeit und Erkenntnisgemeinschaft*, ed. Rainer Rausch and Tobias Jammerthal, Dokumentationen der Luther-Akademie Sondershausen-Ratzeburg 13 (Leipzig: Evangelische Verlagsanstalt, 2018), 33–63.

[16] Cf. Timothy J. Wengert, "Caspar Cruciger (1504–1548): The Case of the Disappearing Reformer," *The Sixteenth Century Journal* 20 (1989): 417–441 (431–437) who allows for the possibility of Cruciger basing his lectures on an argumentum written by Melanchthon at the very best, contrary to all claims made by Conrad Cordatus (CR 15, 1295).

[17] This argumentum is not identical to the one found in Melanchthon's own 1556 Romans commentary, see Wengert, "Biblical Commentaries" (see n. 2), 439 n. 196. – An even more exhaustive account on Melanchthon's exegetical utterances on Paul would also have to allow for at least thirteen declamations written by Magister Philippus and performed both by him and by others between 1520 and 1560 as well as for his domestic sermons on Pauline pericopes. Both, however, would by far exceed the scope of this contribution. For a first overview, see Timothy J. Wengert, "The Rhetorical Paul: Philip Melanchthon's Interpretation of the Pauline Epistles," in *A Companion to Paul in the Reformation*, ed. R. Ward Holder, Brill's Companions to the Christian Tradition 15 (Leiden and Boston: Brill, 2009), 129–164 (145–146).

Table: Melanchthon's Printed Pauline Commentaries

Year	Title (if applicable, editor) (if applicable, *edition*.)	Prints with N° according to Claus[18] and VD16[19]
1522	Annotationes Philippi Melanch-thonis in Epistolas Pauli ad Rhomanos et Corinthios (print occasioned by Martin Luther, unauthorised) (*1–2 Corinthians: MSA 4,15–132*)	Claus-N° 1522.32.1 (VD16 M 2447) Claus-N° 1523.3 (VD16 M 2457; Romans, German translation) Claus-N° 1523.21 (VD16 M 2448) Claus-N° 1523.26 (VD16 deest) Claus-N° 1523.40 (VD16 M 2449) Claus-N° 1523.46 (VD16 M 2458) Claus-N° 1523.50 (VD16 M 2450) Claus-N° 1523.54 (VD16 M 2451) Claus-N° 1523.56 (VD16 M 2452) Claus-N° 1523.68 (VD16 ZV 25199) Claus-N° 1524.33–34 (VD16 M 2470–71; 1–2 Corinthians, German translation) Claus-N° 1524.37 (VD16 M 2453) Claus-N° 1524.45 (VD16 M 2454) Claus-N° 1525.35 (VD16 M 2455) Claus-N° 1525.39 (VD16 M 2456; German translation by Justus Jonas, preface by Martin Luther) Claus-N° 1527.42 (VD16 M 2459, German translation by John Agricola) Claus-N° 1541.9(a) (VD16 ZV 10690, 1–2 Corinthians)
1527	Scholia in Epistolam Pauli ad Colossenes (*MSA 4,209–303*)	Claus-N° 1527.2 (VD16 M 4197) Claus-N° 1527.4 (VD16 M 4196) Claus-N° 1527.16 (VD16 M 4187) Claus-N° 1527.23 (VD16 M 4194; German translation) Claus-N° 1529.13 (VD16 M 4190) Claus-N° 1541.9(c) (VD16 2330)
1528	Scholia in epistolam Pauli ad Colossenes, recognita ab autore	Claus-N° 1528.45.1–2 (VD16 M 4188–89) Claus-N° 1529.26.1–2 (VD16 M 4195 and ZV 17416; German translation by Justus Jonas, preface by Martin Luther)
1529	Dispositio orationis in epistolam Pauli ad Romanos	Claus-N° 1529.10 (VD16 M 3042) Claus-N° 1529.31 (VD16 ZV 25787)

---

[18] Helmut Claus, *Melanchthon-Bibliographie 1510–1560*, 4 vols., Quellen und Forschungen zur Reformationsgeschichte 87/1–4 (Gütersloh: Gütersloher Verlagshaus, 2014).

[19] Verzeichnis der im deutschen Sprachbereich erschienenen Drucke des 16. Jahrhunderts (VD16): www.vd16.de (last accessed July 6, 2021).

Year	Title (if applicable, editor) (if applicable, *edition.*)	Prints with N° according to Claus[18] and VD16[19]
1530	Dispositio orationis in epistola [!] Pauli ad Romanos *(CR 1,1043–1045)*	Claus-N° 1530.387 (VD16 M 3044) Claus-N° 1530.45 (VD16 M 3045) Claus-N° 1539.63 (VD16 M 3046) Claus-N° 1541.9(c) (VD16 2330)
1532	Commentarii in epistolam Pauli ad Romanos *(MSA 5)*	Claus-N° 1532.56 (VD16 M 2741) Claus-N° 1533.11 (VD16 ZV 1967) Claus-N° 1533.33 (VD16 M 2740) Claus-N° 1535.20 (VD16 M 2742) Claus-N° 1536.57 (VD16 ZV 18700) Claus-N° 1541.9(c) (VD16 2330)
1534	Scholia in epistolam Pauli ad Colossenes iterum ab autore recognita	Claus-N° 1534.8 (VD16 ZV 10674) Claus-N° 1534.53 (VD16 M 4191) Claus-N° 1545.92 (VD16 M 4192) Claus-N° 1545.114 (VD16 M 4193)
1540	Commentarii in epistolam Pauli ad Romanos, iam denuo hoc anno 1540 recogniti et locupletati *(CR 15,493–796)*	Claus-N° 1540.87 (VD16 M 2743) Claus-N° 1540.90 (VD16 M 2744) Claus-N° 1541.9(c) (VD16 2330) Claus-N° 1541.93 (VD16 M 2745) Claus-N° 1541.94 (VD16 M 2746) Claus-N° 1544.76 (VD16 2747)
(1541)	Christopher Hoffmann: Commentarius in epistolam Pauli ad Philippensis (Preface by Melanchthon: *MBW 2627*)	Claus-N° 1541.25 (VD16 B 5122)
(1542)	Caspar Cruciger: In Epistolam Pauli ad Timotheum priorem commentaries (allegedly based on an *argumen- tum* by Melanchthon)	Claus-N° 1542.69 (VD16 C5852)
(1552)	Georg Major: Enarratio Epistolae Pauli scripta ad Ephesios, collecta a Georgio Maiore (Epistle dedicatory and *argumen- tum* by Melanchthon)	Claus-N° 1552.63 (VD16 M 2023) Claus-N° 1557.120 (VD16 M 2024) Claus-N° 1559.89 (VD16 M 1998, German translation)
(1554)	Georg Major: Enarratio Epistolae Pauli scriptae ad Philippenses authore Georgio Maiore (*argu- mentum* by Melanchthon: *CR 15,1283–1294*)	Claus-N° 1554.82 (VD16 M 2025) Claus-N° 1559.90 (VD16 M 2026)

Year	Title (if applicable, editor) (if applicable, *edition*.)	Prints with N° according to Claus[18] and VD16[19]
(1556)	Georg Major: Series et disposition orationis in Epistola Pauli ad Romanos (*argumentum* by Melanchthon)	Claus-N° 1556.108 (VD16 M 2185) Claus-N° 1558.103 (VD16 ZV 10596)
(1558)	Georg Major: Enarratio secundae Epistolae Pauli ad Corinthios (*argumentum* by Melanchthon [taken from his manuscript which was printed in 1561]: *CR 15, 1197–1204*)	Claus-N° 1558.102 (VD16 ZV 1984)
1556	Epistolae Pauli scriptae ad Romanos Enarratio edita à Philipp Melanthone [!] (*CR 15,797–1052*)	Claus-N° 1556.97 (VD16 M 3216) Claus-N° 1556.104 (VD16 M 3217) Claus-N° 1557.102 (VD16 ZV 27549) Claus-N° 1558.99 (VD16 M 3218)
1559	Enarratio Epistolae Pauli ad Colossenes praelecta anno 1556 (*CR 15,1223–1282*)	Claus-N° 1559.16 (VD16 M 3162) Claus-N° 1559.67 (VD16 M 3163) Claus-N° 1559.68 (VD16 M 3164) Claus-N° 1559.10 (VD16 M 3166, Dutch translation) Claus-N° 1559.24 (VD16 deest, French translation)
1561	Brevis et utilis commentarius in priorem epistolam Pauli ad Corinthios, et in aliquot capita secundae (published by Paul Eber) (*CR 15,1053–1220*)	VD16 M 2618
1561	Enarratio Epistolae prioris ad Timotheum, et duorum capitum secundae, scripta et dictate in praelectione publica anno 1550 et 1551 (published by Paul Crell) (*CR 15,1295–1396*)	VD16 M 3167 and M 4028

Not included are Melanchthon's orations and speeches. Commentaries printed post-humously are only listed with their first run; post-1560 reruns of commentaries printed during Melanchthon's lifetime are not listed. Grey shaded are works of others to which Melanchthon contributed.

2. Melanchthon on Paul – Charting a Method

If assembling an overview over the scope of Melanchthon's commentaries on Pauline epistles turns out to be less easy than might be suspected, the same goes for his exegetical method, firmly based as it was in his philosophy of speech with its influential wedding of rhetoric and dialectics leading to what has been called the origins of (protestant) hermeneutics.[20]

The basic assumption of all his interpretative work on Paul's letters (as well as, indeed, on any part of biblical and secular literature) was that each one of them represented an attempt on Paul's behalf to convey a message, and that Paul, in composing his letters, adhered faithfully – and, in Melanchthon's view: masterfully – to the rules of good speech and sound argument.[21] Any one of Paul's letters, therefore, had to be taken seriously as a literary unit ruled by its author's desire to argue a point to the best of his oratorial abilities.[22] Interpreting Paul, according to Melanchthon, was to establish just what the Apostle was wont to say in that particular letter and to bring to light how he went about that task. At the same time, Melanchthon was convinced that what Paul wanted to say was a particular instance of a general truth[23] which meant that in order to understand both the point Paul was arguing in a particular letter and the way he set up his argument, one had to grasp the general point a specific instance of which was being argued.[24]

This conviction led to a shape of commentary which was both quite unique and at the same time fairly traditional whilst breaking with the rules of the traditional exegetical game. To be able to appreciate the latter paradox, one has to

---

[20] Martin Leiner, "Die Anfänge der protestantischen Hermeneutik bei Philipp Melanchthon. Ein Kapitel zum Verhältnis von Rhetorik und Hermeneutik," *Zeitschrift für Theologie und Kirche* 94 (1997): 468–487. Cf. also Carl Joachim Classen, "Melanchthon's Rhetorical Interpretation of Biblical and Non-Biblical Textes," in *Rhetorical Criticism of the New Testament*, ed. idem, WUNT 128 (Tübingen: Mohr Siebeck, 2000), 99–178 and Joachim Knape, "Melanchthon als Begründer der neueren Hermeneutik und theologischer Topik," in *Werk und Rezeption Philipp Melanchthons in Universität und Schule bis ins 18. Jahrhundert*, ed. Günther Wartenberg, Herbergen der Christenheit, Sonderband 2 (Leipzig: Evangelische Verlagsanstalt, 1999), 123–131. Most recently, the importance of Melanchthon's work on this field is emphasised by Günter Frank, "Zum Wissenschaftsverständnis: Melanchthons Topik," in *Philipp Melanchthon*, ed. idem and Lange (see n. 2), 321–331 (esp. 325–329) and idem, *Topik als Methode der Dogmatik. Antike – Mittelalter – Frühe Neuzeit*, Theologische Bibliothek Töpelmann 179 (Berlin and Boston: De Gruyter, 2017), 166–176.
[21] Cf. Wengert, "Biblische Übersetzungen und Kommentare" (see n. 2), 39–40; idem, *Human Freedom* (see n. 7), 50–51; idem, "Rhetorical Paul" (see n. 17), 134.
[22] Cf. also William P. Weaver, "A More Excellent Way: Philip Melanchthon's Corinthian Lectures of 1521–1522," *Renaissance and Reformation* 37 (2014): 31–63 (54), who stresses the importance of the concept of scripture as written-down-speech for Melanchthon's hermeneutical approach.
[23] Cf. Wengert, *Human Freedom* (see n. 7), 13, 44, 49.
[24] Cf. Knape, "Melanchthon" (see n. 20), 130; Frank, "Topik" (see n. 20), 170, 174.

first grasp the former observation: Melanchthon's commentaries were quite unique in that they heavily focussed on making transparent the way of argument Paul was, according to Melanchthon, following in order to make his point. To this end, Melanchthon's commentaries open with what he calls the *argumentum*. Here, the exegete states what (in his view) Paul's chief concern was when writing the letter, or, to use a word from Melanchthon's rhetorical textbooks, the *scopus* of the epistle.[25] Moreover, crucial terms and concepts employed by the Apostle in his letter are being addressed: Employing dialectic tools originating in his work on Aristotle's dialectics and analytics, Melanchthon asks for definitions and effects of such terms and concepts and relies on the power of the syllogism for elaborating his definitions.[26] Finally, the *argumentum* presents in short the rhetorical structure Melanchthon has found Paul to follow in pursuit of his argument. An important role in this part is played by placing the text Melanchthon is commenting on within the genres of speech, as different kinds of speech necessitated different structures of argument. Not satisfied with the classical three rhetorical genres, Melanchthon created a fourth manner of speech which he called the *genus didascalicon* and which he found prevalent in much of theology or teaching contexts in general.[27] The *dispositio orationis*, then, forms

---

[25] For the concept of scopus, see Melanchthon's rhetorical textbooks, e.g. De Rhetorica Libri Tres (1519): PMOO.OP 2/2, 131,21–25: (*Proinde ut in omni genere scriptorum in vestibulo ipso statim cogitandum est, qui sit scopus autoris, quid conetur, quid doceat, quid probet, quid refutet, in quem usum vitae aut studiorum conducat; nam ille demum lectionis fructus est... Alioqui non video, quid in ullo genere studiorum sit effecturus lector.* – First [I say] that in all kind of writings [when standing] in the hall [of the same] immediately one has to pay attention to what its author's scopus was, what he was preaching, teaching, proving, refuting, to what end in life or studies he wants to lead; for such is the fruit of the reader... I cannot see any other way for the reader to achieve anything in any kind of studies) and Elementa Rhetorices (1531): ibidem, 279,25–27: (*Prodest autem ideo etiam intelligere genus causae, quia genere cognito, prospicitur finis orationis, hoc est, praecipua intentio, et summa consilii, seu ut vocant, scopus orationis* – It is proper also to understand the kind of the cause, because in recognising the genre, the purpose of the speech becomes clear, that is, the principal intent and the sum of the thought, or, as they call it, the scopus of the oration).

[26] For Melanchthon's use of Aristotelian tools, cf. also Wengert, "Biblische Übersetzungen und Kommentare" (see n. 2), 242 and idem, *Defending Faith* (see n. 14), 343–347. An example is provided below, page 217–222.

[27] For the genus didascalicon, see Melanchthon's Elementa Rhetorices (1531): PMOO.OP 2/2, 278,19–24: (*Est autem διδασκαλικόν genus, methodus illa docendi, quae traditur in dialectica, cuius particulam retinuerunt rhetores in statu finitivo. Est et demonstrativum genus, affine διδασκαλικῷ generi. Plerumque enim est definitio, sed amplificata ornamentis oratoriis, ut tamquam picture, ab imperitis magis conspici possit, ut si quis laudet leges, et de auctoritate legum dicat, definit leges, et definitionem amplificabit.* – The genus didascalicon, however, is that method of teaching which is employed in dialectics, a part of which the rhetors have retained in the finite status. And the genus demonstrativum is affine to the genus didascalicon, for there is very often a definition, but amplified with the ornaments of the oratory, much like a picture is easier to perceive for the unlearned, wherefore if someone lauds the law, he also speaks about the authority of laws [in general], he defines laws and then he amplifies his definition [by examples].). Cf. also Frank, "Zum Wissenschaftsverständnis" (see n. 20), 327.

the backbone of the rest of the commentary, with Melanchthon following the *series* or *ordo* of the letter's argument, explaining the rhetorical function of its parts and the way they work in driving home the *scopus*.[28] A bit of a shock to his contemporaries was that Melanchthon did not care for the traditional explanation of the text verse-by-verse or even phrase-by-phrase, feeling free to omit verses and indeed entire passages of a text which in his view would distract the commentary's reader from the main route of argument.[29]

And it is here that the paradox of Melanchthon being orthodox in his being unorthodox comes in: Whereas the omission of parts of the sacred text was rather unorthodox a method in expounding scripture, another feature of Melanchthon's scriptural commentaries portrays him as a fairly orthodox exegete – ironically, his most famous introduction into 16th-century theological method, the *locus communis*. Without wanting to gainsay the innovative importance of the preceptor's transfer of what he read in Rudolf Agricola's *De inventione dialectica* into a much more fundamental concept of understanding and expounding biblical and non-biblical literature as well as theological material in general,[30] one has to agree with Robert Kolb's observation that when reading Melanchthon's scriptural commentaries, one is reminded of the *scholia* of medieval exegesis:[31] Whilst Melanchthon's following and elucidating the rhetorical structure of a letter constituted the backbone of his commentaries, their flesh (to stay in the picture of Ezek 37) was made of explanations of topics or *loci* which occurred in the text.[32]

Stemming from his conviction that each textual occurrence of a topic constituted a specific instance of the topic general, Melanchthon used such occurrences throughout the text he was commenting on to insert into his commentary excurses on said topic.[33] Here, the preceptor would employ his dialectical tools of defining, establishing effects and intentions, and syllogistic reasoning to get to the bottom of the greater idea that singular terms or concepts employed by Paul where an instant of.[34] For better understanding of the matter, Melanchthon would employ the full riches of his virtuous knowledge of biblical, historical, philosophical and theological material to use as examples illustrating the topic in question, and he would use the opportunity to shed light on contemporary

---

[28] Cf. Wengert, "Rhetorical Paul" (see n. 17), 149–150; idem, *Human Freedom* (see n. 7), 50–51.

[29] Cf. Wengert, "Mehr Licht" (see n. 15), 36.

[30] Cf. Wengert, "Rhetorical Paul" (see n. 17), 132–133. The debate on whether Melanchthon's concept of loci owed more to Agricola or Erasmus has been now replaced by the much more fruitful investigation into the complex intellectual background of the concept by Frank, "Topik" (see n. 20), 166–176.

[31] Kolb, "Instruction in Sound Teaching" (see n. 5), 257–258.

[32] Cf. Wengert, "Rhetorical Paul" (see n. 17), 136 and idem, "Mehr Licht" (see n. 15), 36.

[33] Cf. Wengert, *Human Freedom* (see n. 7), 60–61.

[34] Cf. Wengert, "Biblische Übersetzungen und Kommentare" (see n. 2), 243.

issues, demonstrating the consequences a proper understanding of the matter would have for assessing situations and for theologically informed responses adequate to questions of the day.[35] As John Calvin, another great exegete of the time, remarked somewhat dispraisingly, these excurses could take on rather extensive dimensions,[36] yet for Melanchthon himself, they were not excurses at all, but rather necessary parts of any commentary's endeavour to elucidate what the author wanted to say by focussing on the issues he raised.[37]

In this way of inserting sections on larger theological themes into the commentary Melanchthon would seem less of a revolutionary than some have argued – he regarded the innovative potential of his exegesis less from the fact that he explained the *loci communes* occurring in a text per se but rather from the fact that he believed not to approach a text with an *externally* determined set of such topics (the latter being something he suspected Erasmus of, as Timothy Wengert has convincingly argued[38]). Melanchthon's commentaries on Paul were fairly traditional in that they commented on the text of a letter "focussing on the topics to be taught from it", as Kolb has put it,[39] and in that large parts of them were explanations of these topics and their wider implications, inserted into the

---

[35] This point is aptly put by Wengert, "Rhetorical Paul" (see n. 17), 138: "The more one knows about the immediate exegetical context, the more it becomes clear that Melanchthon was forever taking rear-guard-action against his contemporaries." Wengert himself has demonstrated the extent to which Melanchthon's commentaries on Colossians (*Human Freedom* [see n. 7]; *Law and Gospel* [see n. 8]; "Mehr Licht" [see n. 15]) and Romans (*Defending Faith* [see n. 14]) were responding to and taking part in their contemporary theological, and even polemical, debates. – The same could (or, rather, should) be said for Melanchthon's sermons, as I have tried to show by placing his eucharistic preaching within its contemporary context (Jammerthal, *Melanchthons Abendmahlstheologie* [see n. 11]).

[36] Cf. the carefully masked verdict in his letter to Simon Grynaeus serving as the epistle prefatory to Calvin's own Romans Commentary: "Philip Melanchthon, owing to his singular learning, his diligence and the dexterity which he shows in all kinds of disciplines, has, compared to those who before him went public, kindled a great light. But as he would seem to have set himself the task only to investigate into what seemed to be especially important, he deliberately omitted a great many things which could somewhat tire out the common intellect." (*Philippus Melanchthon pro singulari et doctrina, et industria, et dexteritate qua in omni disciplinarum genere pollet, prae iis qui ante ipsum in publicum prodierant, multum lucis intulit. Sed quia illi propositum modo fuisse apparet, quae in primis essent animadversione digna, excutere, in iis dum immoratur, multa consulto praeterit quae vulgare ingenium fatigare nonnihil possint.*: Calvin-Studienausgabe vol. 5.1, 3rd ed. [Neukirchen-Vluyn: Neukirchener, 2012], 20,6–12).

[37] Cf. Wengert, *Human Freedom* (see n. 7), 13 and Knape, "Melanchthon" (see n. 20), 130.

[38] Wengert, *Human Freedom* (see n. 7), esp. 59–64. – In his De locis communibus ratio (1531), Melanchthon drove home the importance of not pressing a text into externally determined loci: "And do not think you can hammer them together by chance: the forms or rules of all things are to be found in the innermost seats of [their] nature!" (*Neque vero putes eos temere configi, ex intimis naturae sedibus eruti formae sunt seu regulae omnium rerum*, CR 20, 698), cf. Frank, "Topik" (see n. 20), 169.

[39] Robert Kolb, "Philipp Melanchthon's Reading of Romans," in *Reformation Readings of Paul. Explorations in History and Exegesis*, ed. Michael Allen and Jonathan A. Linebaugh, (Downers Grove, IL: IVP Academic, 2015), 73–96 (74).

running commentary much like the *scholia* of medieval interpreters. Yet their basic assumption of biblical texts as deliberately formed literary expression of an author's intent and the attention to forms of speech, structures of argument and the audacity to, in focussing on the main point of a text, skip portions of scripture less relevant to the run of the author's argument made for a revolutionary character which electrified Melanchthon's contemporaries and granted them a long-lasting influence on the development of protestant hermeneutics.[40]

3. Melanchthon on Paul – Illustrating an Approach

Just how Melanchthonian exegesis works in practice is usually demonstrated by looking at his Romans commentaries which, indeed, are suitable examples for his rhetorical approach to Scripture and, given their sheer number, would suggest that the preceptor had taken a particular liking to this Pauline epistle, an impression that is supported by quite a number of express statements to that effect both in orations and letters.[41] Nevertheless, important characteristics of Melanchthon's interpretation of scripture can also be grasped from his exegesis of Paul's Corinthian correspondence which, as William Weaver has demonstrated, in fact played a crucial role in the development of Melanchthon's understanding of scriptural authority.[42] There are, as mentioned earlier, two commentaries on Paul's letters to the Corinthians within the preceptor's exegetical œuvre. I will in what follows concentrate on the second of these commentaries which still is awaiting its critical edition as well as the scholarly attention it deserves. Although the complete commentary was, as already noted, published only after Melanchthon's death in 1561 by Paul Eber, the autograph survives in the Herzog August library at Wolfenbüttel and, for the parts relevant to this contribution, shows that Eber had been a faithful editor of his preceptor's work.[43]

The commentary opens with the *argumentum*. Melanchthon first tries to establish what genre of speech Paul employed in his first letter to the Corinthians, admitting that rather than being one concise judicial disputation in the manner of Romans, 1 Corinthians "contained a lot of dissimilar material"[44] – a challenge for his rhetorical approach to scripture, as Melanchthon had already admitted in 1521.[45] By now, his continuous work on rhetoric enabled him to never-

---

[40] Cf. Frank, "Topik" (see n. 20), 175.

[41] Cf. Kolb, "Melanchthon's Reading of Romans" (see n. 39).

[42] Weaver, "A More Excellent Way" (see n. 22); cf. Kolb, "Instruction in Sound Teaching" (see n. 5), 260–261.

[43] See n. 11 above.

[44] CR 15, 1065: *Prima Epistola ad Corinthios non est una perpetua disputatio, ut Epistola ad Romanos, sed multas dissimiles materias coacervat.*

[45] Cf. MSA 4, 16,4–23. For the challenge this posed to Melanchthon's rhetorical method

theless attribute the coagulation of topics which made up 1 Corinthians to a genre of speech: "the entirety of the corpus pertains to the *genus suasorium*", Melanchthon explains, "as it consists of objurgations, admonitions, and rules on diverse matters"[46] interwoven with diversions on doctrinal matters pertaining to the genre of speech Melanchthon himself had introduced as *the* one manner of teaching, the *genus didascalicon*.[47] With organising his text according to the rules of the *genus suasorium*, an author aims at achieving a certain effect, mostly, to initiate a change of behaviour or belief. Therefore, appreciating such intended effect was crucial for any sensible reading of any text pertaining to this genre of speech.

Having established what kind of text Paul had produced, Melanchthon proceeds to identify the point the Apostle was wont to argue in this letter. In order to do so, the preceptor first turns to the situation Paul was addressing:

> Whereas he had left the church in Corinth rightly erudite in the entirety of the doctrine of the Gospel, the benefits of the Son of God, faith, the use of liberty, marriage, sacraments, resurrection of the death, and other articles, and there were a lot excelling in [God's] gifts; immediately, just as [was to be expected] in a Greek city, pride and curiosity introduced divisions.[48]

In Melanchthon's view, this situation was quite similar to the one he himself and his audience were finding themselves in. Therefore, he hoped that it would not be difficult to grasp the importance of what Paul was writing to the Corinthians for addressing the questions of the 16th century.[49]

With this background in mind, Melanchthon starts to demonstrate how Paul developed his answer to this situation in the course of his letter. As this demonstration turns out to be quite substantial in quantity (and rather more spacious than the title of a *brevis enarratio* would suggest), our demonstration of Melanchthon's method shall focus on one particular section of his commentary: His interpretation of the eucharistic parts of chapter 10 which provides us with

---

coming from his Romans exegesis, see Weaver, "A More Excellent Way" (see n. 22), 34–35, 47. For a number of comparative remarks on the two Corinthian commentaries, see also Wengert, "Rhetorical Paul" (see n. 17), 147.

[46] CR 15, 1065: *totum tamen corpus ad genus Suasorium pertinet, quia sunt obiurgationes, commonefactiones, praecepta de diversis negotiis*. For similar observations in the 1521 commentary, see Weaver, "A More Excellent Way" (see n. 22), 56.

[47] For the distinction between the different genres of speech, see Melanchthon's Elementa Rhetorices (1521), PMO.OP 2/2, 279–280; for the genus suasorium in particular, cf. PMO.OP 2/2, 279,30; 310–311.

[48] CR 15, 1065: *Cum Ecclesiam in Corintho collectam reliquisset recte eruditam de universa doctrina Evangelii, de beneficiis filii Dei, de fide, de usu libertatis, de coniugio, de Sacramentis, de resurrection mortuorum, et de aliis articulis, et multi ibi antecellerent donis: statim ibi, ut in Graeca civitate, Superbia et Curiositas peperunt dissidia*.

[49] Cf. CR 15, 1065: *Multa vidit haec aetas exempla similia, idea haec haec [!] facilia sunt intellectu*.

a particularly good example of how Melanchthon's exegesis profited from his work on rhetoric and dialectics.[50]

The whole chapter, Melanchthon states, belonged to precisely the kinds of inserted sermons following the rules of the *genus didascalicon* he had mentioned in the *argumentum*, aiming here at admonishing the Corinthians to stay clear from diverse errors which accompanied the Church on her way through the times.[51]

Instrumental to this purpose is, as Melanchthon shows in interpreting verses 1–11, a rather lengthy discussion of the history of the people of Israel and the Church, based on the principle that, according to Melanchthon, God at all times preserves his faithful, collecting them in "an assembly in which the ministry of the Gospel of the mediator sounds."[52] To this assembly of God's people belong external signs of his promise to grant them remission of sins and life eternal, and whereas the promise itself continues to be the same through all times, the external sings vary.

Having completed his treatment of the *locus* or topic of the Church and her way through history, Melanchthon returns to Paul's narrative, arguing that, from verse 14 on, the Apostle himself returned to "particular admonitions, and first-ly generally forbids anyone to be polluted by any contact whatsoever to the cult of idols"[53], in other words, to the *genus suasorium*. The contact to idolatry chief-ly occurred by participating in pagan banquets, Melanchthon explains, and uses the strict antithesis he observes in Paul between pagan banquets and the Lord's Supper to insert yet another topical excursus.

The starting point for Melanchthon is the phrase "the chalice of benediction, which we bless" in verse 16. The relative clause "which we bless", according to Melanchthon, is used by Paul to "differentiate this chalice from a secular cup", thus also making clear that the Lord's Supper was no ordinary dinner.[54] In order to illustrate this point, Melan-chthon analyses the word "benedicere", using different occurrences throughout the Bible to identify three chief aspects of meaning: "benedicere" is (a) the giving of thanks as well as (b) the asking for the good and, in case God is the subject of the verb, it also (c) expresses the actual doing of good things "because God in speaking effaces."[55] As (a), "to give thanks", emerges to be the most immediate meaning of the word, the phrase used by Paul would translate as

---

[50] The following is based on Jammerthal, *Melanchthons Abendmahlstheologie* (see n. 11), 197–205, 210–216.

[51] CR 15, 1096: *iam attexit longam concionem, in qua confert Ecclesiae tempora, lapsus et poenas, ut nos excitet ad studium retinendae iusticiae, et ad cavendos lapsos.*

[52] CR 15, 1096: *omnibus temporibus esse Ecclesiam Die similem, scilicet coetum, in quo sonat ministerium Evangelii de mediatore.*

[53] CR 15, 1107: *Redit ad speciales admonitiones, ac primum generaliter prohibet, ne pollu-antur ullis contagiis cultus idolorum.*

[54] CR 15, 1108: *Nominat autem Calicem benedictionis, et addit: quem benedicimus, ut dis-cernat hunc calicem a profano potu, qui hauritur sitis causa, cum hic potus hauriatur non prop-ter corporis nostri rigationem, sed ut sit commonefactio de sanguis Christi pro nobis effuso.*

[55] CR 15, 1108: *cum Deus benedicit, significat benefacere, quia Deus dicendo efficit.*

"the chalice of the giving of thanks, by the drinking out of which we give thanks to God and to our Lord Jesus Christ, for that we are being redeemed by the blood of Chris, that is: we are acknowledging and celebrating that benefice."[56]

The thanksgiving over the chalice, using the words instituted by Christ himself, thus serves to further Paul's case for a clear separation between the Lord's Supper and pagan banquets. It does, however, not have the magical quality attributed to it by the common understanding of the recitation of these words as a consecration:

"Christ is present in his sacrament not because the priest effected a mutation, or because there was a power in words to chance the substance of things, but because he freely wants to be with the rite he instituted, just as the Holy Spirit freely wants to be in Baptism."[57]

This rejection of transubstantiation is repeated when Melanchthon explains the second half of verse 16: Paul's attribution that the chalice was "the communion of the blood of Christ", shows that the Apostle places the eucharistic elements within the tradition of God's employing external visible signs for his promise. Rather than mistaking the signs of God's promise with God himself, as sundry gentiles have done and the papists continue to do when they carry around bread demanding it to be worshipped on Corpus Christi, or with a human act meriting God's mercy, as they do when taking money for saying mass, their nature as a means of God communicating his promise and mercy to us should be taken serious, Melanchthon demands.

Having thus succinctly set the Lord's Supper apart from diverse misconceptions, Melanchthon proceeds to map out the proper understanding of this sacrament, and it is here that the way he employs dialectic tools for understanding the Bible becomes most visible:

one has to know that there are two main aims *(fines)* of the sacraments, the one being that they are signs of the promise, the other one that they are signs of [public] confession, distinguishing the Church of God from other peoples.[58]

By introducing the question of the aim of the sacraments, Melanchthon utilises his work on what Aristotle calls τέλος in his Nicomachean Ethics. Whereas already the preceptor's 1529 commentary on that text establishes an entire order of aims *(ordo finium)*[59], Melanchthon had ever since been refining his interpretation of the Stagirite's understanding of that tool and its epistemological potential.[60]

---

[56] CR 15, 1108: *Itaque simplissima erit enarratio: Calix benedictionis, id est, calix gratiarum actionis, ex quo bibentes agamus gratias Deo, et Domino nostro Iesu Christo, quod sanguine Christi redemti simus, id est, agnoscamus et celebremus hoc beneficium.*

[57] CR 15, 1109: *Adest autem Christus suo sacramento, non quia sacerdos faciat ibi mutationem, aut quia sit virtus in verbis mutans res, sed quia liberrime vult adesse ritui quem instituit sicut Spiritus sanctus liberrime adest in baptisando.*

[58] CR 15, 1110: *Deinde sciendum erst, duos esse potiores fines Sacramentorum. Alter est, ut sint signa Promissionis. Alter, ut sint signa Confessionis, et distinguant Ecclesiam Dei a caeteris gentibus.*

[59] Cf. In Ethica Aristotelis commentarius, Claus-N° 1529.67 (VD16 ZV 703), fol. B(v): In the second chapter, [Aristotle] speaks of the order of aims... *(secundo capite dicit [Aristoteles] de ordine finum...).*

[60] see Jammerthal, *Melanchthons Abendmahlstheologie* (see n.11), 199 n.862 for further detail.

In fact, just as he was writing his commentary on Corinthians, Melanchthon was about to finish the work on his 1548 *Initia physicae doctrinae*. Here, he defines aim *(finis)* as follows:

An aim is that because of which the efficient works, or that by which the efficient is moved towards action[61]

and urges his readers to appreciate the difference between primary and secondary aims:

There are two kinds of aims: One is the principal and ultimate aim. There are, however, lesser principal aims to be discerned as well.[62]

This differentiation between one main aim and several additional, inseparably connected but nevertheless secondary, lesser aims is put to use for developing an understanding on the *locus* of the sacraments in the commentary on 1 Corinthians: the primary or principal aim of a sacrament is to communicate God's promise of salvation unto fallen mankind, or, as Melanchthon states quoting Augustine, "a visible word" appealing to the sensory nature of the human mind and thus evoking faith in the promise.

This definition of the sacraments as means of effective divine communication of the promise of reconciliation dominates Melanchthon's understanding of the Lord's Supper from his earliest writings.[63] In the 1540s, however, it had come under siege from a reinvigorated Catholic eucharistic theology which claimed that Melanchthon and his Protestant confederates neglected the ecclesial dimension of the sacraments by focussing on their soteriological importance for the individual alone.[64] Challenged by theologians such as Julius Pflug and Michael Held, Melanchthon felt he had to find a way of integrating the relevance of the sacraments for the communion of the faithful without allowing for his counterparts' understanding of that dimension along the lines of a human sacrifice of any constitutive importance to the divine-human relationship at all. The differentiated understanding of aim *(finis)* he had developed on Aristotle presented itself to the preceptor as a most useful tool in that respect. By identifying the sacraments' role within individual redemption as its primary aim, he could include aspects of a more ecclesiological nature as a wide range of secondary aims of the Lord's Supper, reaching from the role of the celebration of the communion service as a ritual identity marker to its character of showcasing the brotherly love uniting the Christian community. At the same time, it allowed him to portray the sacramental theology of his opponents as not only theologi-

---

[61] CR 13, 308: *Finis est propter quod efficiens agit, seu quo movetur efficiens ad agendum.*

[62] CR 13, 316: *Duplices autem sunt fines. [...] Unus aliquis est principalis et ultimus, [...] sed minus principales discernendi sunt.*

[63] Cf. Jammerthal, *Melanchthons Abendmahlstheologie* (see n. 11).

[64] For this, see Jammerthal, *Melanchthons Abendmahlstheologie* (see n. 11), 174–181 in particular.

cally dangerous, but also as logically unsound – which, of course, were two sides of the same coin to Melanchthon.

Aristotelian dialectics, thus, serve Melanchthon well in helping him to develop a logically sound understanding of the sacraments which in his view helped to appreciate what Paul had to say on the matter and to stay clear of the errors of contemporary Catholic eucharistic thought, whereas his rhetorical analysis had helped him to identify the place of the eucharistic passages in 1 Corinthians 10 within Paul's overall argument: To use the terminology Melanchthon had established in the *argumentum*, what Paul had to say on the Lord's Supper in this chapter pertained to the *genus didascalicon* which, aiming to educate the reader, heavily relied on dialectical tools in general. Whereas the parts of the letter, suitable to the Apostle's point of initiating a change of things in Corinth, that belonged to the *genus suasorium* helped Melanchthon to follow the general order of Paul's arguments, it was these didactic insertions he used to dwell on the theology which ought to be taught from 1 Corinthians as an expression of the sound doctrine so necessary to the Church.

Melanchthon's Pauline exegesis was the work of a lifetime – not only because he lectured and published on the Apostle's letters throughout the entirety of his career: His commentaries on the Pauline epistles also demonstrate how the preceptor never tired of ever more refining his rhetorical and dialectical tools of analysis and, by applying them to Paul's letters, all his life sought to improve the understanding of the Apostle's theology, which, for him, was the purest expression of Christian doctrine available.

Doctor Pommer und Sankt Paul

Beobachtungen und Überlegungen zu Paulusbild, -verständnis und -rezeption in den reformatorischen Schriften Johannes Bugenhagens

Jonas Milde

1. Einleitung – Quellenauswahl – Forschungsüberblick

Johannes Bugenhagen (1485–1558) gehört zweifellos zu den führenden Protagonisten der Wittenberger Reformation, stand er doch die Hälfte seines Lebens
fest an der Seite – nicht nur im Schatten! – seines Freundes Martin Luther. In
seiner Person verbinden sich auf originelle Weise akademisches und pastorales
Wirken, Exegese und Verkündigung – und dies nicht zuletzt im Blick auf seinen
theologischen Umgang mit dem Apostel Paulus und den paulinischen Schriften
des Neuen Testaments.[1]

Wer nach Bugenhagens Paulusbild, seinem Verständnis der paulinischen Texte und ihrer Rezeption fragt, mag als erstes zu den Kirchenordnungen greifen,
die glücklicherweise seit 2017 vollständig kritisch ediert vorliegen.[2] Denn wenn-

---

[1] Das Prädikat ,paulinisch' bezeichnet in dieser Untersuchung das, was Bugenhagen darunter verstand, also alle Schriften des Corpus Paulinum mit Ausnahme des in Bezug auf seinen Verfasser seit jeher umstrittenen Hebräerbriefes – vgl. Albert VANHOYE, Hebräerbrief,
TRE 14 (1985), 494–505 –, den Bugenhagen wie auch Luther nicht als eine Epistel des Paulus
ansah (zu Luther vgl. ders., Vorrhede auff die Epistel zu den Ebreern. 1522, WA.DB 7, 344,5 f.;
zu Bugenhagen vgl. ders., Auslegung der kurtzen Episteln S. Pauls durch Johann Bugenhagen,
den Pomern, zu nutz gemeyner Christenheyt vordeutschet, Wittenberg 1524 [VD 16: B 9245;
Georg Geisenhof, Bibliotheca Bugenhageniana. Bibliographie der Druckschriften des D. Joh.
Bugenhagen, [Nachdruck] Nieuwkoop 1963, Nr. 66], x5 f.). Im Folgenden werden Bugenhagens
Schriften nur unter Kurzverweis auf ihre Geisenhof-Nummern angegeben, sofern sie nicht
im ersten Band der Werkedition vorliegen – vgl. unten Anm. 11.

[2] Vgl. Die evangelischen Kirchenordnungen des XVI. Jahrhunderts, hg. v. Emil Sehling
u. a., Bd. 1–23, Leipzig/Tübingen 1902–2017 (EKO). Bei den von Bugenhagen erarbeiteten
Ordnungen handelt es sich innerhalb des Reiches in der chronologischen Reihenfolge ihrer
Entstehung um diejenigen der Städte Braunschweig (1528; vgl. EKO VI/1 [1955], 348–455),
Hamburg (1529; vgl. EKO V [1913], 488–540) und Lübeck (1531; vgl. EKO V [1913], 334–368),
diejenigen der Herzogtümer Pommern (1534/35; EKO IV [1911], 328–353), Schleswig-Hol-
stein (1542; vgl. EKO XXIII [2017], 80–150) und Braunschweig-Wolfenbüttel (1542/43; vgl.
EKO VI [1955], 22–80) sowie diejenige der Stadt Hildesheim (1542/44; vgl. EKO VII [1980],
829–884). Hinzu kommt die Kirchenordnung für Dänemark aus dem Jahr 1537. Zum Schriftencorpus der Kirchenordnungen gehören ferner Bugenhagens Vorworte zu den Kirchenord-

gleich von 1521 an die kursächsische Universitäts- und Residenzstadt Wittenberg das Zentrum von Bugenhagens Wirken bildete, sind aus der Fülle seines
theologischen Schaffens vor allem die norddeutschen und skandinavischen Kirchenordnungen im kollektiven Gedächtnis geblieben; der seiner Herkunft wegen ‚Doctor Pommer‘ genannte Bugenhagen gilt weithin – und zu Recht – als
der ‚Reformator des Nordens‘. Das Ergebnis einer Paulus-Recherche im Corpus
der Kirchenordnungen ist reichhaltig, denn diese Rechtstexte, die zugleich auch
den Charakter von theologischen Traktaten haben, sind angefüllt mit ‚Paulusstellen‘: Der Apostel redet, schreibt und lehrt, er befiehlt, schlägt seine Gegner
mit Worten nieder, prophezeit im Heiligen Geist,[3] straft und legt – nicht zuletzt – andere Bibelstellen aus.[4] So wimmelt es in Bugenhagens Kirchenordnun-

---

nungen von Herford und Bremen – vgl. Geisenhof Nr. 284 f. Alle weiteren lutherischen Kirchenordnungen des 16. und 17. Jahrhunderts sind von denjenigen Bugenhagens abhängig.

[3] Dieser besondere Aspekt begegnet in der Braunschweiger Kirchenordnung lediglich ein
einziges Mal – vgl. EKO VI/1, 388: „dar Paulus van dorch den hilgen Geist gepropheteret
hefft“. Hans-Walter Krumwiede hat darin ein Präludium der Verbalinspirationslehre gesehen –
vgl. DERS., Vom reformatorischen Glauben Luthers zur Orthodoxie. Theologische Bemerkungen zu Bugenhagens Braunschweiger Kirchenordnung und zu Urbanus Rhegius’ formu-
lae quaedam caute et circa scandalum loquendi, JGNKG 53 (1955), 33–48 (39). Ob Krumwie-
des These zutrifft und Bugenhagen mit für diesen Locus der altprotestantischen Orthodoxie
verantwortlich zu machen ist, ist allerdings bislang nicht hinreichend untersucht.

[4] Zu Bugenhagens Bibelgebrauch in den Kirchenordnungen vgl. Carl ANDRESEN, Die Bibel
im konziliaren, kanonistischen und synodalen Kirchenrecht, in: Martin Brecht (Hg.), Text –
Wort – Glaube. Studien zur Überlieferung, Interpretation und Autorisierung biblischer
Texte, Berlin 1980, 169–208 (199–205), sowie die von Andresen angeregte Untersuchung von
Anneliese SPRENGLER-RUPPENTHAL, Zur Verwendung von Bibelstellen in Kirchenordnungen des 16. Jahrhunderts, ZSRG.K 67 (1981), 310–338. Sprengler-Ruppenthals Aufsatz streift
Bugenhagens Ordnungen jedoch lediglich am Rande und befasst sich schwerpunktmäßig mit
jüngeren Ordnungen. Die von ANDRESEN, a. a. O., 200 f. Anm. 55, zusammengetragenen Bibelstellen aus dem Corpus Paulinum stellen lediglich einen kleinen Ausschnitt der großen
Zitat- und Belegfülle dar, die Bugenhagen in den Kirchenordnungen liefert. Es irritiert dabei
u. a. sehr, dass unter den aufgelisteten Stellen keine aus den Korintherbriefen aufgeführt ist,
wo doch gerade 1 Kor 10 f. für die Darlegung der Abendmahlslehre und die daraus resultieren-
de Ordnung der Sakramentsfeier entscheidende Bedeutung zukommt – vgl. bspw. EKO VI/1
(Braunschweig), 406 f., 417 f., 420 f., 430 u. ö. Daran, dass gerade 1 Kor 14,40 zu den für die
reformatorische Kirchenorganisation grundlegenden Elementen ‚guter Ordnung‘ gehört und
auch von Bugenhagen aufgegriffen wurde, hat bspw. Sabine Arend erinnert – vgl. DIES., „Lasst
alles züchtiglich vnd ordentlich zugehen“. Vorstellungen von „guter Ordnung“ in den evangelischen Kirchenordnungen des 16. Jahrhunderts, in: Irene Dingel/Armin Kohnle (Hg.),
Gute Ordnung. Ordnungsmodelle und Ordnungsvorstellungen in der Reformationszeit
(LStRLO 25), Leipzig 2014, 31–47 (33–41). Neben ihr hat vor allem Tim Lorentzen auf die
neutestamentliche Fundierung des diakonischen Handelns, wie es in den Kirchenordnungen
formuliert ist, hingewiesen – vgl. DERS., Johannes Bugenhagen als Reformator der öffentlichen Fürsorge (SMHR 44), München 2008. Lorentzen orientiert sich bei der Frage nach der
biblischen Argumentation ebenfalls an der Braunschweiger Kirchenordnung (vgl. a. a. O.,
159–162). Neben 1 Tim 6,17–19 und Eph 4,28 sind es allerdings vorwiegend Belege aus den
Evangelien, die im Kontext der gemeindlichen Sozialfürsorge herangezogen werden. Biblische Stützen für den Gemeinen Kasten sind ferner – so LORENTZEN, a. a. O., 163 – 1 Tim 5,8.16
und 2 Kor 9,7. Hierzu vgl. auch Christian PETERS, Der Armut und dem Bettel wehren. Städti-

gen geradezu von biblischem Belegmaterial, das vor allem aus dem Corpus Paulinum stammt.[5] Ein Teil dieses Materials wird schlicht als Stellenangabe ausgewiesen; bei anderen Verweisen tritt über die Stellenangabe hinaus klar hervor, dass es ‚Sankt Paul' ist,[6] mit dem die entsprechende Ordnung erklärt oder dessen Wort als theologischer Beleg für die Art und Weise herangezogen wird, in der die kirchliche bzw. christliche Ordnung gemacht wird.[7] So findet sich etwa in der frühesten der Kirchenordnungen, derjenigen der Stadt Braunschweig aus dem Jahr 1528, der Name Paulus über einhundert Mal,[8] verteilt auf nahezu alle Abschnitte der Kirchenordnung. Eine eingehende Analyse des biblischen Materials und damit eine Untersuchung der Theologie von Bugenhagens Kirchenordnungen steht nach wie vor aus.[9]

---

sche Beutel- und Kastenordnungen von 1521 bis 1531, in: Dingel/Kohnle (Hg.), Gute Ordnung, 239–255 (252–254). Zu der unter Bezugnahme auf Paulus erörterten Tauflehre in der Braunschweiger Kirchenordnung vgl. Yvonne BRUNK, Die Tauftheologie Johannes Bugenhagens. „… denn Christus ist in seinem Wort und Zusage." (Bugenhagen, Der 29. Psalm Bl. E 2 r.) Untersuchungen zur Tauftheologie Johannes Bugenhagens anhand ausgewählter Druckschriften ab 1525 (RNZ 1), Hannover 2003, 44–48; zur Hamburger Kirchenordnung vgl. a.a.O., 65–69; zur Lübecker Kirchenordnung vgl. a.a.O., 84 f.; zur Paulus-Rezeption in der Tauftheologie (v.a. Röm 6 und Gal 3) vgl. ferner a.a.O., 165–171. Einen besonderen, optischen Aspekt der Paulusrezeption enthält die Lübecker Kirchenordnung, der in der Sehling-Edition (vgl. oben Anm. 2) leider nicht berücksichtigt wurde: Ein Paulusbild mit der Aufschrift „Paulus doctor gentium" findet sich auf der Rückseite des Titelblattes – vgl. VD 16: L 3159; abgedruckt auch in der zur 450-Jahrfeier erschienenen Teil-Faksimile-Edition: Lübecker Kirchenordnung von Johannes Bugenhagen 1531. Text mit Übersetzung, Erklärungen und Einleitung, hg. v. Wolf-Dieter Hauschild, Lübeck 1981, 2.

[5] Zum quantitativ weniger stark rezipierten Alten Testament vgl. Meike MELCHINGER, Die Rezeption des Alten Testaments in Bugenhagens Braunschweiger Kirchenordnung von 1528, in: Sabine Arend/Gerald Dörner (Hg.), Ordnungen für die Kirche – Wirkungen auf die Welt. Evangelische Kirchenordnungen des 16. Jahrhunderts (SMHR 84), Tübingen 2015, 93–112.

[6] Der Name Paulus wird z.T. um das Attribut ‚heilig' bzw. ‚sankt' oder um den Titel bzw. die Bezeichnung ‚Apostel' erweitert.

[7] Zur grundlegenden Unterscheidung von göttlicher und christlicher Ordnung in den Kirchenordnungen vgl. Wolf-Dieter HAUSCHILD, Biblische Theologie und kirchliche Praxis. Die Kirchenordnungen 1528–1543 in Johannes Bugenhagens Gesamtwerk, in: Karlheinz Stoll (Hg.), Kirchenreform als Gottesdienst. Der Reformator Johannes Bugenhagen 1485–1558, Hannover 1985, 44–91 (51 f.). Beispiele für Belege der göttlichen Ordnung sind etwa Gal 1,8 f. (vgl. dazu bspw. EKO VI/1 [Braunschweig], 349.394.428; EKO V [Hamburg], 543; EKO VII [Hildesheim], 862; EKO VI [Braunschweig-Wolfenbüttel], 23.65; EKO XXIII [Schleswig-Holstein], 82) und Röm 13 (vgl. EKO VI/1 [Braunschweig], 373.382.385; EKO V [Hamburg], 504.509; EKO VII [Hildesheim], 838 f.; EKO VI [Braunschweig-Wolfenbüttel], 43; EKO XXIII [Schleswig-Holstein], 81.84). Paulinische Belege für die christliche Ordnung sind Legion. Zu den hier exemplarisch genannten Beispielen der Taufe und der gemeindlichen Sozialfürsorge vgl. oben Anm. 4.

[8] Hierbei handelt es sich im Vergleich zu den anderen Ordnungen um eine außergewöhnlich große Menge. In der Hamburger Ordnung fällt der Name Paulus lediglich rund vierzig Mal, in der Lübecker und Hildesheimer rund fünfzehn Mal, und auch in den Ordnungen der Herzogtümer Schleswig, Holstein und Braunschweig-Wolfenbüttel nur etwas über zwanzig Mal.

[9] Das von Wolf-Dieter Hauschild beklagte Desiderat einer „umfassenden Darstellung der

Dass sich Bugenhagen jedoch nicht erst bei der Erarbeitung der Kirchenordnungen mit Paulus beschäftigt hat, ist in der reformationsgeschichtlichen Forschung durch verschiedene Arbeiten seit den 1980er Jahren präsentiert worden. Hans Hermann Holfelder kommt dabei das Verdienst zu, als erster auf die Paulusauslegungen Bugenhagens aufmerksam gemacht zu haben,[10] die den Doctor Pommer vor allem in seinen frühen Wittenberger Jahren, aber auch in den folgenden Jahrzehnten beschäftigten und die im Vergleich zu den Kirchenordnungen ein noch weiteres Untersuchungsfeld darstellen.

Bereits wenige Wochen nach seiner Ankunft in Wittenberg im Frühjahr 1521 wurde der zum Studieren gekommene Bugenhagen von Melanchthon auf den Universitätskatheder gerufen, um den auf der Wartburg untergetauchten Luther bei der Psalmenauslegung zu vertreten. Bald darauf wandte sich der Doctor Pommer in Wittenberg der Paulusexegese zu;[11] im Laufe der Zeit in weit größe-

---

theologischen Konzeption, die in den Kirchenordnungen zum Ausdruck kommt", ist auch über 35 Jahre später noch nicht behoben – vgl. DERS., Biblische Theologie und kirchliche Praxis (s. Anm. 7), 47. Darunter verstand Hauschild v. a. eine Untersuchung der Rechtfertigungslehre, wie sie sich in den Kirchenordnungen darstelle – vgl. DERS., Rez. zu Holfelder, Solus Christus (s. folgende Anm.), ZEvKR 31 (1986), 268–274.

[10] Vgl. Hans Hermann HOLFELDER, Solus Christus. Die Ausbildung von Bugenhagens Rechtfertigungslehre in der Paulusauslegung (1524/25) und ihre Bedeutung für die theologische Argumentation im Sendbrief „Von dem christlichen Glauben" (1526). Eine Untersuchung zur Genese von Bugenhagens Theologie (BHTh 63), Tübingen 1981. Dabei war Holfelder zu dem Ergebnis gekommen, dass sich Bugenhagens Rechtfertigungslehre zwischen der Abfassung des Psalmenkommentars und eben dieser Paulusauslegung 1524/25 maßgeblich verschoben habe. Hauschild hatte dies kritisch in Frage gestellt – vgl. dessen Rezension zu Holfelder (s. vorherige Anm.) – und darauf hingewiesen, „daß die Aussagen über die Rechtfertigung in den Psalmen eben anders strukturiert sind als bei Paulus" (a. a. O., 272). Zu Holfelders Position vgl. bereits DERS., Schriftauslegung und Theologie bei Johannes Bugenhagen (1485–1558). Zur theologischen Vorgeschichte seiner Kirchenordnungen, in: Olivier Fatio (Hg.), Histoire de l'exégèse au seizième siècle. Textes du colloque international tenu à Genève en 1976, Genève 1978, 265–285 (271–282) [hier findet sich zudem eine lesenswerte Tour d'Horizon zum älteren Bugenhagen-Bild bis in die 60er Jahre des 20. Jahrhunderts]. Hauschilds Schüler Ralf Kötter hat diese Kritik in seiner Dissertation durch eingehende Studien am sog. Sendbrief an die Hamburger (vgl. dazu unten 3.4) untermauert – vgl. DERS., Johannes Bugenhagens Rechtfertigungslehre und der römische Katholizismus. Studien zum Sendbrief an die Hamburger (1525) (FKDG 59), Göttingen 1994. Vgl. ferner auch den als Zusammenfassung der Dissertation verstandenen Aufsatz DESS., Zur Entwicklung der Rechtfertigungslehre Johannes Bugenhagens 1521–1525, ZKG 105 (1994), 18–34. Seither sind nach meiner Kenntnis keine umfassenderen Studien zur Paulusauslegung Bugenhagens erschienen. Zur bisherigen, eher schmalen Berücksichtigung Bugenhagens in Kompendien zur reformatorischen Paulusauslegung vgl. unten Anm. 15.

[11] Vgl. HOLFELDER, Schriftauslegung (s. Anm. 10), 271; DERS., Solus Christus (s. Anm. 10), 7–16. Daneben hielt Bugenhagen um die Jahreswende 1521/22 eine kurze Vorlesung über das Buch der Weisheit und beschäftigte sich eingehend mit seiner Passions- und Auferstehungsharmonie, die auf den Matthäuskommentar zurückging. Die Passionsharmonie liegt seit 2013 ediert vor: Johannes Bugenhagen, Werke. Bd. I,1: Reformatorische Schriften (1515/16–1524), hg. v. Anneliese Bieber-Wallmann, Göttingen 2013 (im Folgenden: Ref. Schriften 1), 137–605. Vgl. hierzu die Einleitung von Anneliese BIEBER-WALLMANN, a. a. O., 80–133; außerdem DIES. (als Anneliese BIEBER), Johannes Bugenhagen zwischen Reform und Reformation. Die

rem Umfang als etwa Luther dies tat. Im akademischen Jahr 1522/23 begann
Bugenhagen damit, die ‚kleinen' Paulusbriefe in Scholienform auszulegen, der
Römerbrief folgte 1523. Im darauffolgenden Jahr widmete er sich erneut dem
Galaterbrief, anschließend, 1525, zum zweiten Mal und wesentlich umfangreicher als zuvor dem Römerbrief.[12] Als letzte Bestandteile des Corpus Paulinum
folgten 1525/26 die beiden Korintherbriefe, über deren ersten Bugenhagen 1527
für die während der Pest in Wittenberg ausharrenden Studenten eine Vorlesung
hielt.[13] Demnach hatte Bugenhagen – die zunächst unvollendete Korintheraus-
legung ausgenommen – vor seiner kirchenordnenden Tätigkeit in Norddeutsch-
land und Dänemark alle Briefe des Corpus Paulinum mindestens einmal traktiert und diese Auslegungen – neben der Behandlung einiger weiterer, z. T. nicht
gerade kurzer biblischer Bücher[14] – zu Kommentaren ausgearbeitet.[15] Von ih-

Entwicklung seiner frühen Theologie anhand des Matthäuskommentars und der Passions-
und Auferstehungsharmonie (FKDG 51), Göttingen 1993.

[12] Dieser Text ist lediglich in einer Mitschrift des Breslauers Johannes Moiban überliefert –
vgl. Kötter, Rechtfertigungslehre (s. Anm. 10), 161.166.

[13] Die Auslegung der Korintherbriefe konnte Bugenhagen jedoch wegen seines Aufbruchs
nach Braunschweig nicht zum Abschluss bringen; er begann später noch einmal von vorne
und vollendete die Gesamtauslegung schließlich erst in den 1540er Jahren – vgl. Volker
Gummelt, Bugenhagens Tätigkeit an der Wittenberger Universität, ZKG 105 (1994), 191–201.
Zu den Korinthervorlesungen und -kommentaren vgl. auch Anneliese Bieber-Wallmann,
Die Predigten Johannes Bugenhagens der Jahre 1524 bis 1527 in der Sammlung Georg Rörers,
in: Stefan Michel/Christian Speer (Hg.), Georg Römer (1492–1557). Der Chronist der Wittenberger Reformation (LStRLO 15), Leipzig 2012, 137–169 (139 f.).

[14] Zu Bugenhagens Auslegungen nicht paulinischer Schriften vgl. folgende Untersuchungen: Hans Hermann Holfelder, Tentatio et consolatio. Studien zu Bugenhagens „Interpre-
tatio in Librum Psalmorum" (AzKG 45), Hamburg 1974; Anneliese Bieber, Johannes Bugen-
hagen zwischen Reform und Reformation (s. Anm. 11); Ferdinand Ahuis, De litera et spiritu:
Johannes Bugenhagens Jeremiakommentar von 1546 als Krönung seiner exegetischen Arbeit,
LuJ 77 (2010), 155–182; Martin Lohrmann, Bugenhagen's Jonah: Biblical Interpretation as
Public Theology, Minneapolis 2012; ders., Bugenhagens Jonas-Kommentar, in: Irene Dingel/
Stefan Rhein (Hg.), Der späte Bugenhagen (Schriften der Stiftung Luthergedenkstätten in
Sachsen-Anhalt 13), Mainz 2011, 117–126. Zu Bugenhagens Kommentar über das Deuterono-
mium und die beiden Samuelbücher (vgl. Geisenhof Nr. 33–35; VD 16: B 9250–9252) liegen
ebenso wie zu seiner Hiobauslegung (vgl. Geisenhof Nr. 193 f.) bislang keine Untersuchungen
vor.

[15] Zwei gute Gesamtüberblicke über Bugenhagen als Exeget bietet Volker Gummelt,
Johannes Bugenhagens Kommentar- und Exegesepraxis, in: Dingel/Rhein (Hg.), Der späte
Bugenhagen (s. Anm. 14), 109–116; ders., Johannes Bugenhagen als Exeget des Neuen Testaments, in: Irmfried Garbe (Hg.), Johannes Bugenhagen (1485–1558). Der Bischof der Reformation. Beiträge der Bugenhagen-Tagungen 2008 in Barth und Greifswald, Leipzig 2010,
27–37. Robert Stupperich charakterisierte seinerzeit Bugenhagens Kommentare als einen Mit-
telweg: „niemals so vorwärtsstürmend wie Luther, aber auch nirgends so trocken wie Melanchthon" – ders., Johann Bugenhagen und die Ordnung der Kirche im nordostdeutschen
Raum, KiO 3 (1963), 116–129 (119). Mit Blick auf Bugenhagens Amtsverständnis hat Elisabeth
Rosenfeld die diesbezüglich relevanten Pauluskommentare ausgewertet – vgl. dies., Johannes
Bugenhagen und die Ordination (Schriften des Vereins für Schleswig-Holsteinische Kirchen-
geschichte 59), Husum 2016, 55–61 (zu den Annotationes in Epistolas Pauli [vgl. unten
Anm. 77]), 70–72 (zu In Epistolam Pauli ad Romanos interpretatio, Hagenau 1527/1531 [vgl.

nen hat bislang keiner die Würdigung einer Edition erfahren, weshalb sich eine
eingehende Behandlung dieses großen Arbeitsbereiches Bugenhagens im Rahmen dieser Überlegungen nicht nahelegt.

Anders verhält es sich dagegen mit einer Gruppe von Schriften, die neben den
Paulus- und anderen Bibelkommentaren vor 1528 – dem Jahr, in dem Bugenhagens kirchenorganisatorisches Wirken im Norden begann – entstanden: die
sog. reformatorischen Schriften.[16] Mit ihnen wandte sich der Doctor Pommer
an eine sowohl die akademischen als auch parochialen[17] Grenzen übersteigende
Öffentlichkeit[18] und präsentierte in mehreren Sprachen breiten Leser- und
Hörerschaften[19] seine – an Luther und Melanchthon orientierte,[20] aber dabei

---

Geisenhof Nr. 215 f.; VD 16: B 9241 f.]), 72–75 (zum Commentarius in quatuor capita prioris
Epistolae ad Corinthios […], Wittenberg 1530 [vgl. Geisenhof Nr. 266; VD 16: B 9293]). In der
Reihe ‚Reformation Commentary on Scripture' werden Bugenhagens Kommentare an einigen Stellen berücksichtigt – vgl. bspw. die beiden Bände New Testament 10: Galatians, Ephesians, hg. v. Gerald Bray, Downers Grove 2011 [hier wird Bugenhagens Auslegung des Ephe-
ser-, nicht aber des Galaterbriefes berücksichtigt], und New Testament 12: 1–2 Thessalonians,
1–2 Timothy, Titus, Philemon, hg. v. Lee Gatiss u. a., Downers Grove 2019. In anderen Kompendien zur reformatorischen Paulusauslegung wird Bugenhagen vermisst – vgl. Kathy
Ehrensperger/R. Ward Holder (Hg.), Reformation Readings of Romans, New York 2008;
R. Ward Holder (Hg.), A Companion to Paul in the Reformation (Brill's Companions to the
Christian Tradition 15), Leiden/Boston 2009; Michael Allen/Jonathan A. Linebaugh
(Hg.), Reformation Readings of Paul. Explorations in History and Exegesis, Downers Grove
2015.

[16] Der Begriff ‚reformatorische Schriften' wird hier im Anschluss an die Edition der Werke Bugenhagens gebraucht – vgl. oben Anm. 11. Dass es sich nicht bei allen Schriften des ersten Bandes dieser Abteilung um Schriften nach Bugenhagens Hinwendung zur Reformation
handelt, wie Volker Gummelt kritisch bemerkte (vgl. DERS., Rez. zu Johannes Bugenhagen,
Reformatorische Schriften 1 [1514/16–1524], Baltische Studien. Pommersche Jahrbücher für
Landesgeschichte NF 101 [2015], 199–201), wird im Folgenden deutlich.

[17] Bugenhagen, seit 1523 Wittenbergs Stadtpfarrer, legte in dieser Funktion selbstverständlich auch regelmäßig Paulusbriefe aus. Dieses bisweilen überwiegend unbeackerte Forschungs-
feld kann im Rahmen dieses Überblicks nicht berücksichtigt werden. Hierzu vgl. die von
Georg Buchwald herausgegebene Sammlung: Ungedruckte Predigten Johann Bugenhagens
aus den Jahren 1524–1529, Leipzig 1910. Dass darin bei Weitem nicht alle Predigten berücksichtigt wurden, zeigt etwa die von Ralf Kötter erstellte, allein 109 Predigten aus dem Jahr
1525 zählende Liste – vgl. DERS., Bugenhagens Rechtfertigungslehre (s. Anm. 10), 127–130.
30 dieser 109 Kanzelreden liegen Verse des 1 Kor zugrunde. Zur Sammlung Georg Rörers
als einem Fundort von Bugenhagens Kanzelreden vgl. Bieber-Wallmann, Die Predigten
Johannes Bugenhagens (s. Anm. 13); insbesondere zu einer Predigt über 1 Kor 13 vgl. a. a. O.,
164–166.

[18] Eine ebenfalls akademische und parochiale Grenzen übersteigende Textgruppe stellt
Bugenhagens Korrespondenz dar, die er quer durchs Reich und darüber hinaus unterhielt.
Auf Bugenhagens Briefe und diejenigen seiner Briefpartner kann hier ebenfalls nicht weiter
eingegangen werden. Grundlegend hierfür ist immer noch: Otto Vogt (Hg.), Dr. Johannes
Bugenhagens Briefwechsel. Vorwort und Nachträge: Eike Wolgast/Hans Volz, Stettin 1888–
89; Gotha 1910; Nachdruck Hildesheim 1966.

[19] Zu den Leser- und Hörerschaften vgl. unten 3.

[20] Zur Debatte um den Grad, in welchem Bugenhagen von Melanchthon oder Luther abhängig war, vgl. bspw. Kötter, Rechtfertigungslehre (s. Anm. 10), 66–69.299.

durchaus eigen profilierte – Theologie. Diese Textgruppe besitzt eine gewisse Zwischenstellung *neben* und *nach* den Paulusbriefauslegungen auf der einen sowie *vor* den späteren Kirchenordnungen auf der anderen Seite. Die reformatorischen Schriften fußen, wie exemplarisch zu zeigen sein wird, auf der Paulusexegese des Doctor Pommer und bereiten implizit den Paulusgebrauch in den Kirchenordnungen vor. Auf diese Weise lassen sich in den reformatorischen Schriften – so die These, der es im Weiteren nachzugehen gilt – klare Konturen von Paulusbild, -verständnis und -rezeption Bugenhagens erkennen. In diesem Schriftencorpus *sui generis* wird Paulus als ‚Heiliger'[21], als ‚Lehrer, Typus und Exempel'[22] sowie als ‚Kronzeuge' aufgerufen, und zwar nicht nur des Evangeliums,[23] sondern auch der Bugenhagen'schen Theologie.

Zur Kontrastierung der an den reformatorischen Schriften der frühen Wittenberger Jahre gewonnenen Beobachtungen zu Paulusbild, -verständnis und -rezeption sei zunächst an die humanistische Prägung des ‚jungen'[24] Bugenhagen erinnert und nach dessen ‚vorreformatorischem' Paulusbild gefragt (2.). Anschließend werden einige zentrale Aspekte von Bugenhagens Umgang mit Paulus und den Texten des Corpus Paulinum in den reformatorischen Schriften der Jahre 1521 bis 1527 vorgestellt (3.). Ein kurzes Résumé schließt diese Studie ab (4.).

2. Das humanistische Paulusbild des ‚jungen' Bugenhagen

Bugenhagens Beschäftigung mit Paulus reicht zurück in die Zeit als Lehrer und Lektor in seiner pommerschen Heimat. Nach einem 1502 begonnenen Studium an der Greifswalder Artistenfakultät kam Bugenhagen 1504 nach Treptow an der Rega, wo er Lehrer an der städtischen Lateinschule wurde und sich mit humanistischen Schriften zu beschäftigen begann.[25] Das Interesse für die neue, sich ‚zu den Quellen' aufmachende Geistesbewegung teilte er in Treptow u. a. mit dem Pleban der Stadtpfarrkirche Johannes Boldewan. Als Boldewan 1517 zum Abt des vor der Stadt gelegenen Prämonstratenserstifts Belbuck gewählt

---

[21] Vgl. Otto Hermann PESCH, Paulus – der Heilige der Reformation. Wie der Völkerapostel zum Kronzeugen lutherischer Theologie wurde, WUB 51 (2009), 54–59.

[22] Vgl. Volker LEPPIN, Lehrer, Typus, Exempel. Facetten von Martin Luthers Paulusbild, Internationale katholische Zeitschrift Communio 38 (2009), 149–159.

[23] Vgl. PESCH, Paulus (s. Anm. 21).

[24] Vgl. das Pendant im Titel des von Dingel und Rhein herausgegebenen Bandes Der späte Bugenhagen (s. Anm. 14), der wie auch der in Anm. 15 genannte Band auf den 450. Todestag Bugenhagens im Jahr 2008 zurückgeht.

[25] Vgl. hierzu Hans-Günter LEDER, Das biblische Lektorat und die „reformatorische Wende" – Bugenhagen in Treptow (1518 bis 1521), in: ders., Johannes Bugenhagen Pomeranus – Nachgelassene Studien zur Biographie mit einer Bibliographie zur Johannes Bugenhagen-Forschung, hg. v. Irmfried Garbe und Volker Gummelt, Frankfurt a. M. 2008, 11–57. Vgl. ferner auch Wolf-Dieter HAUSCHILD, Einleitung zur Belbucker Klosterpredigt, in: Ref. Schriften 1, 43–50 (43 f.).

wurde und dort ein biblisches Lektorat einrichtete, trug er dieses neu geschaffene Amt Bugenhagen an, der fortan den Chorherren und interessierten Stadtbürgern Vorlesungen über biblische Bücher hielt. Neben den Psalmen behandelte Bugenhagen hier zum ersten Mal den 1. Timotheusbrief,[26] möglicherweise auch weitere Paulusbriefe.[27] Auch wenn diese frühen Paulusauslegungen nicht direkt überliefert sind, lassen sich einer aus dieser Zeit stammenden Predigt Aspekte von Bugenhagens Paulusbild entnehmen.[28] Zum Patroziniumsfest des Klosters, dem Tag der Apostel Petrus und Paulus (29. Juni),[29] hielt Bugenhagen vor dem Konvent, möglicherweise auch vor auswärtigen Festbesuchern eine Predigt über Sirach 44,10–12a („Dies sind die Männer der Barmherzigkeit"),[30] in der sich – trotz der nur wenigen Bezüge zum Corpus Paulinum[31] – ein ‚vorreformatorisches' Paulusbild Bugenhagens erkennen lässt.[32]

In dieser Festtagspredigt bewegt sich Bugenhagen ganz in den Bahnen humanistischer Heiligungstheologie, wie er sie u.a. aus Erasmus' Philosophia Christi kennengelernt hatte.[33] Paulus wird – wie auch Petrus – als Vorbild „der wahren Frömmigkeit, der Gerechtigkeit und Barmherzigkeit dargestellt."[34] Der Prediger ermutigt seine Hörer, diesem Vorbild nachzustreben, ohne jedoch da-

---

[26] Vgl. Philipp Melanchthon, Declamatio de vita Bugenhagii, CR 12 (1844), 295–305 (298). Vgl. auch LEDER, Das biblische Lektorat (s. Anm. 25), 13. Der 1 Tim zählte fortan zu Bugenhagens „Lieblingsschriften im Zusammenhang seiner geistlichen Ordnungstätigkeit" – so GUMMELT, Johannes Bugenhagen als Exeget (s. Anm. 15), 31. Dazu passt, dass 1 Tim 4,3 f. eine der wenigen Stellen aus dem Corpus Paulinum ist, die sich in der lateinischen Handschrift der Passionsharmonie aus der Belbucker Zeit nachweisen lässt (vgl. Ref. Schriften 1, 166,11; 228,11 f.). Zu den weiteren Paulusstellen innerhalb dieser ‚Urfassung' der Passions- und Auferstehungsharmonie s. unten bei Anm. 47.

[27] Vgl. Otto POHRT, Reformationsgeschichte Livlands. Ein Überblick, Leipzig 1928, 25, der annimmt: „Bugenhagen hat in Treptow Lehrveranstaltungen über den Römerbrief veranstaltet."

[28] Johannes Bugenhagen, Belbucker Klosterpredigt, in: Ref. Schriften 1, [43–50]51–61. Eine leicht gekürzte Übersetzung der Predigt ins Deutsche findet sich in: Karl August Traugott VOGT, Johannes Bugenhagen Pomeranus. Leben und ausgewählte Schriften (LASLK 4), Elberfeld 1867, 17–27.

[29] Wahrscheinlich ist die Predigt im Jahr 1519, möglicherweise aber auch erst 1520 gehalten worden – vgl. LEDER, Das biblische Lektorat (s. Anm. 25), 21; HAUSCHILD, Einleitung (s. Anm. 25), 48.

[30] Zur Auswahl des Predigttextes vgl. HAUSCHILD, Einleitung (s. Anm. 25), 45.

[31] Vgl. 1 Tim 1,13 (vgl. Ref. Schriften 1, 54,3), Kol 3,9 f. (vgl. a. a. O., 54,4 f.), Röm 8,36 (vgl. a. a. O., 55,4 f. – als Zitat von Ps 43,23), Röm 6,4 (vgl. a. a. O., 55,9 f.), Röm 6,19 (vgl. a. a. O., 55,14 f.), 1 Kor 4,15 (vgl. a. a. O., 56,34 f.), Phil 3,8 (vgl. a. a. O., 57,1 f.), Gal 6,1 (vgl. a. a. O., 58,19 f.), Phil 2,21 (vgl. a. a. O., 59,17 f.), 1 Tim 5,17 (vgl. a. a. O., 60,9), 1 Kor 11,29 (vgl. a. a. O., 60,14), 1 Tim 4,7 f. (vgl. a. a. O., 60,31). Die meisten biblischen Bezüge gehen zum Matthäusevangelium und zum Psalter, worin sich Bugenhagens intensive Beschäftigung mit diesen Texten zu dieser Zeit spiegelt.

[32] Vgl. dazu HAUSCHILD, Einleitung (s. Anm. 25), 45: „Die Predigt ist nicht von evangelisch-reformatorischer Lehre geprägt, sondern will ein Beitrag zu einer beim Klerus ansetzenden Kirchenreform sein."

[33] Vgl. HAUSCHILD, ebd.; LEDER, Das biblische Lektorat (s. Anm. 25), 34.

[34] HAUSCHILD, ebd.

bei ein herkömmliches Heiligenbild zu zeichnen oder gar zur Anrufung der Heiligen zu animieren.[35] Stattdessen betont Bugenhagen die Gleichheit der Apostel mit allen Menschen, weswegen ihr Beispiel nicht nur den Klerikern, sondern allen Christen dienen solle:[36] „Dennoch werde ich mich des Ruhmes der Seligen, der uns unerreichbar ist, enthalten, um leichter zu der Nachahmung derselben auffordern zu können, welche allein uns zu Genossen des himmlischen Reiches macht."[37] Heiligenviten und -legenden sieht Bugenhagen nicht primär dazu bestimmt, das Leben der darin verewigten Menschen zu verherrlichen, sondern er will solche Überlieferungen als Hilfe zur christlichen Lebensführung gelesen und verstanden wissen: „So lasset uns nun also die Geschichten der Heiligen betrachten, daß wir vor allem aufnehmen, *was uns am meisten angeht*."[38] Mit der Orientierung am vorbildlichen Leben der Apostel und aller Heiligen wird die kultische Dimension der Frömmigkeit zugunsten der ethischen relativiert.[39] Nicht auf die Verehrung der Apostel komme es bei der christlichen Lebensführung an, sondern das ihrem Vorbild folgende, aktive heilige, gute Leben gewähre dem Menschen die Gotteskindschaft: „Diejenigen also, die heilig leben, sind Söhne und Erben der Apostel, ja, wie es Joh. 1 heißt, Söhne Gottes, nicht die, welche nur dem Namen nach Christen und Priester sind."[40]

Die sog. Belbucker Klosterpredigt zeigt, wie selbstverständlich der Lektor Bugenhagen im mittelalterlichen System dachte, wenngleich er bereits in Treptow begann, diesen vorgegebenen Denk- und Glaubensraum durch Bibelstudium zu hinterfragen und vorsichtig zu überwinden.[41] Sie zielt mitsamt ihrer leisen Kritik an der überkommenen Heiligenverehrung auf aktive Selbstheiligung

---

[35] Vgl. LEDER, Das biblische Lektorat (s. Anm. 25), 31.

[36] Vgl. HAUSCHILD, Einleitung (s. Anm. 25), 46. Hauschild macht allerdings mit Recht darauf aufmerksam, dass hier noch nicht von einem allgemeinen Priestertum im reformatorischen Sinne die Rede ist. Darüber hinaus gibt er zu bedenken, dass Bugenhagens Predigt damit „aus dem durch die Liturgie und das Brevier für den 29. Juni vorgezeichneten Rahmen heraus[sticht], der gerade die singuläre Stellung der beiden Apostelfürsten [...] betonte[]. Nur in der Brevier-Lesung Apg 3,1–10 wird der für ihn wichtige Aspekt der Barmherzigkeit angesprochen." A. a. O., 45.

[37] VOGT, Johannes Bugenhagen Pomeranus (s. Anm. 28), 17. Der lateinische Originaltext lautet: *Tamen abstinebo a gloria beatorum nobis inexperta, ut expeditius ad imitationem eorum provocare queam, quae sola facit coelestis nos regni consortes.* Ref. Schriften 1, 50,17–19.

[38] VOGT, a. a. O., 20 (Hervorhebung J. M.). Der lateinische Originaltext lautet: *Ergo ita meditemur historias sanctorum ut, quod ad nos quam maxime pertinet, in primis amplectamur.* Ref. Schriften 1, 54,7f.

[39] Vgl. HAUSCHILD, Einleitung (s. Anm. 25), 46.

[40] VOGT, Johannes Bugenhagen Pomeranus (s. Anm. 28), 22. Der lateinische Originaltext lautet: *Quicumque ergo sancte vivunt in Christo, illi sunt filii et hereditas apostolorum, immo ut dicitur Io. j, filii sunt dei, non illi qui solo nomine sunt Christiani aut sacerdotes.* Ref. Schriften 1, 57,4–6. Die Gotteskindschaft wird zu einem wichtigen theologischen Topos im reformatorischen Werk Bugenhagens – vgl. KÖTTER, Entwicklung (s. Anm. 10), 27f.

[41] Vgl. HAUSCHILD, Einleitung (s. Anm. 25), 47.

ab – und ruft damit zu einer solchen Lebensführung auf, die Bugenhagen selber wenige Jahre später als Werkheiligkeit verwerfen wird.[42] Damit waren Bugenhagens Paulusbild und -verständnis bestens für eine engagierte, beim Klerus ansetzende Kirchenreform zu gebrauchen, deren Dreh- und Angelpunkt das ‚studium‘, das Bemühen, war; das Prädikat ‚reformatorisch‘ verdienen sie darum aber nicht.[43]

Neben der Klosterpredigt gewährt ein anderes Dokument Einblicke in Bugenhagens Bibelauslegung dieser Zeit. In seinem Kommentar zum Matthäusevangelium finden sich vorwiegend Kirchenväterreferenzen, mithilfe derer der Evangelientext erläutert werden soll.[44] Teil dieser Handschrift sind Bugenhagens Erörterungen zur Sünde wider den Heiligen Geist,[45] eine Kommentarpassage über Mt 12,31, die ohne jeglichen Paulusrekurs auskommt.[46] Vergleichbares gilt für die auf dem Matthäuskommentar aufbauende ‚Urfassung‘ der Passions- und Auferstehungsharmonie. In diesem nicht eben kurzen Text finden sich lediglich rund 35 Paulusstellen, die vorwiegend aus 1 Kor und Röm, vereinzelt aber auch 2 Kor, Gal, Eph, Phil und Kol stammen. Verglichen mit den späteren lateinischen, hoch- und niederdeutschen Druckfassungen ist das eine recht niedrige Zahl.[47]

---

[42] Vgl. KÖTTER, Rechtfertigungslehre (s. Anm. 10), 18.

[43] Vgl. dazu HAUSCHILD, Einleitung (s. Anm. 25), 47: „In [der von Bugenhagen zu dieser Zeit vertretenen und gepredigten] Reputationslehre steht das Bemühen (studium) an der Stelle, an der später in Bugenhagens reformatorischer Konzeption der Glaube an Christus (fides) steht.“

[44] Vgl. dazu BIEBER, Reform (s. Anm. 11), bspw. 48–55.

[45] Vgl. Johannes Bugenhagen, Auszug aus dem Matthäuskommentar, in: Ref. Schriften 1, 614–616.

[46] In der wenige Jahre später in Wittenberg entstandenen Überarbeitung dieser Auslegung, die unter dem Titel De peccato in spritum sanctum erschien – vgl. Ref. Schriften 1, [606–617]624–652 –, zeigt sich, wie die Kirchenväter zugunsten Pauli ihre hermeneutische Schlüsselfunktion verlieren und der Apostel zur entscheidenden Autorität in Bugenhagens Exegese avanciert, wenn nämlich nun eine ganze Reihe von Zitaten und Anspielungen aus dem Corpus Paulinum von Bugenhagen in den überarbeiteten Text integriert wird – vgl. Gal 1,13 (vgl. Ref. Schriften 1, 626,1 f.), 1 Tim 1,13 (vgl. a. a. O., 626,4), Gal 5,19 (vgl. a. a. O., 630,6), Röm 9,20 f. (vgl. a. a. O., 634,10), Röm 1,28 (vgl. a. a. O., 634,17), 1 Kor 5,5 (vgl. a. a. O., 636,22 f.), Eph 4,30 f. (vgl. a. a. O., 638,3–5), Röm 1,20 (vgl. a. a. O., 642,8), 1 Kor 1,18–25 (vgl. a. a. O., 642,10), Gal 5,22 f. (vgl. a. a. O., 642,13–15), Phil 3,6 (vgl. a. a. O., 644,16–18), 2 Tim 2,12 (vgl. a. a. O., 650,21 f.), Röm 8,30 (vgl. a. a. O., 650,24), Röm 11,11 (vgl. a. a. O., 652,5 f.). Der Name Paulus fällt dabei drei Mal (vgl. a. a. O., 626,1, 634,10, 644,17). Zur deutschen Übersetzung dieses Textes durch Leonhard Freisleben, erschienen 1524, vgl. unten Anm. 60.

[47] Zur Passions- und Auferstehungsharmonie vgl. oben Anm. 11. Sie ist mit ihrer Vielzahl von lateinischen, deutschen, aber auch dänischen, isländischen und polnischen Drucken die am häufigsten nachgedruckte Schrift Bugenhagens. U.a. durch ihre Verankerung in den Kirchenordnungen war ihr für Jahrhunderte eine vielfältige Wirkung im Bereich des Gottesdienstes wie der Privaterbauung beschieden – vgl. BIEBER-WALLMANN, Einleitung, in: Ref. Schriften 1, 100, sowie die dort genannte weiterführende Literatur. Eine statistische Erhebung zeigt, dass die Paulusrezeption der Druckfassung 1524 gegenüber der auf die Belbucker Zeit zurückgehenden Handschrift quantitativ stark zunimmt. Neben Röm, 1+2 Kor, Gal,

Den Briefen des Apostels Paulus kam in dieser Zeit kein besonderer theologischer oder hermeneutischer Wert für Bugenhagens Theologie zu; der Apostel selbst spielte keine exponierte Rolle. Mit einem solchen Paulus – oder besser: mit einem solchen Bugenhagen – war noch keine Reformation zu machen.

3. Paulus in den reformatorischen Schriften Bugenhagens

Betrachtet man nun die reformatorischen Schriften Bugenhagens seiner ersten Wittenberger Jahre, die parallel zu den exegetischen Arbeiten v.a. an den Schriften des Corpus Paulinum entstanden, ergibt sich ein völlig anderes Bild. Bugenhagen wandte sich mit ihnen an verschiedene Leser- und Hörerschaften, deren jeweilige Vorbedingungen Auswirkungen auf die Art der Paulusrezeption hatten: zum einen die lateinkundigen Gelehrten, die – intellektuell wie pragmatisch – Zugang zur (lateinischen) Bibel besaßen. Zum anderen – und darin entfaltete sich nicht zuletzt ‚das Reformatorische' der reformatorischen Schriften – gab es wachsende deutschsprachige Leser- und Hörerschaften, für die Bugenhagen einerseits selber schrieb und andererseits seine lateinischen Schriften übersetzen ließ. Mit Blick auf diese Adressatengruppen gilt es daran zu erinnern, dass Bugenhagen – der einzige Norddeutsche im Kreis der Wittenberger Reformatoren – nicht nur das Frühneuhochdeutsche, sondern auch seine niederdeutsche Muttersprache für seine Publikationen nutzte.[48] Die Paulusrezeption der deutschen Schriften unterscheidet sich in formaler Hinsicht markant von derjenigen der lateinischen Texte. Wie genau Paulus in den reformatorischen Schriften der ersten Wittenberger Jahre vorkommt, welche Rollen der Apostel und die Schriften des Corpus Paulinum in der frühen reformatorischen Theologie Bugenhagens spielen, soll anhand einiger zentraler Aspekte nachvollzogen werden.

3.1 Harmonie als Prinzip – Das Corpus Paulinum als hermeneutischer Schlüssel zum Evangelium

Für den Wittenberger Stadtpfarrer Bugenhagen stellte sich die Aufgabe der Schriftauslegung nicht nur auf dem Katheder, sondern ebenso auf der Kanzel. In seiner Person findet sich in besonderer Weise die Verquickung von akademi-

---

Eph, Phil und Kol werden ab 1524 auch aus den übrigen Schriften des Corpus Paulinum direkte oder indirekte Zitate herangezogen. Des Weiteren ist eine ‚Vermehrung' des Namens Paulus zu beobachten, wie sie etwa auch durch die Übersetzungen von Bugenhagen-Texten durch Stephan Roth in anderen Schriften erfolgt – vgl. dazu unten 3.2. Eine genaue Analyse der Paulusrezeption in der Passions- und Auferstehungsharmonie kann hier nicht erfolgen.

[48] Zudem wurden einige Schriften Bugenhagens ins Englische und Französische übersetzt – vgl. unten Anm. 53 und 103 sowie die vorherige Anm. zu den Übersetzungen der Passions- und Auferstehungsharmonie.

scher Theologie und kirchlicher Verkündigung verkörpert, wobei erstere auf die letztere hingeordnet war. Aus seiner Predigt- und Vorlesungspraxis erwuchsen 1524 die sog. Indices in Euangelia Dominicalia, die ein Zeugnis der Verbindung von wissenschaftlicher und pastoraler Tätigkeit darstellen. In ihnen fasste Bugenhagen die inhaltliche Summe einer jeden Evangelienperikope aller Sonn- und Festtage des Kirchenjahres zusammen, um so den Kern der Perikope zu beschreiben – und auf diese Weise Pfarrer bei der Predigtvorbereitung zu unterstützen.[49] In fast der Hälfte der jeweils nur wenige Sätze umfassenden Erklärungen zu den Evangelienperikopen dienen Verweise auf das bzw. Textstellen aus dem Corpus Paulinum als Verstehenshilfen.[50] Paulus versieht auf diese

---

[49] Vgl. Johannes Bugenhagen, Indices in Euangelia Dominicalia, in: Ref. Schriften 1, [767]784–846.

[50] Auf folgende Kapitel des Corpus Paulinum – ausgenommen den Hebräerbrief, vgl. oben Anm. 1 – wird in den Indices verwiesen: Röm 1 (vgl. Ref. Schriften 1, 819,17), 2 (vgl. a. a. O., 790,26, 800,7), 4 (vgl. a. a. O., 799,10, 810,16, 813,5), 5 (vgl. a. a. O., 817,6), 6 (vgl. a. a. O., 813,5), 7 (vgl. a. a. O., 801,7), 8 (vgl. a. a. O., 811,16, 819,7, 820,8, 837,4), 9 f. (vgl. a. a. O., 792,14 f.), 13 (vgl. a. a. O., 814,15, 831,24, 840,9), 14 (vgl. a. a. O., 839,21 f.), 1 Kor 1 (vgl. a. a. O., 800,21, 819,9, 842,4), 2 (vgl. a. a. O., 800,23, 802,15, 833,23), 3 (vgl. a. a. O., 836,6), 7 (vgl. a. a. O., 827,22–828,10), 11 (vgl. a. a. O., 823,8), 15 (vgl. a. a. O., 813,5), 2 Kor 1 (vgl. a. a. O., 797,6), 4 (vgl. a. a. O., 841,29), 5 (vgl. a. a. O., 785,13), Gal 3 (vgl. a. a. O., 801,8), 4 (vgl. a. a. O., 791,25), Eph 1 (vgl. a. a. O., 799,29, 820,6), 5 (vgl. a. a. O., 830,28), 6 (vgl. a. a. O., 803,17), Phil 2 (vgl. a. a. O., 839,20), 3 (vgl. a. a. O., 787,5), 1 Tim 2 (vgl. a. a. O., 830,13), 4 (vgl. a. a. O., 805,24, 825,16.20), 6 (vgl. a. a. O., 807,11), 2 Tim 3 (vgl. a. a. O., 825,21.25), 4 (vgl. a. a. O., 786,10), Tit 4 (vgl. a. a. O., 810,4), 6 (vgl. a. a. O., 829,4). Bei elf der Predigt-Dispositionen stehen direkte oder indirekte Versrzitate im Hintergrund: zu Röm 2,6 vgl. a. a. O., 798,4 f., zu Röm 5 vgl. a. a. O., 819,22, zu Röm 10,9 vgl. a. a. O., 827,21, zu Röm 10,17 vgl. a. a. O., 809,22, zu Röm 11,1–32 vgl. a. a. O., 796,11, zu 1 Kor 2,7 vgl. a. a. O., 846,9, zu Gal 3,7 vgl. a. a. O., 833,4, zu Gal 5,6 vgl. a. a. O., 799,9 f., zu Gal 5,13 vgl. a. a. O., 836,12 f., zu Gal 5,22 vgl. a. a. O., 834,8, zu Kol 3,1 vgl. a. a. O., 818,27, zu 1 Tim 4,1 f. vgl. a. a. O., 795,9, zu Tit 1,16 vgl. a. a. O., 825,22. Eine andere Art der Predigthilfe stellt Bugenhagens Homilie auf Joh 11,21–27 dar, abgedruckt in: Paulus vom Rode, Tröstliche vnterweysung, das man sich nit greme vmb die glaubigen, die verstorben sind […] Item auch auß den worten Christi, die er redet mit Martha, der schwester Lazari, Joh 11. Johann Pommer [Nürnberg, Jobst Gutknecht] 1527 (Geisenhof Nr. 230; VD 16: V 2429), A3v–B7. Diese Predigt war als Musterpredigt gedacht – vgl. a. a. O., B7. Weil sie in Gänze für ein Begräbnis zu lang sei, sollte daraus jeweils ein Abschnitt genommen werden. Zur Auslegung der Johannesstelle werden wiederum massenweise Paulusstellen herangezogen, so dass kein Abschnitt der Predigt ohne ein Pauluswort auskommt. Paulus selbst wird den Predigtlesern und -hörern als „ein rechtschaffner man [vorgestellt], der mit den leüt wol […] umbgeen" kann. Darüber hinaus war Bugenhagen kaum an der Biographie des Paulus und einer näheren Charakterisierung des Apostels interessiert. In seiner Auslegung des an biographischen Informationen über Paulus vergleichsweise reichen Galaterbriefes finden die entsprechenden Verse dieser Epistel keine Beachtung; auch die Situation, in der Paulus diesen Brief schreibt, wird von Bugenhagen nicht in seine Auslegung einbezogen – vgl. dazu auch die Auslassungen in der deutschen Übersetzung durch Stephan Roth unten Anm. 101. Auf die sog. ‚Bekehrung' des Paulus kommt Bugenhagen kurz in der Schrift De peccato in spiritum sanctum (s. Anm. 46) zu sprechen – Ref. Schriften 1, 626,1–7: *Paulus […] scribit, gravis olim Christianorum persecutor, mox vas electionis sive vas electum a deo, in quo portaretur nomen Christi Iesu coram regibus et gentibus et filiis Israel, ut actorum Apostolorum prodit historia. Sic enim ait i. Timoth. i: Qui prius blasphemus fui etc. Hoc addidi in consolationem, si quis norit se similiter in Christianam*

Weise eine Art ‚hermeneutischen Schlüsseldienst‘, mit dem Kern und Aussage eines Evangelientextes erfasst werden sollen. Dabei gleicht der Umgang mit dem paulinischen Belegmaterial demjenigen der lateinischen Bibelkommentare: Es werden jeweils lediglich Textstellen ausgewiesen, ohne dass der Name Paulus genannt oder gar auf dessen apostolische Autorität rekurriert würde.[51] Ähnlich verhält es sich bei der zunächst in nieder-, wenig später auf hochdeutsch erschienenen Schrift *Summarien vnd ynnhalt aller Capitel der vier Euangelisten* (1527), wobei in diesen Inhaltsangaben die Paulusreferenzen wesentlich geringer ausfallen.[52]

Anhand dieser Beispiele ist zu beobachten, dass und wie Paulus zur Hilfe beim Verstehen der Evangelientexte dient und somit dem Apostel – eher implizit als explizit – eine theologische Autorität beigelegt wird. Was aber, wenn ein paulinischer Text selbst erläuterungsbedürftig ist? Zur Beantwortung dieser Frage bietet sich ein Blick in die kurze Schrift *Ain schöne offenbarung des Endchristis* an.[53] Bei ihr handelt es sich um eine Übersetzung von Bugenhagens Auslegung zu 2 Thess 2,3–8, also jenes Textes, der in der *causa Lutheri* von dem mutmaßlichen Ketzer aus Wittenberg auf das Papsttum hin ausgelegt wurde.[54]

---

veritatem, quae in Evangeliis est et literis Apostolicis, per ignorantiam, quasi bene fecisset, peccasse. Nolo enim cuiquam desperationis iniicere laqueum.

[51] Dies geschieht nur an wenigen Stellen, am ehesten Ref. Schriften 1, 828,10. Vgl. darüber hinaus a. a. O., 832,10 und 833,4, wo der Name Paulus verwendet wird. Dies ändert sich in der Übersetzung der Indices, die von Stephan Roth erledigt wurde, der sie außerdem als sog. ‚Summen‘ in Luthers Postillen integrierte – vgl. dazu BIEBER-WALLMANN, Einleitung, in: Ref. Schriften 1, 776 f. Eine eingehende Untersuchung muss an dieser Stelle unterbleiben, da sich diese Untersuchung auf die Texte beschränkt, die unter Bugenhagens Namen wirkungsgeschichtlich erfolgreich waren. Dass die ‚Summen‘ der Postillen von Bugenhagen stammen, wurde den Käufern und Lesern nämlich verschwiegen. In neueren Ausgaben von Luthers Evangelienpostille sind Bugenhagens Indices nicht aufgenommen worden – vgl. etwa die Münchner Ausgabe von Georg Merz und Hans Heinrich Borcherdt, 1940.

[52] Vgl. Johannes Bugenhagen, Summarien vnd ynnhalt aller Capitel der vier Euangelisten, Wittenberg 1527 (Geisenhof Nr. 231; VD 16: B 4657; vgl. dazu BIEBER-WALLMANN, Einleitung zu den Indices, in: Ref. Schriften 1, 776 f.). Der Name Paulus wird lediglich an zwei Stellen genannt – vgl. A6 und A8 (zu Mt 13 und Mt 19) –, nur gelegentlich werden zu den Evangelienkapiteln eine oder mehrere Referenzstellen aus dem Corpus Paulinum genannt – vgl. zu Mt 24 2 Thess 2 (a. a. O., B3v), zu Mt 25 1 Kor 1–3 und 2 Kor 11 (vgl. a. a. O., B4), zu Mt 28 1 Kor 15 (vgl. a. a. O., B8), zu Lk 2 2 Kor 8, Eph 1 f. und Kol 1 (vgl. a. a. O., C5vf.), zu Lk 12 1 Kor 6 und Eph 6 (vgl. a. a. O., D2v), zu Joh 2 1 Tim 4 und Kol 1 f. (vgl. a. a. O., Ef.), zu Joh 4 Röm 10 (vgl. a. a. O., E2v), zu Joh 14 Röm 8 (vgl. a. a. O., E8v).

[53] Vgl. Johannes Bugenhagen, Ain schöne Offenbarung des Endchrists, in: Ref. Schriften 1, [732]741–765. Diese Schrift wurde von Guillaume Dumolin ins Französische übersetzt – vgl. VD 16: D 2919, verzeichnet u. a. bei Francis HIGMAN, Piety and the people. Religious printing in French 1511–1551, Aldershot 1996, Nr. D 98.

[54] Erstmals teilte Luther seinem Freund Wenzeslaus Linck Ende 1518 seine Vermutung mit, der Papst sei womöglich der Antichrist – vgl. WA Br. 1, Nr. 121, 11–13; vgl. dazu Bernd MOELLER, Wenzel Lincks Hochzeit, ZThK 97 (2000), 317–342 (327 f.). Seit 1520 wird diese Auslegung dann auch öffentlich publiziert – vgl. Martin Luther, An den christlichen Adel deutscher Nation von des christlichen Standes Besserung, WA 6, ([381]404–469) 414,25 f., 429,23, 453,23–25; ders., Adversus execrabilem Antichristi bullam, WA 6, 1888, ([595]597–

Bugenhagen schloss sich in seiner Paulusauslegung der Interpretation Luthers an, denn die Unterdrückung des Glaubens, wie sie im Papsttum geschehe, sei nicht mehr zu überbieten.[55] Bei seiner Exegese vollzieht Bugenhagen mit Paulus eine Art Zirkelschluss, denn er legt Paulus mit Paulus aus: Der Ort, an dem nach 2 Thess 2,4 der Antichrist sitzt – der Tempel –, ist nach 1 Kor 3,16 f. das Gewissen des Christen.[56]

Analog zu seiner harmonistischen Arbeit an den Passions- und Auferstehungsberichten[57] verfährt Bugenhagen also auch innerhalb des Corpus Paulinum: Die *eine* Theologie des Paulus wird wie die *eine* Geschichte vom Leiden, Sterben und Auferstehen Jesu Christi aus den Quellen zusammengestellt; die vom Bibelhumanismus übernommene Hinwendung zu den Quellen des Glaubens, den biblischen, in diesem Falle neutestamentlichen Texten, schließt es für Bugenhagen keineswegs aus, diese Quellen zusammenzuführen und – um im Bild zu bleiben – ihr Wasser miteinander zu mischen. Der hohe Wert, mit dem die biblischen Schriften bemessen werden, macht es geradezu nötig, sie selbst zur wechselseitigen Auslegung zurate zu ziehen; Paulus mit Paulus zu erläutern, ist demnach in höchstem Grade konsequent. Auf diese Weise wird der Apostel in Bugenhagens reformatorischen Schriften zum einen *der* ,Kronzeuge', um den Gehalt der biblischen Botschaft zu erfassen, zum anderen das meistverwendete Medium, um deren Gehalt dem Leser zu vermitteln und zu plausibilisieren.

3.2 ,Paulinisierte' Übersetzungen – Bugenhagen auf Deutsch

Alle Bibelkommentare und nicht wenige seiner frühen reformatorischen Schriften waren von Bugenhagen zunächst in lateinischer Sprache abgefasst worden

---

612), 602,24; ders., Warum des Papstes und seiner Jünger Bücher von D. Martin Luther verbrannt sind, WA 7, ([152]161–186) 176,9f.24f., 177,14f. Im folgenden Jahr 1521 finden sich Parallelen etwa in ders., Ad librum eximii Magistri Nostri Magistri Ambrosii Catharini, defensio Silvestri Prieratis acerrimi, responsio, WA 7, ([698]705–778) 722,39–723,1, 723,19f.30f., 724,28, 734,18, 741,18f., 742,16–18, 769,5; ders., Auf das überchristlich, übergeistlich und überkünstlich Buch Bocks Emsers zu Leipzig Antwort. Darin auch Murnarrs seines Gesellen gedacht wird, WA 7, ([614]621–688) 661,21–23, 664,9–11, 670,13, 678,23; ders., Von der Beicht, ob die der Bapst macht habe zu gepieten. Der Hundert und achtzehend Psalm, WA 8, ([129]138–204) 167,16–18, 172,11; ders., Vom Missbrauch der Messe, WA 8, ([477]482–563) 497,16–18, 532,6. Diese Bibelstelle neben Dan 8,23–25 in jene Papst- und Rom-Polemik eingebracht zu haben, ist also keineswegs ein ,Verdienst' Bugenhagens.

[55] Vgl. Ref. Schriften 1, 753,14–22, 752,11–17. Vgl. dazu auch die Einleitung von Anneliese BIEBER-WALLMANN, a.a.O., 732–736 (733).

[56] Vgl. Ref. Schriften 1, 763,3–16, 762,3–13, 765,3–25, 764,3–19; s. auch die Einleitung von BIEBER-WALLMANN, a.a.O., 733. Wenn ich richtig sehe, geht diese Auslegung insofern über diejenige Luthers hinaus, dass dieser zwar bereits 1521 1 Kor 3,16 f. in den Zusammenhang von 2 Thess 2,4 gebracht hatte, dabei allerdings nicht auf die conscientia des Menschen eingegangen war. Inwiefern Bugenhagens Gewissensbegriff demjenigen Luthers entspricht oder sich von letzterem unterscheidet, wäre mit Blick auf die Anfänge des Gewissensbezuges in der lutherischen Theologie eine lohnende Untersuchung.

[57] Vgl. oben Anm. 11, 26 und 47.

und wurden erst nachträglich ins Deutsche übersetzt; zum Teil lagen Jahre,[58] zum Teil nur Wochen[59] zwischen dem Entstehen des lateinischen Originals und der deutschen Übersetzung. Bei fast allen Übersetzungen bis in die Mitte der 1520er Jahre hinein ist zu beobachten, dass der deutsche Text ‚paulinischer‘ ist als seine lateinische Vorlage; nicht in Bezug auf den ‚qualitativen‘ Gehalt, sondern auf die quantitative Menge des rezipierten Paulusmaterials,[60] wie sich etwa auch an der bereits erwähnten Schrift Ain schöne offenbarung nachvollziehen lässt.[61]

Am häufigsten fungierte in dieser Zeit Stephan Roth[62] als Übersetzer von Bugenhagens Texten. Blieb Roth bei seiner ersten Verdeutschung 1524 noch stark der Grammatik der Vorlage verpflichtet,[63] änderte sich dies bei den Übersetzungen der folgenden Jahre. Dabei wurde Roth auch im Umgang mit der

---

[58] So bspw. die Schrift Vom Königreich und Priestertum Christi (s. unten Anm. 66).

[59] So bspw. bei der Schrift De coniugio (s. u. 3.3, bes. Anm. 70), von der sowohl der lateinische Druck als auch die deutsche Übersetzung im Hochsommer 1525 erschienen.

[60] Eine Ausnahme hiervon sind die Übersetzungen von Leonhard Freisleben und Andreas Keller. Freisleben übersetzte die Schrift De peccato in spritum sanctum (vgl. Ref. Schriften 1, [606]623–653), Keller Bugenhagens Auslegung des 39. Psalms (vgl. a. a. O., [679–681.688–695]723–731). Freisleben ergänzte lediglich an einer einzigen Stelle den Namen Paulus gegenüber der lateinischen Vorlage – vgl. Ref. Schriften 1, 639,5 (vgl. den lateinischen Text a. a. O., 638,2 f.). An einer weiteren Stelle ist der deutsche Text gegenüber dem Original um eine Anspielung auf Röm 9,10–13 erweitert (vgl. a. a. O., 633,23 f.), ohne dass allerdings hier der Name Paulus genannt würde. Andere Gelegenheiten, bei denen es sich ebenso angeboten hätte, den Apostel namentlich zu nennen und auf diese Weise Paulus stärker zum Akteur zu machen, werden ebenfalls nicht genutzt – vgl. a. a. O., 630,6/631,9 f., 634,17/635,22, 636,22 f./637,33, 642,9 f./643,9.12. Keller blieb bei der Wiedergabe paulinischer Schriftbelege noch enger am Original als Freisleben. Hier wird nirgends der Name Paulus ergänzt, die Stellenangaben des Corpus Paulinum werden getreu übernommen.

[61] An insgesamt drei Stellen tritt in der deutschen Übersetzung dieser Schrift der Name des Apostels hinzugefügt auf – vgl. Ref. Schriften 1, 741,25: „als Paulus sagt Gal. 5“, wohingegen im Lateinischen passivisch unpersonal formuliert wird *ut dicitur ad Galatas 5.* (a. a. O., 740,20); vgl. auch a. a. O., 741,6, 765,11.

[62] Zu Stephan Roth vgl. Regine METZLER, Die Bibliothek des Zwickauer Stadtschreibers Stephan Roth (1492–1546), in: Margarethe Hubarth u. a. (Hg.), Literarisches Leben in Zwickau im Mittelalter und in der Frühen Neuzeit. Vorträge eines Symposions anläßlich des 500jährigen Jubiläums der Ratsschulbibliothek Zwickau am 17. und 18. Februar 1998, Göppingen 2001, 111–123; DIES., Stephan Roth (1492–1546) – ein Bildungsbürger privat, Mitteilungen des Chemnitzer Geschichtsvereins 75 NF 14 (2005), 67–81; DIES. (Hg.), Stephan Roth 1492–1546. Stadtschreiber in Zwickau und Bildungsbürger der Reformationszeit. Biographie. Edition der Briefe seiner Freunde Franz Pehem, Altenburg, und Nicolaus Günther (Quellen und Forschungen zur sächsischen Geschichte 32), Torgau/Leipzig 2008; Georg MÜLLER, Mag. Stephan Roth. Schulrektor, Stadtschreiber und Ratsherr zu Zwickau im Reformationszeitalter, BSKG 1 (1882), 43–98; Georg BUCHWALD, Briefe aus Wittenberg an Stephan Roth in Zwickau, Leipzig 1893; DERS., Stadtschreiber M. Stephan Roth in Zwickau in seiner literarisch-buchhändlerischen Bedeutung für die Reformation (Archiv für die Geschichte des Deutschen Buchhandels 16), Leipzig 1893, 6–245. Zu Roths Übersetzungstätigkeit vgl. ferner Gerhard HAMMER, D. Martini Luther Operationes in Psalmos 1519–1521. Teil 1: Historisch-theologische Einleitung (AWA 1), Köln/Wien 1991, 329–361.590–598.

[63] Vgl. Johannes Bugenhagen, Der erste Psalm Dauids, in: Ref. Schriften 1, [679–686.694 f.] 696–721.

Paulusrezeption Bugenhagens immer freier. Ein Beispiel für diese sich entwickelnde Übersetzungsfreiheit ist die Schrift Von den Gelübden der Geistlichen, eine Verdeutschung von Bugenhagens Auslegung der Verse Ps 76,12 und 22,26.[64] Hier finden sich bereits drei Stellen im deutschen Text, an denen Paulus gegenüber dem lateinischen Original zum Akteur wird: Wo zuvor lediglich Verweise auf Paulusstellen von Bugenhagen angeführt waren, spricht bzw. sagt „S. Paul" nun zu den Römern bzw. Thessalonichern,[65] was Bugenhagen zur Erläuterung der Psalmenstelle anbringt. Auf diese ‚Regieanweisung' hin, die Paulus auf den Plan ruft, folgt jeweils ein z. T. von Roth durch redaktionelle Erklärungen unterbrochenes Schriftzitat auf der Textgrundlage der Lutherübersetzung.

Bei einer weiteren Psalmenübersetzung – es handelt sich um die Schrift Vom Königreich und Priestertum Christi (1526), die im Wesentlichen auf Bugenhagens Auslegung des 110. Psalms zurückgeht – setzt sich dieser Trend fort: An nicht weniger als 17 Stellen tritt nun Paulus gegenüber dem lateinischen Original in Aktion.[66] Damit wird der Apostel unzweideutig nicht nur von Bugenhagen als die maßgebliche hermeneutische Instanz gebraucht, sondern den deutschsprachigen Lesern und Hörern als sein apostolischer Gewährsmann vorgestellt; nicht als ‚Graue Eminenz' im Hintergrund, deren Ansichten und Argumente apersonal in die Erörterung eingebracht werden, sondern als öffentlicher ‚Lehrer', der klar mit seiner Botschaft in Erscheinung tritt. Hinzu kommt, dass der Anteil am Textumfang, den die Pauluszitate einnehmen, im Vergleich zur lateinischen Vorlage größer wird: Wo im lateinischen Kommentar eine Briefpassage des Apostels lediglich mit dessen Beginn anklingt, um dann mit „etc." auf ein offenes Ende zuzulaufen, werden in der Übersetzung Zitate fast immer vollständig wiedergegeben.[67] Diese Anreicherung der reformatorischen Schriften mit ‚purem' Bibeltext betrifft zwar nicht nur den Bereich der Paulusrezeption, sondern lässt sich auch anderweitig beobachten. Doch weil das Corpus Paulinum die von Bugenhagen am häufigsten zitierte Textgruppe der Bibel ist, sind es gerade die für die Wittenberger Theologie zentralen Pauluspassagen, die durch ihre Wiedergabe in den reformatorischen Schriften in Umlauf gelangten. Durch diese ‚Paulinisierung' der deutschen reformatorischen Schriften verbreitete sich demzufolge auch der Bibeltext selber unter den deutschsprachigen

---

[64] Vgl. Johannes Bugenhagen, Von den Gelubden der geistlichen ein kurtz unterricht uber das wort ym psalm: Vovete et reddite, Wittenberg [Joseph Klug] 1525 (Geisenhof Nr. 178; VD 16: B 9448).

[65] Vgl. Bugenhagen, Von den Gelubden, a. a. O., A3v, A4v, Cv [vgl. demgegenüber den lateinischen Text: ders., In librum Psalmorum interpretatio. Wittembergae publice lecta, Basel (Adam Petri) 1524 (Geisenhof Nr. 3; VD 16: B 3137), 127, 432 f.].

[66] Vgl. Johannes Bugenhagen, Von dem Konigreych und Priesterthum Christi: der hundert vnd zehende Psalm Davids, Leipzig [Michael Blum] 1526 (Geisenhof Nr. 190; VD 16: B 9447).

[67] In der Schrift Von dem Königreich und Priestertum Christi geschieht dies bei etwa zehn Paulusstellen; am umfangreichsten sind die beiden Zitate Röm 8,31–39 (vgl. a. a. O., a8) und Röm 8,19–24 (vgl. b6) sowie der Philipperhymnus (Phil 2,5–11, vgl. a. a. O., d4).

Leser- und Hörerschaften, und zwar womöglich noch bevor ein volkssprachiges Neues Testament manchen dieser Adressatenkreise erreichte. Bugenhagens reformatorische Schriften waren also nicht bloß erläuternde Traktate, sondern auch Transportmedien für das biblische, in diesem Falle paulinische Wort.

3.3 Der Traktat De coniugio episcoporum et diaconorum als Beispiel für ‚lutherische' Paulusrezeption in Lehre und Leben

Bugenhagens Feder entstammten in den mittleren 1520er Jahren nicht nur solche Schriften, deren direkte Vorgeschichte im akademisch-exegetischen Tätigkeitsbereich des Doctor Pommer lag, sondern darüber hinaus auch – z. T. sehr umfangreiche – theologische Traktate, in denen er sich der Beschreibung christlichen Glaubens[68] und Lebens widmete.[69] Auch in allen diesen Texten kommt Paulus eine zentrale Rolle zu. Ein anschauliches Beispiel ist die Schrift De coniugio episcoporum et diaconorum,[70] die sich einem der ‚heißesten Eisen' der Reformation widmete: der Frage nach der Legitimität der Priesterehe. Zu diesem bekanntlich nicht erst von ihm aufs Tapet gebrachten Thema[71] verfasste Bugenhagen im Sommer 1525 – der Druck erschien wenige Wochen, nachdem er selbst das wohl berühmteste Brautpaar des Reformationsjahrhunderts eingesegnet hatte – einen umfangreichen, teils etwas umständlichen Traktat, dessen Anlass die Hochzeit des Antoniterpräzeptors Wolfgang Reißenbusch war.[72] Bugenhagen verband sein Glückwunschschreiben mit einer ausführlichen theologischen Legitimation der Priesterehe und schöpfte dazu – den Philemonbrief ausgenommen – reichlich aus allen Schriften des Corpus Paulinum. Grundlage der beiden Hauptteile des Traktats ist jeweils ein Paulustext: zum einen 1 Kor 7, zum anderen 1 Tim 4,1–5.

Im ersten Hauptteil[73] legt Bugenhagen sein Eheverständnis dar.[74] Darin weist er unter Berufung auf 1 Kor 7 die von seinen Gegnern vorgebrachte, auf den

---

[68] Zu den Lehrschriften vgl. unten die Sendbriefe (3.4).

[69] Im Vergleich zu den Kommentaren findet sich hier dieselbe Zusammengehörigkeit von Bibelauslegung und theologischer Gegenwarts- und Problembewältigung – allerdings in umgekehrter Richtung: Gelangte Bugenhagen in den Kommentaren von der Exegese her zu den theologischen Fragen, sind diese nun der Ausgangspunkt seiner Schriften, die er auf der Grundlage der Schriftexegese zu beantworten suchte.

[70] Vgl. Johannes Bugenhagen, De coniugio episcoporum et diaconorum [...] (Geisenhof Nr. 155–157; VD 16: B 9294–9296). Zitiert wird im Folgenden aus Geisenhof Nr. 155 (VD 16: B 9295). Auch von dieser Schrift hatte Stephan Roth eine deutsche Übersetzung angefertigt: Von dem ehelichen stande der Bischoffe vnd Diaken [...] (Geisenhof Nr. 158; VD 16: B 9297).

[71] Außer dem oben in Anm. 54 genannten Aufsatz von Bernd Moeller sei hierzu auf die umfangreiche Studie von Stephen E. Buckwalter verwiesen: Die Priesterehe in Flugschriften der frühen Reformation (QRFG 68), Heidelberg 1999. Zu Bugenhagens Schrift De coniugio vgl. a. a. O., 280 f.

[72] Vgl. Herbert Vossberg, Luther rät Reißenbusch zur Heirat. Aufstieg und Untergang der Antoniter in Deutschland. Ein reformationsgeschichtlicher Beitrag, Berlin 1968.

[73] Vgl. Bugenhagen, De coniugio (s. Anm. 70), A5–E2.

[74] Ein genauer Nachvollzug der Auslegung von 1 Kor 7 kann hier nicht erfolgen. Es sei le-

Kirchenvater Hieronymus zurückgehende These *Nuptiae terram replent, virginitas paradisum*[75] als gegenstandslos zurück: Das Paradies sei nicht jungfräulich lebenden Männern und Frauen verheißen, sondern allen Christenmenschen, d. h. denen, die glauben, dass Jesus Christus ihre Gerechtigkeit ist. Der zweite Hauptteil[76] bietet eine sukzessive Auslegung von 1 Tim 4,1–5,[77] die Bugenhagen mit „Prophetia Pauli" überschreibt; schließlich habe Paulus das Auftreten der falschen, weil vom Glauben abgefallenen Christen, wie Bugenhagen sie in der römischen Kirche erkennt, bereits in seinem Brief an Timotheus angekündigt.[78] Unter Berufung auf diese ‚Weissagung'[79] wirft Bugenhagen dem Papst und seinen Anhängern vor, dass sie das Wort Gottes niederhalten, an dem sich „die Lutherischen"[80] orientierten. Wenn nun Rom jene für Ketzer erachte, verketzere die Papstkirche auch Paulus, Christus und den Heiligen Geist.[81]

---

diglich darauf hingewiesen, dass Bugenhagen bei der Auslegung von 1 Kor 7,1 bei der Textfassung der Vulgata bleibt – vgl. Bugenhagen, De coniugio (s. Anm. 70), a5v, A6v, A8, Bf.; vgl. auch BUCKWALTER, Die Priesterehe (s. Anm. 71), 45. Bei der Wiedergabe anderer Schlüsselverse nimmt Bugenhagen bewusst die Textgrundlage des Erasmus – vgl. zu 1 Tim 3,2 Bugenhagen, De coniugio, a. a. O., C7v, F8v, H, H2vf., um hier den Bischof dezidiert als Ehemann (coniunx) zu charakterisieren; vgl. demgegenüber 1 Tim 3,2 nach Vulgata: *Oportet ergo episcopum inreprehensibilem esse unius uxoris virum.*

[75] Hieronymus, Adversus Iovinianum, PL 23, (221–352) 246C.

[76] Vgl. Bugenhagen, De coniugio (s. Anm. 70), E2–K3v.

[77] Bugenhagen kann sich hierbei u. a. auf seine eigene Paulusauslegung stützen, vgl. ders., Annotationes Io. Bugenhagii Pomerani In Epistolas Pauli […], Basileae 1525 (Geisenhof Nr. 62; VD 16: B 9237), M6–N. Innerhalb dieses Abschnittes kommt er – gemäß der intertextuellen Paulusauslegung, wie sie auch in Ain schöne offenbarung des Endchrists zu beobachten war (vgl. oben 3.1) – auf 2 Thess 2 zu sprechen (vgl. ders., De coniugio, E4). Bugenhagen verweist hier nun jedoch nicht auf seine eigene, sondern auf Luthers Auslegung dieses Textes – vgl. hierzu auch HAUSCHILD, Biblische Theologie und kirchliche Praxis (s. Anm. 7), 66 f. Kötter nennt die Perikope 1 Tim 4,1–5 einen der „Grundpfeiler" von Bugenhagens „Auseinandersetzung mit der altgläubigen Kirche" – DERS., Rechtfertigungslehre (s. Anm. 10), 255 Anm. 19. Hier bietet Kötter eine Zusammenschau von Passagen aus acht Bugenhagen-Schriften, in denen der Doctor Pommer auf diese Paulus-Perikope rekurriert.

[78] Vgl. dazu jene Facette des Paulusbildes in der Braunschweiger Kirchenordnung, wonach Paulus im Heiligen Geist prophezeie (s. oben Anm. 3), und zudem die thematisch verwandte Schrift über den Antichristen (s. oben 3.1).

[79] Vgl. Bugenhagen, Von dem ehelichen stande (s. Anm. 70), J4v.

[80] Vgl. Bugenhagen, Von dem ehelichen stande (s. Anm. 70), F, N2v, N4f., Vv. Bugenhagen gebraucht diese ursprüngliche Fremdbezeichnung mehrfach bewusst als Selbstzeichnung und geht in dieser Selbstverortung der Wittenberger sogar so weit zu sagen: „Gott selbs ist Lutherisch" (vgl. a. a. O., F). Im lateinischen Text heißt es entsprechend: *ipse deus Lutheranus est* (Bugenhagen, De coniugio [s. Anm. 70], C4). Dies steht in Spannung zu der Ansicht, die Selbstbezeichnung ‚lutherisch' sei erst „seit den 60er Jahren des 16. Jh. […] üblich" geworden, „um sich vom röm. Katholizismus und den reformierten Kirchen abzugrenzen" (Anselm SCHUBERT, Luthertum/Lutheraner, RGG⁴ 5 (2002), 608–613 [608]). Zu diesem Thema vgl. den Aufsatz von Albrecht BEUTEL, „Wir Lutherischen". Zur Ausbildung eines konfessionellen Identitätsbewusstseins bei Martin Luther, ZThK 110 (2013), 158–186.

[81] Vgl. Bugenhagen, De coniugio (s. Anm. 70), F8v, H, K2; Von dem ehelichen stande (s. Anm. 70), N3v, P4v, V2.

An dieser ‚Spitzenstelle' wie auch in anderen gegen die Altgläubigen polemisierenden Passagen der reformatorischen Schriften präsentiert Bugenhagen Paulus bzw. das paulinische Schrifttum uneingeschränkt in Übereinstimmung mit Christus bzw. Christi Lehre und dem Heiligen Geist. Auf diese Weise erlangt Paulus – und dies nicht zuletzt auch in der Auseinandersetzung mit der Gegenseite – eine einzigartige Autorität: Mit seinen Schriften und seiner Person wird nicht nur Lehre dargestellt und begründet; Paulus ist der mit großem Abstand am häufigsten angeführte ‚Kronzeuge' für eine auf dem Evangelium fußende Lehre und eine entsprechende Lebensführung. Die Kirchenväter, deren Kommentare dem ‚frühen' Bugenhagen vormals unzweifelhafte Autoritäten waren, leisteten – wenn überhaupt – nur noch selten Hilfsdienste im Streit mit der päpstlichen Gegenpartei.[82] Was Paulus schreibt, steht nur wenig hinter dem, was Gott sagt. Gleichzeitig findet sich in Bugenhagens reformatorischen Schriften weder ein monopolistisches Prinzip ‚solus Paulus' noch ein biblizistisches Folgeschema ‚Sankt Paul sagt – darum folgt'. Die Autorität, die Paulus von Bugenhagen zugemessen wird, ist keine absolute, sondern besteht nur in ihrer Bezogenheit auf das Evangelium Jesu Christi. Darum werden in den lateinischen Texten die (zumeist ohne Namensnennung des Apostels auskommenden) Paulusstellen mit *ut dicitur*[83] oder vergleichbaren grammatikalischen Konstruktionen angeführt. Entsprechendes gilt für die deutschen Texte, wenngleich hier Paulus häufiger beim Namen genannt und damit der Leser- und Hörerschaft präsenter vor Augen und Ohren gestellt wird.

Wie am Beispiel der Priesterehe exemplarisch angedeutet, werden von Bugenhagen alle ihn bewegenden theologischen Themen auf paulinischer Basis durchdacht.[84] Dieses vorherige Durchdenken und Erörtern der ‚neuen Lehre' war nach und neben der akademischen Paulusauslegung eine wichtige Voraussetzung für die Organisation des christlichen Lebens, wie sie sich in den späteren Kirchenordnungen niederschlagen sollte.

3.4 ‚Apostolisches' Selbstverständnis und paulinisch-bugenhagen'sche Christologie

Bewegte sich Bugenhagen mit seiner Hochschätzung des Paulus auf gemeinreformatorischem Boden, findet sich bei ihm ein besonderes Proprium der Paulusrezeption. Denn der Doctor Pommer ließ sich von Paulus als dem Briefe-

---

[82] Vgl. etwa das singuläre Augustinzitat in Bugenhagen, De coniugio (s. Anm. 70), C2; Von dem ehelichen stande (s. Anm. 70), E3.

[83] Vgl. oben Anm. 61. Dasselbe gilt auch für andere biblische Belege bzw. Autoren – vgl. bspw. oben Anm. 40.

[84] Zu Taufe und Armenfürsorge vgl. auch oben Anm. 4; zur Ordination Anm. 15. Inwiefern Paulus auch in dem von Bugenhagen eröffneten ersten evangelischen Abendmahlsstreit oder auch in der Frage nach der rechten Beichte rezipiert wird, darauf kann hier nicht eingegangen werden.

schreiber inspirieren und folgte bereitwillig dem Exempel des korrespondieren-
den Apostels. Wie Paulus – gemäß der vorkritischen Lektüre des Corpus
Paulinum – am Beginn des christlichen Zeitalters Lehrtraktate nicht nur an
Einzelpersonen, sondern auch an ihm bekannte und auch ihm unbekannte Gemeinden gerichtet hatte, so verschickte auch Bugenhagen das wiederentdeckte
Evangelium ‚in die Welt hinaus‘, bevor er sich mit Frau und Kind persönlich auf
‚Missionsreisen‘ begab, um in Städten und Territorien Norddeutschlands sowie
in Dänemark die Reformation der Kirche organisierend zu (beg)leiten. In Wittenberg verfasste Bugenhagen Sendbriefe an Einzelpersonen und ‚Gemeinden‘,
in denen er sich unter Rückgriff auf das paulinisch-apostolische Grußformular
vorstellte,[85] die evangelische Lehre darlegte und auf Themen reagierte, die von
den Korrespondenten an ihn herangetragen wurden. Darin dem urchristlichen
Vorbild ähnlich erreichten Bugenhagens Sendbriefe als ‚quasi-apostolische‘[86]
Druckschriften wie die Briefe des Apostels weit größere Kreise als nur die no-
minell genannten Adressaten.

Der früheste Sendbrief, der als hoch- und niederdeutsche Druckschrift Verbreitung fand, stammt aus dem Jahr 1524 und ist an die Herzogin Anna von
Liegnitz gerichtet.[87] In ihm erläutert der Theologe der Herzogin in knapper
Form den christlichen Glauben und versteht diese Unterrichtung als Dienst,
den er seiner Obrigkeit – Anna war eine gebürtige Greifenprinzessin aus Pommern – schuldig sei.[88] Innerhalb der in sechs Punkte gegliederten Lehrdarstel-

---

[85] Wie von Timothy J. Wengert herausgearbeitet hat Bugenhagen die Verwendung des apostolischen Grußes wohl von Luther übernommen – vgl. DERS., Martin Luther's Movement
toward an Apostolic Self-Awareness As Reflected in His Early Letters, LuJ 61 (1994), 71–92
(90). Frühestes Beispiel hierfür ist der Sendbrief an Herzogin Anna (s. Anm. 87), in: Ref.
Schriften 1, 664,12–16/665,16 f.

[86] Zur Charakterisierung dieser Sendschreiben als ‚quasi-apostolisch‘ vgl. die folgenden
Literaturangaben: Zum Sendbrief an die Treptower Schüler (Ref. Schriften 1, 70–79) vgl. die
entsprechende Einleitung von Wolf-Dieter HAUSCHILD, a. a. O., 63–70 (63); KÖTTER, Rechtfertigungslehre (s. Anm. 10), 26. Zur Epistola ad Anglos (s. unten Anm. 103) vgl. Dorothea
WENDEBOURG, Die deutschen Reformatoren und England, in: dies. (Hg.), Sister Reformations – Schwesterreformationen. The Reformation in Germany and in England – Die Reformation in Deutschland und in England. Symposion on the Occasion of the 450th Anniversary
of the Elizabethan Settlement September 23rd–26th, 2009 – Symposion aus Anlaß des 450.
Jahrestages des Elizabethan Settlement 23.–26. September 2009, Tübingen 2010, 53–93 (bes.
67). Zum Sendbrief an die Hamburger vgl. KÖTTER, Rechtfertigungslehre (s. Anm. 10),
118.123. Zum Sendschreiben nach Livland vgl. Ralph RUHTENBERG, Die Beziehungen Luthers
und der anderen Wittenberger Reformatoren zu Livland, in: Reinhard Wittram (Hg.), Baltische Kirchengeschichte. Beiträge zur Geschichte der Missionierung und der Reformation, der
evangelisch-lutherische Landeskirchen und des Volkskirchentums in den baltischen Landen,
Göttingen 1956, 56–76 (69). Zum Sendbrief an Herzogin Anna von Liegnitz (s. Anm. 87) vgl.
die entsprechende Einleitung von Anneliese BIEBER-WALLMANN, in: Ref. Schriften 1, 654–
660.

[87] Vgl. Johannes Bugenhagen, Christlike Lere/Sendprieff an Frauw Anna, in: Ref. Schriften 1, [654]664–677.

[88] Vgl. Ref. Schriften 1, 664,26 f./665,27 f.

lung kommt Bugenhagen auf den für seine Theologie zentralen Vers 1 Kor 1,30 zu sprechen:

Godt hefft vns neyne andere selicheit gegeuen den synen sone Jesum Christum, godt vnde mynschen. Alze Paulus secht 1. Corinth. j, dat Christus is den gelouigen eyne godtlike krafft vnde godtlike wysheit, denn he is vns gemaket van gade, dat he schal syn vnse wysheit, vnse gerechticheit, vnse hillichmakinge, vnse erlösunge.[89]

Dieser Vers war seit seiner Psalmenauslegung[90] eine zentrale Säule von Bugenhagens Christo- und Theologie, ein inhaltlicher Fixpunkt, von dem aus der Doctor Pommer die ihm gestellten theologischen Fragen zu bearbeiten anging.[91] Die Einzigkeit Jesu Christi für das Heil der Glaubenden ist dabei stets das zentrale Anliegen, das Bugenhagen mit Paulus geltend macht. Das bedeutet, dass in Bugenhagens Theologie an allererster Stelle das solus Christus zu stehen kommt und erst danach, „weil auf dem solus Christus gründend und es entfaltend"[92], den weiteren Exklusivpartikeln ihre Gültigkeit zukommt. Nur aufgrund des solus Christus gelten sola fide, sola gratia und sola scriptura.[93] Ferner lässt sich an 1 Kor 1,30 die Freiheit Bugenhagens im Umgang mit dem biblischen Textmaterial beobachten. So fokussiert er bspw. aus dem ,christologisch-soteriologischen Quartett' dieses Verses – Christus ist gemacht zur Weisheit, Gerechtigkeit, Heiligung bzw. Heiligkeit und Erlösung – lediglich einen der vier Begriffe, etwa die Gerechtigkeit.[94]

Wesentlich ausführlicher als in dem vergleichsweise kurzen Traktat an die schlesische Herzogin Anna legte Bugenhagen seine reformatorische Lehre in einem anderen Sendbrief dar. Im folgenden Jahr 1525 verfasste er seine „Programmschrift"[95] Von dem christlichen Glauben und den rechten guten Werken, die er – in Form eines Sendbriefes – den Hamburger Christen widmete.[96] In ihm entfaltete Bugenhagen seine am Mittleramt Christi orientierte Christologie als Grundlage der auf ihr basierenden Rechtfertigungslehre – auch hier steht deut-

---

[89] Ref. Schriften 1, 672,20–24. Vgl. im hochdeutschen Text a. a. O., 673,22–25.

[90] Vgl. KÖTTER, Entwicklung (s. Anm. 10), 23 f. samt Anm. 37.

[91] Vgl. KÖTTER, Rechtfertigungslehre (s. Anm. 10), 29. Bereits in Bugenhagens Psalmenkommentar begegnet dieser hermeneutische Schlüsselvers häufig – vgl. dazu a. a. O., 54.58.

[92] Michael BEINTKER, Reformatorische Pauluslektüre, in: Norbert Kleyboldt (Hg.), Paulus. Identität und Universalität des Evangeliums, Münster 2009, 82–92 (83). Was Beintker allgemein als reformatorisches Paulusverständnis beschreibt, trifft gerade bei Bugenhagen den Nagel auf den Kopf – vgl. dazu allein den Titel der Studie HOLFELDERS, Solus Christus (s. Anm. 10).

[93] Vgl. BEINTKER, ebd.

[94] Vgl. Bugenhagen, De coniugio (s. Anm. 70), C2; Von dem ehelichen stande (s. Anm. 70), E3.

[95] Hans-Günter LEDER, Johannes Bugenhagen Pomeranus – Leben und Wirken (1485–1558), in: ders. (Hg.), Johannes Bugenhagen. Gestalt und Wirkung. Beiträge zur Bugenhagenforschung, Berlin 1984, 8–37 (30); KÖTTER, Rechtfertigungslehre (s. Anm. 10), 12.

[96] Vgl. Johannes Bugenhagen, Van dem Christen louen vnde rechten guden wercken [...] (Geisenhof Nr. 205–212; VD 16: B 9425–9432).

lich 1 Kor 1,30 im Hintergrund.[97] Kein theologischer locus dieser ausführlichen Lehrdarstellung kommt ohne ausführliche Pauluswiedergabe aus. Aus dieser Fülle sei lediglich auf einen paulinisch-fundierten Gedanken hingewiesen: der Effekt des Werkes Christi an den Gläubigen. Denn Bugenhagen formuliert von Röm 8,14–17 her die Wirkung des Werkes Christi vornehmlich als Aufnahme „in die Gotteskindschaft und in die Gemeinschaft der Erben."[98] Das Motiv der Gotteskindschaft, das Bugenhagen bereits seit seiner Treptower Zeit, also vor der Hinwendung zur Reformation verwendete – dort allerdings verstanden und vertreten „mit den Mitteln der erasmischen Heiligkeitstheologie"[99], wie sie sich in der Klosterpredigt dokumentiert findet[100] –, beschreibt die christliche Existenz nicht nur im Blick auf ihre futurische Erfüllung hin, sondern die Gotteskindschaft „bewirk[e] die präsentische Zueignung des Heils und die Bewahrung in allen zeitlichen Nöten."[101]

---

[97] Vgl. dazu KÖTTER, Rechtfertigungslehre (s. Anm. 10), 114–116.160.173–177.

[98] KÖTTER, Rechtfertigungslehre (s. Anm. 10), 191. Vgl. den gesamten Abschnitt a.a.O., 186–205, bes. 199–202. Vgl. auch DERS., Entwicklung (s. Anm. 10), 27f.

[99] KÖTTER, Rechtfertigungslehre (s. Anm. 10), 297.

[100] Vgl. oben 3.1.

[101] KÖTTER, Rechtfertigungslehre (s. Anm. 10), 297; DERS., Entwicklung (s. Anm. 10), 27–29. Hier nimmt Kötter eine Verortung der Bugenhagen'schen Rechtfertigungskonzeption gegenüber denjenigen Luthers und Melanchthons vor. Innerhalb Bugenhagens Theologie kommt es mit dem Sendbrief an die Hamburger Kötter zufolge zu einer Verschiebung: War das christliche Leben zuvor als Frucht des Geistes beschrieben worden, so thematisiert es Bugenhagen fortan als Frucht des Glaubens (vgl. KÖTTER, Entwicklung [s. Anm. 10], 29). Damit wird „nicht allein [...] die imputative Rechtfertigungslehre", sondern „gleichzeitig und untrennbar die Basis christlicher Weltexistenz" formuliert. Dem wird hier grundsätzlich zugestimmt, wobei zu fragen wäre, ob die von Kötter (vgl. ebd., Anm. 85) aus Bugenhagens Annotationes (s. Anm. 77) herangezogenen Stellen geeignet sind, die genannte Akzentverschiebung zu belegen; schließlich handelt es sich hier jeweils um Bugenhagens Auslegung von Bibelversen, in denen vom Wirken des Geistes die Rede ist. Solche biblischen Formulierungen lassen sich in der Paulus- bzw. auch der Psalmenauslegung nicht übergehen, so dass es sich bei Bugenhagens Beschreibung des christlichen Werkes als Frucht des Glaubens bzw. des Geistes nicht um Alternativen, sondern um verschiedene, jeweils der biblischen Textgrundlage angemessene Beschreibungen handelt. Damit trüge der Doctor Pommer der mehrgestaltigen Rede der Heiligen Schrift Rechnung und ginge in seiner Bibelauslegung nicht dazu über, das, was in der Schrift respektive in den Paulusbriefen auf mehrerlei Art ausgesagt sei, dogmatisch auf *eine* Ausdrucksweise zu verengen. Weitere Analysen der Paulusauslegungen Bugenhagens könnten hier Klarheit bringen. Dass Bugenhagen im Sendbrief an die Hamburger – kein Bibelkommentar, sondern eine Lehrdarstellung! – vom christlichen Werk primär als Frucht des Glaubens (und nicht als Frucht des Geistes) schreibt, mag womöglich eher mit den reformatorischen Entwicklungen zusammenhängen sowie einem bewussten (oder unbewussten) Anschluss an Luther. Dieser These nachzugehen, muss ebenfalls künftiger Forschung überlassen bleiben. Eine dritte, ebenfalls über diese Untersuchung hinausgehende Frage ist, ob durch die von Stephan Roth angefertigte Übersetzung der kleinen Paulusbriefauslegung (s. Anm. 1) Rechtfertigung und Heiligung weiter auseinanderrücken, als es in Bugenhagens Konzeption angedacht ist. So fügt Roth nach Gal 5,12 eine redaktionelle Gliederungszäsur ein („Nu folget das ander teyl dieser Epistel" – Bugenhagen, Auslegung der kurtzen Episteln S. Pauls [s. Anm. 1], Gv), für die es in der lateinischen Vorlage keine Vorlage gibt (vgl. Bugenhagen, Annotationes [s. Anm. 77], C7v). Insgesamt ist bei Roth eine wesentlich differenziertere Gliede-

Neben dem Sendbrief an die Hamburger fasste Bugenhagen 1525 weitere ‚quasi-apostolische' Schreiben ab: gemeinsam mit Luther und dem damals noch auf Linie Wittenbergs agierenden Melchior Hoffman sandte er Sendschreiben an die Christen in Livland.[102] Ein weiterer Brief war an einen noch größeren Adressatenkreis gerichtet, an die „heyligen ynn Christo, die da sind ynn Enge-landt".[103] Die Epistola ad Anglos, die in deutscher, lateinischer, englischer und wohl auch französischer Sprache gedruckt wurde, ist zusammen mit den anderen Sendbriefen Bugenhagens ein stichhaltiger Beleg für die Strahlkraft seines Wirkens. Sie zeugen, wie die reformatorischen Schriften insgesamt, von dem an Paulus Maß nehmenden Streben der Wittenberger Theologen, die Reformation der ganzen Kirche zu erreichen.

4. Résumé und Ausblick

Dieses Ziel hat die Reformation bekanntlich nicht erreicht, und insofern zählt auch der Doctor Pommer auf der einen Seite – ebenso wie ‚Sankt Paul', dessen Hoffnung darauf, dass sich ganz Israel zu Christus wenden möge, sich nicht erfüllte – zu den gescheiterten Reformatoren.[104] Auf der anderen Seite war Bugenhagen maßgeblich an den ‚Teilerfolgen' der Reformation in Norddeutsch-land und Skandinavien beteiligt, deren Geschichte nicht erst mit den Kirchen-ordnungen begann, sondern in der Bibel-, nicht zuletzt der Paulusexegese sowie der daraus hervorgehenden reformatorischen Publizistik gründete. Innerhalb dieser (frühen) Erfolgsgeschichte, die Bugenhagen mitgestaltete, spielte also auch sein theologischer Umgang mit Paulus und den paulinischen Schriften eine entscheidende Rolle: zum einen in Bezug auf die Entwicklung und zum anderen die Verbreitung der ‚neuen Lehre'. Wo sie an Boden gewann und die Reforma-tion der Kirche einsetzte, blieb von dem alten „bullenhimmelrike"[105] – jenem ‚Himmelreich', welches nicht auf der Heiligen Schrift, sondern nur auf päpst-lichen Bullen gebaut war – nicht viel übrig.

---

rung des Bibeltextes zu beobachten, was v.a. dadurch unterstrichen wird, dass er in der deut-schen Übersetzung fast den kompletten Bibeltext bietet; nicht abgedruckt (und folglich auch nicht behandelt) werden lediglich Gal 1,9.10c.14a.18–24; 2,2.7–9a.17–24; 3,12; 4,14–16.30aα. Vgl. dazu auch oben Anm. 50.

[102] Vgl. Johannes Bugenhagen, Eyne Christliche vormanung von eusserlichem Gottis dienste vnde eyntracht an die yn lieffeland [...] (Geisenhof Nr. 179f.; VD 16: L 4209f.; ZV 10015).

[103] Vgl. Johannes Bugenhagen, Epistola ad Anglos (Geisenhof Nr. 181–189; VD 16: B 9299–9307).

[104] Vgl. Gerd Theissen, Der Römerbrief im Lichte neuer Ansätze, Jahresheft der Theolo-gischen Fakultät der Universität Heidelberg 10 (2014/15), 30–42 (30).

[105] Bugenhagen, Christlike Lere (s. Anm. 87), 674,24.

Bugenhagens reformatorische Schriften, deren früheste dieser Untersuchung zugrunde gelegt wurden, sind ein Zeugnis „evangelische[r] Paulusliebe"[106] aus den ersten Jahren der Wittenberger Reformation. Sie geben einen Eindruck davon, wie der Doctor Pommer seinen ‚Sankt Paul' gelesen, ihn verstanden und rezipiert hat – und in gewisser Weise auch seinem Beispiel gefolgt ist. Sie zeugen nicht nur davon, dass Bugenhagen zu den „originale[n] Persönlichkeit[en]" der Wittenberger Reformation zu rechnen ist, „deren Größe in einer spezifischen Verbindung von Theologie als Schriftauslegung und kirchlicher Praxis als Anwendung der Bibel liegt."[107] Denn darüber hinaus sind sie wertvolle, von der reformationshistorischen Forschung bislang nur wenig beachtete Quellen, nicht zuletzt in Bezug auf den reformatorisch-theologischen Umgang mit Paulus und dem Corpus Paulinum, ja mit der Heiligen Schrift überhaupt.

---

[106] BEINTKER, Reformatorische Pauluslektüre (s. Anm. 92), 82.
[107] HAUSCHILD, Einleitung zur Lübecker Kirchenordnung (s. Anm. 4), XI–XXXVI (XXVI).

Die Pastoralbriefe im Dienst reformatorischer und antireformatorischer Polemik bei Caspar Cruciger dem Älteren und Ambrosius Catharinus

Stefan Krauter

Seit der Antike galten die Briefe an Timotheus und Titus als Anweisungen des Apostels Paulus für die Ordnung der Kirche.[1] Thomas von Aquin nannte den 1. Timotheusbrief eine *pastoralis regula, quam Apostolus tradit Timotheo, instruens de omnibus, quae spectant ad regimen praelatorum.*[2] Den hier bereits anklingenden Namen „Pastoralbriefe", der diese Tradition, das Thema der drei Briefe zu bestimmen, auf den Begriff bringt und ihm zugleich einen pietistisch-erbaulichen Akzent verleiht, bekamen sie freilich erst im 18. Jahrhundert an der Universität Halle.[3]

Ebenfalls schon in vorreformatorischer Zeit wurde auch ein anderes Charakteristikum der Timotheusbriefe und des Titusbriefes wahrgenommen: Sie sind polemische Texte. Um wieder Thomas zu zitieren, so bestimmt er das Thema des Titusbriefes als *de defensione contra haereticos.*[4]

Von daher überrascht es nicht, dass gerade diese drei Briefe des Corpus Paulinum in der Reformationszeit für Kontroverstheologie verwendet wurden. Mochten auch im Mittelpunkt der dogmatischen Streitigkeiten um die Rechtfertigungslehre der Galater- und der Römerbrief stehen – um das Kirchenverständnis der jeweils anderen Seite als häretisch zu disqualifizieren und das jeweils eigene als apostolisch zu erweisen, waren diese Texte näherliegend.

Wie man dabei vorging, möchte ich im Folgenden an zwei „vergessenen" Bibelauslegern der Reformation und der Gegenreformation bzw. katholischen Reform untersuchen, dem Wittenberger Caspar Cruciger dem Älteren und dem Dominikaner Ambrosius Catharinus. Ich lese dabei die Kommentare von Cruciger und Catharinus als Exeget. Selbstverständlich beschreibe ich zunächst,

---

[1] Vgl. z.B. Canon Muratori: *in ordinatione eclesiastice discepline scificate [scil. sanctificatae] sunt*; Tert. Marc. 5,21,1: *de statu ecclesiastico compositae*; vgl. auch Aug. doctr. chr. 4,16.

[2] Super Primam Epistolam ad Timotheum Lectura, lectio II.7, zu 1 Tim 1,7 (Ausgabe: Thomas von Aquin, Super Epistolas S. Pauli Lectura, hg. v. Raphael Cai, Turin/Rom ⁸1953).

[3] Bei David Nicolas Berdot, Exercitatio theologica exegetica in epistolam S. Pauli ad Titum (1703), o.O. ²1710, und dann mit großer Wirkung bei Paul Anton, Exegetische Abhandlung der Pastoral-Briefe Pauli an Timotheum und Titum, im Jahr 1726. und 1727. öffentlich vorgetragen, hg. v. J.A. Majer, 2 Bde., Halle 1753/1755.

[4] Super Epistolas S. Pauli Lectura, Prologus 11.

wie sie Bibeltexte im Dienste der Kontroverstheologie auslegen, und ordne ihr
Vorgehen zumindest ganz knapp in die damaligen Debatten ein. Mein Ziel ist
jedoch, ihre Auslegung in ein Verhältnis zur heutigen Auslegung dieser Texte
zu bringen. Dabei geht es nicht darum, den damaligen Umgang mit Bibeltexten
als aus heutiger Warte falsch oder richtig zu beurteilen. Das könnte nur anachronistisch sein und setzte zudem die derzeitige Bibelwissenschaft als Wertungs-
maßstab absolut.[5] Ich möchte vielmehr versuchen, aus einer heutigen Perspektive heraus zu verstehen, wie diese beiden Ausleger mit den Texten umgegangen
sind, und Überschneidungen und Nähe ebenso wie Unterschiede und Ferne
herausarbeiten.

1. Caspar Crucigers Kommentar zum 1. Timotheusbrief

Caspar Cruciger der Ältere (1504–1548)[6] geriet durch einen Streit mit Conrad
Cordatus und Nicolaus von Amsdorf über die Notwendigkeit guter Werke zunächst ins Zwielicht und dann beinahe völlig in Vergessenheit.[7] Sein Kommentar zum 1. Timotheusbrief[8] wurde – vermutlich aufgrund von missverständ-
lichen Äußerungen im Rahmen dieses Streits und Versehen – als Werk Melanchthons überliefert und kaum beachtet.[9]

---

[5] Dass es daneben unzählige weitere heutige und historische Formen der Auslegung und
des Umgangs mit diesen Bibeltexten gibt – in anderen Wissenschaften, im außeruniversitären
Raum, in den verschiedensten (christlich-) religiösen Gruppierungen weltweit –, ist mir natürlich bewusst. Sie in diesem Rahmen nicht zu behandeln, ist kein Zeichen von Missachtung,
sondern das schlichte Eingeständnis der Grenzen eigener Kompetenz. Interessante, allerdings sehr punktuelle Einblicke in solche Auslegungen bietet Jay TWOMEY, The Pastoral
Epistles Through the Centuries (Blackwell Bible Commentaries), Chichester 2009.
[6] Zu seiner Biographie vgl. Friedrich Wilhelm BAUTZ, Cruciger, Kaspar der Ältere, BBKL 1
(1990), 1171. Ausführlich – allerdings sehr erbaulich – Theodor PRESSEL, Caspar Cruciger
nach gleichzeitigen Quellen (Leben und ausgewählte Schriften der Väter und Begründer der
lutherischen Kirche 8), Elberfeld 1862. Zur Familie Cruciger vgl. jetzt den aktuellen Tagungsband Armin Kohnle/Irene Dingel (Hg.), Die Crucigers: Caspar der Ältere, Caspar der Jüngere und Elisabeth Cruciger in ihrer Bedeutung für die Wittenberger Reformation (Leucorea-
Studien zur Geschichte der Reformation und der Lutherischen Orthodoxie 40), Leipzig 2021.
[7] Timothy J. WENGERT, Caspar Cruciger (1504–1548): The Case of the Disappearing Reformer, SCJ 20 (1989), 417–441 (441).
[8] 1538 auszugsweise in Übersetzung von Georg Spalatin herausgegeben, 1540 in 1. Auflage
von Cruciger selbst, 1541 nochmals in auszugsweiser Übersetzung von Joachim Friedrich,
1542 in 2. Auflage von Cruciger und 1566 in kompletter Übersetzung von Valentin Winsheim;
vgl. WENGERT, Disappearing Reformer (s. Anm. 7), 437. Im Folgenden ist benutzt: In epistolam Pauli ad Timotheum priorem Commentarius, dictatus in Schola Vuitenbergensi, per Doctorem Casparum Crucigerum. Item. Brevis et familiaris in epistolam Pauli ad Titum expositio. Autore D. Iodoco Vuillichio, Argentorati [Straßburg] 1542 (= VD16 C 5852). Daneben
verfasste Cruciger Kommentare zu Psalmen, zum Johannesevangelium und zum Nizänum.
Riccardo BURIGANA, Caspar Cruciger: In epistolam ad Timotheum priorem Commentarius
(1540). Edizione e commento, Diss. Florenz 1986, war mir leider nicht zugänglich.
[9] CR 15, 1295–1380. Vgl. dazu WENGERT, Disappearing Reformer (s. Anm. 7); DERS., Philip

Im Folgenden möchte ich zunächst nachvollziehen, wie Cruciger das Thema des Briefes bestimmt und mit welchen exegetischen Methoden er ihn auslegt. Dann werde ich an einigen Beispielen aufzeigen, wie Cruciger den Bibeltext für Kontroverstheologie nutzt. Die Beispiele sind sozusagen aufsteigend geordnet, von eher oberflächlichen Bezugnahmen bis hin zur Auseinandersetzung mit theologischen Inhalten. In einem letzten Abschnitt gehe ich auf Crucigers Hermeneutik ein. Immer wieder werde ich dabei die historische Darstellung unterbrechen und den Bogen zur heutigen Exegese des 1. Timotheusbriefes schlagen.

1.1 Bestimmung des Briefthemas und exegetische Methode

Cruciger bestimmt das Thema des 1. Timotheusbriefes traditionell: Paulus schreibt an Timotheus, den Bischof von Ephesus, eine kurze Anweisung zur Ausübung seines Amtes; diese gilt – und zwar in der Intention des Paulus – nicht nur individuell für Timotheus, sondern für alle kirchlichen Amtsträger aller Zeiten.[10] Dass Cruciger den 1. Timotheusbrief für zeitlos gültig hält, liegt nicht nur daran, dass er – wie eigentlich alle vorkritischen Ausleger – dies für alle Bibeltexte annimmt. Er meint vielmehr über diese Grundannahme hinaus, dass die kurze Narration über die Abfassungssituation des Briefes in 1 Tim 1,3 *zeige*, dass es sich nicht um einen privaten Brief handle, es also gar nicht so sehr um Timotheus als vielmehr perspektivisch um alle Bischöfe gehe (5).

Bereits hier lassen sich einige interessante Beobachtungen machen: Zunächst könnte man das beinahe durchgehende Verdikt v. a. der amerikanischen Paulusexegese ab den 80er Jahren des 20. Jahrhunderts bestätigt sehen, die reformatorische (und die in ihrer Tradition stehende) Paulusperspektive missverstehe dessen Briefe grundlegend als „abstract theological document".[11] Crucigers Begründung für seine Annahme mit 1 Tim 1,3 macht freilich stutzig. Denn eben der im Vergleich mit anderen Briefen des Corpus Paulinum auffallende Zug des 1. Timotheusbriefes, dass er in einigen Abschnitten und vor allem auch in seinem gesamten Setting nicht auf die konkrete aktuelle Situation von Absender und/oder Adressat bezogen scheint, beschäftigt auch moderne Ausleger. Die Ansicht, der Brief ahme *mandata* nach, d. h. die grundsätzlichen schriftlichen Anweisungen, die römische Amtsträger des Principats und der Kaiserzeit bei Amtsantritt in einer Provinz mitbekamen, ist zwar nicht unumstritten, aber

---

Melanchthon: Speaking for the Reformation, ET 126 (2015), 313–325 (319 f.). Vgl. auch in diesem Band Tobias Jammerthal, The Work of a Lifetime. Philip Melanchthon's Commentaries on Pauline Epistles, 211.

[10] *Paulus cum ad Timotheum episcopum scriberet, videtur sibi omnes omnium aetatum pastores et doctores in ecclesia in animo proposuisse, ac voluisse communem quandam epitomen scribere, quae admoneret eos breviter de tota ratione officii.* (Das Argumentum ist nicht paginiert. Die lateinische Orthographie ist hier und im folgenden normalisiert.)

[11] Stellvertretend für zahlreiche derartige Äußerungen: Robert Jewett, Romans. A Commentary (Hermeneia), Minneapolis 2007, 46.

doch vertretbar und plausibel.[12] Cruciger macht also eine ähnliche Beobachtung am Text wie heutige Exegese, erfasst sie freilich mit ganz anderen Konzepten.

Der grundlegenden Themenbestimmung entspricht Crucigers Gliederung des Briefes und die Auflistung von theologischen Loci. Die Gliederung folgt der Kapiteleinteilung: 1 Tim 1 rekapituliere die *summa doctrinae Christianae*, nämlich die Unterscheidung von Gesetz und Evangelium – hier setzt Cruciger einen sehr deutlichen Wittenberger Akzent. Nach dieser Grundlegung gehe es dann ab 1 Tim 2 um die Kirche, und zwar beginnend mit der wichtigsten Glaubenspraxis, dem gottesdienstlichen Gebet; *obiter* würden auch weltliche Magistrate und Ehe abgehandelt. 1 Tim 3 handle *de ministerio et politia ecclesiastica*. 1 Tim 4 erläutere, *quid sit sentiendum de traditionibus humanis*, womit schon deutlich ein kontroverstheologisches Thema anklingt. In 1 Tim 5 befasse sich Paulus mit der restlichen Kirchenordnung, u. a. mit Armenfürsorge und Bezahlung von Amtsträgern. Hier nimmt Cruciger einen distanzierenden, historisierenden Blickwinkel ein: Aus dem Kapitel bekomme man einen Eindruck, wie *damals* die äußere Ordnung der Kirche war.[13] Man sieht hier schon, dass Cruciger den biblischen Texten nicht einfach immer dieselbe Verbindlichkeit für seine Gegenwart zuschreibt, sondern innerhalb seiner Grundannahme zeitloser Gültigkeit differenzieren kann. 1 Tim 6 schließlich biete Anordnungen *de diversis vitae generibus*.

Der Index der behandelten Loci (vr–vir) hat mit Themen wie z. B. *De politia ecclesiastica, et iure vocationis ac ordinis, De ecclesia et eius auctoritate, et de oboedientia erga doctores* und *De iurisdictione seu iudiciis Ecclesiasticis, seu Synodorum* einen eindeutigen ekklesiologischen Schwerpunkt. Die Rechtfertigungslehre ist mit nur zwei Loci (*De lege, et qui sint eius veri usus, et quomodo iusti sint liberi a lege* und *Summa doctrinae de iustificatione fidei, et de bonis operibus integre explicata*) eher knapp vertreten.

Wie der Index der Loci schon zeigt, ist Crucigers Auslegungsmethode derjenigen Melanchthons sehr ähnlich: Er legt den Text oft sehr flächig aus, lässt durchaus auch immer wieder Versteile und Verse weg, und schiebt lange thematische Abhandlungen ein. Insgesamt sind diese Ausführungen länger als die eigentliche Texterklärung.[14] Für diese nutzt Cruciger gängige Methoden seiner Zeit.[15] Er erläutert manchmal die griechischen Begriffe und deren Verwendung

---

[12] Vgl. dazu aktuell Jens Herzer, Narration, Genre, and Pseudonymity. Reconsidering the Individuality and the Literary Relationship of the Pastoral Epistles, Journal for the Study of Paul and His Letters 9 (2019), 30–51; Lyn M. Kidson, 1 Timothy: An Administrative Letter, Early Christianity 5 (2014), 97–116. Dort Hinweise auf die weitere Forschungsdebatte.

[13] [...] *in qua cerni potest, qualis fuerit externa administratio illis temporibus ecclesiarum.* (Die Gliederung ist nicht paginiert.)

[14] Vgl. Timothy J. Wengert, Caspar Cruciger Sr.'s 1546 "Enarratio" on John's Gospel: An Experiment in Ecclesiological Exegesis, Church history 61 (1992), 60–74 (69 f., 72): „the text becomes a pretext for a discussion of relevant theological issues".

[15] Vgl. Wengert, Enarratio (s. Anm. 14), 70.

und führt zu einigen Stellen Parallelen aus der klassischen antiken Literatur an.[16]

1.2 Einbeziehung des Bibeltextes in kontroverstheologische Debatten

1.2.1 Bibelstellen als Anlass für Polemik

Einige Male nimmt Cruciger Bibelstellen als Anlass zu Polemik gegen romtreue Kleriker und Mönche. Besonders dicht ist dies der Fall in der Behandlung der Tugenden, die ein Amtsträger haben muss (1 Tim 3,1–13). So gibt etwa κόσμιος (1 Tim 3,2) das Stichwort für eine Sottise über die gallischen Bischöfe, die in Venedig mit Prostituierten öffentlich französische Tänze getanzt hätten (95). Ähnlich bietet ἀφιλάργυρος in 1 Tim 3,3 den Anlass zu Ausfälligkeiten über die faulen Bischöfe, Mönche und Kaniker, die vom Geld der Kirche lebten (99), und ἄμαχος zum Ausruf, es seien *nunc in ecclesia Pharaones quidam plusquam ferrei* (100). Die jeweiligen biblischen Texte bieten sich dafür an. Es ist aber deutlich, dass sie nicht viel mehr als ein Sprungbrett sind. Um Auslegung, Argumentation und Applikation geht es hier nicht.

1.2.2 Verbindung von polemischen Passagen des 1. Timotheusbriefes mit der aktuellen Situation

Wie eingangs gesagt, ist der 1. Timotheusbrief selbst in vielen Abschnitten ein polemischer Text. Mehrfach nimmt Cruciger Verse, in denen über „Irrlehrer" die Rede ist, und bringt sie in Verbindung mit seinen zeitgenössischen Gegnern.

Die für moderne Leser wohl irritierendste Weise, diese Verbindung herzustellen, ist die Behauptung, 1 Tim 4,1–4 referiere *direkt* auf die römischen Theologen. Nach Crucigers Ansicht wird aus den Beispielen in 1 Tim 4,3 – die Dämonenlehren verbieten zu heiraten und gebieten, sich bestimmter Speisen zu enthalten – klar, wer gemeint ist (128).[17] Auch der Hinweis auf das gebrandmarkte Gewissen in 1 Tim 4,2 ist für Cruciger eindeutig, denn Zölibat und Ohrenbeichte führen Menschen in die Verzweiflung (135). Dass 1 Tim 4,1–4 *seinem Literalsinn nach* alle Häretiker, angefangen von den Ebioniten und Manichäern bis hin zu den zeitgenössischen „Pontifices" und „Monachi", meinen kann (133 f.), liegt daran, dass es in 1 Tim 4,1 explizit als Prophetie des Geistes eingeführt wird (129).

---

[16] Manchmal überraschend treffende. Zu 1 Tim 5,14 verweist er auf Xenophon und Columella: *Sed omitto propter prolixitatem, et de his legantur scripta* οἰκονομικά (227). Damit nennt er Texte, die nach einigermaßen verwickelten Forschungsdebatten über den Hintergrund der sogenannten Haustafeln auch die heutige Exegese wieder für relevant hält.

[17] *Pontifices, monachi, prohibuerunt coniugium et cibos, et non prohibuerunt tantum, sed etiam affinxerunt illas observationes mereri remissionem peccatorum, esse iustitiam et perfectionem, esse sanctificationes, et earum merita vendiderunt aliis.*

Das macht für Cruciger offensichtlich einen Unterschied. Denn zwar liest er wie eingangs dargelegt (fast) alles, was Paulus schreibt, als zeitlos gültiges Wort des Apostels. An anderen Stellen, die nicht explizit als Prophetie gekennzeichnet sind, fasst er das aber tendenziell eher so auf, dass man den biblischen Text auf aktuelle Fragen *anwenden* kann, was nicht einfach dasselbe ist wie die Vorstellung, der Text referiere selbst auf diese Fragen.

Z.B. ist 1 Tim 1,4b für Cruciger eine Art Grundregel: Zu verkündigen ist, was dem Aufbau der Kirche dient.[18] Das schreibe Paulus, weil er wisse, dass zu allen Zeiten gelehrt wird, was dem nicht dient (vgl. 1 Tim 1,4a) – und darunter seien auch etwa die Lehren der römischen Theologen, der Täufer oder Servets zu verstehen (6 f.). Ähnlich Crucigers Anmerkung zu 1 Tim 6,3–5: Paulus meine generell, dass jede Abweichung von den klaren Kernlehren der Schrift und unnötige Beschäftigung mit theologischen Spitzfindigkeiten zu Streit und Irrlehre führt und dadurch Menschen vom Glauben abbringt. Diese allgemeine Aussage bestätige sich sowohl an den Häretikern der Alten Kirche als auch an den „Pontifices" (259–261).

Eine gewisse Zwischenposition nehmen Stellen ein, bei denen Cruciger annimmt, Paulus schreibe über Irrlehrer der Antike (von denen er weiß, dass sie lange nach Paulus' Tod auftraten), und dann Schlüsse auf die römischen Theologen zieht. So etwa in 1 Tim 2,15: ἁγιασμός/*sanctificatio* meine *castitas*, und dies wiederum bedeute, wie man aus dem Hinweis auf das Kindergebären erschließen könne, nicht sexuelle Enthaltsamkeit, sondern eheliche Treue. Das schreibe Paulus gegen die Enkratiten,[19] und unter sein Verdikt fielen auch die Verteidiger des Priesterzölibats (77 f.). Insgesamt meint Cruciger, der 1. Timotheusbrief richte sich gegen Markion und die Manichäer. Deshalb stellt er deren Lehre dar und merkt an, in diesen könne man die Täufer wiedererkennen (143 f.).[20]

Die Vorstellung, Bibeltexte referierten *direkt* auf spätere bzw. heutige Ereignisse, erscheint aus der Warte historisch-kritischer Exegese zunächst einmal abwegig. Dass Paulus über Markion, die Manichäer, Tatian und die römischen Theologen der Reformationszeit schreibt, ist in dieser Perspektive ein greller Anachronismus.[21] Dennoch muss man Cruciger (und den früheren Auslegern, auf denen er aufbaut[22]) zugestehen, dass sie gerade in diesem Punkt eine treffen-

---

[18] Er liest *aedificatio* bzw. οἰκοδομία.

[19] D.h. eine radikalasketische Strömung im antiken Christentum, die die antiken protoorthodoxen Theologen v.a. mit Markion und Tatian in Verbindung brachten.

[20] *Haec eo recenseo, ut consideretur imago anabaptistarum quorundam nostrae aetatis, in illis veteribus exemplis.*

[21] Zur Identifikation von Häretikern des antiken Christentums mit den zeitgenössischen Gegnern vgl. auch Pierre PETITMENGIN, Les *haeretici nostri temporis* confrontés aux hérésies de l'antiquité, in: Irena Backus u.a. (Hg.), L'argument hérésiologique, l'Église ancienne et les Réformes, XVIᵉ–XVIIᵉ siècles (Théologie historique 121), Paris 2012, 177–198.

[22] Bereits antiken Auslegern fiel auf, dass Paulus über etwas schreibt, was es zu seiner Zeit noch gar nicht gab; vgl. Iren. haer. 3,16,5; 4 praef. 3; Tert. praescr. 33.

de Beobachtung am Text machen. Denn der „Paulus" des 1. Timotheusbriefes schreibt ja tatsächlich – auch nach Ansicht zahlreicher moderner Exegeten[23] – über Entwicklungen, die sich erst Jahrzehnte nach dem Tod des Paulus ereignet haben. Allerdings wird dieser Bruch in der Zeitebene von heutiger universitärer Exegese mehrheitlich als Hinweis auf die pseudepigraphische Abfassung des Textes interpretiert: „Paulus" nimmt hier Stellung in Debatten über das Erbe des Paulus.[24] Das ist für Cruciger ein unmöglicher Gedanke.[25] Doch wenn er annimmt, Paulus schreibe über die Kontroversen seiner Gegenwart, dann liest er den Brief in gewissem Sinne durchaus so, wie er gemeint ist.

1.2.3 Schriftstellen als Argument in kontroverstheologischen Debatten

Heutigen Erwartungen, wie man biblische Texte in theologischen Debatten verwenden kann, kommt Cruciger wohl am nächsten, wenn er Verse des 1. Timotheusbriefes auslegt und dann als Argument in einer aktuellen Kontroverse nutzt. In extrem kurzer Form kann einfach ein Vers oder Versteil als *dictum probans* für bzw. gegen eine theologische Position dienen, z. B. 1 Tim 2,5 *unus mediator* gegen die Verehrung von Heiligen (68).[26] Manchmal argumentiert Cruciger aber sehr ausführlich, wie ich an zwei Beispielen zeigen möchte. Beidemal geht es um Ehe bzw. Ehelosigkeit, einmal nimmt Cruciger den Bibeltext für sich in Anspruch, das andere Mal bemüht er sich, zu widerlegen, dass der Bibeltext gegen ihn spricht.

---

[23] Eine Beziehung zwischen dem 1. Timotheusbrief und Markion sehen z. B.: Jens HERZER, Juden – Christen – Gnostiker. Zur Gegnerproblematik der Pastoralbriefe, BThZ 25 (2008), 143–168; Martina JANSSEN, „Wider die Antithesen der fälschlich so genannten Gnosis". 1 Tim 6,20 und die Antithesen Markions, in: dies. u.a. (Hg.), Frühes Christentum und Religionsgeschichtliche Schule (NTOA 95), Göttingen 2011, 96–109; Adela Yarbro COLLINS, The Female Body as Social Space in 1 Timothy, NTS 57 (2011), 155–175.

[24] Vgl. dazu z. B. Annette MERZ, Amore Pauli. Das Corpus Pastorale und das Ringen um die Interpretationshoheit bezüglich des paulinischen Erbes, ThQ 187 (2007), 274–294.

[25] Philologische Echtheitskritik war in der frühen Neuzeit nicht unbekannt. Es gab bereits Diskussionen über den Hebräerbrief (s. dazu den Beitrag von Benjamin SCHLIESSER, 160–165) und den 2. Petrusbrief. Cruciger konnte auch wissen, dass es im antiken Christentum Zweifel an der Echtheit der beiden Timotheusbriefe und/oder des Titusbriefes gab (Tert. Marc. 5,21,1; Hier. comm. in Tit. prol.; Or. comm. in Mt. 117; Clem. Alex. str. 2,11,52,6; Aug. c. Faust. 30,1–4). Die Diskussion um die Authentizität der Pastoralbriefe beginnt aber erst im 18./19. Jh. bei Edward Evanson, The Dissonance of the Four Generally Received Evangelists, and the Evidence of their Respective Authenticity Examined, Ipswich 1792, 267–269; Johann Ernst Christian Schmidt, Historisch-kritische Einleitung in's Neue Testament, Gießen 1804, 259–261 und mit großer Wirkung bei Friedrich Daniel Ernst Schleiermacher, Über den sogenannten ersten Brief des Paulos an den Timotheos. Ein kritisches Sendschreiben an J.C. Gaß (1807), in: ders., Schriften aus der Hallenser Zeit 1804–1807, hg. v. Hermann Patsch (Friedrich Schleiermacher Kritische Gesamtausgabe I. Abt. Band 5), Berlin 1995, 153–242.

[26] *Hic iure reprehenditur horribilis idolatria, quae latissime grassata est in ecclesia, in cultu sanctorum, quos mundus coluit et adoravit, tanquam mediatores.*

In 1 Tim 2,15 heißt es: „Sie wird aber durch Kindergebären gerettet werden, wenn sie in Glaube und Liebe und Heiligung mit Mäßigung bleiben." An erster Stelle betont Cruciger, dass man 1 Tim 2,15a nicht dahingehend missverstehen dürfe, dass das gute Werk, Kinder zu gebären, die Ursache für die Erlösung sei. Gerechtfertigt werde man durch Glauben. Dem allerdings müssten Werke notwendig folgen (74 f.).[27] Paulus nenne also in 1 Tim 2,15b den Glauben und die mit ihm verbundenen Tugenden von Frauen, aus denen wiederum spezifisch weibliche gute Werke folgten. So sei etwa die Liebe an erster Stelle die Gottesliebe, dann aber auch die Liebe zu Mann und Kindern. Das belegt Cruciger an drei durchaus interessant gewählten Beispielen: Sara, die Abraham in schwierigen Umständen treu blieb, Elisabeth von Thüringen und Isabella von Österreich, die ihrem schwierigen Mann Christian II von Dänemark ins Exil gefolgt sei (76).[28] Insbesondere sei die abschließend genannte Tugend der *modestia* eine Art Überbegriff für alle weiblichen Tugenden: Maß im Essen und Trinken, Zurückhaltung in der Kleidung, Häuslichkeit und vieles mehr (79 f.). Nach diesen Ausführungen kommt Cruciger auf 1 Tim 2,15a zurück: Warum erwähne nun Paulus eigens das Kindergebären? Das tut er seines Erachtens deshalb, damit man versteht, dass eheliche, auf Nachkommenschaft ausgerichtete Sexualität ebenfalls eine Tugend sei und nicht etwa ein Zugeständnis an die menschliche (bzw. hier weibliche) Schwäche (82).[29]

Nach dieser langen Vorbereitung kann Cruciger nun in der Auseinandersetzung mit den romtreuen Theologen den Stich machen: Für die Ansicht, dass Ehe ein gutes Werk ist, gebe es eine eindeutige Bibelstelle, für den Zölibat nicht (82).[30] Kindergebären, d.h. implizit eheliche Sexualität, sei Verehrung Gottes, Mönchsgelübde hingegen seien menschliche Gebote, mit denen man umsonst versuche, Gott zu gefallen (83).[31] Christen sollten also mit gutem Gewissen verheiratet sein.

Zu 1 Tim 5,12 „sie [scil. junge Frauen, die als Witwen eingetragen waren, dann aber heiraten wollten] haben das Urteil, dass sie die erste Treue gebrochen haben" bemerkt Cruciger, dieser Vers werde als Beleg genommen, dass es nicht erlaubt sei, Klostergelübde zu brechen und zu heiraten. Cruciger bemüht sich, diesen Vorwurf gegen die reformatorische Lehre (und angesichts der zahlrei-

---

[27] *Iustitia operum est necessaria, et fidem necessario sequi debet, et tamen causa remissionis peccatorum et donationis vitae aeternae, alio transferri debet, scilicet, in promissionem Christi, quae tantum fide accipitur.* S. dazu auch u. Abschnitt 1.2.4 und zur gegenteiligen Auslegung bei Catharinus Abschnitt 2.2.2.

[28] *quae cum aliis multis virtutibus praedita fuit, tum vero egregia lenitate fuit in ferendis mariti parum commodis moribus.*

[29] *non solum non esse damnatam, aut tantum esse infirmitatem quam tolleret Deus.*

[30] *Quos triumphos agerent monachi, si tale encomium haberent sui coelibatus?*

[31] *Confer igitur inter se, tale votum virginitatis, et coniugium. De coniugio inquit Paulus: Per officium pariendi salvantur mulieres, et id officium est cultus Dei. De uoto monastico dicitur: Frustra me colunt mandatis hominum.*

chen Wittenberger Ehen zwischen ehemaligen Mönchen/Priestern und Non-
nen auch Praxis) gleich mehrfach zu entkräften. Zunächst argumentiert er in der
Sache: Gelübde seien nichtig, wenn sie in falscher Absicht getan wurden. Da
Klostergelübde in der Annahme geleistet würden, dass man sich durch sie das
Heil verdiene, seien sie folglich nichtig. Falls es zur Zeit des Paulus bereits Gelübde gegeben habe, dann seien sie jedenfalls anders gewesen als die Klostergelübde, nämlich in richtiger Absicht getan (222 f.). Cruciger scheint diese Verbindung von Syllogismus und historischer Annahme aber noch nicht zu reichen. Darum argumentiert er am Text weiter. Er führt ein Argument mit dem
Kontext an. 1 Tim 5,11 zeige durch καταστρηνιᾶν, dass es nicht darum gehe, dass
die Frauen heirateten, sondern um ihre Motivation dazu: Sie heirateten wegen
ihrer sexuellen Begierden. Ihre *lascivia* führe zum Abfall vom Glauben (225).
Diese Deutung unterstützt er mit Überlegungen zum Sprachgebrauch: *fidem
irritam facere* werde weder im Griechischen noch im Hebräischen im Sinne von
„ein Gelübde brechen" verwendet (226).

Schaut man aus der Perspektive heutiger Exegese auf Crucigers Vorgehen,
dann erscheint es ambivalent. Er nimmt eine antiasketische Grundtendenz im
1. Timotheusbrief wahr. Diese setzt er absolut und blendet Passagen im Corpus
Paulinum aus, die man jedenfalls proasketisch verstehen *kann*.[32] Wir werden bei
Ambrosius Catharinus sehen, dass dieser der seit der Antike bestehenden Lektüre folgt, die genau umgekehrt vorgeht und v. a. von der proasketisch verstandenen Passage 1 Kor 7 her den 1. Timotheusbrief relativiert. Cruciger macht
also, was zumindest viele heutige Exegeten und Exegetinnen als Absicht des
pseudepigraphischen Autors des 1. Timotheusbriefes ansehen: nämlich in einer
Debatte um nicht eindeutige paulinische Aussagen diesem Brief das entscheidende letzte Wort zu geben.[33] Damit gibt er freilich auch dessen nach antiken
Maßstäben sozial sehr konservativer, nach heutigen Maßstäben reaktionärer
und misogyner Ansicht das letzte Wort – auch wenn er in seiner Zeit wohl die
Abschaffung weiblicher eheloser Lebensformen als Befreiung angesehen hätte.

1.2.4 Eingehen auf gegnerische Einwände gegen die reformatorische Auslegung

Im vorangehenden Abschnitt ist bereits angeklungen, dass Cruciger in seinem
Kommentar nachdrücklich die Ansicht vertritt, dass die Rechtfertigung aus
Glauben notwendig mit guten Werken verbunden sei. Sie führte zu der Kontro-

---

[32] Vgl. dazu Hans-Ulrich WEIDEMANN, Engelsgleiche, Abstinente – und ein moderater
Weintrinker. Asketische Sinnproduktion als literarische Technik im Lukasevangelium und
im 1. Timotheusbrief, in: ders. (Hg.), Asceticism and Exegesis in Early Christianity. The
Reception of New Testament Texts in Ancient Ascetic Discourses (NTOA 101), Göttingen
2013, 21–68.

[33] So z. B. sehr dezidiert Annette MERZ, Die fiktive Selbstauslegung des Paulus. Inter-
textuelle Studien zur Intention und Rezeption der Pastoralbriefe (NTOA 52), Göttingen/
Fribourg 2004.

verse mit Conrad Cordatus und Nicolaus von Amsdorf, die eine Art Vorspiel
zu den späteren Streitigkeiten zwischen Philippisten und Gnesiolutheranern
war.[34] Cruciger stimmt in diesem Punkt mit Melanchthon überein und er verwendete für seine Vorlesung zum 1. Timotheusbrief, auf der der Kommentar
basiert, wohl tatsächlich Notizen Melanchthons. Mir scheint allerdings, dass
man ihm nicht ganz gerecht wird, wenn man ihn einfach als Melanchthons
Sprachrohr und als Stichwortgeber für den Streit ansieht, d.h. letztendlich aus
der eigentlichen theologischen Debatte herauskürzt. Denn seinen Ausführungen im Kommentar ist durchaus anzumerken, dass er sich, wenn er diese Meinung vertritt, um ein angemessenes Verständnis des Bibeltextes bemüht und
zugleich darum, den Bibeltext den antireformatorischen Auslegern als Argument gegen die reformatorische Rechtfertigungslehre zu entwinden.

Eine zentrale Rolle nimmt für Cruciger 1 Tim 1,5 ein: „Das Ziel der Unterweisung ist Liebe aus reinem Herzen und gutem Gewissen und ungeheucheltem
Glauben." Ungeheuchelter Glaube, so schließt Cruciger aus dem Zusammenhang des Verses, könne nicht die bloße *notitia historiae* meinen. Ein toter Glaube, d.h. reines Fürwahrhalten, rechtfertige nicht. Das tue nur ein Glaube, der
zur Ehre Gottes gute Werke hervorbringe (12).[35] Cruciger wirft der Gegenseite
vor, Glaube absichtlich defizitär zu verstehen, um den (in diesem Falle ja auch
seiner Ansicht nach richtigen) Eindruck zu erwecken, Glaube reiche zur Rechtfertigung nicht aus (27).[36] Nur von diesem falschen Glaubensverständnis her
könne man fordern, dass zum Glauben noch etwas anderes hinzukommen müsse, nämlich Werke. Dieser Schluss führe aber zwingend zu bleibender Unge-
wissheit über das Heil und darum zu epikureischen und akademisch-skepti-
schen Zweifeln an Gott (39).

Neben diese Abwehr der gegnerischen Position tritt eine Präzisierung der
eigenen:[37] Was heißt es, dass der Glaube gute Werke hervorbringt? Offenbar
will Cruciger das nicht unverbindlich verstanden wissen. Vielmehr macht er
mehrfach deutlich, dass mit dem Glauben der Geist empfangen und das Gesetz
ins Herz gegeben werde und dass man diesem geistlichen Impuls in einem neu-
en, anfänglichen Gehorsam folgen müsse. Aus dem anfänglichen Gehorsam

---

[34] Vgl. dazu Anna Lena JUNGK, Der Cordatussche Streit: Streit um Worte oder Beleg eines
Lehrdissenses zwischen Cruciger dem Älteren und Martin Luther?, in: Kohnle/Dingel (Hg.),
Die Crucigers (s. Anm. 6), 72–85.

[35] *Haec fides non est otiosa notitia, sed invocat Deum, et glorificat Iesum, et propter eius
gloriam parit bona opera. Mortua fides, hoc est, otiosa noticia non iustificat.* Vgl. auch 32: *Hic
verbum credere, significat confidere, non tantum nosse historias.*

[36] *Monachi sic imaginantur. Hominibus hoc modo contingere remissionem, postquam satis
habent meritorum: et quia nemo potest videre an satis habeat meritorum, iubent omnes dubitare de remissione peccatorum et de gratia. Haec est summa doctrinae papistarum omnium, in
hoc articulo.*

[37] Der Unterschied wird recht deutlich, wenn man neben Crucigers Ausführungen zu
1 Tim 1,5 diejenigen Luthers legt (Vorlesung über den 1. Timotheusbrief 1528, WA 26, 10f.).

werde, indem zum Glauben alle Tugenden hinzuträten, eine *universalis oboe-dientia* (37). Gute Werke seien also notwendig (40f.).[38] Konsequent schließt Cruciger, dass den Geist – und damit Glauben und Rechtfertigung – wieder verliere, wer gegen das Gewissen sündige (53f.). Um nun freilich dies wieder gegen Missverständnisse abzusichern, betont er nochmals, dass die Werke trotz ihrer Notwendigkeit nicht die Ursache der Rechtfertigung seien.[39]

Das Verständnis der „Rechtfertigung" ist wohl der Punkt, an dem sich die moderne Paulusexegese mit der größten Emphase von der reformatorischen Paulusdeutung abgrenzt. Auch bei Cruciger sieht man – wenn man diesen anachronistischen Maßstab einmal ansetzt –, wie er das spezifisch Wittenbergi-sche Theologoumenon, die Unterscheidung von Gesetz und Evangelium sei der Schlüssel zur Schrift (181), dem Bibeltext überstülpt. Seine Gliederung von 1 Tim 1 in 1,3–11 „Gesetz" und 1,12–20 „Evangelium" ist durchaus gewaltsam. Dennoch wird man ihm zugestehen, dass er die soteriologischen Aussagen des 1. Timotheusbriefs und insbesondere dessen Aussagen über Tugenden und „gute Werke"[40] wahrnimmt und theologisch zu verarbeiten versucht. Die pau-linische Koppelung der Gesetzesfrage mit der Israelfrage,[41] die Cruciger gene-rell nicht sieht, ist ja im 1. Timotheusbrief tatsächlich aufgelöst,[42] und auf der anderen Seite wird πίστις in eine enge Verbindung mit populärphilosophischen Tugenden (v. a. σωφροσύνη) gebracht. Auf diesen Brief allein (nicht auf die Pro-topaulinen) bezogen wird man wohl Crucigers in Anschluss an Melanchthon modifizierte lutherische Rechtfertigungslehre nicht für einfach abwegig halten können. Sie ist für *diesen* Text eine immerhin mögliche Reformulierung in dog-matischen Kategorien.

Ein ähnliches Vorgehen, d. h. teilweise Aufnahme antireformatorischer Ein-wände, lässt sich auch in anderen strittigen theologischen Fragen feststellen. Das möchte ich an zwei weiteren Beispielen kurz zeigen: an der Frage der Kir-chenordnung und an der Frage der Autorität der Kirche.

Hinsichtlich der Ekklesiologie hatte die reformatorische Theologie sozusa-gen eine offene Flanke: Antireformatorische Theologen konnten ihr vorwerfen,

---

[38] *De bonis operibus: dixi supra, in iustificatione donari Spiritum sanctum, ut nova vita, nova lux, et nova oboedientia in nobis incohetur, iuxta illud: dabo legem meam in corda eorum. Et his motibus spiritualibus obtemperare debemus. [...] perspicuum est, novam oboe-dientiam et bona opera in renatis per fidem, exsistere debere. Et de hac sententia neminem dubitare arbitror.*

[39] *Etsi autem sequi novam oboedientiam oportet, ut dixi, et deinde repetam, tamen illa oboedientia, seu virtutes nostrae, non merentur remissionem peccatorum, nec propter eas re-putamur iusti.*

[40] In den Pastoralbriefen (anders als in den Protopaulinen) ἔργα καλά/ἀγαθά (1 Tim 3,1; 2,10; 5,10.25; 6,18; 2 Tim 2,21; 3,17; Tit 1,16; 2,7.14; 3,1.8.14).

[41] Michael WOLTER, Paulus. Ein Grundriss seiner Theologie, Neukirchen-Vluyn 2011, 354f.

[42] Zu diesem Phänomen vgl. insbesondere Michael THEOBALD, Israel-Vergessenheit in den Pastoralbriefen. Ein neuer Vorschlag zu ihrer historisch-theologischen Verortung im 2. Jahrhun-dert n. Chr. unter besonderer Berücksichtigung der Ignatius-Briefe (SBS 229), Stuttgart 2016.

die kirchliche Ordnung einfach umzustürzen. Bibeltexte wie etwa 1 Tim 3 waren zur Unterstützung dieses Vorwurfs durchaus hilfreich. Cruciger bemüht sich darum sorgfältig, diese Passagen so auszulegen, dass sie einerseits die reformatorische Ekklesiologie dergestalt präzisieren, dass dieser Vorwurf gegenstandslos wird, andererseits als Argumente gegen die römische Position verwendet werden können.

Cruciger entnimmt 1 Tim 3,15, dass die Kirchenordnung grundsätzlich auf apostolischer Anordnung beruhen muss (84). Allerdings gibt es innerhalb der *politia ecclesiastica* dann zwei Bereiche: das *ministerium divinitus ordinatum*, d. h. das Amt, die Evangeliumsverkündigung, die Sakramente, die Sündenvergebung und die Exkommunikation, und die εὐταξία, die sich die Kirche selbst in eigener Autorität gibt (84).

Zunächst behandelt Cruciger ausführlich den Teil der Kirchenordnung, der von Gott gegeben ist: Gott gebe grundlegend der Kirche das *ius vocationis et ordinationis* und er werde immer dafür Sorge tragen, dass es geeignete Amtsträger gebe (85). Die Alten hätten insofern zurecht im *ordo* ein Sakrament gesehen, weil Gott durch das Amt wirke, um die Kirche zu erhalten. Darum müsse man das Amt auch gegen die „Fanatiker" – gemeint ist der linke Flügel der Reformation – verteidigen, die die kirchliche Autorität durch private Offenbarungen und Demokratie zerstören wollten (85 f.). Vorbildhaft dafür, wie die Kirche das *ius vocationis* ausübe, sei der Brauch der Alten: Cyprian, Augustin und das Konzil von Nizäa schilderten, dass das Volk den Amtsträger gewählt, der Nachbarbischof ihn bestätigt und eingesetzt habe (87). Für seine eigene Gegenwart geht Cruciger allerdings davon aus, dass die Kirche die Auswahl der Amtsträger an die weltliche Obrigkeit delegiert (86). Das Amt sei eines, es habe ursprünglich in ihm keine Hierarchie gegeben. Das sehe man daran, dass *episcopus* und *presbyterus* an einigen Bibelstellen synonym gebraucht seien, und das werde auch von Hieronymus bestätigt (93).[43]

Cruciger verwahrt sich dagegen, dass die Reformation die von der Kirche selbst gegebenen Ordnungen, also die εὐταξία, abschaffen wolle. Es gebe viele Ordnungen zu indifferenten Dingen, die nützlich geregelt seien und darum beibehalten werden müssten. Es sei „Barbarei", solche Traditionen zu zerstören (138 f.).[44] Anders sei es nur mit irrtümlich eingeführten Ordnungen, die Geboten widerstritten (139 f.). Diesen insgesamt konservativen Ansatz begründet Cruciger mit 1 Tim 4,6: „der guten Lehre folgen", heiße, die Tradition der Väter kennen, um nicht Neuerungen einzuführen (151).[45] Insgesamt erscheint so die Wittenberger Kirche als die katholische Kirche: Sie ist nach apostolischen An-

---

[43] Er bezieht sich hier auf Hier. comm. in Tit., PL 26, 597 f.

[44] *Est autem barbaries, dissipare traditiones utiles ad bonum ordinem et tranquillitatem ecclesiae.*

[45] *videamus quid sancti patres tradiderint, ne feramus nova dogmata prorsus ignota veteri ecclesiae.*

weisung von Gott geordnet und in Kontinuität zur Tradition – im Unterschied zur römischen Kirche mit ihren „neuen" Ordnungen und zu den Täufern, die überhaupt keine Ordnung kennen.

Ebenso argumentiert Cruciger hinsichtlich der Autorität der Kirche: 1 Tim 3,15 ist für ihn auch hier der zentrale Vers. Kirche sei keine *externa politia*, die auf menschliche Traditionen aufbaue und an einen Ort gebunden sei, vielmehr die Versammlung aller Glaubenden, die auf der ganzen Erde zerstreut sei (114). Eben darum sei sie – gegen die Vorwürfe – keine *Platonica civitas, quae nusquam sit, nusquam conspici possit*, sondern habe eine äußerliche Gestalt und äußerliche Erkennungszeichen, nämlich die rechte Lehre des Evangeliums und die Sakramente (115). Von *dieser* Kirche sage 1 Tim 3,15, dass sie das Haus Gottes, Säule und Sitz der Wahrheit sei. Folglich sei man *ihrer* Autorität Gehorsam schuldig (117). Wenn die Gegner der Reformation behaupteten, wer den gegenwärtigen Bischöfen widerspreche, weiche vom Konsens der katholischen Kirche ab, so sei dies darum evidentermaßen falsch. Vielmehr sei katholisch, wer zu der in 1 Tim 3,15 gemeinten wahren Kirche aller Zeiten gehöre, d. h. im Konsens und in der Tradition der Väter stehe.[46] Wer hingegen „neue" Lehren einführe, wie eben z. B. die romtreuen gegenwärtigen Bischöfe, der sei nicht katholisch (118 f.).

1.3 Kirchliche Schriftauslegung

Die Beobachtungen am Ende des vorigen Abschnitts führen zu einem letzten wichtigen Punkt. Cruciger bestimmt nicht nur das Thema des Briefes mit „Kirche". Vielmehr will er diesen Brief auch mit einer dezidiert kirchlichen Hermeneutik auslegen. Das kündigt er gleich im Widmungsbrief an: Er folge in seinem Kommentar dem Konsens der katholischen Kirche, wie ihn die Kirche in Wittenberg bekenne, ihrem Urteil unterstelle er seine Auslegung (iii*v*–iiii*r*).

Diese Ankündigung des Widmungsbriefs versucht Cruciger tatsächlich einzulösen. Er macht zwar eine deutliche Abstufung von Autoritäten: Die Kirche weiß, dass man Aposteln glauben *muss*, weil sie von Gott selbst berufen sind, überall und für immer zu lehren. Bischöfe hingegen sind von Menschen eingesetzt, um an einem bestimmten Ort zu lehren. Deshalb kann man über ihre Lehre – und sogar über die Lehre der Kirchenväter – diskutieren (1 f.). Diese Abstufung ist aber keine Trennung und schon gar keine Entgegensetzung: Schriftauslegung muss sich innerhalb der Lehre der Kirche bewegen (181). Den Text sorgfältig nach den gängigen Methoden seiner Zeit auszulegen, in der Tradition der Kirche, insbesondere der Bekenntnisse und der Kirchenväter,[47] zu

---

[46] Vgl. auch den langen Exkurs 234–251 zu 1 Tim 5,19 über die *potestas ecclesiastica*, in dem es u. a. um die Synoden in der frühen Christenheit und um alle von Kaiser einberufenen ökumenischen Konzile geht.

[47] Vgl. auch seine Anmerkung zu 1 Tim 3,2 (der Bischof muss διδακτικός sein): *tenenda etiam est antiquitas ecclesiae, hoc est, sciendum est etiam quid veteres iudicarint.*

stehen und im Konsens mit den (rechtgläubigen) Amtsträgern der Kirche zu sein ist für Cruciger letztlich dasselbe.

Timothy Wengerts Eindruck, Crucigers Kommentar zum Johannesevangelium sei ein „experiment in ecclesiological exegesis"[48], lässt sich an seinem Kommentar zum 1. Timotheusbrief bestätigen.[49] Das bedeutet jedoch, dass jedenfalls Crucigers Exegese Schlagworte wie *sola scriptura* und *sui ipsius interpres* und gängige (Vor-)Urteile, wonach es in der reformatorischen Schrifthermeneutik die Instanzen Tradition und kirchliche Autorität nicht mehr brauche,[50] nicht bestätigt.

2. Ambrosius Catharinus' Kommentare zu den Timotheusbriefen und zum Titusbrief

Ambrosius Catharinus (1484–1553),[51] mit bürgerlichem Namen Lancillotto Politi, geriet zwar etwas weniger gründlich in Vergessenheit als Cruciger, doch das Interesse galt fast immer nur seinen kontroverstheologischen Schriften.[52] Seine Kommentare zu den Briefen des Neuen Testaments fanden hingegen kaum Beachtung,[53] v. a. standen sie immer im Schatten der Bibelkommentare seines innerkatholischen Kontrahenten – und dominikanischen Ordensbru-

---

[48] WENGERT, Enarratio (s. Anm. 14), 60.

[49] Zu einem ähnlichen Ergebnis kommt auch Amy Nelson BURNETT, Caspar Cruciger the Elder and the Exposition of the Psalms, in: Kohnle/Dingel (Hg.), Die Crucigers (s. Anm. 6), 98–111 (insbes. 109 f.).

[50] So z. B. Karl-Heinz FRANKL, Auslegungsgeschichte. II. Kirchengeschichtlich, in: Oda Wischmeyer (Hg.), Lexikon der Bibelhermeneutik. Begriffe – Methoden – Theorien – Konzepte, Berlin 2009, 55–60 (57).

[51] Zu seiner Biographie vgl. Josef SCHWEIZER, Ambrosius Catharinus Politus (1484–1553), ein Theologe des Reformationszeitalters. Sein Leben und seine Schriften (Reformationsgeschichtliche Studien und Texte 11–12), Münster 1910; Ulrich HORST, Ambrosius Catharinus OP (1484–1553), in: Erwin Iserloh (Hg.), Katholische Theologen der Reformationszeit 2 (Katholisches Leben und Kirchenreform im Zeitalter der Glaubensspaltung 45), Münster 1985, 104–114; Marion WAGNER, Politus, Ambrosius Catharinus, BBKL 7 (1994), 796–798.

[52] Vgl. z. B. Giorgio CARAVALE, Sulle tracce dell'eresia. Ambrogio Catarino Politi (1484–1553) (Studi e testi per la storia religiosa del Cinquecento 14), Florenz 2007; Aaron C. DENLINGER, Omnes in Adam ex pacto Dei. Ambrogio Catarino's Doctrine of Covenantal Solidarity and Its Influence on Post-Reformation Reformed Theologians (Reformed Historical Theology 8), Göttingen 2010.

[53] Sie erschienen in zwei Bänden 1551 und 1552 in Venedig; vgl. Guy BEDOUELLE, L'introduction à l'Ecriture sainte du dominicain Ambrosio Catharino Politi (1543), Protest. 54 (1999), 273–284. Im Folgenden ist die postume einbändige Ausgabe verwendet: In omnes divi Pauli apostoli, et alias septem canonicas epistolas r. p. fratris Ambrosii Catharini Politi Senensis, Episcopi Minoriensis, commentaria: Cum indice totius operis, ordine alphabetico compendiose verborum ac rerum praecipuarum summam complectente, Parisiis [Paris] 1566. Es ist durchaus bezeichnend, dass sie bei WAGNER, Politus (s. Anm. 51), 797 f., unter seinen Werken gar nicht aufgeführt werden. Der m. W. einzige neuere wissenschaftliche Aufsatz, der sich eingehender mit einem dieser Kommentare befasst, ist Patrick PRESTON, Ambrosius Cathari-

ders – Cajetan.[54] Catharinus wird sogar als einer der „weniger erleuchtete[n] Zeitgenossen" be- bzw. verurteilt, die schuld sind, dass sich die bibeltheologischen Aufbrüche Cajetans nicht durchsetzen konnten.[55]

Ich werde im Folgenden, ähnlich wie bei Cruciger, zunächst Catharinus' grundsätzliche Herangehensweise und Methodik betrachten, dann Beispiele für die kontroverstheologische Verwendung von Bibelstellen geben und schließlich auch bei ihm nach seiner Hermeneutik fragen. Wieder werde ich den Bogen zur heutigen Exegese schlagen und auch an einigen Stellen schon einen Vergleich mit Cruciger einfließen lassen.

2.1 Thema und Methodik der Kommentare

Wenn die exegetischen Werke des Catharinus überhaupt erwähnt werden, dann werden sie häufig als „eigentlich" kontroverstheologische Schriften beurteilt.[56] Tatsächlich sagt Catharinus selbst das so ähnlich im Vorwort seines Kommentars zu den Paulusbriefen: Es gebe schon so viele Pauluskommentare, dass man zurecht fragen könnte, warum er noch einen schreibe. Der Grund sei, dass die meisten zeitgenössischen Pauluskommentare von Häretikern stammten. Doch auch im eigenen Lager gebe es zahlreiche Irrtümer. So habe er sich vorgenommen, gegen beide anzuschreiben.[57] Namentlich genannt werden im Kommentar zu den Pastoralbriefen als häretische Kommentatoren Luther und Erasmus, als irrender katholischer Kommentator Cajetan.

Catharinus schreibt offen, dass er sich mit Details der Auslegung nicht befassen wolle, v.a. nicht mit Sprache und Stil. Allerdings habe er erkannt, dass es notwendig sei, den Text anhand griechischer und lateinischer Codices zu klären – wohlgemerkt, ohne dabei die Autorität der Vulgata anzutasten.[58]

---

nus' Commentary on the General Epistle of St Jude, Reformation & Renaissance Review 4 (2002), 217–229.

[54] Zu ihnen vgl. Michael O'CONNOR, A Neglected Facet of Cardinal Cajetan: Biblical Reform in High Renaissance Rome, in: Richard Griffiths (Hg.), The Bible in the Renaissance. Essays on Biblical Commentary and Translation in the Fifteenth and Sixteenth Centuries, Aldershot u.a. 2001, 71–94; DERS., Cajetan's biblical Commentaries. Motive and Method (St Andrews Studies in Reformation History), Leiden/Boston 2017.

[55] Ulrich HORST, Der Streit um die hl. Schrift zwischen Kardinal Cajetan und Ambrosius Catharinus, in: Leo Scheffczyk u.a. (Hg.), Wahrheit und Verkündigung, Bd. 1, Paderborn u.a. 1967, 551–577 (559). Vgl. auch 568: „Hätte die Freiheit, die unser Kardinal für sich und andere in Anspruch nahm, in der Kirche auch in Zukunft ihr Heimatrecht behalten dürfen, wäre ohne Zweifel die katholische Exegese in eine andere Richtung gegangen." Ein ähnliches Urteil fällt O'CONNOR, Cajetan's biblical Commentaries (s. Anm.54), 243.

[56] DENLINGER, Omnes in Adam ex pacto Dei (s. Anm.52), 28, bezeichnet die Kommentare als „final polemical works against the various antagonists, Protestant and Catholic, whom Catarino had accrued throughout the course of his career. The debates in which Catarino had so vigorously participated are consistently reflected in the pages of his comments on the biblical text." Ähnlich BEDOUELLE, L'introduction à l'Ecriture sainte (s. Anm.53), 276f.

[57] Die Praefatio ist nicht paginiert.

[58] Hier geht Catharinus einen kleinen Schritt auf Cajetan zu, der in Anlehnung an Eras-

Im Unterschied zu Crucigers Loci-Methode erklärt Catharinus die Briefe
Vers für Vers. Lange thematische Exkurse sind selten.[59] Obwohl er seine Ankündigung wahrmacht und tatsächlich häufig Kontroverstheologie betreibt, ist
der größte Teil seiner Kommentierung eine knappe, sachliche Erläuterung des
Textes, die oft die traditionellen, seit der Spätantike überlieferten Erklärungen
aufnimmt.

2.2 Einbeziehung des Bibeltextes in kontroverstheologische Debatten

2.2.1 Verbindung von polemischen Passagen mit der aktuellen Situation

Wie Cruciger bezieht auch Catharinus die polemischen Passagen der Briefe auf
seine zeitgenössischen Gegner und identifiziert dabei Häretiker der Alten Kirche mit (den Anhängern von) Luther und Erasmus.[60] Hymenaeus und Alexander, die Schiffbruch erlitten haben (1 Tim 1,20), sind das Urbild derer, die aus
der rettenden Arche der katholischen Kirche gefallen sind (396 f.). Die Richtigkeit dieser Gleichsetzung zeigt für Catharinus 2 Tim 2,17 f.: Hymenaeus – der
nicht zufällig nach dem griechischen Gott der Hochzeit benannt ist – behauptet, die Auferstehung sei schon geschehen, d. h. lebt für das irdische Vergnügen.
Ebenso die Lutheraner: Sie glaubten nicht an das ewige Leben, würden diesen
wahren Kern ihrer Lehre aber tarnen (428). Ein zentraler Vers ist wieder
1 Tim 4,1. Da Catharinus den Lutheranern schlecht vorwerfen kann, sie würden
die Ehe verbieten und das Fasten gebieten (1 Tim 4,3), findet er andere Hinweise
darauf, dass die Häretiker von Dämonen getrieben sind: Sie würden ihre Bücher
schneller schreiben als menschenmöglich, und das auch noch während Essen
und illegitimem Sex. Insbesondere von Luther sei bezeugt, dass er nachts wie
besessen aufgesprungen sei und seine giftigen Schriften „ausgekotzt" habe (410 f.).
    Jenseits solcher Diffamierung macht allerdings auch Catharinus Beobach-
tungen am Text: Auch er geht davon aus, dass Paulus über die Enkratiten und
Manichäer schreibt (410) – was, wie oben dargelegt, ja durchaus einen Anhalt an
den Pastoralbriefen hat. Ebenso begründet auch er, warum man die Texte auf
gegenwärtige Gegner auslegen kann, indem er auf ihren prophetischen Charakter hinweist, z. B. bei 2 Tim 4,3 (432).[61]

---

mus so etwas wie Textrekonstruktion aus den Ursprachen versucht hatte, grenzt sich aber
zugleich scharf von ihm ab. Vgl. dazu HORST, Der Streit um die hl. Schrift (s. Anm. 55), 554 f.
    [59] Der längste (zu Tit 3,10 f.) behandelt die Frage, ob die weltliche Obrigkeit von der Kirche
exkommunizierte Häretiker hinrichten soll (444–446).
    [60] So auch PRESTON, Ambrosius Catharinus' Commentary (s. Anm. 53), zum Judasbrief.
    [61] *Prophetia est, quem modo in oculis nostris impleri conspicimus, cum sanam doctrinam
non sustinebunt, Quaenam est sana doctrina quam non sustinebunt? Certe haec: Quod operibus in gratia factis perficimus iustificationem.*

2.2.2 Schriftstellen als Argument in kontroverstheologischen Debatten

Catharinus verwendet zahlreiche Stellen aus den drei Pastoralbriefen, um seine Position in kontroverstheologischen Debatten zu untermauern, bzw. legt sie so aus, dass sie nicht gegen seine Position verwendet werden können. Das möchte ich an drei Beispielen zeigen: der Rechtfertigungslehre, der Frage von Ehe und Ehelosigkeit und der Ordnung der kirchlichen Ämter.

Die Soteriologie des Catharinus ist scharf antireformatorisch. Er legt größten Wert darauf, dass nicht der Glaube, sondern die Werke rechtfertigen und dass es darum keine Heilsgewissheit geben kann. 1 Tim 1,12–17 stelle Paulus als Vorbild für die Rettung aller Sünder dar. Dabei zeige 1 Tim 1,12 (*qui fidelem me existimavit*), dass die Rettung durch die Kooperation von Gott und Mensch erfolge. Bei jeder Tat tue Gott einen Teil, aber der andere werde aus freiem Willen von uns getan. Sonst sei es unsinnig zu schreiben, dass Gott Paulus für treu halte (395). In 2 Tim 2,21 zeigt für Catharinus die Formulierung ἐὰν οὖν τις ἐκκαθάρῃ ἑαυτὸν, dass wir selbst für unser Heil verantwortlich sind (428). 2 Tim 3,17 ist für Catharinus das Ziel der ganzen Schrift. Es könne kein klareres Zeugnis geben als diesen Vers, dass nicht der Glaube, sondern die guten Werke den Menschen gerecht machten (431).[62] Ähnlich ist es mit Tit 3,8. Auch dieser Vers widerspreche eindeutig der Lehre der Lutheraner (444).[63] Dass Frauen ihre Frömmigkeit mit guten Werken zeigen sollen (1 Tim 2,10), bestätigt für Catharinus ebenfalls seine Lehre und gibt ihm Gelegenheit für einen polemischen Seitenhieb: Da die lutherischen Frauen meinten, es reiche der Glaube, würden sie sich natürlich auch mit teuren Kleidern aufdonnern (405).[64]

Bei aller Polemik macht Catharinus bei seiner Auslegung dieser Bibelverse durchaus treffende Beobachtungen: Die Pastoralbriefe lösen – wie oben bereits erwähnt – das Thema „Werke" aus dem (aus unserer Sicht) protopaulinischen Kontext von judäischen Riten und stellen es in einen neuen, nämlich den der mit dem Glauben verbundenen Tugenden. Dass sie christliches Leben als Ausagieren dieser Tugenden in den jeweiligen sozialen Rollen verstehen, sieht Catharinus ganz ähnlich wie die heutige Exegese, auch wenn er es in einer völlig anderen, dogmatischen Sprache formuliert. Auch Cruciger hat ja, wie beschrieben, gesehen, dass solche Verse einer allzu gnesiolutherischen Rechtfertigungslehre (wie sie offenbar Cordatus und Amsdorf vorschwebte) widersprechen.

---

[62] *Ecce finis totius scripturae, ut sit homo dei perfectus in iustitia, ad omne opus bonum instructus. quid afferri posset his verbis clarius et fortius contra istos, qui tantopere adversantur bonis operibus, solam extollentes fidem?*

[63] *Auditis ne, obsecro Lutherani, quae hic ait Apostolus? Num postquam crediderint, fidem satis sibi esse credant, et opera negligant? Numquam haec loca citant, nisi ad ea corrumpenda.*

[64] *et hic locus contra lutheranos pietatis opera nihili pendentes, quibus sola fides ad iustificationem suppeditat omnia: ita ut eorum mulieres possint libere se polire, et indui purpura et bysso. Haec enim non nocebunt modo fidem teneant.*

Hinsichtlich Ehe und Ehelosigkeit hat Catharinus grundsätzlich einen schweren Stand. Die Pastoralbriefe sind klar antiasketisch ausgerichtet. Das Frauenbild zumindest des 1. Timotheusbriefes ist davon geprägt, dass Frauen nur unter männlicher Kontrolle, d. h. verheiratet, in der Lage sind, ihre Begierden im Griff zu haben. Letztendlich wählt Catharinus eine Technik, die sich schon seit den antiken Kommentaren nachweisen lässt, um damit umzugehen:[65] Er entschärft die betreffenden Stellen mithilfe proasketisch deutbarer (proto-) paulinischer Äußerungen. Dann meint etwa 1 Tim 2,15 nur verheiratete Frauen; wer das bessere Los wählt und Jungfrau bleibt, ist selbstverständlich von dieser Aussage nicht betroffen (406). 1 Tim 5,14 empfiehlt die Ehe nur für bestimmte junge Frauen, keineswegs für alle. Denn 1 Kor 7 zeigt, dass generell ein zölibatäres Leben vorzugswürdig ist (417). Hinsichtlich Crucigers Zentralstelle 1 Tim 4,3 wählt Catharinus dieselbe Argumentation wie schon Augustinus in der Debatte mit dem Manichäer Faustus von Mileve:[66] Die Kirche verdamme nicht die Ehe, indem sie den Zölibat vorziehe, und sie behaupte nicht, dass Speisen von Natur böse seien, wenn sie faste (412).

Heutige Exegese sieht in diesem Punkt eine Akzentverschiebung, wenn nicht eine Spannung oder sogar einen Gegensatz zwischen Paulus und den Pastoralbriefen.[67] Davon kann bei Catharinus natürlich keine Rede sein. Allerdings hat er – in diesem Falle: im deutlichen Unterschied zu Cruciger – einen Blick für die Spannbreite der Aussagen zu Ehe und Ehelosigkeit im Corpus Paulinum. Während Cruciger macht, was der pseudepigraphische Autor des 1. Timotheusbriefes vermutlich intendiert, nämlich seine Position zum Schlüssel zu machen, versucht Catharinus einen Ausgleich zwischen den verschiedenen Positionen. Damit trifft er zwar kaum den Sinn der Passagen im 1. Timotheusbrief, wohl aber findet er einen Weg, mit dem Corpus Paulinum als ganzem umzugehen.

Interessant ist schließlich der Umgang des Catharinus mit den Aussagen der Pastoralbriefe zu kirchlichen Ämtern. Zu Tit 1,5–7 merkt er sehr scharf an, dass mit „Presbyter" hier Bischöfe gemeint seien. Es sei ein fundamentaler Irrtum, zu behaupten, dass es nicht schon immer einen klaren Unterschied zwischen priesterlicher und bischöflicher Vollmacht gegeben habe. Damit sei man schon auf dem halben Weg zur Ansicht der Häretiker, die das Weihesakrament völlig auflösten (437).[68] Ebenso scharf lehnt er Cajetans Ansicht ab, Diakone könnten in der Alten Kirche etwas anderes gewesen sein als in seiner Zeit, d. h. geweihte

---

[65] Vgl. dazu Outi Lehtipuu, To Remarry or Not to Remarry?, StTh 71 (2017), 29–50.

[66] Aug. c. Faust. 30.

[67] Einen exzellenten Überblick über die neueste Forschung dazu bietet Hans-Ulrich Weidemann, Die Pastoralbriefe, ThR 81 (2016), 353–403 (381–395).

[68] *Presbyterorum autem appellatione hoc in loco episcopos debere intelligi manifestum est. Nonnulli aliter opinantes ansam acceperunt erroris, nolentes quicquam interesse inter episcopum et presbyterum, qua voce intelligunt sacerdotem. [...] Quanto magis illud novorum haereticorum, qui sacramentum ordinis funditus tollunt?*

Kleriker. Das könne man 1 Tim 3,9 sehen, denn das „Geheimnis des Glaubens", das die Diakone haben, sei das *mysterium fidei* der Messliturgie (409).

Bemerkenswert ist dies, weil Catharinus hier – auch wenn er es natürlich nicht zugibt – wissentlich gegen die Kirchenväter argumentiert. Die von ihm abgelehnten Positionen sind nämlich u. a. diejenigen, die Hieronymus in seinem Tituskommentar vertritt.[69] Hier wird bereits ein grundlegendes Problem seiner Hermeneutik deutlich, auf das später zurückzukommen ist.

2.2.3 Eingehen auf die Notwendigkeit einer Kirchenreform

Bei Cruciger war zu beobachten, dass er auf Einwände gegen die Wittenberger reformatorische Lehre eingeht und diese insbesondere hinsichtlich Soteriologie und Ekklesiologie „solider" zu formulieren versucht. Ein dazu ungefähr analoges Phänomen gibt es auch bei Catharinus: Zwar geht er – jedenfalls in den Kommentaren zu den Pastoralbriefen – nie auch nur in der geringsten Weise inhaltlich auf gegnerische Positionen zu, aber er äußert doch immer wieder, dass es auf seiner Seite deutlichen Reformbedarf gebe.

Die Anweisung, niemandem vorschnell die Hände aufzulegen (1 Tim 5,22), versteht Catharinus als Warnung vor der Weihe ungeeigneter Kleriker und nimmt sie zum Anlass für einen emotionalen Ausruf, dass in dieser Hinsicht vieles im argen liege und eine Reform notwendig sei (418). Den narrativen Rahmen des Briefes in 1 Tim 1,3, dass Timotheus in Ephesus bleiben solle, nimmt er ebenfalls zum Ausgangspunkt für Überlegungen zur Kirchenreform: Er lehnt Cajetans Ansicht ab, die dauerhafte Residenzpflicht von Bischöfen in ihrer Diözese sei *iuris divini*. Dass das nicht gemeint sein könne, sehe man ja schon daran, dass Paulus den ephesinischen Bischof Timotheus in 2 Tim 4,9 auffordere, zu ihm nach Rom zu kommen. Es sei also in der Vollmacht der Kirche, im kanonischen Recht zu regeln, inwiefern Bischöfe Residenzpflicht hätten. Er fügt allerdings eine eindringliche Mahnung an, dass ständig abwesende Bischöfe, die sich um ihre Herde nie kümmerten, sich keinesfalls auf ihn berufen dürften (392).

Auch wenn bei Catharinus die Idee einer inneren Reform der römischen Kirche nur eine Nebenrolle spielt und sein Schwerpunkt auf der antireformatorischen Polemik liegt, so ist sie also doch nicht völlig abwesend. Allerdings ist diese Reform nicht so verstanden, dass sie von der Bibel ausgeht, sondern dass die Kirche selbst, d. h. ihre Amtsträger, sie vornehmen.[70]

---

[69] S. o. Anm. 43.

[70] Das ist ein deutlicher Unterschied zu Cajetans exegetischen Werken, in denen der Schwerpunkt auf einer biblisch inspirierten Reform der Kirche liegt; vgl. O'Connor, A Neglected Facet (s. Anm. 54), 79 f.

2.3 Von der Kirche bestimmte Schriftauslegung

In einem letzten Schritt ist nun wie bei Cruciger, so auch bei Catharinus auf seine Schrifthermeneutik einzugehen. Catharinus lehnt im Vorwort seines Kommentars grundlegend die reformatorische Lehre von der *claritas scripturae* ab.[71] Die zeitgenössischen häretischen Pauluskommentare machen seiner Ansicht nach die Prophezeiung von 2 Petr 3,16 wahr: Die Worte des Paulus seien unklar und ihr Sinn sei schwer zu erfassen, darum ließen sie sich von Auslegern verdrehen. Deshalb brauche es umso mehr eine Anleitung zur richtigen Auslegung.[72] Diese Anleitung kann für Catharinus nur die Kirche geben. Nach 1 Tim 3,15 sei die Kirche Säule und Fundament der Wahrheit. Es sei schlicht verrückt, wenn Einzelne gegen die Heiligen und Märtyrer, gegen die Kirchenlehrer und gegen die Amtsträger dächten, die Wahrheit für sich gepachtet zu haben (409). Bibellektüre ohne Kirche führe immer direkt in die Häresie.[73]

Man könnte nun zunächst meinen, dass es zwischen Catharinus und Cruciger immerhin ein wenig „common ground" gebe. Denn auch Cruciger plädiert ja keineswegs dafür, dass einzelne die Schrift für klar halten und dann ihr *für sie* evidentes Verständnis absolut setzen können. Er betont vielmehr, dass Schriftauslegung sich innerhalb des Bekenntnisses der Kirche bewegen müsse, in Kontinuität zu den Kirchenvätern stehen solle und dem Urteil der Kirche als Auslegungsgemeinschaft unterworfen sei. Die grundlegende Differenz, die trotzdem jede Verständigung zwischen diesen beiden Positionen unmöglich machen würde, ist jedoch, dass die Autoritäten anders gewichtet werden: Für Cruciger gibt es eine klare Abstufung von der Schrift über das Bekenntnis und den Konsens der Kirchenväter, die zum richtigen Verständnis der Schrift helfen, bis hin zu den gegenwärtigen Amtsträgern, die sich an diesem richtigen Verständnis der Schrift messen lassen müssen. Bei Catharinus ist es umgekehrt: Die Autorität der Amtsträger garantiert das richtige Verständnis der Schrift. D. h. es ist absolut unmöglich, sie mit der Schrift zu kritisieren. Deshalb polemisiert Catharinus nicht nur gegen die Reformatoren, sondern beinahe ebenso scharf gegen jegliche Versuche einer innerkatholischen biblisch begründeten Reform.[74]

---

[71] Vgl. auch Bedouelle, L'introduction à l'Ecriture sainte (s. Anm. 53), 280.

[72] *quanto hae propter magnam sui obscuritatem, et sensuum sublimitatem atque fecunditatem, et male illas tractantium perversitatem, multo maiore indigent animadversione.*

[73] *Et haec est columna et basis veritatis. Ubi sunt modo haeretici et schismatici, qui tanta impudentia asseverant penes seipsos esse veritatem? [...] Ergo antea non erat ecclesia Dei?* Vgl. dazu auch Allan K. Jenkins/Patrick Preston, Biblical Scholarship and the Church. A Sixteenth-Century Crisis of Authority, Aldershot 2007, 209–214; Guy Bedouelle, Biblical Interpretation in the Catholic Reformation, in: Alan J. Hauser/Duane F. Watson (Hg.), A History of biblical Interpretation, Bd. 2: The Medieval through the Reformation Periods, Grand Rapids/Cambridge 2009, 428–449.

[74] Vgl. dazu Horst, Der Streit um die hl. Schrift (s. Anm. 55), 576; Horst, Ambrosius Catharinus (s. Anm. 51), 110; Bedouelle, L'introduction à l'Ecriture sainte (s. Anm. 53), 280.

3. Abschließende Gedanken

Lohnt es sich für heutige Bibelwissenschaft, mit Caspar Cruciger und Ambrosius Catharinus zwei „vergessene" Ausleger (deutero-) paulinischer Briefe aus der Reformationszeit auszugraben? Bahnbrechende exegetische Erkenntnisse zu den beiden Timotheusbriefen und zum Titusbrief findet man bei beiden nicht. Wohl aber kann man, so denke ich, interessante Entdeckungen machen, wenn man versucht, ihren Umgang mit den Texten zu verstehen und ihn umsichtig und ohne vorschnelles Urteil in ein Verhältnis zu heutiger wissenschaftlicher Exegese zu setzen.

Erstens erkennt man bei detaillierter Auseinandersetzung mit ihren Werken, dass sie sorgfältig mit den biblischen Texten umgehen und dabei zum Teil Beobachtungen machen, die heutige bibelwissenschaftliche Exegese auch macht. Aufgrund ihrer anderen Verstehensbedingungen erfassen und deuten sie diese allerdings anders. Einerseits bestätigt sich also die – inzwischen nicht mehr neue – Einsicht, dass das Textverständnis stark vom Rezipienten abhängt. Andererseits widerspricht dies der These, dass Textverständnis *ausschließlich* vom Rezipienten abhängt. Vielmehr gibt es offenbar Strukturen im Text, die ganz unterschiedlichen Rezipienten auffallen, dann freilich verschieden verarbeitet werden.

Zweitens lohnt es sich für Exegeten wahrzunehmen, wie unterschiedlich die Auslegungen sind. Was die Rechtfertigungslehre angeht, würden ja beide, Cruciger und Catharinus, umstandslos in den großen Container Old Perspective gehören. Dies insofern zurecht, weil sie beide nicht wahrnehmen, was die neueren Paulusperspektiven für den zentralen Punkt halten: die Einbettung der Gesetzes- und damit der Rechtfertigungsthematik in die Israelthematik. Dieses gemeinsame Label Old Perspective verdeckt aber, wie weit sie in ihren Positionen voneinander entfernt sind und wie stark sie innerhalb ihres jeweiligen Lagers individuell sind. Vor allem verdeckt es, dass beide als Ausleger der Pastoralbriefe Textbeobachtungen machen, die auch moderne Exegese macht. Sie formulieren und systematisieren diese in einer dogmatischen Sprache, die den Texten aus heutiger Sicht kaum gerecht wird. Dennoch sind sie als Auslegungen und theologische Verarbeitungen der Pastoralbriefe nicht einfach abwegig. In Debatten über neue und alte Paulusperspektive(n) wird das meist völlig ausgeblendet. Heutige Bibelwissenschaft nimmt die Beschränkung auf die Protopaulinen für selbstverständlich. Die bekannten und viel diskutierten reformatorischen Texte beziehen sich vorrangig auf den Galater- und den Römerbrief. Doch alle damaligen Paulusausleger hörten die Pastoralbriefe immer mit und nahmen sie (wie es ja vermutlich auch ihre Intention ist) als Lektüreanleitung für die übrigen Briefe. Crucigers und Catharinus' Kommentare zeigen also indirekt, dass die Old Perspective – oder eher: die alten Paulusperspektiven im

Plural – etwas mehr Plausibilität haben, wenn man sie auf das gesamte Corpus Paulinum bezieht und nicht ausschließlich auf die heutigen Protopaulinen.

Drittens ist es spannend zu sehen, wie Cruciger und Catharinus biblische Texte auf ihre Gegenwart beziehen. Sie tun dies, wie dargestellt, keineswegs undifferenziert. In manchen Fällen identifizieren sie die Referenz der biblischen Aussagen mit Zeitgenössischem. In anderen hingegen gehen sie eher davon aus, dass man damals Gesagtes abstrahierend verallgemeinern und dann auf analoge zeitgenössische Phänomene anwenden kann. In seltenen Fällen scheinen sie auch tatsächlich so etwas wie einen distanzierenden historischen Blick auf die Bibel zu kennen. Diese Einblicke werfen auch Fragen für eine Ethik der Auslegung auf. Dass die identifizierende Lektüre, die theologische Kontrahenten zu Irrlehrern, Verworfenen und Besessenen macht, bei beiden fatale Wirkungen hat, ist überdeutlich.

Viertens schließlich reflektieren Cruciger und Catharinus schrifthermeneutische Fragen, die bis heute aktuell sind. Crucigers kirchliche Schriftauslegung zeigt, dass der protestantische Mythos des *sola scriptura* von Beginn an fragwürdig ist. Seine Lösung besteht darin, die Autoritäten Schrift, Bekenntnis[75] und Tradition sowie gegenwärtige Kirche als Glaubensgemeinschaft und Institution aufeinander zu beziehen und sorgfältig abzustufen. Allerdings funktioniert sie wohl nur, wenn man die Vorstellung der *claritas scripturae* voraussetzt. D.h. die gegenwärtige Kirche muss der Überzeugung sein, dass ihre Lehre mit dem evident richtig verstandenen Sinn der Schrift übereinstimmt. Das ist heute nicht mehr der Fall – und kann es vermutlich angesichts pluraler Glaubensvorstellungen innerhalb der Kirchen und mindestens ebenso pluraler Auslegung der biblischen Texte gar nicht mehr sein. Von daher hat Catharinus durchaus einen Punkt: Die Schrift ist nicht klar und es gibt keinen Konsens. Seine Lösung ist, dass Amtsträger (letztendlich ein Amtsträger, nämlich der Papst) die Glaubenslehre und damit den richtigen Sinn der Schrift festlegen. Das ist beeindruckend konsequent. Allerdings erkauft sich Catharinus diese Konsequenz damit, dass er die Entscheidungsbefugnis kirchlicher Amtsträger derart absolut setzt und sowohl von der Schrift als auch von der Tradition der Kirche trennt, dass er die Idee von Katholizität ad absurdum führt.[76] Von einem heute plausiblen Verständnis dessen, was katholisch ist, scheint mir dies – als außenstehendem evangelischem Beobachter – jedenfalls weit entfernt. Attraktive Lösungen für hermeneutische Grundfragen bieten also weder Catharinus noch Cruciger – wohl aber lässt sich an ihnen erkennen, wo bis heute offene Fragen sind.

---

[75] Cruciger verfasste einen Kommentar zum Nizänum (s.o. Anm. 8).

[76] Das zeigt auch seine Haltung in der Kontroverse um die unbefleckte Empfängnis Mariens, in der er (gegen den vehementen Widerstand seiner dominikanischen Ordensbrüder) vertrat, dass der Papst sie *ohne* Grundlage in Schrift und Tradition als Glaubenslehre feststellen könne; vgl. dazu Horst, Ambrosius Catharinus (s. Anm. 51), 108.

Zürich und Oberrhein

Geist und Buchstabe bei Zwingli

Auslegung eines paulinischen Grundgegensatzes

Pierrick Hildebrand

1. Einleitung

„Dann der buochstab tödet, aber der geist machet läbendig."[1] (2 Kor 3,6) Der
hier aus der ersten Ausgabe der sog. Froschauerbibel (1531) auf Frühneuhoch-
deutsch wiedergegebene Kausalsatz des Paulus, hat in der christlichen Tradition
eine weitreichende Rezeptionsgeschichte in Gang gesetzt, welcher sich auch der
Reformator Huldreich Zwingli (1484–1531) stellen musste. Im gesamten Corpus
Paulinum führt der Apostel an drei Stellen – im zweiten und siebten Kapitel des
Römerbriefs, am ausführlichsten aber im dritten Kapitel des 2. Korintherbriefes – ein Argument aus, das er aus einem sog. Buchstabe-Geist-Gegensatz herleitet: Der Apostel setzt die Beschneidung nach dem Geist derjenigen nach dem
Buchstaben (Röm 2,29), den Gottesdienst in der neuen Wirklichkeit des Geistes
der alten Wirklichkeit des Buchstabens (Röm 7,6) und den Aposteldienst des
neuen Bundes dem mosaischen Dienst des Buchstabens im alten Bund entgegen
(2 Kor 3,6). Wie hat nun Zwingli diesen paulinischen Buchstabe-Geist-Gegensatz ausgelegt? Und wie lässt er sich selbst rezeptionsgeschichtlich einordnen?
Wie wir im vorliegenden Aufsatz zu zeigen haben, ist er in seiner Paulusauslegung einen eigenen Weg gegangen, der für die entstehende reformierte Tradition bestimmend wurde.

In der Auslegungsgeschichte haben sich bereits in der Alten Kirche zwei Traditionen herausgebildet,[2] die sich nicht streng voneinander trennen lassen, aber
doch zwei Grundtendenzen aufzeigen, die bis in die Reformationszeit und darüber hinaus nachgewirkt haben. Auf der einen Seite hat die alexandrinische Tradition den paulinischen Buchstabe-Geist-Gegensatz „schrifthermeneutisch"
auf den gesamtbiblischen Kanon als „Buchstabe" appliziert. Die Tradition aus
Antiochien hat auf der anderen Seite die „heilsgeschichtliche" Deutung von

---

[1] Die gantze Bibel der ursprünglichen Ebraischen und Griechischen waarheyt nach, auffs
aller treüwlichest verteütschet, Zürich: Froschauer, 1531 (VD 16 B 2690), 280v.

[2] Für die Grundstruktur dieses auslegungsgeschichtlichen Abrisses, siehe die Studie von
Wai-Shing CHAU, The Letter and the Spirit: A History of Interpretation from Origen to
Luther, New York u. a. 1995. Siehe weiter Gerhard EBELING, Geist und Buchstabe, RGG² 2
(1958), 1292–1293.

Paulus' Antithese hervorgehoben, die auf die Verhältnisbestimmung von Altem und Neuem Testament innerhalb des biblischen Gesamtzeugnisses zielte.[3] Während letztere sich am historischen Charakter der göttlichen Offenbarung und am Literalsinn orientierte, hat sich erstere im Anschluss an die (neo-)platonische Philosophie zum Ziel gemacht, zu einem geistigen und allegorischen Sinn, d.h. auch ahistorischem Sinn, vorzudringen, welcher vom Wortsinn verdeckt sei und den es aufzudecken gelte. Diese zwei Rezeptionsstränge lassen sich nur bedingt an einzelnen Auslegern festmachen. Wai-Shing Chau zeigt in seiner Untersuchung,[4] dass Origenes (185/186–253/254), welcher einerseits dem schrifthermeneutischen Strang zuzuzählen sei, den Buchstabe-Geist-Gegensatz auch heilsgeschichtlich auf das Verhältnis vom Alten zum Neuen Testament beziehen konnte.[5] Augustin (354–430) habe andererseits eine Wende durchgemacht und sich der Tradition von Antiochien angeschlossen, ohne jedoch die alexandrinische Auslegungstradition ganz aufgegeben zu haben.

Zwinglis theologische Denkleistung und Kreativität wird sich besonders im Kontrast mit den Auslegungen seiner Zeitgenossen herausstellen, mit denen er sich in seiner exegetischen Arbeit unmittelbar auseinandersetzen musste, nämlich mit dem Humanisten Desiderius Erasmus (1466–1536) auf der einen Seite und den Wittenberger Reformatoren, Martin Luther (1483–1546) und Philipp Melanchthon (1497–1560), auf der anderen Seite. Bezeichnenderweise lassen sich bei ihnen die zwei oben genannten Auslegungstraditionen in der Grundtendenz wiederfinden: Erasmus als Vertreter des schrifthermeneutischen Stranges, welcher an Origenes anknüpfen konnte, und die Wittenberger als Vertreter des heilsgeschichtlichen Rezeptionsstranges, die den Anschluss an Augustin suchten. Unser Aufsatz ist folgendermaßen gegliedert: Nach einem kurzen forschungsgeschichtlichen Überblick (1), gefolgt von einer historischen Kontextualisierung von Zwinglis Paulusauslegung (2), wenden wir uns in einem dritten Teil (3) materialexegetisch der Auslegung von 2 Kor 3,6 ff. im Vergleich zu und schließen mit einem kurzen Fazit ab.

---

[3] Die Bezeichnungen beider Rezeptionsstränge als schrifthermeneutische bzw. heilsgeschichtliche sind meine eigenen. Chau nennt sie ursprünglich „the literal-allegorical understanding" oder „the knowledge strand" (a.a.O., 85) bzw. „the law-gospel interpretation" oder the „charity strand" (a.a.O., 85). In ihrer summarischen Wiedergabe von Chaus Studie spricht Aleksandra Prica von „hermeneutische[r]... Dimension" bzw. von „heilsökonomische[r] Bedeutung", wohl in Anlehnung an Gerhard Ebelings Artikel (vgl. Anm. 2): Aleksandra Prica, Toter Buchstabe – lebendiger Geist. Bibelauslegung als Lektüreereignis, Das Mittelalter. Perspektiven mediävistischer Forschung 18:1 (2013), 46–61 (47).

[4] Vgl. Chau, Letter (s. Anm. 2). Siehe auch Ebeling, Geist und Buchstabe (s. Anm. 2). Siehe ferner: Keith D. Stanglin, The Letter and Spirit of Biblical Interpretation: From the Early Church to Modern Practice, Grand Rapids 2018.

[5] Zu Origenes' Paulusauslegung am Beispiel des Römerbriefes, siehe den Aufsatz von Sven Grosse im vorliegenden Tagungsband.

2. Zur Forschungsgeschichte

Vor ca. 40 Jahren bemängelte der Zwingli-Forscher Fritz Büsser in seinem Artikel „Zwingli the Exegete", dass der Zürcher Reformator als Bibelausleger bisher nur oberflächlich behandelt wurde. „Diese [Forschungslücke] steht in keiner Beziehung zur Bedeutung von Zwingli als Exegeten"[6], fasste Büsser zusammen. Dieser Befund ist umso erstaunlicher, als Zwinglis Oeuvre inkl. Exegetica bereits seit dem 16. Jahrhundert gut erschlossen ist.[7] Für Büsser lässt sich die bisherige Forschung auf drei nennenswerte Studien reduzieren. Erstens erwähnte er Ernst Nagels Monographie „Zwinglis Stellung zur Schrift"[8] (1896), die eine Hermeneutik des Zürcher Reformators darstellt. Nagel ging aber allein von Zwinglis theologischen Traktaten ohne materialexegetischen Bezug zu dessen Kommentaren aus. In einem dreiseitigen Unterkapitel zu „Schrift und Geist", in dem Nagel bei Zwingli die Unmittelbarkeit des Geistes in den Grenzen der Schrift verortet, werden die Paulus-Stellen mit keinem Wort erwähnt.[9] Zweitens wies Büsser auf Edwin Künzlis Dissertation „Zwingli als Ausleger von Genesis und Exodus"[10] (1950) hin, die in verschiedenen Teilpublikationen veröffentlicht wurde. Künzli hat aus den alttestamentlichen Kommentaren Zwinglis zum Pentateuch dessen hermeneutische Voraussetzungen herausgearbeitet, die er theologiegeschichtlich im Verhältnis zum spätmittelalterlich weiterentwickelten mehrfachen Schriftsinn verortet. Für uns relevant ist seine Feststellung, dass Zwingli die Betonung des Literalsinns, die bereits bei Augustin ansetzt und bis in die Spätscholastik verstärkt wird, noch einmal zuspitzt. Doch die Relevanz von Künzlis Studie für unsere Fragestellung hört schon hier auf, da sie nicht auf das Neue Testament ausgelegt ist. Nicht zuletzt wurde drittens der Artikel von Walther E. Meyer „Die Entstehung von Huldrych Zwinglis neutestamentlichen Kommentaren und Predigtnachschriften"[11] (1976) genannt, worauf wir in Bezug auf die Genese der uns überlieferten „Kommentare" Zwinglis noch zurückkommen werden.

---

[6] Fritz Büsser (übers. von Bruce McCormack), Zwingli the Exegete: A Contribution to the 450th Anniversary of the Death of Erasmus, in: Elsie Anne McKee/Brian G. Armstrong (Hg.), Probing the Reformed Tradition: Historical Studies in Honor of Edward A. Dowey, Jr, Louisville 1989, 175–196 (176): „[This Lacuna in research] stands in no relationship to the significance of Zwingli as exegete."

[7] Zwinglis Werke wurden dreimal ediert: Rudolf Gwalthers Edition der Opera D. Huldrychi Zvinglii von 1544–1545; Melchior Schulers und Johannes Schulthess completa editio prima von Huldrici Zvinglii opera von 1828–1842; und die CR-Edition von Zwinglis sämtlichen Werken, die 1905 von Emil Egli und Georg Finsler angefangen wurde und 2013 zum Ende kam.

[8] Ernst Nagel, Zwingli's Stellung zur Schrift, Freiburg i.B./Leipzig 1896.

[9] A.a.O., 68–70.

[10] Edwin Künzli, Zwingli als Ausleger von Genesis und Exodus, Diss. Univ. Zürich (1950).

[11] Walther E. Meyer, Die Entstehung von Huldrych Zwinglis neutestamentlichen Kommentaren und Predigtnachschriften, Zwingliana 14:6 (1976), 285–331.

Aus der Zeit nach Büssers Artikel können wir dessen Bibliographie noch mit Max Lienhards Artikel „Aus der Arbeit an Zwinglis Exegetica zum Neuen Testament: Zu den Quellen der Schriftauslegung"[12] (1990) ergänzen. Zur Zeit dieses Zwischenberichtes war Lienhard an der Editionsarbeit der letzten Bände von *Zwinglis sämtliche Werke* (CR) aber noch nicht bei den Paulusbriefen angekommen. Lienhard zeigte Quellen auf, zuvorderst Erasmus' Paraphrasen und Annotationen, worauf sich Zwingli in seiner Auslegung der Evangelien bezogen hat.[13] Zuletzt ist auf Daniel Bolligers „Nachwort"[14] (2013) zum Abschluss der letztgenannten Edition von Zwinglis Exegetica, nämlich auf die vollständige Bibliographie zu Zwinglis Exegese und insbesondere auf seine analytischen Zugänge zum exegetischen Werk Zwinglis,[15] hinzuweisen. In neueren Übersichtswerken zu reformatorischen Paulusauslegungen, wie „A Companion to Paul in the Reformation"[16] (2009) oder „Reformation Readings of Paul"[17] (2015), fehlt jeglicher Beitrag zu Zwinglis Exegese. Als Fazit lässt sich Büssers Feststellung auch noch nach 40 Jahren wiederholen: Die wissenschaftliche Beschäftigung mit dem exegetischen Werk Zwinglis, erst recht dem paulinischen Schrifttum, ist noch in den Anfängen.

3. Zwingli als Paulusexeget

Zwinglis Werdegang zum Paulusexegeten hängt eng mit der in der Forschung kontrovers diskutierten Frage nach dessen sog. „reformatorischer Wende" zusammen,[18] insbesondere mit der vorgeordneten Frage nach der entscheidenden Einflussgröße, die dazu geführt hat. Ohne auf dieses Problem vertieft einzugehen, müssen wir es kurz ansprechen. Als unumstritten gilt, dass zwei Einflusskreise auf Zwinglis innere Entwicklung, die weniger im Sinne einer *subita conversio*, sondern als Prozess zu verstehen ist, eingewirkt haben. Auf der einen Seite haben wir den erasmisch-reformerischen Humanismus, den wir mit Erasmus selbst in Verbindung zu bringen haben, auf der anderen Seite die reformatorische Theologie aus Wittenberg, die zunächst auf Luther und dann auch Melanchthon zurückgeht. Die ältere Forschung hat den Zürcher Reformator

---

[12] Max LIENHARD, Aus der Arbeit an Zwinglis Exegetica zum Neuen Testament. Zu den Quellen der Schriftauslegung, Zwingliana 18:4–5 (1990), 310–328.

[13] Eine analoge Studie zu den Quellen in Zwinglis Auslegung der Paulusbriefe bleibt ein Desiderat.

[14] Daniel BOLLIGER, Nachwort, in: Huldreich Zwingli Sämtliche Werke XXI (CR CVIII), Zürich 2013, 503–566.

[15] A.a.O., 533–566.

[16] Ward Holder (Hg.), A Companion to Paul in the Reformation, Leiden 2009.

[17] Michael Allen/Jonathan A. Linebaugh (Hg.), Reformation Readings of Paul. Explorations in History and Exegesis, Downers Grove 2015.

[18] Für einen Überblick ausgewählter Forschungsliteratur dazu vgl. Bruce GORDON, Zwingli. God's Armed Prophet, New Haven/London 2021, 165, Anm. 2.

mehrheitlich auf diese zwei Einflusskreise reduziert oder ihn darin aufgelöst. Zwingli sei lebenslang Erasmianer geblieben, der freilich von Luther das spezifisch „reformatorische" übernommen habe.[19] Ich folge hier grundsätzlich der Interpretation von Gottfried W. Locher, der Zwinglis Eigenständigkeit sowohl in Bezug gegenüber dem niederländischen Humanisten als auch dem deutschen Reformator plausibel aus den frühen Quellen herausgearbeitet hat.[20] Der Zürcher Reformator hat von Erasmus und Wittenberg entscheidende Einsichten mitbekommen, doch er entwickelte eine eigene genuin reformatorische Stimme zwischen den beiden. Unser Auslegungsvergleich des paulinischen Buchstabe-Geist-Gegensatzes wird diesen Befund bestätigen. Dass Zwingli in den frühen 1520er Jahren zwischen Luther und Erasmus zu vermitteln versuchte[21] und letztlich sowohl mit Erasmus als auch mit Luther brechen musste, ohne beiden seine Anerkennung abzusprechen, spricht m. E. für einen eigenständigen Weg.

Wie entwickelte sich also Zwinglis Beschäftigung mit dem Corpus Paulinum? 1527 schrieb Zwingli an Luther in seiner polemischen und eigentlich unfreundlichen Amica exegesis:

Ich habe Bedeutung und Inbegriff des Evangeliums einmal aus der Lektüre des Johannes und der Traktate Augustins gelernt, sodann besonders aus derjenigen der griechischen Paulusbriefe, die ich vor elf Jahren eigenhändig abgeschrieben habe, während du erst acht Jahre regierst.[22]

Nicht zuletzt um seine Unabhängigkeit zu Luther herauszustellen, führte Zwingli seine Entdeckung des Evangeliums wesentlich, neben derjenigen des Evangelisten Johannes, auf die Lektüre des Paulus in der griechischen Ursprache im Jahre 1516 zurück. Im selben Jahr hatte Zwingli Erasmus besucht, unter dessen Einfluss er bereits durch das Studium seiner Schriften, vor allem seines christlich-reformerischen Manifestes *Enchiridion militis christiani*[23], seit

---

[19] Diese Deutung wirft die Frage nach dem spezifisch „Reformatorischen" auf, die letztlich nur systematisch-theologisch zu beantworten ist. Aus historisch-theologischer Perspektive erscheint es zunehmend fragwürdig, Luther zum „Normalreformator" zu erheben, an dem sich das spezifisch „Reformatorische" der anderen Reformatoren anzugleichen hat. Vgl. Emidio CAMPI, Was the Reformation a German Event?, in: Peter Opitz (Hg.), The Myth of the Reformation, Göttingen 2013, 9–31 (22): „[...] the scholarship of recent decades points out persuasively [...] that it is highly problematic to employ solely German or Lutheran criteria in order to understand the religious upheavals in sixteenth-century Europe."

[20] Gottfried W. LOCHER, Die Zwinglische Reformation im Rahmen der europäischen Kirchengeschichte, Göttingen 1979, 68–77.115–122.

[21] GORDON, Zwingli (s. Anm. 18), 113–114.

[22] Huldreich Zwingli, Amica Exegesis, id est: expositio eucharistiae negocii ad Martinum Lutherum, in: Huldreich Zwinglis sämtliche Werke [= Z], Bd. 5, Leipzig 1934, 713–714: *Nam de me ipso coram deo testor, euangelii vim atque summam cum Joannis Augustinique tractatuum lectione didici, tum diligenti Grecanicarum Pauli epistolarum, quas hisce manibus ante undecim annos exscripsi, quum tu annis iam octo regnes.*

[23] Desiderius Erasmus, Enchiridion militis christiani, in: Opera omnia Desiderii Erasmi Roterdami, Bd. 5/8, Leiden/Boston 2016, 58–91.

1514/1515 stand. Die erste Ausgabe von Erasmus *Novum instrumentum*[24] war gerade zusammen mit seinen Annotationen erschienen und um dieses Hauptwerk muss sich der Besuch gedreht haben. Aus dem anschließenden Briefwechsel, in welchem Zwingli den Humanisten für seine Gelehrsamkeit und Edition rühmte, lässt Zwingli, so das Urteil Lochers, auch Zweifel an dem von Erasmus verteidigten geheimen Sinn der Heiligen Schriften erkennen.[25] Erasmus' hermeneutische Voraussetzungen[26] durchdrangen das von Zwingli geliebte Enchiridion. Darin behauptete der Humanist, „der Buchstabe stelle das Geheimnis verdeckt dar"[27], und forderte seine Leser dazu auf, sich Ausleger auszuwählen, „die sich am weitesten vom Literalsinn entfernen". Als vorzüglichen Kommentator erwähnt er Origenes.[28] Bezeichnenderweise begründete der Humanist seine Aufforderung in diesem Zusammenhang mit Paulus' Buchstabe-Geist-Gegensatz.[29]

Zwinglis Zuwendung zum Literalsinn findet jedenfalls noch im Jahre 1516 statt, wie er später rückblickend bezeugt. Die Schrift wurde ihm klarer, wenn er sie „bloß", d. h. ohne Kommentatoren heranzuziehen (Erasmus wohl eingeschlossen), las.[30] Nicht nur schrieb sich Zwingli die Paulusbriefe ab, er lernte sie auch auswendig. Dies geschah auf Rat des Enchiridion des Erasmus,[31] welcher eine besondere Hochachtung für die Briefe des Apostels hatte. Dazu vertiefte Zwingli seine Bibelstudien mit Erasmus Annotationen und ab 1517 mit den erschienen Paraphrasen.[32] Erst Ende 1518 setzte Zwinglis Beschäftigung mit

---

[24] Desiderius Erasmus, Novum instrumentum omne, Basel: Johannes Froben, 1516 (VD16 B 4196).

[25] Vgl. Locher, Die Zwinglische Reformation (s. Anm. 20), 76–77.

[26] Zu Erasmus' Hermeneutik siehe: Manfred Hoffmann, Rhetoric and Theology. The Hermeneutic of Erasmus, Toronto u. a. 1994, bes. 95–133; Thomas F. Torrance, The Hermeneutics of Erasmus, in: McKee/Armstrong (Hg.), Probing the Reformed Tradition (s. Anm. 6), 48–76.

[27] Erasmus, Enchiridion (s. Anm. 23), 110: [...] *mysterium littera obtectum exprimit.*

[28] A. a. O., 118: *Ex interpretibus diuinae Scripturae eos potissimum delige, qui a littera quammaxime recedunt. Cuiusmodi sunt imprimis post Paulum Origenes, Ambrosius, Hieronymus, Augustinus.* So auch im Methodus, der mit der Edition des *Novum Instrumentum* von 1516 veröffentlicht wurde: Desiderius Erasmus, Methodus, in: Ausgewählte Werke, hg. von Hajo Holborn, München 1964 (Unveränderter Nachdruck), 160: *Adiuvemur illorum commentariis, dum modo primum ex his deligamus optimos, velut Origenem, qui sic est primus, ut nemo cum illo conferri possit, Basilium, Nazianzenum, Athanasium, Cyrillum, Chrysostomum, Hieronymum, Ambrosium, Hilarium, Augustinum.*

[29] Erasmus, Enchiridion (s. Anm. 23), 118–123.

[30] Vgl. Huldreich Zwingli, Von Klarheit und Gewissheit des Wortes Gottes, in: Z, Bd. 1, Berlin 1905, 379: „Do huob ich an got ze bitten umb sin liecht, und fieng mir an die geschrifft vil lichter werden – wiewol ich sy bloß laß –, denn hette ich vil comment und ußleger gelesen."

[31] Vgl. Erasmus, Enchiridion (s. Anm. 23), 300–303: *In primis autem Paulum tibi facito familiarem: hic tibi semper habendus in sinu, nocturna versandus manu, versandus diurna, postremo et ad verbum ediscendus.*

[32] Vgl. Christine Christ-von Wedel, Erasmus und die Zürcher Reformatoren: Huldrych Zwingli, Leo Jud, Konrad Pellikan, Heinrich Bullinger und Theodor Bibliander, in: dies./Urs B. Leu (Hg.), Erasmus in Zürich. Eine verschwiegene Autorität, Zürich 2007, 77–165 (77).

Lutherschriften ein. In seiner detaillierten Studie hält Arthur Rich jedoch fest, dass „das Schwergewicht [der Lutherlektüre bei Zwingli] in das Jahr 1522 fällt."[33] Eine Auseinandersetzung Zwinglis mit Luthers Paulusinterpretation kann spätestens 1520 mit dem Studium des Galaterbriefkommentars vorausgesetzt werden. Doch erst 1522 lässt sich mit Zwinglis *Von Erkiesen und Freiheit der Speisen*[34] ein „erstes reformatorisches Dokument' im Sinne einer Aufnahme der paulinischen Fragestellung"[35] festmachen. Luthers Übersetzung des Neuen Testamentes von 1522 wird Zwingli mit sprachlichen Anpassungen 1524, 1525 und 1527 dankbar in Zürich nachdrucken lassen und als Vorlage für die Froschauerbibel gelten lassen.[36]

1519 wurde Zwingli in Zürich zum Leutpriester berufen. Er führte in seiner Predigttätigkeit gleich zu Beginn die *lectio continua* ein. Zwingli begann bei Matthäus, folgte dann aber nicht weiter dem neutestamentlichen Kanon, sondern setzte mit der Auslegung der Apostelgeschichte fort. Gleich darauf, im Jahre 1521, folgte der erste Paulusbrief (1 Tim). Bis im Jahre 1525 hatte der Zürcher Reformator fast alle Paulusbriefe durchgepredigt, bevor er sich vom Neuen nun dem Alten Testament zuwandte.[37] Die im September 1523 vom Zürcher Rat geplante Reform des Stifts in ein exegetisches Seminar, öffnete ihre Türen im Juni 1525. Das Seminar wurde später in Anspielung auf 1 Kor 14 „Prophezei" genannt; da sollte die Bibel übersetzt und ausgelegt werden, worunter Zwingli die eigentliche Ausübung der prophetischen Gnadengabe verstand.[38] Zwingli umgab sich mit reformatorisch Gleichgesinnten und den philologisch Gebildetsten seiner Zeit, um sich dem „Buchstaben" der Bibel in humanistischer Manier widmen zu können. Am Morgen fand im Großmünster die Exegese des Alten Testaments statt, wobei sich die Gelehrten die Arbeit teilten. Nach der hebräischen *lectio* übernahm Zwingli die griechische Vorlesung aus der Septuaginta und die Auslegung auf Latein, die nur manchmal anschließend von Zwingli selbst noch für das gemeine Volk auf Deutsch gepredigt wurde. Am Nachmittag wurde das Neue Testament im Fraumünster – quasi als Anhang zur eigentlichen Prophezei im Großmünster – ausgelegt. Da übernahm Zwingli

---

[33] Arthur RICH, Die Anfänge der Theologie Huldrych Zwinglis, Zürich 1949, 94.

[34] Huldreich Zwingli, Von Erkiesen und Freiheit der Speisen, in: Z, Bd. 1, Berlin 1905, 88–136.

[35] LOCHER, Die Zwinglische Reformation (s. Anm. 20), 89.

[36] Vgl. Hans-Rudolf LAVATER, Die Froschauer-Bibel 1531. Entstehung – Sprachliche Eigenart – Ausstattung, in: Christoph Sigrist (Hg.), Die Zürcher Bibel von 1531. Entstehung, Verbreitung und Wirkung, Zürich 2011, 65–141 (65–85). Siehe weiter Traudel HIMMIGHÖFER, Die Zürcher Bibel bis zum Tode Zwinglis (1531). Darstellung und Bibliographie, Mainz 1995, 83 ff.

[37] Oskar FARNER, Huldrych Zwingli: Seine Verkündigung und ihre ersten Früchte 1520–1525, Zürich 1954, 36–45.

[38] Vgl. Daniël TIMMERMAN, Heinrich Bullinger on Prophecy and the Prophetic Office (1523–1538), Göttingen 2015, 111–124.

als Gräzist gleich die ganze exegetische Arbeit: die Übersetzung und die Auslegung auf Latein und die anschließende Homilie auf Deutsch.[39]

Aus dieser Arbeit in der Prophezei entstanden nicht nur die Froschauer Bibel,
sondern zahlreiche Kommentare und Erklärungen, sog. *Annotationes* bzw.
Annotatiunculae, zum Alten und Neuen Testament, die nicht eigenhändig von
Zwingli verfasst wurden, sondern auf Hörernotizen und Nachschriften beruhen und auch explizit als solche herausgegeben wurden. Es gilt heute als For-
schungskonsens, dass in diese nachträglichen Kommentarausgaben (besonders
zum Neuen Testament) sowohl exegetische Anmerkungen im strengen Sinne
wie auch Elemente aus der homiletischen Arbeit Zwinglis ineinandergeflossen
sind. Beide Genres sind deshalb nicht mehr zu trennen noch literarkritisch zu
rekonstruieren. Wir haben es hier demnach mit einer Mischgattung zu tun.
Zwinglis Kommentar zum 2. Korintherbrief erschien (zusammen mit dem ersten) erstmals 1528. Sehr wahrscheinlich behandelte Zwingli diesen Brief im
Frühjahr 1527.[40]

4. Zwischen Erasmus und den Wittenbergern

Nachdem wir Zwinglis Werdegang zum Paulusexegeten (und überhaupt zum
Reformator) zwischen den Einflusskreisen von Erasmus' Humanismus und der
Wittenberger Reformation beschrieben haben, lässt sich nun der „zwingliani-
sche" Paulus am besten mit einem Auslegungsvergleich hervorheben. An dieser
Stelle wenden wir uns nun materialexegetisch der Auslegung des paulinischen
Buchstabe-Geist-Gegensatzes zu, der im dritten Kapitel des 2. Korintherbriefs
am ausführlichsten behandelt wird. Erasmus hat auf den paulinischen Brief in
den Annotationen[41] wie auch in den Paraphrasen[42] unmittelbar Bezug genommen. Wenn Luther auch keinen Kommentar zum 2. Korintherbrief verfasst hat,
versah er seine Übersetzung der Epistel in seiner deutschen Ausgabe doch mit
vereinzelten Anmerkungen. Zwingli hat beides studiert, sowohl das exegetische
Schrifttum des Erasmus wie auch Luthers Übersetzung des Neuen Testaments.
Durch diese Tatsache gewinnt der Auslegungsvergleich an Schärfe, da wir davon ausgehen können, dass Zwinglis Eigenständigkeit in der Auslegung dieser
Passage wissentlich erfolgte. Luther hat zudem aus Vorlesungsnotizen einen
Kommentar Melanchthons zum 2. Korintherbrief (zusammen mit dem 1. Ko-

---

[39] Vgl. MEYER, Entstehung (s. Anm. 11), 324 ff.
[40] A. a. O., 310.331.
[41] Desiderius Erasmus, In epistolam ad Corinthios secundam annotationes, in: Omnia
opera Desiderii Erasmi Roterodami, Bd. 6/8, Amsterdam u. a. 2003, 327–474.
[42] Desiderius Erasmus, Paraphrasis in epistolam Pauli ad Corinthios posteriorem, in:
Desiderii Erasmi Roterodami opera omnia, Bd. 7, Leiden: Pieter van der Aa, 1706, 915–942.

rintherbrief und dem Römerbrief) 1522 unautorisiert veröffentlicht,[43] welchen wir hier ebenfalls beiziehen. Dessen Inhalt hat der deutsche Reformator offensichtlich gutgeheißen. Dieser Kommentar hat bis 1527 über zehn Nachdrucke erlebt und wurde sogar auf Deutsch übersetzt.[44] Der hohe Bekanntheitsgrad dieses Werkes macht es sehr wahrscheinlich, dass Zwingli es gekannt hat. Mit letzter Sicherheit kann es nicht bewiesen werden.[45]

Mit folgender Vorgehensweise werden wir uns den einzelnen Quellen zuwenden. Die Auslegungen des paulinischen Buchstabe-Geist-Gegensatzes im dritten Kapitel des zweiten Korintherbriefes werden chronologisch der Entstehung nach durchgenommen. D. h. zunächst diejenige von Erasmus, dann Luthers bzw. Melanchthons, und zuletzt Zwinglis Auslegung. Besondere Aufmerksamkeit legen wir auf die Stellung des Gesetzes im alten und im neuen Bund im Lichte der evangelischen Verkündigung.

4.1 Desiderius Erasmus

Wie hat also Erasmus die Passage ausgelegt? In den Paraphrasen weist er im sog. *argumentum*, einer inhaltlichen Einleitung zum 2. Korintherbrief, in der Erasmus Paulus' Argument zusammenfasst, auf die „Pseudoapostel, die [...] überall zum mosaischen Gesetz angelockt haben" und „versucht haben, es Christus so beizumischen, als ob es ohne dessen Hinzufügung keine Hoffnung aufs Heil gebe."[46] Dem Evangelium entsprechend würde der Apostel seine Adressaten „nicht zu den Zeremonien des Gesetzes, sondern zu einem Gewissen und Leben, die Christus würdig sind,"[47] ermahnen. Paulus ist es, der „darauf hinweisen würde, worin christliche Pietät besonders liege."[48]

---

[43] Philipp Melanchthon, Annotationes in epistolas Pauli ad Rhomanos et Corinthios, Nürnberg: Stuchs, 1522 (VD16 M 2447).

[44] Für die Druckgeschichte und ihren Hintergrund verweise ich dankbar auf den Aufsatz von Tobias Jammerthal im vorliegenden Tagungsband.

[45] Das Werk steht nicht im Katalog der Privatbibliothek Zwinglis, vgl. Urs LEU, Huldrych Zwingli's Private Library, Leiden 2019. Mit Sicherheit hingegen war Zwingli mit Melanchthons *Loci communes* von 1521 vertraut, aus denen er in seiner Amica Exegesis zitierte. In den *Loci communes* ließ der Wittenberger Erkenntnisse aus seinen zeitgleich gehaltenen Korinthervorlesungen einfließen. Explizite Bezüge zum Buchstabe-Geist-Gegensatz lassen sich finden in: Philipp Melanchthon, Loci Communes 1521: Lateinisch-Deutsch, übers. von Horst Georg Pöhlmann, Gütersloh ²1993, 185 (4,81–83). Bezeichnenderweise verweist er aber lieber auf Augustin oder Luther, vgl. 321 (7,101). In der zweiten Edition, die Zwingli allerdings nicht habe konsultieren können, hat er ein eigenständiges Kapitel zum Buchstabe-Geist-Gegensatz, vgl. Philipp Melanchthon, Loci communes theologici, Wittenberg: 1535 (VD16 M 3614), l2v–l4r.

[46] Erasmus, Paraphrasis, 913–914: *Pseudoapostolos, qui [...] nusquam non pelliciebant ad Legem Mosaicam, quam Christo sic conabantur admiscere, quasi sine huius accessione, non esset spes salutis.*

[47] Ebd.: [...] *non ad ceremonias Legis, sed ad conscientiam vitamque Christo dignam.*

[48] Ebd.: [...] *indicat quibus sita sit potissimum Christiana pietas.*

Diese moralische Deutung des paulinischen Evangeliums, das dem Zeremonialgesetz[49] Mose entgegengehalten wird, zieht sich dann durch die Auslegung
hindurch. Verinnerlichung wird Äußerlichkeit entgegengesetzt. Wenn Erasmus
vom Gesetz spricht, scheint er den Dekalog nur am Rande im Blick zu haben. In
den Annotationes bezieht er zwar den Buchstaben sowohl auf das Zeremonialgesetz als auch auf die *praecepta legis*[50], doch in den Paraphrasen spricht er explizit nur von den Zeremonien. Darin bestehe nach Erasmus das alte Testament[51] als Buchstabe, dessen *administratio* Mose anvertraut wurde. Das neue
Testament hingegen sei „geistlich und himmlisch" und liege in den „Affekten".[52] Erasmus betont aber, dass beide Ämter – das mosaische und das apostolische – auf Gott zurückgehen, der ihnen verschiedene Funktionen zugewiesen
habe. Der Buchstabe führe nämlich zum Tode, indem er die Sünde anrege und
den Sünder zugleich mit dem Tod bestrafe. An dieser Stelle liegt eine implizite
Anspielung auf Römer 7,8 ff. vor. Der Geist hingegen, der durch die evangelische Lehre verliehen würde, biete dem Sünder Leben, nachdem ihm die in der
Vergangenheit begangenen Sünden vergeben würden.[53] Erasmus kann auch sagen, dass das gepredigte Evangelium *iustitia* verleihe.[54] Diese Gerechtigkeit ist
offensichtlich nicht forensisch als zugesprochene, sondern ontologisch als eine
durch den Geist bewirkte zu verstehen. In Erasmus' Auslegung der Vergänglichkeit des Amtes Mose setzt Erasmus dem mosaischen Gesetz die *Evangelica
Lex* entgegen, ein Synonym für das neue Testament oder das Evangelium.[55] Es
gibt also keinen kategorialen Unterschied zwischen Gesetz und Evangelium.

---

[49] Im vorliegenden Aufsatz nutzen wir als kritisches Instrument die dreifache Unterteil-
lung des Gesetzes (Zeremonial-, Moral- und Zivilgesetz), soweit sie Melanchthon in seinen
Loci Communes von 1521 ausgearbeitet hat und die wir hier als Denkkategorien zumindest
bei Luther und Zwingli voraussetzen dürfen. Vgl. Melanchthon, Loci Communes 1521, 110–
111. Sie lässt sich aber bereits im Mittelalter bezeugen, vgl. Thomas Aquinas, Summa theologiae (STO II 184–926), S[ancti] Thomae Aquinatis opera omnia, Bd. 2, hg. von Roberto Busa,
Stuttgart-Bad Cannstatt 1980, 486–487.

[50] Erasmus, Annotationes, 354.

[51] Wenn im vorliegenden Aufsatz altes bzw. neues Testament kleingeschrieben wird, wird
eben nicht auf die kanonische Größe Altes bzw. Neues Testament, sondern bewusst auf das
jeweilige Bundesverhältnis zwischen Gott und seinem Volk hingewiesen.

[52] Vgl. Erasmus, Paraphrasis, 919–920: [6] [...] *vetus testamentum, quod apud Pseudapostolos
crassum est, et in littera situm, cuius administratio Mose credita est, sed novum, quod spirituale est ac coeleste, in affectibus situm, non in ceremoniis.*

[53] Vgl. Erasmus, Paraphrasis, 919–920: [6] [...] *Nam littera, quae Mosi credita est, praescriptis
legibus ad mortem adigit, dum et per occasionem capitis supplicio punit. Contra spiritus, qui
per Evangelicam doctrinam confertur condonatis omnibus superioris vitae commissis, mortem
meritis vitam offert.*

[54] Vgl. Erasmus, Paraphrasis, 920: [9] *Si tantus honos fuit Legi, quae damnare potuit, servare
non potuit: longe plus honoris meretur Evangelium, per cuius praedicationem non solum aboletur peccatum, verum etiam iustitia confertur.*

[55] Vgl. Erasmus, Paraphrasis, 920: [11] *Etenim si Lex, quae ad certum modo tempus data est,
mox antiquanda, tantum habuit apud homines dignitatis, multo plus dignitatis habet Evange-*

Wie versteht nun Erasmus den Übergang vom alten zum neuen Testament? In den Annotationen schreibt er, dass „das Gesetz nicht ausschließlich abgeschafft werde, sondern, dass Figuren der Wahrheit weichen."[56] Mit anderen Worten, das Gesetz sei nun allegorisch zu deuten. In den *Paraphrasis* lässt Erasmus das Gesetz das ganze Alte Testament (als kanonische Größe)[57] umfassen, das seine Selbstaufhebung bezeuge.[58] Moses Verhüllung wies auf die Vorläufigkeit der Herrlichkeit des alttestamentlichen Gesetzes hin.[59] Es fand also eine Ablösung von Mose durch Christus, vom alten durch das neue Testament statt. Erasmus wirft den Juden buchstäbliche Lesung von Mose und Suche nach leiblichen Dingen vor, „obwohl das Gesetz geistlich ist, wenn es zu scharfsichtigen Augen gebracht werde."[60] Damit meint er eine geistliche Lesart des Alten Testamentes, die nicht in der mosaischen „Hülle dieses Gesetzes" bestehe, das Christus abgeschafft habe.

Erasmus fasst den paulinischen Buchstabe-Geist-Gegensatz als Gegensatz zwischen einem vergänglichen und im Buchstaben des Alten Testamentes festgehaltenen Gesetz auf der einen Seite, und dem verinnerlichten und ewigen Gesetz des Evangeliums auf der anderen Seite auf, das durch den Buchstaben des Gesetzes verhüllt war. Obschon hier eine heilsgeschichtliche Deutung vorliegt, ist sie einer hermeneutischen Interpretation untergeordnet. Erasmus lässt dabei in seiner Paulusauslegung die Frage nach der soteriologischen Relevanz des mosaischen Gesetzes bzw. des Alten Testaments für das christliche Leben offen.

4.2 Martin Luther und Philipp Melanchthon

Luther setzt in seiner Vorrede zum 2. Korintherbrief „das Evangelisch ampt" dem „gesetz ampt" entgegen.[61] In seinem kurzen *argumentum* zu seinen *Annotationes* spricht Melanchthon auch schlicht vom „Unterschied zwischen dem

---

lica Lex, quae ut omnibus datur, ita nunquam est abroganda. Siquidem novum testamentum, quo vetus antiquatur, aeternum dicitur a Christo, quemadmodum docui superiori Epistola.

[56] Erasmus, Annotationes, 358: *Tametsi lex non aboletur proprie, sed figurae cedunt veritati.*

[57] Jedenfalls wurde Erasmus von Heinrich Bullinger, Zwinglis Nachfolger in Zürich, auch so gedeutet, vgl. Heinrich Bullinger, Kommentar zum zweiten Korintherbrief, in: Heinrich Bullinger Werke, Bd. 3/6, hg. von Peter Opitz, Zürich 2012, 488: *Sunt, qui per literam intelligunt omnia veteris instrumenti scripta.* Ich danke Luca Baschera für diesen Hinweis.

[58] Vgl. Erasmus, Paraphrasis, 920: [14] [...] *Quin et hodie manet huic genti vetus illa caecitas, ut cum Legis libros legant, tamen non intelligant: et illum studio Legis pertinaciter reiiciant, cuius adventu Lex ipsa sese testatur antiquandam.* [15] *Sic igitur cum legunt Vetus Testamentum, ut novum in eo promissum nolint amplecti, nonne manet illis etiamnum velum illud Mosaicum: nec eo per fidem amoto perspiciunt, quod per Christum antiquatur involucrum illius Legis?*

[59] Vgl. Erasmus, Paraphrasis, 920: [13] [...] *cum vel hoc argumento significaretur eis abolendam illius Legis gloriam* [...].

[60] Erasmus, Paraphrasis, 920: [15] [...] *cum Lex sit spiritualis, si quis perspicaces adferat oculos.*

[61] Martin Luther, Vorrede auf die ander Epistel an die Corinther, D. Martin Luthers Werke, Abteilung Deutsche Bibel [= WA.DB], Bd. 7, Weimar 1931, 138–139.

alten und dem neuen, dem Gesetz und dem Evangelium"[62]. In den Anmerkungen zu 2 Kor 3,6 ff. fasst Melanchthon grundsätzlich „alles was geschrieben ist" als Buchstaben auf, sei es Gesetz oder auch Evangelium. Nämlich solange letzteres nur als buchstäbliche Lehre ohne den lebendig machenden Geist empfangen wird: „Das heißt jedes Werk, jede Lehre, jeder Gedanke, der nicht im Herzen des Menschen lebt"[63]. Denn so definiert er die Wirkung des Heiligen Geistes: „Der Geist ist Leben und Wirksamkeit des Heiligen Geistes in unseren Herzen"[64]. Dieser belebt den Willen Gottes im Menschen. Luther schreibt in einer Randglosse zu seiner Übersetzung: „Buchstaben leren, ist, das blos gesetz und werck leren, on der gnade Gottis erkentnis [...]"[65]. Auch für Melanchthon ist die Wirkung des Geistes das Entscheidende. „Das ganze Gesetz [...] ob mit innerlichen oder äußerlichen Werken, ist Buchstabe. Wiederum ist jedes Werk Geist, ob innerlich oder äußerlich, wenn es mit dem Heiligen Geist als Autor gemacht wird." Bei letzterem Fall kann Melanchthon auch im Anschluss an Römer 7,14 von der *lex spiritualis* sprechen, die sich dann in *spiritualia* wie „Erkenntnis, Liebe, Furcht Gottes und deren Früchten"[66] auswirke. In ihrer Auffassung von „Gesetz" haben Melanchthon und Luther in erster Linie das Moralgesetz und nicht die Zeremonien im Blick.

Um den Begriff der sog. *efficacia*, der Wirksamkeit, dreht sich Melanchthons Argumentation bei dem Gegensatz zwischen dem alten und neuen Testament, dem Gesetz und dem Evangelium. *Duo sunt testamenta*[67], das alte ist „das Gesetz an sich, das nichts anderes als Lehre und nur Buchstabe ist" und nur im Buchstaben besteht. Das neue hingegen „der Heilige Geist [...], der im Herzen der Gläubigen ausgegossen ist."[68] Ja, es bestehe gerade in der *abrogatio legis* als solcher. Das Evangelium, wenn es nur als Lehre aufgefasst wird, wird auch zum Gesetz, d.h. zum Buchstaben. Aber entscheidend ist für den Wittenberger, dass „der Heilige Geist allein durch das Evangelium gegeben [und] nicht durch das

---

[62] Melanchthon, Annotationes, S1r: *Deinde de discrimen veteris ac novi testamenti, legis et evangelii.*

[63] Melanchthon, Annotationes, T2r: *Litera simplicissime significat doctrinam, nempe quicquid scribitur. Lex Evangelium, Cognitio legis, Cognitio evangelii, Simulatio legis, Simulatio evangelii, litera sunt, adeoque omne opus, quod litera docente, non spiritu vivificante fit, hoc est, Omne opus, omnis doctrina, omnis cogitatio, quae non vivit intra cor, litera est.*

[64] Melanchthon, Annotationes, T2r: *Spiritus est vita et efficacia spiritus sancti in cordibus nostris.*

[65] Martin Luther, Die ander Epistel Pauli an die Corinther, WA.DB 7, 146.

[66] Melanchthon, Annotationes, T2v: *Sed tota lex omnis exactio sive interni sive externi operis, est litera. Rursum, Spiritus est cum internum tum externum opus spiritu sancto autore factum.*

[67] Melanchthon, Annotationes, T2v: *Rho. 7. Lex spiritualis dicitur simplicissime quod exigat spiritualia, hoc est: Cognitionem, Amorem, Timorem dei et horum fructus.*

[68] Melanchthon, Annotationes, T2v: *Vetus testamentum ipsa lex est, quae cum nihil nisi doctrina sit, litera tantum est. Novum testamentum est spiritus sanctus (abrogatio veteris testamenti hoc est, remissio peccatorum) effusus in corda credentium.*

Gesetz gegeben ist."⁶⁹ Die Verkündigung des Gesetzes ist nur Buchstabe und Lehre, diejenige des Evangeliums ist zwar auch Lehre, aber nicht allein. Denn der Heilige Geist wird dadurch mitgegeben.⁷⁰ Mit anderen Worten macht der Geist die apostolische Verkündigung des Evangeliums „wirksam". Diese apostolische Verkündigung setzt Melanchthon dem Amt des Moses und der Propheten entgegen, das in der Verkündigung des Gesetzes besteht. Somit ordnet er das ganze Alte Testament als kanonische Größe dem „Gesetz" unter.

Melanchthon unterscheidet nicht zwischen einem geistlichen, d.h. geistlich ausgelegten, Gesetz und einem buchstäblichen, d.h. fleischlich ausgelegten, Gesetz. Es besteht hier keine Frage der Hermeneutik, sondern der Wirksamkeit. Denn gerade im Buchstaben, der tötet, liegt das *officium* des Gesetzes. Es liege in der Natur des Gesetzes, dass es der Sünde überführe und töte. An dieser Stelle verweist er wiederum auf Römer 7,8 ff. – wie Erasmus. Er kann sagen, dass die Herrlichkeit des Gesetzes in der Macht des Tötens liege, die des Evangeliums dagegen in der Macht des Lebendig-Machens.⁷¹ Da das Gesetz aber in Bezug auf (forensische) Rechtfertigung *inefficax* sei, übersteige die Herrlichkeit des Evangeliums, welches rechtfertigt, die des Gesetzes.⁷² Zudem sei die Unwirksamkeit des Gesetzes der eigentliche Grund, warum es abgeschafft wurde.⁷³ Bezeichnenderweise besteht für Luther Moses Decke darin, „den buchstaben und seyn lere nicht [zu] erkennen"⁷⁴, d.h. dessen tötende Funktion. Das komme einem heuchlerischen Verständnis des Gesetzes gleich. Auch hier ist diese Frage m.E. keine hermeneutische, keine textbezogene Frage, sondern eine Frage des Subjektes oder des Gewissens.

Bei Melanchthon und Luther dominiert deutlich eine heilsgeschichtliche Deutung des paulinischen Buchstabe-Geist-Gegensatzes, wobei sie den Geist allein mit dem Evangelium in Verbindung bringen und nicht mit dem Gesetz. Die buchstäbliche Lesart des Gesetzes ist dessen wahre Auslegung. Das geistliche Gesetz liegt nicht hinter dem Buchstaben des Gesetzes, sondern ist eigentlich kein Gesetz *per se,* sondern eine Wirkung des Geistes. Das Gesetz, das alte Testament, auch wenn das neue Testament es aufgehoben hat, behält aber eine bleibende und unverzichtbare Funktion im *ordo salutis,* nämlich diejenige des Tötens.

---

⁶⁹ Melanchthon, Annotationes, T2v: *Spiritus sanctus per evangelium datur, per legem non datur.*

⁷⁰ Melanchthon, Annotationes, T2v: *Evangelium non est praedicatio doctrinae alicuius tantum. Sed est donatio ipsa spiritus sancti.*

⁷¹ Vgl. Melanchthon, Annotationes, T3r: *Summa Legis gloria haec est, potentia occidendi. Summa Evangelii gloria haec est, potentia vivificandi.*

⁷² Vgl. Melanchthon, Annotationes, T3r: *Lex quod ad iustificationem attinet inefficax fuit, ergo ne vocanda quidem gloria est, si comparas ad evangelium quod iustificat credentem.*

⁷³ Melanchthon, Annotationes, T3v: *Quia lex inefficax est ad iustificandum, ideo aboletur* [...].

⁷⁴ Martin Luther, Die ander Epistel Pauli an die Corinther, WA.DB 7, 146.

4.3 Ulrich Zwingli

Im einleitenden *argumentum* zum 2. Korintherbrief schreibt Zwingli, dass „von den jüdischen Zeremonien zu einem Leben, das Christus würdig ist, ermahnt wird."[75] Eine Ausdrucksweise, der wir wörtlich bei Erasmus bereits begegnet sind.[76] In der Auslegung zu 2 Kor 3,6 ff. fragt der Zürcher Reformator rhetorisch: „Hat etwa Gott ein anderes Testament gemacht?"[77] und lässt Paulus paraphrasierend selbst antworten:

Wenn ich gesagt habe, ich sei ein Diener des neuen Testamentes, habe ich nicht sagen wollen, dass es etwa einen anderen Gott gibt noch dass er ein anderes Testament gemacht hat, sondern dass das alte Testament nichts anderes war als Buchstabe, dadurch wir getötet wurden, wie [beim Gebot]: ‚Du sollst nicht begehren'[78].

Zwingli betont hier nicht nur die Einheit Gottes, sondern auch das eine Testament, das er in dem einen Gott begründet sieht. Wie ich anderswo gezeigt habe, hat Zwingli im Sommer 1525 eine bundestheologische Wende im Zusammenhang mit seiner Auslegungsarbeit an der Prophezei durchgemacht.[79] Demnach kam der Zürcher Reformator zur Überzeugung, dass das alte und das neue Testament, das abrahamitisch-mosaische und das christliche Testament, nicht als zwei entgegengesetzte Testamente aufzufassen, sondern in einem einen einzigen Bund (er benutzt dabei das Begriffspaar *testamentum* bzw. *foedus* synonymisch) zu integrieren seien. Wenn Zwingli hier die paulinischen Ausdrücke von altem und neuem Testament übernimmt, dann kann es nur bedeuten, dass es dasselbe Testament ist, nämlich das alte, das in Christus „neu" wird. Es gilt nun zu zeigen, worin diese Erneuerung in Bezug auf das Gesetz zu verstehen ist.

Bezeichnenderweise wird im oberen Zitat mit dem Verweis auf das letzte Gebot des Dekalogs explizit auf Röm 7,7 Bezug genommen. Zwingli macht in diesem Zusammenhang einen Bezug (auf das Gebot), den weder Erasmus noch die Wittenberger herstellen. Wahrscheinlich geht er auf Augustin zurück.[80] Zwingli

---

[75] Huldreich Zwingli, Erklärungen zum 2. Brief an die Korinther, in: Z, Bd. 21, Zürich 2013, 191: *A Iudaicis caeremoniis ad vitam Christo dignam exhortatur*.

[76] Vgl. Anm. 46.

[77] Zwingli, Erklärungen (s. Anm. 75), 199: *Num deus aliud testamentum condidit?* Die Partikel *num* erwartet eine verneinende Antwort.

[78] Ebd.: *Quod me dixi ministrum novi testamenti, non in hoc dixi, quasi deus alius sit factus aut aliud testamentum condiderit, sed quod vetus testamentum aliud nihil erat quam litera, qua occidebamur, ut: ‚Non concupisces'*.

[79] Vgl. Pierrick HILDEBRAND, The Zurich Origins of Reformed Covenant Theology, Diss. Zurich (2019), 48–61; Pierrick HILDEBRAND, Zwingli's Covenantal Turn, in: Jon Balserak/Jim West (Hg.), From Zwingli to Amyraut. Exploring the Growth of European Reformed Traditions, Göttingen 2017, 23–35.

[80] Vgl. Aurelius Augustinus, Geist und Buchstabe: De spiritu et littera liber unus, übertr. von Anselm Forster, Paderborn 1968, 12–13: *et utique non figurate aliquid dicitur, quod accipiendum non sit secundum litterae sonum, cum dicitur: non concupisces, sed apertissimum saluberrimumque praeceptum est* […] = „Wenn es heißt: ‚Du sollst nicht begehren', so liegt hier

versteht hier unter Gesetz erst einmal nicht das Zeremonialgesetz, sondern den Dekalog, d. h. das Moralgesetz. Und ähnlich wie für Augustin liegt für Zwingli hinter dem Gebot keine Figur, die geistlich zu erfassen wäre, sondern der buchstäbliche Sinn ist der eigentliche. In Anlehnung an die Wittenberger Theologen besteht die Funktion des Gesetzes darin, dass der Mensch beim Hören des Gebotes „nichts anderes kann als sich zu entsetzen und zusammenzubrechen [...] bis der Geist des himmlischen Vaters in sein Herz gegeben wird, der ihn wieder belebt und ganz lebendig macht."[81] Zwingli setzt die mosaische Verwaltung „des Todes und der Verdammung" derjenigen der „Gnade der Gerechtigkeit" entgegen. Gemeint ist dabei aber „nicht unsere, sondern die Gerechtigkeit Jesu Christi, die unser gemacht wird."[82] Unmissverständlich vertritt Zwingli gegen Erasmus aber mit Melanchthon und Luther eine forensische Rechtfertigungslehre.

Doch in einem wesentlichen Aspekt unterscheidet sich Zwingli von Wittenberg und damit nähern wir uns der Antwort auf die Frage, worin das „neue" am neuen Testament eigentlich bestehe. Bezeichnenderweise deutet Zwingli die vergängliche Decke auf Moses Gesicht als den tötenden Buchstaben *per se*, nicht wie Luther als eine Verdeckung des tötenden Buchstabens, der vielmehr in der Herrlichkeit Moses liegt. „Die Decke auf dem Gesicht von Mose bedeutete, dass Christus bisher nicht aufgedeckt war."[83] Das kann nur heißen, dass der Glanz auf Moses Gesicht für Zwingli bereits eine vorläufige Form der Christus-Herrlichkeit in der Gestalt des Gesetzes war. Wenn Zwingli von der Aufhebung oder Abschaffung (*abolitio*) des Gesetzes spricht, spricht er plötzlich nur noch von den Äußerlichkeiten des mosaischen Gesetzes und meint damit die Zeremonien, nicht in erster Linie den Dekalog.[84] Nur das Zeremonialgesetz im eigentlichen Sinn, das auf Christus verdeckt hindeutete, wurde durch Christus aufgehoben, nicht das Moralgesetz. Wenn meine Interpretation korrekt ist, bildet der Dekalog sowohl in seiner tötenden und zugleich normativen Funktion[85] für das Leben der Gläubigen das kontinuierliche Element des einen Testamentes oder Bundes.

---

keine Aussage vor, die bildlich und nicht wörtlich zu verstehen wäre, sondern es ist dies eine ganz eindeutige und auch durchaus heilsame Vorschrift."

[81] Zwingli, Erklärungen (s. Anm. 75), 199: [...] *non potest non exhorrescere et totus concidere, dum audit hanc vocem: ,non concupisces', donec spiritus patris coelestis in cor eius datus fuerit, qui eum rursus animat, refocillat et plane vivificat.*

[82] A. a. O., 200: *Administrationem mortis et condemnationis legem vocat, quae docet et ostendit nos mortuos esse et condemnatos; administrationem vero iustitiae gratiam, quae iustitiam subministrat, non nostram, sed iustitiam Iesu Christi, quae nostra facta est.*

[83] Ebd.: *Velum super faciem Mosis significabat Christum adhuc non esse retectum.*

[84] Ebd.: *Egressio autem est tacita, qua Paulus omnia legis Mosaicae exteriora reiicit taxatque eos, qui ad opera legis pelliciebant aut qui pro ceremoniis legis digladiabantur.*

[85] Was in der reformierten Tradition im Anschluss an Johannes Calvin geläufig als „dritter Gebrauch" oder *usus normativus* des Gesetzes bezeichnet wurde. Vgl. Calv. inst. 2,7,6–13 (CO II 257–263).

5. Fazit

Wir kommen zu einem kurzen Fazit, in dem ich das Proprium der Auslegung Zwinglis im Vergleich zu Erasmus und den Wittenbergern nochmals summarisch hervorheben möchte. Gemeinsam mit Erasmus betont Zwingli die Idee der Gültigkeit des ewigen Gesetzes. Dieses verortet Erasmus aber im sog. evangelischen Gesetz, das nur rückwirkend hinter dem Buchstaben des mosaischen Gesetzes, sowohl des Moral- als des Zeremonialgesetzes, geistlich zu erfassen sei. Erasmus dekliniert den Buchstabe-Geist-Gegensatz vordergründig nach einem hermeneutischen Schlüssel. Für Zwingli ist das geistliche Gesetz kein anderes Gesetz als der Dekalog. Nur die Zeremonien, in ihrer Vorläufigkeit, lässt er geistlich auf Christus beziehen. Zwingli schließt sich in seiner Auslegung des Buchstabe-Geist-Gegensatzes dem heilsgeschichtlichen Strang an. Darin folgt er Luther und Melanchton. Der Zürcher Reformator widerspricht allerdings den Wittenbergern in ihrer Auffassung einer vordergründigen Diskontinuität zwischen Gesetz und Evangelium. Zwingli anerkennt die tötende Funktion des Gesetzes als Buchstabe im Kontrast zum belebenden Evangelium. Aber, es stellt im *ordo salutis* nur ein „Moment" dar. Denn das Gesetz behält eine geistliche Normativität für das Leben der Gläubigen, sowohl im Alten, wie auch im Neuen Testament.[86] Was Zwingli beiden Einflusskreisen, dem erasmischen Humanismus und der Wittenberger Reformation in seiner Paulusauslegung entgegenhält, ist letztlich die bundestheologische Perspektive und die positive Rezeption des Gesetzes, bzw. des Alten Testamentes, die für die reformierte Tradition zukunftsweisend sein wird. Der Zürcher Reformator lässt sich nicht ohne Weiteres der „alten Perspektive" (von der in diesem Konferenzband vieldiskutierten „New Perspective on Paul" aus betrachtet) zuordnen, sondern stellt ein kritisches Gegenüber beider Perspektiven samt ihren Einseitigkeiten dar.

---

[86] Will man den Bogen zur neueren Exegese vom paulinischen Buchstabe-Geist-Gegensatz in 2 Kor 3,6ff. schlagen, liegt Zwinglis Gesetzesverständnis nicht fern von heutigen Stellungnahmen. Vgl. Thomas SCHMELLER, Der Zweite Brief an die Korinther (EKK 8/1), Neukirchen-Vluyn 2010, 168ff.: „Nicht das Gesetz schlechthin wird also abgelöst."; Victor P. FURNISH, II Corinthians (AncB), Garden City/New York 1984, 200: „It must be emphasized that Paul does not reject the law as such."

Heinrich Bullinger's Commentary on 1 Thessalonians

Purpose, Method, and Themes

Luca Baschera

1. Introduction: The making of Bullinger's Commentaries on the New Testament epistles

Heinrich Bullinger was 32 years old when, in March 1537, his collection of Commentaries on all of the epistles of the New Testament went through the press at Christoph Froschauer the Elder's printing house in Zurich.[1] At the time, he had been chief pastor (*antistes*) of the Zurich Reformed church for five years and this was his first major publication. As he makes clear in the general Preface, it was meant not only as an aid for serious students of the New Testament, but also as a compendium of Reformed theology, purposely developed and presented as *biblical* theology.[2] The Commentaries cover 884 folio pages, of which 731 are dedicated to the Pauline letters and 153 to the Catholic epistles. Bullinger was in fact the first Protestant author to produce a complete Commentary on the New Testament epistles. His colleague in Zurich, the great

---

[1] Heinrich Bullinger, *In omnes apostolicas epistolas, divi videlicet Pauli XIII et VII canonicas, commentarii* (Zurich: Christoph Froschauer the Elder, 1537). Cf. Christian Moser, "Die Druckgeschichte von Heinrich Bullingers Kommentaren zu den neutestamentlichen Briefen," in *Heinrich Bullinger Kommentare zu den neutestamentlichen Briefen: Röm– 1 Kor – 2 Kor*, ed. Luca Baschera, Heinrich Bullinger Werke 3/6 (Zurich: Theologischer Verlag Zürich, 2012), XI–LVIII, no. 9; Joachim Staedtke, ed., *Beschreibendes Verzeichnis der gedruckten Werke von Heinrich Bullinger*, Heinrich Bullinger Werke 1/1 (Zurich: Theologischer Verlag Zürich, 1972), no. 84 and 91.

[2] Heinrich Bullinger, "Christiano lectori," in *Kommentare zu den neutestamentlichen Briefen*, ed. Baschera (see n. 1), 10,9–20: *Qui autem nondum recepistis veritatem evangelicam, sed ipsam impugnatis adhuc, age, ad mentem redite livoreque posito expendite, obsecro, qualis sit doctrina nostra, quae ex scripturis canonicis unum solum verum, vivum et aeternum deum in Christo praedicat per sanctum spiritum, in hoc uno omne praesidium collocat, omnem spem, iustitiam et redemptionem, vitam, sanctificationem, salutem et satisfactionem soli tribuit, quae agnoscit in Christo nobis datam esse omnem plenitudinem, hunc unum esse mediatorem, intercessorem, sacerdotem et hostiam semper duraturam satisque efficacem ad expurgationem peccati totius mundi, quae item vitae innocentiam puritatemque urget, scelera et errores persequitur intentissime, denique quae sacramenta pure et sancte tractat orationemque fidelem, charitatem et omnem disciplinam commendat fideliter.* Cf. Samuel Vollenweider, "Paulus in Zürich: Zur Briefauslegung von Heinrich Bullinger," *ZTK* 114/1 (2017): 1–20.

Hebraist Conrad Pellikan (1478–1556),[3] would follow suit in 1539. John Calvin was to complete his own series of Commentaries only two decades later.[4]

Annexed to the Commentaries are also Bullinger's *Assertio*, a defence of traditional Christology against all sorts of heresies,[5] and his famous tract *On the Eternal Covenant*.[6] The inclusion of these two treatises in the collection is not accidental. Rather, it should remind the reader of the fact that, according to Bullinger, the New Testament epistles and the Bible as a whole can be rightly understood only if we read them in light of God's work of salvation (the eternal covenant of grace), which, in turn, is ultimately fulfilled in Jesus Christ, the Son of God incarnate, who died, is resurrected and lives eternally. To use a terminology that is to be found in Irenaeus and other Church Fathers, we can say that these two treatises have the function to highlight the ὑπόθεσις, the general "mind" or "overarching plot," of Scripture, i. e., what everyone interested in getting the meaning of any particular book or passage right should always keep in mind.[7]

The publication of this collection of Commentaries was the final act in a quite long story that had gone through different stages. While Bullinger was still a student at the university of Cologne, he had begun to devote himself to the intensive study of Scripture and especially of the New Testament. This was also the time when, aged seventeen, he came to embrace Protestantism by reading the Fathers as well as several writings by Luther and Melanchthon.[8] After coming back to Switzerland, he served as teacher at the Cistercian monastery of Kappel am Albis between winter 1523 and spring 1527. In addition to teaching the youth of the surrounding villages in the afternoon, he held daily morning lectures for the monks, covering among other things the whole series of the Pauline epistles.[9] We can get an impression of the way in which he lectured on Paul's epistles from two manuscripts in German, one containing notes on the

---

[3] On Pellikan see Christoph Zürcher, *Konrad Pellikans Wirken in Zürich 1526–1556*, Zürcher Beiträge zur Reformationsgeschichte 4 (Zurich: Theologischer Verlag Zürich, 1975).

[4] Thomas H. L. Parker, *Calvin's New Testament Commentaries*, 2nd ed. (Louisville, KY: Westminster John Knox, 1993), 210.

[5] Heinrich Bullinger, *Utriusque in Christo naturae tam divinae quam humanae, contra varias haereses, pro confessione Christi catholica, assertio orthodoxa* (Zurich: Christoph Froschauer the Elder, 1534), cf. Staedtke, *Beschreibendes Verzeichnis* (see n. 1), no. 62.

[6] Heinrich Bullinger, *De testamento seu foedere Dei unico et aeterno* (Zurich: Christoph Froschauer the Elder, 1534), cf. Staedtke, *Beschreibendes Verzeichnis* (see n. 1), no. 54.

[7] Cf. Frances M. Young, *Biblical Exegesis and the Formation of Christian Culture* (Cambridge: Cambridge University Press, 1997), 20–21, 29, 35–36, 43, 123, 130, 171, 249, 296–297; idem, *The Art of Performance: Towards a Theology of Holy Scripture* (London: Darton, Longman and Todd, 1990), 47, 53, 58, 60, 98.

[8] Susi Hausammann, *Römerbriefauslegung zwischen Humanismus und Reformation: Eine Studie zu Heinrich Bullingers Römerbriefvorlesung von 1525*, Studien zur Dogmengeschichte und systematischen Theologie 27 (Zurich: Zwingli-Verlag, 1970), 23–24.

[9] Hausammann, *Römerbriefauslegung* (see n. 8), 15–16.

first five chapters of Rom[10] and the other covering all other of Paul's epistles except for 1–2 Cor.[11] After leaving Kappel, both during the short ministry in his hometown Bremgarten and above all in his capacity as chief pastor in Zurich, the epistles of the New Testament built the basis for several of his sermon series.[12]

In view of such a longstanding and intensive occupation with the New Testament epistles, it is hardly surprising that Bullinger managed to complete the series of his Latin Commentaries in less than six years, while publishing during the same period a voluminous Commentary on the Acts of the Apostles[13] and other shorter writings too.[14] He started with 1 John in March 1532,[15] which was followed by Heb in August of the same year.[16] In February 1533 the Commentary on Rom was printed,[17] while one year later (March 1534) appeared his Commentaries on 1–2 Pet, both printed in one volume.[18] Then, after editing separately the Commentaries on 1 Cor (August 1534) and 2 Cor (March 1535),[19] he published in one volume those on Gal, Eph, Phil and Col in July 1535,[20] and in the following year, also in one volume, the Commentaries on 1–2 Thess, 1–2 Tim, Titus and Phlm.[21] Finally, in view of the publication of all of the Commentaries in one volume, he not only revised and enlarged some of them, but also added the still missing ones on Jas, 2–3 John, and Jude.

---

[10] Joachim Staedtke, *Die Theologie des jungen Bullinger*, Studien zur Dogmengeschichte und systematischen Theologie 16 (Zurich: Zwingli-Verlag, 1962), 272 (no. 30).

[11] Staedtkte, *Theologie* (see n. 10), 283–286 (no. 58–68).

[12] Heinrich Bullinger, *Diarium (Annales vitae) der Jahre 1504–1574*, ed. Emil Egli, Quellen zur schweizerischen Reformationsgeschichte 2 (Basel: Basler Buch- und Antiquariatsbuchhandlung, 1904), 18–19, 21–24.

[13] Heinrich Bullinger, *In Acta apostolorum [...] commentariorum libri sex* (Zurich: Christoph Froschauer the Elder, 1533), cf. Staedtke, *Beschreibendes Verzeichnis* (see n. 1), no. 43.

[14] Staedtke, *Beschreibendes Verzeichnis* (see n. 1), 29, 39–41, 54, 62, 69, 73–74.

[15] Moser, "Druckgeschichte" (see n. 1), no. 1; Staedtke, *Beschreibendes Verzeichnis* (see n. 1), no. 37.

[16] Moser, "Druckgeschichte" (see n. 1), no. 2; Staedtke, *Beschreibendes Verzeichnis* (see n. 1), no. 38.

[17] Moser, "Druckgeschichte" (see n. 1), no. 3; Staedtke, *Beschreibendes Verzeichnis* (see n. 1), no. 42.

[18] Moser, "Druckgeschichte" (see n. 1), no. 4; Staedtke, *Beschreibendes Verzeichnis* (see n. 1), no. 52.

[19] Moser, "Druckgeschichte" (see n. 1), no. 5–6; Staedtke, *Beschreibendes Verzeichnis* (see n. 1), no. 53 and 71.

[20] Moser, "Druckgeschichte" (see n. 1), no. 7; Staedtke, *Beschreibendes Verzeichnis* (see n. 1), no. 72.

[21] Moser, "Druckgeschichte" (see n. 1), no. 8; Staedtke, *Beschreibendes Verzeichnis* (see n. 1), no. 81.

2. The Kappel lecture manuscripts and the printed Commentaries compared

Bullinger's activity as a teacher in Kappel was undoubtedly an important stage on the way that led him to be able to produce his collection of Commentaries on the epistles of the New Testament in 1537. At the same time, if one compares the manuscript notes of his Kappel lectures with the later Latin Commentaries, important differences come to light, especially in view of their structure. The Kappel Commentary on Rom,[22] which covers the first five chapters of that letter, is divided into 26 lectures, which are in turn grouped into four "books." Each lecture is a coherent text that covers a section of Rom, the sections being of varying length, but never exceeding the limits of the single chapters. The Commentaries on Gal through Heb differ from that on Rom, in that their structure is more formalized.[23] For each chapter Bullinger provides in succession: a summary of the content (*argumentum*); a series of notes, each beginning with a lemma, on single words and phrases; a paraphrase of the whole chapter. So we can say that, as to their form, Bullinger's lectures on Rom stand in the tradition of the homily, which can be defined as a "running commentary of a biblical text delivered before an audience."[24] The lecture notes on Gal to Heb, instead, consist of a mix of glosses – of which the early modern *annotationes* were the descendants – and of paraphrases. For both, it is clear who Bullinger's chief model was: Erasmus of Rotterdam, whose Commentaries on the New Testament comprised, in fact, both annotations and paraphrases.

The printed Latin Commentaries have a different structure. In them the *argumentum* covers the whole epistle, the only exception being the Commentary on 1 John where we find *argumenta* for each chapter.[25] Most important, however, is that the Latin Commentaries contain the complete text of each epistle commented upon. This is divided into paragraphs (which in a few instances can consist of one single verse or even of part of a verse),[26] while the commentary is attached to

---

[22] Hans-Georg vom Berg and Susanna Hausammann, eds., *Exegetische Schriften aus den Jahren 1525–1527*, vol. 1 of *Heinrich Bullinger Theologische Schriften*, Heinrich Bullinger Werke 3/1 (Zurich: Theologischer Verlag Zürich, 1983), 21–132.

[23] Cf. Luca Baschera, ed., *Heinrich Bullinger Kommentare zu den neutestamentlichen Briefen: Gal – Eph – Phil – Kol*, Heinrich Bullinger Werke 3/7 (Zurich, Theologischer Verlag Zürich, 2014), VII–VIII.

[24] Gilbert Dahan, "Genres, Forms and Various Methods in Christian Exegesis of the Middle Ages," in *Hebrew Bible / Old Testament: The History of Its Interpretation*, ed. Magne Sæbø, 4 vols. (Göttingen: Vandenhoeck & Ruprecht, 2000), 1.2:225.

[25] Heinrich Bullinger, *Commentary on 1 John*, ed. Luca Baschera, Heinrich Bullinger Werke 3/9 (Zurich: Theologischer Verlag Zürich, 2019), 310, 320, 338, 350, 360.

[26] When Bullinger published his commentaries, the breaking up of the New Testament books into numbered verses had not been established yet. Although Santes Pagnino (1470–1541) had already used a verse system in his New Testament of 1528, it was only with Robert Estienne's (1503–1559) New Testament of 1551 that the versification still in current use was

each one as a running text. Interestingly enough, at the time when Bullinger published his Commentaries, this technique, which can be considered as a development of the so-called *postillae* or "running glosses,"[27] was not very widespread. This becomes clear when one looks, e. g., at Zwingli's Bible Commentaries,[28] at Bucer's Commentary on Eph (1527),[29] at Melanchthon's Commentary on Col (1527)[30] or at those on several Pauline epistles by Johannes Bugenhagen (1524).[31] All of these Commentaries, which Bullinger knew and quoted from, take the form of *annotationes* or *scholia*. As examples of Commentaries published before Bullinger's that were similar to them in structure Oecolampadius' Commentary on Isaiah (1525)[32] and Luther's exegesis of 1–2 Pet and Jude (1525)[33] come to mind.

Bullinger's choice of this shape for his printed Commentaries has several important consequences. First of all, the readers do not necessarily have to have a

---

introduced, soon gaining acceptance across confessional boundaries. Cf. Bruce Gordon and Euan Cameron, "Latin Bibles in the Early Modern Period," in, *The New Cambridge History of the Bible,* ed. Euan Cameron (Cambridge: Cambridge University Press, 2016), 3:212–213.

[27] Dahan, "Genres" (see n. 24), 211.

[28] See e. g. Ulrich Zwingli, *Annotatiunculae [...] in utranq[ue] Pauli ad Corinthios epistolam* (Zurich: Christoph Froschauer the Elder, 1528); critical edition in Max Lienhard and Daniel Bolliger, eds., *Huldreich Zwinglis Sämtliche Werke,* vol. 21 (Zurich: Theologischer Verlag Zürich, 2013), 101–186, 191–221. On Zwingli's exegetical activity see Daniel Bolliger, "Nachwort" (ibid.), 503–566; Max Lienhard, "Aus der Arbeit an Zwinglis Exegetica zum Neuen Testament: Zu den Quellen der Schriftauslegung," *Zwingliana* 18/4–5 (1990/1991): 310–328; Walter E. Meyer, "Die Entstehung von Huldrych Zwinglis neutestamentlichen Kommentaren und Predigtnachschriften," *Zwingliana* 14/6 (1976): 285–331.

[29] Martin Bucer, *Epistola d[ivi] Pauli ad Ephesios [...]. In eandem commentarius* (Strasbourg: Johann Herwagen the Elder, 1527). On Bucer as exegete see David F. Wright, "Bucer, Martin," *DMBI* 247–254; N. Scott Amos, *Bucer, Ephesians and Biblical Humanism,* Studies in Early Modern religious Tradition, Culture and Society 7 (Cham et al.: Springer, 2015).

[30] Philipp Melanchthon, *Scholia in epistolam Pauli ad Colossenses* (Hagenau: Johann Setzer, 1527). On Melanchthon as exegete see John R. Schneider, "Melanchthon, Philipp," *DMBI* 716–721; Timothy J. Wengert, "Biblical Interpretation in the Works of Philip Melanchthon," in *A History of Biblical Interpretation,* ed. Alan J. Hauser and Duane F. Watson (Grand Rapids, MI and Cambridge: Eerdmans, 2009), 2:319–340; idem, "The Biblical Commentaries of Philip Melanchthon," in *Philip Melanchthon (1497–1560) and the Commentary,* ed. idem and Patrick Graham (Sheffield: Sheffield Academic Press, 1997), 106–148.

[31] Johannes Bugenhagen, *Annotationes [...] in Epistolas Pauli ad Galatas, Ephesios, Philippenses, Colossenses, Thessalonicenses primam et secundam, Timotheum primam et secundam, Titum, Philemonem, Hebraeos* (Basel: Adam Petri, 1524). On Johannes Bugenhagen (1485–1558) see Wolf-Dieter Hauschild, "Bugenhagen, Johannes," *The Oxford Encyclopedia of the Reformation,* 4 vols., ed. Hans J. Hillerbrand (New York and Oxford: Oxford University Press, 1996), 1:226–227.

[32] Johannes Oecolampadius, *In Iesaiam prophetam [...] commentariorum [...] libri VI* (Basel: Andreas Cratander, 1525). On Oecolampadius as Exegete see James A. Brashler, "Oecolampadius, Johannes," *DMBI* 781–784; Jeff Fisher, *A Christoscopic Reading of Scripture: Johannes Oecolampadius on Hebrews,* Refo500 Academic Studies 29 (Göttingen: Vandenhoeck & Ruprecht, 2016).

[33] Martin Luther, *Enarrationes in epistolas d[ivi] Petri duas et Iudae unam* (Strasbourg: Johannes Herwagen the Elder, 1524). For an overview on Luther's work as exegete see Kenneth Hagen, "Luther, Martin," *DMBI* 687–694.

Bible open in front of them, because the Commentary includes the complete Bible text. As a consequence, the issue of translation becomes more important. In general, Bullinger did not provide translations of his own, but he relied – as he declares in the general Preface to the collected Commentaries – on that of Erasmus.[34] At times, however, he departed from Erasmus' diction, either resorting to the Vulgate or providing his own rendering of a word or phrase.[35] Finally, and most importantly, the focus of exegesis is changed: now the basic exegetical unit are neither single words or phrases (as in the case of glosses and annotations) nor whole chapters, but paragraphs. The delimitation of such units of meaning (*divisio textus*) is, of course, already part of the exegetical activity, as well as the subsequent reconstruction of the connections existing between them. We can already imagine, then, that rhetorics and dialectics will play a prominent part in the study of how the single units of meaning are connected to each other, a study that is, according to Bullinger, of the utmost importance in order to be able to comprehend what the apostles actually want to tell their readers.[36] Before considering Bullinger's exegetical method in more detail, however, it is necessary to first dwell upon the more general question about what he conceived to be the general purpose of Biblical exegesis.

3. The purpose of scholarly Scripture exegesis

Bullinger's Commentaries are the product of what can be termed a scholarly engagement with Scripture, i. e., in accordance with Bullinger's own standards: a philologically saturated investigation of Scripture, developed in awareness of the history of its interpretation, and with a view to its implications for every aspect of the life of individual believers and of the church. This means, on one hand, that a *scholarly* engagement with Scripture has to be distinguished from other types of dealing with it, such as preaching or devotional reading. On the other hand, as the proposed definition already points at, these different ways of engaging Scripture should not be considered as entirely separable.

Bullinger regards the careful study of the New Testament epistles as foundational for the life of the Christian church. In his view, the unique quality of these writings derives, quite obviously, from their having been written by the apostles, i. e. by those who had been disciples of Jesus Christ, or – as in the case

---

[34] Bullinger, "Christiano lectori" (see n. 2), 7,10–12: [...] *curavi, ut bona fide recitarem tibi apostolorum verba, qua quidem parte potissimum sequutus sum beatae memoriae d[omini] Erasmi Roterodami aeditionem.*

[35] Luca Baschera, ed., *Kommentare zu den neutestamentlichen Briefen* (see n. 1), LXIV–LXVIII; idem, ed., *Heinrich Bullinger Kommentare zu den neutestamentlichen Briefen: Hebräerbrief – Katholische Briefe*, Heinrich Bullinger Werke 3/9 (Zurich: Theologischer Verlag Zürich, 2019), X–XI.

[36] See § 4.2, below.

of Paul – had experienced a direct revelation of him in their lives after Christ's resurrection.

This means, first, that, apart from the four Gospels, the New Testament epistles are the only reliable sources of what Bullinger terms *traditio apostolica*,"[37] the true apostolic tradition, which alone should constitute the basis for Christian teaching and the life of the church, over and against the pernicious innovations of the Roman Church. The implicit assumption is that apostolic teaching constitutes an organic whole. As Bullinger emphasizes over and over again, especially in view of the report about the apostles' meeting in Jerusalem (Acts 15), all of the apostles agreed in matters of doctrine. They were united in a fundamental and unbreakable consensus in the proclamation of God's truth, so that the purpose of studying their writings is to learn from them what true "catholic doctrine" is.[38]

Secondly, and even more importantly, since the apostles were themselves disciples of Jesus, by becoming their pupils we get access to the very School of Christ,[39] thus becoming students of what Bullinger calls "Christ's philosophy" (*philosophia Christi*). In the general Preface he writes:

The apostolic letters are given to us with the purpose of being expositions of the benefits God offers us, and as rules for living that exhort to cultivate a pious life. [...] These things [i. e., piety, righteousness and sanctity of life] are to be expected from Christian philosophy. For it is not only content with teaching sacred doctrine and with delivering pure precepts, but it wants also to have compliant hearers that give expression to sanctity in their own lives.[40]

---

[37] Heinrich Bullinger, "Kommentar zum zweiten Korintherbrief," in *Kommentare zu den neutestamentlichen Briefen*, ed. Baschera (see n. 1), 588,6–9 [2 Cor 12:16–18]: *Atqui apostoli et apostolici [i. e. the co-workers of the apostles] in iisdem vestigiis eodemque spiritu ambularunt [...]. Quidquid enim scriptis adversatur apostolorum, hoc ipsum et traditionibus adversatur apostolicorum, maxime cum apostolici nihil tradiderunt, nisi quod ab apostolis acceperunt.* See also idem, "Kommentar zum ersten Korintherbrief," in *Kommentare zu den neutestamentlichen Briefen*, ed. Baschera (see n. 1), 368,16 [1 Cor 11:23–26], where Bullinger speaks of "apostolic tradition" quoting Cyprian, *Epist.* 74.10.3.

[38] Bullinger, "Kommentar zum zweiten Korintherbrief" (see n. 37), 564,7–15 [2 Cor 11:5–6]: *Veritas enim nullum novit discrimen inter apostolos, nisi quantum ipsa gratiae et donorum quantitas alterum altero celebriorem facit. [...] Alias Paulo cum caeteris apostolis et his cum illo optime convenisse testantur Acta apostolorum cap[ite] 15., item cap[ite] ad Galat[as] 2. et ult[imo] cap[ite] posterioris epistolae Petri [Acts 15:1–21; Gal 2:1–2; 2 Pet 3:15].* Cf. Luca Baschera, "Fehlverhalten oder Irrtum in der Lehre? Die Deutung des 'Apostelstreites' (Gal 2,11–14) und dessen Ursache bei Heinrich Bullinger und Martin Luther," in *Auslegung und Hermeneutik der Bibel in der Reformationszeit*, ed. Christine Christ-von Wedel and Sven Grosse, Historia Hermeneutica: Series Studia 14 (Berlin: De Gruyter, 2017), 257, 259–263.

[39] Heinrich Bullinger, "Kommentar zum Römerbrief," in *Kommentare zu den neutestamentlichen Briefen*, ed. Baschera (see n. 1), 68,19–20 [Rom 3,10–12]: *[...] per apostolorum ora sonat nobis Iesus Christus, dei sapientia.*

[40] Bullinger, "Christiano lectori" (see n. 2), 9,25–33: *Datae sunt [literae apostolicae] in hoc, ut essent commentarii beneficiorum dei, vivendi regulae et quae adhortarentur ad pietatem vitae colendam. [...] Haec [sc. coelestia, pietas, iustitia vitaeque sanctimonia] enim ex christiana philosophia expectanda sunt. Haec non est contenta res docuisse sanctas praeceptaque vitae pura tradidisse, nisi auditorem quoquod habeat obsequentem, qui illa vitae exprimat sanctimonia.*

After having quoted Luke 11:28, 33, Bullinger continues:

Our light must shine before men, that they may see our good works and give glory to our Father who is in heaven [cf. Matt 5:16]. This, I do tell you, is Christ's true philosophy. Thus, only those are true philosophers who, turning away from their sins, believe in Christ with their whole heart and constantly pursue righteousness.[41]

What we should learn as Christians from the apostles is, then, a comprehensive way of life, of which orthodox beliefs and pious conduct, *doctrina* and *vita*, are two equally essential and therefore inseparable dimensions. The use of the term "Christian philosophy" to refer to the synthesis of doctrine and life as the core of Christian teaching was, as Pierre Hadot and others have conclusively shown, widespread in the Ancient Church.[42] In Bullinger's time, it was revived by Erasmus[43] who dwells on it especially in his *Paraclesis*, the first of three prefatory essays written for the *Novum Instrumentum* of 1516.[44] This is a text that Bullinger knew well and even had taught about in Kappel.[45]

Learning to be a "Christian philosopher" in this sense is of course the duty of every believer. However, although the Church is a school in which all of its members are pupils – and also remain such during their entire life on earth – there have always been some people charged with the special task of guiding others upon the way of their pilgrimage. Such was the job of the apostles as well as of the "bishops" they appointed and is still what the "ministers of the Word," the preachers and pastors, are in charge of.[46]

At the same time, those who are called and ordained to be teachers and preachers are themselves in need of instruction. They have to be thoroughly instructed in the "philosophy of Christ," in order to be able to transmit it to others by preaching and teaching in a local parish.[47] It is exactly for such people,

---

[41] Bullinger, "Christiano lectori" (see n. 2), 10,3–5: *Equidem ita debet lucere lux nostra coram hominibus, ut videant nostra bona opera glorificentque patrem nostrum, qui in coelis est. Haec, inquam, est vera Christi philosophia; ergo, qui convertuntur a peccatis suis, Christo autem toto fidunt pectore et iustitiae perpetuo invigilant, in hac vere philosophantur.*

[42] Pierre Hadot, *What is Ancient Philosophy?*, trans. Michael Chase (Cambridge, MA and London: Belknap Press, 2002), 237–252. Cf. also Young, *Biblical Exegesis* (see n. 7), 203, 215, 299.

[43] André Godin, "La bible et la 'philosophie chrétienne'," in *Le temps des Réformes et la Bible*, ed. Guy Bedouelle and Bernard Roussel (Paris: Beauchesne, 1989), 563–586.

[44] Erasmus, "A *Paraclesis* to the Pious Reader," in *The New Testament Scholarship of Erasmus: An Introduction with Erasmus' Prefaces and Ancillary Writings*, ed. Robert D. Sider, Collected Works of Erasmus 41 (Toronto et al.: University of Toronto Press, 2019), 404–422.

[45] Hausammann, *Römerbriefauslegung* (see n. 8), 15.

[46] Heinrich Bullinger, "Kommentar zum Titusbrief," in *Heinrich Bullinger Kommentare zu den neutestamentlichen Briefen: 1–2 Thess – 1–2 Tim – Tit – Phlm*, ed. Luca Baschera and Christian Moser, Heinrich Bullinger Werke 3/8 (Zurich: Theologischer Verlag Zürich, 2015), 239,27–29 [Titus 1:9]: *Praecipuum autem in functione episcopi est docere. Christus enim ablegans discipulos suos: "Ite," inquit, "praedicate evangelium omni creaturae" [Mark 16:15] "docentes servare omnia, quae praecipi vobis" [Matt 28:20].*

[47] Young, *Art of Performance* (see n. 7), 107, makes the same point with reference to the

i. e., for those preparing themselves for the ministry or for such preachers who are still not sufficiently proficient in the knowledge of Christian philosophy, that Bullinger writes his Commentaries. Since they are intended to be learning tools, one should not regard them as ends in themselves. Rather, as Bullinger writes again in the general Preface,

they should be regarded as indications or pointers [*indices*],[48] as the statues of Mercury were way-marks, left behind as soon as you had reached your destination. Those who desire the truth wish to penetrate into the genuine sense of Holy Scripture and to have enjoyment of it. Because these things seem hard at the first approach, those who are a bit more experienced erect commentaries as way-marks – but just so that you may enjoy and cleave to Scripture alone and leave the commentaries once you have become familiar with them.[49]

Thus, we see how according to Bullinger scholarly exegesis and preaching are to be regarded as both *organically* and *hierarchically* connected to each other. On one hand, the scholarly study of Scripture is to be distinguished from preaching but must not be separated from it. On the other hand, it is in preaching that exegesis comes, as it were, to its destination: preaching is the horizon of any proper scholarly interpretation of Scripture.

This way of understanding the relationship between scholarly exegesis and preaching corresponded to what was, approximately till the middle of the 16th century, the practice at the so-called *Schola Tigurina*, the theological school which had been opened in 1525 in order to foster the knowledge of the Bible among the clergy and the people of Zurich.[50] Every morning during the week, after the daily morning service, the clergy and the candidates to the ministry would gather to study the Old Testament (in the Grossmünster) and the New Testament (in the Fraumünster). The seminar-like lectures, held in Latin, were opened by a prayer for illumination, Zwingli's famous *Prophezeigebet*.[51] After

---

development of exegetical literature in the ancient church: "The purpose of translation and commentary is to assist competent reading, so that 'expertise' is passed on."

[48] Erasmus used the same term with reference to his Annotations, cf. Erasmus, *Opus epistolarum*, ed. Percy S. Allen (Oxford: Clarendon Press, 1910), 2:167 [no. 373,44]: [...] *hos velut indices anneximus.*

[49] Bullinger, "Christiano lectori" (see n. 2), 5,30–34: *[...] habeantur [commentarii] ut indices, ut mercuriales statuae et viae duces, mox relinquendi, ubi eo veneris, quo volebas. Cupiunt autem veritatis studiosi in sensum penetrare genuinum scripturae et hac demum frui. Verum videntur hae primo aggressu arduae et difficiles, statuuntur ergo a paulo exercitatioribus ceu viae duces commentarii, certe ut illis solis fruaris illisque adhaereas, hos autem relinquas, postquam horum opera illas tibi fecisti familiariores.*

[50] A sketch of the activity of the *Schola Tigurina* – also called *Prophezey* – can be found in Ludwig Lavater, *De ritibus et institutis ecclesiae Tigurinae* (Zurich: Christoph Froschauer the Elder, 1559), 18r–19v, as well as in Bullinger, "Kommentar zum ersten Korintherbrief" (see n. 37), 418–420 [1 Cor 14:26–29].

[51] Walter Köhler and Oskar Farner, eds., *Huldreich Zwinglis sämtliche Werke*, vol. 4 (Leipzig: Heinsius, 1927), 365: *Omnipotens, sempiterne et misericors deus, cuius verbum est lucerna pedibus nostris et lumen semitarum nostrarum, aperi et illumina mentes nostras, ut oracula tua pure et sancte intelligamus, et in illud, quod recte intellexerimus, transformemur, quo maiesta-*

that, it followed the corporate study of a portion of Scripture which was translated out of the original Hebrew or Greek and commented upon. Finally, what had been learned and reflected upon during the lecture was preached in German to the congregation.

Prayer – scholarly study of Scripture – preaching: these are the three indissolubly connected dimensions of the pastoral office. At the end of the triad is preaching, because all scholarly study of Scripture has as its purpose the instruction of the people of God. But in the first place, the student of Scripture must pray, because – as Bullinger emphasizes in his *Instructions for Study* (1527–1528) – Scripture comes from God and it can therefore be understood only by those whose heart is devoted to God, whose mind is purged of all stain and whose life is free from impurity. Moreover, since true faith and uprightness are gifts God alone can bestow on man, the first duty of a student of Scripture is to ask God for them.[52]

In the middle between prayer and preaching, as a bridge connecting both, stands exegesis. Precisely to help his fellow ministers in this crucial task Bullinger published his Commentaries, i.e., in order to help them become saturated with the "philosophy of Christ," so that they can properly discharge their duty of teaching this same "philosophy" to their flock. The Commentary on 1 Thess, on which we will concentrate hereafter, has to be understood as being part of this overall program.

4. Exegetical method

As already mentioned, Heinrich Bullinger was from a very early age on active as expositor of the Bible, especially of the New Testament epistles. From the very beginning, his exegetical activity went hand in hand with reflections upon the appropriate method for the study of Scripture. Bullinger was very much influenced in this by Erasmus of Rotterdam, Philipp Melanchthon and, in general, by the humanistic approach to exegesis. This becomes very clear when one reads Bullinger's *Instructions for Study* (*Studiorum ratio*), dating from 1527–1528, which contain rules and advice both for the study of secular disciplines and for

---

ti tuae nulla ex parte displiceamus, per Jesum Christum, dominum nostrum. Amen. Fritz Schmidt-Clausing viewed in this prayer an adaptation of the traditional collect for the feast of Pentecost, cf. Fritz Schmidt-Clausing, "Das Prophezeigebet: Ein Blick in Zwinglis liturgische Werkstatt," *Zwingliana* 12/1 (1964): 10–34. At the same time, the prayer quiet evidently contains Erasmian undertones, cf. Erasmus, "A System or Method of Arriving by a Short Cut at True Theology," in *Scholarship of Erasmus*, ed. Sider (see n. 44), 494: "Let this be your first and only goal, this your prayer, attend to this alone, that you may be changed, be swept away, be inspired, be transformed into what you are learning [*ut transformeris in ea, quae discis*]."

[52] Heinrich Bullinger, *Studiorum ratio – Studienanleitung, vol. 1: Text und Übersetzung*, ed. Peter Stotz, Heinrich Bullinger Werke. Sonderband (Zurich: Theologischer Verlag Zürich, 1987), 60.

a proper interpretation of Scripture, also discussing the relationship between humane letters and biblical exegesis.[53]

A much shorter, but nonetheless comprehensive, account of Bullinger's exegetical method is to be found in the Preface to his Commentary on 2 Cor. In this passage, Bullinger mentions four fundamental tasks that any good commentator should fulfil. As we will see, the four tasks mentioned by Bullinger make up the four levels of his own exegetical work on 1 Thess:

[An expositor of Holy Scripture] has to give account of different readings of the text to determine which one is the most genuine. He has to explain the meaning and characteristics of single words, giving attention to difficult passages, to tropes and figures of speech. He has to clarify difficult and obscure passages by expounding their meaning in clearer and less ambiguous words. Moreover, a good commentator has to pay particular attention to the overall structure of the argumentation. He has to identify the author's goal [*scopus*] and to reconstruct how the different parts of the discourse are connected with the goal and with each other, also indicating what is mentioned only in passing or by way of digression. Sometimes, the commentator has to convey the meaning of a passage by paraphrasing it, in order to display the vigor of the argumentation. At other times, he will deal at some length with specific doctrinal points [*loci communes*], although occasionally it will be sufficient to just mention them. Finally, a good commentator will also point out the utility of what has been disputed upon sofar, warning at the same time against errors and abuses; for truth must be asserted and falsehood confuted.[54]

4.1 Interpretation of single words and sentences

The first task of a good exegete is described as

giving account of different readings of the text to determine which one is the most genuine; explaining the meaning and characteristics of single words, giving attention to difficult passages, to tropes and figures of speech; clarifying difficult and obscure passages by expounding their meaning in clearer and less ambiguous words.

Clearly, what has to be focused upon at this most basic level of exegesis, are single words or sentences. For they are, as it were, the building blocks of the

---

[53] Bullinger, *Studiorum ratio* (see n. 52). Cf. Vollenweider, "Paulus in Zürich" (see n. 2), 3–7.

[54] Bullinger, "Kommentar zum zweiten Korintherbrief" (see n. 37), 467,3–18 [Preface]: *Exponenda enim compluribus in locis lectio diversa et quae ex iis magis genuina sit, sed et nullibi non monendum, quae quorundam verborum vis ac proprietas, quae item sint orationis incommoda, qui tropi, qui schematismi, quomodo obscurius, brevius et perturbatius dicta clarius, copiosius et expeditius planiusque exponi queant. Deinde quod primum ac potissimum in commentariis requiritur, etiam superstitiosius observandus et ordinandus est orationis contextus, indagandus authoris scopus, indicandum, quomodo ad scopum argumenta referantur singula, quid obiter insertum et quid per digressionem dictum sit. Reddendus nonnunquam sensus paraphrasi, ostendendus orationis vigor ac ardor, sed et loci communes tractandi nonnunquam, quos et annotasse aliquoties suffecerit. Admonendum quoque, quis usus eorum, quae disputata sunt, nec omittendum, si iis quispiam fuerit abusus; asserenda enim veritas, confutandum vero mendacium.*

argumentation, and the latter cannot be properly explored if the exact spelling and meaning of its components has not been previously clarified. This level of exegesis corresponds roughly to what ancient grammarians called μεθοδική: the discussion of different meanings which may be given to each word as well as the elucidation of figures of speech and ornamental devices.[55] Although Bullinger also mentions the preliminary task of establishing the correct reading of the text (*emendatio*), this is something he did not engage directly with, rather relying on Erasmus' philological work.[56]

When focusing on single words, Bullinger often mentions the original Greek spelling, quoting synonyms and alternative translations in order to point at the different meanings the word can have. Doing this, he draws most of the times on Erasmus' Annotations on the New Testament or on the *Commentarius linguae Graecae* by the French humanist Guillaume Budé (1468–1540).[57] In the Commentary on 1 Thess we find instances of this procedure in connection with the verbs ἐξήχηται (1:8: "has sounded forth"),[58] σαίνεσθαι (3:3: "be moved")[59] and ὑπερβαίνειν (4:6: "to transgress"),[60] as well as with the nouns πλάνη (2:3: "error")[61] and ἀκαθαρσία (2:3: "uncleanness").[62] Occasionally, Bullinger illustrates the meaning of particular words and concepts also by showing how they were used in ancient sources. Thus, the nature of "flattery" (2:5) is illustrated by two sayings of Diogenes of Sinope, which Bullinger knew through Erasmus' *Adagia*,[63] where-

---

[55] Frances M. Young, "The Rhetorical Schools and their Influence on Patristic Exegesis," in *The Making of Orthodoxy: Essays in Honour of Henry Chadwyck*, ed. Rowan Williams (Cambridge: Cambridge University Press, 1989), 185.

[56] See § 1, above.

[57] Cf. Peter G. Bietenholz, "Guillaume Budé," in *Contemporaries of Erasmus: A Biographical Register of the Renaissance and Reformation*, 3 vols., ed. idem and Thomas B. Deutscher (Toronto et al.: University of Toronto Press, 1985–1987) 1:212–217.

[58] Heinrich Bullinger, "Kommentar zum ersten Thessalonicherbrief," in *Kommentare zu den neutestamentlichen Briefen*, ed. Baschera and Moser (see n. 46), 9,19–20 [1 Thess 1:6–8]; cf. Erasmus, "In Epistolam ad Thessalonicenses Priorem annotationes," in *Annotationes in Novum Testamentum (pars quinta)*, ed. Miekske L. van Poll-van de Lisdonk, Opera omnia Desiderii Erasmi 6/9 (Leiden and Boston: Brill, 2009), 392,47.

[59] Bullinger, "Kommentar zum ersten Thessalonicherbrief" (see n. 58), 23,28–29 [1 Thess 3:1–3]; cf. Erasmus, "In Priorem ad Thessalonicenses annotationes" (see n. 58), 414,381; Theophylact of Ochrid, *In omnes d[ivi] Pauli epistolas enarrationes, diligenter recognitae Christophoro Persona Romano interprete* (Cologne: Peter Quentel, 1529), 114r.

[60] Bullinger, "Kommentar zum ersten Thessalonicherbrief" (see n. 58), 29,11 [1 Thess 4:6–8]; cf. Guillaume Budé, *Commentarius linguae Graecae*, Omnia opera Gulielmi Budaei Parisiensis 4 (Basel: Nicolaus Episcopius the Younger, 1557), 644,22f.

[61] Bullinger, "Kommentar zum ersten Thessalonicherbrief" (see n. 58), 14,12 [1 Thess 2:3–4]; cf. Erasmus, "In Priorem ad Thessalonicenses annotationes" (see n. 58), 396,81–82.

[62] Bullinger, "Kommentar zum ersten Thessalonicherbrief" (see n. 58), 14,20 [1 Thess 2:3–4]; cf. Erasmus, "In Priorem ad Thessalonicenses annotationes" (see n. 58), 396,86.

[63] Bullinger, "Kommentar zum ersten Thessalonicherbrief" (see n. 58), 15,16–22 [1 Thess 2:5–8]; cf. Erasmus, *Adagiorum Chilias Secunda, Centuriae I–V*, ed. Mikołaj Szymański, Opera omnia Desiderii Erasmi 2/3 (Amsterdam et al.: Elsevier, 2005), 120,533–534 [no. 1096]; Athenaeus, *Deipn.* 6.254c; Erasmus, *Adagiorum Chilias Prima, Centuriae VI–X*, ed. Miekske

as the meaning of "greed" (2:5) is expounded by recourse to a quotation from Sallust's *The Conspiracy of Catiline*.[64]

The examples referred to so far relate to words and turns of phrase whose interpretation does not confront the readers with particular difficulties and which, consequently, can be dealt with rather quickly. However, when the meaning of a particular word is more ambiguous and has even been a matter of controversy among past interpreters, Bullinger takes heed of mentioning the different interpretations and of giving reasons for his own exegetical choices.

This is the case, e.g., with the noun σκεῦος (4:4: "vessel"). Bullinger mentions the opinion according to which Paul would refer here to wives, thus exhorting his readers to be moderate in sexual intercourse with their spouses. Bullinger, however, rejects this interpretation, which is to be found in Jerome's treatise against Jovinian, and sides instead with Theophylact[65] and Erasmus who both saw in the use of the noun "vessel" a reference to the individual's body, thus relating Paul's advice not to sexual purity in particular, but to bodily purity in a more general sense.[66]

Another example of a noun which has been interpreted very differently in the history of exegesis, is the "spirit" in 1 Thess 5:23. Bullinger was surely conscious of the fact that Erasmus read this passage as an illustration of what has been called a trichotomous view of human nature,[67] according to which human beings would consist of three "parts:" body, soul, and spirit.[68] However, here, as in all other

---

L. van Poll-van de Lisdonk and Maria Cytowska, Opera omnia Desiderii Erasmi 2/2 (Amsterdam et al.: Elsevier, 1998), 282–283,24–27 [no. 758]; Diogenes Laertius, *Lives* 6.51.

[64] Bullinger, "Kommentar zum ersten Thessalonicherbrief" (see n. 58), 16,1–5 [1 Thess 2:5–8]; cf. Sallust, *Bell. Cat.* 11.3.

[65] Theophylact (ca. 1050–1126), archbishop of Ochrid and Bulgaria, author of biblical commentaries, homilies and encomia of martyrs, cf. Hanns Christof Brennecke, "Theophylakt von Achrida/Ochrid," *RGG* 8:340.

[66] Bullinger, "Kommentar zum ersten Thessalonicherbrief" (see n. 58), 28,14–15 [1 Thess 4:2–5]: *Intelligunt alii per vas uxorem praecipique ab apostolo, ut quilibet uxore sua pudice et moderate utatur, non abutatur per affectum concupiscentiae.* Cf. Jerome, *Jov.* 1.16: *Viri quoque in castitate uxores suas diligant et sciat unuquisque vas suum possidere in sanctificatione et honore, non in passione desiderii.* Bullinger, "Kommentar zum ersten Thessalonicherbrief" (see n. 58), 28,19–22 [1 Thess 4:2–5]: *Caeterum videtur mihi Paulus loqui de corpore cuiusvis christiani hominis proprio, quod ad proprietatem linguae Hebraeae vas vocarit, ipsa quoque voce alludens ad rem figulinam primamque hominis conditionem.* Cf. Theophylact, *Enarrationes* (see n. 59), 115v: *Vas corpus hoc dicit mortale*; Erasmus, "In Epistolam Pauli Apostoli ad Thessalonicenses Priorem paraphrasis," in *Paraphrasis in omneis epistolas apostolicas – Pars secundus*, ed. Miekske L. van Poll-van de Lisdonk, Opera omnia Desiderii Erasmi 7/5 (Leiden and Boston: Brill, 2019), 270,219–220: *Proinde nouerit suo quisque corpusculo ceu vasculo fictili hunc habere honorem, vt purum seruet et illibatum.*

[67] Cf. Anthony C. Thiselton, *1 & 2 Thessalonians Through the Centuries* (Chichester: Wiley-Blackwell, 2011), 162.

[68] Erasmus, "In Priorem ad Thessalonicenses annotationes" (see n. 58), 418,577–579: *Ergo sensus est "sanctificet vos per omnia perfectos," hoc est "et in spiritu et in anima et in corpore." In has enim partes hominem diuidit Paulus.*

cases where he quite obviously rejects an exegetical choice of Erasmus, Bullinger does not mention it explicitly. Rather, he contents himself with telling the reader that the meaning of "spirit" in this verse has been interpreted differently in the past, and mentions explicitly only Jerome's treatment of the issue in his letter to Hebidia (letter 120).[69] For his part, Bullinger rejects the idea that "spirit" should be viewed as a part of human beings beside "body" and "soul." Instead, he interprets "spirit" in this passage as a synonym of "faith," i.e., that "spiritual light through which man, who consists of body and soul, is regenerated."[70]

4.2 The structure of the argumentation

Entering the second level of exegesis, we leave the field of grammar and move into that of rhetoric. However, the focus is still on form (λεκτικός τόπος), whereas on the third level of exegesis, as we will see, the main concern lies with the content or subject-matter of the text (πραγματικός τόπος).[71] What a good commentator has to do at the second level, then, is

to pay attention to the overall structure of the argumentation, to identify the author's goal [*scopus*], and to reconstruct how the different parts of the discourse are connected with the goal and with each other, also indicating what is mentioned only in passing or by way of digression.

In his Commentaries on the New Testament epistles, Bullinger emphasizes over and over again how essential it is to pay attention to the structure of Paul's argumentation, in order to understand its meaning. To fulfil this task a proper knowledge of rhetorics and dialectics is indispensable. In this respect, Bullinger was influenced by Augustine, whose treatise *On Christian Doctrine* he often refers to,[72] but also by Erasmus and by Philipp Melanchthon, whose *Dispositio in epistolam ad Romanos* Bullinger valued and quoted in his own Commentary on Rom.[73]

---

[69] Bullinger, "Kommentar zum ersten Thessalonicherbrief" (see n. 58), 49,13–15 [1 Thess 5:23–24]: *Varie hunc locum interpretarunt veteres. Plura de eo scripsit d[ivus] Hieronymus in quaestionibus ad Hedibiam, quaest[ione] 12.* Cf. Jerome, *Epist.* 120.15.

[70] Bullinger, "Kommentar zum ersten Thessalonicherbrief" (see n. 58), 49,15–17 [1 Thess 5:23–24]: *Ego per spiritum intellectum fidei spiritualem adeoque ipsam mentis lucem, fidem videlicet, intelligo, per quam regeneratur homo, qui constat anima et corpore.*

[71] Young, "The Rhetorical Schools" (see n. 55), 186.

[72] Cf. Bullinger, "Kommentar zum ersten Korintherbrief" (see n. 37), 252,10–15 [1 Cor 2:12–13]: *Pugnat hic locus vehementer adversus eos, qui in rebus divinis nihil nisi Aristotelicum sit crepant. Abutuntur autem eodem alii nonnulli, qui artes et linguas ab ingenuis adulescentibus disci nolunt. Quibus refutandis unus satis fuerit Augustinus, qui in libris de doctrina christiana et loquutionum multis convincit artes et linguas in primis ad sacra esse necessarias.* Idem, "Kommentar zum Kolosserbrief," in *Kommentare zu den neutestamentlichen Briefen*, ed. Baschera (see n. 23), 271,17–20 [Col 2:8]: *Certe ea philosophiae pars, quae de disserendo conscribitur, tam est ad sacras literas necessaria, ut sine hac nihil recte tractaveris. Docuit hoc ipsum multis argumentis d[ivus] Aurel[ius] Augustinus in libris de doctrina christiana scriptis.* Cf. Augustine, *Doctr. chr.* 2.16–63.

[73] Bullinger, "Kommentar zum Römerbrief" (see n. 39), 174,12–16 [Rom 11:15]: *P[hilippus]*

In some of his Commentaries Bullinger provides titles for the different parts into which he divides Paul's text. These titles give a summary of the main theme of each part and help understand how the argumentation unfolds. This is the case, e. g., in the Commentaries on Heb, Rom, 1 Cor, and 1 Tim. The Commentary on 1 Thess does not contain such titles, but only an outline of the content in the so-called *Argumentum*, which remains, though, rather general and vague. There Bullinger writes that 1 Thess is divided into two parts. The first comprises ch. 1–3, the second ch. 4 and 5. In the first part Paul praises the Thessalonians for their faith and exhorts them to perseverance, whereas the second part is devoted to matters of morals.[74]

What Bullinger does not mention in the *Argumentum*, is his subsequent division of the text into paragraphs and his careful dealing with how they are connected with each other. Moreover, the paragraphs are not only dealt with separately, but they are grouped into text units that can vary greatly in length and do not necessarily correspond with the traditional division into chapters. In this way, we get in the end a much more complex picture than the sparse outline found in the *Argumentum*: we have two main parts and 35 paragraphs; the paragraphs are, for their part, grouped into ten bigger units, six in the first and four in the second part.

After the opening of the letter, with the usual salutation and thanksgiving (1:1–3), there comes a sort of introduction to the first part. This comprises four paragraphs and extends from 1:4 to 2:2. In it Paul touches on both themes which will be at the center of the first part of his letter: his preaching and the faith and perseverance of the Thessalonians. At the end of the fourth paragraph Bullinger inserts an excursus on true and false religion.[75]

(1) 1 Thess 1:1–3: "inscriptio."

(2) 1 Thess 1:4–5: description of Paul's arrival and apostolic work in Thessalonica.[76]

(3) / (4) 1 Thess 1:6–8, 9–10: commendation of the church in Thessalonica for their faith and perseverance.[77]

Melanchthon eximiae eruditionis vir ironiam esse putat, ut absurditatem significarit Paulus, "*quasi dicat: absurdum esset sentire, quod abiectio Iudaeorum profuisset. Id enim perinde esset, ac si quis diceret mortem prodesse.*" [Philipp Melanchthon, *Dispositio orationis in epistola Pauli ad Romanos*, Philippi Melanthonis opera quae supersunt omnia 15 (Halle a.S.: Schwetschke, 1848), 480–481] [...] *Sed teritur omnium manibus illius Dispositio, ut nunc pluribus non sit opus.*

[74] Bullinger, "Kommentar zum ersten Thessalonicherbrief" (see n. 58), 5,22–26 [*Argumentum*]: *Laudem vero hanc ita attemperat, ut simul adhortetur Thessalonicenses, porro constantes esse pergant.* [...] *Atque haec quidem altera pars est huius epistolae.* [...] *Posterior circa institutionem versatur.*

[75] See § 5.1, below.

[76] Bullinger, "Kommentar zum ersten Thessalonicherbrief" (see n. 58), 13,5–6 [1 Thess 2:1–2]: *Principio agit de suo ad Thessalonicen[ses] ingressu.*

[77] Bullinger, "Kommentar zum ersten Thessalonicherbrief" (see n. 58), 13,6–7 [1 Thess 2:1–2]: *Deinde de Thessalonicen[sium] iusta et perseveranti in deum pietate.*

(5) 1 Thess 2:1–2: summary and transition to the next theme.[78]

The second text unit comprises four more paragraphs and extends from 2:3 to 2:12. In it, Paul insists on the purity and soundness of his own preaching of the Gospel, contrasting it with that of others.

(6) 1 Thess 2:3–4: Paul insists that what he preached was the Word of God.[79]

(7) 1 Thess 2:5–8: Paul contrasts his own preaching with that of the false apostles.[80]

(8) 1 Thess 2:9: further exposition of the same thought.[81]

(9) 1 Thess 2:10–12: confirmation of what has been said before.[82]

The next text unit comprises only two paragraphs (2:13 and 2:14–16). In it, Paul begins his praise of the Thessalonians, also exhorting them to perseverance. To the interpretation of the second paragraph Bullinger attaches an excursus on ancient and modern persecutors of truth.[83]

(10) 1 Thess 2:13: Paul praises the Thessalonians and comforts them.[84]

(11) 1 Thess 2:14–16: Paul highlights the Thessalonians' steadfastness and strength.[85]

The fourth text unit should be considered according to Bullinger as a kind of parenthesis, in which Paul once more confirms his love and solicitude for the Thessalonians. This unit is made up of four paragraphs and extends from 2:17 to 3:5. At its center stands the idea that affliction and persecution are integral parts of the Christian life.

---

[78] Bullinger, "Kommentar zum ersten Thessalonicherbrief" (see n. 58), 13,7–8 [1 Thess 2,1–2]: *Nunc quidem in genere proponit expositionis summam.*

[79] Bullinger, "Kommentar zum ersten Thessalonicherbrief" (see n. 58), 13,32–34 [1 Thess 2:3–4]: *Planius iam ostendit, quod verbum dei tradiderit Thessalonicen[sibus]. Addit et aliud, quod pure atque ita, ut decuit, tradiderit, nihil de suo addiderit vel quicquam in ipso adulterarit.*

[80] Bullinger, "Kommentar zum ersten Thessalonicherbrief" (see n. 58), 15,13–16 [1 Thess 2:5–8]: *Addit iam alia quaedam, ex quibus appareat tam fides ipsius apostoli et quod bona fide et purissime evangelium praedicarit quam pseudoapostolorum perfidia, versutia et impostura. Tria autem hoc loco iungit potissimum: adulationem, avaritiam et ambitionem sive studium gloriae.*

[81] Bullinger, "Kommentar zum ersten Thessalonicherbrief" (see n. 58), 17,13 [1 Thess 2:9]: *Haec exponunt, quid in superiorib[us] intellexerit.*

[82] Bullinger, "Kommentar zum ersten Thessalonicherbrief" (see n. 58), 17,28–18,1 [1 Thess 2:10–12]: *Pertinent etiam haec ad explicationem atque confirmationem superiorum. [...] veluti epilogo colligens, quod ipsis pure tradiderit verbum dei (huc enim tota haec expositio pertinet).*

[83] See § 5.2, below.

[84] Bullinger, "Kommentar zum ersten Thessalonicherbrief" (see n. 58), 19,3–4 [1 Thess 2:13]: *Pergit altera huius narrationis parte laudem Thessalonicen[sium] absolvere atque simul in suscepta veritate illos contra omnia adversa confirmare.*

[85] Bullinger, "Kommentar zum ersten Thessalonicherbrief" (see n. 58), 20,5–7 [1 Thess 2:14–16]: *[...] nunc laudat Thessalonicensium constantiam et tolerantiam, simul et in his ipsos confirmans obiterque persequutorum perstringens mores impios denuntiansque illis iuditium a domino gravissimum.*

(12) 1 Thess 2:17–20: Paul reaffirms his love and solicitude for the Thessalonians.[86]

(13) 1 Thess 3:1–3a: here the readers are shown what the duties of a "bishop" are.[87]

(14) 1 Thess 3:3b–4: affliction and persecution are part of the Christian life, both for the apostles (or the ministers of the Word) and for church members.[88]

(15) 1 Thess 3:5: conclusion and confirmation of what has been said so far.[89]

In the next unit, which is also the concluding one in the first part of the letter, Paul resumes his praise of the Thessalonians as well as his exhortations and brings both to an end. This section comprises three paragraphs (3:6 through 3:13). The last paragraph corresponds to the prayer at the end of ch. 3 which aptly points out – as Bullinger emphasizes – that God alone is the author of any good that the faithful may experience in their life.

(16) 1 Thess 3:6–8: Paul praises the Thessalonians, reaffirms his solicitude for them and exhorts them to persevere in the Faith.[90]

(17) 1 Thess 3:9–10: that the Thessalonians show such a steadfastness is something that should move to deep gratitude.[91]

(18) 1 Thess 3:11–13: Paul concludes the first part of his letter with a prayer, in which he shows that God alone is the author of all good.[92]

After the 18th paragraph and with ch. 4, the second part of the letter begins, which according to what we read in the *Argumentum* is devoted to matters of morals. In fact, the first text unit in the second part, which comprises five para-

---

[86] Bullinger, "Kommentar zum ersten Thessalonicherbrief" (see n. 58), 22,12–13 [1 Thess 2:17–20]: *Iterum commendat amorem et studium suum erga Thessalonicen[ses], certe ut ipsi imo verbo evangelii praedicato arctius adhaererent in finem usque.*

[87] Bullinger, "Kommentar zum ersten Thessalonicherbrief" (see n. 58), 24,1–2 [1 Thess 3:1–3]: *Intelligimus ex his, quid deceat episcopum, qualis is esse debeat et quod multa consolatione indigeant afflicti pro nomine domini.*

[88] Bullinger, "Kommentar zum ersten Thessalonicherbrief" (see n. 58), 24,9–11 [1 Thess 3:3–4]: [...] *ita sensus erit: "Nemo turbetur afflictionibus hisce. Nihil enim novi obtingit vobis. Nam haec est conditio cum humanae miseriae tum praedicationis evangelicae, ut multa mala experiamur".*

[89] Bullinger, "Kommentar zum ersten Thessalonicherbrief" (see n. 58), 24,28–29 [1 Thess 3:5]: *Absolvit coeptam narrationem. Caeterum idem dicit, quod antea, sed aliis verbis et alia ratione.*

[90] Bullinger, "Kommentar zum ersten Thessalonicherbrief" (see n. 58), 25,11–14 [1 Thess 3:6–8]: *Magno spiritu magnaque gratulatione Thessalonicen[sium] laudem expositione prosequitur, ubique vero interserit studium suum erga ipsos ardentissimum, ut totos sibi, imo veritati devintiat, pseudoapostolis abstrahat, quin et ad perseverantiam incitet.*

[91] Bullinger, "Kommentar zum ersten Thessalonicherbrief" (see n. 58), 26,3–5 [1 Thess 3:9–10]: *Dicit enim maius esse benefitium, quod videlicet in tantis turbis in fide perstiterunt, quam ipse ullis possit gratiarum actionibus vel amplissimis assequi aequareve.*

[92] Bullinger, "Kommentar zum ersten Thessalonicherbrief" (see n. 58), 26,26–28 [1 Thess 3:11–13]: *Fausta imprecatione finit hanc partem epistolae docens interim deum omnis boni authorem solum efficere in nobis omnia bona et solum perpetuis defatigandum esse precibus, quo bene coepta foelicissime absolvat in nobis.*

graphs and extends from 4:1 to 4:12, concentrates on what Bullinger calls "duties of piety" (*officia pietatis*). These are, e.g., the preservation of purity, the practice of love, equity, justice and mercy, and the avoidance of idleness. In this section Bullinger inserts two excursuses. The first – at the end of paragraph 21 – deals with a reproach that was often voiced by Roman controversialists, i.e., that the preaching of salvation by grace alone would foster vice.[93] The second concerns work and leisure and is attached to paragraph 23.[94]

(19) 1 Thess 4:1: exhortation to perseverance and improvement in the practice of piety.[95]

(20) 1 Thess 4:2–5: summary of the main precepts, pertaining on one hand to the preservation of purity, on the other hand to the practice of love, equity and justice.[96]

(21) 1 Thess 4:6–8: focus on the instructions to refrain from pollution of the body and to live an innocent life, abstaining from damaging one's neighbors.[97]

(22) 1 Thess 4:9–10a: focus on the works of love, i.e., being merciful and practicing communion.[98]

(23) 1 Thess 4:10b–12: exhortation to honest work.[99]

The next section is the longest of the whole Commentary. In it Bullinger deals with six paragraphs (4:13 through 5:11), the third one being made up of one single verse (4:18). This section is in fact a short treatise on the resurrection, in which Bullinger explores several aspects of this essential Christian doctrine.[100]

(24) 1 Thess 4:13–14: Paul introduces the theme of resurrection and eternal life.[101]

---

[93] See § 5.3, below.

[94] See § 5.4, below.

[95] Bullinger, "Kommentar zum ersten Thessalonicherbrief" (see n. 58), 27,10–13 [1 Thess 4:1]: *Posteriore parte huius epistolae instituit Thessalonicen[ses] in pietate vera, imo in memoriam reducit ea, quae prius de hac diligenter et copiose tradiderat. Hic autem hortatur in genere, ut non modo in tradita religione perseverent, verumetiam seipsos superare pergant.*

[96] Bullinger, "Kommentar zum ersten Thessalonicherbrief" (see n. 58), 27,27–31 [1 Thess 4:2–5]: *Repetit summarie praecipua vitae praecepta; ea partim puritatem vitae et continentiam praecipiunt, partim charitatem, aequitatem et iustitiam. Damnatur atque proscribitur hisce luxus vitae, libido, omnis petulantia et gentilis impuritas, praeterea fraus, oppressio, usura et omnis impostura. Praemittit autem exordiolum, quo istas leges sive praeceptiones nobis commendat.*

[97] Bullinger, "Kommentar zum ersten Thessalonicherbrief" (see n. 58), 29,8–9 [1 Thess 4:6–8]: *Prius praeceptum est de puritate et sanctimonia, ne polluamus corpora nostra; posterius est de innocentia, ne noceamus proximis nostris.*

[98] Bullinger, "Kommentar zum ersten Thessalonicherbrief" (see n. 58), 31,8–9 [1 Thess 4:9–10]: *Videtur loqui de operibus charitatis, praecipue de misericordia et communicatione.*

[99] Bullinger, "Kommentar zum ersten Thessalonicherbrief" (see n. 58), 31,24–25 [1 Thess 4:10–12]: *Subiicit haec ad subsidium superiorum. Nam ex otio emergunt artes malae et impostoriae, hae vero misericordiam corrumpunt.*

[100] See also § 5.5, below.

[101] Bullinger, "Kommentar zum ersten Thessalonicherbrief" (see n. 58), 34,3–4 [1 Thess 4:13–14]: *Hactenus disseruit de offitiis pietatis, sequitur nunc tractatio de fide resurrectionis et certa spe futurae vitae.*

(25) 1 Thess 4:15–17: on how the dead will be resurrected.[102]

(26) 1 Thess 4:18: the consolation deriving from the faith in the resurrection.[103]

(27) 1 Thess 5:1–3: when will the resurrection occur?[104]

(28) / *(29)* 1 Thess 5:4–5, 6–8: exhortation to watchfulness, sobriety and uprightness.[105]

(30) 1 Thess 5:9–11: further exhortation to watchfulness and sobriety on account of God's calling.[106]

In the third section of the second part of 1 Thess, then, Paul resumes his dealing with matters of morals, giving a series of short instructions concerning life in the church. This section comprises four paragraphs and extends from 5:12 to 5:24. To the discussion of the first and third paragraph Bullinger attaches two excursuses on the honor due to faithful ministers of the Word,[107] and on the right use of the Church Fathers,[108] respectively. This third section, which draws the second part of the letter to an end, concludes very conveniently with a prayer, as this had been the case already at the end of the first part (3:11–13). After it, the letter comes to a conclusion with the usual entreaties, valediction and blessing.

(31) 1 Thess 5:12–13: the ministers of the Word deserve respect.[109]

(32) 1 Thess 5:14–18: on the duty of church members to support the ministers of the Word.[110]

(33) 1 Thess 5:19–22: on discernment.[111]

---

[102] Bullinger, "Kommentar zum ersten Thessalonicherbrief" (see n. 58), 36,7–9 [1 Thess 4:15–17]: *Historiam resurrectionis nostrae graphice pingit oculisque contemplandam subiicit, ex qua intelligemus, quomodo dominus noster eos, qui obdormierunt in fide christiana, reducturus sit in adventu suo.*

[103] Bullinger, "Kommentar zum ersten Thessalonicherbrief" (see n. 58), 39,9 [1 Thess 4:18]: *Ultimo tandem loco usum huius disputationis de fide resurrectionis ostendit.*

[104] Bullinger, "Kommentar zum ersten Thessalonicherbrief" (see n. 58), 40,19–20 [1 Thess 5:1–3]: *Modum et ordinem resurrectionis descripsit, iam quaedam et de tempore resurrectionis monet.*

[105] Bullinger, "Kommentar zum ersten Thessalonicherbrief" (see n. 58), 41,18–19 [1 Thess 5:4–5]: *Occasione accepta ex superioribus adhortatur christianos ad vigiliam, sobrietatem et sanctimoniam.*

[106] Bullinger, "Kommentar zum ersten Thessalonicherbrief" (see n. 58), 42,17 [1 Thess 5:9–11]: *Vocatione quoque dei invitat nos ad vigiliam et sobrietatem.*

[107] See § 5.6, below.

[108] See § 5.7, below.

[109] Bullinger, "Kommentar zum ersten Thessalonicherbrief" (see n. 58), 43,1–2 [1 Thess 5:12–13]: *Sequuntur iam institutiones quidamque velut aphorismi mire facientes ad bonam ecclesiae constitutionem.*

[110] Bullinger, "Kommentar zum ersten Thessalonicherbrief" (see n. 58), 45,16–18 [1 Thess 5:14–18]: *Porro ne omne onus humeris insideret ministrorum, consulte et necessario addit: "Obsecramus autem vos, fratres, ut vos quoque, quicunque nomen Christi invocatis, partes iuvetis illorum."*

[111] Bullinger, "Kommentar zum ersten Thessalonicherbrief" (see n. 58), 46,21–22 [1 Thess 5:19–22] – marginal note: *De prophetiis et probandis iis.*

(34) 1 Thess 5:23–24: conclusion with a prayer.[112]

(35) 1 Thess 5:25–28: valediction and blessing.[113]

4.3 Theological exegesis

At least as important as reconstructing the rhetorical and logical structure of the apostolic argumentation, is of course for Bullinger to give attention to the message of the biblical writing he is dealing with. We enter here the third level of biblical interpretation, at which the commentator is confronted with the task of *theological* exegesis: what does the apostles want to teach us? What doctrinal points are conveyed by a specific passage and by the epistle as a whole? At this level, the exegete can avail himself of two techniques:

> Sometimes, the commentator has to convey the meaning of a passage by paraphrasing it, in order to display the vigor of the argumentation. At other times, he will deal at some length with specific doctrinal points (common places, *loci communes*), although occasionally it will be sufficient to just mention them.

4.3.1 Paraphrase

The first technique is that of paraphrasing the text, i. e., of reformulating it, often through the use of different kinds of *amplification*: restricting or qualifying utterances, providing additional details about circumstances, using qualifying epithets, and employing imagery and comparisons. Paraphrases can also include clarifications, e.g. biblical, historical, geographical, and etymological ones.[114] Among the 35 paragraphs into which Bullinger's Commentary on 1 Thess is subdivided, only four do not contain any kind of paraphrase of the Pauline text.[115] All paraphrases are in Latin and in normal prose, with only two exceptions: the paraphrase of 1 Thess 2:5–6, which is in German,[116] and that of 1 Thess 5:6–8, which Bullinger casts into syllogistic form: all those who are in darkness sleep or are drunken; but Christians are children of light; therefore they are sober and keep awake.[117]

---

[112] Bullinger, "Kommentar zum ersten Thessalonicherbrief" (see n. 58), 49,10 [1 Thess 5:23–24]: *Claudit epistolam foelici imprecatione.*

[113] Bullinger, "Kommentar zum ersten Thessalonicherbrief" (see n. 58), 49,24–26 [1 Thess 5:25–28]: *Planissima sunt haec et in aliis exposita epistolis, nisi quod hic disertis verbis omnibus credentibus haec epistola proponitur legenda. Ad omnes enim pertinet, quod paucis scripsit.*

[114] Jean-François Cottier, "Erasmus's *Paraphrases*: A 'New Kind of Commentary'?," in *The Unfolding of Words: Commentary in the Age of Erasmus*, ed. Judith Rice Henderson (Toronto et al.: University of Toronto Press, 2012), 34.

[115] These are the interpretations of 1 Thess 4:1; 4:9–10a; 5:1–3; 5:25–28.

[116] Bullinger, "Kommentar zum ersten Thessalonicherbrief" (see n. 58), 15,29–31 [1 Thess 2:5–8].

[117] Bullinger, "Kommentar zum ersten Thessalonicherbrief" (see n. 58), 42,9–11 [1 Thess 5:6–8]. The syllogism corresponds to the modus *"Darii."*

Although the majority of the paraphrases Bullinger produces in the Commentary on 1 Thess are of his own devising, he often relies on those of Erasmus' as well. The great Dutch Humanist had published his own Paraphrases of the New Testament epistles between 1517 and 1521, starting in November 1517 with the Paraphrase of Rom and ending in January 1521 with those of the Johannine letters and of Heb.[118] Erasmus' Paraphrases had enormous resonance throughout Europe and were much appreciated both for their elegance and for their understandability. In a letter to Luis Núñez Coronel (died ca. 1531),[119] Erasmus defined the paraphrase as "not a translation, but something looser, a kind of continuous commentary, without the intervention of an outsider's voice."[120] With his Paraphrases, Erasmus wanted to give his readers an easier access to the contents of the Bible and – through it – to the essential aspects of what he called "evangelical philosophy." In this sense, he saw a continuity between his own Paraphrases and the ancient tradition of προγυμνάσματα. He wrote:

Paraphrases follow the meaning of the New Testament in an oratorical stream of speech, so that those who are not yet laboring in the inner sanctum of theologians may perceive through the clearest possible Latin discourse the whole of evangelical philosophy [...]. By paraphrases I have done nothing different than the grammar teacher does who, commenting on Virgil, first explains the subject of the poem in plain style and in plainer words.[121]

The success of Erasmus' Paraphrases is testified by the fact that they were translated, in part or completely, into several European languages. This made them accessible for the less educated clergy as well as for a broader readership. An English translation of the complete collection of Paraphrases of the New Testament was published in 1548,[122] whereas a French translation of the Paraphrases of the epistles had appeared already five years earlier.[123] But the very first translation of Erasmus' Paraphrases into a vernacular language had been published in Zurich, in the early 1520s. This had been the work of Leo Jud (1482–1542), who from 1523 on, besides being a priest and then a pastor in Zurich (St.Peter), was active as translator of the Bible as well as of medieval and contemporary works, also authoring several catechetical writings.[124] In 1521, when he still was a priest

---

[118] See Hilmar M. Pabel and Mark Vessey, eds., *Holy Scripture Speaks: The Production and Reception of Erasmus' Paraphrases on the New Testament* (Toronto et al.: University of Toronto Press, 2002), xi.

[119] See James K. Farge, "Luis Núñez Coronel," in *Contemporaries of Erasmus*, ed. Bietenholz and Deutscher (see n. 57), 1:342–343.

[120] Quoted in Cottier, "Erasmus's *Paraphrases*" (see n. 114), 31.

[121] Quoted in Cottier, "Erasmus's *Paraphrases*" (see n. 114), 30–31.

[122] Gretchen E. Minton, "John Bale's *Image of Both Churches* and the English Paraphrase on Revelation," in *Holy Scripture Speaks*, ed. Pabel and Vessey (see n. 118), 299.

[123] Guy Bedouelle, "The *Paraphrases* of Erasmus in French," in *Holy Scripture Speaks*, ed. Pabel and Vessey (see n. 118), 279.

[124] Christian Hild, *Die Reformatoren übersetzen: Theologisch-politische Dimensionen bei*

in Einsiedeln, Jud published in Zurich a German translation of Erasmus' Paraphrases of the Pauline letters.[125] In 1523, then, he completed the collection, publishing all of the New Testament Paraphrases in one single volume.[126] Jud's translations, which were re-edited several times during the sixteenth century,[127] testify to the great interest and appreciation on the part of Ulrich Zwingli and his collaborators for Erasmus' exegetical efforts, an interest and appreciation which Bullinger indeed shared. This is testified, among other things, by the fact that Bullinger often refers to Erasmus quite simply as "Paraphrastes," i. e., as *the* Deviser of paraphrases *par excellence*,[128] something that reminds of the medieval and early modern practice of referring to particularly eminent authors by some kind of appellative – as it was the case with Aristotle, called *the* Philosopher, or with Averroes, called *the* Commentator.[129]

Even though Bullinger's Commentary on 1 Thess contains only two explicit quotations from Erasmus' Paraphrases,[130] a comparison between Bullinger's and Erasmus' texts reveals that in seven more places Bullinger drew heavily on the Dutch humanist,[131] whereas in one case he just quotes from him without naming his source.[132] Although most of the times Bullinger agrees with Erasmus' renderings and even extols the latter's achievements,[133] there are also cases in which he rejects Erasmus' interpretation. Quite interestingly, however,

---

Leo Juds (1482–1542) Übersetzungen von Zwinglis und Bullingers Schriften ins Lateinische (Zurich: Theologischer Verlag Zürich, 2016); Karl-Heinz Wyss, *Leo Jud. Seine Entwicklung zum Reformator 1519–1523* (Bern/Frankfurt a. M.: Peter Lang, 1976).

[125] Erasmus, *Paraphrases zuo tütsch: Die Epistlen sancti Pauli [...] durch meister Leonem Jud Pfarherren zuo Eynsidlen gentzlich dem latin nach vertütscht* (Zurich: Christoph Froschauer the Elder, 1521). Cf. Manfred Vischer, *Bibliographie der Zürcher Druckschriften des 15. und 16. Jahrhunderts*, Bibliotheca bibliographica Aureliana 124 (Baden-Baden: Valentin Koerner, 1991), no. C 7.

[126] Erasmus, *Paraphrases zu Teutsch: Paraphrases [...] aller Epistlen Pauli, Petri, Joannis, Jude, Jacobi [...] durch Leonem Jud [...] vertütscht* (Zurich: Christoph Froschauer the Elder, 1523). Cf. Vischer, *Bibliographie* (see n. 125), no. C 32.

[127] Urs B. Leu, "Erasmus in der Zürcher Buch- und Lesekultur," in *Erasmus in Zürich: Eine verschwiegene Autorität*, ed. Christine Christ-von Wedel and idem (Zurich: Verlag Neue Zürcher Zeitung, 2007), 274–307, esp. 278–287.

[128] Cf. Bullinger, "Kommentar zum ersten Thessalonicherbrief" (see n. 58), 6,27 [1 Thess 1:1–3]; 44,6 [1 Thess 5:12–13]. See also Baschera, *Kommentare zu den neutestamentlichen Briefen* (see n. 35), LXXVI–LXXVII.

[129] Cf. Frederick Copleston, S. J., *A History of Philosophy* (London: Search Press and New Jersey: Paulist Press, 1950), 2:197, 322.

[130] Bullinger, "Kommentar zum ersten Thessalonicherbrief" (see n. 58), 6,27–29 [1 Thess 1:1–3]; 44,6–13 [1 Thess 5:12–13].

[131] Bullinger, "Kommentar zum ersten Thessalonicherbrief" (see n. 58), 9,17–19 [1 Thess 1:6–8]; 9,20 [1 Thess 1:6–8]; 10,15–16 [1 Thess 1:9–10]; 17,1–7 [1 Thess 2:5–8]; 24,9–11 [1 Thess 3:3–4]; 28,19–22 [1 Thess 4:2–5]; 42,18–19 [1 Thess 5:9–11].

[132] Bullinger, "Kommentar zum ersten Thessalonicherbrief" (see n. 58), 35,15–16 [1 Thess 4:13–14].

[133] Cf. Bullinger, "Kommentar zum ersten Thessalonicherbrief" (see n. 58), 44,6–7 [1 Thess 5:12–13]: *Paraphrastes integrum hunc locum paucissimis verbis mira foelicitate exposuit.*

Bullinger never does this explicitly, i.e., he does not engage in an open polemic with Erasmus, but refers rather evasively to the opinion of "some people" whom he does not agree with.[134]

4.3.2 Loci communes

The second technique Bullinger employs at the level of theological exegesis is that of extracting from a given paragraph so-called *loci communes*, i.e., doctrinal points of a general nature. As Bullinger tells us in the Preface to his Commentary on 2 Cor, the exegete may content himself with just mentioning such doctrinal points, but more often than not he deals with them in excursuses of varying length. However, even the longest excursuses in Bullinger's Commentaries appear to be rather short in comparison to the long treatises that other authors like Martin Bucer or Peter Martyr Vermigli (1499–1562) inserted into their own biblical Commentaries.[135] The Commentary on 1 Thess contains six such excursuses, dealing in turn with: true and false religion (in connection with 1 Thess 1:9–10); ancient and modern persecutors of the Faith (in connection with 1 Thess 2:14–16); the question whether the preaching of salvation by grace alone fosters vice (in connection with 1 Thess 4:6–8); work and leisure (in connection with 1 Thess 4:10b–12); the duties of ministers and the honor due to them (in connection with 1 Thess 5:12–13); and the right use of the Church Fathers (in connection with 1 Thess 5:19–22). To a more detailed examination of these excursuses we will turn later.[136]

4.4 Confirmation of truth and rejection of falsehood

The fourth and final level of exegesis is that at which, according to Bullinger, "truth must be asserted and falsehood confuted," in that the commentator "points out the utility of what has been disputed upon, warning at the same time

---

[134] Bullinger, "Kommentar zum ersten Thessalonicherbrief" (see n. 58), 7,5–15 [1 Thess 1:4–5]: *Sunt qui haec ad Thessalonicenses referunt* [cf. Erasmus, "In Priorem ad Thessalonicenses" (see n. 66), 250,16–19] [...]. *Simplitiora tamen videntur, quae adferuntur a Theophylacto. Is enim haec ad Paulum et collegas eius retulit* [...] [cf. Theophylact, *Enarrationes* (see n. 59), 112v]. Cf. Baschera, "Fehlverhalten" (see n. 38), 259.

[135] Cf. Peter Martyr Vermigli, *Predestination and Justification: Two Theological Loci*, trans. and ed. Frank A. James III, The Peter Martyr Library 8 (Kirksville, MO: Truman State University Press, 2003); on Vermigli's exegetical activity and Scripture hermeneutics see Michael Baumann, *Petrus Martyr Vermigli in Zürich (1556–1562): Dieser Kylchen in der heiligen gschrifft professor und laeser*, Reformed Historical Theology 36 (Göttingen: Vandenhoeck & Ruprecht, 2016), 159–220; Max Engammare, "Humanism, Hebraism and Scriptural Hermeneutics," in *A Companion to Peter Martyr Vermigli*, ed. Torrance Kirby et al., Brill's Companions to the Christian Tradition 16 (Leiden and Boston: Brill, 2009), 161–174; N. Scott Amos, "Exegesis and Theological Method," (ibid.), 175–193; Jon Balserak, "I Corinthians Commentary: Exegetical Tradition," (ibid.), 283–303; Frank A. James III, "Romans Commentary: Justification and Sanctification," (ibid.), 305–317.

[136] See § 5, below.

against errors and abuses." Thus, the fourth level corresponds to what in ancient schools was called κρίσις or *iudicium*.[137] It is where the good commentator drives consequences from what he has been discussing so far. On one hand, this means that he may engage in apologetics and polemics, defending orthodox doctrine against all sorts of heresies old and new. As far as the new heresies are concerned, the main target of Bullinger's critique are Roman Catholics and Anabaptists.[138] On the other hand and more generally, to drive consequences from the analysis of the biblical text means to engage in the application of Scripture to the life of the church.

At this point the boundary between scholarly exegesis and preaching becomes porous. This is especially the case when Bullinger directly addresses his readers and, more specifically, the pastors among them. So for example, in connection with 1 Thess 2:3–4, after having told the reader that this passage is most useful as a general rule for assessing the faithfulness of any minister of the Word,[139] Bullinger exclaims: "Oh, that we all may actually be faithful and sincere ministers! Instead, many of us just wish to be regarded as such by others!"[140] Similarly, he brings to a close his discussion of 1 Thess 5:12–13 with the exhortation:

> Let us seek, brothers, more than any other thing God's glory and the church's salvation! It will be enough if the churches revere not us, but Christ and his truth through us, while acknowledging us as just his ministers. An imperishable crown has been prepared for us not by men, but by Christ who is the prince of pastors, if only we will remain faithful to the end.[141]

4.5 Use of extrabiblical sources

In the Preface to his Commentary on 2 Cor, while describing the four dimensions of what he regards as a proper scholarly exegesis of Scripture, Bullinger mentions in passing also something else: a good commentator will sometimes (*nonnunquam*) draw on the opinions of other exegetes.[142] This casual comment raises the issue of Bullinger's use of commentary literature and, more generally,

---

[137] Young, "The Rhetorical Schools" (see n. 55), 187.

[138] See § 5.1–7, below.

[139] Bullinger, "Kommentar zum ersten Thessalonicherbrief" (see n. 58), 14,3–5 [1 Thess 2:3–4]: *Locus plane egregius, salutaris et prae modum utilis est, ad quem reducere atque explorare possumus omnes omnium contiones et quam fideliter quisque ministerium suum impleat.*

[140] Bullinger, "Kommentar zum ersten Thessalonicherbrief" (see n. 58), 14,5–6 [1 Thess 2:3–4]: *Utinam vero tam simus omnes in ministerio domini fideles et synceri, quam videri volumus plerique!*

[141] Bullinger, "Kommentar zum ersten Thessalonicherbrief" (see n. 58), 44,22–26 [1 Thess 5:12–13]: *Quaeramus ante omnia, o fratres, dei gloriam et ecclesiarum salutem! Satis erit, si ecclesiae in nobis revereantur Christum et veritatem eius, nos vero ministros agnoscant, quibus immarcessibilis corona [cf. 1 Cor 9:25] parata sit non ab hominibus, sed pastorum principe Christo, si modo in finem usque fidem servaverimus [cf. Matt 24:13].*

[142] Bullinger, "Kommentar zum zweiten Korintherbrief" (see n. 37), 467,18 [Preface]: [...] *et aliorum nonnunquam recensuisse sententias.*

of extrabiblical sources in his own exegetical work. Since this issue also pertains to the question of method, it is appropriate to give an overview of the sources Bullinger made use of in his Commentary on 1 Thess, before we turn in the next section to an exploration of the main themes Bullinger dwells upon.

Most of the references to extrabiblical sources in Bullinger's Commentaries on the New Testament epistles are quite obviously to exegetical literature, more specifically to Commentaries on the epistle he is in each case commenting upon. In the case of 1 Thess, Bullinger draws on the Commentaries of Ambrosiaster – whom he always refers to as "Ambrosius" – and of Theophylact, as well as on Erasmus' Paraphrase and Annotations. In fact, these three authors rank among the most important sources in the whole corpus of Bullinger's Commentaries on the epistles of the New Testament, for the very simple reason that they produced complete commentaries on all Pauline letters (as in the case of Ambrosiaster, the only exception being Heb) or on both the Pauline and the Catholic letters (as in the case of Theophylact and Erasmus). Thus, they could be often consulted and constitute part of what can be called Bullinger's "reference library."[143] Another author, whose Commentary on 1 Thess was available at the time when Bullinger worked on his own Commentary, was the Lutheran Johannes Bugenhagen. Bugenhagen had published in 1524 a collection of brief commentaries on all of the Pauline letters, except for Rom, 1 Cor and 2 Cor.[144] Bullinger knew the collection[145] and probably drew upon the Commentaries on Gal and 1 Tim,[146] but he never refers to Bugenhagen in the Commentary on 1 Thess, nor can any compelling similarities between his own Commentary and that of Bugenhagen be identified.

To the Commentary of Ambrosiaster Bullinger refers explicitly only three times,[147] but in at least two other cases his own comments bear great similarity to those of this Church Father.[148] More frequent are the references to Theophylact. This byzantine author who had produced Commentaries on all of the writings of the New Testament, had been appreciated as an exegete in the West since the Middle Ages. Thomas Aquinas included quotations from Theophylact's

---

[143] Cf. Diana Clavuot-Lutz, "Eleganter et breviter Erasmus exposuit: Auf Spurensuche in den Predigtkommentaren zum Römer- und zum Galaterbrief von Heinrich Bullinger," in *Erasmus in Zürich*, ed. Christ-von Wedel and Leu (see n. 127), 221.

[144] See § 2, above.

[145] Heinrich Bullinger, "Clarissimis viris d[ominis] Ambrosio Blaurero [...]," in *Kommentare zu den neutestamentlichen Briefen*, ed. Baschera (see n. 23), 4,16.

[146] Cf. Heinrich Bullinger, "Kommentar zum Galaterbrief," in *Kommentare zu den neutestamentlichen Briefen*, ed. Baschera (see n. 23), 93,6–9 [Gal 4:24–7]; idem, "Kommentar zum ersten Timotheusbrief," in *Kommentare zu den neutestamentlichen Briefen*, ed. Baschera and Moser (see n. 46), 114,19–20 [1 Tim 1:5–7].

[147] Bullinger, "Kommentar zum ersten Thessalonicherbrief" (see n. 58), 14,1–3 [1 Thess 2:3–4]; 43,21–24 [1 Thess 5:12–13]; 45,2–9 [1 Thess 5:12–13].

[148] Bullinger, "Kommentar zum ersten Thessalonicherbrief" (see n. 58), 31,28–29 [1 Thess 4:10–12]; 42,23–24 [1 Thess 5:9–11].

Commentaries in his *Catena Aurea*, Erasmus referred often to him in his Annotations, and Protestant authors valued him for the sobriety of his style and his adherence to Scripture.[149] Bullinger quotes six times from his Commentary on 1 Thess.[150] Finally, as far as Erasmus is concerned, we already noted how Bullinger makes use of his Paraphrase, drawing probably on it more often than he explicitly declares.[151] The same applies to Erasmus' Annotations: whereas he refers only once to them explicitly,[152] he quotes once from them without mentioning the source,[153] and probably draws on them in ten more places.[154]

A second group of sources Bullinger refers to frequently in his Commentaries, are non-exegetical Patristic writings. He uses explicit quotations from the Church Fathers to substantiate specific statements and to lend weight to his conclusions. This practice had, of course, apologetic relevance as well: quoting the Church Fathers in support of Protestant doctrine served to testify to its orthodoxy against the accusations of heresy on the part of Roman Catholic authors. In the Commentary on 1 Thess, we find quotations from two letters by Jerome in which he discusses exegetical questions,[155] one reference to Augustine's *On Christian Doctrine*,[156] one very long quotation from Cyprian's treatise *On Mortality*,[157] and one reference to Eusebius' *Ecclesiastical History*.[158] Additionally, it can be assumed that Bullinger had Jerome's utterances in mind, when he refers to the opinion of those who interpreted the "vessel" mentioned in 1 Thess 4:4 as meaning "wife."[159]

---

[149] This is confirmed by the fact that the Basel Reformer Johannes Oecolampadius even published a new Latin translation of Theophylact's Commentaries on the Gospels, cf. Theophylact of Ohrid, *In quatuor Evangelia enarrationes [...] Ioanne Oecolampadio interprete* (Basel: Andreas Cratander, 1525).

[150] Bullinger, "Kommentar zum ersten Thessalonicherbrief" (see n. 58), 7,8–10 [1 Thess 1:4–5]; 14,15–18 [1 Thess 2:3–4]; 22,31–35 [1 Thess 2:17–20]; 23,29–24,1 [1 Thess 3:1–3]; 42,4–6 [1 Thess 5:6–8]; 45,30–46,3 [1 Thess 5:14–18].

[151] See § 4.3.1, above.

[152] Bullinger, "Kommentar zum ersten Thessalonicherbrief" (see n. 58), 32,29–31 [1 Thess 4:10–12].

[153] Bullinger, "Kommentar zum ersten Thessalonicherbrief" (see n. 58), 31,31 [1 Thess 4:10–12].

[154] Bullinger, "Kommentar zum ersten Thessalonicherbrief" (see n. 58), 9,19 [1 Thess 1:6–8]; 14,12 [1 Thess 2:3–4]; 14,20 [1 Thess 2:3–4]; 16,19 [1 Thess 2:5–8]; 16,22 [1 Thess 2:5–8]; 18,4 [1 Thess 2:13]; 23,28–29 [1 Thess 3:1–3]; 23,29 [1 Thess 3:1–3]; 40,32 [1 Thess 5:1–3]; 49,13–14 [1 Thess 5:23–24].

[155] Bullinger, "Kommentar zum ersten Thessalonicherbrief" (see n. 58), 37,34–38,11 [1 Thess 4:15–17]; 49,14–15 [1 Thess 5:23–24].

[156] Bullinger, "Kommentar zum ersten Thessalonicherbrief" (see n. 58), 48,19–24 [1 Thess 5:19–22].

[157] Bullinger, "Kommentar zum ersten Thessalonicherbrief" (see n. 58), 39,26–40,11 [1 Thess 4:18].

[158] Bullinger, "Kommentar zum ersten Thessalonicherbrief" (see n. 58), 48,28–49,1 [1 Thess 5:19–22].

[159] Bullinger, "Kommentar zum ersten Thessalonicherbrief" (see n. 58), 28,14–15 [1 Thess 4:2–5].

Often ancient Pagan authors are also referred to in Bullinger's Commentaries. Quoting from Pagan authors, philosophers, rhetoricians, as well as poets to substantiate particular statements, was a practice known to Christian authors since Patristic times. It was of course intensified in early modern times by the rise of Humanism with its profound interest in the retrieval of ancient sources and its effort to make as many works of both Latin and Greek authors as possible once more available in reliable editions of the original texts. In Bullinger's Commentaries, quotations from ancient Pagan authors have most of the time illustrative character; i.e., he draws on them in order to explain particular concepts or ideas, to corroborate a point or to give examples of what the apostles had in mind, when making a particular statement. So, e.g., in connection with 1 Thess 2:5–8, Bullinger quotes from Sallust in order to explain what exactly "greed" (*avaritia*) is,[160] whereas, in commenting on 1 Thess 4:9–10, he refers to Seneca's dialogue *On the tranquillity of the mind* in order to confirm his – and Paul's – praise of frugality and temperance.[161] At another point, when commenting on Paul's admonition not to grieve as those "who have no hope," (1 Thess 4:13) Bullinger refers his readers to Vergil's *Aeneid*, book 5, and to Lucian's Dialogue *On mourning* as illustrations of the Pagan practices that Paul probably had in mind, when he contrasted the Christian and the Pagan attitude towards death.[162] The reference to Lucian is particularly interesting, because Bullinger explicitly refers to Erasmus' Latin translation of that work. In fact, Erasmus – and his *Adagia* in particular – as well as other Humanists were the actual sources from which most of the time Bullinger borrows Greek quotations, although he does not always declare it explicitly. This is quite clearly the case with two quotations from Euripides in both Greek and Latin that Bullinger provides in his commentary on 1 Thess 5:14–18. Since both Latin translations literally coincide with those to be found in the *Adagia*, it is almost certain, that Bullinger borrowed those references from Erasmus.[163]

The fourth group of extrabiblical, non-exegetical sources Bullinger used in his Commentaries consists of medieval and early modern works. In general, references to early modern literature are much more frequent than to medieval sources. Apart from a couple of generic references to scholastic theologians, the medieval texts he most often quotes pertain to canon law. In the Commentary to 1 Thess, however, no references to medieval sources are present, and even those to Bullinger's contemporaries are quite sparse, in comparison to what

---

[160] Bullinger, "Kommentar zum ersten Thessalonicherbrief" (see n. 58), 16,2–5 [1 Thess 2:5–8].

[161] Bullinger, "Kommentar zum ersten Thessalonicherbrief" (see n. 58), 33,11–22 [1 Thess 4:10–12]. See also § 5.4, below.

[162] Bullinger, "Kommentar zum ersten Thessalonicherbrief" (see n. 58), 34,14–17 [1 Thess 4:13–14].

[163] Bullinger, "Kommentar zum ersten Thessalonicherbrief" (see n. 58), 45,28–30 [1 Thess 5:14–18].

happens in other Commentaries. For example, we find in the whole Commentary no explicit reference to Guillaume Budé's *Commentarius linguae Graecae*, a kind of encyclopedia on the Greek language Bullinger draws upon quite often in other contexts to clarify the meaning of words and to give examples of their use in ancient literature. Also absent are explicit references to Erasmus' *Adagia*, as well as to other encyclopedic works Bullinger knew well and drew upon very often otherwise, such as Lodovico Ricchieri's ("Rhodiginus," 1469–1525)[164] *Lectionum antiquarum libri XVI* and Raffaele Maffei's ("Volaterranus," 1451–1522)[165] *Commentariorum urbanorum libri XXXVIII*. And even if it is probable that contemporary works such as *De rerum inventoribus* by Polidoro Virgilio (1470–1555)[166] or Johann Eck's (1486–1543)[167] *Enchiridion* may hide behind some allusions Bullinger makes,[168] this remains a matter of conjecture.

Finally, the fifth class of extrabiblical sources Bullinger draws upon are legal ones. His use of medieval canon law, especially of the *Decretum Gratiani*, to illustrate and criticize Roman Catholic views has already been mentioned. Time and again, Bullinger refers to ancient Roman law too and, in general, he shows an acquaintance with the *Codex iuris civilis*, both by comments he makes on juridical matters and by the use of technical terminology. This is, e.g., the case when he lists different types of "transactions" (*negotia*) in connection with 1 Thess 4:6 ("no man transgress and wrong his brother in this matter," where πράγμα is translated as *negotium* and interpreted as a reference to commercial transactions).[169]

5. Digressions on particular themes

Although in the general Preface to his collection of Commentaries to the New Testament epistles Bullinger emphasizes that he avoided to "deal with *loci communes*," confining himself only to "draw attention to the more important ones,"[170]

---

[164] See Anna Giulia Cavagna and Thomas B. Deutscher, "Lodovico Ricchieri," in *Contemporaries of Erasmus*, ed. Bietenholz and Deutscher (see n. 57), 3:155.

[165] See John F. D'Amico, "Raffaele Maffei," in *Contemporaries of Erasmus*, ed. Bietenholz and Deutscher (see n. 57), 2:366–367.

[166] See Brian P. Capenhover, "Polidoro Virgilio," in *Contemporaries of Erasmus*, ed. Bietenholz and Deutscher (see n. 57), 3:397–399.

[167] See Walter L. Moore, "Eck, Johann," *Oxford Encyclopedia of the Reformation* (see n. 31) 2:17–19.

[168] Bullinger, "Kommentar zum ersten Thessalonicherbrief" (see n. 58), 19,13–15 [1 Thess 2:13] (Johann Eck); 39,20–22 [1 Thess 4:18] (Polidoro Virgilio).

[169] Bullinger, "Kommentar zum ersten Thessalonicherbrief" (see n. 58), 29,15–17 [1 Thess 4:6–8]: [...] *sub negotia autem referimus venditionem, emptionem, mutuum, locationem et si quae huius generis alia sunt, quae pertinent ad commertia hominum.* Cf. Justinian, *Inst.* 3.14 pr.; Dig. 44.7.2.

[170] Bullinger, "Christiano lectori" (see n. 2), 7,23–24: *Interim vero et locos communes illustriores certo consilio indicavi, non tractavi.*

his actual practice is rather different. Time and time again he does indeed pause the continuous exposition of Scripture in order to dwell on specific questions a passage raises, and on points of doctrine that are discussed or even just hinted at in it. In so doing, Bullinger performs the task of a biblical theologian, i. e., he demonstrates that for him Scripture is not only a distant source of theological reflection, but the sole environment in which a theology worthy of the label "evangelical" can mature.

As already mentioned, the Commentary on 1 Thess contains six such digressions on particular themes. In the following account Bullinger's notes on the resurrection are also included. Since Paul himself deals at some length with this point in 1 Thess, Bullinger's reflections cannot be considered as a digression in the strict sense of the word. However, due to the relevance he ascribes to this issue, it seemed appropriate to include it in this overview.

5.1 True and false religion (1 Thess 1:9–10)

In commenting on 1 Thess 1:9–10, Bullinger notes that Paul's description of how he was welcomed in Thessalonica provides a kind of short summary of his preaching in that city. In fact, Paul's words in 1 Thess 1:9b–10 can be regarded, according to Bullinger, as a summary of "the whole issue of true piety" (*verae pietatis negotium omne*).[171] Since Paul addresses here very essential matters, Bullinger thinks it appropriate to unpack what the Apostle in condensed style says about the essence of the Gospel message.

According to Bullinger, what Paul addresses in 1 Thess 1:9–10 is ultimately the difference between true and false religion. True religion consists essentially – and this is something that both Jews and Christians have in common – in serving the only "true and living" God.[172] This means, on one hand, to acknowledge him and him alone as the creator of the whole universe, and, on the other hand, to worship only him, turning away from any kind of idols and false gods.[173] This also includes, for Bullinger, the rejection of any kind of worship of the true God by means of images, statues, and in general by means of any "outward things" (*res externae*):[174] "True worshipers of God turn away from idols and images and serve the true and living God in spirit and in truth [cf. John 4:24]."[175] Although Bullinger does not mention it explicitly in this context,

---

[171] Bullinger, "Kommentar zum ersten Thessalonicherbrief" (see n. 58), 10,26–27 [1 Thess 1:9–10].
[172] Bullinger, "Kommentar zum ersten Thessalonicherbrief" (see n. 58), 11,3–4 [1 Thess 1:9–10].
[173] Bullinger, "Kommentar zum ersten Thessalonicherbrief" (see n. 58), 11,4–9 [1 Thess 1:9–10].
[174] Bullinger, "Kommentar zum ersten Thessalonicherbrief" (see n. 58), 11,21–23.25–26 [1 Thess 1:9–10].
[175] Bullinger, "Kommentar zum ersten Thessalonicherbrief" (see n. 58), 11,19–20 [1 Thess 1:9–10].

it is quite obvious that his remarks about external means of worship, as well as about temples, altars, and sacrifices are intended as an attack against the Church of Rome and its worship practices. Thus, Bullinger emphasizes that the only temple in which the true and living God may dwell, is the living soul of pious people, while his altar is their sanctified heart.[176] What people should offer to God as sacrifice is, moreover, their own spirit,[177] i.e. themselves as spiritual sacrifice (cf. Rom 12:1), by renouncing all kinds of evil affections and in general everything carnal.[178] Material and costly things like gold and gems, instead, should be used to meet the material needs of the people and to relieve the poor.[179]

To worship only the true and living God in a way fitting to his nature, is something that people were commanded to do already under the Old Covenant. But it is only through the revelation of the Son of God and the recognition of him being the promised Messiah that true religion is brought to fulfillment.[180] This is what Paul hints at in the last sentence in 1 Thess 1:10, when he speaks of the coming of the Son of God who has been risen from the dead and is to deliver the believers "from the wrath to come." Here too Bullinger thinks it necessary to expand those few remarks. Thus, he concludes his excursus on true and false religion with a creed-like exposition of the Christian faith, which reminds in its structure and wording of the Apostles' and the Nicene Creed, as well as of such formulations of the so-called *regula fidei* as they are to be found, e.g., in Irenaeus or Tertullian.[181]

---

[176] Bullinger, "Kommentar zum ersten Thessalonicherbrief" (see n. 58), 11,26–28 [1 Thess 1:9–10].

[177] Bullinger, "Kommentar zum ersten Thessalonicherbrief" (see n. 58), 11,28–29 [1 Thess 1:9–10].

[178] Bullinger, "Kommentar zum ersten Thessalonicherbrief" (see n. 58), 12,5–8 [1 Thess 1:9–10]: [...] *potius vim, avaritiam, usuram, fastum, vindictam, ambitionem et caeteras affectiones, quae ex carne sunt et hominem corrumpunt, constringit, caedit et sese totum deo hostiam rationalem offert [cf. Rom 12:1].*

[179] Bullinger, "Kommentar zum ersten Thessalonicherbrief" (see n. 58), 12,1–2 [1 Thess 1:9–10].

[180] Bullinger, "Kommentar zum ersten Thessalonicherbrief" (see n. 58), 12,9–11 [1 Thess 1:9–10]: *Veram hanc religionem absolvit cognitio Christi, "qui est imago dei inconspicui" [Col 1:15], unius cum patre substantiae, verus et vivus deus cum patre et spiritu sancto.*

[181] Bullinger, "Kommentar zum ersten Thessalonicherbrief" (see n. 58), 12,11–22 [1 Thess 1:9–10]: *Hic [i. e. Christus] ex mera dei patris misericordia carnem nostram induit et in hunc mundum venit, non ut alienum doceret deum, sed eundem omnibus gentibus commendaret atque promissiones patribus factas impleret. Dum enim omnes natura essemus filii irae, [cf. Eph 2:3] et nemo iratum numen placare posset, iste peccata nostra in se recipiens in ara crucis omnia expiavit fidelibus. Nam morte sua ab ira ventura nos liberavit, qui credimus; increduli aeterna morte pereunt [cf. Mark 16:16]. Idem a mortuis resurrexit, ut vitam nobis restitutam et peccata enervata esse approbaret. Ascendit coelos, ut regnaret atque ibi perpetuo pro nobis intercederet misericors et fidelis pontifex. Inde expectamus eum remuneratorem et iudicem totius carnis. Expectamus autem eum tam vivi quam mortui. Qui enim vivimus, dissolvi cupimus et esse cum Christo [cf. Phil 1:23], qui vero mortui sunt, resuscitationem carnis expectant.*

5.2 Ancient and modern persecutors of truth (1 Thess 2:14–16)

According to what Bullinger writes in the letter of dedication to the Bernese magistrates Hans Jakob (1506–1560), Niklaus (d. 1551) and Reinhart von Wattenwyl (d. 1549), the main theme of 1 and 2 Thess is perseverance in the face of persecution because of Christ.[182] As Paul did in his letters, Bullinger also praises his addressees for having endured so far in confessing and advancing the Reformed faith in their territory.[183] He also explicitly mentions the similarity between their course of action and that of the Thessalonians as the reason why he chose to dedicate these Commentaries to them.[184]

In view of these statements, it is no surprise that the inevitability of persecution and the need to endure it is in fact a recurring theme in Bullinger's Commentary on 1 Thess. However, it is especially in connection with 1 Thess 2:14–16 that he dwells upon it extensively. Bullinger remarks that in this passage Paul wants evidently not only to praise the Thessalonians for their patience, but also to comfort and encourage them.[185] This he does by comparing their sufferings to those of Christ, the prophets, and – more specifically – of the Christian churches in Judea. The persecution by Jews of fellow Jews who had turned Christians is something that Bullinger regards as especially "intolerable," because it is a case of hatred among blood relatives, a hatred "of fellows against fellows, and of friends against friends."[186] Moreover, it is for Bullinger clear that, when Paul writes that the Jews "fill up the measure of their sins," the Apostle is referring to a long story of rebellion against God: "What the Jews did against Christ and his Church was nothing new, for they were from the very beginning stiff-necked [cf. Ex 32:9] and a people that always stirred God's wrath."[187] The rejection of Christ and of those who believe in him is just the culmination of this long story. At the same time, it is something that seals their destiny as well as the destiny of everyone that acts in the same way. For, as Bullinger emphasizes by referring to 1 John 2:23 ("no one who denies the Son has the Father"): "Nobody can please God apart from Christ."[188]

By pointing out that their persecutors will inevitably incur in God's punishment, Paul is of course reassuring the Thessalonians and encouraging them to

---

[182] Bullinger, "Kommentar zum ersten Thessalonicherbrief" (see n. 58), 3,12–16 [Preface].

[183] Bullinger, "Kommentar zum ersten Thessalonicherbrief" (see n. 58), 3,20–23 [Preface].

[184] Bullinger, "Kommentar zum ersten Thessalonicherbrief" (see n. 58), 4,9–10 [Preface].

[185] Bullinger, "Kommentar zum ersten Thessalonicherbrief" (see n. 58), 20,5–7 [1 Thess 2:14–16].

[186] Bullinger, "Kommentar zum ersten Thessalonicherbrief" (see n. 58), 20,17–18 [1 Thess 2:14–16].

[187] Bullinger, "Kommentar zum ersten Thessalonicherbrief" (see n. 58), 21,7–8 [1 Thess 2:14–16].

[188] Bullinger, "Kommentar zum ersten Thessalonicherbrief" (see n. 58), 20,27 [1 Thess 2:14–16]: *Nec quisquam sine Christo placere deo potest.*

"endure those persecutions with unbroken spirit."[189] This, Bullinger emphasizes, is what Paul's message ultimately amounts to (*huc enim omnia pertinent*[190]): consolation and exhortation to perseverance in view of the fact that God won't let blasphemy and fratricide unavenged. At the same time, Bullinger adds, it is also what makes this passage most relevant for Reformed people in the 1530s. For they also are suffering in many places persecution at the hand of people who initially supported the cause of the Reformation, but then decided to ally themselves again with the Roman faction:

We see here as in a mirror what are today the enemies of truth. They are similar to the Jews, because they too reject God and his will, and not only dismiss the salvation offered to them, but even endeavor ferociously to prevent others from attaining salvation.[191]

It remains unclear whether Bullinger is thinking of someone in particular and, if so, whom he may have had in mind. The 1530s were in the Swiss Confederation "a confusing period of conflicting impulses"[192] in which, as a consequence of the Protestant defeat in the Second Kappel War, the support for the Reformation generally shrank. Whatever the case may be, Bullinger clearly compares the traitors of the Reformation with the Jews whom Paul speaks of. For in both cases, the attack does not come from "enemies and foreigners," but from those who should act as friends.[193] Thus, it is for Bullinger beyond dispute that the same fate that befell the Jews, will befall the traitors of the Gospel too: "As soon as they will fill up their own measure, they are going to be destroyed with equal suffering and will be completely blown out."[194]

5.3 Grace and the Christian life (1 Thess 4:2–8)

The organic and insoluble connection between true faith and a way of life corresponding to it, is a theme to which Bullinger keeps returning over and over again in all of his Commentaries on the New Testament epistles. This is of course not surprising, seeing that he identifies "Christian philosophy," i.e. the synthesis of Christian belief and Christian behavior, as what Scripture in general and the apostolic writings in particular are meant to teach us.[195] Moreover, he

---

[189] Bullinger, "Kommentar zum ersten Thessalonicherbrief" (see n. 58), 21,18–19 [1 Thess 2:14–16].

[190] Bullinger, "Kommentar zum ersten Thessalonicherbrief" (see n. 58), 21,19–20 [1 Thess 2:14–16].

[191] Bullinger, "Kommentar zum ersten Thessalonicherbrief" (see n. 58), 21,20–23 [1 Thess 2:14–16].

[192] Bruce Gordon, *The Swiss Reformation* (Manchester and New York: Manchester University Press, 2002), 149.

[193] Bullinger, "Kommentar zum ersten Thessalonicherbrief" (see n. 58), 20,16–18 [1 Thess 2:14–16].

[194] Bullinger, "Kommentar zum ersten Thessalonicherbrief" (see n. 58), 22,2–4 [1 Thess 2:14–16].

[195] See § 3, above.

was strongly motivated by the need to counter the accusations of several Roman controversialists, according to whom the Protestant preaching of salvation by grace alone would inevitably lead to moral laxity or even to open immorality.[196]

In the Commentary on 1 Thess, Bullinger concentrates on the theme of grace and the Christian life especially in connection with 1 Thess 4:2–8, this being the place where Paul directly approaches the issue of "sanctification" (ἁγιασμός). Commenting on 1 Thess 4:7 ("for God has not called us to uncleanness, but to holiness"), Bullinger provides his readers with a terse summary of the "purpose of the Gospel" (*evangelii scopus*), which can be considered at the same time as a definition of what he meant by Christian philosophy:

This is the purpose of the Gospel, that we *believe* in Jesus Christ whom the Father gave us for our redemption and sanctification, and that we *purify ourselves* from sins and all kinds of wickedness.[197]

This means, first, that what Christians are called to is like a coin with two inseparable sides: *faith in Jesus Christ* as the only source of salvation, and the *renewal of personal life* in accordance with God's will. In order to emphasize the deep and organic connection between faith in Christ and moral obligations, Bullinger interestingly adds a quotation from the epistle of James: "Religion that is pure and undefiled before God the Father is this: to visit orphans and widows in their affliction, and to keep one unstained from the world" (Jas 1:27).[198] That Bullinger, here as elsewhere, draws on Jas when discussing faith, grace, and salvation, is not something that should puzzle the reader. For, in his view, there is a fundamental doctrinal consensus among all of the apostles, and this rules out from the very beginning the possibility of a conflict between, say, the Pauline and the Jamesian view of salvation.[199] This is confirmed by the fact that for Bullinger the same emphasis on the inseparability between true faith and the workings of love towards God and neighbor is to be found in Paul himself, as especially Gal 5:6 – a passage Bullinger referred equally often to in connection with this question[200] – shows ("For in Christ Jesus neither circumcision nor uncircumcision is of any avail, but faith working through love").

---

[196] Cf. Bullinger, "Kommentar zum ersten Thessalonicherbrief" (see n. 58), 30,8–10 [1 Thess 4:6–8].

[197] Bullinger, "Kommentar zum ersten Thessalonicherbrief" (see n. 58), 30,3–5 [1 Thess 4:6–8]: *Hic enim est unicus evangelii scopus, ut credamus in Iesum Christum, quem dedit nobis pater in redemptionem et sanctificationem, et mundemus nosipsos a peccatis ac sceleribus.*

[198] Bullinger, "Kommentar zum ersten Thessalonicherbrief" (see n. 58), 30,5–7 [1 Thess 4:6–8].

[199] See § 3, above. Cf. Peter Opitz, "Bullinger and Paul," in *A Companion to Paul in the Reformation*, ed. R. Ward Holder, Brill's Companions to the Christian Tradition 15 (Leiden and Boston: Brill, 2009), 255.

[200] Cf. Bullinger, "Kommentar zum Römerbrief" (see n. 39), 84,8–9 [Rom 4:4]; idem, "Kommentar zum ersten Thessalonicherbrief" (see n. 58), 6,21–22 [1 Thess 1:1–3]; 25,18 [1 Thess 3:6–8]; idem, "Kommentar zum zweiten Thessalonicherbrief," in *Kommentare zu*

A second point that Bullinger's definition of the "purpose of the Gospel" brings home, is that personal renewal and sanctification are something that must involve the whole human being, both considered as individual and in his or her relationship to others. According to Bullinger, the individual dimension of sanctification is referred to especially in 1 Thess 4:3, where Paul exhorts to "abstain from unchastity." Moreover, since πορνεία should be understood as a designation of all sorts of "uncleanness" (*immunditia*), Bullinger emphasizes that Paul is here calling to a comprehensive holiness that involves both body and soul,[201] a point he will return to also when commenting on 1 Thess 5:23 ("May the God of peace himself sanctify you wholly; and may your spirit and soul and body be kept sound and blameless").[202] The interpersonal dimension of holiness comes to the fore in 1 Thess 4:6, where Paul concentrates on holiness as "innocence," i.e., on "not doing harm to our neighbors."[203] In this respect, Bullinger writes, the Apostle's words are nothing else than a confirmation of the basic rules Christ himself gave to his disciples: the so-called golden rule (Matt 7:12) and the rule of love (Matt 22:39).[204]

Bullinger is of course well aware of the fact that sanctification cannot but remain partial during life on earth. At the same time, he often repeats that faith and holiness are meant to grow and increase, and that this can only happen if Christians engage daily in the "business of piety" (*pietatis negotium*), by practicing Christian discipline and striving for making progress in it.[205] Moreover,

---

den neutestamentlichen Briefen, ed. Baschera and Moser (see n. 46), 94,32–33 [2 Thess 2:13–14]; idem, "Kommentar zum Titusbrief" (see n. 46), 257,10–11 [Titus 3:8]; idem, "Kommentar zum Jakobusbrief," in *Kommentare zu den neutestamentlichen Briefen*, ed. Baschera (see n. 35), 395,14–15 [Jas 2:14–17]; 396,26–28 [Jas 2:14–17]; idem, "Kommentar zum ersten Petrusbrief," (ibid.), 191,12–15 [1 Pet 1:8–9].

[201] Bullinger, "Kommentar zum ersten Thessalonicherbrief" (see n. 58), 28,7–31 [1 Thess 4:2–5]: *"Haec est autem voluntas dei," inquit, "sanctificatio vestra," ut videlicet animo et corpore sancti simus, hoc est, operam demus, quo incontaminati simus sive, ut ipse Paulus sese interpretatur, ut a scortatione abstineamus. [...] Praecipit ergo apostolus, ut quilibet nostrum corpus suum proprium, quod a deo accepit et quod sibi ipse deus in templum delegit, cum sanctificatione et honore* (mit zucht und eer) *possideat, purum scilicet et illibatum, non coinquinatum morbo turpium cupiditatum, quo laborant gentes deditae lasciviae, ebrietati, immunditiae et omni luxuriae foedae.*

[202] Bullinger, "Kommentar zum ersten Thessalonicherbrief" (see n. 58), 49,11–13 [1 Thess 5:23–24]: *[...] imprecaturque veram illis sanctimoniam, quae syncera et integra non est, nisi anima simul et corpus pura sint, imprimis vero ipsa fides syncera sit, qua purificatur homo, Acto. 15[,9], Gal. 5[,16–21].*

[203] Bullinger, "Kommentar zum ersten Thessalonicherbrief" (see n. 58), 29,9 [1 Thess 4:6–8]: *Posterius [i. e. praeceptum] est de innocentia, ne noceamus proximis nostris.*

[204] Bullinger, "Kommentar zum ersten Thessalonicherbrief" (see n. 58), 29,23–24 [1 Thess 4:6–8].

[205] Bullinger, "Kommentar zum ersten Thessalonicherbrief" (see n. 58), 27,11–19 [1 Thess 4:1]: *Hic autem hortatur in genere, ut non modo in tradita religione perseverent, verumetiam seipsos superare pergant. [...] Proinde intellexisse pietatis negotium, incoepisse hoc, imo et in hoc progressum esse aliquanto, non est satis, nisi et profectus quotidianus accedat. Huc vero intenta esse debent omnia studia nostra.*

since on account of the "slipperiness of the flesh" (*lubricitas carnis*) relapses are inevitable, Christians always remain dependent on advice and guidance, in order to be able to persevere on the way of sanctification. To give advice and, if necessary, to rebuke and to chasten, are of course essential aspects of pastoral work and pertain therefore in the first place to ordained ministers.[206] However, as Bullinger points out later in connection with 1 Thess 5:14, matters of "church discipline" should not be considered as being the exclusive province of pastors. Rather, it is the duty of every Christian to intervene when one sees a brother or sister in faith going astray, instead of ignoring it and waiting for the ministers to do something.[207]

The general impression one gets reading Bullinger's remarks on sanctification and the Christian life, then, is that he was fundamentally convinced that doctrine and life, faith and love, grace and holiness are all to be regarded as connected dimensions of one single whole. This is the reason why, when commenting on 1 Thess 2:13 ("you received the word of God [...] which is at work in you believers"), he can even bluntly say that nobody should be considered as a true believer unless one shows through some sort of change in personal behavior, however small and inchoative it may be, that the Word of God has really taken root in one's heart. For in all those who really receive the Word of God, it also begins to work sensibly as a "remedy" (*pharmacum*) against sin.[208]

5.4 Work and leisure (1 Thess 4:10–12)

Paul's exhortation "to live quietly, to mind your own affairs, and to work with your hands" (1 Thess 4:11) prompts Bullinger to dwell in a short excursus upon the theme of work and leisure. For, he emphasizes, especially the expression "to live quietly" (ἡσυχάζειν) is open to misunderstandings and was probably used from the very beginning as a pretext for justifying idleness.[209] Bullinger – as

---

[206] Bullinger, "Kommentar zum ersten Thessalonicherbrief" (see n. 58), 26,13–18 [1 Thess 3:9–10]: [...] *quotidiana opera indiget christiana disciplina, utpote quae indies per lubricitatem carnis nostrae perque impostorum deceptiones erroresque infirmatur. Proinde ecclesiis nequaquam satis est, si leges dei sacrasve habeant vel diligentissime scriptas, nisi etiam accedat episcopi prudentis et constantis authoritas, quae omnia secundum leges aeque iusteque moderetur et modum ponat petulantiae et malitiae hominum.*

[207] Bullinger, "Kommentar zum ersten Thessalonicherbrief" (see n. 58), 45,16–26 [1 Thess 5:14–18]: *Porro ne omne onus humeris insideret ministrorum* [...] *curandum ergo nobis, si sapimus, ut quisque pro sua proportione admonitione tempestiva rebus consulat vel corruptis vel ad corruptionem propendentibus.*

[208] Bullinger, "Kommentar zum ersten Thessalonicherbrief" (see n. 58), 19,23–28 [1 Thess 2:13]: *Praeterea agnoscere licet huius loci inditio, quando verbum dei recte receperimus, cum videlicet illud agit, id est, vires suas exerit in nobis.* [...] *itaque nisi membra nostra, quae peccatis servierant hactenus, fiant iustitiae arma, nemo facile dixerit pharmacum verbi dei nobis fuisse salutare.*

[209] Bullinger, "Kommentar zum ersten Thessalonicherbrief" (see n. 58), 32,7–9 [1 Thess 4:10–12].

could be easily expected – takes the opportunity to launch an attack against all those who, pretending to devote themselves to a wholly "spiritual life," refrain from earning their own living and live instead at the expense of others. In his critique, Bullinger equates the "little offerers of sacrifices" (*sacrificuli*, a mocking expression to designate Roman Catholic priests), popes, and monks to hucksters (*propolae*), usurers (*usurarii*), and beggars who only pretend to be invalids.[210]

This sort of attack against the representatives of the Roman Catholic Church and especially against monks was commonplace in Protestant polemics. More astonishing is perhaps that Bullinger also includes the Anabaptists in the same category of parasites and charges them with the same kind of hypocrisy: pretending to literally apply Christ's words about "not being anxious about life" (Matt 6:25), they live in fact an idle life.[211] Against all those who try in one way of another to justify their renouncement to provide for themselves through honest work, Bullinger emphasizes that Paul's three exhortations to "live quietly," "to mind your own affairs," and "to work with your hands" should be in fact considered as equivalent: "To mind one's own affairs and to work with one's own hands is the same as to be quiet."[212]

As it is often the case with Bullinger, as soon as he has rejected one error, he immediately calls attention to the fact that the opposite extreme is equally wrong and is therefore to be rejected too. This is the case with those who interpret the exhortation to "work with one's hands" as a declaration that only *manual* work can be regarded as honest, thereby considering as impermissible that pastors receive wages for their preaching and teaching – an opinion entertained in Bullinger's time above all by Anabaptists. Bullinger does not dwell at length on this matter, but contents himself with referring the readers to his Commentary on Ephesians.[213] There, in connection with Eph 4:25–28, he clearly states:

If what you do is profitable for human society and if you do not deceive anyone, the activity to which you consecrate yourself is itself sacred, regardless of whether you work with your hands, with your feet, with your body or with your mind.[214]

---

[210] Bullinger, "Kommentar zum ersten Thessalonicherbrief" (see n. 58), 32,10–13 [1 Thess 4:10–12].

[211] Bullinger, "Kommentar zum ersten Thessalonicherbrief" (see n. 58), 32,31–33,3 [1 Thess 4:10–12].

[212] Bullinger, "Kommentar zum ersten Thessalonicherbrief" (see n. 58), 32,5–6 [1 Thess 4:10–12]: *Proinde res proprias agere et propriis manibus laborare est quietum esse.*

[213] Bullinger, "Kommentar zum ersten Thessalonicherbrief" (see n. 58), 32,20–23 [1 Thess 4:10–12].

[214] Heinrich Bullinger, "Kommentar zum Epheserbrief," in *Kommentare zu den neutestamentlichen Briefen*, ed. Baschera (see n. 23), 182,28–183,3 [Eph 4:25–28]: *Nolim tamen hic quenquam in explicandis Pauli verbis esse superstitiosiorem, quasi vero omnis labor illicitus sit, qui non fiat manibus. [...] Si bonum et utile est reipub[licae], quod agis, si neminem fraudas, sanctus est labor, cui te dedidisti, sive manibus sive pedibus, sive corpore sive animo tandem labores.*

Finally, when Paul exhorts each to provide for oneself and not to depend on anybody (or anything that one did not earn by oneself), this also implies according to Bullinger a commendation of frugality and contentment with what one honestly earns, be it much or little. To illustrate this idea, Bullinger inserts a long quotation from Seneca's dialogue *On tranquillity of the mind*, which also serves as an elegant conclusion of the whole excursus:

> Moreover, we shall be content with this measure if we were previously content with thrift, without which no amount of wealth is sufficient, and no amount is not sufficiently ample, especially since the remedy is always near at hand, and poverty of itself is able to turn itself into riches by summoning economy. Let us form the habit of putting away from us mere pomp and of measuring the uses of things, not their decorative qualities. Let food subdue hunger, drink quench thirst; let lust follow the course of nature; let us learn to rely upon our limbs and to conform our dress and mode of life, not to the new fashions, but to the customs our ancestors approved; let us learn to increase our self-control, to restrain luxury, to moderate ambition, to soften anger, to view poverty with unprejudiced eyes, to cultivate frugality, even if many shall be ashamed, all the more to apply to the wants of nature the remedies that cost little, to keep unruly hopes and a mind that is intent upon the future, as it were, in chains, and to determine to seek our riches from ourselves rather than from Fortune.[215]

5.5 The resurrection and eternal life (1 Thess 4:13–18)

Among the sections into which Bullinger divides his Commentary on 1 Thess, that on the resurrection and eternal life is the most extensive one. Here, as at other places in his Commentaries on the New Testament epistles, Bullinger insists on the absolute centrality of the doctrine of bodily resurrection for the Christian faith: who rejects this doctrine and fails "to inscribe it into his mind will indubitably die,"[216] i.e., he or she can in no way participate in salvation. The bulk of the doctrine is dealt with in 1 Thess 4:13–18, whereas the first eleven verses of the fifth chapter constitute a kind of appendix.

In order to understand what resurrection is, it is first of all necessary to have a clear idea of what it means to die. Paul describes the dead as "those who are asleep" (1 Thess 4:13). By defining death as a kind of sleep, it is made clear that death does not amount to an annihilation of the human being. Rather, death is more of a passage from one (inferior) state to another (superior) one.[217] However, the image of sleep can also be misunderstood, as the Anabaptists do when

---

[215] Bullinger, "Kommentar zum ersten Thessalonicherbrief" (see n. 58), 33,12–22 [1 Thess 4:10–12]. Cf. Seneca, *Dial.* 9.9.1–2 (Basore, LCL).

[216] Bullinger, "Kommentar zum ersten Thessalonicherbrief" (see n. 58), 37,28–30 [1 Thess 4:15–17]: [...] *haec est verissima et simplicissima historia fidei et spei nostrae, quam nisi quis animo suo inscripserit, absque dubio peribit.*

[217] Bullinger, "Kommentar zum ersten Thessalonicherbrief" (see n. 58), 34,21–25 [1 Thess 4:13–14]: [...] *mortem esse transitum ad sedes beatiores aut mutationem conditionis deterioris in longe meliorem.* [...] *spes christianorum firmissime tenet mortuos suos non esse extinctos, sed dormire.*

they maintain that in the time between death and resurrection even the soul
would fall asleep. Bullinger, for his part, utterly rejects the view of the so-called
sleep of the soul and adheres instead to the traditional doctrine of soul immor-
tality. The soul, he writes, is

life and an immortal spirit. The body, on the contrary, is taken from earth and to earth
returns, although not in order to remain there forever, but in order to be sometimes resurrected from earth. Therefore, sleep pertains only to the body, and not to the soul.[218]

In this sense, the error of the Anabaptists consists in attributing to the whole
human being, body and soul, something which pertains only to one part of it.[219]
Finally, Bullinger confirms his view on the nature of death by providing a definition which is actually a literal quotation (in Latin) from Plato's dialogue *Phai-
don*: "Death is nothing else than a separation of the soul from the body."[220]

Against this background, Bullinger turns to the main theme, the resurrection. Paul dwells upon it especially in 1 Thess 4:15–17. There, he not merely describes what the resurrection is, but, as it were,

he paints a picture of it before our eyes and gives this to us for contemplation, so that we
may understand how our Lord will recall to life those who died in the Christian faith,
when he will finally come again.[221]

Thus, Paul's depiction revolves around two main points: who makes the resurrection happen (*per quem*), and how it will come about (*resurrectionis modus*).
As far as the first point is concerned, it is Christ, and he alone, that will recall
the dead to life. Bullinger insists on the fact that Christ alone is the originator of
the resurrection by interpreting the expressions "archangel's call" and "trumpet

---

[218] Bullinger, "Kommentar zum ersten Thessalonicherbrief" (see n. 58), 35,4–7 [1 Thess 4:13–
14]: *Anima ergo vita est et spiritus immortalis. Corpus de terra sumptum resolvitur in terram,
[cf. Gen 3:19] non tamen, ut perpetuo maneat terra, sed ut aliquando resuscitetur de terra.
Dormire ergo corpori, non animae, competit.*

[219] Bullinger, "Kommentar zum ersten Thessalonicherbrief" (see n. 58), 35,7–8 [1 Thess 4:13–
14]: *Diversum sentiunt catabaptistae. Nam toti homini tribuunt, quod partis tantum est.*

[220] Bullinger, "Kommentar zum ersten Thessalonicherbrief" (see n. 58), 35,3–4 [1 Thess 4:13–
14]: *Mors enim aliud non est quam animae separatio a corpore.* Cf. Plato, *Phaed.* 64c. Since this
definition had become traditional by Bullinger's time, it is well probable that he knew it by
way of other sources. Cf. Gabriel Biel, *Liber tertius*, ed. Wilfrid Werbeck and Udo Hofmann,
vol. 3 of *Collectorium circa quattuor libros Sententiarum* (Tübingen: Mohr Siebeck, 1979), 338
[III d. 21 q. un. B 1]: *Mors hominis non est nisi separatio animae a corpore*; Erasmus, *Colloquia*, ed. L.-E. Halkin et al., Opera omnia Desiderii Erasmi 1/3 (Amsterdam: North-Holland
Publishing Company, 1972), 278,44–45: *Mortem nihil aliud esse, quam abductionem animae
a corpore*; Erasmus, *De praeparatione ad mortem*, ed. A. van Heck, Opera omnia Desiderii
Erasmi 5/1 (Amsterdam: North-Holland Publishing Company, 1977), 356,402–403: *Naturalis
[mors] est separatio animae a corpore.*

[221] Bullinger, "Kommentar zum ersten Thessalonicherbrief" (see n. 58), 36,7–9 [1 Thess 4:15–
17]: *Historiam resurrectionis nostrae graphice pingit oculisque contemplandam subiicit, ex qua
intelligemus, quomodo dominus noster eos, qui obdormierunt in fide christiana, reducturus sit
in adventu suo.*

of God" (1 Thess 4:16) as designations of Christ's own voice.[222] As to the mode of the resurrection, Bullinger maintains that it will happen exactly as in the case of Christ's own resurrection and ascension into heaven, because believers are the members of Christ's mystical body and they will therefore participate in what their "head" already experienced.[223] Moreover, and in obvious continuity with a tradition going all the way back to Augustine, he describes eternal life as an undiminished, both spiritual and bodily "enjoyment" (*fruitio*) of God.[224] Of course, such an enjoyment is something that is reserved for those who die in the Christian faith. Bullinger has indeed no doubt that at the end of time, "as all of Scripture maintains," the godless will be resurrected too, but only in order to be judged and to suffer afterwards eternal punishment.[225]

After having described thus far *how* the resurrection will come about (*historia resurrectionis*), Bullinger turns to a consideration of the benefit (*usus*) that believers can draw from this central doctrine of Christian faith. On one hand, a strong belief in the resurrection frees those who are about to die from excessive fear. On the other hand, it is a source of consolation for the bereaved.[226] For, if death is in fact only a kind of sleep and a passage from earthly to heavenly life – Bullinger rhetorically asks his readers – why should one mourn more when a good friend dies than "when he goes off at night and lies down to sleep?"[227]

---

[222] Bullinger, "Kommentar zum ersten Thessalonicherbrief" (see n. 58), 37,3–7 [1 Thess 4:15–17]: *Intelligit enim Paulus ipsum dominum Iesum per angeli vocem, hoc est per divinam tubam, excitaturum mortuos adhortaturumque, ut experrecti sub sua se abdant signa. Ergo "hortatus" ille aliud non est quam vox archangeli, vox vero archangeli aliud nihil quam tuba dei, at haec quid aliud est quam vox filii dei?* Bullinger refers to Matt 24:30–31 as a place where the trumpet is used as a metaphor for Christ's own voice, cf. Bullinger, "Kommentar zum ersten Thessalonicherbrief" (see n. 58), 37,10–12 [1 Thess 4:15–17].

[223] Bullinger, "Kommentar zum ersten Thessalonicherbrief" (see n. 58), 37,26–27 [1 Thess 4:15–17]: *Oportet ergo et membra, id est nos, resuscitari, in altum per nubes subduci et aeternum cum deo laetari.* Cf. ibid., 35,15–20 [1 Thess 4:13–14]: *"Cur enim non speremus in membris fore, quod factum est in capite?"* [Erasmus, "In Priorem ad Thessalonicenses" (see n. 66), 272,260] [...] *cum Christus manifestatur, qui caput nostrum est, etiam membra sua, hoc est nosipsi, qui illi credidimus, simul cum ipso manifestemur.*

[224] Bullinger, "Kommentar zum ersten Thessalonicherbrief" (see n. 58), 38,13–15 [1 Thess 4:15–17]: *Illud vero magnum est, quod "semper cum domino erimus," hoc est, quod corpus et anima perpetuum gaudebit, vivet et deo ipso, summo videlicet bono, fruetur.*

[225] Bullinger, "Kommentar zum ersten Thessalonicherbrief" (see n. 58), 41,9–14 [1 Thess 5:1–3]: *Breviter omnis scriptura testatur impios contemptae veritatis poenas daturos* [Bullinger referred previously to Jer 6:24; 49:22.24; 50:43; Hos 13:13; 2 Pet 3:7.10] [...] *Quemadmodum enim sancti resurgunt in resurrectionem vitae, ita prophani resurgent in resurrectionem iuditii, [Dan 12:2] hoc est, ut ardeant semper, [Matt 25:41] Danielis 12. capite.*

[226] Bullinger, "Kommentar zum ersten Thessalonicherbrief" (see n. 58), 39,12–13 [1 Thess 4:18].

[227] Bullinger, "Kommentar zum ersten Thessalonicherbrief" (see n. 58), 34,24–35,13 [1 Thess 4:13–14]: [...] *spes christianorum firmissime tenet mortuos suos non esse extinctos, sed dormire.* [...] *Nemo enim dormitum abit, ut iaceat perpetuo; itaque nemo sepelitur, ut semper maneat in terra.* [...] *Porro nemo dolet cum vel amicissimus abit a nobis ac membra somno dat. Novimus enim hunc rediturum, ubi dormierit satis. Quid igitur dolemus adeo ob amici mortem? An vero mori aliud est, quam dormire?*

Moreover, as Bullinger is eager to emphasize, an unfeigned faith in the resurrection is not simply one source, but the only true source of consolation in bereavement. Thus, he proceeds to contrast it with all sorts of "popish" rites – such as masses for the dead, prayers to the saints on behalf of the departed, and night watches – and draws the conclusion that such rites are not only useless, but even lead to a pernicious renewal of a Pagan-like mourning culture.[228] Finally, there is a third benefit that can be derived from belief in the resurrection: a change of attitude towards life on earth. For those who truly believe in the resurrection will be inevitably moved to gratitude towards God for such a splendid gift, thus being also encouraged to serve him and to live according to his will:

> It is appropriate that we, rejoicing in this hope, serve our most kind and generous Father by living an innocent life, as even John says in his first epistle: "Every one who thus hopes in him purifies himself as he is pure" [1 John 3:3].[229]

5.6 The honor due to church ministers and their duties (1 Thess 5:12–13)

Remarks about church ministry are to be found at several places in Bullinger's Commentaries on the New Testament epistles. This comes as no surprise, since Bullinger addressed with his Commentaries above all fellow ministers, both in Zurich and abroad, whom he wanted not only to instruct, but also to admonish to take seriously the commission they had received. Depending on circumstances, Bullinger's remarks about church ministry can either take the form of short comments or of more extensive explorations. In the Commentary on 1 Thess, in fact, Bullinger approaches time and again the question of church ministry,[230] although he dwells on it extensively only in connection with 1 Thess 5:12–13: "We beseech you, brethren, to respect those who labor among you and are over you in the Lord and admonish you, and to esteem them very highly in love because of their work."

Bullinger reads Paul's words as a confirmation of something that the Apostle says also at other places (e.g. 1 Cor 9:7–14; Gal 6:6): church ministers deserve

---

[228] Bullinger, "Kommentar zum ersten Thessalonicherbrief" (see n. 58), 39,14–18 [1 Thess 4:18]: *Quid vero docent leges pontifitiae? Consolemini vos invicem in anniversariis, in sanctorum meritis et intercessione, in legationibus et testamentis, in sacrificorum lectionibus, orationibus, vigiliis et offitiis pro defunctis. Istorum traditionibus factum est, ut in multorum cordibus vera consolatio obsoleverit et ut in ecclesiam redierit gentilis ille lugendi ritus.* Ibid., 39,23–24 [1 Thess 4:18]: [...] *his ritus apostolicae doctrinae et fidei resurrectionis speique christianae ex diametro repugnat.*

[229] Bullinger, "Kommentar zum ersten Thessalonicherbrief" (see n. 58), 38,15–39,7 [1 Thess 4:15–17]: *Dignum sane est, ut quotquot hac spe gaudemus, tam benigno ac munifico patri in innocentia vitae serviamus, cum ipse etiam Ioannes in canonica sua dixerit:* "[...] *Et omnis, qui habet hanc spem in eo, purificat se, sicut et ille purus est*" *[1 John 3:1–3].*

[230] Cf. Bullinger, "Kommentar zum ersten Thessalonicherbrief" (see n. 58), 17,2–9 [1 Thess 2:5–8]; 18,6–27 [1 Thess 2:13]; 24,1–2 [1 Thess 3:1–3]; 25,1–4 [1 Thess 3:5]; 25,20–26 [1 Thess 3:6–8]; 26,11–18 [1 Thess 3:9–10].

both to be honored and to receive wages for their work. Both are due to them even "by divine law" (*iure divino*), Bullinger adds, because ordained ministers are commissioned to discharge the highest task in the church.[231] This task Paul summarizes in one single word, when he says that ministers are called to "admonish" their flock. For his part, Bullinger understands this expression to encapsulate all of the tasks proper to ministers, which are basically three: to teach (*docendo*), to exhort and to exert discipline (*arguendo, adhortando*), and to comfort (*consolando*).[232] The same three dimensions of church ministry are referred to when Bullinger calls church ministers "teachers of well-being, of innocence, and of truth."[233] This means that when a minister sees to it that his flock is well instructed in true doctrine, so that their conscience may be relieved from fear of damnation and truly love God, and when he at the same time exhorts them to live in accordance with the will of God – then such a minister is truly God's ambassador and his work is "holy."[234] Thus, if we worship God we should respect his ministers too, something that is confirmed by what Jesus says in John 13:20. Of course, the reverse also applies, as Bullinger had pointed out earlier in connection with 1 Thess 4:8 ("those who disregard this, disregard not man but God"): those who despise a true minister of the Word, despise Him too whose ambassador he is.[235] When this happens, as it is sadly often the case – Bullinger continues –, it is no wonder that churches suffer greatly as a consequence of that, because "divine justice cannot endure it when its Word and its ministers are scorned."[236]

---

231 Bullinger, "Kommentar zum ersten Thessalonicherbrief" (see n. 58), 43,3–4 [1 Thess 5:12–13]: [...] *ut potissima in ecclesia functio delegata est, sic iure divino debetur et honor et victus.*

232 Bullinger, "Kommentar zum ersten Thessalonicherbrief" (see n. 58), 43,13–15 [1 Thess 5:12–13]. Cf. ibid., 14,7–10 [1 Thess 2:3–4]: *Exhortatio porro sive* παράκλησις, *consolatio, appellatur praedicatio apostolica, quod evangelium* animos sublevet et consoletur afflictorum, *hoc est eorum, qui conscientia peccatorum angustiantur, praeterea* quemvis sui offitii moneat et ad sanctitatis studium inhortari *non cesset.* (Emphasis, LB).

233 Bullinger, "Kommentar zum ersten Thessalonicherbrief" (see n. 58), 43,28 [1 Thess 5:12–13]: [...] *doctores salutis, innocentiae et veritatis.*

234 Bullinger, "Kommentar zum ersten Thessalonicherbrief" (see n. 58), 43,25–26 [1 Thess 5:12–13]: [...] *ipsum opus, quod faciunt ministri, sanctum flagitat.*

235 Cf. Bullinger, "Kommentar zum ersten Thessalonicherbrief" (see n. 58), 30,17–31,4 [1 Thess 4:6–8]: "[...] *qui aspernatur doctrinam nostram aut ministerium nostrum, non nos aspernatur, qui sane homines sumus miseri atque mortales, sed ipsum deum, qui per nostrum ministerium operatur in vobis.*" *Huc vero pertinent domini verba:* "Qui vos audit, me audit" *[Luke 10:16]. Item:* "Quorum remiseritis peccata, remittuntur; et quorum retinueritis, retenta sunt" *[John 20:23]. [...] Dum ergo pfaffos (ut dicitis) seditiosos et dicaces contemnitis, non nos contemnitis, qui dei ministri sumus et interpretes eius in populo suo, sed ipsum deum verum vivum et aeternum, dominum nostrum, cui propediem, ni convertamini, commeritas dabitis poenas. Huc pertinet illud Exo[di] 16.:* "Et dixit Moses: Audivit dominus murmur, quo contra eum murmuratis, quid enim nos sumus? Non contra nos sunt murmurationes vestrae, sed contra dominum" *[Exod 16:8].*

236 Bullinger, "Kommentar zum ersten Thessalonicherbrief" (see n. 58), 44,15–19 [1 Thess 5:12–13]: *Nunc, cum verbi ministerium a multis vel inter diras numeretur execrationes, [...] nil mi-*

Of course, Bullinger is well aware of the fact that such exhortations to honor, respect, and financially provide for those who hold ecclesiastical offices, are open to misuse. This becomes especially evident, Bullinger emphasizes, when one looks at the way in which Roman bishops and popes behave: on one hand, they urge others not only to respect them, but even to regard them as standing higher than any other authority; on the other hand, they do not live up to their charge as church officers, acting in fact more as parasites than as ministers.[237] Therefore, Bullinger exhorts his fellow ministers not to seek honor for honor's sake, but to seek first and foremost "God's glory and the well-being of the churches." He continues: "It will be enough, if people give honor through us to Christ and his truth, while they respect us as his ministers. For it is not from men but from Christ, the prince of all pastors, that we will receive the imperishable crown, if only we persevere to the end."[238]

5.7 The right use of the Church Fathers (1 Thess 5:19–22)

In connection with Paul's advise in 1 Thess 5:19–20 ("Don't quench the Spirit; despise not prophesyings"), Bullinger approaches the question how people in the church, and especially ministers of the Word, should deal with views that differ from their own. After having emphasized that, in general, arrogance should be avoided,[239] Bullinger brings into focus the question of how, from a Reformed point of view, one should deal with the writings of the Church Fathers. This is a recurring theme in Bullinger's writings, as it often was in the case of other Protestant authors at that time.[240] For Protestants were constantly confronted with the Roman Catholics' accusation of rejecting the authority of tradition and of the Fathers altogether, and to follow instead their own new opinions. This stimulated the development of a nuanced view of the relationship between Scripture, on one hand, and the pronouncements of single Church Fathers as well as of Church Councils, on the other. Only the former possessed

---

rum, si infoelices sint ecclesiae et porro infoelitiores futurae. Haud enim unquam divina iustitia verbi sui et ministrorum contemptum aequius pertulit.

[237] Bullinger, "Kommentar zum ersten Thessalonicherbrief" (see n. 58), 43,8–11.15–18 [1 Thess 5:12–13].

[238] Bullinger, "Kommentar zum ersten Thessalonicherbrief" (see n. 58), 44,22–26 [1 Thess 5:12–13]: *Quaeramus ante omnia, o fratres, dei gloriam et ecclesiarum salutem! Satis erit, si ecclesiae in nobis revereantur Christum et veritatem eius, nos vero ministros agnoscant, quibus immarcessibilis corona [1 Cor 9:25] parata sit non ab hominibus, sed pastorum principe Christo, si modo in finem usque fidem servaverimus [Matt 24:13].*

[239] Bullinger, "Kommentar zum ersten Thessalonicherbrief" (see n. 58), 46,24–26 [1 Thess 5:19–22].

[240] Cf. David Wright, "Heinrich Bullinger and the Early Church Fathers," in *Heinrich Bullinger: Life – Thought – Influence; Zurich, Aug. 25–29, 2004 International Congress Heinrich Bullinger (1504–1575)*, ed. Emidio Campi and Peter Opitz, 2 vols., Zürcher Beiträge zur Reformationsgeschichte 24 (Zurich: Theologischer Verlag Zürich, 2007), 1:357–378.

undisputed authority in matters of faith and morals.[241] Church Fathers and Councils were, for their part, held in high esteem, but their authority was considered as subordinate. This, moreover, corresponded, according to Bullinger, to what the Church Fathers themselves thought about the status of their own writings in comparison to Scripture.[242]

In the Commentary on 1 Thess, Bullinger begins his discussion by stating that immediately after the end of apostolic preaching both Greek and Latin authors began to draft writings aimed at meeting several needs of the churches. This they did, at least at the beginning, in thorough continuity with what Bullinger consciously designates as "apostolic tradition," a term by which he means the preaching of the apostles as it is recorded in the writings of the New Testament.[243] Since these men pursued different goals according to the circumstances and the particular needs of the churches, their writings pertain to different genres as well. Bullinger mentions six: exegesis of Scripture;[244] polemics against different kinds of heresy;[245] catechesis;[246] care of souls;[247] apologetics;[248] and church history.[249] As examples of authors of such works, he refers to Irenaeus, Tertullian, Origen, Cyprian, Lactantius, Athanasius, and Eusebius, at the same time emphasizing that this list should not be considered as exhaustive, since there were "many other" faithful expositors of Scripture and defenders of the Faith that could be mentioned as well.[250] Moreover, this is true not only for the time between the second and the fourth century, when all of the authors mentioned so far lived, but still for many other Fathers from the fifth century,

---

[241] Scripture is the "touchstone" of doctrine, cf. Bullinger, "Kommentar zum ersten Thessalonicherbrief" (see n. 58), 48,19–20 [1 Thess 5:19–22]: *Lydius lapis et regula probandi dogmata est scriptura canonica.*

[242] Cf. Bullinger, "Christiano lectori" (see n. 2), 3,24–36, where he quotes from Augustine, *Epist.* 148.4.15.

[243] Bullinger, "Kommentar zum ersten Thessalonicherbrief" (see n. 58), 46,32–47,1 [1 Thess 5:19–22]: *Ex hac apostolica traditione, ab ipsa christianae religionis apostolica praedicatione varia opera de pietate cum a Graecis tum Latinis pro utilitate ecclesiae et rerum temporumque necessitate prodierunt in lucem.*

[244] Bullinger, "Kommentar zum ersten Thessalonicherbrief" (see n. 58), 47,1–2 [1 Thess 5:19–22]: *Alii enim scripturas sacras exposuerunt.*

[245] Bullinger, "Kommentar zum ersten Thessalonicherbrief" (see n. 58), 47,2 [1 Thess 5:19–22]: *[…] alii pugnarunt adversus haereses et haereticos.*

[246] Bullinger, "Kommentar zum ersten Thessalonicherbrief" (see n. 58), 47,2–4 [1 Thess 5:19–22]: *[…] alii adhortati sunt ad pietatem, impugnarunt idololatriam et superstitionem docentes, quae vera pietas, quae impietas.*

[247] Bullinger, "Kommentar zum ersten Thessalonicherbrief" (see n. 58), 47,4–5 [1 Thess 5:19–22]: *[…] alii afflictos pro nomine dei scriptis epistolis et tractatibus variis consolarunt.*

[248] Bullinger, "Kommentar zum ersten Thessalonicherbrief" (see n. 58), 47,5–6 [1 Thess 5:19–22]: *[…] multi apologias et apologeticos scripserunt pro fide et religione nostra.*

[249] Bullinger, "Kommentar zum ersten Thessalonicherbrief" (see n. 58), 47,7 [1 Thess 5:19–22]: *[…] neque defuerunt, qui historiam scriberent ecclesiasticam.*

[250] Bullinger, "Kommentar zum ersten Thessalonicherbrief" (see n. 58), 47,7–9 [1 Thess 5:19–22].

such as Ambrose, Augustine, Jerome, and John Chrysostom.[251] To all such ancient authors Bullinger does not hesitate to ascribe abiding authority and relevance for the life of the church: "No one would dare to regard the efforts of
those men as useless for the church then as well as today, unless he did not read
their works or read them injudiciously."[252] In fact, this high regard for the first
five centuries of church history that we find in Bullinger was to become later
quite widespread, as the formula *consensus quinquesaecularis,* coined by the Lutheran irenicist Georg Calixt (1586–1656),[253] shows. However, after the fifth
century – Bullinger continues – a tendency set in, which was to become dominant later and which had devastating consequences for the church: the tendency
to attribute to the Fathers of the Church the same authority Scripture has, thus
regarding them too as "canonical."[254]

To counteract this tendency, which he obviously saw especially at work in the
Roman Church of his time, Bullinger proceeds to formulate some general rules
for a profitable reading of the Church Fathers. First of all, it should be always
kept in mind that the particular circumstances in which the Church Fathers
wrote could be very different, so that, depending on the situation, they could
accentuate some aspects more than others or vice versa. The result was that their
statements could diverge from one another quite significantly.[255] However, in
approaching the writings of the Church Fathers, one should avoid adopting
an attitude of fundamental distrust. For, albeit they were far from being infalli-
ble, the Fathers were nonetheless animated in all their doings by a deep concern

---

[251] Bullinger, "Kommentar zum ersten Thessalonicherbrief" (see n. 58), 47,12–13 [1 Thess 5:19–
22].

[252] Bullinger, "Kommentar zum ersten Thessalonicherbrief" (see n. 58), 47,13–15 [1 Thess 5:19–
22]: *Neque vero inutiles ecclesiae et fuisse et adhuc esse conatus illorum quisquam dicet, nisi qui
vel istorum opera non legit vel sine iuditio legit.*

[253] Cf. Andreas Merkt, *Das patristische Prinzip: Eine Studie zur theologischen Bedeutung
der Kirchenväter* (Leiden et al.: Brill, 2001).

[254] Bullinger, "Kommentar zum ersten Thessalonicherbrief" (see n. 58), 47,15–18 [1 Thess 5:19–
22]: *Porro de prophetia saeculi postremi nunc nihil dicam, cum quod indoctior impuriorque,
tum quod a scripturis alienior facta sit. Plus nimium tribuerunt sanctis patribus, crediderunt
his (tametsi negent maxime) ut scripturae canonicae. Testimoniis enim illorum ut canonicis usi
sunt.* In the Preface to the collected edition of his Commentaries (1537), Bullinger is more
generous and says that "Scripture was held in honor" till the time of Beda Venerabilis (eighth
century) and of Hrabanus Maurus (ninth century). The pernicious tendency to ascribe greater
authority to the Fathers than to Scripture set in especially with Gratian and Peter Lombard
who, although "they acted without evil intent," nonetheless "did great harm to the truth of
Scripture and good authors when they made a patchwork of *sententiae* about the main doctrines of our religion out of the ecclesiastical authors" (Bullinger, "Christiano lectori" [see
n. 2], 4,6–14).

[255] Bullinger, "Kommentar zum ersten Thessalonicherbrief" (see n. 58), 47,18–22 [1 Thess 5:19–
22]: *Non expenderunt, quo tempore, qua occasione et contra quos scripserint isti, et quod nonnunquam sibiipsis repugnarunt, quod quaedam recantarunt, quaedam alibi planius exposuerunt,
quaedam suis temporibus suisque hominibus dederunt, quaedam effuderunt calore disputationis excitati.*

for God's truth and His church.[256] Speaking of the attitude readers of the Fathers should cultivate, Bullinger finally mentions something that is true according to him for any kind of occupation with matters of faith, i. e., for the engagement with the Church Fathers no less than for the reading of Scripture itself: only if the reader is animated by pure faith (*fides pura*) and true piety (*pietas vera*), and is led by discernment (*iudicium*), will he be capable of profiting from what he reads.[257] In fact, as Bullinger emphasizes, it is exactly to this kind of discernment, animated by faith and reinforced by exercise, that Paul himself refers to, when he writes: "Prove all things; hold fast that which is good" (1 Thess 5:21).[258]

After these general remarks, Bullinger addresses the specific question of whether the works of the Church Fathers can help understand Scripture better. This question is especially relevant not only in view of the general controversy between Protestants and Roman Catholics on the issue of the relationship between Scripture and tradition, but also because Bullinger himself did in fact rely often and extensively on the Church Fathers while interpreting Scripture. The key element of Bullinger's answer is the distinction between the "mind" or "meaning" of Scripture (*sensus*) and the discerning confirmation of that mind and meaning (*iudicium, probatio*). The mind of Scripture, its deep meaning, can only be derived from Scripture itself. However, this is possible only if one reads Scripture with the right attitude, i. e., according to what Bullinger, quoting Augustine's *On Christian Doctrine*, calls the "rule of faith and charity."[259] Ultimately, this means that the true mind of Scripture can be captured only if one reads it in harmony with what Scripture itself puts at the forefront: the rule of faith, i. e., orthodox faith in the Triune God,[260] and the double commandment of love for God and neighbor. The writings of the Church Fathers, for their part, cannot be the source of this fundamental knowledge. However, they can be

---

[256] Bullinger, "Kommentar zum ersten Thessalonicherbrief" (see n. 58), 48,26–27 [1 Thess 5:19–22]: *Neque enim impudentius et procatius suggillandi sunt propter unum atque alterum lapsum, qui per omnia ecclesiae dei et veritati bene voluerunt.*

[257] Bullinger, "Kommentar zum ersten Thessalonicherbrief" (see n. 58), 47,23–48,1 [1 Thess 5:19–22]: *Sane qui hanc vel illos legere velit, meminerit sibi fide pura et pietate vera imprimis, deinde iuditio quoque opus esse, quanquam haec multa paretur exercitatione et usu frequenti, illa vero conferatur coelitus, gratuita dei munificentia.*

[258] Bullinger, "Kommentar zum ersten Thessalonicherbrief" (see n. 58), 48,17–18 [1 Thess 5:19–22]. Bullinger refers also to 1 John 4:1: "Beloved, believe not every spirit, but prove the spirits, whether they are of God."

[259] Bullinger, "Kommentar zum ersten Thessalonicherbrief" (see n. 58), 48,5–6 [1 Thess 5:19–22]: [...] *scriptura enim ex se ipsa et per sese per fidei et charitatis regulam exponenda est.* Cf. idem, "Christiano lectori" (see n. 2), 5,19–21: *Ego enim libere confiteor scripturae sanctae interpretationem ex ipsa sola esse petendam, ut ipsa interpres sit sui charitatis fideique regula moderante.*

[260] On the importance of the "rule of faith" in Bullinger's theology see Peter Opitz, *Heinrich Bullinger als Theologe: Eine Studie zu den "Dekaden"* (Zurich: Theologischer Verlag Zürich, 2004), 137–140.

most useful to confirm this knowledge. It is precisely to help us hold fast to pure faith – Bullinger writes – that the Holy Spirit provided them with so many gifts, "which no one who is truly pious should despise."[261] On the contrary, every interpreter of Scripture should draw on the Church Fathers, because, if he reads them in observance of the general rules mentioned above, he "cannot but derive great benefit from them."[262]

6. Conclusion

Heinrich Bullinger was not only the first Protestant to publish a complete Commentary on all of the Pauline and Catholic epistles, but also the only Reformed author of the sixteenth century that produced Commentaries on every single book of the New Testament, including the Apocalypse. The appreciation they were met with among his contemporaries is witnessed by his correspondence as well as by the several reprints they went through.[263] Further proof of the high esteem Bullinger was held in as an exegete is the fact that Augustin Marlorat (1506–1562) drew heavily on Bullinger's Commentaries for his compilation *Novi Testamenti catholica expositio ecclesiastica* (Geneva: Henri Estienne, 1561).[264]

Contrary to this, modern scholarship had the tendency, up until recently, to underestimate Bullinger's merits as Scripture scholar. So e. g., in his 1986 study on several Commentaries on Rom published between 1532 and 1542, T. H. L.

---

[261] Bullinger, "Kommentar zum ersten Thessalonicherbrief" (see n. 58), 48,4–8 [1 Thess 5:19–22]: *Non quod ex patribus sensum scripturae inferre iubeam* [...]; *de iuditio et probatione loquor et quod sanctus spiritus varia in istos dona transfudit propter nos, quae nemo pius contemnere debet.* In the Preface to the collected edition of his Commentaries (1537), Bullinger praises the "holy Fathers" as people who did not depart from the general rule of interpreting Scripture by Scripture, in accordance with the rule of faith and love. Hence, he continues, he "not only receive[s] them as interpreters of Scripture but venerate[s] them as beloved instruments of God [*organa dei dilecta*]" (Bullinger, "Christiano lectori" [see n. 2], 5,21–22).

[262] Bullinger, "Kommentar zum ersten Thessalonicherbrief" (see n. 58), 48,1–2 [1 Thess 5:19–22]: *Certe qui veterum commentariis utitur ad explicandas sacras literas, non parum inde emolumenti percipit.*

[263] The collection of commentaries on the NT epistles was reprinted six times between 1539 and 1603, cf. Moser, "Druckgeschichte" (see n. 1), no. 11; 13; 15; 17; 19; 20.

[264] Marlorat also published compilations of (mostly) Protestant commentaries on Genesis, the Psalter, and Isaiah, cf. Annie Noblesse-Rocher, "Ésaïe 11 dans l' *Esaiae prophetia* d'Augustin Marlorat (1564): quelques remarques exégétiques," in *Crossing Traditions: Essays on the Reformation and Intellectual History – In Honour of Irena Backus*, ed. Maria-Cristina Pitassi and Daniela Solfaroli Camillocci with the collaboration of Arthur Huiban, Studies in Medieval and Reformation Traditions 212 (Leiden and Boston: Brill, 2018), 182–199. Apart from his exegetical work, Marlorat is best known as the author of the indexes (subjects and Bible) that were to appear in Latin editions of Calvin's *Institutes* from 1590 on, cf. Richard A. Muller, *The Unaccomodated Calvin: Studies in the Foundation of a Theological Tradition* (New York and Oxford: Oxford University Press, 2000), 68.

Parker utters the following harsh verdict: "Despite the popularity of his commentaries (which may perhaps be ascribed to other causes than their excellence) Bullinger must be regarded as a commentator whose theory and intentions surpassed his performance."[265] He "falls short" – Parker continues – "of Bucer in profundity and thoroughness, of Melanchthon in clarity, and of Calvin in penetration."[266]

Regarding the causes for the popularity of Bullinger's Commentaries in his own time, there are indeed, *pace* Parker, a few things to be mentioned: the fine balance between exhaustiveness and brevity, the elegance as well as plainness of style, and the combination of philological, theological and pastoral interests, in a spirit of humanistic moderation and Reformed catholicity. Moreover, as to the judgment about Bullinger's "performance" as a commentator, there are signs in more recent scholarship of a more positive evaluation than Parker's. "Bullinger appeals to us" – William S. Campbell writes – "as a scholar among scholars who did not fear to follow or to disagree with his peers." And he goes on: "If, as some would claim, there is a need today to de-Lutheranize Paul this could be done, not by bypassing the Reformation and its impact, but rather by returning to a scholar who, as a near contemporary of Luther, was original and independent enough to offer us a very different, and to my view, a more comprehensive and appealing view of the letter."[267]

---

[265] Thomas H.L. Parker, *Commentaries on the Epistle to the Romans 1532–1542* (Edinburgh: T&T Clark, 1986), 15.

[266] Parker, *Commentaries* (see n. 265), 22.

[267] William S. Campbell, "Built on Tradition but not Bound by Tradition: Response to Peter Opitz," in *Reformation Readings of Romans*, ed. Kathy Ehrensperger and R. Ward Holder, Romans Through History and Cultures Series (New York and London: T&T Clark, 2008), 169–170.

Anthropologische Termini
in Heinrich Bullingers Paulusauslegung[*]

Manuel Nägele

Die Interpretation der anthropologischen Terminologie ist ein Dauerbrenner in der Paulusexegese. Seit Beginn der modernen historisch-kritischen Erforschung des Neuen Testaments ringen die Exegeten durchweg um eine passable Herangehensweise an das paulinische Menschenbild.[1] Nachdem sich die exegetische Forschung, wie in der Paulusexegese insgesamt, auch im Rahmen der anthropologischen Fragestellung davon verabschiedet hat, den Heidenapostel in einem exklusiven Sinn *entweder* vor einem jüdischen *oder* vor einem hellenistischen Hintergrund zu interpretieren, und seit diese Einsicht der Durchlässigkeit antiker kultureller Grenzen unter den Exegeten Fuß gefasst hat, schien die aussichtslose Diskussion über Alternativen, die sich gegenseitig nicht ausschließen,

[*] Ich danke Stefan Krauter für seine Ermutigung und sein Feedback zu diesem Beitrag sowie für seine hilfreichen Hinweise zur Übersetzung einiger lateinischer Passagen. Ebenso danke ich Luca Baschera für seine vielfältigen Hilfestellungen.

[1] Vgl. nur Hermann LÜDEMANN, Die Anthropologie des Apostels Paulus und ihre Stellung innerhalb seiner Heilslehre. Nach den vier Hauptbriefen, Kiel 1872; Walter GUTBROD, Die Paulinische Anthropologie (BWANT 67), Stuttgart 1934; Walter D. STACEY, The Pauline View of Man. In Relation to Its Judaic and Hellenistic Background, London 1956; Rudolf BULTMANN, Römer 7 und die Anthropologie des Paulus, in: Erich Dinkler (Hg.), Exegetica. Aufsätze zur Erforschung des Neuen Testaments, Tübingen 1967, 198–209; Alexander SAND, Der Begriff „Fleisch" in den paulinischen Hauptbriefen (BU 2), Regensburg 1967; Robert JEWETT, Paul's Anthropological Terms. A Study of Their Use in Conflict Settings (AGJU 10), Leiden 1971; Hans-Joachim ECKSTEIN, Der Begriff Syneidesis bei Paulus. Eine neutestamentlich-exegetische Untersuchung zum „Gewissensbegriff" (WUNT II 10), Tübingen 1983; Theo K. HECKEL, Der Innere Mensch. Die paulinische Verarbeitung eines platonischen Motivs (WUNT II 53), Tübingen 1993; Jörg FREY, Die paulinische Antithese von „Fleisch" und „Geist" und die palästinisch-jüdische Weisheitstradition, ZNW (1999), 45–77; Hermann LICHTENBERGER, Das Ich Adams und das Ich der Menschheit. Studien zum Menschenbild in Römer 7 (WUNT 164), Tübingen 2004; Lorenzo SCORNAIENCHI, Sarx und Soma bei Paulus. Der Mensch zwischen Destruktivität und Konstruktivität (NTOA 67), Göttingen 2008; George H. VAN KOOTEN, Paul's Anthropology in Context. The Image of God, Assimilation to God, and Tripartite Man in Ancient Judaism, Ancient Philosophy and Early Christianity (WUNT 232), Tübingen 2008; Sarah HARDING, Paul's Eschatological Anthropology. The Dynamics of Human Transformation, Minneapolis 2015; Susan G. EASTMAN, Paul and the Person. Reframing Paul's Anthropology, Grand Rapids 2017; Sunny Y. CHEN, The Social and Corporate Dimensions of Paul's Anthropological Terms in the Light of Discourse Analysis (Publication in Translation and Textlinguistics 9), Dallas 2019; Jörg FREY/Manuel NÄGELE (Hg.), Der *Nous* bei Paulus und in seiner Umwelt. Griechisch-römische, frühjüdische und frühchristliche Perspektiven (WUNT 464), Tübingen 2021.

eigentlich überwunden.[2] Wenn auch auf einer anderen Ebene, hat sich insbesondere im Rahmen der anthropologischen Fragestellung daran aber gar nicht so viel geändert. Auch einige der aktuelleren Entwürfe spielen sich innerhalb eines eher exklusiv verstandenen Gegenübers von einer *entweder* stoisch *oder* platonisch gefärbten anthropologischen Interpretationsfolie für Paulus ab.[3]

Wenn im Folgenden Heinrich Bullingers Umgang mit dem anthropologischen Vokabular bei Paulus zur Debatte steht, birgt dieser Hintergrund aktueller exegetischer Debatten die Gefahr, in anachronistischer Weise heutige Fragestellungen in die damalige Zeit hineinzuprojizieren. Das Ziel einer derartigen Untersuchung kann es daher kaum sein, zu klären, wie Bullinger sich in der aktuellen Debatte positioniert hätte.[4] Zumal der Schweizer Reformator mit seinen Kommentaren, die der folgenden Untersuchung zugrunde liegen, keine dezidiert anthropologische Fragestellung verfolgt und nur vereinzelt, meistens aber gar nicht, über den semantischen Gehalt des davon betroffenen Vokabulars reflektiert.[5] Stattdessen wird sich die Frage nach Bullingers Umgang mit den paulinischen Texten im Blick auf die Anthropologie meistens mit den Implikationen seiner Auslegung begnügen müssen.[6]

Dennoch bietet Bullinger grundsätzlich sehr gute Voraussetzungen, um ihn gerade vor dem Hintergrund dieser modernen Perspektive hinsichtlich des paulinischen anthropologischen Vokabulars auf seinen Interpretationszugang hin zu befragen. Im Zuge der ersten Regel seiner exegetischen Auslegungsmethode

---

[2] Vgl. dazu programmatisch Martin Hengel, Judentum und Hellenismus. Studien zu ihrer Begegnung unter besonderer Berücksichtigung Palästinas bis zur Mitte des 2. Jh.s v. Chr. (WUNT 10), Tübingen ³1988; Troels Engberg-Pedersen (Hg.), Paul Beyond the Judaism/ Hellenism Divide, Louisville 2001.

[3] Für eine platonische Lesart vgl. van Kooten, Paul's Anthropology (s. Anm. 1); Emma Wasserman, The Death of the Soul in Romans 7. Sin, Death, and the Law in Light of Hellenistic Moral Psychology (WUNT II 256), Tübingen 2008. Für eine stoische Herangehensweise vgl. Troels Engberg-Pedersen, Cosmology and Self in the Apostle Paul. The Material Spirit, Oxford 2010; Ders., A Stoic Concept of the Person in Paul? From Galatians 5:17 to Romans 7:14–25, in: Clare K. Rothschild/Trevor W. Thompson (Hg.), Christian Body, Christian Self. Concepts of Early Christian Personhood (WUNT 284), Tübingen 2011, 85–112; Ders., Pauline Epistemology. *Nous* and *Pneuma* in Stoicism and Paul, in: Frey/Nägele (Hg.), Der *Nous* bei Paulus (s. Anm. 1), 21–41. Vgl. symptomatisch zur Diskussion Stanley K. Stowers, The Dilemma of Paul's Physics. Features Stoic-Platonist or Platonist-Stoic?, in: Troels Engberg-Pedersen (Hg.), From Stoicism to Platonism. The Development of Philosophy, 100 BCE–100 CE, Cambridge 2017, 231–253.

[4] S. dazu die methodologischen Überlegungen zu Beginn dieses Bandes: Stefan Krauter, Einleitung, S. 1–8.

[5] S. dazu im Folgenden und Anm. 6. Vgl. zudem Samuel Vollenweider, Paulus in Zürich. Zur Briefauslegung von Heinrich Bullinger, ZThK 114 (2017), 1–20 (2).

[6] „Bullinger's main intention was not to write a commentary dealing with every philological detail. Instead the practical goal, to give a concise overview over the main topics of the Pauline letter which should be dealt with in the pulpit prevailed." (Peter Opitz, Bullinger on Romans, in: Kathy Ehrensperger/Ward Holder [Hg.], Reformation Readings of Romans [Romans through history and cultures series 8], London 2008, 148–165 [151]).

nennt der Reformator in seinem Vorwort zur Kommentierung des 2. Korintherbriefes die Beschäftigung mit „dem Sinn und der Eigentümlichkeit einzelner
Worte"[7] (*quorundam verborum vis ac proprietas*),[8] was von einer grundsätzlichen Sensibilität für semantische Zusammenhänge und einem dementsprechen-
den Interesse zeugt.[9] Außerdem bezieht er neben anderen exegetischen Kommentaren, nichtexegetischen patristischen Quellen[10] und anderen mittelalterlichen Texten „zur Erklärung *einzelner Begriffe und Ausdrücke*"[11] häufig auch
antike – darunter auch platonisch oder stoisch geprägte – Autoren der neutestamentlichen Umwelt in seine Exegese mit ein,[12] die nach wie vor auch in der
aktuellen Auseinandersetzung um die paulinische Begrifflichkeit zur Debatte
stehen.[13]

Um sich Bullingers Interpretation des anthropologischen Vokabulars bei
Paulus anzunähern, liegt es nahe, sich an seinen binnen sechs Jahren entstandenen und 1537 abgeschlossenen Kommentaren zur neutestamentlichen Brief-
literatur zu orientieren.[14] Schließlich bilden diese einen Kulminationspunkt
seiner exegetischen Arbeit.[15] Was Bullingers Textgrundlage angeht, ist – insbe-

---

[7] Heinrich Bullinger, Kommentar zum zweiten Korintherbrief, in: Luca Baschera (Hg.),
Kommentare zu den neutestamentlichen Briefen. Röm– 1 Kor – 2 Kor (Heinrich Bullinger
Werke 3/6), Zürich 2012, 465–591 (465,7f.).

[8] S. zu den insgesamt vier grundlegenden methodischen Hinweisen in Bullingers Vorwort
zu seinem Kommentar des 2. Korintherbriefes auch den Beitrag Luca BASCHERA, Heinrich
Bullinger's Commentary on 1 Thessalonians: Purpose, Method, and Themes, 296f. in diesem
Band. Zu Bullingers exegetischer Arbeitsweise vgl. auch Irena BACKUS, Bullinger als Neutestamentler. Sein Kommentar zu den Paulusbriefen und den Evangelien, Zwing. XXXI (2004),
105–131.

[9] Vgl. Fritz BÜSSER, Heinrich Bullinger (1504–1575). Leben, Werk und Wirkung (Bd. 1),
Zürich 2004, 244; VOLLENWEIDER, Paulus in Zürich (s. Anm. 5), 4f.

[10] Zum patristischen Einfluss bei Bullinger vgl. Susi HAUSAMMANN, Römerbriefauslegung
zwischen Humanismus und Reformation. Eine Studie zu Heinrich Bullingers Römerbrief-
vorlesung von 1525 (SDGSTh 27), Zürich 1970, 63–88.

[11] Luca BASCHERA, Einleitung, in: Ders. (Hg.), Kommentare zu den neutestamentlichen
Briefen (s. Anm. 7), LIX–LXXXIII (LXXVIII mit Anm. 124) [Hervorhebung MN].

[12] Vgl. a. a. O., LXXI–LXXX, v. a. LXXVII–LXXVIII; HAUSAMMANN, Römerbriefauslegung (s. Anm. 10), 119.183f.

[13] Vgl. auch Bullinger selbst in seiner Schrift *Studiorum ratio*, in der sein humanistisch
geprägtes Interesse (*ad fontes*) ebenfalls sehr stark zum Ausdruck gebracht wird (vgl. z.B.
Peter STOTZ [Hg.], Studiorum Ratio-Studienanleitung. 1. Teilband: Text und Übersetzung
[Heinrich Bullinger Werke. Sonderband], Zürich 1987, 50–55; zum Einfluss des Humanismus
bei Bullinger vgl. HAUSAMMANN, Römerbriefauslegung [s. Anm. 10], 88–185). Aufs Ganze
gesehen ordnet Bullinger die Philosophie der Theologie aber deutlich unter (vgl. dazu BÜSSER,
Leben [s. Anm. 9], 241f.). Demnach komme für Bullingers „Entwicklung der *spezifisch theo-
logischen* Exegese der paulinischen Texte" (BASCHERA, Einleitung [s. Anm. 11], LXXVIII
[Hervorhebung MN]) diesen antiken Texten „keine wesentliche Bedeutung" (ebd.) zu.

[14] Vgl. Christian MOSER, Die Druckgeschichte von Heinrich Bullingers Kommentaren zu
den neutestamentlichen Briefen, in: Baschera (Hg.), Kommentare zu den neutestamentlichen
Briefen (s. Anm. 7), XI–LVIII (XI–XII).

[15] In den Kommentaren gelange Bullingers exegetische Arbeit „zur vollen Reife" (BASCHERA,
Einleitung [s. Anm. 11], LXIV).

sondere im Römerbrief – ein „eklektisches Vorgehen"[16] vorauszusetzen, bei
dem er sich wahlweise zwischen Erasmus' Ausgabe des *Novum instrumentum*
von 1516 und 1522 oder auch der Vulgata entscheidet. Darüber hinaus hat
Bullinger auch eigene Übersetzungen des Bibeltextes eingebracht. In seiner
Vorrede zur Gesamtausgabe weist er darauf hin, sich auch mit dem griechischen
Text auseinandergesetzt zu haben.[17]

Da es der Fragestellung dieses Beitrags weniger um die paulinische Anthropologie und deren Interpretation im Allgemeinen bei Heinrich Bullinger geht –
wenngleich diese Thematik mit der Frage nach der Terminologie ebenso im
Raum steht –, sondern mehr um den Umgang Bullingers mit den einzelnen von
dem Heidenapostel verwendeten anthropologischen Termini, verläuft der Zugang zu Bullingers Interpretation primär über letztere. Dazu greift die nachfolgende Untersuchung einzelne zentrale Lexeme heraus und arbeitet sich an
diesen ab. Die Grundlage bildet jeweils diejenige(n) paulinische(n) Perikope(n),
die sich in der anthropologischen Fragestellung als zentraler Umschlagplatz des
Terminus erwiesen hat. So wird versucht, einige Schlaglichter auf Bullinger und
dessen Paulusexegese zu werfen. Dieses stichprobenartige Vorgehen entlang der
Kommentierung legt sich auch deshalb nahe, weil Bullinger im Rahmen seiner
zahlreichen Exkurse, die er in seinen Kommentaren einfügt, keine dezidiert anthropologische Auseinandersetzung bietet.[18] Was freilich nicht heißt, dass das
Thema dort gar keine Rolle spielen würde.[19]

Zunächst stehen die beiden Lexeme, die die exegetische Forschung mit am
stärksten dominieren – σῶμα (1) und σάρξ (2) – auf dem Prüfstand. Um nicht die
damit verbundenen Einseitigkeiten der anthropologisch interessierten Paulusexegese der vergangenen Jahrzehnte zu reproduzieren,[20] wendet sich die Untersuchung nach diesem Blick auf die somatische Ebene dem asomatischen Bereich und damit denjenigen Lexemen zu, die quantitativ zwar in der Unterzahl
sind, nicht aber weniger bedeutsam für Paulus. Aufgrund der breiten Streuung
dieser psychologischen Terminologie und da keines dieser Lexeme besonders
hervorsticht, bietet sich Röm 7,14–25 als Textgrundlage an (3). Als *der* anthropologische bzw. psychologische Schauplatz schlechthin leistet die Perikope aus
heuristischer Sicht der Erarbeitung von Bullingers Umgang mit der entsprechenden Terminologie bei Paulus Genüge. Das Fazit bündelt die Ergebnisse und

---

[16] A. a. O., LXV.

[17] Vgl. Heinrich Bullinger, Vorrede zur Gesamtausgabe, in: Baschera (Hg.), Kommentare
zu den neutestamentlichen Briefen (s. Anm. 7), 3–12 (7,13): *Aliquoties vero hanc pro mea tenu-
itate contuli cum veritate Graecanica, quoties videlicet haec videretur vel planior vel eviden-
tior.* Vgl. dazu BASCHERA, Einleitung (s. Anm. 11), LXIV–LXVIII.

[18] Ich danke Luca Baschera für diesen enorm hilfreichen Hinweis.

[19] Vgl. dazu im vorliegenden Band Luca BASCHERA, Commentary on 1 Thessalonians (s.
Anm. 8), 323–326.

[20] Vgl. Manuel NÄGELE, Der *Nous* bei Paulus. Probleme und offene Fragen der Forschung,
in: Frey/Nägele (Hg.), Der *Nous* bei Paulus (s. Anm. 1), 3–20.

reflektiert unter Einbezug weiterer Merkmale von Bullingers Paulusexegese, die für die vorliegende Fragestellung relevant sind, über die bei Bullinger greifbaren Interpretationsfolien des paulinischen Vokabulars (4).

1. Bullingers Umgang mit σῶμα bei Paulus

Für eine Annäherung an das Lexem σῶμα bei Paulus kommen viele Belege in Frage. Neben einigen metaphorischen Rückgriffen auf das Lexem (vgl. z.B. Röm 12,4f.; 1 Kor 12,12–27) verwendet Paulus das Lexem meist dezidiert anthropologisch. Aufgrund der besonderen Dichte des so verstandenen Terminus haben in der Vergangenheit der Abschnitt über die Prostitution (1 Kor 6,15–20) und die Perikope zur leiblichen Auferstehung (1 Kor 15,35–44) immer wieder Aufmerksamkeit auf sich gezogen.[21] Anhand dieser beiden Passagen, beginnend mit letzterer, wird im Folgenden Bullingers Umgang mit dem paulinischen Terminus σῶμα untersucht.

1.1 Das Lexem σῶμα in 1 Kor 15,35–44

Seine Auslegung des Abschnitts zur leiblichen Auferstehung beginnt Bullinger, indem er sich an zwei Fragen hinsichtlich der Auferstehungsthematik abarbeitet.[22] Zum einen, inwiefern es möglich sei, dass ein toter, verwester Leib wieder lebendig werden könne, und zum anderen die Frage nach der Kontinuität zwischen dem Leib, der stirbt, und demjenigen, der aufersteht.[23] Beides lasse sich, so Bullinger, mit der Metapher des Korns klären.[24] Die erste Anfrage an die Auferstehung sei dadurch zu klären, dass sich an dem Korn geradezu die Notwendigkeit für das Sterben zeige. Letzteres verunmögliche nicht die Auferstehung, sondern bilde deren notwendige Voraussetzung. „So wird auch der menschliche Leib nicht wieder auferstehen, wenn er nicht vorher in der Erde gänzlich verfault ist"[25] (*ita nec corpus humanum resurget, nisi prius in terra computrescat*).

Für Bullingers Interpretation des σῶμα ist v.a. seine Erklärung der zweiten Frage interessant. Zunächst hebt er die Aussage in 1 Kor 15,38 hervor: Da Paulus davon spreche, dass Gott jedem Samen seinen *eigenen* Leib gebe und nicht einen

---

[21] Vgl. bspw. SCORNAIENCHI, Sarx und Soma (s. Anm. 1), 82–109.234–259.

[22] Die Klärung der ersten der beiden Anfragen hat Bullinger bereits in seiner Auslegung zu 1 Kor 6,13–20 in Aussicht gestellt (vgl. Heinrich Bullinger, Kommentar zum ersten Korintherbrief, in: Luca Baschera [Hg.], Kommentare zu den neutestamentlichen Briefen [s. Anm. 7], 227–464 [300,4–7]).

[23] Vgl. a.a.O., 443,5–7: *Duo autem in dubitationem veniunt. Primum, quo pacto corpus in cineres semel collapsum et resolutum restauretur? Secundum, quo corpore, hocne an alio quopiam resurrecturi simus?*

[24] Vgl. a.a.O., 443,7: *Utraque autem grani exemplo dissolvit.*

[25] A.a.O., 443,25f.

anderen Leib, sei der Leib, der stirbt, derselbe wie der, der aufersteht.[26] Wenngleich letzterer „schöner"[27] (*speciosius*) sei und „in einen besseren verwandelt"[28] (*mutatum in melius*) werde.

Bevor er die Kontinuität von prä- und postmortalem Zustand bei seiner Auslegung von 15,42–44 noch ausführlicher thematisiert, weist er auch auf eine Differenzierung hinsichtlich der auferweckten Leiber hin. Dort wird ersichtlich, dass ihn der terminologische Wechsel von σῶμα (V.35–38) hin zu σάρξ (V.39) und zurück zu σῶμα (V.40.44) nicht weiter zu irritieren, geschweige denn zu interessieren, scheint. In seinem Fazit zu V.39–41 hält er fest, es gebe „einen Unterschied zwischen den Leibern *oder* dem Fleisch der Auferweckten"[29] (*differentiam esse in corporibus* aut *carne resuscitatorum*). Zwar thematisiert Bullinger diesen Sachverhalt nicht explizit, offensichtlich setzt er hier aber eine Austauschbarkeit von σῶμα und σάρξ voraus.[30]

Einerseits gesteht Bullinger dem Auferstehungsleib also ein diskontinuierliches Moment zu: Der auferweckte Leib sei kein irdischer, vergänglicher mehr, sondern „unvergänglich"[31] (*incorruptibile*), „geistlich und gewissermaßen engelhaft"[32] (*spirituale et quodammodo angelicum*). Andererseits ist ihm sehr stark an der Kontinuität zwischen den Leibern gelegen. Der geistliche Leib sei ein „wahrer Leib"[33] (*verum corpus*) und die Vorstellung derer, die den verherrlichten Leib nur noch als „Geist und Gespenst"[34] (*spiritus et phantasma*) verstehen, sei abzulehnen.[35] Das σῶμα ist also auch nach der Auferstehung etwas – im weitesten Sinn des Wortes – Materielles.[36]

---

[26] Vgl. a.a.O., 444,8–10: *Non ait ,aliud', sed ,suum cuique datur corpus.' Corpus ergo, quod sepelitur, seminis loco est; ex eo idem enascitur corpus, licet speciosius.*

[27] A.a.O., 444,10.

[28] A.a.O., 446,33.

[29] A.a.O., 446,1. Vgl. auch den nahtlosen Übergang von *corpus* zu *caro* und zurück zu *corpus* a.a.O., 445,12–19: *Summa omnium haec est: quemadmodum differentia est inter ipsa* corpora *coelestia et terrestria, ita differentia erit inter* corpora *resuscitata. Verum istam summam per partes copiosius persequitur. Principio in genere dicit: ,Non omnis* caro *eadem* caro', *id est, non omnes pari resurgent honore nec omnis* caro *resuscitata eiusdem erit speciei, cum videamus sub unius* carnis *vocabulo varias* carnis *contineri species, quarum altera nobilior ac subtilior altera. Deinde vero, ut differentia est inter* corpora *coelestia et terrena, sic discrimen erit in* corporibus *resuscitatis piorum et impiorum.*

[30] Das entspricht auch heutigen Auslegungen (vgl. bspw. Wolfgang SCHRAGE, Der erste Brief an die Korinther. 4. Teilband 1 Kor 15,1–16,24 [EKK VII/3], Düsseldorf/Neukirchen-Vluyn 2001, 290 mit Anm. 1415).

[31] Bulllinger, Kommentar zum ersten Korintherbrief (s. Anm. 22), 448,1.

[32] A.a.O., 448,3.

[33] A.a.O., 448,1.

[34] A.a.O., 447,20f.

[35] Vgl. a.a.O., 447,17–19: *Errant ergo, qui putant clarificata corpora omnem corporis amisisse rationem et in spiritum transiisse tota.*

[36] Vgl. dazu und zum Folgenden auch die in vielen Punkten nahezu identische, aktuelle Auslegung von Michael WOLTER, Paulus. Ein Grundriss seiner Theologie, Neukirchen-Vluyn 2011, 161f.

Diese Ablehnung eines asomatisch verstandenen Auferstehungsleibes resultiert letztlich aus der dichotomischen Zusammensetzung des Menschen, die Bullinger seinen Überlegungen zugrunde legt. Als antithetische Entsprechung zu der Bezeichnung des auferweckten Leibes mit πνευματικός verwende Paulus ψυχικός für den irdischen Leib, weil für diesen die ψυχή konstitutiv sei. Das wiederum zeige sich an der Gemeinsamkeit, die der Mensch mit den wilden Tieren habe. Das irdische Leben sei nämlich von schädlichen, törichten und quälenden Leidenschaften geprägt[37] und der irdische Leib „wird von den Kräften und den Leidenschaften der Seele regiert"[38] (*ab animae potentiis affectibusque regitur*). Bullinger verweist an dieser Stelle auf seine Auslegung des ψυχικὸς ἄνθρωπος in 1 Kor 2,14, wo er unter Verweis auf Zwingli bereits deutlich gemacht hat, dass der Leib des Menschen nicht nur an sich, sondern gerade auch aufgrund der ihm zukommenden Seele mit ihren lasterhaften Affekten erlösungsbedürftig ist.[39]

Genauso dichotomisch wie den irdischen ordnet Bullinger auch den geistlichen Leib ein: Dieser „wahre"[40] (*verum*) Leib ist „im Blick auf den Verstand gleichartig"[41] (*menti similimum*). Dennoch bestehe ein wesentlicher Unterschied zum irdischen Leib und dessen Seele. Was Bullinger schon mit seiner wechselnden Bezeichnung der Seele von *anima* zu *mens* andeutet, macht er anschließend explizit. Trotz dieser gleichartigen Ausstattung des prä- und postmortalen Leibes mit einer geistigen Komponente, sei die Seele des Auferstehungsleibes „frei von jenen Leidenschaften"[42] (*illis carens affectibus*). Die Rede von einem σῶμα πνευματικόν liege also nicht darin begründet, dass sich das σῶμα selbst in einen asomatischen Zustand verwandelt, sondern dass sich die ihm zugehörige Seele in eine geistige, d. h. nicht mehr den irdischen Leidenschaften verfallene, verwandelt.[43]

---

[37] Vgl. Bullinger, Kommentar zum ersten Korintherbrief (s. Anm. 22), 447,22–24: *Quod pene cum brutis animantibus commune habemus, [...]. Habet ergo animale corpus nomen ab anima, vita atque affectibus noxiis, stultis et anxiis.*

[38] A. a. O., 447,26.

[39] Vgl. a. a. O., 253,4–6 (s. dazu unten Anm. 144).

[40] A. a. O., 447,27.

[41] A. a. O., 447,28.

[42] Ebd.

[43] Darauf wird Bullinger auch bei seiner Auslegung von σὰρξ καὶ αἷμα (1 Kor 15,50) noch ausführlich eingehen. Dort konzentriert er sich sehr stark auf die somatische Dimension und hält zunächst fest: *Caeterum Paulus, sicut modo exposuimus, per carnem et sanguinem non intellexit* ipsam humani corporis substantiam, *quemadmodum in resurrectione futura est, sed quemadmodum nunc est.* (a. a. O., 450,13–15). Im Anschluss erläutert Bullinger diese Diskontinuität aber nicht in substanzontologischer Hinsicht, sondern wie zuvor als Freiheit von den Affekten der irdischen Existenz (vgl. a. a. O., 450,31–451,3). Für diese Affekte hatte Bullinger zuvor den prämortalen Zustand des geistigen Bestandteils des Menschen verantwortlich gemacht (s. Anm. 38). Das postmortale σῶμα unterscheidet sich demnach aufgrund seiner neuen Bestimmtheit vom prämortalen: Es steht nach wie vor unter dem Einfluss seines geistigen Pendants. Dieses wiederum ist aber nicht mehr von den (negativen) Affekten geprägt. Daher

Demnach findet an beiden anthropologischen Größen, sowohl der somatischen als auch der asomatischen, durch den Tod und die Auferstehung eine wesentliche Veränderung statt. Bullinger hält dabei beide Größen für konstitutiv
für die jeweilige Existenzweise des Menschen.

Diese dichotomische Auffassung war bereits im Rahmen von Bullingers Auslegung der V.35–38 angeklungen. Dort hatte er positiv auf Cyprian von Kartha-
go Bezug genommen, um die von ihm betonte Identität von prä- und postmortalem Leib nochmals zu unterstreichen. Nach Cyprianus sei diese Kontinuität
von irdischem und himmlischem Leib durch die Unsterblichkeit der ihm zugehörigen geistigen Komponente bedingt. Trotz aller Unterschiedlichkeiten hinsichtlich der Leiber habe jeder Leib einen eigenen Geist (*ratio*), der unsterblich
sei. Die postmortale Belohnung oder Bestrafung des Menschen sei aber nur
möglich, wenn dieser unsterblichen Seele (jetzt *anima*) ihr eigener Leib (*suum*)
wiederhergestellt (*reparare*) werde und nicht ein fremder.[44]

Dieser enge Bezug auf sein geistiges Gegenüber, den Bullinger dem σῶμα attestiert, wird im Rahmen von 1 Kor 6,15–20 noch deutlicher.

1.2 Das Lexem σῶμα in 1 Kor 6,15–20

Ganz nach Bullingers exegetischer Manier[45] ist ihm bei seiner Interpretation
von 1 Kor 6,15–20 besonders daran gelegen, die Argumentation von Paulus
Schritt für Schritt nachzuzeichnen.[46]

Bei Paulus' vorherigen Aussagen in 1 Kor 6,13 f. zielt Bullinger wie in 1 Kor 15
auf die leibliche Dimension der Teilhabe an Christi Auferweckung ab. Die Glieder Christi, die vom Tod auferweckt werden, sind letztlich „unsere Leiber"[47]
(*corpora nostra*). Sicher wird man diese Beobachtung nicht überbetonen dürfen, interessant ist dennoch, dass Bullinger die paulinische Aussage der Aufer-

---

wird Bullingers eben zitierte Aussage zur *substantia* des auferstandenen Leibes kaum dahingehend zu verstehen sein, dass er zwischen dem σῶμα und der σάρξ bei Paulus eine Differenz
voraussetzt, bei der letztere die Substanz des σῶμα darstellt. Jedenfalls macht er keine näheren
Angaben dazu und sein sonstiger Umgang mit den beiden Lexemen scheint ebenfalls dagegen
zu sprechen (s. Anm. 29 und den Abschnitt unten zu Gal 5,16 f.).

[44] Vgl. a. a. O., 444,24–30: „…*Ita igitur et uniuscuiusque carnis substantia, quamvis varie et
diverse dispersa sit, ratio tamen ipsa, quae inest unicuique carni, immortalis est.' Tempore ergo
suo, cum deo visum fuerit, corpus ,reparat in illa specie, quam mors aliquando dissolverat. Et
ita fit, ut unicuique animae non confusum aut extraneum corpus, sed suum, quod habuerat,
reparetur, ut consequenter possit pro agonibus praesentis vitae cum anima sua caro vel pudica
coronari vel impudica puniri.'* [= Cyprian nach Rufinus von Aquileia, Expositio Symboli 41].

[45] Vgl. VOLLENWEIDER, Paulus in Zürich (s. Anm. 5), 19.

[46] Vgl. bspw. Bullinger, Kommentar zum ersten Korintherbrief (s. Anm. 22), 300,14–17: *Id
iam planius exponit dicens:* [...] *Sic, inquam, corpus nostrum domino, non stupro dicandum. Et
si caput suscitatum, certe et membra suscitabuntur. Figurat tamen hanc sententiam per inter-
rogationem, ut omnia sint ardentiora. Huic mox aliud adiungit argumentum ab indecoro
sumptum et per subiectionem suffiguratum.*

[47] A. a. O., 300,3.

weckung von „uns" (ἡμᾶς [6,14]) an dieser Stelle auf „unsere *Leiber*" appliziert. Darin scheint die konstitutive Rolle, die Bullinger dem σῶμα in der folgenden Auslegung zuweist, bereits anzuklingen. Ebenso wie in 1 Kor 15 zeigt sich Bullinger auch in 1 Kor 6,16 nicht beeindruckt von dem terminologischen Wechsel zwischen σῶμα und σάρξ – er thematisiert ihn nicht.

Entgegen der oben deutlich gewordenen engen Bezogenheit von somatischem und asomatischem Anteil des Menschen mutet Bullingers Nachspüren der paulinischen Argumentation auf den ersten Blick allerdings eher platonisch an. Die Deutung der geistigen Einheit mit Christus in V.17 als „Gegenteil"[48] (*contrarium*) zur leiblichen Vereinigung in V.16 suggeriert ein platonisch gefärbtes Verständnis von σῶμα und πνεῦμα, bei dem sich die somatischen und asomatischen Größen gegenüberstehen.[49] Anschließend wird jedoch deutlich, dass dieser Kontrast sich weniger auf πνεῦμα und σῶμα bezieht. Bullinger wird wohl mehr auf den Unterschied zwischen der mit der Prostituierten angesprochenen horizontalen, also zwischenmenschlichen Beziehungsebene des Menschen und der mit Christus einhergehenden vertikalen Relationalität des Menschen anspielen. Unabhängig davon, was letztlich unter *contrarius* zu verstehen ist, verunmöglicht jedenfalls die anschließende Zitation von Erasmus, die die paulinische Aussage noch „feinsinniger"[50] (*eleganter*) erkläre, dass Bullinger zwischen Leib und Geist jegliche Konkurrenzen sehen würde.

Das von Bullinger positiv aufgenommene Erasmus-Zitat nimmt zunächst Bezug auf die zwischenmenschliche Ebene: So wie durch die willentliche Übereinkunft bei einer rechtmäßigen Ehe aus zwei Geistern einer werde, entstehe bei der Vereinigung von zwei Leibern ein Leib.[51] Damit ist freilich noch nichts über eine mögliche Abhängigkeit zwischen leiblicher und geistiger Ebene gesagt. Also ob aus einer leiblichen Vereinigung zwingend auch die geistige resultiert oder umgekehrt. Ob Erasmus selbst mit seiner Aussage derartige Implikationen intendiert hat, ist zweifelhaft. Der weitere Verlauf des Erasmuszitats legt zwar eine wie auch immer geartete Abhängigkeit zwischen Leib und Geist – wenn diese metaphorisch auf die Christusbeziehung rekurrieren – nahe: Bei der leiblichen Vereinigung mit Christus entstehe zugleich ein Geist.[52] Andernorts evoziert Erasmus' Paulusauslegung aber eher ein anderes Menschenbild als es Bullinger für Paulus annimmt. Die trichotomische Auslegung Erasmus' von

---

[48] A.a.O., 300,26.

[49] Vgl. z.B. Plato, Phaid. 65B–C; 67D; 80A; 82E; Phaidr. 246C.

[50] Bullinger, Kommentar zum ersten Korintherbrief (s. Anm. 22), 300,27.

[51] Vgl. a.a.O., 300,30–32: *Nam ut in licito matrimonio honestus consensus e duobus animis unum reddit, corporum legitima commixtio e duobus unum efficit* [= Desiderius Erasmus, Paraphrasis in epistolam Pauli ad Corinthios priorem, in: Desiderii Erasmi Roterodami opera omnia, Bd. 7, Leiden 1706, 877D].

[52] Vgl. Bullinger, Kommentar zum ersten Korintherbrief (s. Anm. 22), 300,35–301,1: *Nam qui domino Iesu agglutinatur, ob corporis et capitis communionem unus cum illo spiritus redditur* [= Erasmus, Paraphrasis (s. Anm. 51), 877D].

z. B. 1 Thess 5,23 spricht eher dafür, dass Erasmus bei seiner hier von Bullinger zitierten Aussage zur leiblichen und geistigen Vereinigung von Mann und Frau im Rahmen der Ehe an zwei unabhängig voneinander fungierende anthropologische Dimensionen denkt.[53]

Was Bullinger selbst anbelangt, lässt sich die somatische Dimension bei Paulus jedenfalls nicht ohne die asomatische denken. Und zwar sowohl hinsichtlich des metaphorischen Gebrauchs der Lexeme im Rahmen der Umschreibung der Christusbeziehung des Menschen als auch im wörtlichen anthropologischen Sinn.

Aufschluss darüber liefert zunächst seine Interpretation des Terminus σῶμα in 6,18. Dort reflektiert Bullinger dezidiert über die Verwendung des Lexems. Es stehe nicht „für diesen unseren fleischlichen Leib"[54] (*pro carnali isto corpore nostro*), sondern „für jenen geistlichen Leib und Bund"[55] (*pro illo spirituali corpore et foedere*). Nach Bullingers Interpretation ist die Sünde am eigenen Leib von 1 Kor 6,18 also auf den mit Christus gemeinsamen Leib zu beziehen. Seine Auslegung des Verses plausibilisiert er mit Hilfe einer Analogie zwischen dem Ehebund und dem in Christus beschlossenen Bund Gottes mit den Menschen.[56] Prostitution verstehe Paulus deshalb als Sünde am eigenen (geistlichen) Leib, d. h. als eine Störung des Bundes mit Gott, weil ja auch hinsichtlich des Ehebundes das schlimmste Vergehen Unzucht sei.[57] Die im Gottesbund sich vollziehen-

---

[53] Im vorliegenden Band weist Luca BASCHERA, Commentary on 1 Thessalonians (s. Anm. 8), 299 f. darauf hin, dass Erasmus z. B. 1 Thess 5,23 trichotomisch interpretiert hat (vgl. Desiderius Erasmus, In epistolam ad Thessalonicenses priorem annotationes, in: Miekske L. van Poll-van de Lisdonk [Hg.], Annotationes in Novum Testamentum [Opera omnia. Desiderii Erasmi Roterdami 6/9], Leiden/Boston 2009, 390–427 [418,577–579]; dazu auch Anthony C. THISELTON, 1 & 2 Thessalonians Through the Centuries [Blackwell Bible commentaries], Chichester 2011, 162). Dass Bullinger Erasmus hinsichtlich der anthropologischen Implikationen seiner Aussage nicht explizit kritisiert, geschweige denn seine eigene Interpretation als Alternative zu Erasmus kennzeichnet, spricht nicht gegen die hier vorgeschlagene Uminterpretation des Erasmuszitates durch Bullinger, sondern entspricht ganz dem bei Bullinger auch sonst vorfindlichen exegetischen Vorgehen (vgl. z. B. auch BACKUS, Bullinger als Neutestamentler [s. Anm. 8], 126 f.). Dasselbe bemerkt auch Luca Baschera im Blick auf Bullingers Lesart von 1 Thess 5,23, die ebenfalls von Erasmus abweicht (s. o.). Vgl. dazu Bullinger selbst: „Denn das, worin diese Männer geirrt haben, ist abzulehnen, man soll mit dem Irrtum jedoch Nachsicht üben, da es ja einen höchst unfreundlichen Menschen verrät, wenn man bei irgendeinem Fehler seine Stimme gleich zum tragödienmäßigen Rufen erhebt." (Bulllinger, Studiorum Ratio [s. Anm. 13], 109).

[54] A. a. O., 301,14.

[55] A. a. O., 301,15.

[56] Der Bund spielt bei Bullinger die zentrale Rolle schlechthin, er versteht ihn als „Schlüssel zur Theologie" (BÜSSER, Leben [s. Anm. 9], 231; vgl. z. B. Bullinger, Studiorum Ratio [s. Anm. 13], 75–77). Dazu außerdem Willem VAN'T SPIJKER, Bullinger als Bundestheologe, in: Emidio Campi/Peter Opitz (Hg.), Heinrich Bullinger. Life – Thought – Influence. Zurich, Aug. 25–29, 2004 International Congress Heinrich Bullinger (1504–1575). Band 2 (ZBRG 24), Zürich 2007, 573–592; BÜSSER, Leben (s. Anm. 9), 226–237.

[57] Vgl. Bullinger, Kommentar zum ersten Korintherbrief (s. Anm. 22), 301,17–20: *Dicit ergo: ‚Nullo alio peccato perinde in corpus hoc, id est in foedus hoc dei, peccatur atque fornica-*

de Vereinigung des Menschen mit Christus sei eine derart exklusive Bindung, „dass wir Glieder und sogar Leib Christi sind und unser Geist eins ist mit dem Geist Christi"[58] (*nos videlicet membra adeoque et corpus esse Christi et spiritum nostrum unum esse cum spiritu Christi*). Die leibliche Verbindung mit Christus bzw. dem Ehepartner habe also nicht nur zur Folge, dass Paulus vom „eigenen Leib" (τὸ ἴδιον σῶμα [6,18]) sprechen kann,[59] sondern mit dieser leiblichen Vereinigung auf geistlicher Ebene gehe demnach auch eine geistige Verbindung mit Christus einher.[60]

In seinem Fazit zu der paulinischen Perikope über die Prostitution macht Bullinger nun unmissverständlich deutlich, dass diese Verquickung des somatischen und asomatischen Bestandteils des Menschen nicht nur metaphorisch im Blick auf die Relation zwischen Mensch und Christus gilt, sondern überhaupt. Ungemein begünstigt wird dieser Einblick in Bullingers Verständnis von σῶμα und πνεῦμα durch die aus heutiger textkritischer Sicht abzulehnende Alternativlesart von V.20, nach der Paulus die Korinther dazu ermahnt, Gott „mit eurem Leib *und mit eurem Geist*" (ἐν τῷ σώματι ὑμῶν καὶ ἐν τῷ πνεύματι ὑμῶν [6,20][61]) zu verherrlichen.

Hatte Bullinger schon im Zuge seiner Auslegung zu V.20a die mit dem Kauf einer Sache einhergehenden Besitzansprüche erläutert, wiederholt er diesen Sachverhalt in seiner Paraphrase, die die paulinische Aussage von V.20 nochmals präzisieren soll: „So wie ihr mit Geist und Leib Gottes Eigentum seid, sollt ihr Gott auch mit Geist und Leib dienen"[62] (*ita ut animo et corpore peculium dei sitis, animo quoque et corpore deo inservite*). Zum einen ziele Paulus mit Leib und Geist auf die gesamte Existenz des Menschen ab. Die Verherrlichung hänge von der Reinheit „unseres Lebens"[63] (*vitae nostrae*) ab.[64] Zum anderen seien die beiden anthropologischen Größen aufs Engste aufeinander bezogen. „Der Geist verbindet sich mit dem Leib, denn es existiert keine Keuschheit des Leibes, die nicht aus einem reinen Herzen entsteht"[65] (*corpori animum iunxit, nulla enim est corporis castitas, quae non ex puro enascitur corde*).

---

tione.' Nam et apud homines nullo delicto ius, imo corpus matrimonii magis violatur quam fornicatione sive adulterio.

[58] A.a.O., 301,16f.

[59] Vgl. a.a.O., 301,22–24: *proinde matrimonii foedere unum quodpiam commune corpus ambobus constituitur, ut nunc in proprium corpus peccasse dicantur, qui se polluerint complexibus alienis.*

[60] Allem Anschein nach interpretiert Bullinger das πνεῦμα in 1 Kor 6,17 also sowohl anthropologisch als auch theologisch.

[61] Vgl. Kurt ALAND u.a. (Hg.), Nestle-Aland. Novum Testamentum Graece, Stuttgart [28]2012, zur Stelle.

[62] Bullinger, Kommentar zum ersten Korintherbrief (s. Anm. 22), 302,13f.

[63] A.a.O., 302,17.

[64] Vgl. zu diesem exklusiven und universellen Anspruch Gottes auf den Menschen auch in diesem Band Luca BASCHERA, Commentary on 1 Thessalonians (s. Anm. 8), 318–322.

[65] Bullinger, Kommentar zum ersten Korintherbrief (s. Anm. 22), 302,17f.

Aufgrund der Argumentationslogik, die Leib und *Geist* im Blick hat, müsste es streng genommen lauten: Einen reinen Leib gibt es nur, wenn der *Geist* rein ist. Dass das „Herz" (*cor*) in Bullingers Vokabular letztlich für dieselbe anthropologische Größe steht, wird wohl anzunehmen sein (und sich auch im Folgenden nahelegen). So hält er es offenbar auch nicht für nötig, darauf hinzuweisen, dass er den im Bibeltext mit *spiritus* umschriebenen Geist mit *animus* wiedergibt.[66] Mit derselben Selbstverständlichkeit erlaubt er sich z. B. auch in seiner Auslegung zu 1 Thess 1,9 f. zwischen *animus*, *cor* und *spiritus* abzuwechseln.[67] Der *mens* in Eph 4,23 – auf seine Auslegung von Eph 4,17–24 verweist Bullinger sogar explizit am Ende von 1 Kor 6,20 – schreibt er eine ähnliche Rolle zu wie dem Herzen.[68]

1.3 Zwischenfazit (1)

Bullinger interpretiert das paulinische σῶμα stets in seiner Bezogenheit auf sein geistliches Gegenüber. Veränderungen des σῶμα haben Einfluss auf den geistigen Anteil des Menschen und umgekehrt. Die Umschreibung der ganzen menschlichen Existenz mit dem somatischen und asomatischen Element ist also nicht im Sinn eines dichotomischen Gegensatzes im engeren Sinn zu verstehen. Keiner der beiden anthropologischen Bestandteile kann nach Bullingers Paulusexegese unabhängig oder losgelöst vom anderen gedacht werden oder existieren. Die zuletzt erwähnte Abhängigkeit des Leibes vom geistigen Zustand des Menschen und die Herrschaft der Seele über den Leib, die im Zuge von 1 Kor 15 zu Sprache kam, könnten eine Vorrangstellung der geistigen Komponente suggerieren, bei der letztlich diese die konstitutive Rolle im Menschen spielt. Die nachdrückliche Betonung Bullingers, dass nach Paulus auch im postmortalen Zustand das σῶμα konstitutiv für die menschliche Existenz ist, steht jedoch einem möglichen Schwerpunkt auf der geistigen Komponente entgegen.

Bullinger scheint mit diesen recht groben anthropologischen Bestandteilen eines somatischen und asomatischen Bereiches, die stark voneinander abhängen, den Implikationen von Paulus anthropologischem Vokabular genüge leisten zu wollen. Jedenfalls blieben bislang präzisere Angaben aus. Die weiteren Stichproben im Folgenden werden versuchen, diese ersten Vermutungen zu Bullingers Umgang mit dem anthropologischen Vokabular von Paulus zu veri- oder falsifizieren. Gegebenenfalls ist zu präzisieren, ob und inwiefern Bullinger eine Sensibilität für die anthropologische Semantik an den Tag legt.

---

[66] Vgl. a. a. O., 302,13 f.17.

[67] Heinrich Bullinger, Kommentar zum ersten Thessalonicherbrief, in: Luca Baschera/ Christian Moser (Hg.), Kommentare zu den neutestamentlichen Briefen. 1–2 Thess – 1–2 Tim – Tit – Phlm (Heinrich Bullinger Werke 3/8), Zürich 2015, 1–49 (11,27–29).

[68] Vgl. Heinrich Bullinger, Kommentar zum Epheserbrief, in: Luca Baschera (Hg.), Kommentare zu den neutestamentlichen Briefen. Gal – Eph – Phil – Kol (Heinrich Bullinger Werke 3/7), Zürich 2014, 125–208 (180,13): „Der Verstand ist nämlich Quelle und Ursprung von Handlungen" (*Mens enim actionum fons et origo est*).

2. Bullingers Umgang mit σάρξ bei Paulus

Der wahrscheinlich prominenteste Abschnitt zur σάρξ im Corpus Paulinum ist deren Antithese zum πνεῦμα in Röm 8,5–13, auf die der Heidenapostel auch in knapperer Form in Gal 5,16 f. zu sprechen kommt. Dementsprechend stark ist auch in der Paulusexegese die Auseinandersetzung mit dem Lexem σάρξ an dieser Antithese interessiert.[69]

Begegnet war das Lexem bereits im Zusammenhang mit dem Terminus σῶμα in 1 Kor 6,16 und 15,39(.50). Dort hat sich nahegelegt, dass Bullinger σάρξ synonym zu σῶμα interpretieren kann.[70] War auf diese Austauschbarkeit allerdings schon in den vorherigen Kapiteln zum σῶμα eher indirekt zu schließen, lässt sich bei Bullingers Auslegung zu Röm 8,5–13 ebenfalls keine ausdrückliche Beobachtung zu dieser Synonymie machen.[71] Die anderen Beobachtungen zu Bullingers Umgang mit Paulus' anthropologischem Vokabular hingegen scheinen sich allesamt bestätigen zu lassen.

2.1 Das Lexem σάρξ in Röm 8,5–13

War es im Rahmen der beiden Auslegungen zu den Passagen des 1. Korintherbriefes der asomatische Bestandteil, den Bullinger als den wesentlichen Verantwortungsträger negativer Affekte und schändlicher Begierden herausgearbeitet hat,[72] formuliert Bullinger – eng entlang der paulinischen Terminologie – dies nun für die somatische Seite, namentlich die σάρξ bzw. *caro*. Geradezu gegenteilig zu der im 1. Korintherbrief beobachtbaren Abhängigkeit der somatischen Komponente von der asomatischen – ganz zu schweigen von der Unsterblichkeit von letzterer[73] – formuliert Bullinger zu Röm 8,6–8: „Aus der fleischlichen Einstellung tritt nichts hervor außer der Tod der Seele"[74] (*Ex carnali [inquit] affectione nihil nisi mors animae existit*). Benützt Bullinger hier lediglich das Adjektiv *carnalis* zeigen die anschließenden Wiederholungen der Phrase *ex carnali affectione* mit *affectus* carnis[75] eindeutig den Bezug auf die *caro* respektive die σάρξ an. Anders als in seiner Auslegung zum natürlichen Leib (σῶμα ψυχικόν), wirkt sich hier nicht der Zustand des asomatischen Bestandteils auf den somatischen aus, sondern umgekehrt: Die *anima* stirbt.

---

[69] Vgl. Egon BRANDENBURGER, Fleisch und Geist. Paulus und die dualistische Weisheit (WMANT 29), Neukirchen-Vluyn 1968; FREY, Die paulinische Antithese (s. Anm. 1), 45–77; ferner auch SAND, Der Begriff „Fleisch" (s. Anm. 1), 123–217, v. a. 183–217.

[70] S. dazu Anm. 29 und 43.

[71] S. aber das Kapitel 2.1 zu Gal 5,16 f. und auch Anm. 78.

[72] Vgl. v. a. Bullinger, Kommentar zum ersten Korintherbrief (s. Anm. 22), 302,17; 447,26.

[73] S. oben in Kapitel 1.1.

[74] Heinrich Bullinger, Kommentar zum Römerbrief, in: Baschera (Hg.), Kommentare zu den neutestamentlichen Briefen (s. Anm. 7), 13–226 (133,11 f.).

[75] Diese Phrase aus dem von ihm zugrunde gelegten Bibeltext (Röm 8,6 f. [a. a. O., 133,6 f.]) greift Bullinger gleich zweimal auf: a. a. O., 133,14 f.

Dass es sich bei letzteren Phrasen nicht nur um eine – anthropologisch unreflektierte – Übernahme des biblischen Textes handelt (*affectus carnis* [Röm 8,6 f.]), ist kommend von der Auslegung zu Röm 8,5 evident.[76] Dort spricht Bullinger – analog zum Herrschen des asomatischen Bestandteils (s. o.) – von *imperium carnis*.[77] Bullinger kann die σάρξ bzw. den somatischen Teil[78] demnach parallel zu einem wesentlichen Merkmal der asomatischen Seite interpretieren.

Ebenfalls in seinem Kommentar zu den V.6–8 appliziert Bullinger diese sarkischen Aussagen nun aber auch – wie es in seiner Auslegung zu den korinthischen Passagen hauptsächlich der Fall war – auf die geistige Größe. Das Problem, dass der Mensch alle Zeit einem Drang zum Bösen unterliege, sei auf „den menschlichen Verstand"[79] (*mens humana*) zurückzuführen.[80] Diese Variation der anthropologischen Verortung der Affekte kommt auch in Bullingers Erklärung des Lexems φρόνημα (Röm 8,6 f.) zum Ausdruck. Erst ganz am Ende seines Kommentars zu Röm 8,6–8 geht er auf diesen Terminus ein. Zuvor hatte er ihn schlicht aus seiner Übersetzung des paulinischen Textes als *affectus* übernommen und – ebenfalls wie im Bibeltext – der *caro* an die Seite gestellt. Das Wort φρόνημα lasse sich als *sensum, curam ac cogitationem*, die art das fürnemmen und angæben[81] verstehen. Wie er zuvor schon von *mens* anstatt *caro* gesprochen hatte, expliziert er φρόνημα auch hier nicht mehr als *affectus* carnis (s. o.) sondern als *affectus* animi.[82]

Nach Bullingers Paulusexegese sind die Aussagen zur Sündhaftigkeit des Menschen also sowohl von der somatischen als auch von der asomatischen Komponente aussagbar. So kann er im Verlauf seiner Erläuterungen über die Einstellung der σάρξ sogar beides ineinander verflechten: „Sie [die Einstellung der σάρξ] hasst das Gesetz Gottes *von Herzen/Geist*"[83] (*legem dei* ex animo *odit*). Wenn Bullinger die Wendung *affectus carnis* mit *affectus animi* variiert, scheint er darüber hinaus geradezu eine Austauschbarkeit und Identität von den sich anthropologisch gegenüberliegenden Seiten vorauszusetzen. Demnach stehen die dichotomischen Bestandteile nicht nur in einem sehr engen Abhängigkeitsverhältnis, sondern sie repräsentieren letztlich sogar den jeweils anderen Aspekt.

---

[76] Vgl. auch schon *carnis affectus* (a. a. O., 110,12 [zu Röm 6,1 f.]); *carnis adfectum* (a. a. O., 113,8 [zu Röm 6,7]).

[77] Vgl. a. a. O., 133,1. Vgl. auch a. a. O., 133,1–3: *Contra vero spirituales sunt, qui etsi a carne contagioneve peccati non sint liberi, imperium tamen carni non committunt, sed omnia ad fidei lucernam disponunt.*

[78] Vgl. dazu bspw. später zu Röm 12,1: *affectus corporeos* (a. a. O., 181,29).

[79] A. a. O., 133,17.

[80] Die negative Einschätzung der menschlichen Vernunft begegnet auch in Bullingers Auslegung zum Römerbrief im Rahmen der Exegese zu Röm 1,18–32 (vgl. HAUSAMMANN, Römerbriefauslegung [s. Anm. 10], 237–241).

[81] Bullinger, Kommentar zum Römerbrief (s. Anm. 74), 133,26 f.

[82] Vgl. a. a. O., 133,25 f.: *Et* φρόνημα *(ne quem vel insolita vox remoretur) significat animi affectionem, sensum, curam ac cogitationem.*

[83] A. a. O., 133,16.

Vor diesem Hintergrund sind zwei weitere Beobachtungen in Bullingers Exegese zu Röm 8,5–13 hervorzuheben. Zum einen erinnern seine Ausführungen zum σῶμα in Röm 8,10f. an die Auslegung von ἡμᾶς in 1 Kor 6,14. Dass „wir einen Leib herumtragen"[84] (*corpus circumferamus*) klingt zunächst so, als ob Bullinger zwischen menschlichem Subjekt und Leib unterscheidet, dem σῶμα also keine konstitutive anthropologische Rolle zukommt. In V.11 interpretiert Bullinger aber dann die Belebung von *mortalia corpora vestra* (Röm 8,16) als die Fähigkeit des göttlichen Geistes, „die Gläubigen"[85] (*credentes*) lebendig zu machen. Zudem variiert er seine Aussage über den „*Leib*, der von Tag zu Tag durch die Sünde zugrunde geht"[86] (corpus, *quod indies per peccatum concidit*) mit der eben angesprochenen Aussage über die *Glaubenden*, die von Tag zu Tag durch die Sünde sterben (credentes [...] *per peccatum moriantur indies*).[87] Schon in 1 Kor 6,14 hatte dieses Abwechseln zwischen der σῶμα-Aussage und dem zugehörigen menschlichen Subjekt vermuten lassen, dass Bullinger das σῶμα als konstitutiv für den Menschen versteht.

In diese Richtung weist schließlich auch Bullingers dritte Variante der eben besprochenen Phrasen über das Lexem φρόνημα. Er expliziert den *affectus* nicht nur als φρόνημα der *caro* und des *animus*, sondern auch als „*menschliche* Einstellung"[88] (*affectus* humanus).

Damit kristallisiert sich zunehmend heraus, dass – nach Bullingers Ansicht – beim paulinischen Vokabular nicht nur die somatischen Ausdrücke die asomatischen repräsentieren können et vice versa. Bullinger scheint auch davon auszugehen, dass bei Paulus die einzelnen anthropologischen Lexeme den gesamten Menschen repräsentieren, also als pars pro toto fungieren. Diese Vermutung wird später noch näher zu untersuchen und zu überprüfen sein.[89]

Was σάρξ anbelangt, interpretiert Bullinger diesen jedenfalls weniger „im Sinne einer Sphäre des aktiv Bösen, einer den Menschen bestimmenden sündigen Macht"[90]. Vielmehr denkt er den Terminus streng anthropologisch.

2.1 Das Lexem σάρξ in Gal 5,16f.

Ein kurzer Blick in Bullingers Auslegung der Fleisch-Geist-Antithese in Gal 5,16f. unterstreicht einerseits, dass Bullinger die menschliche Verdorbenheit auch im somatischen Bestandteil des Menschen begründet sieht und dabei σάρξ und σῶμα in gleicher Weise zum Tragen kommen. Andererseits variiert er

---

[84] A.a.O., 134,12.
[85] A.a.O., 134,22.
[86] A.a.O., 134,19.
[87] Vgl. a.a.O., 134,22.
[88] A.a.O., 133,24.
[89] S. dazu unten Abschnitt 3 und 4.
[90] FREY, Die paulinische Antithese (s. Anm. 1), 45.

die Korrumpierung der somatischen Seite wie auch in Röm 8 im Laufe seines Kommentars mit asomatischen Bestandteilen.

Streng genommen lässt Bullingers Auslegung zu Röm 8,5–13 das Verhältnis von σάρξ und σῶμα etwas in der Schwebe. Dort wird nicht ganz deutlich, ob auch das σῶμα selbst eine derart negative Konnotation wie die σάρξ annehmen kann. Da er auf τὰς πράξεις τοῦ σώματος (*facta corporis*) aus Röm 8,13 nicht näher eingeht, bleibt unklar, wo er das σῶμα genau verortet sieht. In Gal 5,16 f. eröffnet Bullinger seine Exegese erneut mit einigen Aussagen zur *caro*. Dazu zitiert er zum einen die *caro*-Belege aus Röm 8,5 und spricht von „den Begierden des Fleisches"[91] (*carnis cupiditates*). Im selben Atemzug zitiert er indirekt aber auch Röm 8,13 mit seinen *facta corporis*. Aus gutem Grund ist daher anzunehmen, dass Bullinger die Aussagen der menschlichen Verdorbenheit, wenn er sie auf die somatische Seite zurückführt, sowohl für die σάρξ als auch für das σῶμα voraussetzt.[92]

Ansonsten ist die Exegese von Gal 5,16 f. von demselben Wechsel hin zur geistigen Ebene geprägt. Nach den eben genannten somatischen Aussagen erläutert Bullinger das Aufbegehren des Fleisches gegen den göttlichen Geist (Gal 5,17a) damit, dass „die Begierde nach Bösem im *Geist* des Menschen niemals abstirbt"[93] (*concupiscentia rerum malarum nunquam intermoritur in* animo *hominis*), sondern immer gegen den göttlichen Geist rebelliert. Für die asomatische Komponente des Menschen hat also dasselbe wie für die somatische zu gelten.

2.3 Zwischenfazit (2)

Im Rahmen der Untersuchung der korinthischen Passagen war eine Austauschbarkeit der Terminologie sowohl *innerhalb des somatischen* Bereichs als auch *innerhalb des asomatischen* Bereichs angeklungen. Zugegebenermaßen war darauf aber eher indirekt aufgrund Bullingers eigenem variablen Umgang mit den entsprechenden lateinischen Lexemen zurückgeschlossen worden. Wäre Bullinger bei seiner Interpretation des paulinischen Vokabulars an etwaigen Differenzierungen gelegen, so die Annahme, müsste auch er in seiner Auslegung und damit seinem eigenen Vokabular dementsprechend differenzieren.

Ausgehend von den bislang inspizierten paulinischen Texten hätte Bullinger dazu aber nur hinsichtlich des somatischen Aspekts „Gelegenheit" gehabt. Eine Differenzierung zwischen σῶμα und σάρξ konnte dort aber nicht festgestellt werden. Ein Nebeneinander von psychologischem Vokabular bei Paulus hinge-

---

[91] Heinrich Bullinger, Kommentar zum Galaterbrief, in: Baschera (Hg.), Kommentare zu den neutestamentlichen Briefen (s. Anm. 68), 9–124 (107,25).
[92] S. auch Anm. 78.
[93] A. a. O., 108,1.

gen lag in den bislang betrachteten Perikopen noch nicht vor und sollte deshalb noch eigens untersucht werden.

Dennoch legt sich bereits jetzt, zusätzlich zu den bisherigen Vermutungen auch von den Beobachtungen zu Röm 8,5–13 nahe, dass Bullinger auch binnen-*psychologisch* keine Differenzierung für Paulus' Terminologie annimmt. Der terminologische Wechsel hinsichtlich der geistigen Ausstattung des Menschen findet sich auch in der Auslegung zu Röm 8: Bullinger wechselt – wohl unterschiedslos – zwischen *anima*,[94] *mens*,[95] *animus*,[96] *spiritus*,[97] *conscientia*,[98] *ratio*[99] und *cor*.[100]

Darüber hinaus setzt Bullinger diese Austauschbarkeit offensichtlich nicht nur innerhalb des somatischen oder asomatischen Bereichs voraus. Vielmehr weitet er sie auf die anthropologische Terminologie insgesamt aus, so dass somatisches und asomatisches Vokabular geradezu synonym fungieren können. Das bedeutet natürlich nicht, dass Bullinger alle anthropologischen Termini pauschal in einen Topf wirft. Eine Sensibilität für die unterschiedlichen Dimensionen, die mit den Lexemen angesprochen sind, kann Bullinger nicht in Abrede gestellt werden. Dabei sieht er einen an Synonymie grenzenden engen Bezug zwischen den durch die einzelnen Termini umschriebenen anthropologischen Bestandteilen. Das, was für die somatische Seite gilt, trifft ebenso auch auf die asomatische zu und umgekehrt. Damit einher scheint außerdem eine Deutung der anthropologischen Terminologie zu gehen, die die einzelnen Lexeme als pars pro toto für den ganzen Menschen auffasst. Zumindest für σῶμα und σάρξ hat sich das aufgedrängt. Schon Bullinger ging also offenbar von der vielfach zitierten Einsicht Bultmanns aus: „[D]er Mensch hat nicht ein σῶμα, sondern er ist σῶμα.“[101]

Bevor ein abschließendes Fazit zu Bullingers Umgang mit Paulus anthropologischem Vokabular gezogen werden kann, muss überprüft werden, ob und inwiefern sich diese interpretatorischen Züge Bullingers hinsichtlich des somatischen Vokabulars auch anhand seines Umgangs mit psychologischer Terminologie erhärten lassen.

---

[94] Vgl. Bullinger, Kommentar zum Römerbrief (s. Anm. 74), 133,12.

[95] Vgl. a. a. O., 133,17; 135,16.18.

[96] Vgl. a. a. O., 133,16.26.

[97] Vgl. a. a. O., 135,16 f. *Spiritus* ist sonst vornehmlich für den göttlichen Geist reserviert. Erst im Rahmen seines Kommentars zu Röm 8,15 f., wenn der biblische Text die Vorlage bietet (*spiritui nostro* [8,16]), spricht auch Bullinger im Blick auf den Menschen vom *spiritus*.

[98] Vgl. a. a. O., 135,16.

[99] Vgl. a. a. O., 135,(7.)9.

[100] Vgl. a. a. O., 136,5.

[101] Rudolf BULTMANN, Theologie des Neuen Testaments (Neue theologische Grundrisse), Tübingen ⁹1984, 195.

3. Bullingers Umgang mit psychologischer Terminologie
(Röm 7,14–25)

Gleich mehrere Gründe sprechen dafür, Bullingers Interpretation des asomatischen Aspekts des Menschen bei Paulus anhand von Röm 7,14–25 zu erschließen. Ganz zu schweigen davon, dass Röm 7 in der exegetischen Auseinandersetzung um die paulinische Anthropologie die zentrale Rolle schlechthin spielt,[102] befinden sich hier zwei der psychologischen Termini im strengeren Sinn auf engstem Raum: Die Lexeme ἔσω ἄνθρωπος (7,22) und νοῦς (7,23.25).[103] Zum anderen treten dort zusätzlich die schon analysierten Termini σάρξ (7,18.25) und σῶμα (7,24) ins Verhältnis zu ἔσω ἄνθρωπος und νοῦς, sodass hier am ehesten etwaige interpretatorische Eigenheiten Bullingers – sofern er diese hat – erkennbar würden.[104] Grundsätzlich ist dabei natürlich zu beachten, dass Bullinger die Passage wie damals weitestgehend üblich als Aussagen über den erlösten Menschen im Sinn des reformatorischen *simul iustus et peccator*[105] versteht.[106]

---

[102] Vgl. die entsprechenden Titel unter Anm. 1. Vgl. außerdem auch WASSERMAN, Death of the Soul (s. Anm. 3).

[103] „Noetische' Terminologie durchzieht den ganzen Abschnitt" (Karl-Wilhelm NIEBUHR, Jakobus und Paulus über das Innere des Menschen und den Ursprung seiner ethischen Entscheidungen, NTS 62 [2016], 1–30 [27 Anm. 114]).

[104] Auf der somatischen Ebene ist ferner auch μέλη interessant (7,23).

[105] Vgl. dazu Thomas SÖDING, Der Mensch im Widerspruch (Röm 7), in: Friedrich Wilhelm Horn (Hg.), Paulus Handbuch (Handbücher Theologie), Tübingen 2013, 371–374.

[106] Vgl. Bullinger, Kommentar zum Römerbrief (s. Anm. 74), 127,2–6.24–28: *In hac vero ceu speculo proposito videmus, quam imbecilles et ad iustificationem consequendam inutiles sint vires humanae, item quam sancta et bona sit lex; rursus quam prophana et impia sit caro nostra subinde monitis dei sanctissimis reclamans, vel in sanctissimis quoque hominibus.* [...] *Finge itaque in eodem homine duplicem esse virtutem sive voluntatem, spiritualem videlicet et carnalem, ut nunc idem ille homo iuxta carnalem nuncupetur caro vel carnalis vel vetus homo, constans animo sive mente et carne; iuxta spiritualem vero adfectum dicatur spiritus, coelestis vel certe novus homo.* Außerdem a.a.O., 128,9f.: *Dicit igitur: ‚Ipsa enim re experior, quod in me, ut carne, nihil boni, aequi, iusti vel sancti sit.'* Ebenso a.a.O., 130,6–13: *Quasi dicat: ‚Hoc praestat lex, de qua hactenus disputavimus, quod per eam, quales sumus, cognoscimus, nimirum peccatores et perditi, qui ex natura et genio nostro non aliud, quam peccare, possumus, adeo ut etiam renati per fidem natura recurrat et spiritui contumaciter obstrepat.' Tantum abest, ut ex nobis ipsis, hoc est meritis et iusticiis nostris, iustificatio proficiscatur. Neque enim de impiis loquimur, sed de sanctis. Illi nanque mente et spiritu legi dei serviunt, interim vero hominem non exuerunt, itaque carnem etiam sentiunt, imo et legi peccati subsunt.* Bullinger deutet den in Röm 7,14–25 beschriebenen Zwiespalt also letztlich im Sinn der Fleisch-Geist-Antithese des erlösten Menschen. Er verweist am Ende seines Kommentars zu Röm 7,14–25 sogar auf Gal 5,17 f. (vgl. a.a.O., 130,30–33). Dort, in seiner Auslegung zu Gal 5, präzisiert Bullinger die christliche Existenz als immerwährenden Kampf gegen den bleibenden negativen Einfluss der Affekte (vgl. Ders., Kommentar zum Galaterbrief [s. Anm. 91], 107,31 f.: *Perpetua enim pugna est in corpore sanctorum, carne et spiritu ancipiti praelio per singulas horas concertantibus.*). Der Unterschied zur unerlösten Existenz bestehe darin, dass Christen zwar sündigen, aber nicht in der Sünde bleiben (vgl. Ders., Kommentar zum Römerbrief [s. Anm. 74], 110,18–20: *Peccamus equidem christiani, sed in peccatis non manemus. Nam christianorum vita est perpetua poenitentia, lucta et vitae custodia.*). Endgültig befreit von diesen Affekten wird der

Die Thematisierung derjenigen anthropologischen Termini, die dem asomatischen Bereich angehören, ist bei den bislang betrachteten Perikopen größtenteils auf Bullinger selbst zurückzuführen. Die paulinischen Texte selbst gaben dazu – ausgehend vom Textbestand – weniger Gelegenheit. Im Rahmen des σῶμα ψυχικόν in 1 Kor 15,44 wurde gewissermaßen ψυχή gestreift. Darüber hinaus lag bis jetzt nur πνεῦμα vor. Neben der theologischen Konnotation des Lexems interpretiert Bullinger es in 1 Kor 6,(17.)[107]20 und Röm 8,15 dezidiert anthropologisch. Dabei deutet er es ganz im Licht der bisherigen Beobachtungen als komplementäres anthropologisches Gegenüber zur somatischen Seite. Indem er es in seiner Auslegung zu Röm 8,15 als *conscientia* und *mens* expliziert,[108] reiht er die mit dem Terminus πνεῦμα anvisierte anthropologische Größe in das bunte Gemenge[109] der von ihm angeführten lateinischen Termini für die geistige Größe des Menschen ein.

In der nachstehenden Analyse zu Bullingers Auslegung von Röm 7,14–25 wird sich zeigen, dass der Schweizer Reformator auch bei anderen asomatischen Termini keine neuen Wege gegenüber dem geht, was sich bislang für seinen Umgang mit diesen abgezeichnet hat. Zudem lassen sich die obigen Überlegungen zu seiner Deutung des anthropologischen Vokabulars insgesamt bestätigen. Im Gegensatz zu seinen Auslegungen zu 1 Kor 15,35–44; 1 Kor 6,15–20, Röm 8,5–13 und Gal 5,16 f. reflektiert Bullinger seine Exegese des anthropologischen Vokabulars bei Röm 7,14–25 sogar ausdrücklich und bringt die damit verbundenen Fragestellungen gebündelt zur Sprache.

Der Zwiespalt des Ich in Röm 7 lasse sich so verstehen, „dass in demselben Menschen zwei Vermögen oder Willen sind, nämlich ein geistlicher und ein fleischlicher"[110] (*in eodem homine duplicem esse virtutem sive voluntatem, spiritualem videlicet et carnalem*). Insbesondere Bullingers anschließende Erläuterungen zu letzterem bringen zunächst die bisherigen Beobachtungen hinsichtlich der Anthropologie des Paulus gut zum Ausdruck: „Jener selbe Mensch wird gemäß dem fleischlichen [Willen] Fleisch oder fleischlich oder alter Mensch genannt, wobei er aus dem Geist oder dem Verstand und dem Fleisch besteht"[111]

Mensch erst im Zuge der Auferstehung (vgl. Ders., Kommentar zum ersten Korintherbrief [s. Anm. 22], 447,27–29: *verum illud, quod resurgit, spiritale erit, id est coeleste, menti simillimum, illis carens affectibus, liberum omnino et angelicae naturae propinquum.*). Gleichwohl lehnt Bullinger die stoische Abwertung menschlicher Affekte ab (vgl. Ders., Kommentar zum Römerbrief [s. Anm. 74], 50,10–17). Letzteres ist dem Hinweis von Luca Baschera zu verdanken und seiner eigens für diesen Beitrag zusammengestellten Sammlung an Zitaten zur Unsterblichkeit der Seele und damit verwandten Topoi.

[107] Zum πνεῦμα in 1 Kor 6,17 s. Anm. 60.

[108] Vgl. a. a. O., 135,16: *spiritui nostro, id est menti sive conscientiae nostrae.*

[109] S. dazu das Zwischenfazit (2).

[110] A. a. O., 127,24 f.

[111] A. a. O., 127,25–27.

(idem ille homo iuxta carnalem nuncupetur caro vel carnalis vel vetus homo, constans animo sive mente et carne).

Zum einen spiegelt sich in dieser Aussage erneut die enge Zusammengehörigkeit von somatischer und asomatischer Komponente wider. Zum anderen klingt in dem Bewusstsein, dass *caro* und *(vetus) homo* dasselbe bezeichnen können eine Sensibilität für die Verwendung der Terminologie als pars pro toto an. Und zuletzt zeugt der Wechsel *animo sive mente* von einer eher pauschalen und undifferenzierten Herangehensweise an den asomatischen Bereich. Dass Bullinger nicht nur bei den somatischen, sondern auch bei den asomatischen Termini von einer pars pro toto Verwendung ausgeht, deutet sich kurz darauf an, wenn der den „inneren Menschen" von Röm 7,22 schon hier antizipiert, ihn dem „neuen" Menschen an die Seite stellt und ihn mit dem alten und äußeren Menschen kontrastiert.[112]

Anders als bisher muss sich die Befragung zu Bullingers Umgang mit Paulus' anthropologischem Vokabular nun aber nicht mehr mit diesen eher impliziten Rückschlüssen begnügen. Im Zuge seiner Auslegung von Röm 7,18 macht Bullinger explizit deutlich, dass er die anthropologischen Termini als pars pro toto für den ganzen Menschen interpretiert. Das gilt an dieser Stelle zunächst für σάρξ, bildet aber offensichtlich auch die Interpretationsgrundlage der später von Paulus angeführten asomatischen Lexeme ἔσω ἄνθρωπος und νοῦς.

Er [= Paulus] schreibt nämlich nach hebräischer Art Fleisch für den ganzen Menschen, der freilich nicht nur aus rohem Fleisch besteht, sondern aus Fleisch und Seele zugleich. […] Die Seele ist folglich auch selbst Fleisch, was natürlich die Einstellung betrifft, nicht jedoch, was die Substanz betrifft. Sonst ist sie nämlich ein Geist (*spiritus*). Doch das Fleisch selbst beabsichtigt oder macht gewiss nichts von sich aus, sondern macht alles auf Befehl der Seele. Nimm nämlich aus dem Fleisch die Seele und du beendest alle Tätigkeit. Fleisch bezeichnet also an dieser Stelle den ganzen Menschen.

Carnem enim Hebraico more posuit pro toto homine, qui sane non constat cruda carne tantum, sed carne simul et anima. […] Anima igitur et ipsa caro est, quod scilicet affectus, non ipsam substantiam attinet. Alias enim spiritus est. At ipsa caro per se quidem nihil cogitat aut agit, sed omnia animae imperio gerit. Tolle enim ex carne animam et operationem omnem sustulisti. Significat ergo caro hoc in loco totum hominem.[113]

Während die Zusammengehörigkeit von somatischer Dimension und asomatischer Dimension schon bei den anderen Perikopen mehrfach aufgezeigt werden konnte, gibt Bullinger an dieser Stelle einen ausführlichen Einblick in seine interpretatorischen Prämissen des anthropologischen Vokabulars. Wie im Rahmen von 1 Kor 15 betont Bullinger auch hier zunächst die asomatische Seite sehr stark. Entscheidend für die σάρξ ist letztlich die Konstitution der sie bestim-

---

[112] Vgl. a. a. O., 127,29–31: *Nam quod id agit, quod tamen odit vel non probat vel non vult, illud quidem veteri vel externo homini tribuendum, hoc vero novo vel interno, qui odit affectus carnis.*

[113] A. a. O., 128,10–18.

menden geistigen Größe. Vernachlässigbar oder zweitrangig ist die somatische
Seite aber deshalb nicht. Konstitutiv ist letztlich beides „zugleich" (*simul*).

Um die Zugehörigkeit einer geistigen Größe (*anima*) zur *caro* zu begründen,
verweist Bullinger wie beim σῶμα ψυχικόν in 1 Kor 15,44 auf 1 Kor 2,14[114] und
als Beleg für den pars pro toto Gebrauch führt er Gen 6,3 und 8,21 an. Er deutet
das anthropologische Vokabular also vor dem Hintergrund des hebräischen
Sprachgebrauchs, bei dem bis heute die aspektive Verwendung gemeinhin anerkannt ist.[115] Wenngleich Bullinger an einer Differenz hinsichtlich der Substanz
von somatischem und asomatischem Bestandteil festhält, anerkennt er die Austauschbarkeit der Begrifflichkeit, insofern es um den Menschen hinsichtlich seiner „Einstellung" (*affectus*) geht. Zugespitzt könnte man sagen: Entscheidend
für den anthropologischen Terminus ist nicht, ob er Somatisches oder Asomatisches bezeichnet, sondern unter welchem soteriologischen Vorzeichen er zu
verstehen ist, d. h. ob er einen fleischlich ausgerichteten oder geistlich ausgerichteten *Menschen als Ganzen* repräsentiert.[116]

Der explizite Hinweis, Paulus verwende σάρξ „an dieser Stelle" (*hoc in loco*)
für den ganzen Menschen, macht es zunächst allerdings zweifelhaft, ob Bullinger diese pars pro toto Deutung durchweg zugrunde legt. Vielmehr legt sich in
Anbetracht dieses Hinweises eine Einschränkung der hebräischen Interpretationsfolie auf σάρξ in Röm 7,18 nahe. Dass Bullinger diese Herangehensweise
aber weder für Röm 7,18 noch für das Lexem σάρξ reserviert, wird einerseits
schon bei den beiden Beispielen aus der Genesis ersichtlich. Während σάρξ nur
in Gen 6,3 vorkommt, ist in Gen 8,21 vom Herzen (*cor*) die Rede. Andererseits
wird diese flexible Ausweitung auf anderes anthropologisches Vokabular auch
im weiteren Verlauf seiner Exegese greifbar. Dort drängt sich über diese Fragestellung hinaus auch das Verhältnis des Menschen zum Heiligen Geist auf.

Obwohl Bullinger die menschliche *anima* in dem eben angeführten Zitat
als *spiritus* definiert,[117] repräsentiert *spiritus* in seiner Auslegung zunächst noch
den Heiligen Geist. Das liegt zum einen an Gen 6,3, wodurch *spiritus* wieder als
Gottes Geist in den Vordergrund gerückt wird. Zum anderen variiert das Rufen
des Geistes[118] die Belehrung durch das Gesetz *Gottes*.[119] Außerdem interpre-

---

[114] S. Anm. 39 und 144.

[115] S. dazu Anm. 145.

[116] So z. B. nach wie vor Udo SCHNELLE, Paulus. Leben und Denken (De Gruyter Studium), Berlin/Boston ²2014, 588 hinsichtlich des ἔσω ἄνθρωπος: „Im Gegensatz zur hellenistischen Anthropologie ist die Unterscheidung zwischen dem ἔσω ἄνθρωπος und dem ἔξω
ἄνθρωπος bei Paulus nicht als anthropologischer Dualismus aufzufassen. Der Apostel betrachtet vielmehr die eine Existenz des Glaubenden unter verschiedenen Perspektiven."

[117] Vgl. Bullinger, Kommentar zum Römerbrief (s. Anm. 74), 128,15 f.

[118] Vgl. a. a. O., 128,25: *Caro enim carnalia cogitat et spiritum vocantem non audit.*

[119] Vgl. a. a. O., 128,22 f.: *Dum enim lex dei sancta praecipit.* Kurz darauf erscheinen göttlicher *spiritus* und *lex* sogar in einem Atemzug: *legis et divini spiritus instinctu* (a. a. O., 128,28).

tiert Bullinger die Passage im Licht der Fleisch-Geist-Antithese von Röm 8,[120] bei der vornehmlich Gottes Geist gemeint ist, und nicht zuletzt vereindeutigt das Attribut *divinus*[121] den theologischen Bezug. Das, „was der Geist lieber will"[122] (*quod spiritus mallet*) rekurriert demnach auf den göttlichen Geist.[123]

Im Zuge seiner Auslegung der V.22 f. bricht Bullinger diese theologische Zuweisung von *spiritus* aber auf und überblendet sie mit der anthropologischen Ebene. Wenn er das Gesetz meines Verstandes (*mens*) mit dem Gesetz des Glaubens und des Heiligen Geistes (*spiritus sanctus*) näher definiert, scheinen Heiliger Geist und mein Verstand letztlich dieselbe Sache zu bezeichnen und können scheinbar nicht mehr auseinander dividiert werden.[124] Dementsprechend präzisiert Bullinger diese Aussage damit, dass der Herr die *mens* in seinem heiligen Geist „getränkt hat"[125] (*imbuit*). Auch kurz zuvor hatte er bereits mit der Näherbestimmung des inneren Menschen als *spiritum et fidem* die genaue Konnotation von *spiritus* offengelassen.[126] Zudem beschreibt er etwas später die Tätigkeit der erlösten Menschen als Dienst am Gesetz Gottes „mit Verstand und Geist"[127] (*mente et spiritu*). Wenn er es auch nicht ganz so explizit wie in 1 Kor 6 zur Sprache bringt, begreift Bullinger das Verhältnis von menschlichem und göttlichem Geist offensichtlich als eine Einheit bildende Verquickung beider Größen. Dabei stellt sich nun noch die Frage, wie Bullinger diesen asomatischen Bestandteil des erlösten Menschen, den ἔσω ἄνθρωπος (*homo internus*) und den νοῦς (*mens*) anthropologisch verortet.

Bullinger eröffnet seinen Kommentar zu den V.22 f. mit dem Hinweis, dass sich Paulus in sich selbst zwei Menschen vorstelle, einen inneren und einen äußeren.[128] Das Gegenüber der beiden Vermögen bzw. Willen in einem Menschen, auf das Bullinger im Rahmen seiner Auslegung von Röm 7,15–17 hingewiesen hat und das er dort bereits als Gegenüberstellung eines alten bzw. äußeren und eines neuen bzw. inneren Menschen näher spezifiziert hat (s. o.), greift Bullinger an dieser Stelle nochmals auf. Anhand der von ihm geschätzten Paraphrasierung versucht Bullinger anschließend die beiden Menschen näher zu definieren. Obwohl das Kontrastprogramm des paulinischen Textes eine günstige Vorlage dafür bietet, interpretiert Bullinger die anthropologischen Termini aber auch

---

[120] S. Anm. 106.

[121] Vgl. a.a.O., 128,27 f.: *Certe quod nollem, legis et divini spiritus instinctu nollem.*

[122] A.a.O., 128,26.

[123] Die tendenzielle Bevorzugung von *spiritus* im Blick auf den göttlichen Geist zeigt sich auch im Rahmen von Bullingers Auslegung zu Röm 8,5–13 (s. Anm. 97).

[124] Vgl. a.a.O., 129,20: *haec repugnat legi mentis meae, id est fidei et spiritui sancto.*

[125] A.a.O., 129,21.

[126] Vgl. a.a.O., 129,15 f.: *Secundum internum hominem, id est secundum spiritum et fidem, delectat me lex dei.*

[127] A.a.O., 130,11.

[128] Vgl. a.a.O., 129,14 f.: *Videmus enim Paulum in seipso (est autem commune exemplum) duos finxisse homines, internum et externum.*

hier in einem ganzheitlichen Sinn und spielt sie nicht dichotomisch gegeneinander aus. Das gilt für beide Menschen, die Bullinger in Röm 7 erkennt – den inneren, erlösten und den äußeren, unerlösten.

Die Verortung der dem Gesetz des Verstandes widerstrebenden Macht „in meinen Gliedern"[129] (*in membris meis*) bzw. in meinem Körper,[130] meine nichts anderes als die Macht „in mir selbst"[131] (*in meipso*). Genauso wenig wie Bullinger hier den Wirkungsbereich der μέλη auf den somatischen Teil des Menschen einschränkt, sondern auf das ganze Selbst des (äußeren, alten) Menschen ausweitet, grenzt er die Reichweite des inneren Menschen mit seiner im göttlichen πνεῦμα getränkten *mens* offenbar auf den asomatischen Teil ein – geschweige denn auf einen einzelnen Bestandteil des asomatischen Bereichs.

In seiner Auslegung stellt er den νοῦς zwar nicht dezidiert als Repräsentant des ganzen inneren Menschen dar. Auch fehlt ein expliziter Hinweis, dass Bullinger den inneren Menschen genauso wie den äußeren als Zusammensetzung aus somatischem und asomatischem Bestandteil begreift. Auf diese Konstitution des äußeren bzw. alten Menschen hatte er in seinem Kommentar zu Röm 7,15–17 ausdrücklich hingewiesen (s. o.). Doch ausgehend von dem Kontrast von unerlöster und erlöster Existenz, bzw. äußerem und innerem Menschen, den Bullinger als Interpretationsfolie an Röm 7,14–25 anlegt, wird er das anthropologische Grundgerüst des inneren Menschen wohl kaum anders deuten wollen als das des äußeren Menschen. Daher legt sich für Bullingers Exegese nahe, dass die somatischen Termini im paulinischen Text als pars pro toto für den äußeren Menschen dienen und dass die Termini ἔσω ἄνθρωπος und νοῦς letztlich den ganzen inneren, neuen Menschen repräsentieren.

Das heißt dadurch, dass Bullinger Paulus hier von *zwei* Menschen innerhalb von *einem* Menschen reden sieht, kann er die genannten anthropologischen Termini problemlos als pars pro toto interpretieren, ohne dabei den dabei vorausgesetzten Zwiespalt *eines* Menschen aus dem Blick zu verlieren.

4. Fazit

In den fünf Perikopen, die der Untersuchung zu Bullingers Umgang mit dem anthropologischen Vokabular bei Paulus zugrunde liegen, variiert die Exegese des Schweizer Reformators in formaler Hinsicht auf ganzer Breite: Während Bullingers Deutung der anthropologischen Lexeme an den meisten Stellen auf indirektem Wege erhoben werden musste und teilweise nur aufgrund seiner eigenen terminologischen Auswahl entsprechende Rückschlüsse getroffen wer-

---

[129] A. a. O., 129,19.
[130] Vgl. a. a. O., 129,21: *Ea ergo vis, quae in corpore meo agit.*
[131] A. a. O., 129,19.

den konnten, waren ebenso auch explizite Reflexionen über den semantischen
Gehalt des paulinischen Sprachgebrauchs begegnet. Dabei ließen sich die implizit gewonnenen Resultate anhand der anthropologisch und semantisch reflek-
tierteren Auslegungen Bullingers erhärten. So dass sich trotz des unterschiedlichen Grades an exegetischer Reflexion inhaltlich ein roter Faden herauskris-
tallisiert.

Wenngleich manche Aussagen Bullingers platonisch anmuten und er mit Hilfe eines dichotomischen Aufrisses argumentieren kann, geht er von einem anderen anthropologischen Modell für Paulus aus. Über die dichotomische Argumentation im Rahmen von 1 Kor 15,35–44 hinaus, kann er zwar in seiner
Auslegung zu 1 Thess 4,13 f. sogar Plato selbst zu Wort kommen lassen.[132] Um
die von den Täufern vertretene Lehre eines Seelenschlafs abzulehnen,[133] veranschaulicht Bullinger den Tod mit Hilfe von Plato als eine Trennung von Leib
und Seele.[134] Vom Schlafzustand sei daher nur der Leib betroffen, nicht aber die
unsterbliche Seele.[135] Den antiken Philosophen führt Bullinger aber letztlich
nur aus heuristischen Zwecken an – nämlich um den Zwischenzustand zwischen prä- und postmortaler Existenz als zeitlich beschränkte Trennung von
Leib und Seele umschreiben zu können.[136] Anders als bei Plato sei aber die eigentliche Existenz des Menschen – sowohl vor als auch nach dem Tod – soma-
tisch zu denken. Bullingers Nachdruck auf der leiblichen Auferstehung macht
diese Abweichung vom platonischen Grundgerüst mehr als deutlich.[137] Der so-

---

[132] S. dazu auch in diesem Band Luca BASCHERA, Commentary on 1 Thessalonians (s.
Anm. 8), 324, dem dieser Hinweis und einige der im Folgenden genannten einschlägigen Ver-
weisstellen bei Bullinger zu verdanken sind.

[133] Vgl. Bullinger, Kommentar zum ersten Thessalonicherbrief (s. Anm. 67), 35 Anm. 139.

[134] Ἡγούμεθά τι τὸν θάνατον εἶναι; […] Ἆρα μὴ ἄλλο τι ἢ τὴν τῆς ψυχῆς ἀπὸ τοῦ σώματος
ἀπαλλαγήν; (Plato, Phaid. 64C). Zu den möglichen Referenzpunkten Bullingers s. Luca BA-
SCHERA, Commentary on 1 Thessalonians (s. Anm. 8), 324, Anm. 220.

[135] Vgl. Bullinger, Kommentar zum ersten Thessalonicherbrief (s. Anm. 67), 35,1–7:
*Quemadmodum item somnus in corpus imperium habet, in animam vero non habet (quiescen-
te enim corpore vigilat, movetur et operatur anima), ita immortalis est anima hominis, ipsum
corpus modo morti obnoxium est. Mors enim aliud non est quam animae separatio a corpore.
Anima ergo vita est et spiritus immortalis. Corpus de terra sumptum resolvitur in terram, non
tamen, ut perpetuo maneat terra, sed ut aliquando resuscitetur de terra. Dormire ergo corpori,
non animae, competit. Diversum sentiunt catabaptistae.* Vgl. auch Ders., Kommentar zum
Philipperbrief, in: Baschera (Hg.), Kommentare zu den neutestamentlichen Briefen (s.
Anm. 68), 209–250 (242,7–13).

[136] S. zur untergeordneten Rolle philosophischer Lehren bei Bullinger Anm. 13.

[137] S. zur Zentralität der leiblichen Auferstehung bei Bullinger das Kapitel 1.1 zu
1 Kor 15,35–44; Bullinger, Kommentar zum ersten Korintherbrief (s. Anm. 22), 424,16–20
und vgl. auch Ders., Kommentar zum ersten Thessalonicherbrief (s. Anm. 67), 34,24–29:
*Caeterum spes christianorum firmissime tenet mortuos suos non esse extinctos, sed dormire.
Est autem in verbo hoc metaphora. Quemadmodum enim somnus hominem non extinguit, sed
ipsum corpus ad tempus in quiete detinet, ita mors ipsa hominem plane non perdit, sed ipsum
hominis corpus motibus et operationibus suis exuit. Et ut membra somno data iterum excitata
moventur, vivunt et operantur, ita corpora nostra per potentiam dei resuscitata aeternum
vivent.* Ebenso a. a. O., 38,13–15: *Illud vero magnum est, quod ‚semper cum domino erimus‘,*

matische Bestandteil des Menschen gehört ebenso wie der asomatische konstitutiv zum Menschen dazu. Auch wenn manche Aussagen tendenziell der asomatischen Komponente etwas mehr Gewicht zu verleihen scheinen, ist demnach „das eigentliche Selbst"[138] also gerade nicht die Seele, sondern beides: Seele *und* Leib.[139] Sie erscheinen nicht oppositionär wie bei Plato, sondern komplementär.[140] Bullinger kennt zwar auch die Herrschaft der Seele über den Leib,[141] doch im Kontrast zu Platos Vorstellung[142] ist es gerade nicht der Leib, der die negativen Affekte in der Seele verursacht. Stattdessen ist in Bullingers Auslegung meist[143] die Seele bzw. deren Affekte für den prekären Zustand des Leibes verantwortlich und nicht umgekehrt.[144]

Als Interpretationsfolie Bullingers für die anthropologische Terminologie bei Paulus hat sich demgegenüber der hebräische Sprachgebrauch nahegelegt. Dort meinen die einzelnen Lexeme jeweils „den ganzen Menschen und geben einen bestimmten Aspekt an, unter dem er gesehen werden soll"[145]. Diese pars pro

---

hoc est, quod corpus et anima perpetuum gaudebit, vivet et deo ipso, summo videlicet bono, fruetur. Vgl. zusätzlich noch Ders., Kommentar zum Philipperbrief (s. Anm. 135), 237,12–15; 242,7–13; Ders., Kommentar zum Titusbrief, in: Baschera/Moser (Hg.), Kommentare zu den neutestamentlichen Briefen (s. Anm. 67), 233–262 (251,14–16); Ders., Kommentar zum Hebräerbrief, in: Luca Baschera (Hg.), Kommentare zu den neutestamentlichen Briefen. Hebräerbrief – Katholische Briefe (Heinrich Bullinger Werke 3/9), Zürich 2019, 1–172 (148,31 f.).

[138] Heinrich DÖRRIE u. a., Die philosophische Lehre des Platonismus. Von der „Seele als der Ursache aller sinnvollen Abläufe. Bausteine 169–181: Text, Übersetzung, Kommentar (Der Platonismus in der Antike. Grundlagen – System – Entwicklung 6.2), Stuttgart 2002, 220.

[139] Vgl. bspw. Bullinger, Kommentar zum Römerbrief (s. Anm. 74), 128,10–12: *Carnem enim Hebraico more posuit pro toto homine, qui sane non constat cruda carne tantum, sed carne simul et anima.* Ebenso Ders., Kommentar zum ersten Thessalonicherbrief (s. Anm. 67), 28,7 f.: *‚Haec est autem voluntas dei', inquit, ‚sanctificatio vestra', ut videlicet animo et corpore sancti simus.* Außerdem a. a. O., 49,10–12.15–17: *Partes recenset, totum intelligit hominem imprecaturque veram illis sanctimoniam, quae syncera et integra non est, nisi anima simul et corpus pura sint, [...]. Ego per spiritum intellectum fidei spiritualem adeoque ipsam mentis lucem, fidem videlicet, intelligo, per quam regeneratur homo, qui constat anima et corpore.*

[140] Das bedeutet nicht, dass es nicht auch bei Plato ein durchaus harmonisches Zusammenspiel von Leib und Seele gibt (vgl. DÖRRIE u. a., Platonismus [s. Anm. 138], 219 f.).

[141] Vgl. z. B. Plato, Phaid. 80A; Bullinger, Kommentar zum Römerbrief (s. Anm. 74), 128,16–18; Ders., Kommentar zum ersten Korintherbrief (s. Anm. 22), 447,26.

[142] Vgl. z. B. Plato, Phaid. 65A; 66B; 67A; 79C. Vgl. dazu DÖRRIE u. a., Platonismus (s. Anm. 138), 218–220.

[143] In der Auslegung zu Röm 8,6–8 kann Bullinger ähnlich wie bei Plato auch der somatischen Komponente negative Auswirkungen auf die Seele attestieren (s. Anm. 74).

[144] Vgl. Bullinger, Kommentar zum ersten Korintherbrief (s. Anm. 22), 447,23 f.: *Habet ergo animale corpus nomen ab anima, vita atque affectibus noxiis, stultis et anxiis.* Vgl. auch das von Bullinger positiv aufgenommene Zitat von Zwingli: *‚Nam homo (quatenus dei spiritu renatus non est) non solum corpore caro est', ut recte scribit scholiastes, ‚sed anima quoque. Caro enim per se nihil cogitat. Et affectus carnis in anima sunt, non in carne.'* (a. a. O., 253,4–6; [= Huldrych Zwingli, In priorem ad Corinthios annotationes, in: Melchior Schuler/Johannes Schulthess (Hg.), Huldrici Zuinglii opera. Completa edition prima, Band 6/2, Zürich 1838, 141]).

[145] Andreas WAGNER, Wider die Reduktion des Lebendigen. Über das Verhältnis der sog. anthropologischen Grundbegriffe und die Unmöglichkeit, mit ihnen die alttestamentliche Menschenvorstellung zu fassen., in: Ders. (Hg.), Anthropologische Aufbrüche. Alttestament-

toto Verwendung der anthropologischen Lexeme schlägt sich bei Bullingers
Paulusexegese im Wesentlichen in einem – komplementär verstandenen – Gegenüber von somatischer und asomatischer Seite nieder, bei dem beide Bestandteile des Menschen konstitutiv zu dessen Existenz gehören und nicht unabhängig voneinander gedacht werden können. „Bullinger spielt nicht einfach
Geist gegen Fleisch, Innerliches gegen Äußerliches aus. Vielmehr ist ihm *alles*
Menschliche Fleisch und Sünde: Leib, Geist und Seele."[146] Folglich lehnt er
nicht nur eine trichotomische Perspektive auf den Menschen ab, sondern letztlich auch eine dichotomische im engeren, dualistischen Sinn.[147]

Dass Bullinger die Lexeme bei Paulus in hebräischer Manier verstanden wissen will, reflektiert er ausdrücklich in seiner Auslegung zu Röm 7,14–25. Darauf
aufmerksam macht er aber vereinzelt auch an anderen Stellen.[148] Diese expli-
ziten Verweise auf eine pars pro toto Interpretation bezieht er sowohl auf den
somatischen Bereich (in Röm 3,20[149]; 7,18 im Blick auf σάρξ) als auch auf den
asomatischen (in Röm 13,1 und 1 Kor 15,45 [= Gen 2,7] im Blick auf ψυχή).
Darüber hinaus spiegelt sich diese Interpretationsfolie aber auch im Umgang
mit den anderen gängigen anthropologischen Termini wider. Dabei fällt auf,
dass selbst in einem Kontext, der prädestiniert für alternative anthropologische
Differenzierungen ist – etwa Röm 7,14–25 –, Bullinger seiner ganzheitlichen
Auslegung treu bleibt.

Ob Bullinger das anthropologische Vokabular wirklich ganz konsequent an
allen Belegen über diesen Kamm schert, scheint daher nahezuliegen, müsste
aber im Einzelnen geprüft werden. Die vom hebräischen bzw. alttestamentlichen Sprachgebrauch herrührende Interpretation trifft sich jedenfalls mit
Bullingers Verhältnisbestimmung von Altem und Neuem Testament. Die neutestamentlichen Schriften seien als die Auslegung des Alten Testament zu begreifen.[150] Infolge dieser hermeneutischen Prämisse ist es nur konsequent, auch

---

liche und interdisziplinäre Zugänge zur historischen Anthropologie (FRLANT 232), Göttingen 2009, 183–199 (197); vgl. dazu außerdem Bernd JANOWSKI, Der ganze Mensch. Zu den
Koordinaten der alttestamentlichen Anthropologie, in: Ders. (Hg.), Das hörende Herz (Beiträge zur Theologie und Anthropologie des Alten Testaments 6), Göttingen 2018, 3–30 und
die einschlägige Untersuchung Hans W. WOLFF, Anthropologie des Alten Testaments. Mit
zwei Anhängen neu herausgegeben von Bernd Janowski, Gütersloh 2010.

[146] HAUSAMMANN, Römerbriefauslegung (s. Anm. 10), 185.

[147] Zur Ablehnung der von Erasmus vertretenen Trichotomie hinsichtlich 1 Thess 5,23 s.
Anm. 53.

[148] Vgl. Bullinger, Kommentar zum Römerbrief (s. Anm. 74), 71,20–22: *Etsi enim non nes-
ciam iuxta proprietatem sermonis Hebraici idem hominem esse hominem et carnem, utpote qui ex parte
totum appellitent*; a.a.O., 190,15–17: *Dixit autem „omnis anima"* pro *omni homine more
Hebraico, quo et carnem, alteram hominis partem, positam legimus pro toto homine*; Ders.,
Kommentar zum ersten Korintherbrief (s. Anm. 22), 448,21 f.: *Posuit autem Hebraismo quo-
dam animam viventem pro anima viva seu homine vivo.*

[149] Zu Röm 3,20 vgl. auch HAUSAMMANN, Römerbriefauslegung (s. Anm. 10), 267.

[150] Vgl. Heinrich Bullinger, De scripturae negotio, 1523, in: Theologische Schriften. Un-
veröffentlichte Werke der Kappeler Zeit, Theologica (Heinrich Bullinger Werke 3/2), bearbei-

das anthropologische Vokabular vor dessen alttestamentlichem Gebrauch zu deuten.

Da Bullinger „oftmals konventionelle Exegesen"[151] vertritt, was sich für die anthropologischen Lexeme z. B. in der Zitation von Zwingli widerspiegelt,[152] ist – unter Vorbehalt entsprechender Nuancierungen – damit zu rechnen, dass Bullingers exegetische Herangehensweise kein Alleinstellungsmerkmal besitzt, sondern vielmehr dem Mainstream reformatorischer Exegese entspricht.[153] In jedem Fall begegnet mit dem Schweizer Reformator eine wirkungsgeschichtlich nicht zu unterschätzende Position. Bis in heutige Standardwerke der Paulus-exegese hinein ist diese Position – selbstverständlich in differenzierterer Fasson – greifbar.[154]

---

tet von Hans-Georg vom Berg u. a., Zürich 1991, 19–31 (26): *Extorsit veteris testamenti suffi-cientia, cuius finis et interpraes Christus, Roma. 10[4], et cum cernerem novum testamentum aliud non esse quam veteris interpretationem.* Vgl. bspw. auch Ders., Vorlesung über den Rö-merbrief (1525), in: Theologische Schriften. Exegetische Schriften aus den Jahren 1525–1527 (Heinrich Bullinger Werke 3/1), bearbeitet von Hans-Georg vom Berg/Susanna Hausammann, Zürich 1983, 19–132 (40): „Beweret ouch, daß das nüwe testa[ment] sin grundfeste hatt in schrifften des alten testa[ments]". Vgl. dazu Peter OPITZ, Heinrich Bullinger und Martin Luther. Gemeinsamkeiten und Differenzen, EvTh (2004), 105–116 (109 f.).

[151] VOLLENWEIDER, Paulus in Zürich (s. Anm. 5), 2; vgl. a. a. O., 7.

[152] S. Anm. 39 und 144.

[153] Exemplarisch für diesen reformatorischen Mainstream sei hier auf Luthers Vorrede zum Römerbrief (vgl. WA.DB 7,13,7–9) und Melanchtons Loci Communes 1521 (2,58–61; 7,80) verwiesen.

[154] Vgl. bspw. SCHNELLE, Paulus (s. Anm. 116), 585; Ruben ZIMMERMANN, Körperlichkeit, Leiblichkeit, Sexualität. Mann und Frau, in: Horn (Hg.), Paulus Handbuch (s. Anm. 105), 378–385 (378 f.); anders VAN KOOTEN, Paul's Anthropology (s. Anm. 1), z. B. 298–302.

Peter Martyr Vermigli's Exegesis of the Pauline Letters

Jon Balserak

1. Vermigli's Life and Intellectual and Spiritual Development

Peter Martyr Vermigli[1] was born 8 September 1514 in Florence and died on 12 November 1562 in Zurich. By the time of his birth, the Europe of which he was a part had experienced a profound religious transformation.

He became a novice in a monastery of the Canons Regular of the Lateran, completing his novitiate in 1518. Commencing the study of Aristotle in Padua following that, Vermigli would become both a Thomist and also a humanist (having been influenced by humanist currents which flowed from the Italian Renaissance). He was ordained in 1525 and became a preacher around the same time. Being appointed vicar in 1530, it was not until 1537 and his move to Naples that he came to know of Juan de Valdés and developed a serious interest in ideas associated with the Protestant Reformation. Vermigli is believed to have read works by Ulrich Zwingli, Martin Bucer, and possibly others. This burgeoning interest continued to blossom but also aroused suspicion among the Catholic authorities. By 1542, Vermigli, having been warned about enemies within the Catholic Church, fled to Lucca and soon to Zurich. He met Heinrich Bullinger, Conrad Pellican, and other leaders in Zurich, but could not stay as there was no work for him. He would eventually move to Strasbourg. There, he worked with Bucer, succeeding Wolfgang Capito as Chair of Old Testament Studies. Vermigli lectured on Genesis, Leviticus, Lamentations and some of the prophets. He would eventually move to England, where he stayed from 1547 to 1553 (on which more anon). His travels took him back to Strasbourg and eventually to Zurich until his death in 1562. He is buried in the Grossmünster Church in Zurich, his funeral oration being given by Josias Simler.

---

[1] For a good introduction to his thought, see John Patrick Donnelly, SJ. et al., eds., *The Peter Martyr Reader* (Kirksville, MO: Truman State University Press, 1999). For a substantial scholarly introduction, see: Torrance Kirby et al., eds., *A Companion to Peter Martyr Vermigli*, Brill's Companions to the Christian Tradition 16 (Leiden: Brill, 2009). On Vermigli's life see *Life, Letters, and Sermons: Peter Martyr Vermigli*, ed. and trans. John Patrick Donnelly, SJ. (Kirksville, MO: Thomas Jefferson University Press, 1999). For a fine discussion of Vermigli's exegesis, see, Frank A. James III, "Vermigli, Peter Martyr (1499–1562)," *Historical Handbook of Major Biblical Interpreters*, ed. Donald McKim (Leicester, UK: InterVarsity, 1998), 239–245.

Intellectually, he was, as I have already alluded to, both a scholastic and a humanist, which – while not an unusual combination necessarily – certainly shaped his thought and exegesis, giving them a particular character. He was trained in the method of the Schools, in the Augustinian tradition, in Greek and (particularly) Hebrew, and in a love of classical literature and thought. He lectured on Homer as well as Moses; Aristotle as well as Paul. The joining together of these interests has been brilliantly examined by figures such as Paul Oscar Kristeller and more recently with respect to Vermigli in particular, John Patrick Donnelly, S.J.[2]

Many of his lectures were taken down and published as commentaries. During his lifetime, he published commentaries on Judges, Romans and 1 Corinthians. His lectures on Genesis, Lamentations, 1 and 2 Samuel, and 1 and 2 Kings were published after his death, as was his *Loci Communes*.[3] His focus on the Old Testament is unsurprising, given his proficiency in Hebrew and love of Jewish exegesis; a love which he shared, of course, with Bucer, Johannes Oecolampadius, Sebastian Münster, and a myriad of their colleagues.

In this chapter, I will treat Vermigli's interpreting of the Apostle Paul, which means considering his work on two Pauline letters: Romans and 1 Corinthians.[4]

2. Medieval and Reformation Exegesis

"The letter kills, but the Spirit gives life." – 2 Corinthians 3:6

The work of Henri de Lubac, Beryl Smalley, Damasus Trapp, O.S.A., and others[5] has revolutionized our understanding of medieval and Reformation exegesis. As a result of it, we now understand more clearly the developments that

---

[2] Paul Oskar Kristeller, *Renaissance Thought: The Classical, Scholastic, and Humanist Strains* (New York: Harper & Row, 1961); idem, *Renaissance Thought and Its Sources*, ed. Michael Mooney (New York: Columbia University Press, 1979); also, Concetta Carestia Greenfield, *Humanist and Scholastic Poetics, 1250–1500* (Lewisburg: Bucknell University Press, 1981); Alastair J. Minnis and A. Brian Scott, eds., *Medieval Literary Theory and Criticism c. 1100–c. 1375 The Commentary-Tradition* (Oxford: Oxford University Press, 1988); John Patrick Donnelly, SJ., *Calvinism and Scholasticism in Vermigli's Doctrine of Man and Grace* (Leiden: Brill, 1975).

[3] We will discuss the *Loci Communes* in more detail below.

[4] We consulted: Peter Martyr Vermigli, *In selectissimam S. Pauli Priorem ad Corinth. Epistolam D. Petri Martyris ... commentarii doctissimi* (Tiguri: Ex officina Christ. Froschoueri, 1551); [henceforth *1 Corinthians*]; idem, *In Epistolam S. Pauli Apostoli ad Romanos, D. Petri Martyris Vermilii ... commentarij doctissimi, cum tractatione perutili rerum & locorum, qui ad eam Epistolam pertinent. Cum duobus locupletibus, locorum scilicet utriusq Testamenti, & rerum & verborum indicibus* (Heidelbergae: Typis I. Lancelloti, impensis A. Cambieri, 1613) [henceforth *Romans*].

[5] Henri de Lubac, *Exégèse médiévale. Les quatre sens de l'Ecriture*, 4 vols. (Paris: Aubier, 1959–64); Beryl Smalley, *The Study of the Bible in the Middle Ages*, 3rd rev. ed. (Notre Dame: University of Notre Dame Press, 1964); idem, "The Bible in the Medieval Schools," in *The*

occurred throughout the ca. 1100 years from the time of Augustine[6] to the birth and thriving of reformers such as Erasmus, Luther, Zwingli, Bullinger, and Vermigli.

One finds that interpreters prior to the late middle ages (i. e. before ca. 1400) tended to see the authors of biblical books as of little significance in regards to understanding what the text really means. The scripture was God's word and so full of meaning that it could not be contained merely in the meaning of "the letter" (whatever precisely that meant – a question which was disputed then and has always been the subject of dispute). There was for many centuries a sense that the individual biblical books represented a kind of mirror or repository of the divine mysteries and that the interpreters' task was to explore those mysteries by means of methods closely associated with the human person, understood in various ways, but often as body, soul, and spirit (1 Thessalonians 5:23–24).[7] Of course, the body in this scheme represented the *sensus literalis* in a fairly straightforward manner. In search of meanings that could offer spiritual nourishment (i. e. soul and spirit), the exegete's job was to probe underneath the letter.[8] The spiritual was of much greater value, as the passage cited above from 2 Corinthians 3 plainly suggests. Hence was born the fourfold sense of scripture which was the apparatus that controlled interpretation during this period.

Significant developments occurred starting in the late-twelfth and early-thirteenth centuries. These include, but are not limited to, the rediscovery of Aristotelian texts previously unknown or believed to be lost. This led to huge upheaval within European Christendom, particular when Thomas Aquinas began making significant use of Aristotle. Some of the fruit this bore can be seen in Aquinas' discussion treatment of the relation between the spirit and the letter in his *Summa Theologica* I, Q1, art. 10.[9] These developments helped alter thinking on the literary character of sacred scriptures in ways that were profound and

---

Cambridge History of the Bible, vol. 2: The West from the Fathers to the Reformation, ed. Geoffrey W. H. Lampe (Cambridge: Cambridge University Press, 1969), 197–219, esp. 210–215.

[6] On Augustine's exegesis and influence on subsequent tradition, see David F. Wright, "Augustine: His Exegesis and Hermeneutics," in *Hebrew Bible/Old Testament; The History of Its Interpretation*, ed. Magne Sæbø, 4 vols. (Göttingen: Vandenhoeck & Ruprecht, 1996–2015), 1.1:701–730.

[7] Though brief and introductory in nature, Karlfried Froehlich's discussion is excellent, see, *Biblical Interpretation in the Early Church*, ed. and trans. Karlfried Froehlich (Philadelphia: Fortress Press, 1984), 1–29.

[8] Alastair J. Minnis, *Medieval Theory of Authorship* (London: Scolar Press, 1984), 72.

[9] See, Smalley, *Study of the Bible* (see n. 5), 292–308. The impact of Aquinas was felt by, *inter alios*, Nicholas of Lyra. See, *Biblia Latina cum postillis Nicolai de Lyra et expositionibus Guillelmi Britonis in omnes prologos S. Hieronymi et additionibus Pauli Burgensis replicisque Matthiae Doering* (Nuremberg: Anton Koberger, 1483). See as well Karlfried Froehlich, "'Always to Keep the Literal Sense in the Holy Scripture Means to Kill One's Soul': The State of Biblical Hermeneutics at the Beginning of the Fifteenth Century," in *Literary Uses of Typology from the Middle Ages to the Present*, ed. Earl Miner (Princeton: Princeton University Press, 1977), 20–48.

long-lasting; they raised issues associated with genre, historical context and the like. The Bible began to be seen as a literary work; individual books which were the product of human authors. Being (still) understood as God's word, the individual biblical books could be approached, with regards to interpretation, in the same way any other piece of literature was approached.[10] These developments helped to lead biblical interpreters away from the fourfold sense of Scripture.[11]

Allegorizing did not vanish from early modern exegesis. Erasmus appreciated it. Luther did too, as did Santes Pagnini, Sixtus of Siena. In humanists circles, poets, like Ovid, were the subject of allegorical interpretations. Boccaccio in his *De genealogiis deorum* produces a sophisticated tri-level allegorical interpretation of the pagan myths.[12] Marsilio Ficino and Pico della Mirandola adopted an allegorizing approach to ancient texts. In point of fact, Pico constructed an elaborate synthesis of Neoplatonism, Aristotelianism, and the Jewish Cabala in works such as his *Heptaplus* and his *Commento alla Canzone d'amore di Gerolamo Benivieni*.[13] Some objected to the use of the fourfold method when reading non-biblical poets; such was the judgement of Savanarola.[14] Savanarola's scholastic approach towards humanist appraisals of poetry is typical of the disputes which characterised the two movements (humanism and scholasticism[15]) – disputes with which Vermigli would surely have been familiar.

Nonetheless, these developments altered the approach taken to biblical texts.[16] Issues concerning genre, philology, literary and rhetorical style grew more and more important. As early as Hugh of St Cher (1200–1263) one finds careful philological work focused on the biblical books.[17] This care for philology would only increase in the late middle ages and early modern eras. The impact of such care might be gauged by considering the furore provoked by Erasmus' translating of *logos* (in John 1:1) as *sermo* instead of *verbum*.[18] The appearance of

---

[10] Karlfried Froehlich, "Christian Interpretation of the Old Testament in the High Middle Ages," in *Hebrew Bible/Old Testament*, ed. Magne Sæbø (see n. 6), 1.2:496–558 (522).

[11] See, *inter alia*, Guy Bedouelle and Bernard Roussel, eds., *Le Temps des Réformes et la Bible*, Bible de tous le temps 5 (Paris: Beauchesne, 1989), 100–115, 199–261.

[12] *Tutte le opere di Giovanni Boccaccio*, a cura di Vittorio Zaccaria, 12 vols. (Milano: Mondadori, 1998), vols. 7–8.

[13] G. Pico della Mirandola, *Opere, e scritti vari a cura di Eugenio Garin*, 3 vols. (Torino: Nino Aragno Editore, 2004), vol 1.

[14] Alastair J. Minnis, "Fifteenth-Century Versions of Thomistic Literalism: Girolamo Savanarola and Alfonso de Madrigal," in *Neue Richtungen in der hoch- und spätmittelalterlichen Bibelexegese*, ed. Robert E. Lerner (München: R. Oldenbourg Verlag, 1996), 163–180.

[15] See, Erika Rummel, *The Humanist-Scholastic Debate in the Renaissance and Reformation* (Cambridge: Harvard University Press, 1995).

[16] For much of what appears in this section, we are reliant upon Alastair J. Minnis, *Medieval Theory* (see n. 8).

[17] Hugo de Sancto Caro, *Prima [-Septima] pars hujus operis: continens textum Biblie cum postilla domini Hugonis Cardinalis*, 7 vols. (Basel: Johannes Amerbach, 1498–1502).

[18] For a fine treatment of the matter, see Marjorie O'Rourke Boyle, *Erasmus on Language and Method in Theology* (Toronto: University of Toronto, 1986), 3–32.

Lorenzo Valla's *Adnotationes*, Erasmus' *Novum Testamentum*, the Soncino and Bomberg Bibles, and Sebastian Münster's *Biblia Hebraica* marked a massive shift in the way Europe interacted with the sacred scriptures.[19]

These developments also helped to give rise to the *loci* method, another impact (at least in part) of the rediscovery of Aristotle. The collecting together of theological truths arising from the biblical text had been occurring for centuries, as is witnessed by various medieval works (e. g. Abelard's *Sic et Non*; Lombard's *Sententiae*) and numerous florilegia.[20] In the fifteenth and early-sixteenth centuries, humanists like Rodolphus Agricola, Erasmus, and Melanchthon, whose *De formando studio*, *Ratio colligendi exempla* and *De locis communibus ratio*, respectively, helped to form and give shape to the *loci* method, which was employed by numerous theologians and exegetes, one of whom was Vermigli.[21]

In addition to employing the *loci* method, Vermigli also worked with great care on philological issues – again, completely unsurprising given his background and also given the connections he developed with Bullinger, Bucer, and their colleagues. All of these exegetes exhibited a deep appreciation for patristic authors, interacting with them in their expositions of the biblical text and in their production of *loci*. We shall find all of this in Vermigli, to whom we now turn.

3. The Context for Vermigli's Pauline Output

In 1548, Vermigli arrived in England and was appointed Regius Professor of Theology at Oxford University. By this time, he was highly regarded as a reformer, scholar, theologian, and exegete. The England into which he arrived was awash with change, with Edward VI (the nine year old son of Henry VIII) having come to power in 1547, but it, particularly Oxford, was still a difficult place to be a Protestant. Archbishop Cranmer had invited Vermigli and also Martin Bucer (who took up the chair of Regius professor at Cambridge in 1549 but died

---

[19] See, Bedouelle and Roussel, *Le temps des Réformes* (see n. 11), 59–96.

[20] Also Smalley is excellent on these developments; see, Smalley, *The Study of the Bible* (see n. 5), 66–82.

[21] On the *loci* method, *inter alia*, see, Paul Joachimsen, "Loci Communes: Eine Untersuchung zur Geistesgeschichte des Humanismus und der Reformation," *Luther-Jahrbuch* 8 (1926): 27–97; Quirinus Breen, "'Loci Communes' and 'Loci' in Melanchthon," *CH* 16 (1947): 197–209; Neal Gilbert, *Renaissance Concepts of Method* (New York: Columbia University Press, 1960), 95, 107–115; Cesare Vasoli, "*Loci Communes* and the Rhetorical and Dialectical Traditions," in *Peter Martyr Vermigli and Italian Reform*, ed. Joseph C. McLelland (Waterloo, ON: Wilfrid Laurier University Press, 1980), 17–28; Catherine Kavanagh, "Eriugenian developments of ciceronian topical theory," in *Medieval and Renaissance Humanism: Rhetoric, Representation and Reform*, ed. Stephen Gersh and Vert Roest (Leiden and Boston: Brill, 2003), 1–28; Joseph McLelland, *Peter Martyr's Loci Communes; a Literary History*, ed. Torrance Kirby (Montreal, CA: McGill University, 2007), 1–10.

in 1551) and seems to have hoped that through appointments such as these he could effect theological alliances with continental Protestantism.[22]

Vermigli's lectures on Paul's letters addressed major themes associated with the Reformation and with Christian soteriology. His address was polemic in character and (unsurprisingly) disruptive given the turmoil England was experiencing due to the Reformation, though it would have been his aim to pursue the good of Christian England and Europe. Vermigli lectured on 1 Corinthians in 1548, starting soon after his arrival in England. He worked over the lectures which were then published in 1551. Once he finished this, he turned to Paul's letter to the Romans.

Vermigli was forced to flee England, returning to Zurich in 1553 after Mary came to the throne. He would finish his lectures on Romans in Zurich. They were published in 1558. During the mid-1500s, a large number of not only Protestants/Evangelicals but also Roman Catholics and various Radicals produced expositions of these Pauline books. The Reformation had, by this point, moved beyond the initial labors of the likes of Zwingli, Erasmus, and Luther, who died in 1531, 1536, and 1546, respectively. John Calvin had published his *Christianae Religionis Institutio* which could be argued to introduce a 'changing of the guard' kind of moment in western Europe. He would produce a commentary on Romans in 1540.

4. Vermigli's Exegesis of Romans and 1 Corinthians[23]

In an essay such as this one, it is impossible to treat in exhaustive detail the exegetical strategies employed by anyone, let alone an interpreter as sophisticated as Vermigli. What may suffice for now is a brief setting out of principles or main lines of approach Vermigli takes when tackling a Pauline text.

His expositions are not set down in the form of *scholia* on the text, as is the case with much of the exegetical work of Ulrich Zwingli or Philip Melanchthon. Rather, one finds full running commentary, which reads in such a way that one can easily discern that they were given first as lectures. Vermigli is neither as

---

[22] Frank A. James III, "Translator's Introduction," in *Predestination and Justification: Two Theological Loci*, vol. 8 of The Peter Martyr Library, ed. John Patrick Donnelly, ser. 1, Sixteenth Century Essays and Studies 68 (Kirksville, MO: Truman State University Press, 2003), xxi.

[23] As an exegete, Vermigli is not as verbose as Martin Bucer but not as concise as Melanchthon. His writing and thinking are clear and logical. There can be little question from the evidence of his commentaries that Erasmus was an influence on him (see below; also, *Romans*, 265; cf. *Romans*, 150). Other clear influences on him are Chrysostom and Ambrose, both of whom he cites continually; see, Bedouelle and Roussel, *Le temps des Réformes* (see n. 11), 215–233.

verbose as someone like Martin Bucer nor is he as concise as Conrad Pellican or John Calvin.

The analysis I will set out here is not particularly unique, but rather aligns Vermigli with a collection of other exegetes identified by Gerald Hobbs' in the 1980s as the Rhineland school of interpreters.[24] Vermigli's interpreting of these two Pauline letters is established on a number of literary, historical, philological, rhetorical and theological concerns. We have chosen to treat Vermigli's interpretation of Paul under four points. Through these we shall summarize Vermigli's exegesis; they are: (1) Humanist and Philological Concerns; (2) Tradition; (3) Meaning and Theological Purpose; and (4) Common Places.

4.1 Humanist and Philological Concerns

4.1.1 Authorial intent

The intention of Paul is paramount in Vermigli's mind. He seeks to unearth the apostle's purpose, and often comments explicitly on it, for instance, in his treatment of each new chapter. "In this place, Paul teaches …," Vermigli explains in beginning his exposition of Romans 2.[25] In taking up Romans 5, he declares, "here the Apostle adds …"[26] Likewise, at the beginning of his comments on chapter 12, "Paul wrestled against their arrogance …"[27] Vermigli's concern throughout his expositions of Paul is precisely to discern the apostle's intent. The same, of course, can also be seen in Vermigli's treatment of 1 Corinthians.[28] Vermigli takes care to expound Paul's intention with effectively each passage he treats,[29] and points out the kinds of arguments Paul employs.[30] He also endeavors to follow Paul's argument from one chapter to the next.

In order to unearth Paul's intent, Vermigli explores contextual aspects associated with the two letters in a variety of different ways. Vermigli concerns himself with, for instance, redemptive history and the place the burgeoning New Testament churches found themselves in within that history. In this way, Vermigli concerns himself less with, say, the personal condition of Paul at the time of writing or the condition of the recipients of the letter than an exegete like John Calvin, but he still attends carefully to them.

---

[24] See, for instance, Bernard Roussel and Gerald Hobbs, "De Strasbourg à Bâle et Zurich: Une 'École Rhénane' d'Exégèse (ca 1525–ca 1540)," *RHPR* 68 (1988): 19–39; iidem, "Strasbourg et 'l'école rhénane' d'exégèse (1525–1540)," *Bulletin de la Société de l'Histoire du Protestantisme Français* 135 (1989): 36–41.

[25] *Romans*, 47.

[26] *Romans*, 132.

[27] *Romans*, 580.

[28] E.g. *1 Corinthians*, 147v (on 1 Corinthians 7).

[29] *1 Corinthians*, 7r–v.

[30] *1 Corinthians*, 71r (*argumentum a contrariis*); 444 (*ab exemplo ecclesiarum*); also *Romans*, 454 (*ad absurdum*).

4.1.2 Original languages

Vermigli's work with the original languages appears on virtually every page of his treatment of both letters. His chosen lemmata are often quite brief. They may be a sentence or even a portion of a sentence (if it is a long sentence). At other times, he chooses longer sentences, which he works through carefully covering individual phrases and words. At times, this involves him in text-critical work. Thus, Vermigli operates with the understanding that correct interpretation requires careful work with Greek and Hebrew.[31] His work here is not dissimilar to that found in the exegetical labors of Erasmus, Zwingli, Capito, Oecolampadius, Bucer and others.[32]

He discusses, for instance, the Hebrew for servitude[33] and the Hebrew for apostle,[34] where he mentions Jerome's translation in the Vulgate. When addressing Romans 1:21 where Paul explains "though they knew God, they did not glorify him nor did they give thanks,"[35] Vermigli discusses briefly the meaning of the Greek word for "glorify." He argues that Paul uses the word in order to signify seeing or giving (*sentire*) God the highest place of honor above all others.[36] Vermigli continues his point by discussing in a deeper manner the sense of the word, using Abraham's reception of the promise of God that he should have an heir through Sarah; here Vermigli alludes plainly to Romans 4:18–20 in which Abraham is described as not being moved to unbelief by the realization of his own or Sarah's age but rather growing in faith and giving glory to God. Vermigli continues this analysis for several more sentences. He occasionally mentions the Hebrew to which the Greek may be related (particularly in a citation from the Old Testament), and interacts with the translations of Jerome, Symmachus, Aquila and the Septuaginta.[37]

4.1.3 Rhetorical concerns

Given his conspicuous humanism, Vermigli identifies rhetorical devices used by the apostle and makes sure an understanding of these devices is used so that texts are rightly understood. Paul "amplifies," what he has set out and adds an "exhortation," Vermigli comments on Romans 6:19.[38] He identifies metaphors.[39]

---

[31] *1 Corinthians*, 8r (on the name of "Jesus"); *1 Corinthians*, 29v (on the word "faith"); examples abound in his handling of 1 Corinthians 13; see also, *Romans*, 120–121, 470–471.

[32] An excellent example is found in his exposition of 1 Corinthians 6:7 (*1 Corinthians*, 136r).

[33] *Romans*, 2.

[34] *Romans*, 3.

[35] *Romans*, 31.

[36] *Romans*, 31.

[37] *1 Corinthians*, 439v–440r; also, *Romans*, 456.

[38] *Romans*, 216 (The Latin is: *Rationem iam expositam amplificat et ad illam adiungit adhortationem*).

[39] *Romans*, 200.

The apostle uses these names figuratively (*Nomina haec ... transtulit*).[40] Vermigli approaches the question of tropes from the perspective of a humanist. Thus, Vermigli identifies many such figures in the apostle's letter; *ironia*,[41] *metaphora*,[42] *metonymia*,[43] *simile*;[44] he identifies these and they become an extremely important part of his reading of Paul's letters.

Vermigli considers literary genre in his exegesis. In taking up 1 Corinthians, he considers the nature of letters and treats various aspects of the nature of correspondences, as would be expected of a member of the Republic of Letters.[45] He displays an interest in who Paul is, his name change from Saul, the titles he applies to himself, and his position relative to those in Corinth and in Rome.[46] Vermigli concerns himself with Paul's historical context. Again, we might say context does not occupy Vermigli's attention to the same degree it does, say, Bucer or Calvin, but it is still of importance to him. For instance, Vermigli deals with the situation in Corinth as regards Paul's authority; he does the same in his treatment of Romans.[47]

Though (of course) not common in the expounding of the Pauline letters, the medieval practice of allegorizing the text of Scripture is addressed by Vermigli on occasion in his *Romans* and *1 Corinthians* commentaries. He attacks Origen as the paradigmatic offender here,[48] a very common whipping boy for many of those in the period who have grown weary of the excesses of the allegorical method. He does acknowledge occasions when allegories are appropriately identified such as when Scripture speaks through figures of speech (*quando tropo scriptura utitur*).[49]

Vermigli does not ignore the apostolic concerns over worldly rhetoric found in 1 Corinthians 1:17–25. Rather, he endeavours, as many within the church have done, to maneuver between a respect for rhetorical gifts and God-given human abilities and inappropriate reliance upon those gifts and abilities.[50]

---

[40] *1 Corinthians*, 16r.

[41] *1 Corinthians*, 103r.

[42] *1 Corinthians*, 254v.

[43] *1 Corinthians*, 258r.

[44] *1 Corinthians*, 388v.

[45] *1 Corinthians*, 7r–v.

[46] *1 Corinthians*, 7r–8v; also *Romans*, 1.

[47] *1 Corinthians*, 6r–9r; also in his Romans commentary, Vermigli deals with Paul at length in his *praefatio* (which is not numbered but covers 8 quarto size leaves).

[48] *Romans*, 466. Although he censures it, he occasionally employs it; see, John Thompson, "The Survival of Allegorical Argumentation in Peter Martyr Vermigli's Old Testament Exegesis," in *Biblical Interpretation in the Era of the Reformation*, ed. Richard A. Muller and idem (Grand Rapids and Cambridge: Eerdmans, 1996), 255–271.

[49] *Romans*, 466.

[50] *1 Corinthians*, 20r–23r.

4.2 Tradition[51]

4.2.1 Ancient Traditions

Vermigli's interaction with tradition is constant and characteristically well-informed. He tends to refer to individuals by name when taking up and dealing with their ideas. He mentions Augustine,[52] Jerome,[53] Chrysostom,[54] Origen,[55] and Ambrose[56] with a frequency that amounts to almost once per page. As David F. Wright has pointed out in his superb treatment of Vermigli's understanding of patristic authority,[57] Vermigli's engagement with the authority of patristic theologians was sufficiently thorough to be regarded as impressive, even when compared with his contemporaries. Vermigli is neither a slave to them nor wilfully dismissive of them. His aim seems to have been to treat Pauline passages so as to receive as authoritative the best of Christian tradition while simultaneously moving away from the conclusions of (even) major figures when he felt the text compelled him to do that.[58] His handling of the tradition is wonderfully mature, such that he is more than willing to openly chide those who insist on tradition on (what Vermigli clearly feels) are illegitimate reasons. His most common conversation partners are probably Ambrose, Augustine, and Chrysostom. The fathers plainly possessed an authority with which Vermigli feels he must come to terms. In typical humanist fashion, Vermigli exhibits rather less explicit engagement with medieval theologians, though he knows them well, and (occasionally) criticises[59] and (less often) praises[60] them.

Virgil, Ovid, Plato, Aristotle, Cicero, and a raft of other classical resources appear often in Vermigli's dialogue with the past. This is neither uncommon among reformers nor, broadly speaking, among Roman Catholic theologians and interpreters. Yet even with this allowance in place, we may still say Vermigli's engagement with and knowledge of these classical sources was enormously

---

[51] On Vermigli and tradition, the fathers in particular, see Pontien Polman, *L'élément historique dans la controverse religieuse du XVIe siècle* (Gembleux: J. Duculot, 1932), 121–124.

[52] *Romans*, 2.

[53] *Romans*, 4.

[54] *Romans*, 4.

[55] *Romans*, 6.

[56] *Romans*, 7.

[57] David Wright, "Exegesis and patristic authority," in *Companion*, ed. Kirby et al. (see n. 1), 117–130.

[58] See, for instance, *1 Corinthians*, 161r (on 1 Corinthians 7 in relation to marriage, celibacy and virginity).

[59] See *1 Corinthians*, 63v: "you may see those who from the pulpit speak of nothing except the will of sign and the will of the divine good pleasure, the first instance of nature, formalities, quiddities, and the things indicated by these kinds of words, with which they feel their erudition impresses the common people." In such comments, Vermigli employs a standard humanist paradigm for criticizing the scholastics; see also, *Romans* 189, 223.

[60] See *1 Corinthians*, 55r, on their views on prevenient grace.

impressive.[61] Vermigli's actual practice also suggests that he felt it was part of the task of the exegete to be well-versed in the literature of the Greek and Roman world.[62] Accordingly, any attempt one might wish to make to the oft-misunderstood notion of *sola scriptura* in discussing Vermigli's understanding of authority must ensure that it acknowledges fully the idea of authority being granted to both patristic and pagan authors.[63]

4.2.2 Tradition and polemic

We might, here, also briefly note Vermigli's engagement with more recent aspects of tradition and, specifically, with Roman Catholic and Anabaptist Radical aspects of Christian thought. These dual foes appear frequently in Vermigli's expositions of Paul. They not only make appearances in his line-by-line commentary but also in his separate *loci*.

This can be seen if we consider his lectures on 1 Corinthians 14:29–32, which concerns prophecy. "For you can all prophesy one by one.[64]" (verse 31), prompts Vermigli to discuss order. His efforts require him to tread a line between ascrib-

---

[61] Vermigli's feelings on the subject betray greater concern: "it is a corrupt thing for a Christian continuously to admire and praise the opinions of the pagans, since the lesser things found in the sacred writings are far superior to their greatest" (*1 Corinthians*, 44r). Petrarch, *Familiares*, ed. Vittorio Rossi and Umberto Bosco, 4 vols. (Florence: Sansoni, 1933–1942), 22.10; Morris Bishop, *Letters from Petrarch* (Bloomington and London: Indiana University Press, 1966), 191 cited in Greenfield, *Humanist and Scholastic Poetics* (see n. 2), 101. Many others expressed the same sense of conflict; see, for instance, Calvin: "Read Demosthenes or Cicero, read Plato, Aristotle, or others ... they will, I admit, allure you, delight you, move you, enrapture you in wonderful measure. But betake yourself to this sacred reading. Then, in spite of yourself, so deeply will it affect you, so penetrate your heart, ... that, compared with its deep impression, such vigor as orators and philosophers have will nearly vanish" (*Ioannis Calvini Opera quae supersunt omnia*, ed. Wilhelm Baum et al., 59 vols., vols. 29–87 of the Corpus Reformatorum [Brunswick: C. A. Schwetschke and Sons, 1863–1900], vol. 2, col. 62 from *Institutio Christianae Religionis*, 1.8.1 [henceforth CO]).

[62] "[M]ythology furnished ... the understanding of divine truth with tools, or more exactly with optical instruments. The theological enterprise therefore consisted in imposing on revealed principles a system of grand symbols drawn from the pagan stock and their literary and subconscious implications." (Marie-Madeleine de la Garanderie, "Le style de G. Budé et ses implications logiques et théologiques," in *L'Humanisme français au début de la Renaissance. Colloque international de Tours* [Paris: Vrin, 1973], 354 cited by Bernard Cottret, *Calvin; A Biography*, trans. M. Wallace McDonald [Edinburgh: T&T Clark, 2000], 33). Vermigli's use of such material takes various forms. Sometimes, he uses classical authors for information, as when noting that the city of Corinth had been overthrown by the Romans (he cites Cicero's *Oration on the Manilian Law* [*1 Corinthians*, 8v]). On other occasions, the classics provide examples, as when discussing the meaning of a Latin word (he employs a letter from Cicero [*1 Corinthians*, 80r–80v]). There is a place in Vermigli research at present for a modest monograph studying his use of the classics.

[63] See, *inter alia*, Heiko Oberman, "Scripture and Tradition," in *Forerunners of the Reformation; The Shape of Late Medieval Thought Illustrated by Key Documents*, ed. idem (New York: Holt, Rinehart and Winston, 1966), 51–66.

[64] *1 Corinthians*, 206v.

ing legitimacy to the Catholic accusation that the reformers were disruptive and condoning the disruption caused by Anabaptists and other Radical groups.[65] In treating the passage, Vermigli sought to clarify the character of the true prophet (such as, for instance, he believed Zwingli to be, namely, a true prophet raised up by God for the reforming of a church that had gone astray) while also insisting that Paul was not suggesting that simply anyone who wished could speak in church if they felt they had been moved by the Spirit to do so.[66] Vermigli articulates the absolute necessity for right order and authority within the church. His tendency here, particularly as he was speaking in the 1550s (by which time Zwingli, Luther, Erasmus, Oecolampadius, and Wolfgang Capito were all dead), was to treat the prophetic office as finished for the present time[67] and to try to move the church towards the ordinary ordained ministry.[68] He sometimes assertions his position in a strong, unequivocal manner – which is somewhat overstated but serves him well. Nor, it should be noted, is Vermigli the only one introducing such changes into the church. Moves similar to those made by him were also made around the same time by others, such as Bullinger who, following the death of Zwingli, moved gradually towards institutionalizing the prophetic ministry model in Zurich.[69] The idea that Paul is simply referring to the ministry of the word is set out in Vermigli's treatment of 1 Corinthians 14:3, 26–32[70] and his handling of Romans 12:6.[71] His treatment of the question of prophecy in the Pauline letters seems profoundly influenced by his polemical situation.

---

[65] *1 Corinthians*, 206r–206v.

[66] *1 Corinthians*, 206v–207v. For more on these issues, see, Jon Balserak, "Inventing the Prophet: Vermigli, Melanchthon, and Calvin on the Extraordinary Reformer," in *Zwingli to Amyraut: Exploring the Growth of European Reformed Traditions*, ed. Jon Balserak and Jim West (Göttingen: Vandenhoeck & Ruprecht, 2017), 123–136 and idem, "Peter Martyr Vermigli, History, and the Anabaptist Menace; Considering the Italian's Handling of Prophecy," *Reformation and Renaissance Review* 15/1 (2014): 17–32.

[67] Vermigli does, later in his exposition, refer to prophecy as a general office (*generale munus*). But, again it is clear that he is not treating it as if Paul had in his mind a specific church office of prophet. See, *Romans*, 589.

[68] Contra Zwingli's efforts, see, for example, *Huldreich Zwinglis Sämtliche Werke*, ed. Emil Egli et al., 10 vols., vols. 88–93.5 of the Corpus Reformatorum (Berlin: Schwetschke, 1905–1959), 3:5–68 (*Der Hirt*) and 4:382–433 (*Von dem Predigtamt*).

[69] See Peter Opitz, "Von prophetischer Existenz zur Prophetie als Pädagogik: Zu Bullingers Lehre vom munus propheticum," in *Heinrich Bullinger; Life – Thought – Influence; Zurich, Aug. 25–29, 2004 International Congress Heinrich Bullinger (1504–1575)*, ed. Emidio Campi and Peter Opitz, 2 vols., Zürcher Beiträge zur Reformationsgeschichte 24 (Zurich: Theologischer Verlag Zürich, 2007), 2:493–513 and G. Sujin Pak, *The Reformation of Prophecy; Early Modern Interpretations of the Prophet & Old Testament Prophecy* (New York: Oxford University Press, 2018), 35–102.

[70] *1 Corinthians*, 196r–197r; 204v–207v; for Vermigli's views on prophecy, see, Jon Balserak, "We need Teachers today, not Prophets': Peter Martyr Vermigli's Exposition of Prophecy," *ARG* 103 (2013): 92–116.

[71] *Romans*, 589–590.

4.3 Meaning and Theological Purpose

In what we have just finished looking at, we see a hint at this principle as well, namely, that Vermigli seeks to understand a given passage of scripture in such a manner that he attends to its place within the context of the whole Pauline letter. He most often writes in a fairly elaborate manner on this when he comes to the beginning of a new chapter. His handling of it, nonetheless, is not perfunctory. Rather, he attends to it with great care. At the beginning of his discussion of Romans 6, Vermigli begins a paragraph-length explanation of what is identified, in the marginal comment, as Paul's method. Vermigli begins by explaining that at the end of the prior chapter, Paul had added two things (*Ad finem superioris capitis duo Paulus adiecit*), and Vermigli carries on from there to explain the thinking of Paul in this chapter and, specifically, in the verse: "What shall we say? Ought we to remain in sin so that grace may abound?" (Romans 6:1)[72]

This understanding of tropes co-exists comfortably with a theological under-standing for Scripture's use of them, namely, that they are employed by Scripture in accommodation to human weakness – accommodation being a complex theme, or cluster of themes, which is nonetheless employed often by theologians like Vermigli to explain the ways in which the infinite, incomprehensible God makes the knowledge of himself knowable to humankind.[73] This belief Vermig-li takes for granted (as did many throughout the patristic, medieval and early modern eras[74]) and adheres to as basic to a right understanding of biblical reve-lation. It is (largely) on this basis that Vermigli can hold that the Scriptures are able to be understood and, therefore, should not be withheld from the laity. Di-vine accommodation is not the only basis upon which he argues this, it should be said. He also establishes it on the soteriological grounds that all Christians "have believed, been baptized and participate in the sacraments, and have the Spirit of Christ."[75] Thus, this too – particularly the gift of the Spirit – is equally crucial to Vermigli's hermeneutic, as his treatment of 1 Corinthians 2:14 exhibits.[76]

4.3.1 Thomistic Training

It might be noted here that Vermigli's Thomism seems to serve as an aid when he is interpreting the Bible. This can be seen, for example, in his treatment of 1 Corinthians 3:3.[77] In Vermigli's exposition, one finds a number of explanatory

---

[72] *Romans*, 197.

[73] *1 Corinthians*, 38r, 103r–v; see also, *Romans*, 336.

[74] On divine accommodation in these eras, see, Stephen Benin, *The Footprints of God: Divine Accommodation in Jewish and Christian Thought* (Albany, NY: State University of New York Press, 1993); for the Early Modern period, see, Jon Balserak, *Divinity Compromised: A Study of Divine Accommodation in the Thought of John Calvin* (Dordrecht and London: Springer, 2006).

[75] *1 Corinthians*, 43v.

[76] *1 Corinthians*, 49r–50v.

[77] The passage reads: "For you are still carnal; for since there is envy, contentions and fac-

points related to the character of the Apostle's argument but most importantly one discovers a discussion of the nature of *envy, contentions* and *factions* which resembles that found in Aquinas' *Summa Theologiae*: 2a2ae Q34–43;[78] complete with identical citations of chapter two of Aristotle's *Rhetoric* (when dealing with envy). This discussion occupies the lion's share of Vermigli's time in his interpreting of this verse, as he labours carefully to distinguish between the three terms.[79] All of this is suggestive of the influence of his scholastic training on his exegesis. To hint at the nuance of Vermigli's approach, we might briefly look at Calvin's treatment of the same passage. There one finds three things: a note that Paul here provides the proof that the Corinthians are carnal from the effect; that is, from the rivalry, contentions and factions seen amongst them. We also find a brief cross-reference to Galatians 5:25. And, third, we discover a comment on the elegance of Paul's argument.[80] Absent from Calvin's considerations is anything remotely similar to Vermigli's interest in Thomist concerns. The comparison is merely as suggestive, but is, nonetheless, interesting.

4.3.2 Meaning and Loci

There are times when Vermigli explores the theological meaning and import of the Apostle's thought in the body of his commentary. His handling of Romans 6:1, already alluded to earlier, represents such a time. In terms of his identifying of the theological purpose, Vermigli's treatment of Romans 6:1–4 sees him produce a careful discussion of baptism, spiritual death, and the like.[81]

Another place where Vermigli engages in such pursuits is in the prefaces he produces for his expositions of Romans and of 1 Corinthians. He sets out, in these, a chapter by chapter summary, which aims to clarify the theological purpose of the epistles in a clear and concise manner.

And another place where he does this is in his production of common places, to which we now turn. One might question whether Vermigli's *loci* ought to be regarded as part of biblical exegesis or considered distinct. In our judgement, Frank James is correct in arguing they are "an integral part of the exposition itself;" that in them, Vermigli returns to "the text, summarize(s) it, and clarif(ies) the meaning of the text."[82] There was, as Richard Muller has discussed in relation to Calvin, considerable debate about the purpose of *loci* vis-à-vis the

---

tions amongst you, are you not carnal?" (*1 Corinthians*, 65v). I discuss this subject (of Thomist influence on Vermigli) in Jon Balserak, "1 Corinthians Commentary: Exegetical Tradition" in *Companion*, ed. Kirby et al. (see n. 1), 283–303.

[78] This is the section which deals with vice; see *Summa Theologica* (Romae: ex Typographia Senatus, 1886–1887).

[79] *1 Corinthians*, 65v–66v.

[80] CO 49:348.

[81] *Romans*, 197–200.

[82] James, "Introduction" (see n. 22), xxii. Contra Donnelly, *Calvinism and Scholasticism* (see n. 2), 64, for example, argues that Vermigli's loci "go beyond the biblical text."

issue of genre.[83] That Vermigli was cognizant of these debates is, I would suggest, beyond questioning. Thus, his including of these *loci* in his published commentaries moves one to believe he regarded the commentary genre as sufficiently broad to allow for their inclusion.

4.4 Common Places

Vermigli produced numerous *loci*, which appeared in his commentaries, ordinarily being produced when an issue of appropriate theological significance was raised by the text he is expounding. As many will already know, these were collected together by Robert Masson and published in London in 1576. Some of what Masson collected together are not explicitly set apart and identified as *loci* by Vermigli himself. Such is the case, for instance, with the locus on natural knowledge from Romans 1:19, "that which might be known of God is made manifest in them"[84] and likewise Romans 5:18, "as sin entered the world."[85] Some are relatively short; for instance, he writes *loci* in the 1 Corinthian's work on justification (chapter 1) and excommunication and church discipline (chapter 5),[86] marriage, celibacy and virginity (chapter 7)[87] and the sacraments (chapter 10).[88] Others are large and set apart. Vermigli's *locus* on justification, appearing at the end of his exposition of Romans 11, runs sixty-eight pages.[89] Vermigli's treatment of purgatory[90] offers a glimpse of how commentary and locus relate to one another. The *locus* arises out of his exposition of 1 Corinthians 3:1–15.

In this well-known passage, Paul seems to be discussing a kind of judgment that either believers or ministers must undergo if they are to be saved. The passage was employed for centuries as support for the doctrine of purgatory.[91] Built in part on the authority of Augustine (who speculates in a number of works on the nature of purgatory), many medieval theologians developed thinking on it.[92] The position essentially sees the inappropriate desires (as Augustine identi-

---

[83] Richard Muller, *The Unaccommodated Calvin: Studies in the Foundation of a Theological Tradition*, OSHT (New York: Oxford University Press, 2000), 118–139, 140–158.

[84] *Romans*, 28–32.

[85] *Romans*, 192–196.

[86] *1 Corinthians*, 29r–38r and 125r–132r, respectively.

[87] *1 Corinthians*, 159r–196r.

[88] *1 Corinthians*, 255v–280v.

[89] *Romans*, 517–575.

[90] *1 Corinthians*, 77r–85r.

[91] The standard text is still, Jacques Le Goff, *La naissance du Purgatoire*, Bibliothèque des Histoires (Paris: Gallimard, 1981); English translation: idem, *The Birth of Purgatory* (London: Scolar Press, 1984).

[92] Impressive is Lombard's, PL 191:1554–1561. For variation, see, Theophylact, PG 124:603; also Carolingians, like Haymo, were content to set out both Augustine's reading (via Gregory) and Ambrosiaster's, moving from the one to the other with the little word "aliter," PL 117:524–626; see also Rabanus Maurus, PL 112:34–39.

fied them) that cling to the ordinary Christians' obedience as being burned off, so to speak, by purgative fires.[93]

Vermigli opposes this reading of 1 Corinthians 3:10–15 and the doctrine of purgatory. Reflecting in some ways the rhetorically-and-philologically-informed interpretation of Erasmus,[94] the Italian argued the passage simply does not teach such a doctrine. His reading is also informed by that of Ambrose.[95] Vermigli's interaction with the Greek text and Greek manuscripts of the Pauline letter can be seen in his handling of 1 Corinthians 3:13.[96] Likewise, his discussion of "It shall be revealed by fire" (v13), reveals Vermigli's rhetorical analysis in that he reminds his readers that gold, silver, precious stones, wood, hay, straw must be understood *per allegoriam*.[97] Similarly, Vermigli's interaction with tradition is on display. Throughout his exposition, he interacts with Ambrose, Augustine, Chrysostom, Justin Martyr, Marcion, Jerome, Boniface, Bernard,

---

[93] Augustine presumes the existence of three different classes of people: the wicked, who are sent to hell; the saints, who enter heaven; and ordinary Christians, who must be purged in purgatory; for Augustine's development of this doctrine, see: Peter Brown, *The Ransom of the Soul: Afterlife and Wealth in Early Western Christianity* (Cambridge, MA: Harvard University Press, 2015). Augustine declares that purgatory could refer to the day of judgement and fires of purgatory or to the providential difficulties experienced in this life, or to both. He asserts these views in various places in his writings, see, *Enchiridion ad Laurentium*, chapters 67 and 68 (for example); for a full discussion, see Le Goff, *The Birth of Purgatory* (see n. 91), 57–61 *et passim*. It should be noted, however, that Aquinas is still quite willing, in his exposition of this passage, to allow for more flexibility; offering, for instance, that "the day of the Lord" could be three different things; *Divi Thomas Aquinas ... commentaria in omnes D. Pauli Apos: Epistolas: Nunc primum ... expurgata ...* (Antverpiae 1620), 118.

[94] *Erasmus' Annotations on the New Testament; Acts – Romans – I and II Corinthians; Facsimile of the final Latin text with all earlier variants*, ed. Anne Reeve and Michael A. Screech, Studies in the History of Christian Thought 42 (Leiden: Brill, 1990), 446–447; see also, Cardinal Cajetan, *Epistolae Pauli et aliorum Apostolorum ad Graecam veritatem / castigatae, & per ... Thomam de Vio, Caietanum, Cardinalem ... iuxta sensum literalem enarratae ...* (Paris: Apud Hieronymum & Dionysiam de Marnef fratres ..., 1546), 110r–111r; cf. Jacques Lefèvre D'Etaples, *Epistolae divi Pauli apostoli / cum commentariis ... J. Fabri Stapulensis... Ad has ... adjecta ... Epistola ad Laodicenses : Epistolae ad Senecam sex ... Linus de passione Petri & Pauli* (Parrhisiis 1517), LXXXVIIr–LXXXVIIv; John Colet, *John Colet's Commentary on First Corinthians; a critical edition and translation with text in English and Latin*, trans. Bernard O'Kelly; notes by Catherine Jarrott, Medieval and Renaissance Texts and Studies 21 (Binghamton, NY: Center for Medieval and Early Renaissance Studies, 1985), 104–108; Iohannes Gagnaeus, *Gagnaeus ioannem gagneium Parisinum theologum christianissimi francorum regis ecclesiasten & doctorem illustrate divi pauli apostoli epistolae brevissimis et facillimis scholiis* (Parisiis 1538), 30r–30v, as well as the expositions listed in footnote 66. For instance, Melanchthon, *Commentarius in epist. ad Corinthios*, CR 15:1067–69; CO 49:368–374; Wolfgang Musculus, *In apostoli Pauli ambas epistolas ad Corinthios commentarij / Editio vltima / summo studio relecta & ab erroribus vindicata, nec non indice rerum verborumq[?][ue] locupletissimo adornata* (Basel: Per Sebastianum Henricpetri, 1611), 38–42.

[95] *1 Corinthians*, 72v.

[96] *1 Corinthians*, 74v–75r.

[97] *1 Corinthians*, 75v. Although Vermigli says he explained the gold, silver, etc. to be allegorical, he did not (prior to this sentence). He did *imply* that they are allegories or figurative expressions of some kind but he did not assert this explicitly.

Francis, Dominique, Gregory, Scotus and Alcuin. Vermigli frequently engages in polemic. He contends, for instance, that gold, silver, precious stones, wood, hay, straw represent bad doctrines (the reading of Ambrose), and summarily rehearses some of them: enforced celibacy, imposed fasting, worship and invoking of the saints, and the mass.[98] He continues for some time critiquing the foundations of the Roman Catholic position. As he develops his understanding of the meaning and theological purpose of the pericope, Vermigli stresses the idea that the "fire" of verse 15 refers to a sorrowful conscience which is brought on by God's judgement.[99] Near the end of his exposition, he explicitly praises Erasmus who, in his *Annotations*, explains that this passage has nothing to do with purgatory.[100] Such discussion allows him to move into his *locus*.

4.4.1 Vermigli's Locus on Purgatory

This *locus* appears in Vermigli's *Loci Communes* in the ninth chapter of part three. Vermigli structures this locus after the manner of a scholastic. He raises arguments against his position before articulating his own position and responding to the errors of his theological opponents. Vermigli examines the question of whether purgatory is an article of faith.[101] He argues that the certainty needed to demonstrate that purgatory is rightly considered an article of faith cannot be found. This involves him in addressing a number of issues and questions. These can seem, at times, to meander rather far away from 1 Corinthians 3:1–15 (i.e. the text he is interpreting) but, I suggest, these maneuverers on his part are still a part of his expounding of the passage and its theological meaning and import.

Much of the work he must do to establish this is to interact with patristic authorities like Augustine and Cyprian, though here it also becomes apparent that Vermigli's knowledge of the history of the Christian church, church councils, and the like is extensive (he discusses *inter alia* the council of Florence and later the councils of Nicea and Ancyra in some detail). He turns to interact with patristic authorities because he has, he feels, dealt sufficiently with the idea that 1 Corinthians 3:1–15 might teach the doctrine (as we have seen above, he believes it does not). Building on the prior exegetical work he had completed, Vermigli labors here to demonstrate that Augustine entertained serious doubts concerning the existence of purgatory and also discusses the views of Dionysius the Areopagite on the topic.[102] Vermigli also discusses the doctrine by means of treating Plato and the poets.[103]

---

[98] *1 Corinthians*, 74v–75r.
[99] *1 Corinthians*, 76v.
[100] *1 Corinthians*, 77r.
[101] *1 Corinthians*, 77v.
[102] *1 Corinthians*, 79r.
[103] *1 Corinthians*, 79v.

Deepening his analysis, Vermigli analyses the ideas of satisfactions, oracular confession and indulgences – that is to say, elements associated with the rationale behind the idea of purgatory, namely, the notion that some kind of payment must be made by one who has sinned.[104] His handling of these, particularly the historical question of the rise of satisfactions, relies somewhat on Augustine but also brings Cyprian squarely into the picture. It reveals not only his knowledge of patristic literature but also of early church practice. He also addresses a few other points briefly, concluding that "Everything associated with this opinion is unsure."[105]

In bringing the *locus* to a close, he speaks to several additional topics as well, including prayer to the saints, prayer for the dead, and the tendency of some to want to accept as true everything the fathers teach.[106]

4.4.2 Vermigli's Locus on Adoption

This *locus* is shorter. It is not focused primarily on a theologically-disputed doctrine in the way the *locus* on purgatory is. It is also not set apart from the exposition of Romans 8. It appears in Vermigli's *Loci Communes* in the third chapter of part three.

Vermigli begins by defining adoption. He discusses it from a legal perspective, using Cicero briefly as an example as he examines its legal definition. Turning to look more at the biblical sense of adoption, Vermigli turns to the gospel of John, specifically John 1. Here he enters briefly into a dispute with "Sophists" about the question of the power needed to bring one to be adopted. Citing Augustine and John 3, Vermigli clarifies that it is a divine power that causes one to be adopted. He also criticizes the Jewish claim to adoption as children of God.[107]

Moving on from the definition, Vermigli addresses what a person is adopted from and into what she or he is transferred. Prior to adoption, he argues all are children of the devil, of wrath, of darkness, of the world, and of destruction. One's adoption takes them out of the clutches of such dangers, and into the household of God. Vermigli addresses the nature of this "sonship," working to distinguish it from Arrian views which hold that Jesus himself was a created being (and in this way shared an adoption not dissimilar to the one believers enjoy). He curiously uses an example from Alexander the Great to both confirm the marvel of adoption to be Christ's brothers and sisters and also to distinguish believers from Jesus' familial relationship to God the Father.[108]

---

[104] *1 Corinthians*, 79v–82r.
[105] *1 Corinthians*, 81v.
[106] *1 Corinthians*, 84r. Again, for Vermigli on the fathers, see Polman, *L'élément* (see n. 51), 121–124 and Wright, "Exegesis" (see n. 57), 117–130.
[107] *Romans*, 287–288.
[108] *Romans*, 289.

Finally, Vermigli turns to discuss what is given to the believer by virtue of being adopted. He reminds Christians they have the privilege of calling God their Father. This returns Vermigli to the law and, specifically, the legal status of those who are adopted. It also elicits from Vermigli criticism of the Roman Catholics, whose soteriology stands resolutely against the benefits which, Vermigli has just argued, belong to the believer by virtue of adoption.[109]

5. Conclusion

Vermigli was, as I have tried to demonstrate here, a brilliant, extraordinarily knowledgeable, and careful interpreter of the Apostle Paul. His attention to philology, rhetorical tropes and literary devices, his concern to articulate his interpretation by means of dialogue with both classical and patristic literature, and his aim to state plainly the meaning and theological purpose of the Pauline texts resulted in the production of an exegetical corpus that was at once learned, pious, and intensely polemical.

The intensity of his polemic can occasionally be overwhelming for the modern reader. He raises – at times it almost appears randomly, as if something simply occurred to him as he was speaking – issues arguably only tangentially associated with the text he is expounding but issues which he feels he must treat in order to strike a blow against the Roman Catholics, Anabaptists, or other opponents. Yet he invariably returns to the major themes associated with the biblical text he is reading. This polemical practice, it should also be said, was not out of step with the character of his age.

---

[109] *Romans*, 290.

Early Anabaptists and the Pauline Tradition

Alicia J. Batten

1. Introduction

Although there is substantial research on early Anabaptist biblical hermeneutics, little sustained scholarship exists centering upon Anabaptism and Paul. R. Emmet McLaughlin's 2009 essay on the topic postulates that perhaps a reason why the Anabaptist use of Paul has received scant attention is the fact that these "radical reformers" especially cherished the Gospels, particularly the Gospel of Matthew.[1] In addition, it is worth mentioning that the Letter of James, of which Martin Luther wrote quite disparagingly at certain points, was a popular text among Anabaptists.[2] As other contributions to this volume make clear, Luther and many other magisterial reformers were famously attached to Paul, and therefore one might wonder if Paul would be someone the more radical reformers would prefer to avoid? A survey of their writings, however, indicates that they did not avoid the apostle at all; they simply engaged with his letters differently.[3]

Historians of Anabaptism will point out how diverse this movement was, and such diversity reflects itself in the varying ways in which they interpreted the Bible.[4] When it comes to the use of Paul, there are certainly points of consistency, but also differences that lead to significant consequences. In his study, McLaughlin explores the use of Paul's letters by Swiss and South German Anabaptists, as well as by Pilgrim Marpeck, a second generation Anabaptist also active in the south of Germany. In addition, the essay includes some discussion of Peter Riedemann's Confession of Faith, which he composed in the early

---

[1] R. Emmet McLaughlin, "Paul in Early Anabaptism," in *A Companion to Paul in the Reformation,* ed. R. Ward Holder, Brill's Companions to the Christian Tradition 15 (Leiden and Boston: Brill, 2009), 215.

[2] See Alicia J. Batten, "Early Anabaptist Interpretation of the Letter of James," *ASE* 34 (2017): 537–551. On the use of James during the Reformation, see Jason D. Lane, *Luther's Epistle of Straw. The Voice of St. James in Reformation Preaching,* Historia Hermeneutica. Series Studia 16 (Berlin: De Gruyter, 2018).

[3] Like other Christians in the 16th century, the Anabaptists did not distinguish between the disputed and undisputed letters of Paul. They also assumed that Paul wrote Hebrews.

[4] See John D. Roth, "Community as Conversation: A New Model of Anabaptist Hermeneutics," in *Essays in Anabaptist Theology,* ed. H. Wayne Pipkin, Text Reader Series 5 (Elkhart: Institute of Mennonite Studies, 1994), 35–50.

1540s while in prison. This Confession contributed significantly to Hutterite theology and practice and continues to inform Hutterite tradition to the present day.[5] McLaughlin's work illustrates how important the figure of Paul was for early Anabaptists, and explains how various texts in the Pauline letter tradition supported Anabaptist theological positions on topics including the central and vital role of the Holy Spirit, and controversial practices such as adult baptism.

This essay builds from McLaughlin's work, summarizing some of his insightful contribution then exploring a few Anabaptist writers and debates between Anabaptists that he did not examine. The essay then turns to the significance of the figure of Paul and his teachings for Anabaptists in the face of overt hostility. Although early Anabaptist hermeneutics tended to be Christocentric, the Pauline tradition served as a source of discipleship, meaning, and hope in a context of intense suffering and persecution.

2. Early Anabaptist Theology and Hermeneutics

Anabaptist beginnings are often marked by the year 1525 when Conrad Grebel, a well-to-do young man who had studied with Zwingli, and some of his like-minded companions began to practice adult baptism in Zurich. Switzerland became a centre of Anabaptism, as did Northwest and Southwest Germany, the Netherlands, Bohemia, and Moravia. The movement developed differently in the various regions. Persecution of individual Anabaptists and Anabaptist groups could also vary from place to place, although even as early as 1526, the authorities in Zurich imposed capital punishment on anyone espousing Anabaptist ideas and an Anabaptist named Feliz Manz was executed by drowning in 1527.[6] Some groups reflected a strong segregationist identity, as in Switzerland and Moravia, while others, such as those in the Netherlands, were less separate from broader society. Apocalyptic ideas were pervasive in 16th century Europe, and many Anabaptists shared them, believing that they were truly living in the end times. Moreover, Anabaptists were uncomfortable with the Constantinian collaboration of church and state, although their degree of opposition to this collaboration could vary. Many were committed to nonresistance, such as the martyr, Michael Sattler and his followers, some resisted paying taxes imposed by church-state authorities, while others were willing to remunerate established powers. Thus by the mid 16th century, distinct groups of Anabaptists, such as Mennonites and Hutterites, had already emerged.

---

[5] See *Peter Riedemann's Hutterite Confession of Faith*, ed. and trans. John J. Friesen (Walden, NY et al.: Plough Publishing House, 2019).

[6] See John D. Roth, "The Limits of Confessionalization: Social Discipline, the Ban, and Political Resistance Among Swiss Anabaptists, 1550–1700," *Mennonite Quarterly Review* 89 (2015): 517–537 (523).

As with any historiography, there are debates regarding how to describe and whom to consider as an Anabaptist during the nascent period.[7] Harold S. Bender was one of the first historians to delineate parameters for who constituted an early Anabaptist but he excluded some figures, such as those who led a rebellion to establish a theocracy in the city of Münster in 1534–1535, as well as other leaders including Balthasar Hubmaier, who was a *Schwertler* ("of the sword") Anabaptist.[8] Subsequent scholars have challenged elements of Bender's characterization, enlarging the range of people who could be classified as "Anabaptist" and categorizing the different Anabaptist movements according to three different traditions: the Swiss Brethren; the north German and Dutch Anabaptists; the south German/Austrian Anabaptists, and stressing the polymorphic dimension of Anabaptist beginnings.[9]

Although the diversity of these groups is still recognized, C. Arnold Snyder has more recently argued that it is possible to identify some common theological features of these early Anabaptists, even though differences emerged more distinctly over time. Using Balthasar Hubmaier's 1527 catechism,[10] Snyder points out that most of these reformers, coming as they did from Roman Catholic, Lutheran, or Reformed backgrounds, accepted the ancient creedal statements. However, they rejected the sacraments and the teaching authority of the Roman Catholic Church, adopting the principle of *sola scriptura*. They also accepted Luther's notion of justification by faith through grace, although they were firmly committed to free will, which meant that believers were free to respond to the offer of grace. This feature rendered their thinking closer to Roman Catholic medieval theology. Anabaptists also thought that true faith was visible through confession of sin and conversion, as well as obedience and love of God and neighbour through the power of the Spirit.[11]

Continuing to build from Hubmaier, Snyder identifies several other consistent features of early Anabaptism among the different groups despite their regional differences. As intimated above, they stressed the Holy Spirit's role in the

---

[7] For an overview of some of the historiography of early Anabaptism, see Geoffrey Dipple, "Radical Theology," in *T & T Clark Companion to Reformation Theology*, ed. David M. Whitford (London: Bloomsbury, 2012), 291–314.

[8] Harold S. Bender, "The Anabaptist Vision," *Mennonite Quarterly Review* 18 (1944): 67–88.

[9] See James M. Stayer, *Anabaptists and the Sword* (Lawrence, KS: Coronado Press, 1972); idem et al., "From Monogenesis to Polygenesis: The Historical Discussion of Anabaptist Beginnings," *Mennonite Quarterly Review* 49 (1975): 83–121.

[10] For Hubmaier's writings, see his *Schriften*, ed. Gunnar Westin and Torsten Bergsten, Quellen und Forschungen zur Reformationsgeschichte 29 / Quellen zur Geschichte der Täufer 9 (Gütersloh: G. Mohn, 1962). This essay uses an English translation that includes a scriptural index: *Balthasar Hubmaier: Theologian of Anabaptism*, ed. and trans. H. Wayne Pipkin and John H. Yoder (Walden, NY et al.: Plough, 2019).

[11] C. Arnold Snyder, "Beyond Polygenesis: Recovering the Unity and Diversity of Anabaptist Theology," in *Anabaptist Theology*, ed. Pipkin (see n. 4), 12–14.

maintenance of faith, but also its power to guide biblical interpretation. This aspect of their perspective meant that the illiterate peasant who yielded to the Spirit could interpret Scripture just as perceptively as anyone else could. In fact, if the Spirit guided a peasant's interpretation, their interpretation was true as opposed to the highly educated clerical figure who, lacking the Spirit, would only find "untruth and a dead letter."[12] Although Scripture was the main authority for Anabaptists, "divine authority was based on *Scripture and Spirit together,* rather than the *Scripture alone* of Protestantism."[13]

The ecclesiological dimensions of nascent Anabaptism stressed adult water baptism (not as a sacrament), which made visible the believer's willingness to yield to the church and to suffer for the sake of others. The church was essential as a community that nourished faith, furnished admonition when appropriate, worshipped together, and practiced communion as a memorial. Economic, social and political commitment to the church was necessary. Finally, Snyder observes that the notion of "baptism of blood" featured as an important characteristic, meaning that one had to die to the self and rise in Christ, and possibly suffer a martyr's death.[14]

While the above features were consistent among early Anabaptists, there were significant differences such that, as indicated, clear divisions emerged at an early stage. Snyder uses the model of a continuum in order to account, in part, for why certain boundaries between the different Anabaptist traditions solidified. For example, all Anabaptists thought that the Holy Spirit and Scripture were central, yet the manner in which they held these two things together varied. Some stressed the literal words of Scripture over the spirit, others (sometimes referred to as Spiritualists) prioritized the spirit over the letter (although the letter remained essential), while still others had a prophetic and apocalyptic approach that certainly valued Scripture (especially apocalyptic texts) but also special revelation received by the believer.[15] Given that so many people in sixteenth century Europe perceived that they were living in the end times, this latter emphasis of some Anabaptists is not surprising. One can appreciate, however, that where a group stood on this continuum could affect which biblical texts its members would prioritize as well as how they would interpret them.

A few more comments about early Anabaptist approaches to Scripture are important to mention. Unlike most other reformers, who limited the biblical canon to the texts written in Hebrew and Greek, many Anabaptists kept the Vulgate as their canon,[16] and considered the Apocrypha as equivalent to the rest

---

12 Snyder, "Beyond Polygenesis" (see n. 11), 18.
13 Snyder, "Beyond Polygenesis" (see n. 11), 13.
14 Snyder, "Beyond Polygenesis" (see n. 11), 16.
15 Snyder, "Beyond Polygenesis" (see n. 11), 18–19.
16 For example, Hubmaier retained the Vulgate. See Martin Rothkegel, "The Living Word:

of Scripture.[17] It is worth repeating that these people did not privilege the per-spective of the educated theologian or exegete over the spirit-filled interpreta-tion of the committed believer. Such mistrust of expertise was driven in part by the anticlericalism of the movement.[18] Anabaptists also distinguished between the Inner and Outer Word of God. "Inner" and "Outer" referred to the "writ-ten and unwritten Word of God,"[19] drawing from ancient Christian traditions of listening to the "inner voice" or "inner illumination." At the same time, they deemed written (and preached) Scripture essential. Yet there could still be con-siderable variation among them, with some placing more value on the spir-it-filled authority of a charismatic leader (such as Melchior Hoffman, for exam-ple) and others practicing communal congregational interpretation.[20] The mod-el of Jesus's life and teachings was central to interpretation, but it would not be fair to say that there was a clear-cut privileging of the New Testament over the Old Testament, at least not for first generation Anabaptists. During the take-over of Münster (1534–1535), for example, the leaders made some of the practic-es described in the Old Testament, such as polygamy, compulsory. Over time, however, a Christocentric approach to Scripture became dominant, which in-cluded a certain prioritizing of the New Testament over the Old, at least for many Anabaptists.[21] Indeed, some Anabaptists interpreted Paul's discussion of the γράμμα, which kills (2 Cor 3:6) and the πνεῦμα, which gives life, to be refer-ring to the Old Testament and New Testament respectively.[22] In addition, and central to Anabaptist identity and hermeneutics was the inextricability between interpretation and life. In other words, correct reading and interpretation of the Bible was borne out by a life of discipleship.[23]

Uses of Holy Scriptures among Sixteenth Century Anabaptists in Moravia," *Mennonite Quarterly Review* 89 (2015): 357–404.

[17] See Jonathan R. Seiling, "Solae (Quae?) Scripturae: Anabaptist and the Apocrypha," *Mennonite Quarterly Review* 80 (2006): 5–34; James M. Stayer, "The Varieties of Anabaptist Biblicism: The Weight of the Old Testament and the Apocrypha in Several Sixteenth-Century Anabaptist Groups," *Mennonite Quarterly Review* 88 (2014): 365–372.

[18] See Dipple, "Radical Theology" (see n. 7), 303.

[19] Wilhelm Wiswedel, "The Inner and Outer Word: A Study in the Anabaptist Doctrine of Scripture," in *Anabaptist Theology*, ed. Pipkin (see n. 4), 51.

[20] See Stuart Murray, *Biblical Interpretation in the Anabaptist Tradition*, Studies in the Believers Church Tradition (Kitchener, ON: Pandora Press; Scottsdale, PA and Waterloo, ON: Herald Press, 2000), 187.

[21] For discussion of a 1571 debate between Swiss Brethren from Frankenthal and Reformed Church leaders from the Palatinate regarding the relationship of the Old Testament to the New Testament, see Leonard Gross, "'Whether Writings of the Old Testament Are as Valid for Christians as Those of the New': Swiss Brethren Perspectives," *Mennonite Quarterly Review* 88 (2014): 373–392.

[22] See William Klassen, "Anabaptist Hermeneutics: The Letter and the Spirit," in *Essays in Biblical Intepretation. Anabaptist-Mennonite Perspectives*, ed. Willard M. Swartley, Text-Reader Series 1 (Elkhard, IN: Institute of Mennonite Studies, 1984), 80.

[23] Roth, "Community as Conversation" (see n. 4), 36–37.

3. Anabaptist Theology and Pauline Tradition

The apostle Paul modelled this life of discipleship, and his teachings aided in shaping and understanding it. In surveying some of the Swiss and South German Anabaptists, McLaughlin notes the popularity of Paul's letters to the Romans and Galatians. What he finds is that although these two Pauline letters were cited often, the radical reformers "carefully ignored or sidestepped the key Protestant teachings on justification, faith, works and law in order to focus on what seems tangential …[or] could serve to reinforce claims based on other parts of Paul."[24] Not surprisingly, Paul's stress on the "spirit" resonated with many, as well as verses that centred upon discipleship and conformity to Christ such as Romans 8:29. In addition, sections of Romans, such as 1:17, 6:4 and 10:10, were employed to wage arguments against infant baptism as Anabaptists interpreted these verses to mean that faith and/or confession was required prior to baptism. As McLaughlin says, Paul's letters furnished the Anabaptists with some of the strongest arguments against infant baptism partly because it was precisely these scriptures, which were so precious to their opponents.[25]

Anabaptists interpreted other letters in the Pauline tradition in support of their particular theological and practical commitments. For instance, they used 1 Corinthians 11:23–29 to counter claims of the real presence in the Eucharist.[26] Paul Glock, who became a Hutterite Anabaptist, and others, read Ephesians 2:1–3 as support for a very clear division between the Anabaptists and other Christians. Here, the "sons of disobedience" in Ephesians 2:2 are associated with Lutherans and "papists" who, as Glock says, "are wrong, and not a church of Christ but of the devil."[27] And perhaps not surprisingly, some Anabaptists identified the "anti-Christ" of 2 Thessalonians 2:3 with some of these Christians, especially the papacy.[28] For example, the second generation Anabaptist, Pilgrim Marpeck, associated this "lawless one" with the papacy, but as McLaughlin points out, he also applied other elements of 2 Thessalonians 2 to Anabaptists with whom he disagreed, especially the Radical Spiritualists.[29]

A variety of passages from Paul's letters figured importantly as the boundaries between Anabaptist groups became sharper. Although Marpeck, for exam-

---

[24] McLaughlin, "Paul in Early Anabaptism" (see n. 1), 224.

[25] McLaughlin, "Paul in Early Anabaptism" (see n. 1), 221–222.

[26] See Pipkin and Yoder, *Balthasar Hubmaier* (see n. 10), 514.

[27] Paul Glock, "First Defense" in *Sources of South German/Austrian Anabaptism*, ed. C. Arnold Snyder, trans. Walter Klassen et al., Classics of the Radical Reformation 10 (Kitchener, ON: Pandora Press; Scottdale, PA: Herald Press, 2001), 313. See also, McLaughlin, "Paul in Early Anabaptism" (see n. 1), 226–227.

[28] Michael Sattler, "On the Satisfaction of Christ," in *The Legacy of Michael Sattler*, ed. and trans. John H. Yoder, Classics of the Radical Reformation 1 (Scottdale, PA: Herald Press, 1973), 118; McLaughlin, "Paul in Early Anabaptism" (see n. 1), 227.

[29] McLaughlin, "Paul in Early Anabaptism" (see n. 1), 234–235.

ple, criticized the practices and theologies of the magisterial reformers and Roman Catholics and sometimes attacked other Anabaptists, he also sometimes stressed Paul as "the Apostle of love" given the rifts that had developed among Anabaptists.[30] Verses such as 1 Corinthians 10:33 and 13, which appeal to the reader to seek the good of the neighbour and to love others, are prominent in his writings.[31] However, some Anabaptists also used Paul's letters to support specific practices, unique to their Anabaptist group. For example, the Hutterites upheld the community of goods. One of their leaders, Peter Riedemann, cites Paul's comments about the generosity of the Macedonian churches with regard to the collection in support of the communal life of the Hutterites,[32] which other Anabaptists opposed.

Although they refused to work for the state, the Hutterites interpreted Romans 13:1–7 to mean that they should respect secular government and pay taxes.[33] However, there were tensions and eventual splits within some Hutterite groups such as the Austerlitz Brethren in Moravia. One congregation disagreed with the larger Austerlitz community at least in part because of a commentary on Romans 13, written by a man identified as David from Schweinitz, in 1531. He argued that Emperor Charles V was illegitimate because he did not destroy the antichrist pope when he should have in 1527. According to David, God had withdrawn support for Charles V, and the emperor was being punished by God through the attacks by the Turks. The Austerlitz Brethren were willing to pay taxes in these efforts against the Turkish invaders. David did not object to paying taxes, but as he thought that Charles was no longer divinely appointed, he and his group could not support paying the tax, and seceded from the Austerlitz Brethren.[34]

Other Anabaptists such as Hubmaier and Menno Simons engaged Romans 13 in support of their position that one should pay tithes,[35] but Conrad Grebel had objected to taxes imposed by Roman Catholics to support the established church (whereas Huldrych Zwingli, although opposed to them in principle, had

---

[30] McLaughlin, "Paul in Early Anabaptism" (see n. 1), 229.

[31] See *The Writings of Pilgrim Marpeck*, ed. and trans. Walter Klassen and William Klassen, Classics of the Radical Reformation 2 (Scottdale, PA: Herald Press, 1978), 53–54, 248–249; McLaughlin, "Paul in Early Anabaptism" (see n. 1), 230.

[32] Friesen, *Peter Riedemann's Hutterite Confession of Faith* (see n. 5), 121–122.

[33] Friesen, *Peter Riedemann's Hutterite Confession of Faith* (see n. 5), 130–131, 136–137; McLaughlin, "Paul in Early Anabaptism" (see n. 1), 238. See also, Thomas N. Finger, *A Contemporary Anabaptist Theology. Biblical, Historical, Constructive* (Downer's Grove, IL: InterVarsity Press, 2004), 295.

[34] See Martin Rothkegel, "Pilgram Marpeck and the Fellows of the Covenant: The Short and Fragmentary History of the Rise and Decline of an Anabaptist Denominational Network," *Mennonite Quarterly Review* 85 (2011): 7–36.

[35] Pipkin and Yoder, *Balthasar Hubmaier* (see n. 10), 505; Menno Simons, "Appeals for Toleration," in *The Complete Writings of Menno Simons*, ed. John C. Wenger, trans. Leonard Verduin, (Scottdale, PA: Herald Press, 1956), 200.

been willing to make compromises[36]). Some Anabaptists also protested specific taxes that were imposed by the magisterial reformers; taxes that were even heavier than those levied by the Roman Catholic leaders.[37] The Swiss Anabaptists who produced the *Schleitheim Confession* in 1527 articulated their commitment to the ban, a rejection of the oath and of the sword, as well as their unswerving position that they should remain separated from the wickedness of the world, including from other reformers. This Confession, which has had a deep and abiding influence on many types of Anabaptism, states that the "rule of government is according to the flesh, that of the Christians according to the spirit. Their houses and dwelling remain in this world, that of the Christians is in heaven. Their citizenship is in this world, that of the Christians is in heaven."[38] The document rejects the political and ecclesiastical establishments of Switzerland and South Germany yet at the same time, these Anabaptists were committed to remaining peaceful and law abiding. Such a position was very difficult to maintain,[39] and in spite of their nonresistance, they were harshly persecuted.

There are other texts within the Pauline tradition over which Anabaptists differed in interpretation. Here I will address a later but quite significant example, which transpired at the end of the 17th century. In this case, Anabaptists in Switzerland, many of whom had experienced persecution (and some had fled the country), were living quietly in rural areas of the region. In 1693 the pastor Jakob Ammann was sent from Alsace to the Emmental in Bern to investigate the degree to which the churches there were following the *Ordnung*, or church discipline, and remaining separate from the world as stipulated by the *Schleitheim Confession*. Ammann was disturbed by the fact that some Anabaptists were remaining active within their congregations while also attending and taking communion in nearby Reformed churches. On the basis of 1 Cor 5, in which Paul states that members of the Corinthian church should not eat with other members who are immoral, he argued that such people who participated so flagrantly and "unrepentantly" should be shunned, consistent with the principle of the ban.[40] Of course, the use of 1 Cor 5 in discussions of the ban was not

---

[36] See "Zwingli's Treatise on Rebels and Rebellion," in *The Sources of Swiss Anabaptism. The Grebel Letters and Related Documents*, ed. Leland Harder, Classics of the Radical Reformation 4 (Walden, NY et al.: Plough, 2019), 316.

[37] See Thomas Heilke, "Locating a Moral/Political Economy: Lessons from Sixteenth-Century Anabaptism," *Polity* 30 (1997): 199–229.

[38] "Brotherly Union of a Number of Children of God. Concerning Seven Articles" [The Schleitheim Confession], in Yoder, *The Legacy of Michael Sattler* (see n. 28), 40.

[39] See Gerald Biesecker-Mast, "Anabaptist Separation and Arguments Against the Sword in the Schleitheim *Brotherly Union*," *Mennonite Quarterly Review* 74 (2000): 381–402.

[40] See Kirk R. MacGregor, "Biblical Inerrancy, Church Discipline, and the Mennonite-Amish Split," *JETS* 60 (2017): 583. For the primary sources pertaining to the development of the Amish, see *Letters of the Amish Division: A Sourcebook*, ed. and trans. John D. Roth, 2nd ed. (Goshen, IN: Mennonite Historical Society, 2002).

new, and it appears in older Anabaptist writings on the topic.[41] However, early Anabaptists did not consistently agree as to what Paul was saying as evident in the debate Ammann was about to have.

In contrast to Ammann's position, a Mennonite pastor named Hans Reist contended that the fact that an Anabaptist had "lapsed" should not result in their shunning by the community. Reist was not against the disciplining of such members, but he rejected the total shunning of the person, drawing upon the teaching in Matt 15:11, which stipulates that it is not what enters the mouth that defiles a person, but what exits. Reist's Christocentric approach to Scripture – a common characteristic of Anabaptist hermeneutics – did not mean that he did not take 1 Cor 5 seriously, however. Rather, he reasoned based on Jesus' teachings and example, that although unrepentant people should be banned (Matt 18:15–2), Jesus demonstrates that one can eat with sinners (such as tax collectors and sinners in Matt 9:10–13). One cannot contract impurity simply by sharing a meal (Matt 15:11). Therefore, in Reist's view, there is nothing wrong and no danger posed by eating with a banned person or a known sinner. To be sure, 1 Cor 5:11 exhorts believers not to eat with members who are openly engaging in sin. But as 1 Cor 5:7–8 describes Jesus as a Passover lamb – a symbol of the Lord's Supper – so 1 Cor 5:11 is a reference to the Lord's Supper. Thus, believers should not share the Lord's supper with others who are committing sin, including those who are banned, but it does not mean that fraternization with such people is completely out of the question.[42]

Ammann took a very different view. He read 1 Cor 5:11 not as a reference to the Eucharist but to eating meals in general. He also interpreted Matt 18:11 within the overall context of Matt 18:15–20 to mean that those who refuse to listen to the church must be treated as tax collectors and Gentiles and one should not interact with them. That Jesus ate with tax collectors and interacted with Gentiles, and that he uttered the words from Matt 15:11, are irrelevant to what Paul teaches in 1 Cor 5. Therefore, thought Ammann, one should not associate in any manner with a banned person or with someone who is openly engaging in sin.[43]

The dispute between Reist and Ammann went back and forth for some time, with followers on both sides. However, reconciliation did not ensue, and by 1700, it was clear that a split would occur and to this day, the Amish remain a distinct group within the Anabaptist fold. To be sure, the larger historical context of persecution, the significance of relationships with Reformed neighbours, many of whom assisted the Anabaptists, and the general intellectual climate all

---

[41] For a discussion of a recent discovery of a 16th century manuscript on the topic of the ban by Anabaptist Thomas Meyer, which references 1 Cor 5, see Roth, "The Limits of Confessionalization" (see n. 6), 533–535.

[42] See MacGregor, "Biblical Inerrancy" (see n. 40), 587. See Roth, *Letters* (see n. 40), 48.

[43] See Roth, *Letters* (see n. 40), 32–35; MacGregor, "Biblical Inerrancy" (see n. 40), 589–590.

contributed to this break, but it is noteworthy that a Pauline text played an important role within the complex dynamics of these deliberations. Although both Ammann and Reist were committed to the notion that Scripture could not be wrong, they came to very different conclusions in their readings of 1 Cor 5, which in turn, had an enduring impact upon the Anabaptist tradition.

Pauline tradition thus contributed significantly to early Anabaptist theology and practice, despite the fact that they did not always agree with how to interpret Pauline texts, leading, in some cases, to significant schism. Moreover, McLaughlin states that the Anabaptists adopted a greater Pauline perspective than the other reformers because their own experiences were more akin to those of Paul, his close associates, and the people who participated in ancient Christ groups. The Anabaptists were often small gatherings of people, many of whom faced maltreatment, torture, death, and exile; they resonated with the perception that the Pauline Christ groups also faced hostility and alienation from the larger society. Anabaptists sensed that they met some of the same obstacles that Paul had to confront, living as he did within the context of first century Rome. They viewed him as a "model disciple," for "[c]onforming to Christ rather than the world was central to both first century Christians and sixteenth century sectarians."[44] In the latter part of this essay, therefore, I attempt to demonstrate ways in which the Pauline tradition were meaningful to Anabaptists as they faced antagonism and brute violence from the larger societies in which they lived.

4. Persecution and Pauline Tradition

As we have seen, Anabaptists encountered opposition not long after Grebel and his friends engaged in "re-baptism." Martyrdom soon became fierce reality for many. After imprisonment, men and women were often questioned, tortured, and if they did not forsake their Anabaptist commitments, executed usually by burning, drowning, or sometimes being buried alive. These experiences became embodied examples of the many scriptural texts that engage themes of suffering. Biblical examples shaped their notion of committed discipleship, which could, if necessary, lead to physical death. As Brad S. Gregory has written:

It is impossible to exaggerate the power of such words for committed Anabaptists. The cumulative effect of hundreds of such passages made clear that discipleship implied rejection by the world and suffering in the master's footsteps, but also that steadfastness was rewarded by eternal life. Properly understood, hardship and even death suffered for the truth were to be embraced and gave cause for rejoicing ... Paul and Barnabas encouraged early disciples by telling them 'It is through many persecutions that we must

---

[44] McLaughlin, "Paul in Early Anabaptism" (see n. 1), 228.

enter the kingdom of God' (Acts 14:22). Paul told Timothy that 'all who want to live a godly life in Jesus Christ will be persecuted' (2 Tim 3:12).[45]

Paul's letters, as well as the Book of Acts[46] render explicit the apostle's hardships, including physical beatings, imprisonment, and opposition from those both within and outside of the church. Although they were in a different context, Anabaptists could relate in some ways to Paul, when they were arrested and imprisoned, interrogated and tortured, and ultimately horrifically executed for their Anabaptist commitments. Although Christ was the ultimate model of suffering, death, and resurrection, the fact that many letters within the Pauline tradition address suffering, that they sometimes contrast the brevity and pain of life on earth versus the glory of eternal life, and that they stress the centrality of the resurrection, made them deeply meaningful to people enduring state persecution. All of these features of the Pauline letter tradition combined rendered Paul a compelling voice informing Anabaptist theology and practice, a model of how to persevere, and a source of comfort and hope in the face of terror.

For example, the main 16th century organizer of Anabaptism in the Netherlands, Menno Simons, wrote of the suffering and death of Jesus, of various figures within the Israelite tradition, including kings and prophets, of John the Baptist, then Stephen, then Paul and other apostles. In his description of Paul, Simons summarizes aspects of Paul's biography, including some of his preaching and his narrow escapes from those who sought his capture. Simons subsequently writes:

Many a time was he [Paul] imprisoned, thrice was he scourged with rods, he was stoned once, in Ephesus he was cast to wild beast. Then at last after inconceivably many travelings and afflictions from one land to another, after much endured nakedness, cold, heat, thirst, hunger, labor watchings, cares, dangers, and anguishes, he was seized by the Jews at Jerusalem and was scourged, and accused before the judges. Men vowed to take his life. He was captured in Caesarea, and after his appeal he arrived, after many experiences and shipwreck, at Rome. There he was brought before the emperor, and at last under Nero, the most bloodthirsty of tyrants, he was executed by the sword and was compelled to yield up his soul and surrender his life.[47]

Simons has drawn from the Acts of the Apostles as well as extra canonical traditions about Paul such that he vividly describe the sufferings of the apostle in order to provide another biblical example that buttresses his conviction that his brothers and sisters may have to endure great trials, and even death. For Simons,

---

[45] Brad S. Gregory, "Anabaptist Martyrdom: Imperatives, experience, and marginalization," in *A Companion to Anabaptism and Spiritualism, 1521–1700*, ed. John D. Roth and James M. Stayer, Brill's Companions to the Christian Tradition 6 (Boston: Brill, 2006), 470.

[46] The early Anabaptists did not question the historicity of the Book of Acts in the manner that modern scholarship does.

[47] Menno Simons, "The Cross of the Saints," *The Complete Writings of Menno Simons*, ed. Wenger (see n. 35), 594–595.

these examples manifest concrete examples of those who have "pressed into the true and promised land and into eternal glory through this lonely wilderness, through this narrow, shameful, and bloody way of all miseries and crosses and sufferings,"[48] just as he thought that his contemporary Anabaptist sisters and brothers may need to do.

Another important source stresses Paul as a crucial voice in the context of persecution. The biblical concordance of the Swiss Brethren, compiled between 1520 and 1540 and published in multiple editions throughout the 16th and 17th centuries, lists references to Scripture under topical headings.[49] Texts in the Pauline tradition are well represented throughout. Under the topic of "persecution," various references from the Old Testament, the Apocrypha, as well as the Gospels are listed, but also many chapters from Acts that feature Paul and his trials. The latter are associated by the statement from Acts 14:22: "Through much affliction we must enter the kingdom of God."[50] The concordance then lists references to various "Pauline" letters that evoke the theme of suffering and cites Phil 1:19, in which Paul writes that the Philippians must not only have faith in Christ but also suffer for his sake. It then includes several other passages attributed to Paul, and provides another quotation, that all who want to live a godly life in Christ Jesus will be persecuted (2 Tim 3:12). In this source, Paul's example and his teachings furnished significant models for how early Anabaptists were to endure persecution.

The most famous book associated with early Anabaptism is probably *The Bloody Theater or Martyrs Mirror of the Defenseless Christians.*[51] This is a huge tome, compiled in the 17th century from a range of sources by a Flemish Mennonite from Dordrecht, Thieleman J. van Braght. It consists of over 1000 pages that contain a variety of materials. Part one includes a preface, introduction, confessions of faith, a treatise on the true church, then stories of baptisms and martyrdoms up to the 15th century. In part two there are accounts of Anabaptist martyrs in the 16th and 17th centuries, including transcripts of interrogation sessions, details of their tortures, and descriptions of executions. The book was published in multiple editions, first in Dutch, then in German and English. During the eighteenth century, immigrants brought the book to North America, translated the text to English eventually, and the text became a defining feature of most Mennonite homes, particularly those of Swiss and German ancestry. Historians claim that for Anabaptist-Mennonite groups of Swiss and

---

[48] Simons, "The Cross of the Saints" (see n. 47), 595.

[49] *Biblical Concordance of the Swiss Brethren*, ed. C. Arnold Snyder, trans. Gilbert Fast and Galen A. Peters, Anabaptist Texts in Translation 2 (Kitchener, ON: Pandora Press; Scottdale, PA and Waterloo, ON: Herald Press, 2001).

[50] Snyder, *Biblical Concordance* (see n. 49), 21.

[51] Thieleman J. van Braght, *The Bloody Theater or Martyrs Mirror of the Defenseless Christians*, trans. Joseph F. Sohm, 5th ed. (Scottdale, PA: Mennonite Publishing House, 1951).

South German backgrounds, the *Martyrs Mirror* "succeeded more than any other text, with the exception of the Bible, in defining and strengthening a church as it established itself in a new and strange land."[52]

van Braght drew from a range of sources, incorporating Eusebius' *Church History*, various Dutch martyr books, as well as court documents, transcripts, and letters that people had written prior to their execution. Many of the accounts and letters were copied directly from the archival sources.[53] The compilation emphasizes two central themes for Anabaptist identity – believer's baptism and nonresistance[54] – and it does not include all of the Anabaptists who were martyred because not all of them embodied such an identity. The tome is not without factual errors, sometimes names are incorrect, and the martyrdoms are not dispassionate accounts, free from interpretive creativity. However, in the introduction van Braght describes the methods he used to compile the materials, and credits the previous martyrologies from which he has drawn, as well as other texts that he used. Sarah Covington claims that he was a "careful compiler of documents, even if his undertakings did not reach the full critical levels of a modern historical method."[55] van Braght published the first edition of the book in 1660, and died in 1664, but a second, slightly revised and illustrated edition was published in 1685. The illustrations were by the Mennonite artist Jan Luyken, who himself had never witnessed a martyrdom, but based his powerful and detailed illustrations on the texts themselves.

In book one, van Braght summarizes the biblical stories of martyrdoms, with a particular focus on stories and characters from the Israelite tradition, including the Maccabean martyrs.[56] There is more focus on the Old Testament narratives than those of the New Testament. Such an emphasis may in part be because from the beginning of their movement, Anabaptists were under attack because they were perceived as new and strange and thus "history and historical accuracy ... mattered to van Braght."[57] But of course he does tell the story of Paul from the Acts of the Apostles, and inserts passages from Paul's letters in which the apostle describes his physical sufferings (2 Cor 11:24–27) and makes reference to fighting beasts at Ephesus (1 Cor 15:32). van Braght then states that according to "ancient records [Paul] was then beheaded at the command of

---

[52] Sarah Covington, "Paratextual Strategies in Thieleman van Braght's 'Martyrs' Mirror'," *Book History* 9 (2006): 1–29 (24).

[53] John D. Roth, "The Complex Legacy of the *Martyrs Mirror* among Mennonites in North America," *Mennonite Quarterly Review* 87 (2013): 277–316 (289).

[54] Roth, "The Complex Legacy" (see n. 53), 291.

[55] Covington, "Paratextual Strategies" (see n. 52), 14.

[56] As mentioned, the early Anabaptists drew heavily from the Old Testament Apocrypha and thus we encounter stories of the Maccabean martyrs in the *The Bloody Theater*. See Loren L. Johns, "Reading the Maccabean Literature by the Light of the Stake: Anabaptist Appropriations in the Reformation Period," *Mennonite Quarterly Review* 86 (2012): 151–173.

[57] Covington, "Paratextual Strategies" (see n. 52), 15.

Nero, outside of Rome, on the road that leads to Ostia, called the *Via Ostiensis*, where the Romans used to have their place of execution, in the last year of Nero, or about A.D. 69,"[58] and cites a range of sources that he has used for this information. In the illustrated edition, there is plate featuring Paul, blindfolded and kneeling, as the executioner draws his sword.[59]

Portions of Paul's letters and accounts of Paul from Acts appear consistently throughout van Braght's opus.[60] I will focus on a selection of letters from various Anabaptists who wrote to their families and acquaintances prior to their deaths. These sources, which were carefully integrated within the volume by van Braght, are littered with various biblical references, often listed at the end of a sentence. Paul's words, either directly cited or paraphrased,[61] regularly appear in these letters indicating that his was a very meaningful voice to people as they contemplated their commitments and their approaching death.

For example, Cornelis the shoemaker was imprisoned and eventually burned at the stake in Antwerp in September, 1567. While in bonds, he wrote to his wife, exhorting her to persevere and hold fast to faith. He alludes to 2 Cor 4:7, and the "treasure" that has been given to us that no one can remove, and to 2 Cor 4:16–18 wherein Paul speaks of the "outward" nature that is wasting away while the "inward" nature undergoes daily renewal. Cornelis perceives their suffering as "our light affliction, which is but for a moment, [which] worketh for us a far more exceeding and eternal weight of glory; while we look not at the things which are seen, but at the things which are not seen, for these are eternal."[62] A little later in the text he urges his wife to "put off the old man, and put on the new man, and deny ungodliness and worldly lusts; be transformed by the renewing of your mind, and you will have part in the resurrection," advice that combines various texts and ideas in the Pauline tradition.

Directly after Cornelis' letter, van Braght provides information about one Jacques Mesdagh, who was also burned at the stake with three others, at Kortrijck, Flanders, in November, 1567. What follows is a lengthy letter from Mesdagh to his sister, Susannah. Mesdagh appeals to a variety of scriptures throughout this appeal, including many texts in the Pauline tradition. He assures his sister, using Paul's words, that if "our earthly house of this tabernacle

---

[58] van Braght, *The Bloody Theater* (see n. 51), 85.

[59] van Braght, *The Bloody Theater* (see n. 51), 82.

[60] Sometimes there are references to Paul's letters (and other scriptural texts) in the accounts of interrogations of various arrested Anabaptists. In general, these early Anabaptists were immersed in Scripture, and drew upon them regularly in order to defend their positions when questioned by opponents. See Gregory, "Anabaptist martyrdom" (see n. 45).

[61] Sometimes the references may be vague because the writer did not have a copy of the Bible while in prison. On this feature of martyrological accounts, see Erin Lambert, "Friction in the Archives: Storytelling in Sixteenth-Century Anabaptism," *Renaissance and Reformation/Renaissance et Réforme* 41 (2018): 113–138 (133).

[62] van Braght, *The Bloody Theater* (see n. 51), 713.

were dissolved, we have a building of God, a house not made with hands, eternal in the heavens, whose builder and maker is God. 2 Cor 5:1; Heb 11:10." On the same page he cites from 2 Tim 3:12; a text that was featured within the Swiss Brethren concordance section on persecution, and he stresses that one must not only believe in Christ but suffer for his sake (Phil 1:29).[63] Using Paul (2 Cor 1:5), Mesdagh reflects upon Christ's sufferings, but also the consolation that Christ gives, and he reminds his sister of how life on earth is very short compared to eternity:

... for Paul says, 'I reckon that the sufferings of this present time are not worthy to be compared with the glory which shall be revealed in us; for our light affliction, which is but for a moment, worketh for us a far more exceeding and eternal weight of glory; while we look not at the things which are seen, but at the things which are not seen: for the things which are seen are temporal; but the things which are not seen are eternal. Rom 8:18; 2 Cor 4:17–18.[64]

Paul's teachings appear to have been a solace to this man, languishing as he was in prison, persevering in his faith in light of what he knew awaited him.

The execution of Jacob van den Wege occurred at Ghent in 1573. He composed multiple letters to his family and to his Anabaptist brothers and sisters, but his letter to other inmates reflects a particular density of Pauline references. Again, Phil 1:29 appears, followed by van den Wege's comment that "the sufferings of this world are not worthy to be compared with the glory which shall be revealed to us ... ."[65] He reminds his fellow prisoners of Paul's teaching that Christ "shall change our vile body, that He may fashion it like unto His glorious body" (Phil 3:20–21), and that they shall be caught up in the air to meet Christ, to inherit eternal life, and that Christ will fill their hearts with joy, comfort them, make them glad after tribulation, and wipe their tears ... (1 Thess 4:17).[66] While likely thinking about his own imminent death, van den Wege found in Paul's letters wisdom that he employed to console other captives.

5. Conclusion

Despite their Christocentric approach to Scripture and the fact that some of Paul's letters were central to the theological emphases of many of their opponents, the apostle Paul and the literature attributed to him were vital for the early Anabaptists. They found, in Paul's letters, a basis for some of their most important emphases, such as believer's baptism, the importance of the Holy Spirit, and the rejection of the real presence in the Eucharist. Some of the texts

---

[63] van Braght, *The Bloody Theater* (see n. 51), 716.
[64] van Braght, *The Bloody Theater* (see n. 51), 717.
[65] van Braght, *The Bloody Theater* (see n. 51), 975.
[66] van Braght, *The Bloody Theater* (see n. 51), 976.

in the Pauline tradition inform their attitude towards separation from other Christians, as well as how to discipline those within their own congregations.

As we have seen, the early Anabaptist movement was diverse, developing in different ways throughout Europe in the 16th century. Not surprisingly, they sometimes disagreed about how to interpret elements of the Pauline tradition, especially when it came to the specific questions of paying taxes, the issue of sharing of communal goods, or whether or not one could associate with a member who was openly sinning. The latter disagreement resulted in the eventual split with the followers of Jacob Ammann at the beginning of the 18th century.

But during the period of heavy persecution, Paul, along with many other voices in the Bible and within the Christian tradition, remained quite consistently a model and teacher of discipleship and a source of wisdom and hope for these suffering people. I have only included a small sample of voices from *The Bloody Theater*. However, these voices demonstrate what a source of consolation and encouragement Pauline traditions were to a persecuted people.

Early Basel Readings of Romans

Wolfgang Capito and Johannes Oecolampad[*]

Ueli Zahnd

The Christian tradition knew, since ever, of several approaches to know God. As a book religion, the most prominent source of divine knowledge was Scripture, of course. But there were other sources to gain knowledge of God, such as direct inspiration, ecclesiastical tradition based on inspiration and transmitted by reliable teachers, or the old idea that God had revealed himself in what was called 'the book of nature': since nature was considered a work of God the creator, it was thought to bore his vestiges that were discoverable by human beings endowed with natural reason. In a sermon on Matthew, Augustine explained: "The appearance of creation is itself a great book of sorts. [...] God, for that you know him, did not make letters in ink; he put in front of your eyes the very things that he made. Can you ask for a louder voice than that?"[1]

As old as these traditions of knowing God were, so were the discussions of knowing whether they were theologically appropriate. Would they provide a reliable knowledge of God? Most clearly, this discussion was at the core of the Reformation with its renewed emphasis on *sola sciptura*, that opposed the exclusive authority of Scriptures to ecclesiastical tradition and natural reason.[2] Yet, as obviously as this principle might belong, in today's retrospective, to the very core of the Reformation movement, its establishment in the early 16th century was itself the result of debates, considerations, and intellectual negotiations that had to be fought out between adherents of the different approaches to divine knowledge. These debates not only took place between defenders of the old and the reformed faith, put also on a level internal to the protestant movement between Lutherans, Zwinglians, Karlstadtians, Erasmians, or Anabaptists, to the

[*] This study was funded by the *Swiss National Science Fundation* as part of the project 192703, *A Disregarded Past. Medieval Scholasticism and Reformed Thought.*

[1] Augustine, *Sermones ad populum* 68.2.6, CCSL 41A, p. 443: *Est quidam magnus liber ipsa species creaturae: superiorem et inferiorem contuere, attende, lege. Non Deus, unde eum cognosceres, de atramento litteras fecit: ante oculos tuos posuit haec ipsa quae fecit. Quid quaeris maiorem vocem? Clamat ad te caelum et terra: 'Deus me fecit.'*

[2] Friedemann Stengel, *Sola scriptura im Kontext. Behauptung und Bestreitung des reformatorischen Schriftprinzips*, Forum Theologische Literaturzeitung 32 (Leipzig: Evangelische Verlagsanstalt, 2016); R. Ward Holder, "The Reformers and Tradition. Seeing the Roots of the Problem," *Religions* 8.6 (2017): 105.

point that in the first decade of the Reformation it already became clear that the principle of *sola scriptura* would not lead to a unified knowledge of God.[3]

One of the regions where, in the 1520s, the different approaches of late medieval and early reformation theology collided in particular, was the Upper Rhine Region. In the late 15th century, several universities had been founded in the area that continued to foster a scholastic paradigm; at the same time, Latin schools such as, most famously, the one of Sélestat, adhered to humanist principles and turned, at the latest with the arrival of Erasmus in Basel, the region into a center of transalpine humanism; finally, the printers of Basel were among the first to disseminate the writings of Martin Luther, and with Zurich and Strasbourg the region quickly became one of the early centers of reformation debate in all its broadness.[4] With this presence of scholasticism, humanism, and various early Reformed ideas, the Upper Rhine Region was thus a melting pot of the dominating intellectual paradigms of the time, not the least with regard to the question of how to gain knowledge of God: While important parts of the scholastic tradition defended an epistemologically optimistic approach to divine truth by the use of natural reason, humanists not only disliked the subtle, but sterile speculative approach of scholastic rationality, but also had, in particular in the Erasmian vein of the 1516 edition of the New Testament, a certain mistrust in the clarity of Scriptures.[5] Given the supposed impossibility to understand Scripture in its most difficult passages, they advocated instead the practical side of knowledge (and of divine knowledge, in particular), and preferred the achievement of a morally good life to the attainment of speculative truth. For the growing reformed movement, however, both approaches seemed prob-

---

[3] See Irena Backus, *The Disputations of Baden, 1526 and Berne, 1528. Neutralizing the Early Church*, Studies in Reformed Theology and History 1993,1 (Princeton: Princeton Theological Seminary, 1993), and David M. Moffitt, "*Sola scriptura?* Some Reflections from Baptistic Perspectives," in *Sola Scriptura 1517–2017. Rekonstruktionen – Kritiken – Transformationen – Performanzen*, ed. Stefan Alkier, Colloquia historica et theologica 7 (Tübingen: Mohr Siebeck, 2019), 291–308 (292–300).

[4] See already Hans R. Guggisberg, *Basel in the Sixteenth Century. Aspects of the City Republic Before, During, and After the Reformation* (St. Louis: Center for Reformation Research, 1982); and now in particular Berndt Hamm, "Der Oberrhein als geistige Region von 1450 bis 1520," in *Basel als Zentrum des geistigen Austauschs in der frühen Reformationszeit*, ed. Christine Christ-von Wedel et al., Spätmittelalter, Humanismus, Reformation 81 (Tübingen: Mohr Siebeck, 2014), 3–50. On Erasmus and his attraction of early proponents of the Reformation see Amy N. Burnett, "The Reformation in Basel," in *A Companion to the Swiss Reformation*, ed. idem and Emidio Campi (Leiden and Boston: Brill, 2016), 170–215 (177).

[5] Already in the preface to his *Paraphrase on Romans* from 1517, Erasmus explained the task of his rewording as "bringing light to obscure passages" (*obscuris lucem addere*: Erasmus, *In epistolam Pauli ad Romanos paraphrasis* [Basel 1518], 2), and among the reasons why Paul's letter was in need of such rewording, he pointed to the obscurity of inexplicable things (*ob rerum inexplicabilium obscuritatem*: ibid. 17); see also Jan Bloemendal, "Erasmus' *Paraphrases* on the New Testament," *Erasmus Studies* 36 (2016): 105–122 (115–116). Later on, in his debate with Luther, Erasmus would develop this into a full doctrine of the Bible's obscurity, see n. 32.

lematic, given the more and more prevailing, fundamental mistrust of the Reformers against any kind of human capacities, be it moral capacities to implement any practical knowledge about what is good and what is bad, or, more fundamentally, the capacity to truly know at all, given the noetic effects of sin, and of original sin in particular, that was thought to have depraved natural reason.[6]

As fundamental as these differences were, they did not just emerge on their own, but needed an incentive to be addressed. One of the central texts, however, that forced theologians of the time to expound their thoughts about the possibilities of knowing God, was Romans 1. For in verses 18 to 20 Paul had exposed what would become one of the corner stones of natural theology:[7]

The wrath of God is revealed from heaven against all ungodliness and unrighteousness of men, who by their unrighteousness suppress the truth. For what can be known about God is plain to them, because God has shown it to them. For his invisible attributes, namely, his eternal power and divine nature, have been clearly perceived, ever since the creation of the world, in the things that have been made. So they are without excuse.

Paul stated here his believe that God can be known without a special revelation, that human beings are capable of knowing at least certain features about God, since he made himself plain in the created world.

Given their programmatic nature, in what follows, I would like to see how these verses were addressed in the Upper Rhine Region and in Basel in particular. I will look at the two authors from the first decade of the Reformation who, after a scholastic training, came to Basel as adherents of the Erasmus circle, would later become proponents of the Reformation, and who composed, in Basel, commentaries on Romans: Wolfgang Capito on the one hand, and Johannes Oecolampadius on the other. While the former had a preaching position in Basel in his early years before moving further down the Rhine,[8] the latter would stay as the Reformer of the city[9] – and he is known to have been influenced not to his

---

[6] Luther simply spoke of natural reason as the devil's whore. See, for instance, his *Wider die himmlischen Propheten* (1525), WA 18, 164.24–27, and still in a sermon of January 17, 1546 (WA 51, 126.7/32). For Calvin (and Calvinism), see Stephen K. Moroney, *The Noetic Effects of Sin: A Historical and Contemporary Exploration of How Sin Affects Our Thinking* (Lanham, MD: Lexington Books, 2000).

[7] For a summary of exegetical, historical and systematical approaches to the passage, see Richard Alan Young, "The Knowledge of God in Romans 1:18–23: Exegetical and Theological Reflections," *JETS* 43 (2000): 695–707.

[8] On Capito in general, see Martin Heimbucher, *Prophetische Auslegung. Das reformatorische Profil des Wolfgang Fabricius Capito ausgehend von seinen Kommentaren zu Habakuk und Hosea*, Europäische Hochschulschriften 877 (Frankfurt a. M. et al.: Peter Lang, 2008); on his Basel time, see Beate Stierle, *Capito als Humanist*, Quellen und Forschungen zur Reformationsgeschichte 42 (Gütersloh: Gütersloher Verlagshaus, Mohn, 1974).

[9] On Oecolampad, see most recently Reinhold Bernhardt, "'Licht im Überfluss'. Die spirituelle Theologie Johannes Oekolampads," *TZ* 74 (2018): 369–391, and Jeff Fisher, *A Christoscopic Reading of Scripture. Johannes Oecolampadius on Hebrews*, Refo500 academic stud-

best by the Basel milieu. No other than Karl Barth was disappointed in his early years by Oecolampadius' theology, as he made clear in a class given in 1922 on the theology of Zwingli. Barth, having read out some Oecolampadius, stated there:

> One can see from these uncertain sentences [...] that it was not completely in vain that the brave Oecolampadius enjoyed Erasmus and breathed Basel air. The sense for fundamental decisions has, perhaps in connection with the peculiar climate of the Rhine plain, to this day never been the special charisma of the theology there.[10]

What might this special charisma have been, then, and how might it have affected the Basel readings of Paul and of Romans 1? What did Capito and Oecolampadius say on the natural knowability of God, and how did they handle the different approaches to knowing God that prevailed in their intellectual context? How did they deal with the principle of *sola scriptura*? These are the questions to be addressed in what follows.

1. Wolfgang Capito

Wolfgang Capito, the later reformer of Strasbourg, authored a most interesting commentary on Romans in his early career. It is not even entirely clear if this document already presents a *Reformation* reading of Paul. In three stages between lent 1518 and lent 1519, while he had the preaching position at the Cathedral of Basel and was part of the Basel circle of Erasmus, Capito gave a lecture series on the first five chapters of Romans. Organized as a *lectio continua*, the lectures are handed down to us in a manuscript of student notes that are preserved today in Zurich at the *Zentralbibliothek*.[11] These lectures are interesting for several reasons, not the least since they prove that the *lectio continua* was in use at Basel well before the Reformation was implemented there.[12] Even more interesting is the fact, however, that in those very months between the seasons

---

ies 29 (Göttingen: Vandenhoeck & Ruprecht, 2016). For biographic details, the best documented study remains Ernst Staehelin, *Das theologische Lebenswerk Johannes Oekolampads*, Quellen und Forschungen zur Reformationsgeschichte 21 (Leipzig: Heinsius, 1939).

[10] "Man sieht aus diesen unsicheren Sätzen, [...] dass der wackere Oekolampad doch nicht ganz umsonst den Umgang mit Erasmus genossen und überhaupt Basler Luft geatmet hatte. Der Sinn für grundsätzliche Entscheidungen ist, vielleicht im Zusammenhang mit dem eigenartigen Klima der Rheinebene, bis auf den heutigen Tag nie das besondere Charisma der dortigen Theologie gewesen", Karl Barth, *Die Theologie Zwinglis. Vorlesung Göttingen Wintersemester 1922/1923*, ed. Matthias Freudenberg (Zurich: Theologischer Verlag Zürich, 2004), 412–413. See Bernhardt, "Licht im Überfluss" (see n. 9), 372–375.

[11] Zurich, Zentralbibliothek, MS D 96. See Stierle, *Capito als Humanist* (see n. 8), 55 on the manuscript, and 63 on its scribe.

[12] That is, a year earlier than in Zurich where its introduction by Zwingli in January 1519 is usually celebrated as the starting point of the Swiss Reformation. For Zurich, see Max Engammare, "Reformed Preaching in the Sixteenth Century: The Use of Lectionaries in Zu-

in which he lectured on Romans, Capito started to read Martin Luther, and even prepared with the printer Johannes Froben the first anthology of a few works of Luther that appeared in autumn 1518 in Basel.[13] In the later parts of this lecture on Romans, Luther's growing influence on Capito becomes thus clear, even if Capito remained, at this early stage, a rather typical author of the Upper Rhine's melting pot: On the one hand, he used humanist vocabulary to hail practically applied knowledge over mere speculation – regarding faith, for example, he not only quoted the 12th century Bulgarian bishop Theophylact of Ohrid as a Greek resource,[14] but used him in a programmatically ethical way:

It is by faith that we advance in faith, not by reasoning. Take from there a model to life, that 'it is not sufficient to believe,' but that, as Theophylact says, 'it is necessary that we ascend from the initial faith,' which is much weaker in the beginning, 'to a more perfect and much stronger one,' until we release 'an unshakable structure in heaven. In this way, the Apostles said to the Lord: Increase our faith!' [15]

As a complement to this humanist and ethically inspired program, Capito used, on the other hand, the scholastics' technical vocabulary, their terminological distinctions and even their authorities,[16] and in line with both late medieval humanism and scholasticism, he insisted on the necessity of a morally good behavior of believers.[17]

Regarding Rom 1:18, it was thus not so much the question of the knowability of God, as it was the humans' ungodliness, and even more their unrighteousness, that Capito was interested in. In his eyes, the fault of the pagans was not just some misconception of God's true nature on a speculative level; rather their

---

rich," *Zwingliana* 42 (2015): 195–224; for Basel, see Burnett, "The Reformation in Basel" (see n. 4), 180.

[13] See Thomas Kaufmann, "Capito als heimlicher Propagandist der frühen Wittenberger Theologie. Zur Verfasserfrage einer anonymen Vorrede zu Thesen Karlstadts in der ersten Sammelausgabe von Schriften Luthers," *ZKG* 103 (1992): 81–91; and Sven Grosse, "Die Emergenz lutherischer Theologie in Basel. Capitos Lutherausgabe von 1518," in *Basel als Zentrum*, ed. Christ-von Wedel (see n. 4), 149–177.

[14] The use of Theophylact was a clear statement in favour of Erasmus' *Novum Instrumentum* and the Greek manuscripts he relied on. Those rejecting the *Novum Instrumentum* would also reject Theophylact as a reliable source, see Ueli Zahnd, "Der Humanist und die Scholastiker. Alte Reaktionen auf ein Neues Testament?," *TZ* 73 (2017): 275–298 (296).

[15] Zurich, Zentralbibliothek, MS D 96, fol. 21r: *Ex fide enim in fidem proficimus, non ex rationibus. Sume hinc vivendi dogma. Quod 'non est satis credere', ut Vulgarius dicit 'Sed necessse est, ut ascendamus a fide inducente' quae est ferme lenior ab initio 'in perfectiorem, magisque consummatam,' quoad ex[s]olvemus 'inconcussam in caelis structuram, quemadmodum et Apostoli ad Dominum dixerunt: Adauge nobis fidem'* (Lc 17,5). See Theophylact, *Epistolae D. Pauli ad Romanos Expositio*, PG 124 (Paris 1879), 335–560 (352); and Stierle, *Capito als Humanist* (see n. 8), 96 (with some misreadings of the manuscript).

[16] See Stierle, *Capito als Humanist* (see n. 8), 68, and below n. 27.

[17] See also his understanding of the "wrath of God", Zurich, Zentralbibliothek, MS D 96, fol. 21r-v: *aut ira Dei, ut emenderis, aut ut tormentum feras perpetuum*; cf. Theophylact, *Expositio*, 352, and Stierle, *Capito als Humanist* (see n. 8), 98.

fault was not to have recognized that one's relation with God had to result in a corresponding relation with neighbor:

For, Paul says, the truth which is the science of God and which was given to men since the beginning, was suppressed by them in unrighteousness. In this way, the Greeks suppressed such a truth and science in unrighteousness, that is, they treated it in an unjust way.[18]

Having announced this ethical dimension, Capito continued and cited an example already present in Theophylact, of someone who got money from a king to go and magnify the king's glory, but used the money for rogueries and prostitutes.[19] And he added:

Now, this is how the Greeks suppressed God's glory in unrighteousness, that is, they concealed and obscured it in an unrighteous way, since they did not turn their knowledge of him in an *appropriate work*.[20]

So this is what was important for Capito at that moment: the *opus congruum*, the appropriate work, providing the practical response a believer had to give in order to develop his relation with God.[21] Advancing gradually in faith by growing the talents received from God: this would have been, for Capito, the just way to react on the divine truth – and be it that the talent received was knowledge. For Capito continues:

Let us take Paul's advice, who rightly ascribed the pagans to be unrighteous, for they abused the cognition of God. We, by recognizing God himself from the creatures, do not want to slacken, but to progress to him with joyful steps.[22]

What the Greeks had received and did not sufficiently turn into an *opus congruum*, was the cognition of God, taken from the book of nature.[23]

---

[18] Zurich, Zentralbibliothek, MS D 96, fol. 22v: *Nam veritatem inquit, quae est de deo scientia et hominibus ab initio condita, detinent in iniusticia. Quemadmodum Graeci tantam veritatem et scientiam in Iniustitia detinuerunt, hoc est Iniuste tractarunt.* For this and the following two notes, see Stierle, *Capito als Humanist* (see n. 8), 98–99 (with some misreadings of the manuscript).

[19] Zurich, Zentralbibliothek, MS D 96, fol. 22v: *Quantum ad eos attinet, 'Idolis tribuentes gloriam dei' Vulgarius comparatione declarat. 'Quemadmodum', inquit, 'qui pecuniam accepit in regis gloriam exponendam dum in Latrones eam perfundit et meretrices, dicitur iniuste tractasse, fraudasseque gloriam regis';* see Theophylact, *Expositio*, 353.

[20] Zurich, Zentralbibliothek, MS D 96, fol. 22v: *Sic enim Graeci in Iniusticia detinuerunt, hoc est, occultarunt, atque obscurarunt Iniuste gloriam dei. de eo notionem non In opus congruum vertentes.*

[21] The notion is not that much scholastic, as Stierle, *Capito als Humanist* (see n. 8), 98, suggests (but the idea behind is, of course; see also Erika Rummel, *The Confessionalization of Humanism in Reformation Germany*, OSHT [Oxford: Oxford University Press, 2000], 112).

[22] Zurich, Zentralbibliothek, MS D 96, fol. 23v: *Audiamus Paulum, qui gentiles iuste punitos astruit qui dei cognitione sunt abusi, Et ipse Deum ex creaturis noscitantes non oscitemus, sed alacri cursu in eum provehamur.*

[23] If Stierle, *Capito als Humanist* (see n. 8), 99, argues that Capito contributed here his scholastic knowledge without defending a natural theology, but one that is "already biblically

So far, there is no trace of a doubt in Capito, neither about the human capacities to act in a morally good way, nor about the capacity of human reason to recognize God. Rather, he claims in a completely traditional way and, as we will see in one of the next citations, even with explicit reference to scholastic theology, that there are two kinds of cognition with regard to God:

I commit myself closely to the Pauline words with which he wants that God has manifestly revealed to the Gentiles the truth necessary for salvation. And this, it seems, in two ways. For he pours in a light – in a certain way outside the intellect – with which we recognize God and the essence of the honorable, and embrace what we know. Ours call it *synderesis* and a spur to virtue.[24]

The first way God revealed the truth, according to Capito, is the *synderesis* – at one point in the Latin text, he translates it into German by "fünckli der vernunfft"[25] – a "sparkle of reason" that is implanted in us and gives us an awareness and knowledge of God, that is, as Capito states here, the knowledge "necessary for salvation". Once more, Capito turns this into an ethical account: Beyond the knowledge of God, we also recognize by means of this light, of this *synderesis*, the essence of the honorable and are incited to commit virtuous acts. Not only do we know, but we also know what is to be done and how this knowledge is to be expanded and grown.[26]

The second kind of cognition of God Capito mentions is the knowledge of God in the mirror of his creation, that was already addressed at the beginning of this passage and that is now presented in open reference to the scholastic heritage:

Secondly, God is the author of that salutary science by exterior things, as Thomas Aquinas says, that is, if I'm not wrong, by means of his works and the machinery of the world (*machina mundi*) into which as a whole he infused his wisdom (Sir 1:10). The heavens declare the glory of God, and the firmament proclaims the works of his hands, [Ps 19:1]. That is, when they look up to the sky, they glorify God.[27]

---

inspired", she might underestimate the biblical inspiration of scholastic theology. See, in particular, Thomas Aquinas, *Super Epistolam B. Pauli ad Romanos lectura* I.6, ed. Raphael Cai (Torino and Rome: Marietti, 1953), 20–24, that Capito had at hand (see n. 27).

[24] Zurich, Zentralbibliothek, MS D 96, fol. 23v–24r: *Me pressius equidem astringo Paulinis Verbis, quibus vult gentibus veritatem nempe ad salutem necessariam Deum manifestasse. Idque ut videtur duplici modo. Nam infundit lumen, quodammodo praeter intellectum, quo deum et honesti rationem cognoscimus: cognitaque amplexamur. Nostri Synderesim atque calcar virtutis appellant.* See Stierle, *Capito als Humanist* (see n. 8), 99–100; on the spiritual dimension of this exegetical approach, see Heimbucher, *Das reformatorische Profil* (see n. 8), 126.

[25] Zurich, Zentralbibliothek, MS D 96, fol. 43v, cf. Stierle, *Capito als Humanist* (see n. 8), 99.

[26] For the broader context of this understanding of *synderesis* see Martin W. F. Stone, "Conscience in Renaissance Moral Thought: a Concept in Transition?" *Renaissance Studies* 23 (2009): 423–444, as well as Pekka Kärkkäinen, "Synderesis in Late Medieval Philosophy and the Wittenberg Reformers," *British Journal for the History of Philosophy* 20 (2012): 881–901.

[27] Zurich, Zentralbibliothek, MS D 96, fol. 24v: *Secundo, deus est autor istius scientiae*

We have thus, at this point, a very traditional Capito, who believes in men's powers to appropriately recognize God, and to transform this knowledge into an *opus congruum*, into corresponding good works. It is a very optimistic account that might be called humanist despite the apparent scholastic borrowings, because it puts so much emphasis on the practical application of this knowledge. In addition, however, we should also note that there is no mention of Scriptures as a source in these reflections on knowledge of God. One might say that this is no surprise since this part of Capito's lecture was given before he had started to read and publish Luther, and in later parts of his lecture series, Capito would put more emphasis on tenets that would become more typically protestant.[28] Yet, all the more, Capito's lecture is therefore a representative reading of Paul in the milieu in which an important part of the Reformation was about to take place. As such, it stands for the various interests and the various influences that merged in this Upper Rhine region at the very dawn of the Reformation.

2. Johannes Oeklampadius

Several elements of what was significant for Capito would also remain important for Johannes Oecolampadius. Oecolampadius first came to Basel to work in the circle of Erasmus and to contribute to the latter's edition of the Greek New Testament, but later on, he chose a different path and became the Reformer of that city.[29] In 1525, when the disputes over the implementation of the Reformation were in full course in Basel and the religious situation was far from being settled, Oecolampadius published a work he called *Adnotationes* on Romans, that is, a Gloss commentary of sorts that went through the Epistle almost word by word.[30] In doing so, even if, in the process of reforming Basel, Oecolampadius was to distance himself more and more from Erasmus, he remained

---

salutaris per exteriora, ut Thomas ait. Hoc est ni fallor, per opera, mundique machinam cui toti affudit sapientiam suam. Eccl. 1 [10]: Caeli enarrant gloriam dei, et opera manuum eius annuntiat firmamentum [Ps 19, 1]. Hoc est, suspicientes celum, deum laudant etc. See Stierle, *Capito als Humanist* (see n. 8), 100, and Thomas Aquinas, *Ad Romanos lectura* I.6 (see n. 23), 22.

[28] On the later Capito, see Heimbucher, *Das reformatorische Profil* (see n. 8); R. Gerald Hobbs, "Pluriformity of Early Reformation Scriptural Interpretation," in *Hebrew Bible / Old Testament. The History of Its Interpretation*, ed. Magne Sæbø, 4 vols. (Göttingen: Vandenhoeck & Ruprecht, 2008), 2:452–511, and Hans Scholl, "Wolfgang Fabricius Capitos reformatorische Eigenart," *Zwingliana* 16 (1983): 126–141.

[29] On Oecolampadius, see the literature cited above (n. 9), and Burnett, "The Reformation in Basel" (see n. 4), 181–182.

[30] Oecolampadius, *In epistolam B. Pauli apostoli ad Rhomanos adnotationes* (Basel 1525); see Ernst Staehelin, "Oekolampad-Bibliographie. Verzeichnis der im 16. Jahrhundert erschienenen Oekolampaddrucke," *Basler Zeitschrift für Geschichte und Altertumskunde* 17 (1918): 1–119 (54 n. 111).

Erasmian in these annotations not only as regards their title and approach,[31] but he also shared the fundamental Erasmian conviction that the Scripture has passages difficult to understand. In the year before, debating with Luther on human freedom, Erasmus had developed this conviction into the doctrine of the obscurity of the Bible,[32] and even if Oecolampadius did not go thus far, he agreed that the Bible was no easy reading. For Oecolampadius, this applied in particular to the Epistle to the Romans, as he explained in the preface of his commentary with reference to the 2nd Epistle of Peter:[33]

We must admit that Paul's teaching is not free of some knots. For, we also read in the second Epistle of Peter that in Paul's Epistles some things are difficult to understand that pervert unlearned and unsure people to their own perdition. And yet this obscurity, which is sometimes applied in Scripture on divine counsel, should make us more attentive in order to recommend it more to us. In that way, Christ also used parables and riddles so that the truth would remain hidden from the lazy and hypocrites, but to the inquiring and simple, the mysteries of the kingdom of heaven would be revealed.[34]

It is worth noting that it is based on a scriptural argument, that Oecolampadius advanced here the idea of an obscurity of certain passages of this very same Scripture. Given the Erasmian stance against Luther, this is nevertheless a surprising concession that raises all the more the question of knowing why, in the midst of the 1520ies, it was so important to underline the existence of difficult passages of the Bible. Was this not a weakening of the protestant position, since, in these very years, Oecolampadius would have to defend the *sola scriptura* principle against his catholic opponents, not the least at the Disputation of Baden?[35]

---

[31] Besides the Biblical text, the *Novum Instrumentum* provided *Adnotationes* since its first edition, see Miekske van Poll-van de Lisdonk, "Die *Annotationes in Novum Testamentum* im Rahmen von Erasmus' Werken zur Bibel," in *Basel 1516. Erasmus' Edition of the New Testament*, ed. Martin Wallraff et al., Spätmittelalter, Humanismus, Reformation 91 (Tübingen: Mohr Siebeck, 2016), 175–186. These Annotations were partially authored by Oecolampadius, see Staehelin, *Das theologische Lebenswerk* (see n. 9), 61. For a comparison of Oecolampadius' exegetical approach with the one of Erasmus, see Christine Christ-von Wedel, "Erasmus und die Basler Reformation," *TZ* 73 (2017): 253–274 (262).

[32] See Jacques Chomarat, *Grammaire et rhétorique chez Erasme*, Classiques de l'humanisme 10 (Paris: Belles lettres, 1981), 1:544–545, and above, n. 5.

[33] This same passage was also evoked in Erasmus' *Argumentum* to his *Paraphrase of Romans* (*In epistolam Pauli ad Romanos paraphrasis* [see n. 5], 18).

[34] Oecolampadius, *Adnotationes* (see n. 30), fol. a7v–a8r: *Fateri quidem cogimur non deesse illi nodos quosdam. Nam et in posteriori epistola Petri legimus, in huius epistolis nonnulla esse intellectu difficilia, quae indocti, et parum firmi, pervertunt in suam ipsorum perniciem. Atqui obscuritas attentiores facere debebat: quae divino consilio sacris nonnumquam literis adhibetur, quo magis nobis commendentur. Ita et Christus parabolis ac aenigmatis usus est, ut ignavis et hypocritis veritas obtegeretur; studiosis autem et simplicibus manifesta fierent mysteria regni.*

[35] See Backus, *Disputations of Baden* (see n. 3), 9, 27–30. On this and the following two paragraphs, see also Ueli Zahnd, "Cicero und die Reformation am Oberrhein," in *Cicero in Basel. Rezeptionsgeschichten aus einer Humanistenstadt*, ed. Cédric Scheidegger Lämmle, (Berlin: De Gruyter 2023, forthcoming).

At a first glance, this insistence on difficult passages seems to have been aimed at the scholastics as is suggested by Oecolampadius' exposition of Rom 1:18 ff. Regarding the truth suppressed in unrighteousness by the gentiles, Oecolampadius wrote:

> To suppress the truth in unrighteousness means to have a historicizing or rather diaboli-cal knowledge of God without pious affect. And that means burying the only talent received from God. For, together with the talent of knowing the truth was to grow the other talent, that of a sacred life, so that God might be worshiped as it should be. From this it can be seen that the apostle is fighting against the Pharisees and philosophers and wise men of this era.[36]

The humanistic impetus is obvious, since a historicizing knowledge is mere speculative knowledge without practical consequences. For Oecolampadius with the biblical image of the talents he advances, just as for Capito with his surprisingly similar example of the money borrowed by a king, knowledge must be translated into action, it must have a moral application and must not be practiced as a sterile science.[37]

What is striking, however, is the fact that knowing the truth about God is presented here as "the *only* talent" received from God. There is no need to over-stress this singular, given that the imagery is biblically inspired; but with what comes next, it seems allowed to ask if Oecolampadius wants to say that, if this is the one talent, there are no other talents given from God. Does he suggest that knowledge is our only approach to God? But what kind of knowledge, then? On the following pages of his commentary, it is remarkable that Oecolampadius mentions without any scruple the possibilities of knowing God from creation (from the book of the world, as he names it), from which the power, wisdom and benevolence of God can be discerned.[38] And he returns then to the somewhat problematic fact that, despite this possibility to know God from creation, un-godliness and unrighteousness as mentioned by Paul are present in the world. Oecolampadius explains:

> [Paul] shows that all ungodliness and unrighteousness has its origin in sloth and cont-empt for the Word of God. And this is an extremely intimidating sentence with which he

---

[36] Oecolampadius, *Adnotationes* (see n. 30), fol. 12v–13r: *Veritatem in iniustitia detinere, est habere fidem historicam, imo diabolicam quandam notitiam dei absque pio affectu. Et hoc est defodere talentum unicum a deo concreditum. Talento enim scientiae veritatis foeneran-dum erat, talentum aliud sanctae vitae ut coleretur deus sicut oportet. Ex hoc patet apostolem hoc loco potissimum contra pharisaeos ac philosophos ac sapientes huius seculi pugnare.* Note that he says *huius seculi*, and not *istius seculi*!

[37] For a similar anti-scholastic impetus linked rather with the difficulty to understand God, see Oecolampadius, *Adnotationes* (see n. 30), fol. 13r–v: *Neque nostri officii fuerit mys-teria eius curiosius investigare, ne ut scrutatores maiestatis opprimamur; sed adoranda potius sunt arcana, non excutienda.*

[38] Oecolampadius, *Adnotationes* (see n. 30), fol. 14r: *Atque ita sit totus mundus tanquam liber, quo potentiam, sapientiam, ac bonitatem cognoscas.*

rightly rejects all our indifference. For he who will be unbelieving in the one talent, and will turn away from the knowledge of the law and of God by his indifference, he will not only not have applied [his one talent] for many [talents], but will also lose that which he has, and will suffer severe punishments. The cause of vice is therefore the contempt for God's Word, by which we know God: whether it is by means of the works of nature that manifest the Creator, by means of a teacher, or by means of an inward teaching.[39]

Once more, cognition seems to remain for Oecolampadius the one and only talent we have. It is true that he names it a cognition of "the Word of God"; but as possible accesses to this Word he mentions, once more, the book of nature, an inward teaching that might be close to Capito's *synderesis*,[40] and in addition he mentions the figure of a teacher – Scripture itself, however, is sought here in vain.

This is confusing for the text of an upcoming reformer, even if it seems clear where this comes from: Scripture has its dark passages, so that, as a firm pillar for the knowledge of God, it does not seem to be secure enough. If this explains why Oecolampadius continues to stress the possibilities of other accesses to the knowledge of God – natural knowledge, but also internal revelation and knowledge received by teachers – it still does not answer why he would so openly defend a humanist approach that was about to dissociate from reformed principles. A mere critique of scholastic subtleties, also present in Capito, does not seem to be enough for going that far.

In addition to Capito, however, Oecolampadius also stressed the role of teachers, and it is the figure of the teacher that might help us understand why these other accesses remain that much in force for Oecolampadius as late as in 1525, and where this perseverance of un-scriptural accesses to God might come from. In the mid-1520s, we are, in the Swiss context, also in the midst of the growing debates with Anabaptists.[41] With an all but erasmian understanding of the simplicity of the bible, Anabaptists argued for the clarity of the written Word of God, a clarity that would open the bible, in their view, to the understanding of anyone who was able to read. As a consequence, Anabaptists rejected the need precisely of official teachers to understand the word of God.[42] Al-

---

[39] Oecolampadius, *Adnotationes* (see n. 30), fol. 14v–15r: *Ostendit impietatem et iniustitiam omnem ab ignavia et contemptu verbi dei originem ducere. Et plane terribilis sententia est, quae merito omnem oscitantiam nostram excutiat. Nam qui in uno talento infidelis fuerit, et a cognitione legis ac dei se averterit per suam negligentiam, non solum non constituetur super multa, sed et eo quod habet privabitur, gravibusque poenis affligetur. Igitur vitiorum causa est contemptus verbi dei, per quod deum cognoscimus: sive id fiat per opera naturae, creatorem demonstrantia, sive per doctorem, sive intus doceatur.*

[40] See Bernhardt, "Licht im Überfluss" (see n. 9), 381: Oecolampadius "war kein Biblizist, klebte nicht am Buchstaben des Bibelwortes, sondern fragte nach dem Geist, der aus der biblischen Überlieferung heraus spricht."

[41] See, most recently, Andrea Strübind, "The Swiss Anabaptists," in *Swiss Reformation*, ed. Burnett and Campi (see n. 4), 389–443.

[42] See already C. Arnold Snyder, "Word and Power in Reformation Zurich," *ARG* 81 (1990): 263–285.

ready with the opening citation from Oecolampadius' *Adnotationes* where the
Basel reformer used the authority of the 2nd letter of Peter, it was thus announced, that this whole commentary had also to be read in this growing debate
with the Anabaptist movement.

It is in other biblical commentaries than the one on Romans, however, that
Oecolampadius underscored this context and the role of teachers in particular.
A year earlier, in 1524, he had published a series of homilies on the first Epistle
of John,[43] where we find similar elements more clearly explained, so that they
might help us to better understand the context of his Romans commentary.
With regards to 1 John 2:20–21 – "you have an unction from the Holy One, and
you know all things. I have not written to you as if you ignore the truth, but as
knowing it" – Oecolampadius plays on the paradoxical role of the author of this
letter who, on the one hand, accords to his readers to know the truth (given
their unction by the Holy Spirit), but who, on the other, acts as a teacher since
he nevertheless chose to instruct them with a letter.[44] Thus, Oecolampadius
explains in the following:

Those who are not illuminated and are still pupils need a teacher, and thus Paul calls
himself the doctor of the Gentiles [1 Tim 2:7]. And David says: 'I will teach transgressors
your ways' [Ps 51:15] But those who are illuminated in the church, can be the teachers of
others, see Heb 3 [i.e. 5:12], and don't need an external teacher as an ignoramus would.
[…] And it is not question here of the science that puffs up [1 Cor 8:1], not of grammar, of
boot making, of mechanics, nor of liberal arts, but of that science by means of which we
recognize the truth itself, and how much it helps us to pursue beatitude.[45]

Several points are worth noting in this passage. First, Oecolampadius underscores that he has a very specific kind of teacher in mind: he does not talk about
teachers in secular matters or in philosophy, which might be seen as yet another
side blow against the scholastics; rather, he talks about teachers of the spiritual
goal of our lives. Second, it is true that these teachers are presented as those who
are illuminated, but they are illuminated "in the church": *in ecclesia illuminati*,

---

[43] See Staehelin, "Oekolampad-Bibliographie" (see n. 30), 46 n. 95; we use the second and
revised edition Johannes Oecolampadius, *In epistolam Ioannis apostoli catholicam primam
demegoriae, hoc est, homiliae una et XX* (Basel 1525). On these homilies, see Max Engammare, "Les modèles de prédication protestante au XVIᵉ s. en Suisse: le cas de Bâle à l'époque
de Joannes Œcolampade et juste après sa mort (1520–1546)," *TZ* 69 (2013): 1–23 (13) (same in
idem, *Prêcher au XVIᵉ siècle. La forme du sermon réformé en Suisse (1520–1550)* [Geneva:
Labor et Fides, 2018], 68).

[44] Cf. Oecolampadius, *Demegoriae* (see n. 43), fol. 41r, where he insists: *non tamen se mag-
istrum dicit, sed admonitorem facit.*

[45] Oecolampadius, *Demegoriae* (see n. 43), fol. 41v–42r: *Qui non illuminati, et adhuc pueri,
doctore egent; et ita Paulus doctorem se vocat gentium. Et David: 'Docebo iniquos vias tuas.'
At qui in ecclesia illuminati sunt, aliorum esse possunt magistri, ad Hebr. 3 [5,12], et extero
doctore non indigent tanquam ignari. […] Non de scientia loquitur quae inflat, non de gram-
matica, de sutoria, de mechanicis, de liberalibus; sed de ea qua cognoscimus veritatem ipsam,
et quantum ad consequendum beatitudinem nobis expedit.*

so that Oecolampadius merges to a certain extent the aspect of inward illumination and teaching that we found in the commentary on Romans.[46] Since illumination is given within the church, and since illumination allows teaching others, it is the teachers (that teach *within* the church) who propagate the inward teaching that he calls an illumination. Yet, and this is the third point to note, this is no recipe for these teachers to teach whatever they think to be good or bad, since there remains the spiritual goal towards which their teaching has to be orientated and that is recognized as "truth itself". Once again, however, the question remains how this truth is attained.

In later texts in which Oecolampadius fought more directly against the Anabaptists, he was also more precise about what he thought on attaining this truth. It is interesting to see, however, that even if he also began to show himself more clearly as a biblical theologian there, he continued to argue for theological knowledge that was not entirely scriptural. This is most apparent in his *Unterrichtung vom Widertauf* published in 1527,[47] an assembling of two texts against Anabaptism – a dialogue and a reply on a polemical treatise of Balthasar Hubmeier – and it is in the reply on Hubmeier that Oecolampadius returned once more to this question about the role of teachers and their teachings. After an introductory chapter on the topic of the treatise, he began his argument in chapter two by immediately defending the statement that "not everything that is not prescribed by scripture is therefore prohibited", that is, in divine things.[48] In the context of the debate with Hubmeier, the strategical function of this statement is obvious: given that the baptism of children is not commanded by the bible, Anabaptists argued that it is therefore prohibited. Oecolampadius, however, argued as follows:

Each doctrine which is in accordance with faith and love, even if it is not taken from scripture, is thus not against scripture and may be the truth and be called a plantation of God. [...] This is why [Paul] says to the Thessalonians: 'Test everything, but hold fast what is good' [1 Thess 5:21]. He does not say [to hold fast] only what he said or taught. The sentence of all teachers has never been different, too, as if they would have said that everything that scripture does not teach has to be considered to come from the devil. For, as was said above, those do not teach or command from themselves, but from God, who do not miss the faith in Christ and the love of neighbors.[49]

---

[46] See above, n. 39.

[47] Johannes Oecolampadius, *Underrichtung von dem Widertauff, von der Oberkeit, und von dem Eyd, auff Carlins N. Widertauffers artickel.* || *Antwort auff Balthasar Hůbmeiers büchlein wider der Predicanten gespräch zů Basel, von dem kindertauff* (Basel 1527), see Staehelin, "Oekolampad-Bibliographie" (see n. 30), 68 n. 145.

[48] Oecolampadius, *Antwort* (see n. 47), fol. G3r: "Das nitt alles, so in der geschrifft nit klärlich gebotten, sey schon verbotten in den dingen so die eer Gottes und der seel heyl antreffen" (title of chapter 2).

[49] Oecolampadius, *Antwort* (see n. 47), fol. H1v–H2v: "Darumb ein yede leer die do gemäß dem glauben und der liebe, ob sie schon nit auß der geschrifft genommen, so ist sie nit wider die gschrifft, und mag sein die warheit, und also genent werden ein Gottes pflantzung [...]"

Oecolampadius proposes here to understand Christian doctrine in general in the light of a certain scopus, the one of faith and love. This scopus was recently studied by Jeff Fisher who called Oecolampadius' reading of Scripture a "christoscopic" one,[50] and it becomes clear here that it is not only Scripture that is read by Oecolampadius in the light of this scopus, but a broader set of topics and tenets that he is willing to understand as true Christian doctrine. Once more, however, a certain ambiguity appears, for the scopus itself is based in scriptural revelation, but it serves to expand Christian doctrine beyond that which is explicitly stated in Scripture alone.

Two years later, in the academic year of 1529/1530, Oecolampadius lectured at the Basel University on another "Pauline" letter, the Epistle to the Hebrews.[51] It can be called in the present historical context a Pauline letter since Oecolampadius, who discussed the question of its authorship at length, decided in the end to consider this epistle as originally written by Paul.[52] In these lectures, the problems tackled above remained important, and there is a most interesting passage regarding chapter 5 of the Epistle to the Hebrews that is worth being discussed. At the end of this chapter, the author of Hebrews complains about his audience whom he thinks to still behave like babies with regard to christian doctrine, living on milk instead of solid food that would be appropriate for the doctrinally mature, and so it is said in Heb 5:12: "you should be teachers now, but you need us to teach you all over again the elementary beginnings of God's words." Commenting on this passage, Oecolampadius wrote:

> The apostle does not say this, because he wants there to be many teachers, something that James precludes, too, [when he says]: 'We should be readier to hear than to teach' [Jas 1:19]. His full concern is that they make progress and that they do not remain children forever. Rather, if this passage as well as charity claim that they could be teachers themselves, [he does not want them to belong to] the number of those who always learn, but never attain the cognition of truth, though, as is the case with those who superstitiously abide by the ceremonies.[53]

Darumb er den Thessalonikern sagt, *Beweret alle ding, aber das da gůt ist, das nempt an,* er sagt nitt, das er allein gesagt oder gelert hatt. Es ist auch aller leerer meinung nie anders gestanden, so sie sprechen, das allles [sic] so uns die geschrifft nitt leer, für teüfelisch gehalten werden soll. Dann wie auch oben gesagt, die leeren oder gebieten nitt auß yn selbs, sonder auß Got, die des glaubens yn Christum, und der liebe nitt verfelen."

[50] Fisher, *A Christoscopic Reading* (see n. 9), 27–31; see also Bernhardt, "Licht im Überfluss" (see n. 9), 383.

[51] The lectures were posthumously printed: Johannes Oecolampadius, *In epistolam ad Hebraeos explanationes, ut ex ore praelegentis exceptae, per quosdam ex auditoribus digestae sunt* (Strasbourg 1534), see Staehelin, "Oekolampad-Bibliographie" (see n. 30), 84 n. 175.

[52] Oecolampadius, *Ad Hebraeos* (see n. 51), fol. 1r: *Nos eam ut Pauli propriam agnoscimus,* and after discussing several arguments, he concludes on fol. 3v: *Nobis enim in ea nihil occurret, cuius Paulum vel suppudere debeat.* See Fisher, *A Christoscopic Reading* (see n. 9), 80–87.

[53] Oecolampadius, *Ad Hebraeos* (see n. 51), fol. 56r–v: *Non hoc agit Apostolus, ut velit esse multos magistros, id quod et D. Jacobus prohibet: 'promptiores enim nos esse convenit ad audiendum, quam docendum' (Jc 1,19). Huc omnino spectat, ut proficiant, neque semper sint*

Within the context of Hebrews, Oecolampadius stresses in this passage the notion of progress, of making progress in the knowledge of God. The important figure in this progress is, once more, the teacher, and thus this passage in Hebrews is interesting for Oecolampadius in two regards: on the one hand, this interaction between Paul as the teacher and those who, like him, should already be teachers, but need more teaching in order to arrive there, allows him to stress that, in order to get a cognition of God and in order to attain the cognition of truth, one not only needs guidance of learned people as such, but one needs the guidance of those who themselves had been taught by a reliable teacher. This is precisely what he had called, in his commentary on 1 John 2:20, an illumination *in* the church.[54] On the other hand, this passage identifies the unreliable and useless teachings as those who belong to ceremonial knowledge, which is quite understandable in the Jewish context of Hebrews, but which opens a door to Oecolampadius to get back to the discussion with the Anabaptists. Hence he continues:

The Jewish ceremonies are also a kind of external education and pedagogy, by means of which the infants and those who did not yet transcend their puerile apprehension get an initial instruction, as when I say to somebody: you would like to become a Christian? You will be baptized, but I do not immediately tell him what a Christian is, what faith is, what baptism is. [...] And I have mentioned this, since this passage opposes the error of the Anabaptists, for, earlier than providing the pure and solid doctrine of faith, the symbol of baptism can be given. At first should be offered the puerile things and milk, and only then the word of justice and solid food. Spiritual things have also their grades. [...] The precise knowledge of God is required only later on, and not immediately with baptism.[55]

With the help of Hebrews, the question of baptism itself is inscribed by Oecolampadius to his concept of a progressive knowledge of divine things, a progress however, in which baptism as a ceremony only plays the very first part. In a certain sense, this ceremonial milk is the first piece given to a Christian that will allow him to grow, and thus we are led back to Oecolampadius' commentary of Romans and its use of the parable of the talents: one has to grow the talent given to him, but in order to grow it in the right direction, he is well advised to be

---

pueri, sed si locus et charitas postulet, ut et ipsi possint docere, non ex eorum numero, qui semper discunt et nunquam tamen ad cognitionem veritatis perveniunt, quales sunt ceremoniarum supersticiosi observatores.

[54] See above, n. 46.

[55] Oecolampadius, *Ad Hebraeos* (see n. 51), fol. 56v: *Sunt autem elementa Iudaicae caereominae et externae quaedam insitutiones et paedagogiae, quibus infantuli atque puerilem captum nondum transcendentes imbuuntur, ut cum dico alicui, vis Christianus esse? baptiseris, neque statim illi dicam, quid Christianus, quid fides, quid baptismus [...] Quod ideo dixerim, quia hic locus Anabaptistarum errori contrarius est, possunt enim ante puram et solidam pietatis doctrinam symbola baptismatis praemitti. Puerilia et lac primum, deinde sermo iustitiae et solidus cibus offerendus. Habent et spiritualia suos gradus. [...] Nam exacta illa cognitio Dei etiam tum, non statim a baptismate requirebatur.*

taught by a good teacher belonging to the church. This will not only allow him to become himself a teacher for others, but it finally will also allow him to deal with what was the problem at the very beginning of this process, namely the obscure passages of Scripture. A last citation from the commentary on Hebrews underscores this:

> Those who have senses and eyes experienced in Scripture are able to discern between good and bad, between corporeal and spiritual things, between the justice of faith and of works, between the law and the gospel. But those who remain focused on external things and only administer and admire them, have no experienced senses, and they do not easily discover what is concealed in the figure of a mystery.[56]

3. Conclusion

In order to conclude, it is worth recalling first the striking similarities between the two Basel readings of Romans discussed here. They both share a quite optimistic notion of a natural cognition of God, and they both have an ethical, rather than a speculative interest in men's possibilities to know the divine. With their examples of the borrowed money and the parable of the talents, they both stress the need to grow in practically applied knowledge in order to honor God. While one could say that these are humanist common places, the striking thing is that both Capito and Oecolampadius share a specific lacuna: they do not explicitly attribute any particular role to Scripture in this process of knowing God. While this does not really surprise for Capito who gave his lectures at a time when he was not yet engaged in a Reformation discourse, it is more striking for Oecolampadius who published his *Annotations on Romans* as late as 1525. I have tried to show that, originally, this lacuna might have been due to the Erasmian context and the humanist's awareness of difficult passages in the Bible, and in this regard, Erasmus may indeed have introduced a specific intellectual climate in Basel as Barth complained. At the same time, I hope to have made clear that the reserve towards Scripture may have remained since it was an important argument in the growing debates with the Anabaptists. While they defended the idea of the clarity of Scripture and forged thus a very strict concept of *sola scriptura*, Oecolampadius stressed more and more the need of teachers and of a gradual and guided process to obtaining theological knowledge. Oecolampadius' emphasis on the role of teachers belongs thus to the broader development of the mid 1520s that may be described as the Anabaptist 'crisis' of the

---

[56] Oecolampadius, *Ad Hebraeos* (see n. 51), fol. 58r: *Qui sensus et oculos exercitatos habent in scriptura, possunt discernere inter bonum et malum, rem corpoream et spiritualem, iustitiam fidei et operum, legem et Evangelium. At qui in externis tantum sunt, illaque sola curant et admirantur, non habent sensus exercitatos, tales non facile subodorantur quid sub figura lateat mysterii.*

sola scriptura[57] principle and which has too often been seen as a kind of fall, of original sin, of a first step in the treason of the pure principles of the first Reformation – a treason that would eventually lead to reformed orthodoxy and protestant scholasticism.[58] I hope to have made clear, however, that for a theologian such as Oecolampadius, there was no rupture, there was no fall from a state of original purity, but that this development was based on resources that had been present in his milieu since his very first interest in the protestant cause.

---

[57] The expression is convincingly introduced by Arthur Huiban, *La* claritas Scripturae *dans les espaces confessionnels de l'Europe moderne (XVI e–XVII e siècles)* (PhD diss., Universities of Geneva and Paris 1–Panthéon Sorbonne, 2019), 139–208.

[58] See Ueli Zahnd, "Calvin, Calvinism, and Medieval Thought," in *The Oxford Handbook of Calvin and Calvinism*, ed. Bruce Gordon and Carl R. Trueman, (Oxford: Oxford University Press, 2021), 26–42 (32).

Genf

Calvin, Paul, and the New Perspective

R. Ward Holder

In 1963, Krister Stendahl published "The Apostle Paul and the Introspective Consciousness of the West."[1] The shockwaves that rippled forth caused analysts to agree that this was a sea change in the understanding of Paul that would eventually be called the New Perspective on Paul. That view of Paul has arguably become the dominant model in the academic understanding of Paul among New Testament scholars. Historians of the interpretation of the Bible will note that Christian engagement with Paul has raised shockwaves regularly throughout the history of the Christian era.[2] Augustine, Luther, John Wesley, and Karl Barth are only a few of those who linked turning points in their spiritual lives to Paul.

Basic to Stendahl's thesis and the New Perspective on Paul that followed him was the idea that Luther, or Augustine, generated a particular meaning to Paul – the idea of justification by faith – and that this was imposed upon the text.[3] Further, Stendahl saw Luther's interpretation of Paul as "the Protestant" or "the Western" ideal of the issues Paul sought to answer. This created a kind of Protestant or Lutheran Paul, who dominated the mind of Western modernity.

The question of the interpretation of Paul has continued to develop in the decades since Stendahl's landmark essay. E.P. Sanders argued for a theory of "covenantal nomism" that characterized Jewish thought, worship, and ethic in the first century.[4] Covenantal nomism described the sense of Jewish keeping of the covenant as a manner of following God, of being faithful.[5] James D.G. Dunn pushed further, arguing that Sanders' discoveries demonstrated the ne-

---

[1] Krister Stendahl, "The Apostle Paul and the Introspective Consciousness of the West," *HTR* 56 (1963): 199–215.

[2] Patrick Gray, *Paul as a Problem in History and Culture: The Apostle and His Critics through the Centuries* (Grand Rapids: Baker Academic, 2016).

[3] Stendahl does not mention the disagreement between Paul and Philo that long preceded Augustine's birth. See Gitte Buch-Hansen, "Beyond the New Perspective: Reclaiming Paul's Anthropology" *Studia Theologica – Nordic Journal of Theology* 71 (2017): 4–28.

[4] E.P. [Ed Parish] Sanders, *Paul and Palestinian Judaism: A Comparison of Patterns of Religion*, 40th Anniversary ed. with foreword by Mark Chancey (Minneapolis: Fortress Press, 2017), 75.

[5] I am shortening considerably. Sanders at times would reject the idea that Paul believed that the law was impossible to fulfill without Christ. He was unable to maintain this stance for Romans 7:14–24, but simply rejected this passage as inconsistent with what Paul said in other passages. See E.P. Sanders, *Paul, the Law, and the Jewish People* (Minneapolis: Fortress,

cessity of leaving the theological constructs of Luther and those like him behind.[6]

Dunn argued that Sanders' *Paul and Palestinian Judaism* had "broken the
mould" of Pauline studies.[7] Dunn asserted that Sanders had shown that the
understanding of Judaism drawn from Paul's writings was fundamentally mis-
taken. However, Dunn believed that Sanders had not gone far enough. He argued that Sanders had proposed Paul as making an "arbitrary jump from one
system to another and posing an antithesis between faith in Christ and his Jewish heritage.[8] Sanders saw the "works of the law" as obeying the law's com-
mands – which was a bridge too far. Instead, Dunn argued that Paul only meant
that the Jewish "ownership" of the law and its privileging of their community
when he criticized the "works of the law."[9] Dunn linked this frequently to the
Finnish school of Luther interpretation that deemphasized justification by faith
through grace.[10]

While there are a number of New Testament scholars working with the New
Perspective framework, creating varying nuances, a dominant mainstream can
be discerned, a received wisdom that is exemplified by Dunn. In this essay, I
want to engage one of the central claims of the New Perspective on Paul. That
claim is that Augustine and Luther created a type of Lutheran or Protestant Paul,
which closely aligned with Luther's theological concerns. To do this, I will highlight three issues with Dunn's consideration of the Protestant Paul. Then, I want
to measure Dunn's concerns about the law and justification against the work of
Calvin. I have chosen Calvin for a variety of heuristic reasons. First, Stendahl
and Dunn and others speak often of Luther, but they make claims for all of Protestants in the sixteenth century and following. Thus, these claims should at the
very least survive into the second generation of the Reformation. To do that, we
must look at that generation's leading light – John Calvin. Second, Calvin was a
prodigious biblical interpreter. He wrote commentaries on every Pauline and

---

1983), 77. For more context, see James E. Allman, "Gaining Perspective on the New Perspective on Paul" *BSac* 170 (2013): 51–68.

    [6] James D. G. Dunn, "The New Perspective on Paul," *BJRL* 65, (1983): 95–122 (100). "The
most surprising feature of Sanders' writing, however, is that he himself has failed to take the
opportunity his own mould-breaking work offered. Instead of trying to explore how far
Paul's theology could be explicated in relation to Judaism's 'covenantal nomism,' he remained
more impressed by the *difference* between Paul's pattern of religious thought and that of
first-century Judaism."

    [7] James D. G. Dunn, "The New Perspective on Paul," in *The New Perspective on Paul*, rev.
ed. (Grand Rapids: Eerdmans, 2008), 100. Originally published as "The New Perspective on
Paul" (see n. 6).

    [8] Dunn, "New Perspective" (see n. 6), 104.

    [9] Dunn, "New Perspective" (see n. 6), 116–118.

    [10] Bo Kristian Holm noted that the Finnish School of Luther interpretation and the New
Perspective developed "almost simultaneously." See "Beyond Juxtaposing Luther and the
'New Perspective on Paul'," *Lutherjahrbuch* 80 (2013): 160.

deutero-Pauline epistle, as well as upon Hebrews and the Acts of the Apostles. In doing so, he covered the entire canonical record concerning Paul.

Before I turn to Calvin, I must note some problems with Dunn's presentation of the sixteenth century's consideration of Paul. Dunn's work is exacting, and a quick reading can lead one astray. But a number of problems in his work create issues for the consideration of any early modern theologian. First, at particular instances, his theory of Lutheran Paulinism, by which he seems to mean the magisterial Reformation's picture of Paul and justification by faith, is historically indefensible. Second, Dunn argued that Paul could not have exchanged a model of justification that worked within the covenantal system of first-century Judaism for a belief in the justification and salvation through belief in Jesus Christ or the belief of Jesus Christ. In other words, Dunn asserted that there are limits on how far conversion carries a thinker from his previous *Weltanschauung*. Finally, Dunn's assertion that the Reformation or Reformers had misunderstood Paul about the "works of the law" led to serious problems with his argument due to his ahistorical approach to the sixteenth century.

The historically indefensible character of Dunn's reading of Lutheran and other Western commentators stems from the New Perspective analysts' argument against a "Lutheran" Paul, by which they mean an Augustinian Paul received through the various figures of the Reformation. Stendahl made Augustine the "first modern man," though giving no historical reason to do so.[11] Dunn sought to clump all Reformation-era Protestant theologians together, while citing no particular commentaries or treatises.[12] Dunn claimed to be Calvinist, but cited none of Calvin's commentaries. The irony is that in the name of a deeper and less confessionally or ideologically-driven reading of Paul, the New Perspective thinkers accused Augustine and early modern theologians of imposing an ideologically-driven reading of Paul upon the New Testament. But to serve that claim, the New Perspective theorists avoided actually reading the theologians they assailed. The Reformation heritage became something as-

---

[11] Stendahl, "The Apostle Paul" (see n. 1), 205.

[12] Dunn gives no citations to Martin Luther or John Calvin's works in "The New Perspective on Paul," from 1983. In 2005, Dunn updated his effort by claiming knowledge of Luther's commentaries on Romans and Galatians, and John Dillenberger's *Martin Luther: Selections from his Writings* (New York: Anchor Books, 1962). For Calvin, Dunn cited the *Institutes* (20 n. 80, 77 n. 317) and Stephen Westerholm's quotation of Calvin (84 n. 355), claims the influence of Calvin more than Luther but only gives secondary works on Calvin (92 n. 383), quotes Michael F. Bird who quoted Calvin's *Institutes* (93 n. 386), and concludes that essay by arguing that Luther needed to be completed by Calvin (95). In other words, Dunn admits that he examined very little of Luther, and cites none of Calvin's commentaries on Paul or deutero-Paul. See Dunn, "The New Perspective: whence, what and whither?," in *The New Perspective on Paul* (see n. 7), 1–99. Cf. Michael F. Bird, *The Saving Righteousness of God: Studies on Paul, Justification and the New Perspective* (Milton Keynes: Paternoster, 2007) and Stephen Westerholm, *Perspectives Old and New on Paul: The "Lutheran" Paul and His Critics* (Grand Rapids: Eerdmans, 2004).

sumed, rather than read and analyzed.[13] In the name of a historical reading of the biblical texts, the historical engagement with early modern theology has been eschewed by New Perspective thinkers.

Second, Dunn presented no reasons for his allegation that Paul simply could not have abandoned the Jewish models of justification through the law for a theology of justification by faith.[14] He seemed to believe that Paul's conversion had an inherent religious limit on it. Paul could take on new theories, but could not reject any of his prior theological commitments. This is a dubious position, both within the historical Christian tradition, and in Paul. The history of Christianity brims with conversion accounts, in which it is far more common to see rejection of at least some of the prior doctrinal and liturgical constructs than not.[15] In the early modern period, one can note Martin Luther, who rejected Aristotelianism, scholasticism, and the papacy as the anti-Christ.[16] John Calvin described his departure from Rome as a *subita conversione* and believed he had rejected traditional methods of exegesis as well as the medieval economy of salvation.[17] An obvious parallel would be Johannes Pfefferkorn, a convert to Christianity from Judaism who sought to destroy copies of the Talmud and to reject Christian Hebraism.[18] A later example is John Henry Newman (1801–1890), who not only converted to Roman Catholicism, but also sought to demonstrate the heretical foundations of Protestantism.[19] The idea that Paul could not reject a basic doctrinal tenet of Judaism as part of his conversion is a notion that would have to be proven, not simply asserted.

---

[13] Dunn defends himself against Carl Trueman's polemic, read to the Tyndale Fellowship, Cambridge, in 2000, "A Man More Sinned Against than Sinning? The Portrait of Martin Luther in Contemporary New Testament Scholarship: Some Casual Observations of a Mere Historian." He argues he is not anti-Lutheran, and not against the doctrine of justification by faith. Dunn refers to his "The Justice of God: A Renewed Perspective on Justification by Faith," in *The New Perspective on Paul* (see n. 7), 193–211. Originally published as "The Justice of God: A Renewed Perspective on Justification by Faith," *JTS* 43 (1992): 1–22.

[14] Dunn, "The Justice of God" (see n. 13), 197. Dunn argues that Paul might have had a new calling, but definitely not a conversion.

[15] David W. Kling, *A History of Christian Conversion* (Oxford: Oxford University Press, 2020).

[16] See David M. Whitford, "The Papal Antichrist: Martin Luther and the Underappreciated Influence of Lorenzo Valla," *Renaissance Quarterly* 61 (2008): 26–52.

[17] See Heiko Augustinus Oberman, "'Subita Conversio': The 'Conversion' of John Calvin," in *Reformiertes Erbe: Festschrift für Gottfried W. Locher zu seinem 80. Geburtstag*, ed. idem, 2 vols., Zwingliana 19 (Zurich: Theologischer Verlag, 1992–1993), 2:279–295.

[18] See David H. Price, *Johannes Reuchlin and the Campaign to Destroy Jewish Books* (Oxford: Oxford University Press, 2010); Erika Rummel, *The Case Against Johann Reuchlin: Social and Religious Controversy in Sixteenth-Century Germany* (Toronto: University of Toronto Press, 2002); and Jonathan Adams and Cornelia Hess, eds., *Revealing the Secrets of the Jews: Johannes Pfefferkorn and Christian Writings about Jewish Life and Literature in Early Modern Europe* (Berlin: Walter de Gruyter, 2017).

[19] See Newman's *An Essay on Development of Christian Doctrine*, originally published in 1845; and his *Apologia Pro Vita Sua*, originally published in 1864.

Finally, Dunn's ahistorical approach to the sixteenth century created a mis-reading of the complexity of the reformers' approach to the law. While Luther's early consideration of the law in a treatise such as *The Freedom of a Christian* might have fit Dunn's typology, Calvin's exegesis of Paul did not. Calvin's interpretation of Paul and the law created the foundation for his theory of the law in Christian doctrine. Calvin did expand upon this in the *Institutes*, but the early material was available to all in his consideration of Paul.

I will demonstrate that Calvin's use of Paul's statements on the law to build a sophisticated theory of the law was both exegetically robust and doctrinally coherent. Once that is established, I will consider how Calvin's exegesis and doctrine of the law actually meet some of Dunn's concerns. Finally, I will consider some of the reasons that Dunn suggested as arguments to accept his construct of Paul's thought, and propose some criticisms. I will approach this by examining Calvin's exegesis of Paul and the law, concentrating upon his commentaries on Romans and II Corinthians. I will also supplement that with Calvin's consideration of certain terms in the *Institutes of the Christian Religion*, specifically from the 1559 Latin edition.

Calvin began his formal commenting upon scripture with his Romans commentary, published in Strasbourg in 1540.[20] This was the beginning of a series of commentaries – Calvin would eventually comment upon the entire Pauline corpus, along with Hebrews. This was published as a set in Geneva in 1551, and then again in 1556 with all of Calvin's commentaries on the epistles.[21] Calvin was explicit that his work on Romans came with the purpose of opening up scripture. He wrote that the true virtue of the epistle that was never fully appreciated was that, "...if we have gained a true understanding of this Epistle, we have an open door to all the most profound treasures of Scripture."[22] Calvin asserted his position on the identity of the "most profound treasures of scripture," when he identified the main subject of Romans, "...that we are justified by faith."[23]

---

[20] For a discussion of this, see Jean-François Gilmont, *John Calvin and the Printed Book*, trans. Karin Maag (Kirksville, MO: Truman State University Press, 2005), 46–48. For greater contextualization of the interpretive world into which Calvin entered with that offering, see T. [Thomas] H. L. Parker, *Commentaries on Romans 1532–1542* (Edinburgh: T. & T. Clark, 1986).

[21] R. Ward Holder, "Calvin as Commentator on the Pauline Letters," in *Calvin and the Bible*, ed. Donald McKim (Cambridge: Cambridge University Press, 2006), 256.

[22] John Calvin, *The Epistle of Paul the Apostle to the Romans*, trans. Ross Mackenzie, vol. 8 of *Calvin's New Testament Commentaries*, ed. David W. and Thomas F. Torrance, (Edinburgh: Oliver and Boyd Ltd., 1960), 5. Hereafter cited as Calvin, *Comm. Romans*, with page number. See also T. H. L. Parker, ed. *Iohannis Calvini Commentarius in Epistolam Pauli Ad Romanos* (Leiden: Brill, 1981), 5. *quod siquis veram eius intelligentiam sit assequutus, ad reconditissimos quosque Scripturae thesauros adeundos habeat apertas fores.* Hereafter cited as *Ad Romanos*, with page number.

[23] Calvin, *Comm. Romans*, 5. *Ad Romanos*, 5. *ingreditur principalem totius epistolae quaestionem, Fide nos justificari.*

Calvin's work on Romans colored his early work in ministry. Calvin was lecturing on Romans in Geneva during his first pastoral stint in the city, and he adopted the language of the epistle to the Romans to consider certain important early modern theological topics, including faith, grace, law, and works.[24] Elsie McKee has argued that the biblical work Calvin did in commenting moved from commentary into the *Institutes* and into the treatises.[25]

Calvin's eventual doctrine of the law, presented in the later editions of the *Institutes of the Christian Religion*, depends upon the insights he saw in Paul's letter to the Romans.[26] In the Romans commentary, the Genevan reformer was clear that righteousness with God was theoretically possible for any who brought forth works that fulfilled the law.[27] Calvin replicated Anselm's argument about the prelapsarian state. He asserted that, "We do not negate the prescriptions in the Law of absolute righteousness: but because all are convicted in transgressions, therefore we must seek another righteousness."[28] Calvin accepted the first half of Erasmus' claims in his diatribe against Luther, that the law definitely did make demands upon humans.[29] The law, "would point out the way of life to those of virtue and integrity."[30] Calvin states a clear and consistent position that the law is righteous and good. He will call the law, "holy, just,

---

[24] G. Sujin Pak, "John Calvin's Life," in *John Calvin in Context*, ed. R. Ward Holder (Cambridge: Cambridge University Press, 2020), 12.

[25] Elsie A. McKee, "Exegesis, Theology, and Development in Calvin's Institutio: A Methodological Suggestion," in *Probing the Reformed Tradition: Historical Studies in Honors of Edward A. Dowey, Jr.*, ed. eadem and Brian G. Armstrong (Louisville: Westminster John Knox, 1989), 154–172.

[26] There is a huge literature on Calvin and the law. For a sense of the contemporary discussion, see, among others, Jennifer Herdt, "Calvin's Legacy for Contemporary Reformed Natural Law," *SJT* 67 (2014): 414–435; Pieter Vos, "Calvinists Among the Virtues: Reformed Theological Contributions to Contemporary Virtue Ethics," *Studies in Christian Ethics* 28 (2015): 201–212; Matthew Tuininga, "Good News for the Poor: An Analysis of Calvin's Concept of Poor Relief and the Diaconate in Light of His Two Kingdoms Paradigm," *CTJ* 49 (2014): 221–247; idem, *Calvin's Political Theology and the Public Engagement of the Church: Christ's Two Kingdoms* (Cambridge: Cambridge University Press, 2017); David VanDrunen, "The Context of Natural Law: John Calvin's Doctrine of the Two Kingdoms," *Journal of Church and State* 46 (2004): 503–525; Irena Backus, "Calvin's Concept of Natural and Roman Law," *CTJ* 38 (2003): 7–26; Peter Opitz, "Calvin in seiner Zeit: ein strafrechthistorischer Streifzug," *Zeitschrift für Dialektische Theologie* 25 (2009): 38–71; Susan Schreiner, "Calvin's Use of Natural Law," in *A Preserving Grace: Protestants, Catholics, and the Natural Law*, ed. Michael Cromartie (Grand Rapids, MI: Eerdmans, 1997), 51–76, 179–183; John I. Hesselink, *Calvin's Concept of the Law* (Allison Park, PA: Pickwick, 1992).

[27] Calvin, *Comm. Romans*, 47, commenting on 2:13. *Ad Romanos*, 44. *Si ex Lege iustitia quaeritur, impleri Legem oportere: quia in operum perfectione posita est Legis iustitia.*

[28] Calvin, my translation, commenting on 2:13. *Ad Romanos*, 44. *Nos vero non negamus praescribi in Lege absolutam iustitiam: sed quia omnes transgressionis convincuntur, quaerendam esse dicimus aliam iustitiam.*

[29] Erasmus, *De Libero Arbitrio: Diatribe sive Collatio*, 1524.

[30] Calvin, *Comm. Romans*, 93, commenting on 4:15. *Ad Romanos*, 91. *Bonis quidem ac integris viam vitae [monstraret]:....*

good, pure, and free from every fault."[31] Calvin presented the law as a gift from God that led to a righteous relationship with its author.

The paeans to the law that abound in Calvin's commentary on Romans establish Calvin's high regard for the law, and his basic sense that Paul not only approved of the law, but also saw it as a testament to God's goodness and holiness. But Calvin recognized that the law's original purpose of revealing a path to righteousness had, through the power and effect of sin, fallen to the present function of the law.[32] The law was holy and good, but since "it ordered the sinful and corrupt to do their duty without supplying them power to do so, it brings them in their guilt to the judgment seat of God."[33] To finish the comparison mentioned above – while Calvin agreed with Erasmus that the law made specific claims upon humanity, he would never agree that this fact proved that humans must naturally have the power to fulfill the law, especially under the condition of sin.[34]

In the present situation, that is to say – under the condition of sin – the law brings condemnation rather than a path to justification or God's favor. Calvin calls its function the "law of sin and death." He explains,

The law of God is placed, as it were, in the middle. Although it teaches righteousness, it cannot confer it, but rather binds us in bondage to sin and to death by still stronger bonds. ... The law of God condemns men because as long as they remain under the obligation of the law, they are oppressed by the bondage of sin, and thus are guilty of death.[35]

Calvin's rhetorical placement of the law "in the middle," (*in medio ponitur*) represents the half of its work it still can effect. While it can show the righteous-

---

[31] Calvin, *Comm. Romans*, 145, commenting on 7:12. *Ad Romanos*, 145. *Lex ipsa, et quicquid Lege praecipitur, id totum* sanctum *est, ergo summa dignitate reverendum:* iustum*, ergo nullius iniustitiae insimulandum:* bonum*, ergo omni vitio* purum *ac vacuum.*

[32] Beverly Roberts Gaventa notes that "Sin is capable of exerting power even over the law." (Beverly Roberts Gaventa, *Our Mother Saint Paul* [Louisville: Westminster John Knox Press, 2007], 130). See also Paul W. Meyer, "The Worm at the Core of the Apple: Exegetical Reflections on Romans 7," in *The Conversation Continues: Studies in Paul and John in Honor of J. Louis Martyn,* ed. Robert T. Fortna and Beverly Roberts Gaventa (Nashville: Abingdon Press, 1990), 62–84.

[33] Calvin, *Comm. Romans*, 93, commenting on 4:15. *Ad Romanos*, 91. *Si ex Lege iustitia quaeritur, impleri Legem oportere: quia in operum perfectione posita est Legis iustitia.*

[34] Albert Pighius, the Dutch theologian, would attack Calvin for rejecting this model of the free choice of the will in *De Libero Hominis Arbitrio et Divina Gratia, Libri Decem* (Cologne: Melchior Novesianus, 1542). The first six books, those to which Calvin originally responded, are reproduced in the appendix to Ioannis Calvini, *Defensio Sanae et Orthodoxae Doctrinae de Servitute et Liberatione Humani Arbitrii,* ed. Anthony N.S. Lane, with assistance from Graham Davies, vol. 3 of *Ioannis Calvini opera omnia 4: Scripta Didactica et Polemica,* (Geneva: Droz, 2008).

[35] Calvin, *Comm. Romans*, 157, commenting on 8:2. *Ad Romanos*, 156. *Lex Dei tanquam in medio ponitur: quae docendo iustitiam, conferre eam non potest, quin potius in peccati et mortis servitutem fortioribus vinculis nos astringit. ... Quod Lex Dei homines condemnat, id fit quia quantisper sub Legis obligatione manent, peccati servitute premuntur: atque ita rei sunt mortis.*

ness, it cannot give that righteousness to sinful humans. The still stronger bonds Calvin notes are the knowledge that the law brings. Like the purpose of Isaiah's ministry, the law took away humanity's excuse.[36] In commenting upon 2 Cor 3:7, Calvin asserted that the law abandoned humans to their own devices, it consigns them to inevitable death.[37] "To kill is thus a perpetual and inevitable accident of the law for, as the apostle says elsewhere, 'All that remain under the law are subject to its curse' (Gal.3.10)."[38] The law had fallen from its created intent to its corrupted role, which was to bring about the penalty of death. Note that Calvin used the scholastic distinction between substance and accidents. The law as created was pure and holy, so it cannot have an essential character that is anything less than holy. Instead, it has, through the contingent circumstances of the corruption to which the entire creation has been subjected, acquired an accidental yet permanent quality, that of condemning those who sin – that is to say, everyone (Rom 3:23) – to death.

Calvin argued that the "works of the law" were not simply the works of the Jewish ceremonial law, but included the works of the entire law.[39] He declared that those who limited the "works of the law to ceremonies are merely making petty objections, since what Paul (he) previously referred to as the works of the law he now simply and without any addition, calls works."[40] Calvin maintained that Paul did not simply intend to discuss the ceremonial law, and he returned in Romans to this notion repeatedly, in his comments on Romans 4:6, 8:3, and 9:32.[41]

---

[36] See Isa 6:9–10, New Revised Standard Version, in *The New Oxford Annotated Bible, Containing the Old and New Testaments*, ed. Bruce M. Metzger and Roland E. Murphy (New York: Oxford University Press, 1991), 875. All further citations to this version, by book, chapter, and verse.

[37] John Calvin, *The Second Epistle of Paul the Apostle to the Corinthians*, trans. Thomas A. Smail, vol. 10 of *Calvin's New Testament Commentaries*, ed. David W. and Thomas F. Torrance, (Edinburgh: Oliver and Boyd Ltd., 1960), 45, commenting on 2 Cor 3:7. Hereafter cited as Calvin, *Comm. II Corinthians*, with page number. See also Helmut Feld, ed. *Ioannis Calvini Commentarii in Secundam Pauli Epistolam ad Corinthios* (Geneva: Librairie Droz, 1994), 58. Hereafter cited as *Secundam ad Corinthios*, with page number. *Nam lex quum hominem relinquat in seipso, morti eum necessario adiudicat.*

[38] Calvin, *Comm. II Corinthians*, 45, commenting on 3:7. *Secundam ad Corinthios*, 58. *Ita uno verbo habemus, Legis accidens esse perpetuum et inseparabile, quod occidit; quoniam ut alibi dicit Apostolus, quicunque sub ea manent, maledictioni sunt obnoxii.*

[39] Calvin, *Comm. Romans*, 218, commenting on 9:32. *Ad Romanos*, 83. *merum esse [eorum] cavillum [qui] opera Legis [intra] caeremonias [limitant], quando nunc opera simpliciter et sine adiecto vocat, quae prius dicebat opera Legis.*

[40] Calvin, *Comm. Romans*, 85, commenting on 4:6. *Ad Romanos*, 156.

[41] Calvin, *Comm. Romans*, 158–159, commenting on 8:3. *Ad Romanos*, 158. Beverly Roberts Gaventa notes that "actual powers ... hold humanity in their grasp. God has interceded in the death and resurrection of Jesus to break their power (Rom. 8:3), but the struggle between God and the powers continues until God's final triumph, the redemption of the whole of creation." (Beverly Roberts Gaventa, *When in Romans: An Invitation to Linger with the Gospel According to Paul* [Grand Rapids: Baker Book House, 2016], 41).

The soteriological function of the law, in Calvin's treatment, was not to show the faithful how they could earn salvation. Instead, soteriologically speaking, the law functions to convict the heart of the believers. The reformer wrote, "It is especially necessary to have this knowledge (of our unrighteousness), because we shall never be clothed with the righteousness of Christ, unless we first know for certain that we have no righteousness of our own."[42] The law does the necessary work of convicting and convincing believers that their own efforts at righteousness are futile, persuading them to approach their Savior empty-handedly, asking only for mercy.

For Calvin, the function of the law in the lives of regenerate believers includes his famous "third use of the law."[43] Calvin was working out this distinction while he was writing the commentary on Romans, and would not significantly change this section of the *Institutes* after 1539.[44] This use of the law in the lives of believers could also be considered as the Christian's duty to love the neighbor.[45]

Finally, for Calvin, Christ was the end of the law. He meant this in a variety of senses – in its completion or perfection, its goal, and that Christ brings an end to the law as a path to God separate from faith in Christ. Calvin claimed,

The apostle here refutes the objection which might have been made against him. The Jews might have appeared to have pursued the right path, because they had devoted themselves to the righteousness of the law. It was necessary for Paul to disprove this false opinion. He does this here by showing that those who seek to be justified by their own works are false interpreters of the law, because the law has been given to lead us by the hand to another rightousness. Indeed, every doctrine of the law, every command, every promise, always points to Christ.[46]

---

[42] Calvin, *Comm. Romans*, 159, commenting on 8:3. *Ad Romanos*, 159. *Quod scitu in primis necessarium est: quia Christi iustitia nunquam vestiemur, nisi prius certo noverimus, propriae iustitiae nihil nos habere.*

[43] John Calvin, *Institutes of the Christian Religion, 1559 Edition*, ed. John T. McNeill, trans. Ford L. Battles, 2 vols. (Philadelphia: Westminster Press, 1960), II.vii.12. "The third and principal use, which pertains more closely to the proper purpose of the law, finds its place among believers in whose hearts the Spirit of God already lives and reigns." CO 2:261. *Tertius usus, qui et praecipuus est, et in proprium legis finem propius spectat, erga fideles locum habet, quorum in cordibus iam viget ac regnat Dei spiritus.* The abbreviation "CO" refers to John Calvin, *Ioannis Calvini Opera Quae Supersunt Omnia*, ed. Wilhelm Baum et al., 59 vols., vols. 29–87 of the Corpus Reformatorum (Brunswick: C. A. Schwetschke and Sons, 1863–1900).

[44] Stephen J. Chester noted Calvin's strong link between justification and sanctification in his *Reading Paul with the Reformers: Reconciling Old and New Perspectives* (Grand Rapids: Eerdmans, 2017), esp. 269 ff.

[45] Calvin, *Comm. Romans*, 284–285, commenting on 13:8. *Ad Romanos*, 286–287.

[46] Calvin, *Comm. Romans*, 221, commenting on 10:4. *Ad Romanos*, 223. *Hac ratione occurrit Apostolus obiectioni quae contra moveri poterat. Videri enim poterant Iudaei rectam viam tenuisse, quia in Legis iustitiam incubuerant: hanc falsam opinionem refellere necesse habuit, quod hic facit. Indicat enim Legis praeposterum interpretem <esse>, qui per eius opera iustificari quaerit, quoniam in hoc Lex data est, quo nos ad aliam iustitiam manu duceret. imo quicquid doceat Lex, quicquid praecipiat, quicquid promittat, semper Christum habet pro scopo.*

The law cannot save, but does still point like a lodestone to Christ's righteousness.

Calvin did not only locate his concern for the law in the commentary upon Romans. He expanded this nuanced sense of the law in his commentary on II Corinthians.[47] Calvin had returned to Geneva from his exile in Strasbourg and was beginning to achieve the pace of production that would make him one of the most prolific biblical commentators of his age. When Calvin treated the famous passage, "for the letter kills, but the spirit gives life," he explicated it through the comparison of the Law and Gospel.[48] For Calvin, it was clear that the letter meant the Old Testament and the Spirit was the gospel.[49] After an attack on Origen for introducing allegory and the way it had misled the church, Calvin returned to his topic. He noted that the language of the passage opened several questions, among them whether the Old Testament was a completely external and dead letter, and the gospel only spirit. Calvin answered that Paul was speaking specifically of those issues that belonged peculiarly to the law and the gospel.[50]

While Calvin did not denigrate the law or exalt the gospel, he understood this passage to provide insights into the differing dignities of each.[51] He argued that the law was holy and adorned with many miracles, but the glory of the gospel shone with greater brightness. The reformer understood the difference between the Jews, and believers, mentioned in 2 Cor 3:14, to be the dependence upon Christ. People cannot understand the law apart from Christ. "The law is in itself full of light but we appreciate its clarity only when Christ appears to us in it."[52] The law and the entire scripture had to refer to Christ, its one goal.

To summarize, Calvin's doctrine of the law drawn from his Romans and II Corinthians commentaries emphasized a number of points. First, the law of

---

[47] This was the first of Calvin's commentaries that was printed entirely, both the Latin original and the French translation, in Geneva. It was printed by Jean Gerard, the French in 1547, and the Latin in 1548. This is the only one of Calvin's Pauline commentaries printed in that order. See R. Ward Holder, "Calvin as Commentator on the Pauline Letters," in *Calvin and the Bible*, ed. McKim (see n. 21), 224–256.

[48] Calvin, *Comm. II Corinthians*, 41. *Secundam ad Corinthios*, 53. *Nunc comparationem persequitur Legis et Euangelii, quam prius attigerat.*

[49] *Secundam ad Corinthios*, 54. *Caeterum non dubium est quin per literam Vetus testamentum intelligat: sicuti Euangelium Spiritus nomine.* Calvin, *Comm. II Corinthians*, 41.

[50] *Secundam ad Corinthios*, 55. *Primo respondeo, Paulum hic considerare, quid fuerit proprium Legis. Nam quanvis Deus tunc per Spiritum operaretur, illud tamen non erat ex ministerio Mosis, sed ex Christi gratia.* Calvin, *Comm. II Corinthians*, 42.

[51] *Secundam ad Corinthios*, 55. *Deinde respondeo non simpliciter tam de Lege quam de Euangelio haec praedicari, sed quatenus unum alteri opponitur; nam et Euangelium non semper est Spiritus.* Calvin, *Comm. II Corinthians*, 42, "My second answer is that these things are not affirmed absolutely of the law or of the gospel, but only in so far as the one is contrasted with the other, for even the gospel is not always spirit."

[52] Calvin, *Comm. II Corinthians*, commenting on 3:14, 47. *Secundam ad Corinthios*, 62. *Lex enim per se lucida est. Sed tunc demum eius claritate fruimur, quum in ea nobis Christus apparet.*

God was holy and properly followed would lead to righteousness. No problem existed in the nature of the law – rather it had fallen from its purpose of leading to justification to its function under the conditions of sin of rendering believers without excuse. Second, Calvin differentiated between the ceremonial law and the general law. He asserted that Paul spoke of both in Romans and was more concerned with the general law – which he concluded was the referent in the "works of the law." Third, Calvin maintained that the law continues to have a soteriological function, that of convincing believers of their own unrighteousness so that they will turn to the gracious righteousness of Christ. Fourth, Calvin stressed that the law has an enduring role in the lives of the regenerate – providing a guide for their love of humans as they seek to do the works of their Lord. Fifth and finally, for Calvin Christ is the end and goal of the law – and the law rightly understood has always led to Christ.

Given these insights from Calvin's treatment of the law in two of his early commentaries, a number of points about the New Perspective on Paul can be stated. First, while New Perspective on Paul theorists have argued for the necessity of returning to the sources to demonstrate the problems with the "Lutheran Paul," that approach has not characterized the engagement with the early modern thinkers. This is true in general, and in the specific case of John Calvin. I have earlier argued that the sixteenth century offered a variety of portraits of Paul, and that one could not simply examine particular proof texts (Romans 7:15ff, etc.) to generate a simple typology of early modern Paulinism.[53] Far too frequently, the attacks on a "Lutheran" or "Augustinian" or "Protestant" representation of Paul are not supported by significant engagement with Luther's or Augustine's or Calvin's commentaries.[54] Instead, especially in Calvin's case, the work engaged is the *Institutes*. While that is better than nothing, it does not replace the work of looking at sixteenth-century commentaries in the original languages.[55] This is

---

[53] R. Ward Holder, "Introduction – Paul in the Sixteenth Century: Invitation and a Challenge," in *A Companion to Paul in the Reformation*, ed. idem (Leiden: Brill, 2009), 2–3.

[54] As noted above, Dunn gives very little on Luther, and writes more about how others use Calvin than showing evidence of his knowledge of Calvin's exegesis. Stendahl's article gives no sense of knowledge of Luther's particular efforts, nor those of Augustine. E. P. Sanders, in *Paul and Palestinian Judaism* (see n. 4), does not mention Calvin. He does mention Luther, but only notes the English translation of his 1535 commentary on Galatians (492). Sanders writes of Luther's understanding of dikaiosynē theou as an objective genitive throughout his work, but does not cite Luther, only Stuhlmacher (525, 538). Holm notes that the exegetes of the New Perspective on Paul have an "unbecoming reductionist understanding of Luther and the Lutheran tradition." (Holm, "Beyond Juxtaposing Luther" [see n. 10], 183).

[55] This lacuna demonstrates the lack of cross-subdisciplinary expertise in the modern theological academy. In 1971, T. H. L. Parker published *Calvin's New Testament Commentaries*, and spoke of the paucity of studies that addressed Calvin's work beyond the Institutes. While that was true then, fifty years have passed and a great number of works on Calvin's biblical work, his treatises, and the culture of Geneva in the sixteenth century have since been published. The lack of consideration of contemporary historical theology cripples the criticisms of the New Perspective theorists.

especially true as Calvin intentionally divided the work and purpose of his commentaries and his summary of Christian piety, the *Institutes*.[56] Sixteenth-century
Paulinism is simple to describe as a practice; it was the study and application of
Paul's letters, the deutero-Pauline letters, the epistle to the Hebrews, accounts
from the Acts of the Apostles, apocryphal epistles to the Laodiceans and to Seneca, and the Passion of Saint Peter and Paul.[57] However, as a doctrinal construct,
the description of early modern interpretation of Paul becomes a vast sea. A broad
range of interpreters, situated in a variety of confessional positions, interpreted
these sources and applied them for doctrinal, eccesiastical, ecclesiological, juridical, and legal reasons. There were neither two portraits of Paul nor even so few as
ten – for even within confessions interpreters in different times and motivated by
different concerns arrived at different conclusions.

Second, Calvin's interpretation of the law as having changed from its created
purpose through the introduction of corruption or sin into the world finds an
echo in Dunn's own work. Considering the tension between *Heilsgeschichte*
and apocalypticism in Paul's gospel, Dunn noted that the individual body, corporate society and the fallen cosmos all await "the liberation of consumma-
tion."[58] He wrote of the law, "caught like the willing but still fleshly 'I' between
the ages, ... like the rest of creation awaiting the liberation of the children of
God."[59] The attack on the "Lutheran," or "Protestant" Paul becomes more and
more untenable as further connections between Calvin's thought and that of
one of the leading New Perspective theorists come to light.

Third, the deeper examination of Calvin's exegesis of the law begun here suggests that while he would not be a fore-runner to the New Perspective, there are
elements in his interpretation of Paul that open the door to further consideration.[60] Calvin's broader consideration of the law that does not depend upon an
oppositional framework of law versus gospel to describe its holiness. His consideration of the veil of Moses in 2 Cor 3:14 notes that there is holiness in both
the law and the gospel. This offers substantial possibilities for consideration by
New Perspective theorists examining the function of the law in Paul. Dunn
himself had argued that with the stance of the New Perspective, "...it becomes

---

[56] See Calvin's dedicatory epistle to Simon Grynaeus in the Romans commentary. Calvin,
Comm. Romans, 1–4, dedicatory epistle. *Ad Romanos*, 1–4. See also his "John Calvin to the
Reader," in the McNeill-Battles translation (see n. 43). *CO* 2:1–4 (see n. 43), Ioannes Calvinus
Lectori.

[57] See Irena Backus, "Lefèvre d'Etaples: A Humanist or a Reformist View of Paul and His
Theology?," in *Paul in the Reformation*, ed. Holder (see n. 53), esp. 63–65.

[58] James D.G. Dunn, "How New Was Paul's Gospel?," in *The New Perspective on Paul*
(see n. 7), 263.

[59] James D.G. Dunn, "Was Paul against the Law?," in *The New Perspective on Paul* (see
n. 7), 283.

[60] James D.G. Dunn suggested as much but did so through the Westminster Confession,
which is not always an accurate guide to Calvin. See Dunn, "Whence, what and whither?" (see
n. 12), 19–20.

easier to recognize a third function of the law which Paul sees as also continu-ing. This is its function of providing divine direction for life"[61] Calvin is possi-bly the most famous early modern advocate of the third use of the law, its guid-ance in the life of believers. Calvin wrote positively of the law in its holiness, and in its function in the lives of the regenerate, the famous "third use" of the law. The possibilities of engaging Calvin's thought as a way to describe the valuable character of divine law in the life of the regenerate subject should open doors for New Perspective theorists.

Calvin's affirming view of the law was tempered, however, in his rejection of another of the more characteristic stances of New Perspective theory – the be-lief that "the works of the law" refer only to the ceremonial law – especially circumcision, food laws, and sabbath observation. Calvin rejected such an idea, and referred the "works of the law" to the entirety of the law (Rom 4:6, 8:3, and 9:32). While Calvin would not blame the law for the negative effects that humans experience from it, neither would he accept a model of the law that argues that Paul intended by "works of the law" to mean "particular observances of the law like circumcision and the food laws."[62] The Genevan reformer was clear in his interpretation that Paul had considered two models of achieving righteousness with God – doing the works of the law or doing so by faith; only one was avail-able to Christian believers.

Finally, we must delve into reasons that New Perspective scholarship took on traditional models of interpretation of Paul. First, there is the matter of the questioning of justification by faith. Stendahl argued that the reason that Au-gustine and Luther found in Paul an introspective consciousness and weak con-science was that it solved an issue that was theirs.[63] While Dunn argued that he was not abrogating the fundamental Christian doctrine of justification by faith, it is likely that he was simply engaging in ortholalism or orthographism. For centuries prior to Luther and after his death, justification by faith was balanced against justification by works of the law. No one thought that Paul was suggest-ing that the Jewish works of the law were a second manner of entering and maintaining a right relationship with God that was perfectly appropriate for Jews. Dunn knew better than to state that he was abrogating such a fundamen-tal Christian doctrine, so denied that he was. But his solution does not cohere with what "justification by faith" has meant for several centuries.

---

[61] James D.G. Dunn, "In Search of Common Ground," in *The New Perspective on Paul* (see n. 7), 309.

[62] Dunn, "The New Perspective on Paul" (see n. 7), 108. Stephen Westerholm has argued that Paul was "saying something much more basic than that the 'boundary markers' separat-ing Jews from Gentiles need no longer be observed." Westerholm was criticizing Dunn. See Stephen Westerholm, "The New Perspective on Paul in Review," *Direction* 44 (2015): 4–15.

[63] Stendahl, "The Apostle Paul" (see n. 1), 214.

Second, the New Perspective on Paul softens the division between Christians and Jews. In a post-Holocaust theological world, such a goal is understandable and obviously desirable. Further, Luther and Calvin were not generous with the Jewish communities in their era – in fact they could be harsh and persecuting. The reasons to pursue such a goal are laudable. But it is also reasonable to ask whether this is the best possible manner to do so. Must the plain sense of Paul's attacks on works righteouness be sacrificed in order to support a robust dialogue between Christians and Jews? If so, can one seriously and substantially argue that the doctrine of justification by faith has been sustained?

Finally, the most significant problem of the New Perspective on Paul's attack on the Lutheran or Protestant Paul has been the manner in which its adherents have duplicated what they claim that the Protestant model has done. Inherent in New Perspective frameworks, from Stendahl to Dunn, has been the foundational argument that Augustine, and Luther, and Protestantism, have imposed a meaning upon the text which is not there in Paul's thought. This odd and somewhat ahistorical consideration has presumed that Augustine and Luther and thus all Protestants held similar psychological and cultural concerns and so created the solution to them by reading them into Paul's epistles. This is peculiar for a variety of reasons, but two stand out particularly.

First, the New Perspective on Paul is rooted in deep historical consideration of Paul. E.P. Sanders was lionized for intensely scrutinizing the sources of Palestinian Judaism in the intertestamental and New Testament period. Theorists assert claims about what Paul meant on the basis of deep philological and historical work. The effort is to get behind the text, and to demonstrate a certainty about its meaning. But that deep historical consideration collapses when the New Perspective theorists turn their attention to their antagonists. Faced with the necessity of establishing that the Reformers were wrong, the deep historical foundation of the arguments are exchanged for fig leaves. Dunn suggests knowledge of Calvin from his grasp of the Westminster Confession.[64] At times he quotes others quoting the *Institutes of the Christian Religion*. But he avoids Calvin's commentary on Romans or the rest of Paul's corpus. His engagement with Luther is similarly shallow. He provides no engagement with Oecolampadius, Melanchthon, Cajetan, Lefèvre D'Étaples, Bucer, and Bullinger.

This is not a minor problem. David Steinmetz had argued, and numerous studies have confirmed, that the fact is clear that "the division between exegetical schools does not correspond in any way to the division between the competing confessional families."[65] The argument that there is a Protestant Paul that is imposed by all evangelical exegetes is simply not born out by the evidence. Also,

[64] Dunn, "Whence, what and whither?" (see n. 12), 19–20.
[65] David C. Steinmetz, "Calvin and the Divided Self of Romans 7," in *Calvin in Context* (Oxford: Oxford University Press, 1995), 117.

the lack of consideration of the breadth of Protestant, or for that matter early modern Catholic, interpreters of Paul's writings makes clear that the Protestant Paul is something that is assumed, rather than proven.

This problem leads to further corollary problems. The "Protestant Paul," or "Lutheran Paul," presents the danger of becoming a straw man. Since it is vaguely defined, it is difficult to defend. The lack of strict engagement can lead to failure to grasp the specifics of a particular theologian's interpretation of Paul. The consideration above of Calvin's exaltation of the law, and his third use of the law, stand as salutary examples.

A second, and even more significant difficulty arises from the New Perspective on Paul's derogation of the Reformation heritage. The New Perspective on Paul claims that it replaces the Protestant-Augustinian reading of Paul that was imposed upon the text. In so doing, it recognized the Lutheran or Protestant reading of Paul as a tradition, one that had gone badly astray. In effect, the New Perspective on Paul sought to effect a process of critical tradition reception.

In a certain way this makes sense. The great majority of analysts of culture and tradition recognize that even theologians who work with the word of God still work within the bounds of a tradition. This has been demonstrated by figures working on the early church, the medieval world, the early modern, and even the modern period.[66] The German philosopher of hermeneutics, Hans-Georg Gadamer (1900–2002), suggested that it is reading in traditions that make interpretation possible in the first place.[67]

However, the New Perspective theorists tend not to see themselves engaged in a process of conversation, in which their own assumptions and their own fore-understandings about the text, Paul, first-century Judaism, and first-century Christianity can be discussed and debated. Instead, they seek to demonstrate they have arrived at the end of the interpretation of Paul by rejecting what they believed was the dominant prior model.[68] But in the final analysis, how can this be viewed as anything other than hubris?

---

[66] See Karlfried Froehlich, *Biblical Interpretation in the Early Church*, Sources of Early Christian Thought (Philadelphia: Fortress Press, 1984); Beryl Smalley, *The Study of the Bible in the Middle Ages* (Notre Dame: Notre Dame University Press, 1952); Brian Stock, *The Implications of Literacy: Written Language and Models of Interpretation in the Eleventh and Twelfth Centuries* (Princeton: Princeton University Press, 1983); R. Ward Holder, *John Calvin and the Grounding of Interpretation: Calvin's First Commentaries*, Studies in the history of Christian traditions 127 (Leiden et al.: Brill, 2006); and Kathryn Tanner, *Theories of Culture: A New Agenda for Theology*, Guides to Theological Inquiry (Minneapolis: Fortress, 1997).

[67] Hans-Georg Gadamer, *Truth and Method*, ed. and trans. Joel Weinsheimer and Donald G. Marshall, 2nd rev. ed. (New York: Continuum, 2004).

[68] Seyoon Kim has argued that instead of an exegetical result, the figures of the New Perspective are putting forth a "dogma." See Seyoon Kim, *Paul and the New Perspective: Second Thoughts on the Origin of Paul's Gospel*, WUNT 140 (Tübingen: Mohr Siebeck, 2002), 294–295. Kim argued that his examination of Dunn's test cases, Paul's conversion and Galatians

In 1539, John Calvin wrote, "God has never so dignified his servants with the blessing that each possessed a full and perfect understanding of every part of their subject. Without a doubt, his plan was first that we would be kept humble, and also that we should continue to have communication with our brothers."[69] This was in his dedication of the commentary on Romans to Simon Grynaeus. Calvin's effort was to provide the intellectual and spiritual space through which different interpreters could come to the text and work with others, since God would not bless an individual with perfect understanding. Should we wish to make progress in discussions between the New Perspective and traditional Protestant and Catholic strands of interpretation, the adoption of such a perception of others' offerings would be necessary. It was a difficult task for Calvin. Time will tell whether a later age can approach the sacred page with humility.

3:10–14 ... have "shown that his exegesis of them is faulty and that they do in fact point to an element of works-righteousness in Judaism." (294).

[69] Calvin, *Commentary on Romans*, Dedicatory epistle. *Ad Romanos*, 3:107–110. *Nunquam enim tanto beneficio servos suos dignatus est Deus, ut singuli plena perfectaque omni ex parte intelligentia praediti essent. Nec dubium quin eo consilio, ut nos in humilitate primum, deinde communicationis fraternae studio retineret.*

New Perspective avant la lettre?

Der historische Paulus in Calvins Römerbriefkommentar

Esther Kobel

Wer war Paulus als historische Person?[1] Dies ist eine moderne Frage, die die zeitgenössische Paulusforschung in ihren zahlreichen Facetten umtreibt. Reichlich geforscht wird seit der New Perspective on Paul[2] – und noch konsequenter seit dem Aufkommen der Radical New Perspective[3] – zu seiner jüdischen Identität[4] oder etwa zu seiner Persönlichkeit[5]. Nicht immer standen diese Themen so dezidiert im Fokus. Aufgrund Melanchthons Aussage, der Römerbrief sei ein *compendium doctrinae Christianae*,[6] könnte man für die Reformationszeit so-

---

[1] Zentrale Inhalte des vorliegenden Beitrags habe ich im Herbst 2021 in der Mainzer Neutestamentlichen Sozietät sowie in der Session „The Historical Paul" am Annual Meeting der Society of Biblical Literature 2021 (virtuell in San Antonio) vorgetragen. Ich danke den jeweiligen Teilnehmenden für ihre konstruktiv-kritischen Rückfragen und Vorschläge. Mein besonderer Dank geht an Frau Kollegin Prof. Sandra Huebenthal (Passau), die diesen Beitrag gelesen und kommentiert hat. Wertvolle Hinweise und Ergebnisse von gemeinsamen Diskussionen über hermeneutische Fragen sind eingeflossen.

Der Begriff „historischer Paulus" meint hier und im Folgenden die (re-)konstruierte Person des Paulus – im Gegensatz zum „geschichtlichen Paulus" als reale Person, auf die wir kaum Zugriff haben.

[2] Aus den Anfängen: Krister STENDAHL, Der Jude Paulus und wir Heiden. Anfragen an das abendländische Christentum (Kaiser Traktate 36), München 1978; James D.G. DUNN, The New Perspective on Paul, BJRL 65 (1983), 95–122; Ed Parish SANDERS, Paulus und das palästinensische Judentum. Ein Vergleich zweier Religionsstrukturen, Göttingen 1985 [1977].

[3] Z.B.: Lloyd GASTON, Paul and the Torah, Vancouver 1987; Mark D. NANOS, The Mystery of Romans. The Jewish Context of Paul's Letter, Minneapolis 1996; John G. GAGER, Reinventing Paul, Oxford 2000; Magnus ZETTERHOLM, Paul within Judaism. The State of the Questions, in: Mark D. Nanos/Magnus Zetterholm (Hg.), Paul within Judaism. Restoring the First-Century Context to the Apostle, Minneapolis 2015, 31–51.

[4] Z.B. Daniel BOYARIN, A Radical Jew. Paul and the Politics of Identity (Contraversions), Berkeley 1994; Jörg FREY, Paul's Jewish Identity, in: Jörg Frey/Daniel R. Schwarz/Stephanie Gripentrog (Hg.), Jewish Identity in the Greco-Roman World. Jüdische Identität in der griechisch-römischen Welt, Leiden 2007, 285–321; Kathy EHRENSPERGER/J. Brian TUCKER (Hg.), Reading Paul in Context. Explorations in Identity Formation, New York 2010.

[5] Vgl. Eve-Marie BECKER/Peter PILHOFER (Hg.), Biographie und Persönlichkeit des Paulus, Tübingen 2005.

[6] *Paulus in epistola, quam Romanis dicavit, cum* doctrinae christianae compendium *conscriberet*. Horst Georg PÖHLMANN (Hg.), Loci communes. 1521; lateinisch – deutsch, Gütersloh 1997, 24 (Hervorhebung EK).

gar auf die Idee kommen, die Reformatoren hätten Paulus überhaupt nicht historisch verstanden, sondern abstrakt und zeitlos.

Tatsächlich urteilt Alasdair I. C. Heron auch im Hinblick auf Calvin:

Obwohl sein Kommentar [sc. zum Römerbrief] nicht wie der Melanchthons zu einer eher dogmatischen Darstellung dieser *loci* werden, sondern am Text entlang gehen, die Gestaltung des Textverlaufs berücksichtigen und seiner Dynamik folgen sollte, ist es nichtsdestoweniger ein durch und durch theologisches, ja ein kerygmatisches Werk.[7]

Gleichwohl kann zumindest für Calvin behauptet werden, dass er historische Fragen bearbeitet hat, was ihm mitunter auch bescheinigt wird und was von seiner humanistischen Bildung herrühren dürfte, die sich vor allem in seinem Interesse an philologischen und hermeneutischen Fragen sowie rhetorischer Analyse zeigt.[8]

Während das grundsätzliche historische Interesse Calvins Beachtung gefunden hat und dabei auch festgestellt wurde, dass das Leben des Paulus für ihn eine Rolle spielte, ist in der Forschung der historische Paulus in Calvins Œuvre bislang ein Nebenschauplatz geblieben und so gilt es, diesen historischen Paulus genauer zu beschreiben.

Calvins Vorstellung von Paulus als historischer Figur muss aus seinen Schriften, insbesondere der Kommentarliteratur, zusammengetragen werden. Ziel des vorliegenden Aufsatzes ist es, das Bild des historischen Paulus, das im Hintergrund von Calvins Römerbriefkommentar steht, zu rekonstruieren.[9] Dieser Kommentar bietet sich aus mehreren Gründen für das Vorhaben an. Der erste Grund ist ein chronologischer: Der in Latein verfasste Kommentar zum Römerbrief ist das erste von Calvin publizierte Kommentarwerk zu einem biblischen Buch. Der zweite Grund ist ein systematischer: Der Römerbrief ist für Calvin der Schlüssel zum Verständnis der gesamten Schrift.[10] Jeder, der den wahren Sinn des Römerbriefs verstanden hat, findet die Türen zum Zugang selbst zu den verborgensten Schätzen der Schrift offen.[11] Deshalb hat Calvin

---

[7] Alasdair I.C. Heron, Der Brief an die Römer. Ein Kommentar (1540), in: Eberhard Busch (Hg.), Der Brief an die Römer. Ein Kommentar (Calvin Studienausgabe 5), Neukirchen-Vluyn 2012, 1–15 (9).

[8] Vgl. z. B.: „The second gift which Calvin received from his humanistic background was a firm grounding in the lessons of history, and the possibilities for the interpretation of texts and ancient cultures which history grants its students. Calvin eagerly employed historical explanations to consider both the biblical text and the church's exegetical tradition." R. Ward Holder, Calvin as Commentator on the Pauline Epistles, in: Donald K. McKim (Hg.), Calvin and the Bible, Cambridge 2006, 224–256 (240).

[9] Dass Person und Lehre des Paulus nicht scharf getrennt werden können, versteht sich von selbst. Dennoch ist es im vorliegenden Beitrag nicht möglich, beide gleichermaßen zu berücksichtigen. So liegt der Fokus hier ausdrücklich auf der Person.

[10] Vgl. *quando siquis eam intelligat, aditum sibi quendam patefactum habet ad totius Scripturae intelligentiam* (S. 18, Z. 24 – S. 20, Z. 2).

[11] Vgl. *quod siquis veram eius intelligentiam sit assequutus, ad reconditissimos quosque Scripturae thesaurus adeundos habeat apertas fores* (S. 26, Z. 11–13).

diesen Brief ausführlich und in mehreren Anläufen kommentiert. Der Römerbriefkommentar ist zweifellos eines der großen Werke in seinem Œuvre. Der dritte Grund ist ein pragmatischer bzw. praktischer: Calvins Römerbriefkommentar ist gut ediert und liegt auch in einer deutschen Übersetzung vor, so dass die folgenden Ausführungen anhand der Ausgabe, auf die sich auch dieser Essay stützt, gut am Text nachvollzogen werden können.[12] Grundlage für die folgenden Ausführungen ist die zweisprachige Calvin-Studienausgabe,[13] die sich ihrerseits auf die kritische Edition von Parker (1999) stützt.[14]

Basis von Calvins Kommentar dürften die Vorlesungen sein, die er in den vorausgegangenen Jahren gehalten hatte, wahrscheinlich schon in seiner ersten Genfer Zeit (1536–1538).

Calvins Auslegung des Römerbriefs ist erstmals 1540 bei Wendelin Rihel in Straßburg erschienen. Calvin hat sie 1551 in leicht und 1556 in wesentlich überarbeiteter und erweiterter Form bei Jean Gérard respektive Robert Estienne in Genf zusammen mit seinen übrigen Paulusbriefkommentaren neu auflegen lassen.[15] Die dritte Auflage ist die ausführlichste Fassung von Calvins Römerbriefkommentar und daher auch Grundlage der dieser Studie zugrundeliegenden Calvin-Ausgabe.[16]

---

[12] Eberhard BUSCH (Hg.), Der Brief an die Römer. Ein Kommentar (Calvin Studienausgabe 5), Neukirchen-Vluyn 2012. Hinweise auf dieses Werk werden im Folgenden direkt in Klammern mit Seiten- und Zeilenzahl angegeben.

[13] Ebd.

[14] T. [Thomas] H.L. PARKER/Brian G. ARMSTRONG (Hg.), Commentarius in epistolam Pauli ad Romanos (Ioannis Calvini opera omnia Opera exegetica Veteris et Novi Testamenti Vol. 13), Genève 1999.

[15] Die dritte Auflage wurde 1563 von Jean Crispin in Genf ohne weitere Korrekturen nochmals neu aufgelegt. Parker hat die Entwicklung der verschiedenen Auflagen untersucht und aufgezeigt, dass zwar der Umfang in den Neuauflagen größer wurde (um fast die Hälfte bei der zweiten Überarbeitung von 1556 gegenüber der Erstauflage von 1540), aber der Kommentar per se hat sich in seinem Kern und Wesen nicht groß verändert. Calvin hat noch mehr erklärt und einige Zusätze ergänzt, aber die Essenz blieb gleich. Vgl. ebd.; Thomas Henry Louis PARKER, Calvin the Exegete. Change and Development, in: Wilhelm H. Neuser (Hg.), Calvinus Ecclesiae Doctor. D. Referate d. Congrès Internat. de Recherches Calviniennes vom 25. bis 28. Sept. 1978 in Amsterdam, Kampen 1980, 33–46; dazu siehe auch HOLDER, Calvin as Commentator (s. Anm. 8), 231; Rodolphe PETER/Jean-François GILMONT, Ecrits théologiques, littéraires et juridiques: 1532–1554 (Bibliotheca Calviniana 1), Genève 1991, 414–419.

[16] Für Detailunterschiede zur 1. bzw. 2. Auflage vgl. den Abschnitt „2. The Development of the Commentary" in der Einleitung von Parker in: PARKER/ARMSTRONG, Commentarius (s. Anm. 14), XVI–XXI. Zu den Auflagen von 1551 und 1556 vgl. das Kapitel „The Revisions of 1551 and 1556" in: Thomas Henry Louis PARKER, Calvin's New Testament Commentaries, Louisville, Ky. 1993, 36–59. Eine Auflistung der drei ersten Ausgaben und späterer Editionen sowie Übersetzungen findet sich bei HERON, Der Brief an die Römer (s. Anm. 7), 13f.

1. Calvin als Bibelausleger

Calvin ist freilich nicht der Erste, der den Römerbrief auslegt. Er kann neben
den patristischen[17] auch bereits auf reformatorische Kommentare rekurrieren:
Philipp Melanchthon, Heinrich Bullinger und Martin Bucer haben schon vor
ihm bedeutende Auslegungen des Römerbriefs vorgelegt. Melanchthon behandelt dabei vor allem die ihm zentral erscheinenden dogmatischen *loci* – wie etwa
beispielsweise Gnade, Gesetz, Evangelium, Glaube, Rechtfertigung oder gute
Werke – und lässt andere, durchaus auch wesentliche, Inhalte des Römerbriefs
unkommentiert.[18] Bullinger und seinem Kommentar zollt Calvin große Anerkennung.[19] Bei Bucer hingegen kritisiert er, dass dieser unzählige Details so
ausführlich diskutiert, dass es den Lesefluss behindere.[20]

Im Gegensatz zu Melanchthon stellt Calvin sich der Herausforderung, den
Text des Römerbriefs lückenlos zu kommentieren. Anders als bei Bucer soll sich
sein Werk aber durch *perspicua brevitas* (S. 16, Z. 7), durchsichtige Kürze, aus-
zeichnen. Calvins Ziel ist es, einerseits den Text angemessen in seinem Zusammenhang zu verstehen und andererseits den Sinn des Römerbriefes für die Leserinnen und Leser des Kommentars verständlich darzustellen. Dass Calvin im
16. Jahrhundert seinen Kommentar tatsächlich adressatenorientiert konzipiert
hat, wird deutlich, wenn er festhält: „Insbesondere nahm ich mir vor, alles so
knapp anzusprechen, dass die Leser ohne großen Zeitverlust bei mir lesen
könnten, was bei den anderen enthalten ist."[21] Für ihn ist es die Pflicht des Aus-
legers, den Gedanken des Autors, dessen Erklärung er sich vorgenommen hat,
offenzulegen.[22] Calvin äußert keinerlei Zweifel daran, dass der Gedanke des

---

[17] Origenes, Johannes Chrysostomus, Ambrosiaster, Augustin. Zu den altkirchlichen
Römerbriefauslegungen vgl. Karl Hermann Schelkle, Paulus Lehrer der Väter. Die altkirchliche Auslegung von Römer 1–11, Düsseldorf 1959.

[18] Calvin bemerkt dazu im Widmungsschreiben an seinen Basler Freund Simon Grynäus,
Melanchthon habe erreicht, was er wolle, nämlich die wichtigsten Kapitel zu erklären. Er habe
aber auch vieles, was nicht vernachlässigt werden dürfe, übergangen und er habe anderen bei
deren Untersuchungen nicht im Wege stehen wollen (*Philippus [Melanchthon] enim quod voluit adeptus est, ut maxime necessaria capita illustraret. Multa quae negligenda non sunt, dum
in illis primis occupatus praetermisit, noluit alios impedire quin ea quoque excuterent*; S. 22,
Z. 12–15).

[19] *Sequutus est Bullingerus, qui et ipse magnam suo merito laudem adeptus est* (S. 20, Z. 12–
14).

[20] Calvin hierzu: *Bucerus et prolixior est quam ut ab hominibus aliis occupationibus districi-
tis raptim legi, et sublimior quam ab humilibus et non valde attentis intelligi facile queat* (S. 22,
Z. 15–17).

[21] *Praesertim quum ita omnia succincte perstringere instituerem, ut non magnam temporis
iacturam facturi essent lectores, apud me legendo quae in aliis habentur* (S. 22, Z. 33–35).

[22] Vgl. *Et sane quum hoc sit prope unicum illius officium, mentem scriptoris, quem explican-
dum sumpsit, patefacere* (S. 16, Z. 7–9). Zu Calvins Auslegungsmethoden vgl. auch das Kapitel
„Calvin's Method and Interpretation" in: Parker, Calvin's New Testament Commentaries
(s. Anm. 16), 85–108.

Autors erfasst werden kann. Modern formuliert haben wir es also hier mit der Autorintention als Maßstab für die Richtigkeit der Interpretation zu tun, ohne dass Calvin erläutert, wie sie zu ermitteln ist. Die *intentio scribentis* zu eruieren, wurde schon in der Spätantike angestrebt. Gemeint ist die Einstellung des Verfassers zur *materia* und die Wirkabsicht, die als wesentliche Faktoren zur Erklärung eines Textes dienen und das Ziel aller hermeneutischen Bemühungen darstellen.[23] Damit ist Calvin ein Kind seiner Zeit. Die Kritik an der Möglichkeit der Benennung einer Autorinterpretation ist eine moderne und liegt nicht in seinem Denkhorizont.[24] Die Aufgabe eines Kommentators sieht er darin, dem Publikum die Autorinterpretation offenzulegen. Je mehr der Kommentator sein Publikum von den Gedanken des biblischen Autors ablenkt, desto weiter entfernt er sich laut Calvin von seinem eigenen Vorhaben und schweift von seiner eigentlichen Aufgabe ab.[25] Dass Kommentatoren sich in ihren Interpretationen bisweilen beträchtlich unterscheiden, hat Calvin durchaus im Blick und erklärt es mit dem Hinweis, dass Gott seine Diener niemals mit der Wohltat beschenkt habe, einen einzelnen mit umfassender und vollkommener Einsicht in alle Dinge zu begaben. Eine Übereinstimmung sei zwar wünschenswert, aber nicht erwartbar. Gleichwohl sollte man sich um eine Übereinstimmung bemühen. Entsprechend soll ein Kommentator auch einzig dann von den Ansichten der früheren Ausleger abweichen, wenn es wirklich notwendig ist und niemals aus purer Lust auf Neuerung oder Polemik oder aus Gehässigkeit oder Ehrgeiz.[26] Implizit ist damit auch gesagt, dass abweichende Meinungen anderer Ausleger bedeuten, dass sie Paulus schlechter verstanden haben.

In diesem Sinne kommentiert Calvin mittels philologisch-rhetorischer Exegese fortlaufend den Text des Römerbriefs, führt hier und da auch Diskussionen mit unterschiedlichen Deutungen zum Sinn des Textes an und äußert sich zur Absicht des Verfassers. Dabei zitiert er zunächst jeweils vollständig den Abschnitt des Bibeltexts, den er in der Folge auslegt. In der Auslegung geht er dann auf die einzelnen Lemmata ein. Ziel des Unterfangens ist es, den Brief in seiner Ganzheit zum Sprechen zu bringen, denn der Brief ist Calvins Auffassung nach sorgfältig komponiert[27] und in seinem Zentrum stehe die zentrale Frage, wie wir im Glauben gerechtfertigt werden[28].

---

[23] Vgl. Fotis JANNIDIS, Intention, RLW 2 (2010), 160–162 (160).

[24] Sie wurde im 20. Jh. aktuell. Die einflussreiche Formel „intentional fallacy" wurde 1946 geprägt: William Kurtz WIMSATT/Monroe C. BEARDSLEY, The Intentional Fallacy, in: William Kurtz Wimsatt (Hg.), The Verbal Icon. Studies in the Meaning of Poetry, Lexington 1954 [1946], 3–18.

[25] *Quantum ab ea lectores abducit, tantundem a scopo suo aberrat, vel certe a suis finibus quodammodo evagatur* (S. 16, Z. 9–10).

[26] Vgl. S. 25, Z. 15–23.

[27] *Epistola tota [...] methodica est* (S. 26, Z. 14).

[28] *fide nos iustificari* (S. 26, Z. 20–21).

In seinem Arbeiten ist Calvin deutlich vom Humanismus geprägt.[29] An dieser Stelle seien nur kurz einige zentrale Aspekte genannt: Zum einen zeigt Calvin immer wieder großes Interesse an philologischen Fragen. Es ist unstrittig, dass Calvin sich auf einen griechischen Text stützt, obschon er ihn immer auf Latein zitiert.[30] Zum Zweiten kommt in Calvins Auslegung sein Interesse an antiker Rhetorik zum Ausdruck, was sich mitunter auch in den Passagen, die ein Interesse an der historischen Figur des Paulus zeigen, widerspiegelt.[31] Um den Brief adäquat zu verstehen, müssen die Denkbewegung und Absicht seines Autors nachgezeichnet werden, was Calvin konsequent unternimmt. Zudem legt er auch ein ausgeprägtes Bewusstsein für die hermeneutischen Probleme der Schriftauslegung an den Tag, nicht zuletzt eine hohe Sensibilität für Nähe und Fremdheit des biblischen Textes zur eigenen Gegenwart.[32] Drittens – und für den vorliegenden Beitrag entscheidend – sind das ausdrückliche Bewusstsein und die Betonung des historischen Kontextes des Untersuchungsgegenstandes zu nennen.

2. Der historische Paulus in Calvins Römerbriefkommentar

Gleich in der Eröffnung seines Kommentars zeigt sich ein erstes deutliches Indiz, dass Calvin Paulus durchaus historisch verstand und nicht abstrakt oder zeitlos. Zwar konstatiert Calvin zuallererst, er würde vom Namen des Paulus am liebsten gar nicht reden, denn es lohne sich nicht, sich länger damit aufzu-

---

[29] Vgl. dazu pointiert HOLDER, Calvin as Commentator (s. Anm. 8), 239; vgl. auch das ausführliche Werk desselben Autors zu Calvins Auslegemethodik: R. Ward HOLDER, John Calvin and the Grounding of Interpretation. Calvin's First Commentaries (Studies in the History of Christian Traditions 127), Leiden 2006.

[30] Vgl. HOLDER, Calvin as Commentator (s. Anm. 8), 239 f.; mit Verweis auf Thomas Henry Louis PARKER, Introduction, in: Thomas Henry Louis Parker (Hg.), Commentarius in epistolam ad Hebraeos, Genève 1996, IX–XXXIX (XXIII).

[31] Vgl. schon seinen früheren Kommentar zu Senecas *de Clementia* von 1532: André Malan HUGO/Ford Lewis BATTLES (Hg.), Calvin's Commentary on Seneca's "De Clementia" (Renaissance text series 3), Leiden 1969.

[32] Zu Calvins Hermeneutik der Schriftauslegung siehe insbesondere: Alexandre GANOCZY, Die Hermeneutik Calvins. Geistesgeschichtliche Voraussetzungen und Grundzüge (Veröffentlichungen des Instituts für Europäische Geschichte Mainz 114), Wiesbaden 1983. Als prägnantes Zitat daraus sei an dieser Stelle folgendes angeführt (98 f.): „Calvin weiß, daß mangelnde Quellen- und Textkritik und geringe Berücksichtigung des geschichtlichen Kontextes nicht selten die Ursache für Mißverständnisse der Schrift sind. Gute philologische und historische Arbeit ist also eine wichtige Voraussetzung für die richtige Interpretation. Diese Arbeit wird aber nicht von der Schrift geleistet, sondern vom Wissenschaftler, der als Interpret tätig ist. Das Verhältnis zwischen dem auszulegenden Stoff und dem auslegenden Subjekt kann demnach nie so sein, daß das ganze Gewicht der Interpretation allein auf dem Stoff ruht, sondern es ist stets ein wechselseitiges: die Interpretation ergibt sich aus dem, was der Stoff selbst sagt, und dem, was der Interpret an Hilfsmitteln der Erklärung gleichsam von außen herbeischafft."

halten.[33] Und er fährt fort, dass man eigentlich gar nichts beitragen könne, was nicht schon von anderen Auslegern behandelt worden wäre,[34] und dass die Frage ganz kurz behandelt werden könne. Doch dann geht er sehr wohl auf die Namensfrage ein.

2.1 Die Selbstattribution des Paulus und sein Apostolat

2.1.1 Zum Namen

Im Gegensatz zu Augustin geht Calvin nicht davon aus, dass Paulus diesen Namen erhalten hat, weil er Christ wurde.[35] Mit Origenes hält er es für viel wahrscheinlicher, dass Paulus von Geburt an zwei Namen hatte: Das *nomen gentilitium* (S. 40, Z. 25) Saul, das auf die Religion und das Volk hinweise, und den zweiten Namen Paulus, der das römische Bürgerrecht bezeuge. Für Calvin ist es also eine offensichtliche Wahrheit, dass Paulus von Hause aus Saul hieß, aber ebenfalls von den Eltern den zweiten Namen erhielt. Die Absicht dahinter sei gewesen, weder die damals hoch geschätzte Auszeichnung des Bürgerrechts noch das Zeichen der israelitischen Abstammung[36] verschwinden zu lassen.

Allein schon diese Ausführungen zu israelitischer Abstammung und römischem Bürgerrecht zeugen von einer Vorstellung vom Miteinander und Nebeneinander verschiedener Kulturen, auch wenn Calvin es natürlich noch nicht so nennt. Was in der jüngeren Paulusforschung als ein Leben in mehreren Welten angesehen wird,[37] ist damit *in nuce* bei Calvin bereits beschrieben.

Calvin gibt denn auch eine Begründung, warum Paulus selbst in seinen Briefen den römischen Namen verwendet: zum einen aus dem ganz einfachen Grund, dass dieser Name im Römischen Reich bekannt und verbreitet war, in seinem Volk aber weniger; zum anderen, weil der jüdische Name bei den Römern und Provinzbewohnern Verdacht erregte und Hass schürte. Allerdings musste er sich auch davor hüten, den Hass der Seinen zu erregen (S. 42, Z. 4–10).

Calvin beschreibt hier einen Paulus, der – mit einer bewussten Namenswahl und Beschränkung auf den römischen Namen – gegenüber den Gruppen, an die er schrieb, Sensibilität für deren Kontext zeigt. Als Anknüpfungspunkt für die Beziehung zu den Adressatinnen und Adressaten wählt er den ihnen bekannten Namen.

---

[33] *De nomine Pauli subticerem prorsus, quando res non eius est momenti quae diu nos morari debeat*; (S. 40, Z. 14–15).

[34] Im Widmungsschreiben nennt Calvin explizit die Kommentare von Melanchthon, Bucer und Bullinger (s. o.). In der Auslegung rekurriert er auch auf die Kirchenväter.

[35] *Nec mihi fit verisimile, fuisse illi inditum ex quo Christo nomen dedit* (S. 40, Z. 20–21). Der Anachronismus, den der Begriff „Christ" für die Zeit des Paulus darstellt, scheint Calvin nicht bewusst gewesen zu sein.

[36] *Israelitici generis* (S. 42, Z. 3).

[37] Vgl. z. B. Richard WALLACE/Wynne WILLIAMS, The Three Worlds of Paul of Tarsus, London 1998.

Außerdem wird deutlich, dass Paulus nach Calvins Einschätzung mit „Juden-
hass" vonseiten der Nicht-Juden zu rechnen hatte, aber auch bei seiner Her-
kunftsgemeinschaft, den Juden, Widerstände zu erwarten waren.[38] Er musste
jedenfalls – so Calvin – darauf achten, nicht den unnötigen Verdacht und Hass
bei Römern und Provinzbewohnern zu erregen.[39]

Auch hier kommt eine bewusste Wahrnehmung der historischen Situation
des Paulus deutlich zum Vorschein. Inwiefern diese Einschätzung der Gefahr
heute genauso geteilt werden kann, steht auf einem anderen Blatt. Aber allein in
den Ausführungen zum Namen zeichnet sich ab, dass Calvin Paulus nicht zeitlos abstrakt, sondern sehr stark in seiner historischen und kulturellen Situation
und in der Beziehung zu seiner Adressatenschaft eingebunden wahrgenommen
hat.

2.1.2 Auserwählter Apostel und Knecht Jesu Christi

Calvin geht nach seinen Überlegungen zum Namen direkt über zu einer ausführlichen Diskussion von „Knecht Jesu Christi, zum Apostel berufen, auser-
wählt [zur Verkündigung] des Evangeliums".[40] Die Titel machen laut Calvin
deutlich, womit Paulus seiner Lehre Autorität verschafft, und zwar in doppelter
Weise: Zum einen beansprucht er die Berufung zum Apostolat und zum anderen erstreckt sich seine Berufung ausdrücklich auch auf die römische Gemeinde, also auf eine für Paulus konkrete Größe. Calvin betont, dass Paulus beides
sehr wichtig war: dass er von Gott zum Apostel berufen war und dass er im
Blick auf die römische Versammlung dazu bestimmt war.[41] Die Bezeichnung als
Knecht macht nach Calvins Einschätzung deutlich, dass er sich nicht aus eige-
nem Antrieb dazu gedrängt habe.[42] Mit der Auserwählung („selectum' se dicit;
S. 42, Z. 17) betone Paulus weiter, dass er nicht einfach ein Beliebiger aus dem
Volk sei, sondern ein ausgezeichneter Apostel des Herrn.[43] Die Bedeutung des
Apostelbegriffs führt Calvin dahingehend aus, dass zwar jeder Inhaber eines
Lehramts ein Knecht Christi sei, dass aber Apostel hinsichtlich ihres Ansehens
weit über die anderen hinausragten.[44]

---

[38] Calvin verwendet hier die Begriffe *suspicio* und *odium*. *Odium* bzw. *hostile odium* sind
interessanterweise in der lateinischen Antike die klassischen Begriffe, mit denen Hass vonseiten der Juden gegenüber der Menschheit (*odium humani generis*) bzw. gegen alle anderen
Menschen (*adversus omnes alios hostile odium*) bezeichnet wurde. Vgl. Peter Schäfer, Judeo-
phobia. Attitudes Toward the Jews in the Ancient World, Cambridge, Mass. 1997, 210.

[39] [...] *quo tunc Iudaicum nomen laborabat apud Romanos et provinciales; atque a rabie
suorum inflammanda abstineret, sibique caveret* (S. 42, Z. 8–10).

[40] *Servus Iesu Christi, vocatus Apostolus, selectus in Euangelium Dei* (S. 42, vgl. S. 40).

[41] *Utrunque enim magni referebat, ut Dei vocatione Apostolus haberetur, ut sciretur Ecclesiae quoque Romanae destinatus* (S. 42, Z. 14–15).

[42] *non temere se illuc irrupisse* (S. 42, Z. 17).

[43] *non se quemlibet esse ex populo, sed eximium Domini Apostolorum* (S. 42, Z. 18–19).

[44] *Nam quisquis docendi munus sustinet, inter Christi servos censetur, sed Apostoli, gradu
honoris inter alios omnes longe excellunt* (S. 42, Z. 21–22).

Die Erwählung, von der Paulus spricht, umfasse zugleich Bestimmung und Ausübung des Apostolats. Calvin hält fest, Paulus habe nur in Kürze andeuten wollen, zu welchem Zweck er in seine Aufgabe berufen worden sei. Mit der Selbstbezeichnung als ,Knecht Christi' stehe er auf gleicher Ebene mit allen Lehrern. Wenn er sich aber den Titel Apostel zuspreche, stelle er sich hingegen über die anderen.[45] Paulus weise somit auf seine Einsetzung durch Gott hin, weil niemand aus eigenem Antrieb Autorität beanspruchen dürfe (S. 42, Z. 22–28). Auf den Punkt gebracht bedeutet dies: Paulus ist Calvin zufolge kein beliebiger Diener Christi, sondern Apostel, und dies durch Gottes Berufung, nicht aus eigenem Antrieb.

In der weiteren Beschreibung des Apostolats betont Calvin, dass es sich nicht auf eine ewige Erwählung Gottes beziehe, sondern die Verkündigung des Evangeliums ihr Inhalt sei. Es handle sich also um eine Erwählung der Person des Paulus für sein irdisches Wirken. Und Calvin wiederholt noch einmal, dass Paulus sich – hinsichtlich seines Apostolats – nur deshalb der Urheberschaft Gottes rühme, damit niemand glaube, er habe es sich durch persönlichen Ehrgeiz angeeignet.[46]

Seine Diskussion über die Titel, die Paulus sich in Röm 1,1 f. gibt, zeugt davon, dass Calvin diese in einer ganz konkreten historischen Situation deutet. Er zeigt Paulus als einen Lehrer unter anderen und versteht deshalb dessen Titel sehr stark adressatenorientiert und in einer Beziehung zu den Menschen in Rom: Es geht Paulus darum, sie von seiner Würde für seinen Dienst zu überzeugen. Für diesen Dienst seien nicht alle geeignet und es brauche dafür eine besondere Berufung.[47]

2.1.3 Verbreitung des Evangeliums unter den Völkern, namentlich in Rom

Das Ziel dieser Berufung wird dann von Calvin explizit benannt als Auftrag, das Evangelium unter den Völkern zu verbreiten, damit sie im Glauben gehorsam sind.[48] Er expliziert weiter, dass Paulus dies von seiner Berufung sage, damit die

---

[45] Anders interpretiert Calvin offenkundig die Bedeutung des Apostelbegriffs in Röm 16,7, wo Paulus Andronikus und Junia als Apostel bezeichnet: Hier benutze Paulus die Bezeichnung nicht im eigentlichen und gebräuchlichen Sinn, sondern erweitere sie auf alle, die nicht nur eine Gemeinde gründeten, sondern Mühe darauf verwendeten, das Evangelium überall zu verbreiten (S. 754, Z. 30–34).

[46] *Simpliciter enim se Deum habere authorem gloriatur, nequis eum privata audacia sibi honorem sumere putet* (S. 42, Z. 35–36).

[47] *requiritur specialis vocatio* (S. 42, Z. 37–38). Die an die historischen Adressaten des Paulus gerichteten Aussagen sind im Übrigen für Calvin offenkundig direkt übertragbar auf seine eigene Zeit, was sich in seiner direkt anschließenden antikatholischen Polemik zeigt: „Es ist aber festzuhalten, dass das apostolische Amt ein Amt der Verkündigung ist. Daraus wird klar, wie lächerlich jene stummen Hunde sind, die sich [nur] durch Mitra, Krummstab und entsprechende Verkleidung hervortun und dennoch damit prahlen, Nachfolger der Apostel zu sein" (S. 45, Z. 5–7).

[48] *accepimus mandatum Euangelii ad omnes Gentes perferendi, cui illae per fidem obediant* (S. 50, Z. 16–17).

Römer dadurch wiederum an ihre Pflicht erinnert würden, das Wort gehorsam aufzunehmen. Täten sie das nicht, würden sie die Berufung des Paulus gleichsam zunichtemachen. An dieser Stelle wird einerseits deutlich, dass Calvin nebst seinem Interesse an der Person des Paulus und der Art, wie er seine Person und Aufgabe darstellt, auch seine Wirkung auf die Adressaten im Blick hat. Das Beziehungsgeschehen zwischen dem historischen Paulus und seinen intendierten Adressaten ist für ihn ganz real im Blick. Im Zusammenhang mit seiner Auslegung von Röm 1,6 betont Calvin, dass die Berufung zum Apostolat nicht sich allein genüge, sondern immer auf Schüler ausgerichtet sei. Letzteres ist für Calvin der Grund, aus dem Paulus erwähnt, dass sein Apostolat sich auf alle Völker erstrecke. Dass dazu auch die Menschen in Rom zählten – obschon Paulus die dort lebenden Gruppen gar nicht selbst gegründet hatte, was aber Calvin nicht erwähnt – macht wiederum Paulus auch deutlich zum Apostel für die Römer.

Auch der Tatsache, dass Paulus sich als von Christus berufen darstellt, schenkt Calvin Aufmerksamkeit: Gott habe den Römern ja bereits ein erstes Zeichen gegeben, indem er ihnen ihre eigene Berufung zum Evangelium eröffnete. Daraus sei dann von den Römern zu folgern, dass sie den Dienst des Paulus nicht zurückweisen dürften, wenn sie selbst in ihrer eigenen Berufung verharren wollten, denn sie müssten auch die Berufung des Paulus anerkennen, weil diese ebenfalls vom Herrn stammte. Über Christus wird also gleichermaßen die Beziehung zwischen Paulus und der Gemeinde und die Position des Paulus als Apostel etabliert (S. 52, Z. 13–17) und damit erklärt, warum Paulus den Römern etwas zu sagen hat, obschon er die Gemeinde(n) nicht gegründet hat.

Das bereits genannte Beziehungsgeschehen zwischen Paulus und den römischen Christusgläubigen wird in Calvins Augen in Röm 1,8 deutlich vertieft: „Als erstes danke ich meinem Gott durch Jesus Christus für euch alle, weil euer Glaube in der ganzen Welt verkündet wird."[49] Aus diesem Dank folgert Calvin, dass die Menschen in Rom durch Pauli öffentliches Lob der Gemeinden so verpflichtet seien, dass sie den Apostel des Herrn nicht mehr zurückweisen könnten. Durch das Zeugnis seiner aufrichtigen Liebe bereite er sich umgekehrt auf seine eigene Gelehrigkeit (*docilitas*) vor. Nichts mache nämlich mehr dazu bereit, einem Berater Vertrauen zu verschaffen, als wenn man zur Überzeugung gekommen sei, dass sein Rat und seine Mühe von Herzen kommen (S. 56, Z. 16–18.26–29).

In seinem Kommentar zu „die ganze Welt" (Röm 1,8) zeigt sich sodann noch einmal Calvins scharfer historischer Blick auf das paulinische Geschehen: Dass der Glaube der Römer in der ganzen Welt verkündet wurde, bedeute – zunächst –, dass er im Munde aller Gläubigen war, die wahrhaft darüber urteilen konnten. Allerdings qualifiziert Calvin die Gruppe der Gläubigen in Rom so-

---

[49] *Primum quidem gratias ago Deo meo per Iesum Christum super vobis omnibus, quia fides vestra praedicatur in universo mundo* (S. 56, Z. 6–7).

dann als geringes und verächtliches Häuflein Menschen, das nicht einmal in Rom selbst bei den Gottlosen bekannt war.[50] Er geht offenkundig davon aus, dass zur Zeit des Paulus die Anzahl der Christusgläubigen in Rom noch sehr überschaubar war und von der paganen Umwelt kaum oder überhaupt nicht wahrgenommen wurde.[51] Gleichwohl ist dieses deutliche Bewusstsein für die Marginalität der Christusgläubigen bemerkenswert.

Im Zusammenhang seiner Auslegung zu Röm 15,20 (*Auf diese Weise habe ich mir Mühe gegeben, das Evangelium dort zu predigen…*) kommt Calvin erneut auf das Apostolat des Paulus zurück, denn Paulus muss – wie Calvin bemerkt – sich nicht nur als Diener Christi und Hirte der christlichen Gemeinde (*Christianae Ecclesiae*) bewähren, sondern für sich Stellung und Dienst eines Apostels beanspruchen, um sich bei den Römern Gehör zu verschaffen: Der Beruf eines Apostels bestehe darin, das Evangelium dort auszubreiten, wo es noch nicht gepredigt wurde. Dabei gelte es zu unterscheiden zwischen dem, was das apostolische Amt besonders auszeichne, nämlich das Gründen der Gemeinde, und den darauffolgenden Hirten, die das bereits errichtete Gebäude schützten und erweiterten (S. 736, Z. 9–23). Dies wird in der Erklärung zu Röm 15,21 mit der Weissagung Jesajas bekräftigt: Wenn der Prophet in Jesaja 52,10 über das Reich des Messias rede, weissage er unter anderem, dass die Kunde von Christus über die ganze Welt zu den Völkern gebracht werden müsse, und das sei in besonderer Weise die Aufgabe der Apostel. Daraus folgt für Calvin, dass das Apostolat des Paulus daran zu erkennen sei, dass diese Weissagung durch ihn selbst erfüllt wurde (S. 736, Z. 24–29). Das Erfüllungszitat dürfte also der Untermauerung der eigenen Rechtfertigung dienen gegenüber den Christusgläubigen in Rom, mit denen Paulus anders als mit den von ihm selbst gegründeten Gruppen keine organisch gewachsene Verbindung hat.

2.2 Die Aufgabe des Paulus

Calvin sieht Paulus' Aufgabe darin, den Glauben der Römer durch seine Lehre zu stärken. Entsprechend deutet er Röm 1,11 (*Ich möchte euch gerne sehen…*) dahingehend, dass Paulus die römischen Christusgläubigen zwar vermutlich tatsächlich sehen will, betont aber auch andere Motivationen: Der Wunsch hänge nicht allein oder überhaupt nicht mit seinen persönlichen Bedürfnissen zusammen. Er diene vielmehr dem Anliegen, dass seine Ratschläge durch seine Anwesenheit vor Ort besser aufgenommen würden. Der Beweggrund für eine Reise ist also laut Calvin nicht primär der persönliche Nutzen – etwa im Hinblick auf seine geplante Spanienmission (vgl. Röm 15,24) –, sondern diene Pau-

---

[50] *exigua et ignobilis hominum manus* (S. 59, Z. 22).
[51] Dass die Christusgläubigen schon spätestens wenige Jahre nach Abfassung des Römerbriefs von Nero als eigene Gruppe wahrgenommen wurden, scheint Calvin nicht im Blick zu haben.

lus zur Erfüllung seiner Berufung. Und die Berufung des Paulus ist in den Augen Calvins ganz klar mit einer Aufgabe verbunden: der Verbreitung des Evangeliums, um für den Herrn Frucht zu sammeln; und dieser Berufung Gottes wollte Paulus gerecht werden, insoweit es ihm vom Herrn gestattet war.[52]

In seinem Vorspann zu den Einzeldiskussionen von Röm 10,14–17 postuliert Calvin denn auch eine direkte Interdependenz zwischen der Berufung der Völker und Pauli Dienst unter ihnen. Von der Anerkennung des einen habe auch die Anerkennung des anderen abgehangen. Entsprechend habe sich Paulus auch genötigt gesehen, die Berufung der Völker außer Zweifel zu ziehen und sich zugleich Rechenschaft über seinen Auftrag abzulegen, damit nicht der Anschein entstehen konnte, er verbreite die Gnade Gottes zu Unrecht.[53]

Auf die Gnade geht Calvin auch bei seiner Auslegung von Röm 12,3 (*Denn kraft der mir verliehenen Gnade...*) ausführlich ein. Er bringt sie unmittelbar in Verbindung mit der dem Paulus verliehenen Autorität, damit man auf seine Stimme höre, als wäre es Gottes eigene Stimme. Diese Worte seien zu interpretieren, als würde Paulus sagen: „Ich rede nicht aus mir selbst, sondern als Botschafter Gottes; was er mir an Aufträgen aufgebürdet hat, das überbringe ich euch."[54] Die Gnade bezeichnet laut Calvin das Apostolat näher. Sie diene zum einen dazu, Gottes in ihm wirksame Güte zu preisen, und zum anderen dazu zu betonen, dass er das Amt nicht aus eigenem Antrieb an sich gerissen, sondern durch Gottes Berufung empfangen habe. Dieser Vorspann diene Paulus dazu, sich Autorität zu verschaffen und die Römer zu unbedingtem Gehorsam zu verpflichten, wenn sie nicht Gott in der Person seines Dieners geradezu verachten wollten.

Weiter richtet sich die Gnade, so betont Calvin ausdrücklich, weniger an einzelne Menschen als vielmehr an die Gesamtheit der Völker.[55] Und diese „Fülle der Völker"[56] verstehe Paulus als ungeheuer großes Zusammenströmen. Es hätten sich damals nicht wie zuvor einzelne Proselyten den Juden angeschlossen, sondern es habe insofern eine grundlegende Veränderung stattgefunden, dass von nun an die Menschen aus den Völkern fast das ganze Kirchenvolk ausmach-

---

[52] *Quoniam officii sui esse videret, inter eos Euangelium spargere ad fructum Domino colligendum; cupere se Dei vocationi satisfacere quatenus a Domino permitteretur* (S. 68, Z. 37 – S. 70, Z. 2).
Selbst unter Röm 15,24, wo Paulus explizit die geplante Spanienreise erwähnt, für die er sich von den römischen Christusgläubigen Unterstützung erhofft, bespricht Calvin in keiner Weise dieses letztere Motiv, sondern betont den Wunsch des Paulus, sich am Anblick der Menschen in Rom zu erfreuen und zugleich ihnen einen Dienst zu erweisen, der seinem Amt entspreche. Wenn der Apostel komme, ziehe mit ihm auch das Evangelium ein. Vgl. S. 738, Z. 20–23.

[53] *Iam necesse erat Paulo, Gentium vocationem extra dubium statuere, simul sui ministerii rationem reddere, ne videtur gratiam Dei perperam dispergere, quod panem filiis Dei destinatum, illis subduceret, ac canibus erogaret* (S. 546, Z. 9–12).

[54] ‚*Non loquor a meipso sed legatus Dei, quae mihi mandata ille iniuxit, ad vos perfero*' (S. 624, Z. 26–27).

[55] *totum Gentium corpus* (S. 590, Z. 30–32).

[56] *Et ‚plenitudo Gentium' pro ingenti concursu accipitur* (S. 600, Z. 12–13).

ten.[57] Dass Calvin das so deutlich hervorhebt, insbesondere in einem Kommentar zum Römerbrief, ist bemerkenswert angesichts der Tatsache, dass zumindest in der frühen Phase der historisch-kritischen Exegese viele F. C. Baur in der Annahme folgten, die Adressatenschaft in Rom sei ausschließlich jüdisch.[58]

Nicht nur die ethnische Zusammensetzung des Gottesvolkes ist für Calvin ein Thema, sondern auch gewissermaßen die psychische Verfassung desselben, wie er zu Röm 14,1 (*Den, der im Glauben kraftlos ist, unterstützt...*) ausführlich erörtert. Im Volk Gottes macht er viele Schwächere aus, die seelisch einbrechen und sich von der Religion entfremden würden, wenn man sie nicht mit großer Sanftmut und Milde behandele. Dies sei besonders im apostolischen Zeitalter der Fall gewesen, insofern sich Gemeinden aus Juden *und* Menschen aus den Völkern zusammensetzten. Da durch Meinungsverschiedenheiten zwischen diesen beiden Seiten leicht Streit und Kämpfe entstehen konnten, zeige der Apostel, wie beide Seiten ohne Zerwürfnis miteinander leben könnten, obschon sie unterschiedlicher Meinung waren. Hier erscheint Paulus als geschickter Führer, ja geradezu als Mediator. Paulus hat nach Calvins Auffassung seine Ansprache an die Erfahrenen und im Glauben bereits Gefestigten gerichtet, da diese insofern in stärkerem Maße dazu verpflichtet seien, ihren Nächsten zu helfen, als sie von Gott eine größere Gnadengabe empfangen hätten (S. 684, Z. 9 – S. 686, Z. 7).

In diesem Zusammenhang reflektiert Calvin auch die Rolle des Paulus. Er interpretiert Röm 15,14 (*Ich weiß aber selbst von euch, meine Brüder, dass auch ihr selbst erfüllt seid von Güte, reich an aller Erkenntnis, fähig, euch gegenseitig zu ermahnen...*) dahingehend, dass Paulus sich bei den Römern geradezu für sein Auftreten in Gestalt eines Lehrers und seelsorgerlichen Mahners entschuldige. Paulus erkläre den Römern, dass er das nicht aus Misstrauen gegen ihre Klugheit, Güte oder Beständigkeit getan habe, sondern weil er sich durch seinen Auftrag dazu genötigt sah. Paulus begegne hier – so Calvin – dem Verdacht, leichtfertig zu handeln, indem er sich einmische oder sich um Dinge kümmere, die ihn nichts angingen. Aus dieser Vorgehensweise des Paulus schließt Calvin auf dessen Charakter: Hier erkenne man die einzigartige Bescheidenheit seines heiligen Charakters. Ihm sei nichts lieber gewesen, als persönlich zurückzutreten, wenn nur die von ihm gepredigte Lehre an Einfluss gewönne. Ganz im Gegensatz dazu waren die Römer in Calvins Augen sehr hochmütig: Der Name der Stadt habe selbst die Geringsten aus dem Volk stolz werden lassen, so dass sie nur mit Widerwillen auf einen fremdländischen, ja sogar von Barbaren und Juden kommenden Lehrer hörten.[59] Paulus wolle sich mit diesem Selbstbe-

---

[57] *sed talis fuit mutatio, ut solidum fere Ecclesiae corpus Gentes efficerent* (S. 600, Z. 14–15).

[58] Vgl. dazu beispielsweise Robert Jewett, Romans. A Commentary (Hermeneia), Minneapolis 2007, 70, mit Verweis auf Carl Weizsäcker, Die Versammlungen der ältesten Christengemeinden, Jahrbücher für deutsche Theologie 21 (1876), 474–530.

[59] An anderer Stelle (unter Röm 16,18) bezeichnet Calvin die Römer als fügsam und aufnahmebereit (*morigeri ac faciles*; S. 760, Z. 30).

wusstsein nicht im eigenen Namen anlegen, sondern zähme es gleichsam mit Sanftheit, indem er sich bei seinem Handeln auf sein Amt als Apostel berufe (S. 728, Z. 14–28). Wenn Paulus sich bei den Menschen in Rom gar nicht einmischen wollte, fragt sich, warum er überhaupt schreibt. Calvins Argumentation zufolge erwächst die Motivation zum Besuch in Rom direkt aus Paulus' Amtsverständnis heraus. Dass Paulus durchaus eine eigene Agenda hatte, dass er sich nämlich als zentrales pragmatisches Ziel in Rom Unterstützung für seine Spanienmission erhofft haben dürfte, wird dabei von Calvin kaum beachtet.

Die Ausführungen zum Charakter des Paulus gehen noch weiter. Paulus habe, so führt Calvin aus, zwei vorzügliche Gaben des Mahners: erstens die Menschlichkeit, die sein Denken und Wollen dazu bringe, den Brüdern mit seinem Rat zu helfen und sich mit Wort und Blick zu mäßigen,[60] und zweitens die Gewandtheit in der Beratung bzw. die Klugheit, die ihm Autorität verschaffe, damit er seinen Hörern nützlich sein könne.[61]

Paulus hatte nach Calvins Auffassung ein Gespür dafür, wie er unter seinen Adressaten wirkte. Jedenfalls interpretiert Calvin die Entschuldigung seitens des Paulus in Röm 15,15 (*Allzu kühn aber habe ich euch geschrieben…*) dahingehend, dass er damit maßvoller wirken wolle. Er habe durch sein Amt gedrängt zu dieser Kühnheit gegriffen, da er Diener des Evangeliums für die Völker sei. Deswegen habe er an ihnen, die zu den Völkern zählten, nicht vorübergehen können. Calvin betont hier, Paulus nehme sich selbst in seiner Person zurück, um das Gewicht seines Amtes in den Vordergrund zu stellen. Denn er halte seiner Person die Gnade Gottes entgegen, die ihn zu dieser Ehrenstellung emporgehoben habe, und er dulde daher keine Geringschätzung dessen, was er im Auftrag seines apostolischen Amtes tue (S. 730, Z. 12–21).

Um unter den Römern die Wahrnehmung seiner Person als wahren und unzweifelhaften Apostel Christi noch zu stärken, fügt Paulus – so Calvin – in Röm 15,17 (*Nun kann ich mich durch Jesus Christus rühmen, dass ich Gott diene…*) noch die Aussage hinzu, dass er das Amt nicht bloß angenommen, sondern auch in vortrefflicher Weise ausgeführt habe.[62] Dies diene jedoch nicht dem eigenen Ruhm, sondern werde so formuliert, weil nichts unerwähnt bleiben durfte, was seiner Predigt bei den Römern Anerkennung und Ansehen verschaffen konnte. Daher rühmt Paulus sich also in Gott, und nicht in sich selbst.[63] In der negativen Formulierung sieht Calvin wiederum deutlich einen Beweis für die Bescheidenheit des Paulus,[64] durch die wiederum bei den Adressaten

---

[60] *humanitas quae et illius animum ad iuvandos consilio suo fratres inclinet, et vultum verbaque comitate temperet* (S. 728, Z. 30–31).

[61] *prudentia, quae et authoritatem illi conciliet, ut prodesse queat auditoribus ad quos dirigit sermonem* (S. 730, Z. 1–2).

[62] *non modo suscepisse, sed praeclare etiam ornasse probet* (S. 732, Z. 27).

[63] *In Deo igitur, non in se gloriatur; quia non alio tendit, nisi ut solida laus ad Deum redeat* (S. 732, Z. 32–34).

[64] *signum quidem modestiae* (S. 732, Z. 34).

Glaube geweckt würde. Calvin spitzt seine Aussage dahingehend zu, dass er Paulus in den Mund legt, sagen zu wollen: „Die Wahrheit selbst verschafft mir so viel Ruhm, dass ich es nicht nötig habe, nach trügerischem und fremdem Lob zu greifen. Ich bin mit dem einzig wahren zufrieden."[65] Paulus erscheint hier bei Calvin also überaus selbstsicher.

2.3 Paulus als „Beziehungsmensch"

Für Calvins Verständnis des historischen Paulus ist die Beziehung der Person des Paulus zu seinen Adressaten/Gemeinden von besonderer Bedeutung. Das hat sich in den vorangegangenen Ausführungen immer wieder gezeigt. Im Zusammenhang mit Calvins Auslegung zu Röm 15,24 f. (*Ich werde zu euch kommen...*) drängt sich die Frage, ob Paulus für Calvin ein Beziehungsmensch war, in besonderer Weise auf. Calvin geht hier explizit auf die Gründe ein, aus denen Paulus die Menschen in Rom sehen möchte. Er möchte sich an ihrem Anblick und am Gespräch mit ihnen erfreuen und zugleich ihnen auch den Dienst leisten, der seinem Amt entspreche. Denn, so Calvin, wenn ein Apostel komme, ziehe mit ihm auch das Evangelium ein. Paulus verspreche sich aber auch viel von der Zuneigung der Römer und stelle seine eigene Zuneigung ihnen gegenüber unter Beweis.[66]

Sodann lässt Calvin es sich nicht nehmen, im Zusammenhang mit Röm 15,25 (*Jetzt aber reise ich nach Jerusalem, um den Heiligen zu dienen...*) bei dieser Gelegenheit einige Dinge zur Beziehung zwischen Paulus und den Römern festzuhalten. Dabei nimmt er ausführlich auf besondere Ereignisse in Paulus' Tätigkeit Bezug, ordnet sie ein und kommentiert sie. Calvin erklärt, dass Paulus nach Jerusalem reisen musste, um die in Achaja und Mazedonien gesammelte Kollekte zu überreichen. Außerdem rege er zugleich mit einem Wink zur Nachahmung an.[67] Er tue dies zwar nicht ausdrücklich, hebe aber die Selbstverständlichkeit hervor, mit der Achaja und Mazedonien gesammelt hätten, was wiederum die Pflicht der Römer insinuiere. Dass dies Paulus' Absicht gewesen sei, leitet Calvin aus 2 Kor 9,2 ab (S. 740, Z. 11–26).

Seine Beziehung zu den Menschen in Rom kommt in besonderer Weise auch in der langen Grußliste in Röm 16 zum Ausdruck. Calvin hält zunächst fest, dass diese Grüße keine Schwierigkeiten böten und dass er nur anspreche, was nach aufklärendem Licht verlange. Interessanterweise verweilt er länglich bei Phoebe, der man – wie allen, die in der Gemeinde einen öffentlichen Dienst ausübten, – mit Anerkennung begegnen und außerordentliche Liebe und Ehre zeigen müsse. So wie sie sich eingesetzt habe, solle auch sie nun Hilfe und Un-

---

[65] *Tantam mihi gloriae materiam veritas ipse suppeditat, ut non sit mihi opus accersere falsa et aliena encomia. Veris sum contentus* (S. 732, Z. 35 – S. 734, Z. 2).

[66] *de mutua erga eos animi sui benevolentiae testator* (S. 738, Z. 29–30).

[67] *quadam insinuationis specie ad imitationem provocet* (S. 740, Z. 17).

terstützung bekommen. Paulus selbst zählt sich zu denen, die von Phoebe Wohltaten empfangen haben, was Calvin als Zeichen wertet, dass Paulus hier die Herzen der Menschen in Rom weiter beflügeln wolle.[68]

Auch Prisca wird von Calvin in besonderer Weise hervorgehoben. Er erachtet es als außerordentliche Ehrung, die Paulus Prisca und Acquila zukommen lässt – besonders der Frau (*praesertim in foemina*). Das wiederum wertet Calvin als Bescheidenheit des heiligen Mannes, der sich nicht scheue, im Werk des Herrn eine Frau als Mitarbeiterin neben sich zu haben.[69]

Das Lob im Gruß an Junia und Andronikus wertet Calvin durchaus strategisch, da die Blutsverwandtschaft mit ihnen dazu beitragen könnte, dass sie unter den Römern leichter bekannt wurden. Die Bezeichnung als Mitgefangene versteht er als Ehrung, da Fesseln unter den Ehrenzeichen beim Kriegsdienst für Christus nicht an letzter Stelle stünden. Da die beiden früher als Paulus selbst das Evangelium im Glauben angenommen hätten, zögerte Paulus auch nicht, ihnen vor sich selbst den Vorrang zu geben.

Insgesamt bewertet Calvin die Grüße, die Paulus in Röm 16,21–24 anfügt, dahingehend, dass sie die Gemeinschaft zwischen den weit voneinander getrennten Brüdern festigen sollten, und andererseits sollten sie dazu dienen, dass die Menschen in Rom die Zustimmung ihrer Brüder erkennen sollten.

Die Beziehung zu seinen Adressaten beinhaltet für Calvin auch die Thematisierung der Beziehung des Paulus zum jüdischen Volk. In diesem Zusammenhang wird auch Paulus' Identität als Jude zum Thema. So erkennt Calvin anhand von Röm 3,9 bei Paulus, dass dieser sich hier unter Verwendung der ersten Person unter die Juden einreihe, um jeden Anstoß zu vermeiden, da er ihnen alles absprechen wolle. Dies tue er im Gegensatz zu der Stelle (Röm 5,1–4), an der er ihnen ihre hervorragende Stellung zuspreche. Dieses Vorgehen des Paulus erachtet Calvin als *sanctum artificium* (S. 170, Z. 24), als heiligen (oder frommen) Kunstgriff. Die jüdische Identität des Paulus steht aber auch an anderer Stelle ausdrücklich im Fokus.

2.4 Die jüdische Identität des Paulus

Zur Frage nach seiner ethnischen Identität äußert sich Paulus explizit in Röm 11,1 (*...Denn auch ich bin ein Israelit...*). Calvin formuliert diesen Vers dahingehend aus, dass Paulus selbst von seinem Ursprung her ein Israelit gewesen sei und eben kein Proselyt oder ein erst kürzlich in das „Staatswesen Israels"[70] Aufgenommener. Vielmehr zählte er verdientermaßen unter die mit größ-

---

[68] *At quo magis animos eorum inclinet* (S. 752, Z. 10–11).

[69] *quo magis elucet sancti viri modestia, qui in opere Domini consortem mulierem nec habere dedignatur* (S. 752, Z. 34–35).

[70] Mit *aut in Israelis politiam recens insitus* (S. 566, Z. 7–8) spricht Paulus tatsächlich von einem Staatswesen.

tem Recht erwählten Knechte Gottes. Dies diente Paulus als Beweis dafür, dass Gottes Gnade in Israel geblieben sei. Calvin ordnet die weiteren Elemente als Bekräftigung ein: Dass Paulus sich unter der Bezeichnung „Israelit" Abrahams Samen nenne und auch seinen Stamm explizit angebe, ziele darauf, dass man ihn für einen echten Israeliten halten solle. Diese ausdrückliche Betonung, dass Paulus Israelit war und eben auch geblieben sei – und eben nicht das Judentum verlassen habe, um „Christ"[71] zu werden – ist durchaus bemerkenswert, ist dies doch gerade einer der zentralen Aspekte, die in zeitgenössischer Forschung die Radical New Perspective[72] betont und sie beispielsweise von traditioneller (lutherischer) Paulusexegese[73] dezidiert unterscheidet, die Paulus mitunter anachronistisch als (ersten) Christen bezeichnet.[74]

Des Paulus Beziehung zum Judentum beschreibt Calvin denn auch als wohl-wollend und aus echter Liebe geboren.[75] Zum anderen scheint er die Beteuerung des Wohlwollens als Taktik zu verstehen: Paulus hätte seine Botschaft sonst weder unter Juden noch unter den Völkern vermitteln können. Die Juden hätten seine Lehre niemals angenommen, wenn sie ihn für einen vorsätzlichen Feind gehalten hätten, und auch den Völkern wäre sein Abfall suspekt gewesen, weil sie hätten denken können, er sei aus Menschenhass vom Gesetz abgefallen.[76]

Auch Röm 15,30 (*Ich bitte euch aber, Brüder...*) nimmt Calvin zum Anlass, um über die Beziehung zwischen Paulus und seinem Volk zu reflektieren: Hier wie auch an anderen Stellen zeige sich, welcher Missgunst Paulus in seinem Volk wegen der falschen Verdächtigung, er predige den Abfall von Mose, ausgesetzt gewesen sei. Für Calvin kann also nicht die Rede davon sein, dass Paulus sich vom Judentum abgewandt hat. Aber man dürfe sich auch nicht wundern, dass

---

[71] Ebenso stellvertretend für viele moderne Autoren, die an einem solchen Anachronismus festhalten, seien hier zwei Beispiele erwähnt: Jürgen Becker kann in der Einleitung zu seinem bereits in dritter Auflage erschienenen Paulusbuch immer noch schreiben: „Der Christ Paulus": Jürgen BECKER, Paulus. Der Apostel der Völker (UTB 2014), Tübingen 2014, 4; Christian DIETZFELBINGER, Die Berufung des Paulus als Ursprung seiner Theologie, Neukirchen-Vluyn 1985, 39.

[72] Vgl. z.B. ZETTERHOLM, Paul within Judaism (s. Anm. 3).

[73] Zu den Unterschieden zwischen lutherischer und neuer Paulusperspektive vgl. z.B.: Michael BACHMANN (Hg.), Lutherische und neue Paulusperspektive. Beiträge zu einem Schlüsselproblem der gegenwärtigen exegetischen Diskussion, Tübingen 2005; Stephen WESTERHOLM, Perspectives Old and New on Paul. The „Lutheran" Paul and his Critics, Grand Rapids, Mich. 2008.

[74] Vgl. neben dem in der vorletzten Fußnote bereits genannten Becker auch „Der christliche Paulus" schon als Kapitelüberschrift in Udo SCHNELLE, Paulus. Leben und Denken (De Gruyter Studium), Berlin/Boston 2014, 95. Zur Kritik am Phänomen siehe: Pamela Michelle EISENBAUM, Paul was not a Christian. The Original Message of a Misunderstood Apostle, New York 2010 [2009].

[75] *Haec enim affectio ex genuina demum charitate nascitur* (S. 524, Z. 13).

[76] *Nam a Iudaeis nunquam recepta fuisset eius doctrina, si ex professo infensum sibi putassent, et Gentibus etiam suspecta fuisset eius defectio; quia putassent hominum odio a Lege esse apostatam, quemadmodum proximo capite attigimus* (S. 524, Z. 15–18).

Paulus um sein Leben fürchtete. Das fromme Gemüt des Paulus sei beunruhigt gewesen (*angeretur pium pectus*; S. 744, Z. 30). Dies zeige sich deutlich an der Leidenschaft seiner inständigen Bitte, da er zusätzlich zum Namen des Herrn die Liebe des Geistes hinzugefügt habe, in der sich die Heiligen gegenseitig umfangen sollen. Die angstvolle Unruhe lasse Paulus nicht los und es sei auch nicht auszuschließen, dass er leichtfertig bereit wäre zu sterben. Vielmehr vertraue er sich den ihm von Gott gebotenen Heilmitteln an: Er rufe den Beistand der Gemeinde zu Hilfe, um – durch ihre Fürbitte unterstützt – Trost zu empfangen (S. 744, Z. 30–35).

2.5 Zur Frömmigkeit des Paulus

Solches Vertrauen auf die Wirksamkeit des Glaubens ist für Calvin schon zu Beginn des Briefes in Röm 1,9 (*Mein Zeuge ist ja Gott ...*) auszumachen. Jedenfalls sieht Calvin die Aussage des Paulus, dass er in Gottes Geist zur Verkündigung des Evangeliums seines Sohnes diene, auch als Moment, in dem Paulus seine Frömmigkeit hervorhebe.[77] Die wahre Frömmigkeit des Herzens und die rechte Gottesverehrung zeichneten Paulus aus und bezeugten, dass Paulus in gedanklicher Verbindung zu den römischen Christusgläubigen stehe.[78] In Calvins Augen ist es etwas Großes, dass Paulus der Römer bei jedem an Gott gerichteten Gebet gedenkt.[79] Gemeint seien nämlich nicht beliebige Anrufungen Gottes durch Paulus, sondern das bewusste und geplante Gebet. Calvin sieht hierin eine Parallele zu Jesus, der sich zu dieser Art von Gebeten zurückgezogen und die Abgeschiedenheit gesucht habe. Calvin hebt damit nicht nur die enge Beziehung zwischen Paulus und den Römern hervor, sondern betont explizit seine Frömmigkeit. Ebenso hält Calvin Paulus für aufrichtig in seinem Amt des Lehrens, weil er alles, was er über seine Frömmigkeit sagt, auf die gegenwärtige Situation hin ausrichte (S. 62, Z. 14–16). Dies wiederum zeigt ganz klar, dass Calvin Paulus in seinem historischen Kontext verortet.

3. Fazit

Der Durchgang durch den Römerbriefkommentar Calvins bestätigt deutlich, dass Calvin ganz in humanistischer Tradition ein ausdrückliches Bewusstsein für die historische Situation des Paulus zeigt. Dieser Paulus wird von Calvin eingehend in seiner Rolle als berufener Apostel Jesu Christi wahrgenommen. Dabei thematisiert Calvin in unterschiedlichen Zusammenhängen sowohl Paulus' Be-

---

[77] *pietatem commendat Paulus* (S. 60, Z. 11).

[78] *Itaque se gloriatur Deum colere syncera animi pietate, quae vera est religio cultusque legitimus* (S. 60, Z. 19–20).

[79] *Magnum enim erat, nullas preces ad Dominum fundere ubi non faceret eorum mentionem* (S. 62, Z. 24–25).

ziehung zum Judentum als dem Volk seiner Herkunft, dem er weiterhin verbunden ist, als auch die Beziehung zu seiner Adressatenschaft. Dabei hebt Calvin durchwegs pragmatische Aspekte des paulinischen Schreibens hervor und zeigt damit ein ausgeprägtes Bewusstsein für die Realität des Wirkens des historischen Paulus. Dieses pragmatische Interesse durchzieht den ganzen Brief, auch wenn er einen ganz zentralen Aspekt, wenn nicht den pragmatischen Hauptaspekt überhaupt, kaum erwähnt: nämlich Pauli Intention, die Christusgläubigen in Rom zur Unterstützung seiner Spanienmission zu gewinnen. Die Kommunikation des Evangeliums geschieht nicht in einen luftleeren Raum hinein, sondern wird ganz klar als ein Beziehungsgeschehen zwischen Paulus und seinen ersten Adressaten aufgefasst. Interessanterweise findet die Tatsache, dass Paulus die Gemeinde(n) in Rom nicht selber gegründet hat, kaum Aufmerksamkeit.

Inwiefern die von Calvin beschriebenen Charakterzüge und psychologischen Interpretationen einer modernen Auslegung standhalten, sei dahingestellt. Entscheidend ist, dass sich in diesen Interpretationen ganz klar das Interesse an der historischen Figur des Paulus zeigt. Calvin hält Paulus für einen Mann, der sich durch Frömmigkeit, Aufrichtigkeit und Bescheidenheit auszeichnet und der mit seinem heiligen Charakter als seelsorgerlicher Mahner auftritt. Faszinierend ist, dass Calvin Paulus ausdrücklich in seinem historischen Kontext verortet und von seiner eigenen Zeit trennt, wodurch er die Gefahr verringert, den Text für sich zu vereinnahmen. Dabei hält Calvin verschiedene Aspekte noch für ganz selbstverständlich, die sich in der weiteren Tradition veränderten und gut vierhundert Jahre später teils mühevoll wieder neu entdeckt werden mussten: die Betonung der jüdischen Identität des historischen Paulus, also seine Verortung in der Denkwelt des Judentums, und die dezidierte Ausrichtung der paulinischen Botschaft auf die Völker. Beides ergibt sich aus dem konsequenten Einbezug des historischen Kontextes in die Interpretation paulinischer Texte. Dazu kommt ein ausdrückliches Bewusstsein für Textpragmatik und eine Aufwertung ihrer Wichtigkeit.

Dies alles könnte manch protestantischer Auslegungstradition, aber auch der modernen Paulusforschung Anlass genug sein, um sich an die reformatorischen Quellen und insbesondere an die exegetischen Werke aus dieser Zeit zu erinnern und sie wieder genauer zu studieren,[80] denn bei näherem Hinsehen zeigt sich, dass die „(Radical) New Perspective" in manchen Belangen so neu vielleicht gar nicht ist.

---

[80] Schon der Kommentar zum Römerbrief, der gemeinhin als der am ausgeprägtesten „theologische" und „systematische" unter den Briefen gilt, lässt also viel Interesse am historischen Paulus erkennen. Auch die übrigen seiner Kommentare in dieser Hinsicht zu untersuchen, könnte sich als lohnenswertes Unterfangen erweisen. In einem Vergleich mit Kommentaren anderer Reformatoren könnten die jeweiligen Spezifika und Unterschiede eruiert werden, um ein umfassenderes Bild von den reformatorischen Vorstellungen des historischen Paulus zu zeichnen und damit überhaupt unser Wissen über die Reformatoren zu erweitern.

Nemo censetur ignorare legem

The Inexcusability of the Atheist in Calvin's Commentary on Rom 1,18–23 (1556)

Arthur Huiban

1. Introduction

This article proposes to take up the hackneyed question of Calvin's *cognitio naturalis Dei* from a source that has too long been left in the shadow of the *Institutes of the Christian religion*: namely the commentary on the Epistle to the Romans 1:18–23, on the natural knowledge of God.[1] The first edition of this commentary was published in Basel in March 1540, and its writing, undertaken during Calvin's stay in Strasbourg (1538–1539), is therefore contemporary with the second Latin edition of the *Institutes*, published in 1539.[2] The time of publication provides an illuminating perspective on the formative stages of Calvin's thinking on the issue of the *cognitio naturalis Dei*. It tells us how the Reformer worked in context, and how he intended to link the development of his systematic thought with his work as an exegete of Paul. This observation applies equally to the subsequent editions of the commentaries. In the 1550s, more than ten years after the publication of the *editio princeps*, Calvin edited two major revisions of his *Commentarius in Epistolam Pauli ad Romanos*, the first published in Geneva in 1551, and the second – the last – in 1556.[3]

On many points, this last edition anticipates the new developments of the 1559's edition of the *Institutes* and allows us to measure to what extent the systematic theses of the Reformer on the *sensus divinitatis* or on the Creator's *indicia* in the universe owe to the commentary on the Romans. In its own way,

---

[1] I will focus here on the last edition of this commentary, published in Geneva in 1556. Originally edited in the 49th volume (*CO* 49,1–292) of John Calvin, *Ioannis Calvini Opera Quae Supersunt Omnia*, ed. Wilhelm Baum et al., 59 vols., vols. 29–87 of the Corpus Reformatorum (Brunswick: C.A. Schwetschke and Sons, 1863–1900; abbreviated with *CO*), the commentary is also available in the critical edition established by Thomas H.L. and D.C. Parker: John Calvin, *Commentarius in Epistolam Pauli ad Romanos* (1556), ed. Thomas H.L. and D.C. Parker, vol. 13 of *Ioannis Calvini opera omnia 2: Opera exegetica Veteris et Novi Testamenti* (Geneva: Droz, 1999). On the chronology of the writing of the text in its various editions, and the general method of the commentary, see ibid., "Introduction," XI–LXXXII.

[2] Parker, "Introduction" (see n. 1), XI–XV.

[3] Parker, "Introduction" (see n. 1), XVI–XIX.

the exegetical character of the text also makes it possible to clear up from the outset several misunderstandings about the Reformer's intention on the subject. This is true, in particular, of the misunderstandings that concern the supposed link between Calvin's statement on the natural knowledge of God and the issue on the possibility of a Reformed natural theology.[4] Whatever Calvin's final judgement on this point, and whatever the importance of pagan sources – especially stoicians[5] – in the development of his doctrine of the natural knowledge of God it remains, in any case, that the issue is also raised in Calvin's corpus from a scriptural source, and is treated by the Reformer as a *biblical* issue. It is precisely the link between this scriptural source and the systematic developments it allows that I would like to question here. While the nature of this link may seem remote from the interests of contemporary exegetes, I would like to show that it is precisely because many of the commentators in the last century have overlooked the importance of Calvin's exegesis of the Epistle to the Romans that they have missed *both* the Pauline source of the *Institutes'* systematic developments on the natural knowledge of God and the value of Calvin's exegesis *per se*.[6]

2. An apologetic intention?

It is a well-known fact that Calvin's theology is shaped, in its systematic exposition, by the fundamental distinction between the knowledge of God and the

---

[4] For a summary of the debate, see Jeffrey K. Jue, "*Theologia Naturalis*: A Reformed Tradition," in *Revelation and Reason: New Essays in Reformed Apologetics*, ed. K. Scott Oliphint and Lane G. Tipton, (Phillipsburg: P&R Publishing, 2007), 168–189; Pierre-Olivier Léchot, "Calvin et la connaissance naturelle de Dieu. Une relecture," *ETR* 93/2 (2008): 271–299; K. Scott Oliphint, "A Primal and Simple Knowledge," in *The Theological Guide to Calvin's Institutes: Essays and Analysis*, ed. David W. Hall and Peter A. Lillback, The Calvin 500 series (Phillipsburg: P&R Publishing, 2008), 16–43; Thomas H.L. Parker, *Calvin's Doctrine of the Knowledge of God* (Grand Rapids: Eerdmans, 1952); David C. Steinmetz, "Calvin and the Natural Knowledge of God," in *Via Augustini. Augustine in the Later Middle Ages, Renaissance and Reformation. Essays in Honor of Damasus Trapp*, ed. Heiko A. Oberman and Frank A. James, Studies in Medieval and Reformation Thought 48 (Leiden: Brill, 1991), 142–156; James Torrance, "Interpreting the Word by the Light of Christ or the Light of Nature? Calvin, Calvinism and Barth," in *Calviniana: Ideas and Influence of Jean Calvin*, ed. Robert V. Schnucker, Sixteenth Century Essays & Studies 10 (Kirksville: Sixteenth Century Journal Publishers, 1988), 255–267. Cf. *infra*, § 2.

[5] For the importance of Cicero's and Seneca's interpretation of justice in Calvin's exegesis of the Epistle to the Romans, see in particular Irena Backus, "Calvin's Concept of Natural and Roman Law," *CTJ* 38 (2003): 7–26.

[6] On the importance of this comparison of exegetical and systematic treatises for Calvin's studies, see also Richard A. Muller, "To Elaborate on the Topics: The Context and Method of Calvin's *Institutes*," in *The Unaccommodated Calvin: Studies in the Foundation of a Theological Tradition*, OSHT (Oxford and New York: Oxford University Press, 2001), 101–117; idem, "Establishing the *Ordo docendi*: The Organization of Calvin's *Institutes, 1536–1559*," (ibid.), 118–139.

knowledge of ourselves – the former being itself subdivided into natural knowledge and revealed (or scriptural) knowledge of God.[7] The first distinction is already formulated by the first edition of the *Institutes* (1536), within the short
introduction that precedes the commentary on the Decalogue.[8] According to a
definition that will later be constantly repeated, Calvin refers the "sum of the
holy doctrine" to the conjunction of the knowledge of God and the knowledge
of ourselves: *"Summa fere sacrae doctrinae duabus his partibus constat, cognitione Dei, ac nostri"*.[9] From the Latin version of 1539 to the last French version
of 1560, the *Institutes* then open with this nearly unchanged statement: "Our
wisdom, in so far as it ought to be deemed true and solid Wisdom, consists almost entirely of two parts: the knowledge of God and of ourselves."[10] In 1536,
however, the topic of Scripture, and the distinction between natural and scriptural knowledge of the *majestas Dei*, is not yet developed in the first edition of
the *Institutes*. But an already elaborated formula of this partition between
cognitio naturalis and *cognitio revelata* can be found, as early as 1537, in the
Instruction de la foy – the first French adaptation of the 1536's catechism.[11] In
three separate articles, Calvin there develops in short the elements that will

---

[7] On the first edition of the *Institutes*, see the introduction by Ford L. Battles in John Calvin, *Institutes of the Christian Religion. 1536 Edition*, ed. Ford L. Battles (Grand Rapids:
Eerdmans, 1975), XVII–LIX. On the history of the *Institutes*, and the significant changes in
the various editions, see also the introduction by Olivier Millet in John Calvin, *Institution de
la religion chrétienne* (1541), ed. Olivier Millet (Geneva: Droz, 2008), 6–51; Wilhelm H. Neuser and Brian G. Armstrong, "The Development of the *Institutes* from 1536 to 1559," in *John
Calvin's Institutes: His Opus Magnum*, ed. Barend J. van der Walt, Potchefstroom University
for Christian Higher Education 28 (Potchefstroom: Institute for Reformational Studies,
1986), 33–54; Jean-Daniel Benoit, "The History and Development of the Institution: How
Calvin Worked," in *John Calvin: A Collection of Distinguished Essays*, ed. Gervase E. Duf-
field (Grand Rapids: Eerdmans, 1966), 102–117; Muller, "Establishing the *Ordo docendi*" (see
n. 6), 118–139.

[8] John Calvin, *Christianae religionis institutio totam fere pietatis summam et quidquid est
in doctrina salutis cognitu necessarium complectens* (1536), CO 1,27–55.

[9] Calvin, *Christianae religionis intitutio* (see n. 8), CO 1,27.

[10] Cf. Calvin, *Christianae religionis institutio* (see n. 8), CO 1,379: *Tota fere sapientiae nostrae summa, quae vera demum ac solida sapientia censeri debeat, duabus partibus constat:
cognitione Dei, et nostri.* Calvin, *Institution de la religion chrétienne* (see n. 7), 187: "Toute la
somme de notre saigesse, laquelle mérite d'être appellée vraie et certaine saigesse, est quasi
comprinse en deux parties, à sçavoir la connaissance de Dieu et de nousmesmes." John Calvin,
*Institutio christianae religionis in libros quatuor nunc primum digesta certisque distincta capi-
tibus* (1559), CO 2,31: *Tota fere sapientiae nostrae summa, quae vera demum ac solida sapientia censeri debeat, duabus partibus constat, Dei cognitione et nostri.* John Calvin, *Institution
de la religion chrestienne. Nouvellement mise en quatre livres: et distinguée par chapitres, en
ordre et méthode bien propre* (1560), CO 3,37: "Toute la somme presque de nostre sagesse,
laquelle, à tout conter, merite d'estre reputée vraye et entiere sagesse, est située en deux parties:
c'est qu'en cognoissant Dieu, chacun de nous aussi se cognoisse."

[11] John Calvin, *Instruction et Confession de foy dont on use en l'Église de Genève. Cate-
chismus seu Christianae religionis institutio ecclesiae genevensis*, ed. Annette Zillenbiller and
Helmut Feld, vol. 2 of *Ioannis Calvini opera omnia 3: Iohannis Calvini Scripta ecclesiastica*
(Geneva: Droz, 2002).

form, until the last editions of the *Institutes*, the main arguments on the *cognitio Dei*.[12]

In this respect, the 20th century literature on Calvin has regularly recalled the 'simultaneous' and 'complementary' aspects of these two kinds of knowledge, which fill the first two chapters (or, from 1554 onwards, the first two books) of the *Institutes*.[13] Indeed, the anthropological and the theological grounds of Calvin's theology seem to unfold altogether, following the simultaneous evidence of the glory of God, on the one hand, and of the indelibility of human sin, on the other.[14] However, the order of the topics and the choice of the starting point remain important: starting from the *knowledge* of God, Calvin seems to prefer the *ordo cognoscendi* to the *ordo essendi* in the exposition of the Christian doctrine; but starting from the knowledge *of God*, he also refers theology immediately to its ontological principle, and so departs from the order which has been chosen, for instance, by Philip Melanchthon in the first edition of his *Loci communes*, in 1521.[15]

---

[12] Calvin, *Instruction et Confession de foy* (see n. 11), 3–7.

[13] In the last Latin edition of 1559, the distinction between the knowledge of God and the knowledge of ourselves is covered by that of the knowledge of God as Creator and as Redeemer: Calvin, *Institutio christianae religionis* (see n. 10), *CO* 2: *Liber Primus. De cognitione Dei Creatoris*; *CO* 2,175–392: *Liber Secundus. De cognitione Dei Redemptoris in Christo, quae patribus sub lege primum, deinde et nobis in Evangelio patefacta est.*

[14] On the complementary aspect of the theocentric and anthropocentric viewpoint: Gerhard Ebeling, "Cognitio Dei et hominis," in *Lutherstudien*, 5 vols. (Tübingen: Mohr Siebeck, 1971), 1:221–272; Marie Potter Engel, *John Calvin's Perspectival Anthropology*, AARAS 52 (Atlanta: Scholars Press, 1988), 189–193; Léchot, "Calvin et la connaissance" (see n. 4), 275–278; Parker, *Knowledge of God* (see n. 4), 73–74; Marc Vial, *Jean Calvin. Introduction à sa pensée théologique* (Geneva: Labor et Fides, 2008), 63–71; François Wendel, *Calvin, sources et évolution de sa pensée religieuse*, Etudes d'histoire et de philosophie religieuses 41 (Paris: PUF, 1950), 110–122.

[15] On the question of *ordo cognoscendi vs. ordo essendi*, see: Muller, "Establishing the *Ordo docendi*" (see n. 6), 130–136; Christoph Strohm, "Das Theologieverständnis bei Calvin und in der frühen reformierten Orthodoxie," *ZTK* 98 (2001): 310–343. In the first edition of the *Loci communes* (1521), Melanchthon chose not to deal with the *locus de Deo*, but to begin directly with the anthropological *locus de viribus hominis*: Philip Melanchthon, *Loci communes 1521. Lateinisch-Deutsch*, ed. Horst Georg Pöhlmann (Gütersloh: Gütersloher Verlagshaus, 1997), 24–46. However, Calvin seems to have been influenced above all by the later editions of Melanchthon's *Loci communes*, especially the editions of 1535 and 1543, of which he himself published a French translation, respectively in 1546 and 1551 (Philip Melanchthon, *La somme de theologie ou lieux communs, reveuz et augmentez pour la derniere foys, par M. Philippe Melanchthon*, trans. John Calvin (Geneva: J. Girard, 1546); *id.*, *La Somme de theologie ou lieux communs reveuz et augmentés de nouveau. Par Philippe Melanchthon*, Geneva: J. Crespin, 1551). On the influence of the 1535's and 1543's *Loci* on Calvin's thought, see: Muller, "Establishing the *Ordo docendi*" (see n. 6), 125–126. Cf. also Olivier Millet, "Les 'Loci communes' de 1535 et l'"Institution de la Religion chrétienne' de 1539–1541, ou Calvin en dialogue avec Melanchthon," in *Melanchthon und Europa: 2. Teilband Westeuropa*, ed. Günter Frank and Kees Meerhoff, Melanchthon-Schriften der Stadt Bretten 6/2 (Stuttgart: Jan Thorbecke, 2002), 85–96; Barbara Pitkin, "The Protestant Zeno: Calvin and the Development of Melanchthon's Anthropology," *JR* 84 (2004): 345–378.

With regard to this last model, Calvin's *opus magnum* is also characterized by the extension of its topic, which goes back to the very foundations of the *doctrina christiana* and so endeavors to prove its very first principle: the existence of God. By introducing his masterpiece through the question of the natural knowledge of God, Calvin then goes back beyond the common presuppositions of the Christian faith, and widens the polemical front to the 'atheist' and 'epicurean' objections on the *inexistence of God*.[16] The question of the *existentia Dei* – and the natural manifestations of its majesty – are then the subject of an extensive development, which has no strict equivalents in the systematic treatises of the Reformed theologians before the late 16th century.[17] This originality has raised many questions among commentators, who interpreted it variously, as the reminiscence of a medieval inheritance, as the outline of a 'natural theology', or as an 'apologetics' project, which would have covered not only anti-Catholic, but also anti-atheist controversy.[18] Around these three hypotheses, fruitful issues were raised on Calvin's 'epistemology' and on the internal status of rational argumentation in the *Institutes*. How far does Calvin actually strive to *refute* atheism? In what sense does the survey of God's natural "manifestations" or "signs" in the universe constitute a real demonstration, that intends to produce among the readers a conviction of an intellectual nature? And how can such a demonstration be deemed intellectually effective, when Calvin's theology seems to recognize at the same time that faith rests, not on intellectual evidence, but on the gift of the inner witness of the Holy Spirit?[19] Finally, in what sense does this demonstration *ex lumine naturali* add something *new* to the initial development

---

[16] See on the issue of atheism in Calvin: Henri Busson, *Le rationalisme dans la littérature française de la Renaissance (1533–1601)*, 2nd ed., De Pétrarque à Descartes 1 (Paris: Vrin, 1957), 316–317; Lucien Febvre, *Le problème de l'incroyance au XVIe siècle. La religion de Rabelais*, 2nd ed. (Paris: A. Michel, 1968); Gerhard Schneider, *Der Libertin. Zur Geistes- und Sozialgeschichte des Bürgertums im 16. und 17. Jhdt.* (Stuttgart: J.B. Metzler, 1970). Cf. Jean Wirth, "'Libertins' et 'épicuriens': aspects de l'irréligion en France au XVIe siècle," in *Sainte Anne est une sorcière et autres essais*, Titre courant 26 (Geneva: Droz, 2003), 25–38; Max Gauna, *Upwellings: First Expressions of Unbelief in the Printed Literature of the French Renaissance* (Rutherford: Fairleigh Dickinson University Press, 1992).

[17] On the hypothesis of an influence of Zwingli's *De vera et falsa religione commentarius* (1525), see: Ebeling, "Cognitio Dei et hominis" (see n. 14), 223–231; Muller, "Establishing the *Ordo docendi*" (see n. 6), 124. From the 1550s, and following the fourth session of the Council of Trent, the doctrine of God and the proofs of his existence are often presented, in the Reformed *Loci* after the doctrine of Scripture. See on this point: Richard A. Muller, *Post-Reformation Reformed Dogmatics*, vol. 1: *The Prolegomena to Theology* (Grand Rapids: Baker, 1987), 1:64–68.

[18] For the importance of Calvin's Institutes for the apologetic projects of the late 16th and early 17th century, see: François Laplanche, *L'évidence du Dieu chrétien. Religion, culture et société dans l'apologétique protestante de la France classique (1576–1670)* (Strasbourg: Association des publications de la Faculté de Théologie Protestante de Strasbourg, 1983), especially 101–107, 117–138.

[19] On the question of the inner testimony of the Holy Spirit, and its role in faith and the subjective *acknowledgment* of the divinity of Scripture, see: Henk van der Belt, *The Author-*

on the "sense of divinity", which would imprint in each human being a "seed of religion", according to an apparently 'subjective' and 'innate' knowledge?[20]

Based on the last edition of the commentary on Rom 1:18–23 (1556), I will try to answer these few questions, by focusing in particular on the problem of the atheists' inexcusability, which is the subject of an important development in the *Institutes*, but which is also much more elaborated in the corresponding biblical commentary.[21] I hope that, in doing so, I will bring some new insights into an old historiographical debate, the issues of which I will briefly recall in my first part. I also intend to follow a stimulating suggestion made formerly by Richard A. Muller, who invited us in his *Unaccommodated Calvin* to compare Calvin's systematic developments with their exegetical equivalents, and so to set Calvin's theology in its scriptural background.[22]

3. The natural theology issue

The topic of *duplex cognitio Dei* has been the subject of heated debates for more than a century, especially concerning the status of natural theology in Calvin's work. Since its Latin version of 1539, the *Institutes* has devoted a series of specific developments to the natural knowledge of God – that is to the ways in which God manifests his power and majesty, before or outside his scriptural revelation. In the final edition of 1559, these developments are articulated in three distinct chapters, the first of which establishes the universality of the *sensus divinitatis* – "knowledge of God naturally rooted in the minds of human beings"[23] – the second, the distortions that this knowledge undergoes in the regime of sin (*in statu peccati*) – especially with its pagan or idolatrous distortions[24] – and the third, the "signs" or "manifestations" that objectively reveal the *majestas Dei* in the works of Creation[25]. This last point constitutes the systematic development that most obviously corresponds to the commentary of Rom 1:18–23.

Whatever may be its precedents in ancient philosophy or in medieval theology, it is not obvious that such a development necessarily pertains to the field of

---

ity of Scripture in Reformed Theology: Truth and Trust, Studies in reformed theology 17 (Leiden and Boston: Brill, 2008), especially 13–65.

[20] Calvin, *Institutio christianae religionis* (see n. 10), CO 2,36–38.

[21] Calvin, *Ad Romanos* (see n. 1), 29–34.

[22] Muller, "To Elaborate on the Topics" (see n. 6), 101–117.

[23] Calvin, *Institutio christianae religionis* (see n. 10), CO 2,36–38: *CAPUT III. Dei notitiam hominum mentibus naturaliter esse inditam.*

[24] Calvin, *Institutio christianae religionis* (see n. 10), CO 2,38–41: *CAPUT IV. Eandem notitiam partim inscitia, partim malitia vel suffocari vel corrumpi.*

[25] Calvin, *Institutio christianae religionis* (see n. 10), CO 2,41–52: *CAPUT V. Dei notitiam in mundi fabrica et continua eius gubernatione lucere.*

natural theology, all the more if one refers to something that would anticipate the Enlightened theism.[26] A statement on the ways in which God manifests himself *ex lumine naturali* is indeed something else than a demonstration of his existence by rational arguments; and it may be that the discussion on *cognitio naturalis Dei* in the *Institutes* actually follows other functions than that of 'convincing' the sceptical or undecided reader by seemingly rational arguments.[27] Nevertheless, Calvin's insistence on this point raises many questions. It has also generated a long series of controversies among Calvin's commentators, last century. To understand how far these controversies have shaped our understanding of Calvin's issue of the natural knowledge of God, and at the same time led us away from its Pauline source, we can briefly summarize the debate along four main lines of divergent interpretations.

3.1 Barth's thesis

In his controversy with Emil Brunner, Karl Barth stated that Calvin's developments on the natural knowledge of God are in fact a mere *conjecture* about the supralapsarian cognitive state of human beings; that is, about a cognitive state which has been precisely abolished with the Fall.[28] Far from being a *current* universal knowledge, the *cognitio naturalis Dei* is nothing more than the knowledge that human beings possessed before the Fall, or that human beings would have possessed *"si integer stetisset Adam"*.[29] Missing the hypothetical condition that Calvin attached to the possibility of this knowledge, Brunner then 'vitiated' his entire interpretation of the *Institutes*, and recast a supposedly apologetic project on premises that were in fact foreign to that of the Geneva Reformer.[30] Indeed, if it is quite obvious that God's supralapsarian knowledge constituted a clear, personal, immediate and sufficient cognitive certainty in the state of innocence, it does not follow then that a natural knowledge of God is *currently* possible *in statu peccati*: this knowledge is entirely obscured by sin; and nothing, in the *sensus divinitatis* or in the evidence of God's external manifestations may, in a sinful spirit, give the basis for a *current* intellectual evidence.[31] Whatever may be its intrinsic 'certainty' or 'rationality', the *majestas Dei* revealed through God's manifestations in the Creation cannot therefore be the subject of any subjectively persuasive argument after the Fall. According to Barth's interpre-

---

[26] See on that point: Oliphint, "A Primal and Simple Knowledge" (see n. 4), 36–40; Richard A. Muller, *"Duplex Cognitio Dei* in the Theology of Early Reformed Orthodoxy," *Sixteenth Century Journal* 10/2 (1979): 51–55.

[27] On the distinction between natural knowledge of God and natural theology, see: Muller, *Post-Reformation Reformed Dogmatics* (see n. 17), 75.

[28] Emil Brunner and Karl Barth, *Natural Theology: Comprising 'Nature and Grace'*, trans. Peter Fraenkel (London: The Centenary Press, 1946).

[29] Barth, *Natural Theology* (see n. 28), 108–109.

[30] Barth, *Natural Theology* (see n. 28), 109.

[31] Barth, *Natural Theology* (see n. 28), 106.

tation, Scripture therefore remains the exclusive source for the knowledge of God.[32] To put it in a nutshell, natural theology is a kind of *science fiction*: it rests on the fiction of a human mind which would not have been corrupted by the original sin. Calvin's developments on the natural knowledge of God then appeared to be a kind of reformed equivalent to the *conjectural* medieval discussion on the nature of human knowledge in the original righteousness.[33]

3.2 Warfield's thesis

If Brunner is opposed to Barth's interpretation of the evidence of an '*embryo*' of *theologia naturalis* in the *Institutes*,[34] it is perhaps to an old work by Benjamin Warfield that we owe the most convincing formulation of this hypothesis.[35] On this point, Warfield was obviously influenced by his own intellectual interests, and in particular by his interest for Christian apologetics. Indeed, according to Warfield, Calvin had done nothing less, with the first book of the *Institutes*, than to reinvent the genre of apologetics: a genre of discourse which would not only teach Christian readers about the fundamental articles of the salvific doctrine, but also prove, through universal arguments, the very principles of Christianity – starting with the existence of God.[36] While Warfield further acknowledges that this natural theology may be "ineffective" for "producing a just knowledge of God in a sinful spirit", he nevertheless insists on the "objective validity" of the *Institute*'s "proofs" and "theistic arguments".[37] Calvin's development on *cognitio naturalis Dei* therefore constitutes a real basis for an apologetics discourse: the first and major intent of this development is to refute atheism from its own presuppositions, that is precisely without presupposing the

[32] Barth, *Natural Theology* (see n. 28), 107.

[33] This thesis is also assumed by Parker, *Calvin's Doctrine of the Knowledge of God* (see n. 4), 48–53. On the question of the cognitive distortion induced by sin – and on natural theology, see also: Paul Helm, "Natural Theology and the *Sensus Divinitatis*," in *John Calvin's Ideas* (Oxford and New York: Oxford University Press, 2004), especially 234–240.

[34] Emil Brunner, *Natur und Gnade: zum Gespräch mit Karl Barth*, 2nd ed. (Tübingen: Mohr Siebeck, 1935).

[35] Benjamin B. Warfield, "Calvin's Doctrine of the Knowledge of God," in *Calvin and Calvinism* (New York, Oxford University Press, 1931).

[36] Warfield, "Calvin's Doctrine of the Knowledge of God" (see n. 35), 30: "But we can attribute to nothing but his theological genius the feat by which he set a compressed apologetical treatise in the forefront of his little book – for the 'Institutes' were still in 1539 a little book, although already expanded to more than double the size of their original form (edition of 1536). Thus he not only for the first time supplied the constructive basis for the Reformation movement, but even for the first time in the history of Christian theology drew in outline the plan of a complete structure of Christian Apologetics. For this is the significance in the history of thought of Calvin's exposition of the sources and guarantee of the knowledge of God, which forms the opening topic of his 'Institutes'."

[37] Warfield, "Calvin's Doctrine of the Knowledge of God" (see n. 35), 42: "Objectively valid as theistic proofs are, they are ineffective to produce a just knowledge of God in the sinful heart."

authority of Scripture or any other suprarational knowledge. Warfield, but also later Emil Brunner, and to some extent Cornelius Van Til, then emphasize the objectively rational character of the first book's demonstration: if the sinful condition of mankind after the Fall certainly takes away the subjective persuasiveness of this demonstration, it does not take anything, however, from the epistemic validity of the argument.[38] There is therefore in the *Institutes* a real 'natural theology': a theology whose conclusions are deduced *ex ratione* from an inference with an objectively attestable logical value, without any condition of inner regeneration. This logical validity cannot be weakened in itself by the noetic effects of sin: an antelapsarian natural theology is therefore possible and legitimate.[39]

3.3 Plantinga's thesis

With the intellectual perspectives of *Reformed epistemology*, the research on Calvin has more recently acquired a new conceptual tool to rethink the epistemic status of Calvin's *cognitio naturalis Dei*.[40] In 1995, Alvin Plantinga thus proposed a reading of the *sensus divinitatis* that avoids the radicality of Barth's rejection of natural theology without assuming the 'apologetic' thesis of Warfield and Brunner.[41] Stressing the immediate and non-inferential character of Calvin's "sense of divinity", the philosopher set out to show how an empirical and "perceptual" knowledge could, in a certain "noetic structure", provide a *rational title* to a religious belief, without necessarily being universalizable or presenting an absolutely objective form of persuasion.[42] The *sensus divinitatis* is indeed assimilated by Plantinga to a "mechanism" or a cognitive tendency which, under certain circumstances – and, in particular, under certain *experimental* circumstances – spontaneously produces beliefs, comparable to "perceptual" or "memory" beliefs.[43]

---

[38] Warfield, "Calvin's Doctrine of the Knowledge of God" (see n. 35), 41–42.

[39] Oliphint, "A Primal and Simple Knowledge" (see n. 4), 38–39. On the question of the noetic effects of the sin, see also: Helm, "Natural Theology and the *Sensus Divinitatis*" (see n. 33), 224–240.

[40] Alvin Plantinga, *Warranted Christian Belief* (New York: Oxford University Press, 2000), 165–219.

[41] For a general survey of Plantinga's thesis in a critical perspective: Derek S. Jeffreys, "How Reformed is Reformed Epistemology? Alvin Plantinga and Calvin's 'Sensus Divinitatis'," *RelS* 33 (1997): 419–431; John Beversluis, "Reforming the 'Reformed' Objection to Natural Theology," *Faith and Philosophy* 12/2 (1995): 189–206.

[42] See also Alvin Plantinga, "Reason and Belief in God," in *Faith and Rationality*, ed. idem and Nicholas Wolterstorff (Notre Dame: University of Notre Dame Press, 1983), 65–70.

[43] Plantinga, *Warranted Christian Belief* (see n. 40), 172–173: "The basic idea, I think, is that there is a kind of faculty or a cognitive mechanism, what Calvin calls a *sensus divinitatis* or sense of divinity, which in a wide variety of circumstances produces in us beliefs about God. These circumstances, we might say, trigger the disposition to form the beliefs in question; they form the occasion on which those beliefs arise. Under these circumstances, we de-

With the distinction of an *antecedent* and a *consequent* natural theology, Michael L. Czapkay Sudduth more recently extended Plantinga's views, trying to dissociate the issue on the *subject* of natural theology from that of its apologetic intention.[44] Whereas the "antecedent natural theology" is identified by Sudduth with the apologetic project that aims at demonstrating the foundations of faith on the basis of rational arguments, the "consequent natural theology" is on the contrary the one that operates *under the presupposition of faith*: its function is not to refute atheism or to convince the skeptics with logically valid arguments, but to confirm the faith of the Christian reader by means of justifications which, not to be the initial psychological cause of his belief, are nevertheless valid as possible reasons for its confirmation.[45] If, against Warfield, Sudduth does not retain the 'strong' thesis of an apologetic natural theology, he nevertheless defends the hypothesis of a Calvinian confirmatory natural theology: the need felt by Calvin to bring to the subjective certainty of God the complement of a rational justification then allows the rejection of Barth' theology of *sola scriptura*. Whatever 'confirmatory' and 'consequential' it may be, Calvin's natural theology did indeed preserve an infralapsarian function: that of offering to the weak faith of the *viatores* the principle of a consolidation and a rampart against doubts.[46]

3.4 Dowey's thesis

In his chief book on the *duplex cognitio Dei*, Dowey seems to follow *prima facie* the theses of Warfield or Brunner on natural theology.[47] However, he also shifts their meaning significantly by insisting at the same time on the *objective* character of the insufficiency of God's natural knowledge. Indeed, for Dowey, the articulation of *cognitio naturalis* with *cognitio revelata* refers less to a subjective difference in the channels of knowledge than to an objective differentiation in the two modes of being under which God lets himself be known: as the Creator and as the Redeemer.[48] This *duplex cognitio Dei* constitutes the central distinction of the *Institutes*: it establishes the general principle of its organization, beyond the apparently 'catechetical' ordering of the first editions of the treatise.[49]

---

velop or form theistic beliefs – or, rather, these beliefs are formed in us; in the typical case we don't consciously choose to have those beliefs. Instead, we find ourselves with them, just as we find ourselves with perceptual and memory belief."

[44] Michael L. Czapkay Sudduth, "The Prospects for Mediate Natural Theology in John Calvin," *RelS* 31/1 (1995): 53–68.

[45] Sudduth, "Mediate Natural Theology" (see n. 44), 63–68.

[46] Sudduth, "Mediate Natural Theology" (see n. 44), 65.

[47] Edward A. Dowey, *The Knowledge of God in Calvin's Theology (1952)*, 3rd ed. (Grand Rapids: Eerdmans, 1994).

[48] Dowey, *Knowledge of God* (see n. 47), 3–17.

[49] Dowey, *Knowledge of God* (see n. 47), 74. See on this point also: Brian G. Armstrong, "*Duplex cognitio Dei*, Or: The Problem and Revelation of Structure, Form and Purpose in

In the last edition of 1559, this double knowledge is expressed in the title of the first two books, which refine the topic of *cognitio Dei* and *cognitio nostri* with a 'theocentric' distinction.[50] This theocentric distinction is even more obvious in the last French edition of 1560, where the "knowledge of God" is defined as a "knowledge of God in his title and quality of Creator, and sovereign Governor of the world"[51]; whereas the second book on sin and human nature is announced as the "knowledge of God as he has shown himself as a Redeemer in Jesus Christ".[52] Far from being a purely subjective deficiency – linked to the cognitive distortion induced by sin –, the insufficiency of God's natural knowledge is therefore also an objective flaw. Indeed, no matter how clear or self-evident it may be, the *cognitio naturalis Dei* necessarily remains silent about what should be of primary importance to us: that is the doctrine of *our salvation*.[53] The supposed lack of clarity of natural knowledge is therefore not the effect of a cognitive defect: it is the mere consequence of the *objective* fact that, if Adam had not sinned, the revelation of the salvific doctrine of God as Redeemer would not have been necessary.

4. The Commentary on Rom 1:18–23: The Judicial Background

What can we learn from Calvin's commentary on Rom 1:18–23 about this issue of *cognitio naturalis Dei*? While the importance of this scriptural source for the developments of the first book of the *Institutes* has been regularly recalled,[54] it is at the same time surprising that the debates on Calvin's (supposed) natural theology have never directly addressed the commentary on the Epistle to the Romans.[55] Yet, on the general question of God's natural knowledge, as well as on the more particular issue of the atheist's inexcusability, the commentary on Rom 1:18–23 appears to be a particularly illuminating source. Let us therefore

---

Calvin's Theology," in *Probing the Reformed Tradition: Historical Studies in Honor of Edwards A. Dowey Jr.*, ed. idem and Elsie McKee (Louisville: Westminster John Knox Press, 1989), 135–153; Muller, *"'Duplex cognitio Dei'* in the Theology of Reformed Orthodoxy," *The Sixteenth Century Journal* 10,2 (1979): 51–62 (51–55).

[50] See *supra*, footnote 12.

[51] Calvin, *Institution de la religion chrestienne* (see n. 10), CO 3,37: "cognoissance en tiltre et qualité de Créateur, et souverain Gouverneur du monde."

[52] Calvin, *Institution de la religion chrestienne* (see n. 10), CO 3,281: "cognoissance de Dieu entant qu'il s'est monstré redempteur en Jesus Christ."

[53] Dowey, *Knowledge of God* (see n. 47), 15–17, 73–74. See also the critics of Parker, *Calvin's Doctrine of the Knowledge of God* (see n. 4), especially 118–121. Cf. Cornelis P. Venema, "The 'Twofold Knowledge of God' and the Structure of Calvin's Theology," *Mid-America Journal of Theology* 4 (1988): 156–182.

[54] Here again: Muller, "To Elaborate on the Topics" (see n. 6), 101–117.

[55] On the question of justification in the first edition of Calvin's commentary, see: H. Paul Santmire, "Justification in Calvin's 1540 Romans Commentary," *CH* 33/3 (1964): 294–313.

re-read Calvin's exegesis in the light of the questions raised by the debate on natural theology. The first thing to note is that the division of the text and the detachment of verses 18 to 23 as a separate pericope is not only *ours*: it is the one that Calvin himself chose by exposing at first the 6 verses all together in Latin, in a translation which borrows from various sources, including the Vulgate edition and Erasmus' *Novum Instrumentum*.[56]

Following a continuous reading of the text, the Reformer begins by commenting on verse 18:

18. Revelatur enim ira Dei e caelo, super omnem impietatem et iniustitiam hominum, veritatem Dei iniuste continentium.[57]

In the respective commentary, Calvin first set the argumentative context of the pericope. The delimited sequence of the text – verses 18–23 – constitute a fully integrated development in a demonstrative chain that aims to show that the source of justice is the Gospel alone.[58] The exclusivity of the Gospel as the sole source of our salvation was already established in the preceding verse, which for Calvin precisely constitutes a kind of "sum" (the rhetorical *status*) for the whole argument of the first chapter.[59] This argumentative context must not be forgotten: it is recalled from the outset in the comment on verse 18, in which Calvin notes that Paul makes "an argument taken from the comparison of the two contraries [*contrariorum*] to prove that justice can only be given or obtained by the Gospel".[60] The two contraries in question are precisely *Lex ac Evangelium*, and after having shown that the Gospel is the only source of salvation, the text thus goes on to establish that the Law is the only source of condemnation (and that its condemnation is universal, well beyond the Hebrew people, as first recipient of the Law of Moses.)[61] The use of the term "contrarius" to designate the oppo-

---

[56] Calvin, *Ad Romanos* (see n. 1), 29: *18. Revelatur enim ira Dei e caelo, super omnem impietatem et iniustitiam hominum, veritatem Dei iniuste continentium: 19. Quia quod cognoscitur de Deo, manifestum est in ipsis. Deus enim illis manifestavit. 20. Siquidem invisibilia ipsius, ex creatione mundi, operibus intellecta, conspiciuntur: aeterna quoque eius potentia et Divinitas: ut sint inexcusabiles. 21. Quoniam quum Deum cognovissent, non tanquam Deo gloriam dederunt, aut grati fuerunt, sed exinaniti sunt in cogitationibus suis, et obtenebratum est stultum cor eorum. 22. Quum se putarent sapientes, stulti facti sunt: 23. Et mutaverunt gloriam incorruptibilis Dei, similitudine imaginis corruptibilis hominis, et volucrum, et quadrupedum, et serpentum.* A different translation is sometimes proposed by Calvin afterwards in the commentary on the text. See, for example, below, n. 77.

[57] Calvin, *Ad Romanos* (see n. 1), 29.

[58] Cf. also the opening argumentum: Calvin, *Ad Romanos* (see n. 1), 7–8.

[59] Calvin, *Ad Romanos* (see n. 1), 29: *Iam habemus statum, seu cardinem principalem huius primae partis Epistolae, 'Sola Dei misericordia per fidem nos iustificari'. Nondum quidem hoc sigillatim expressum habemus Pauli verbis; sed ex contextu post facile patebit, iustitiam quae in fide est fundata totam Dei misericordiae inniti.*

[60] Calvin, *Ad Romanos* (see n. 1), 29: *Iam ex comparatione contrariorum argumentatur, quo probet iustitiam nonnisi per Evangelium conferri vel obtingere.*

[61] See, already: Calvin, *Ad Romanos* (see n. 1), 28–29.

sition of the Law and the Gospel is a clear borrowing from Luther and Melanchthon and has a precise logical meaning here. In his *Elementa rhetorices* (1531), Melanchthon had indeed insisted on the necessity to order the material of the biblical text according to the dialectical commonplaces of substance, cause and effect, whole and part, and contraries.[62] In Lutheran theology, the main *contraries* of the biblical text are precisely the Law and the Gospel.[63] And in good Aristotelian logic, a contrary is not only a contradictory: the fact that the Law is the *contrarius* of the Gospel means that if all justification comes from the Gospel, then all condemnation comes from the Law.[64]

At no time, therefore, does the development on Rom 1:18–23 appear to Calvin as a *concessive* development, where the apostle would aim to show that there would be, in addition to the Gospel, another kind of divine justice or another source of knowledge for the salvific doctrine.[65] According to Calvin, the question of the *cognitio naturalis Dei* seems to remain secondary: or rather, it does not arise in the terms of a second *source* for the knowledge of God, which would add another *cognitive material* to the scriptural revelation. Rom 1:18–23 should therefore be read as a *part* of the demonstration on justification by grace alone and constitutes a specific element of it.[66] Thus, the argument of God's natural manifestation appears less as an argument for the *rational cognoscibility* of the divine nature, than as an argument for the universality of human condemnation by the Law. According to Calvin, what interests Paul is not so much the fact that a natural knowledge of God – even a minimal one – is possible; but the fact that this knowledge immediately proves the universality of human *legal liability*. This point is very clear if we read the subsequent development:

Ac primum quidem damnationis argumentum adducit, quod quum structura mundi, et haec pulcherrima elementorum compositio debuerit hominem instigare ad Deum glorificandum, nemo est qui officio suo fungatur. Unde constat omnes reos esse sacrilegii, et impiae, scelerataeque ingratitudinis. Quibusdam videtur hic esse prima propositio: ut Paulus a poenitentia concionem deducat. Sed ego arbitror hic conflictationem incipere; statum causae iam fuisse in propositione superiori. Consilium enim Pauli est docere ubinam quaerenda sit salus. Pronuntiavit non aliter nos eam consequi quam per Evangelium. Qui autem non libenter hucusque se humiliat caro, ut soli Dei gratiae laudem salutis assignet, universum mundum Paulus reum facit aeternae mortis.[67]

---

[62] On Luthers' interpretation of the distinction between Law and Gospel, see: Gerhard Ebeling, *Luther. Einführung in sein Denken* (Tübingen: Mohr Siebeck, 1964), 120–137.

[63] On the dialectical *loci*, see especially: Philip Melanchthon, *Elementa Rhetorices libri duo* (1531), *CR* 13,426–428.

[64] On Melanchthon's exposition of the Square of opposition, see e. g.: Philip Melanchthon, *Compendiaria dialectices ratio, quae verum disserendi usum tradit* (Basel: Froben, 1521), CIVr.

[65] Calvin, *Ad Romanos* (see n. 1), 29: *Extra hoc [Evangelium], omnes damnatos ostendit. In ipso igitur solo reperietur salus.*

[66] See again: Calvin, *Ad Romanos* (see n. 1), 28–29.

[67] Calvin, *Ad Romanos* (see n. 1), 29–30.

At this stage of the text, the judicial context of the extract is largely underlined, and is emphasized by the use of the semantics of guilt, condemnation and ingratitude. Following an implicitly ciceronian conception of *justitia*, this idea of *ingratitudo* is precisely understood as the elementary form of the defect of justice – in this case the absence of a just proportion between the benefit one receives from God and the way one glorifies (or in this case *does not glorify*) God in return.[68] Directly following this, Calvin discusses more precisely the possible distinction between ungodliness and unrighteousness (*impietas* and *injustitia*), and rejects this distinction by showing that our ungratefulness is exercised primarily towards God, and not towards men. From God's point of view, this ingratitude alone justifies our condemnation, and even if the vocabulary of "God's vengeance" is used figuratively in the Bible (*anthropopathos*), the fact remains that mankind is legitimately condemned for not having given God the glory he deserves.[69]

The classification of the first chapters of the epistle to the Romans among the 'judicial genre' – one of the three genres of discourse in classical rhetoric – is traditional in the early writings of the Reformation. On the Lutheran side, Melanchthon, whose exegesis Calvin praises in the dedicatory letter to Simon Grynaeus,[70] had already insisted on this point.[71] This anchoring of these first chapters of the Epistle to the Romans in the *genus judicialis* is further confirmed by the initial summary that Calvin gives about the book's *argumentum* at the opening of his commentary.[72] I agree with Christoph Strohm's thesis on the

---

[68] Calvin, *Ad Romanos* (see n. 1), 29–30. On this question, see also: Peter J. Leithart, "The Eminent Pagan: Calvin's Use of Cicero in *Institutes* I:1–5," *WTJ* 52 (1990): 1–12; Egil Grislis, "Calvin's Use of Cicero in the Institutes I:1–5 – A Case Study in Theological Method," *ARG* 62 (1971): 5–37.

[69] Calvin, *Ad Romanos* (see n. 1), 29–30: *Inter 'impietatem' et 'iniustitiam' ita nonnulli distinguunt, quod putant priore vocabulo violatum Dei cultum notari, altero aequitatem in homines. Sed quia statim iniustitiam illam Apostolus ad religionis neglectum refert, nos utrunque de eodem interpretabimur. Deinde, omnis hominum impietas, per hypallagen, pro 'omnium hominum' sive 'cuius convicti tenentur omnes'. Duplici autem nomine res una, hoc est adversus Deum ingratitudo notatur; quia peccatur in ea bifariam. Ἀσέβεια, dicatur quasi Dei inhoratio; ἀδικία, quoniam homo, ad se transferendo quod Dei erat, honorem Dei inique praeripuit. 'Ira', ἀνθρωποπαθῶς, more Scripturae, pro ultione Dei. Quia Deus puniens, praesefert (nostra opinione) irascentis faciem.*

[70] Calvin, *Ad Romanos* (see n. 1), 4: *Philippus Melanchthon pro singulari et doctrina, et industria, et dexteritate qua in omni disciplinarum genere pollet, prae iis qui ante ipsum in publicum prodierant, multum lucis intulit. Sed quia illi propositum modo fuisse apparet, quae in primis essent animadversione digna, excutere, in iis dum immoratur, multa consulto praeterit quae vulgare ingenium fatigare nonnihil possint…*

[71] See already in the *Institutio* – the first *adumbratio* of the *Loci communes*, written in 1519: Philip Melanchthon, *Theologica institutio in Epistolam Pauli ad Romanos* (1519), *CR* 21, 56: *PAULI AD ROMANOS EPISTOLAE SUMMA. Status causae.* Iustitia ex fide *sine operibus, et nullum opus potest affectum immutare sed sola fides impetrat iustitiam, hoc est, innovationem nostri. ORATIO est generis iudicialis, habet exordium, narrationem, confirmationem, apte composita.*

[72] Calvin, *Ad Romanos* (see n. 1), in "Argumentum in Epistolam ad Romanos," 7–8: *Principio ab ipsa mundi compositione damnat ingratitudinis universum hominum genus, quod in*

importance of this rhetorical background in Calvin's theology in general, and on the decisive character of the identification of "genres of discourse" for the interpretation of biblical texts.[73] This rhetorical background marks a difference, not only in style, but also in substance, with the commentaries which will be produced later in the early Calvinist orthodoxy, and which will stress more the logical (dialectical) aspects of the text: identification of implicit syllogisms, and separate analysis of each term by the four Aristotelian causes.[74] We shall see that Calvin's insistence on the judicial character of the excerpt also renders inoperative the purely epistemological issues that were emerging from the contemporary debate on the natural knowledge of God. But the exegesis of the next verse, on the natural manifestation of God, makes this point more clear.

5. *Cognitio naturalis Dei* in the commentary

Let us move on from the exegesis of the term *justicia* to the idea of *cognitio Dei* itself. This topic of God's natural knowledge, first introduced at the very end of the commentary on verse 18[75], is especially developed with the exegesis of verse 19:

Quia quod cognoscitur de Deo, manifestum est in ipsis. Deus enim illis manifestavit.[76]

Commenting on this "for" (*quia*), Calvin immediately notes that the natural knowledge of God, which is immediately given to us from the evidence of his marks in Creation, includes not only a mere *cognitive assessment of the existence of God*, but also a motive for glorifying God as the Creator:

Quia quodum notum est Dei. Sic appellat quod de Deo cognoscere fas est, vel expedit. Intelligit autem id totum quod pertinet ad gloriam Domini illustrandam, vel (quod idem

---

tanta operum excellentia Opificem non recognoscant; imo quum agnoscere cogantur, non eo quo decet honore prosequantur eius maiestatem, sed sua vanitate profanent ac violent. Ita omnes rei peraguntur impietatis, qua nullum est magis detestandum flagitium. Ac quo magis eluceat, omnes defecisse a Domine, recenset foeda et horrenda facinora, quibus passim sunt homines obnoxii. Quod manifesto argumento est, a Deo degenerasse; quandoquidem illa Divinae irae signa sunt, quae nonnisi in impiis extarent...

[73] Christoph Strohm, "Methodology in Discussion of 'Calvin and Calvinism'," in *Calvinus praeceptor Ecclesiae. Papers of the International Congress on Calvin Research*, ed. Herman J. Selderhuis, Travaux d'humanisme et renaissance 388 (Geneva: Droz, 2004), especially 73–85. Cf. also: Olivier Millet, *Calvin et la dynamique de la Parole. Étude de rhétorique réformée*, 2nd ed. (Geneva: Slatkine, 1992).

[74] See on this point: Arthur Huiban, "*Deus ad contradictionem Logicam non est alligatus*: Protestant controversies on the status of Logic in theology (early seventeenth century)," in *Europe of Logic*, ed. Julie Brumberg-Chaumont (Turnhout: Brepols, forthcoming).

[75] Calvin, *Ad Romanos* (see n. 1), 30: Veritas Dei *veram Dei notitiam significat. Eam continere est supprimere, seu obscurare; unde veluti furti subarguuntur. Ubi vertimus* iniuste, *habet Paulus,* 'in iniustitia', *quae Hebraica phrasis idem valet; sed nos studuimus perspicuitati.*

[76] Calvin, *Ad Romanos* (see n. 1), 29.

est) quicquid nos movere excitareque debet ad Deum glorificandum. Quo verbo significat Deum quantus est minime posse mente nostra capi. Sed aliquem esse modum intra quem se cohibere debeant homines; sicuti Deus ad modulum nostrum attemperat quicquid de se testatur.[77]

With the *cognitio naturalis Dei*, it is not only a question of knowing that there is a God in general, but also of knowing his first attributes: and especially the attributes that justify his glorification. In his commentary on verse 21, Calvin thus details the attributes of God that can be known by natural light alone, notably citing his eternity, power, wisdom, goodness, truth and mercy.[78] If we remember the fundamental distinction between God as Creator and God as Redeemer, these attributes obviously belong to the *Deus Creator*. But the essential point is that all these properties are mentioned here again only to justify the necessity of the *glorificatio Dei*; and thus also to emphasize the inexcusability of the atheists, who glorify themselves rather than their Creator.[79] Here again, it is not from a series of epistemological categories – which would emerge from a reflection on the cognitive conditions of God's natural evidence – but from its moral implications – the need for glorification – that Calvin constructs his reasoning on the *cognitio naturalis Dei*.[80]

Thus, Calvin's core objection to the Epicureans lies not in the opposition between atheism and deism, but in the opposition between the 'naked' knowledge of an absent God and an expedient knowledge of a glorified God, that is, a knowledge likely to motivate worship and glorification[81]. This observation obviously refers to the reality of atheism at the beginning of the 16th century. I will not go back over the long debate that animated French historiography in the last

---

[77] Calvin, *Ad Romanos* (see n. 1), 30–31. It should be noted that Calvin changed his translation here and cited the Vulgate translation: *quia quodum notum est Dei.*

[78] Calvin, *Ad Romanos* (see n. 1), 32: Non ut Deum glorificaverunt. *Concipi Deus non potest sine sua aeternitate, potentia, sapientia, bonitate, veritate, iustitia, misericordia. Aeternitas ex eo liquet, quod author est omnium. Potentia, quod tenet omnia in sua manu, facitque ut in se consistant. Sapientia, ex ordinatissima dispositione. Bonitas, quia nihil causae erat cur conderet omnia, neque alia ratione moveri potest ut conservet quam ob illam ipsam. Iustitia, in administratione; quia sontes punit, innocentes vindicat. Misericordia, quod tanta patientia tolerat hominum perversitatem. Veritas, ex eo quod immutabilis est. Ergo qui conceptam Dei notitiam habet, iam illi laudem debet aeternitatis, sapientiae, bonitatis, iustitiae.*

[79] Calvin, *Ad Romanos* (see n. 1), 32: Quia quum Deum cognovissent. *Hic aperte testatur, Deum omnium mentibus sui cognitionem insinuasse; hoc est, sic se demonstrasse per opera, ut illi necessario conspicerent quod sponte non quaerunt, esse scilicet aliquem Deum; quia neque fortuito extitit mundus, nec a se prodiit.*

[80] Calvin, *Ad Romanos* (see n. 1), 31: *Non recenset autem sigillatim quae in Deo considerari possunt; sed docet ad aeternam usque eius potentiam et Divinitatem perveniri. Nam qui omnium est author, eum oportet sine initio esse e a seipso. Ubi eo ventum est, iam se profert Divinitas, quae nisi cum singulis Dei virtutibus nequit consistere, quando sub ea omnes continentur.*

[81] On the question of the 'expedient knowledge of God' in the early Reformation, cf. also the contribution of Ueli Zahnd in this volume.

century concerning the reality of unbelief at the time of Calvin.[82] But the fact remains that Calvin himself never explicitly distinguishes between atheism as *an affirmation of the non-existence of God* and epicureanism *as an affirmation of the indifference of gods towards human destiny*.[83] From Calvin's point of view, the atheist is not primarily the one who asserts that God does not exist: he is primarily the one who *acts* as if the glorification of God were not necessary.

This fact further reinforces the importance of glorification. According to Calvin, this glory is due to the Creator because of the very attributes of his nature, and is therefore indifferent to the supralapsarian or infralapsarian regime of humanity. However, the insufficiency of a mere existential affirmation about God (*there is a Creator*) does not constitute a license for the uncontrolled deployment of an 'attributive' or *positive* natural theology. The emphasis on the worship function of the natural knowledge of God is as much a principle of economy as it is a principle of certainty; and if Calvin insists on the evidence of God's majesty and the cognizability of his fundamental attributes, he also condemns the speculations of the neo-Platonists who seek, by their natural reason alone, to know more about God than natural knowledge allows.[84] It should therefore be noted that, at least at this stage, the 'epistemological' problem of the conditions and limits of the natural knowledge of God is not the subject of any significant development. For Calvin, it is not so much a question of *what* reason or human intellect can know about God, as of *whether* this natural knowledge, still largely undetermined, can be enough to motivate God's worship.

And on this point, Calvin is very clear:

Delirant ergo quicunque scire appetunt quid sit Deus, quia Spiritus perfectae sapientiae doctor, ad τὸ γνωστόν nos non frustra revocat. Quomodo autem sit cognitum, mox subiiciet.[85]

Rather than to pronounce on the limits of the natural knowledge of God 'in extension' – what attributes can one spontaneously know of God without the help of scriptural revelation? – Calvin emphasizes the *form* of this natural knowledge of God 'in intension' – what is its modality, intensity, and certainty? On this point, two remarks can be made:

First, Calvin notes that this knowledge can take the form of an obvious and undoubted *feeling* or *sense*.[86] Commenting on the term '*manifestatio*', the Re-

---

[82] See *supra*, footnote 16.

[83] On that point, see also: Van der Belt, *The Authority of Scripture* (see n. 19), 41–42; Luce Albert, "Jean Calvin et le libertin spirituel," in *Libertin! Usage d'une invective aux xvie et xviie siècles*, ed. Thomas Berns et al. (Paris: Classiques Garnier, 2013), 83–99.

[84] Calvin, *Ad Romanos* (see n. 1), 32: *Sed exinaniti sunt in*, etc. *Id est derelicta Dei veritate, ad sensus sui vanitatem conversi sunt; cuius omnis perspicacia inanis est, et instar gumi dilabitur. Atque ita tenebris obvoluta stolida eorum mens, nihil rectum percipere potuit, sed modis omnibus praecipitata est in errores et mendacia.*

[85] Calvin, *Ad Romanos* (see n. 1), 31.

[86] Calvin, *Ad Romanos* (see n. 1), 31.

former notes that the "apostle wanted to signify a manifestation that urges men so strongly that they cannot turn back, as in fact each of us feels the testimony engraved in his heart."[87] To qualify this "sense of divinity", Calvin uses here, as later in the *Institutes*, the idea of rooting or impressing: the *sensus divinitatis* is "engraved", "rooted" or "printed" in the minds of human beings.[88] In the last edition of the *Institutes*, this image of rooting also echoes a metaphor on the amplitude and the seat of the persuasion: "this apprehension possesses the hearts of men to the very depths, and is rooted in their entrails."[89]

From there, two consequences follow, which immediately engage the meaning of the category of *nature*, when it is applied to the *sensus divinitatis*. The first consequence is that this feeling or *sense*, however 'natural' it may be, is first of all a *foreign certainty*: a sense that is "printed" or "engraved" in human hearts has obviously been engraved by an external power, and in this case by God himself. So, the idea of nature, here as in the *Institutes*, does not exclude the direct action of God – even if it is a general one and not a particularized action.[90] The second consequence is that, by the extent and forms of its 'engravement', the 'apprehension' of God is at the same time an *inner* apprehension – an apprehension which belongs to the most spontaneous tendency of the human soul. The depth of this engravement then inscribes the inexcusability of the atheist in the very source of his consciousness: it is *in* himself, by "his own testimony", that the atheist accuses himself for his atheism.[91] Finally, this *sense* appears also as an apodictic and undeniable certainty: "it urges people so strongly that they cannot turn back."[92]

Second: In addition to this inner *sense of divinity*, the Epistle to the Romans also testifies to the outward 'manifestations' or 'signs' of God in the universe. On verse 20, Calvin comments:

Deu[s] per se invisibilis est. Sed quia elucet eius maiestas in operibus et creaturis universis, debuerunt illinc homines agnoscere, nam artificem suum perspicue declarant. Qua ratio-

---

[87] Calvin, *Ad Romanos* (see n. 1), 31: *Hic tamen videtur voluisse indicare manifestationem qua propius urgeantur quam ut refugere queant; ut certe eam cordi suo insculptam quisque nostrum sentit.*

[88] CO 2,36. Cf. Calvin, *Institution de la religion chrestienne* (see n. 10), CO 3,46–47.

[89] Calvin, *Institution de la religion chrestienne* (see n. 10), CO 3,47: "ceste aprehension possede les cœurs des hommes jusques au plus profond, et est enracinée en leurs entrailles."

[90] Calvin, *Institution de la religion chrestienne* (see n. 10), CO 3,49: "Dieu, dont la majesté, en se faisant sentir, dresse de nouvelles alarmes."

[91] Calvin, *Institution de la religion chrestienne* (see n. 10), CO 3,47: The atheist can be accused by his own testimony, "de son propre témoignage."

[92] Calvin, *Institution de la religion chrestienne* (see n. 10), CO 3,50: "Quoy qu'il en soit, c'est-cy un point resolu à tous ceux qui jugent justement, que l'esprit humain a un sentiment de divinité engravé si profond, qu'il ne se peut effacer. Memes que ceste persuasion soit naturellement enracinée en tous, assavoir qu'il y a un Dieu, et qu'elle soit attachée comme en la moelle des os, la fierté et rebellion des iniques en testifie, lesquels en combatant furieusement pour se desvelopper de la crainte de Dieu n'en peuvent venir à bout."

ne Apostolus ad Hebraeos, secula dicit esse specula, seu spectacula rerum invisibilium. Non recenset autem sigillatim quae in Deo considerari possunt; sed docet ad aeternam usque eius potentiam et Divinitatem perveniri. Nam qui omnium est author, eum oportet sine initio esse et a seipso. Ubi eo ventum est, iam se profert Divinitas, quae nisi cum singulis Dei virtutibus nequit consistere, quando sub ea omnes continentur.[93]

We should note here the *both* inferential and spontaneous character of the natural 'manifestations' of *majestas Dei*. Indeed, for Calvin, the *immediacy* of the attestation and the *possibility* of its inferential proof are not in themselves contradictory: the 'testimonies' that reveal themselves to all in the immediacy of the perceptual experience of nature are also 'proofs' that can be formalized afterwards against Epicureans and atheists.[94] More than to the status of the perfection of God's glory in the universe, the inferential nature of God's evidence *in operibus* refers to the mediate nature of the *relationship* between the divine majesty and the majesty of the world: the majesty of the world is the testimony, the sign, or the *index (indicium)* of the majesty of God. In this sense, Dowey can speak, rightly I think, of a 'causal' and 'empirical' inference.[95] This inference is at the same grounded in an *immediate* perceptual experience: if the certainty of God's majesty is mediated by an experiential perception, the certainty of the *majestas Creationis* is not itself grounded in an inference.

It should also be noted that, however inadequate it may be to ground a true knowledge of God's nature, the *cognitio naturalis Dei* remains perfectly clear and certain to attest the evidence of his majesty. The lexicon of clarity is omnipresent in this passage, for example in the commentary on verse 20.[96] It is not true, therefore, that, as is sometimes asserted, the natural manifestation of God in the universe would fail by its darkness or uncertainty: *as far as* its proper function is concerned – which is to give us a certain knowledge of the divine majesty – the *cognitio naturalis* is perfectly clear and effective. In themselves, the external signs of the invisible God in the visible universe are sufficiently *obvious* to reveal the majesty of the Creator.[97] Finally, it should be noted that, contrary to what will be elaborated in the last versions of the *Institutes*, the *sensus divinitatis* of the verse 19 is not clearly distinguished here from the external 'signs' of the divinity which are analyzed in the commentary on verse 20.[98]

---

[93] Calvin, *Ad Romanos* (see n. 1), 31.

[94] See also, in the last edition of the *Institutes*: Calvin, *Institution de la religion chrestienne* (see n. 10), *CO* 3,68.

[95] Dowey, *Knowledge of God* (see n. 47), 74.

[96] Calvin, *Ad Romanos* (see n. 1), 31: *Sed quia elucet eius maiestas in operibus et creaturis universis, debuerunt illinc homines agnoscere, nam artificem suum perspicue declarant.*

[97] Cf. in the *Institutes*, Calvin, *Institution de la religion chrestienne* (see n. 10), *CO* 3,61–62: "Il y a des enseignemens infinis tant au ciel qu'en la terre pour nous testifier sa puissance admirable."

[98] Calvin, *Ad Romanos* (see n. 1), 31.

6. The Atheist's Inexcusability

There is an obvious reason for this indistinction, which I would like to develop in this final section. It is that, for Calvin, the question of the natural knowledge of God in Rom 1:18–23 actually serves a purely instrumental argumentative function, in this case that of showing the universal extension of the reign of the Law, and thus the universal condemnation of humanity, beyond the effective extension of the revealed Word. If Paul introduces the topic of *cognitio naturalis Dei* in the first chapter to the Romans it is not then to discuss the *modes* of the natural knowledge of God, but only to show the *universal* inexcusability of the atheists.[99] From this point of view, the evidence of God's existence fully anticipates the development of the second chapter of the Epistle, and belongs itself to the issue on the "power of the Law": its object, according to Calvin, is not to inform us, on a purely cognitive level, of God's existence, but to oblige us, in the legal sense, to glorify our Creator. In short, the outward manifestation of God in Creation is the theological equivalent of the legal precept that no one is supposed to be ignorant of the Law (*nemo censetur ignorare legem*): the law is knowable, *ergo* all those who did not observe it are sinners and can be legitimately condemned.[100]

In Calvin's reading, this topic of atheists' inexcusability is therefore the central *argumentum* of the whole pericope. Calvin develops it as follows:

> *In hoc sint inexcusabiles. Hinc facile constat, quantum ex hac demonstratione homines consequantur; nempe ut nullam possint affere defensionem in iudicium Dei quin iure sint damnabiles. Sit ergo haec distinctio: Demonstrationem Dei qua gloriam suam in creaturis perspicuam facit, esse, quantum ad lucem suam, satis evidentem; quantum ad nostram caecitatem non adeo sufficere. Caeterum non ita caeci sumus, ut ignorantiam possimus praetexere quin perversitatis arguamur. Concipimus Divinitatem. Deinde eam quaecunque est, colendam esse ratiocinamur. Sed hic deficit sensus noster, antequam assequatur aut quis, aut qualis sit Deus. Quare Apostolus ad Hebraeos fidei tribuit istud lumen, ut in mundi creatione vere proficiat. Neque abs re. Caecitate enim impedimur ne pertingamus ad scopum. Videmus eatenus nequid iam possimus tergiversari. Utrunque eleganter demonstrat Paulus (Act 14. 17), quum dicit, 'Dominum in praeteritis generationibus reliquisse Gentes in ignorantia; neque tamen se reliquisse ἀμάρτυρον, quoniam dedit pluvias et ubertatem e caelo'. Multum itaque haec Dei notitia, quae tantum ad tollendam excusationem valet, a salvifica illa differt cuius meminit Christus Iohan. 17. 3, et in qua gloriandum esse docet Ieremias, cap. 9. 24.*[101]

It is very interesting to note that Calvin makes explicit here, much better than in the corresponding developments in the *Institutes*, the double fact of the *cognitive inadequacy* and, at the same time, of the 'judicial' sufficiency of the *cognitio naturalis Dei* for condemning the atheists. The *intentio* of Rom 1:18–23,

---

[99] Calvin, *Ad Romanos* (see n. 1), 31–32.

[100] Cf. on the question of atheists' inexcusability in Rom 2:1–10: Calvin, *Ad Romanos* (see n. 1), 38–44.

[101] Calvin, *Ad Romanos* (see n. 1), 31–32.

according to Calvin, must therefore be taken literally: its aim is to make the atheist 'inexcusable', that is, to *remove the excuse of ignorance*. However, the category of 'inexcusability' is not a cognitive or epistemological category, but a moral and judicial one, which is intimately linked to the soteriological problem of the extension of the power of the Law.[102] What is inexcusable is what cannot be alleviated by any mitigation: an act is inexcusable if there is, for the subject, no exemption from liability. However, it is the problem of this *liability* that interests Calvin, and not that of God's rational cognoscibility. By emphasizing the affective determinism of theological knowledge, Calvin certainly renounced *a priori* the idea that atheists can be persuaded by an argument *ex lumine naturali*.[103] Knowing God is a matter of faith, and as such, a matter of inner regeneration. The question then is how man's passivity towards faith can be *compatible* with an infralapsarian condemnation of atheism, and a moral responsibility of atheists. And it is precisely the 'rational' evidence of God in the universe and the *sense of divinity* that provides the means – in the judicial sense of an *argumentum de jure* – for this sentence: strictly speaking, 'human reason' is here only valid as a kind of *judicial smoking gun* to demonstrate the guilt of the atheist.[104] Or, to put it differently, the purpose of the whole argument is to show that atheism is not an effect of ignorance, but a manifestation of sin: the active and obstinate obscuration of objective evidence; an evidence which carries within itself its own testimony and its own certainty.[105]

7. Conclusion

Following Karl Barth, but with a different intention, it is therefore appropriate to recall that the usual categories of the philosophy of knowledge do not fit well with a way of thinking which, like Calvin's, indexes the degrees of truth, ignorance or error to the *status animi* – sinner or regenerated – of the individual. According to Calvin, the cognitive state of an individual is indeed determined primarily by his or her affective and moral dispositions: ignorance is more the result of malice, wickedness or deliberate resistance to the truth, than of a simple cognitive defect or failure.[106] Calvin thus unreservedly admits that a theo-

---

[102] See again, on that point: Backus, "Calvin's Concept" (see n. 5), 7–26.

[103] On the question of faith, in the last edition of the *Institutes*, see: Calvin, *Institutions de la religion chrestienne* (1560), *CO* 4,8–67.

[104] Cf. again on Rom 2:1: Calvin, *Ad Romanos* (see n. 1), 39: *Ideo enim inexcusabiles facit, quia et ipsi Dei iudicium norunt, Legem nihilominus transgrediuntur; acsi diceret, 'Tametsi non consentis aliorum vitiis, imo videris ex professo hostis ac vindex vitiorum; quia tamen ab illis non es immunis, si te vere consideras, non potes obtendere ullam defensionem'.*

[105] Warfield, "Calvin's Doctrine of the Knowledge of God" (see n. 35), 41–42.

[106] On the noetic effects of the sin, see especially: Helm, "Natural Theology and the *Sensus Divinitatis*" (see n. 33), 224–240.

logical argument – no matter how obvious – could be ineffective for an unregenerate human being. On this point, the commentary on Rom 1:18–23 explicitly points to man's "darkness" and "blindness"– a blindness that precisely renders the *cognitio naturalis Dei* insufficient after the Fall.[107] In this sense, then, according to Calvin's lecture of Romans, we can speak of a double noetic effect of sin on the natural knowledge of God:

a) the original sin first obscures the *sensus divinitatis* by making impracticable the way of a clear knowledge of God *ex lumine naturali*. If the sense of divinity and the inferential proofs of God in his outward manifestations attest to the inexcusability of atheism, the example of idolatry testifies at the same time to all the distortions that the natural knowledge undergoes *in statu peccati*.[108]

b) But above all, the fact of the original sin shifts the very requirements of the knowledge of God by subordinating the 'contemplative' investigation of the divine attribute to the soteriological issue of *our redemption*. Indeed, even if the natural knowledge of God were perfectly clear and complete in the regime of sin, it would still be insufficient *in se*: precisely because, after the Fall, it is the *object* of theology that changes. With the passage from the doctrine of God to the doctrine of our salvation, the way of a 'contemplative' or 'speculative' investigation into the attributes of God is not only impossible: it is above all useless.[109]

While all commentators on Calvin agree on the evidence of this intellectual distortion of the natural knowledge of God, it seems to me that the appropriate conclusions have not yet been drawn from this affective 'non-neutrality' of the human cognitive apparatus *in statu peccati*. In particular, the Pauline idea that the function of *cognitio naturalis Dei* is to make atheism inexcusable has not, in my opinion, pushed to its fundamental consequences. The idea of this 'inexcusability' in effect places Calvin's so-called 'natural theology' in the order of a judicial discourse: *as a category of condemnation*. With Rom 1:18–23, the question is not thus whether the *cognitio naturalis* can be persuasive for a sinner, in an apologetic sense; but how God's natural evidence can validly condemn a sinner *even though* the non-persuasiveness of this evidence is *a priori* admitted. Against Sudduth, one could therefore dare to propose the idea of an apologetic *consequent* theology: an apologetics in which faith would certainly be the presupposition, but which would nevertheless deploy its effects according to the specificities of the adversity to be fought.[110] If Calvin's developments on the *cognitio naturalis Dei* do not deliver an 'antecedent apologetics' – in the sense of a theoretical edifice that would aim at convincing atheists by the lights of reason – his soteriological reading of Paul and the *factum* of natural knowledge of

---

[107] Calvin, *Ad Romanos* (see n. 1), 32.

[108] Helm, "Natural Theology and the *Sensus Divinitatis*" (see n. 33), 224–240; Oliphint, "A Primal and Simple Knowledge" (see n. 4), 36–40; Steinmetz, "Calvin and the Natural Knowledge of God" (see n. 4), 142–145.

[109] See especially: Dowey, *Knowledge of God* (see n. 47), 1–17.

[110] See especially: Sudduth, "Mediate Natural Theology" (see n. 44), 63–68.

God as presented in Rom 1:18–23 allows him to elaborate a 'consequent apologetics', insofar as the intention of confirming and consolidating the Christian faith – effectively presupposed – is directed in particular against an atheistic denial of God's existence.

Faith and Family

Calvin, the Figure of Abraham, and the New Perspective on Paul

Stephen J. Chester

1. Introduction: Calvin and the Double Focus of Romans 4

The structure of Rom 4 grants the argument of the chapter a double focus, with 4:1–8 and 4:19–25 emphasizing Abraham's faith and the basis on which it led to his justification, and 4:9–18 emphasizing the fulfilment of the divine promise that Abraham will be the father of a family composed of both Jews and Gentiles (Gen 17:5, Rom 4:17). However, in recent historical-critical scholarship the response to this double focus has rarely been to integrate these two strands of Paul's argument. Instead, exegetes have typically argued that one of the two major components of Paul's argument is primary, radically subordinating the other component to their preferred focus. So marked is this tendency towards polarization, that Benjamin Schliesser organizes his discussion of the recent history of reception of Abraham in Rom 4 under the twin headings of "faith" and "fatherhood."[1] Interpreters tend either to adopt what is often labelled a "Lutheran" perspective, regarding forensic justification as central to Paul's theology and setting Abraham's faith over against some version of works righteousness, or a "New Perspective" that re-thinks the nature of justification in more participatory terms and emphasizes Abraham's fatherhood of Gentile as well as Jewish believers. Romans 4 has thus become a key battleground between advocates of the New Perspective on Paul and those who find it less than fully convincing.

---

[1] In this article, the following abbreviations are used: *CNTC* = David W. Torrance and Thomas F. Torrance, eds., *Calvin's New Testament Commentaries*, 12 vols. (Grand Rapids: Eerdmans, 1959–1972). *CO* = John Calvin, *Ioannis Calvini Opera Quae Supersunt Omnia*, ed. Wilhelm Baum et al., 59 vols., vols. 29–87 of the Corpus Reformatorum (Brunswick: C. A. Schwetschke and Sons, 1863–1900). *CTS* = *Calvin Translation Society Edition of Calvin's Commentaries*, 46 vols. (Edinburgh: Calvin Translation Society, 1843–1855). *Institutes* = John Calvin, *Institutes of the Christian Religion, 1559 Edition*, ed. John T. McNeill, trans. Ford L. Battles, 2 vols. (Philadelphia: Westminster Press, 1960). *MSA* = Philip Melanchthon, *Melanchthons Werke in Auswahl*, ed. Robert Stupperich, 7 vols., Studienausgabe (Gütersloh: Gerd Mohn, 1951–1975). *OE* = Helmut Feld, ed. *Ioannis Calvini Opera Omnia, Series II: Opera Exegetica* (Geneva: Librairie Droz, 1992 ff).

Benjamin Schliesser, *Abraham's Faith in Romans 4: Paul's Concept of Faith in Light of the History of Reception of Genesis 15:6*, WUNT 2.224 (Tübingen: Mohr Siebeck, 2007), 222–236.

Given the widespread perception that one of the things at stake in these arguments is the continuance or rejection of trajectories of interpretation stemming from the Reformation, it is easy to assume that a major Reformer like John Calvin will fall exclusively into the category of interpreters who emphasize "faith" not "fatherhood." Yet, while Calvin does regard justification forensically-defined as of crucial importance in Paul's theology, and does set Abraham's faith over against works-righteousness, this is not at the expense of the theme of Abraham's fatherhood or of the significance of the family descended from him. These components of Paul's argument also relate to key themes in Calvin's theology and are crucial in his interpretation of Rom 4. Calvin provides a striking example of an interpreter who does not emphasize one major component of Paul's argument at the expense of the other but instead integrates the two. As a result, his interpretation not only contrasts with "New Perspective" exegesis of Rom 4 but can also be compared to it. For this comparative purpose, the most interesting representative of the New Perspective on Paul is N. T. Wright. Wright argues that the theme of Abraham's fatherhood of the family of faith can account for the entire content of Paul's argument and he seeks to eliminate from the interpretation of 4:1–8 what he regards as vestiges of the "Lutheran" perspective. Paul does not in any sense contrast justification by faith with the earning of righteousness through obedience, justification is not to be understood primarily in terms of forgiveness for sins, and Abraham is not to be numbered among the ungodly. As a result, the "last refuge of the 'Old Perspective' is dismantled, leaving the occupants nowhere to hide."[2]

Wright's exegesis of Rom 4 is thus simultaneously strikingly similar to that of Calvin and in sharp tension with it. Wright regards as conflicting alternatives themes which Calvin integrates. This essay will compare Calvin and Wright's interpretations of the figure of Abraham in Rom 4, first offering descriptive analysis of Calvin's handling of Abraham's fatherhood of the family of faith before evaluating in relation to it Wright's deployment of the same theme. I will argue that, although exhibiting several weaknesses when viewed from a contemporary perspective, Calvin's exegesis is in important respects superior. Precisely because Calvin seeks to integrate different themes in Paul's argument, he has resources to offer interpreters today. He can help us to overcome a false and unhelpful dichotomy between "faith" and "fatherhood" in the interpretation of Rom 4 which Wright's work exemplifies. This does not mean that contemporary interpreters of Rom 4 should simply repeat Calvin. We are interpreting in very different contexts and face different challenges. However, Calvin's insights can be brought into critical dialog with recent interpretations like that of Wright and they can help to sharpen our own exegetical focus.

---

[2] N. Thomas Wright, "Paul and the Patriarch: The Role(s) of Abraham in Romans and Galatians" in *Pauline Perspectives: Essays on Paul, 1978–2013* (Minneapolis: Fortress, 2013), 563.

2. Calvin and the Figure of Abraham

2.1 Sources for Calvin's Perspective on Abraham in Romans 4

Perhaps a little ironically, Calvin's emphasis on Abraham's fatherhood in his interpretation of Rom 4 is not best appreciated through looking at his *Commentary on Romans* alone. This is because of the history of the commentary's development. Although there are hints of what is to come, in the first edition of 1540 the theme of Abraham's fatherhood is not prominent. It is emphasized much more in changes and additions made for later editions, especially that of 1556, but it is being added to a text from which it was originally largely lacking. It is therefore necessary both to understand the changes made for the 1556 edition and then to understand those changes in light of parallel comments Calvin makes about the figure of Abraham in his *Commentary on Galatians* (1548), his sermons on Galatians 3 (1557–1558), his *Commentary on Genesis* (1554), and his sermons on Genesis 15 (1560). In all these other texts the theme of Abraham's fatherhood helps to shape the structure of his interpretation of the relevant passages from the outset rather than being incorporated into an already existing structure. Further, Calvin will sometimes appeal to Rom 4 in his interpretation of these other texts. To understand what he says about the figure of Abraham in Romans, it is also necessary to consider his treatment of Abraham in Galatians and Genesis.[3]

2.2 The Family of Abraham in Calvin's "Commentary on Romans"[4]

In the 1540 edition, Calvin's exposition of Rom 4:1–8 concentrates on demonstrating that Abraham's justification was a consequence of divine grace and in no way a result of his meritorious deeds. This is the point of Paul's contrast between believing and working (4:4–5). Everyone, including Abraham, comes before God empty-handed, and, as the quotation from Ps 32:1–2 in 4:6–8 demonstrates ("Blessed are those whose iniquities are forgiven ..."), the justification they receive "is nothing else than the remission of sins."[5] Calvin seems to hint that Abraham possessed considerable virtues when assessed in human terms, but it is before God that human beings have no grounds to boast (4:2), and, reasons Calvin, "Since he [Paul] takes this away from Abraham, who of us

---

[3] In Stephen J. Chester, *Reading Paul with the Reformers: Reconciling Old and New Perspectives* (Grand Rapids: Eerdmans, 2017), 402–403 reliance on Calvin's Commentary on Romans alone led me significantly to underestimate the extent of Calvin's emphasis on the theme of Abraham's fatherhood.

[4] For an excellent overview of the significance of this first biblical commentary in Calvin's development as an exegete and theologian, see Bruce Gordon, *Calvin* (New Haven: Yale University Press, 2009), 103–120.

[5] *Comm. Rom* 4:6, *CTS* 19:160 = *OE* 13:83,8–9.

can claim for himself the least particle of merit?"[6] If even Abraham cannot be justified by works then no-one can. Calvin does note at the very beginning of his discussion of the chapter that Abraham is "the father of the faithful."[7] He also notes at 4:3 that Paul's quotation is from Genesis 15, where God promises the covenant of salvation,[8] but the focus of Calvin's argument is squarely on the necessity for all to be justified by faith and not by works, after the pattern of Abraham.

Later in the chapter, when discussing 4:16, Calvin does respond more directly to Abraham's fatherhood, noting that "he is said to have been made the father, not of one nation, but of many nations; by which was presignified the future extension of grace then confined to Israel alone."[9] Further, Calvin sees Abraham's experience of trusting in the power of God to give him a child even in old age as paradigmatic of the experience of Gentile believers: "We have here also a type and a pattern of the call of us all ... that they who are dead are raised by the Lord, that they who are nothing begin to be something through his power."[10] Nevertheless, readers would only gain from Calvin's exposition a very limited sense of the significance of membership of Abraham's family in the divine economy of salvation.

In the 1551 and 1556 editions this changes considerably and a concern with Abraham's fatherhood of all who believe is introduced into the heart not only of Calvin's interpretation of Rom 4 as a whole, but also of 4:1–8 in particular. In the new material, Calvin seems very aware of a potential objection to his line of reasoning about Abraham. Calvin has argued from Abraham's lack of works to everyone else's lack of works and then to the truth that justification is by faith alone. However, in and of itself, this does not settle the issue of how faith is rightly to be understood. Calvin knows that his position is open to the rejoinder that Abraham's faith was itself meritorious. There are those who take Paul's quotation in 4:3 from Gen 15:6, "Abraham believed God and it was credited to him as righteousness," to indicate that Abraham's faith was rewarded by his justification: "for as there is a particular promise there stated, they understand that he acted rightly and faithfully in believing it, and was so far approved by God."[11] It is at this point that Calvin appeals to the themes of fatherhood and family. He argues that Paul does not quote Gen 15:6 because it demonstrates Abraham to have believed simply the details of the particular promise of a son but instead because it responds to a broader divine favor that is already offered.

---

[6] *Comm. Rom* 4:2, *CTS* 19:155 = *OE* 13:80,16.
[7] *Comm. Rom* 4:1, *CTS* 19:153 = *OE* 13:79,16–17.
[8] *Comm. Rom* 4:3. See *OE* 13:80, notes m–n for the wording of the text at this point in the 1540 and 1551 editions of Calvin's commentary.
[9] *Comm. Rom* 4:16, *CTS* 19:174 = *OE* 13:92,19–21.
[10] *Comm. Rom* 4:17, *CTS* 19:174 = *OE* 13:93,6–13.
[11] *Comm. Rom* 4:3, *CTS* 19:155 = *OE* 13:80,35–37.

Believing, says Calvin, "extends to the whole context,"[12] and far from Abraham's faith prompting God to justify, it is the declaration of God's favor already given that prompts Abraham's faith. God gives and Abraham receives, embracing the favor offered to him, a favor which assured Abraham of God's "adoption and paternal favor; and included in this was eternal salvation by Christ."[13]

Although he does not specify it, Calvin's mention of the whole context clearly refers to the narrative of Genesis 15. Gen 15:6 must not be interpreted in isolation from it and therefore neither must Abraham's faith. This is made clearer still in the 1556 edition of the commentary where it argued that Abraham's believing is "not to be confined to any particular expression, but it refers to the whole covenant of salvation, and the grace of adoption, which Abraham apprehended by faith. There is, indeed, mentioned there the promise of a future seed; but it was grounded on gratuitous adoption."[14] The promise of a family for Abraham comes in the context of Abraham's own inclusion in God's family.

2.3 The Family of Abraham in Calvin's "Commentary on Galatians" and "Sermons on Galatians"

Calvin had in fact already granted considerable significance to the same themes in his *Commentary on Galatians*, published in 1548. When Calvin reaches Gal 3:6 with its quotation from Gen 15:6, he immediately both cross-references Paul's argument to the content of Rom 4 and then explains the words "believed God" in terms of Abraham's trust in divine fatherhood: "Abraham was justified by believing, because, when he received from God a promise of fatherly kindness, he embraced it as certain."[15] Later in his comments on the same verse, Calvin expounds the theme at length:

Paul ... takes for granted ... that whatever promises the Lord made to Abraham were appendages of that first promise, 'I am thy shield, and thy exceeding great reward.' (Gen 15:1). When Abraham received the promise, 'In multiplying I will multiply thy seed

---

[12] *Comm. Rom* 4:3, *CTS* 19:155 = *OE* 13:81,1.

[13] *Comm. Rom* 4:3, *CTS* 19:156 = *OE* 13:81,3–5.

[14] *Comm. Rom* 4:3, *CTS* 19:155 = *OE* 13:80,27–31. Barbara Pitkin, *What Pure Eyes Could See: Calvin's Doctrine of Faith in its Exegetical Context*, OSHT (Oxford: Oxford University Press, 1999), 53 n. 71 argues that Calvin borrowed this argument from Melanchthon's 1532 Romans commentary. See *MSA* 5:127,14–128,9. However, while Melanchthon argues that all the divine promises to Abraham in Genesis are in substance the same and that, whatever their details, they are all promises of divine mercy, he does not appear to connect this directly with covenantal and familial themes in the way that Calvin does. The significance of Calvin's statement was appreciated by those responsible for the first translation of the commentary into English. There is included at this point a marginal gloss highlighting that "The faith of Abraham had respect unto the whole covenant of grace and not only unto the particular promise of posteritie." See *Commentarie vpon the Epistle of Saint Paul to the Romanes, written in Latine by M. Iohn Caluin, and newely translated into Englishe by Christopher Rosdell preacher* (London: [by Thomas Dawson] for Iohn Harison and George Bishop, 1583), 47.

[15] *Comm. Gal* 3:6, *CTS* 21:84 = *OE* 16:64,6–7.

as the stars of the heavens, and as the sand which is upon the sea-shore' (Gen 22:17), he did not limit his view to that word, but included it in the grace of adoption as a part of the whole, and, in the same manner, every other promise was viewed by him as a testimony of God's fatherly kindness ... Abraham was not justified merely because he believed that God would 'multiply his seed,' (Gen 22:17), but because he embraced the grace of God, trusting to the promised Mediator, in whom, as Paul elsewhere declares, 'all the promises of God are yea and amen.' (2 Cor 1:20).[16]

Thus, according to Calvin, the broader content of Abraham's believing was his trust in God's intention to be a true and kind father to him, of which the promise of a son and of numerous descendants was only a specific if crucially important instance. Then, having emphasized trust in divine fatherhood as central to justification Calvin expounds 3:7–8, where Paul argues that those who have faith, including Gentiles, are children of Abraham. Here Calvin's line of reasoning about fatherhood and family and their relationship to faith leaps into sharp focus. Abraham trusts in God's fatherly kindness and so becomes a child of God, while those who share the faith of Abraham become children of Abraham, which means that they too are children of God. Salvation is here expounded in terms of family membership:

To be of faith, therefore, is to rest their righteousness and hope of salvation on the mercy of God. That such are children of God he concludes from the preceding statement; for if Abraham was justified by faith, those who wish to be his children must likewise abide

---

[16] *Comm. Gal* 3:6, *CTS* 21:86–87 = *OE* 16:66,2–20. Calvin's quotations from Genesis here form something of a tangled web. *OE* 16:66,4–7 and *CO* 50:206 have identical Latin texts. However, the former includes quotation marks and cross-references to specific Genesis texts whereas the latter does not. The result is that in *OE* 16 Calvin quotes first from Gen 17:1, 7. However, the words Calvin uses, "I am your God" (*Ego sum Deus tuus*) conform precisely neither to Gen 17:1, "I am God Almighty" (*Ego Deus omnipotens*) or the statement in Gen 17:7, "I am your God" (*sim Deus tuus*), where the Latin verb is present subjunctive in contrast to Calvin's present indicative. The editors seem to guess that Calvin was intending to quote from Genesis 17 but inadvertently merged wording from 17:1 and 17:7 in his mind. However, this does not fit at all well with Calvin's intention to show that all the other promises are included in the first, which is found in Gen 15:1, since it means that Calvin quotes a later text before he quotes the first promise. It seems more likely that Calvin was intending a first quotation from Gen 15:1, but slipped up so that his wording of the first part of the verse ("I am your God" instead of "I am your shield") reflects what he took the text to mean rather than its actual words. In the quotation above, William Pringle, the nineteenth century translator of *CTS* 21, seems to recognize this and amends Calvin in line with Calvin's own intentions by having Calvin quote first the whole of the divine promise in Gen 15:1. In the twentieth century, Thomas H.L. Parker does the same at *CNTC* 11:51. That they are correct is suggested by Calvin's sermon on Gal 3:3–6 where he makes a very similar argument and quite unambiguously quotes Gen 15:1 followed by Gen 17:7. See John Calvin, *Sermons on the Epistle to the Galatians*, trans. Kathy Childress (Edinburgh: Banner of Truth, 1997), 249 = *CO* 50:481 (Sermon 16). Yet, while the 1548 and 1551 editions of the Romans commentary do not have any cross references to biblical quotations, the margin of the 1556 edition does indicate Gen 17:1 as a source before Gen 15:1, i.e. if Pringle and Parker's translations are correct they are rectifying a confusion that began during Calvin's own lifetime.

firmly by faith. He [Paul] has omitted one remark, which will be readily supplied, that there is no place in the church for any man who is not a son of Abraham.[17]

The pastoral application of this theme is clear in Calvin's sermons on the same texts roughly a decade later in 1557–1558. When preaching on Gal 3:3–6 and discussing Abraham in detail Calvin makes all the same points about the part played by Genesis 15:1 and Abraham's embrace of God's desire to be his father. Abraham was not justified by believing that God exists, or even that God is judge of all the earth, but because he accepted God's testimony that he counted Abraham "a member of his family, one of his own children, and that he would be his God."[18] Unsurprisingly, Calvin has already told his congregation that their faith must trust in the same way: "By this word 'faith' Paul means being assured of the grace and fatherly love of our God through his promises, and having our eyes fixed on Jesus Christ, through whom we have free access to the Father."[19] Justification means knowing God as Father and Savior "since he reveals himself thus in his Word, and grants us a guarantee of it in the Lord Jesus Christ. Through him, we are united and joined to God."[20]

There is thus no doubt about what Calvin regards as the end result of justification by faith. Through Abraham and through Christ, God is creating a family. In his next sermon, on Gal 3:7–10, Calvin will say that through faith, God made Abraham "the father of the whole church."[21] As Calvin hears Paul, justification by faith has a strong ecclesiological dimension. However, for Calvin, this ecclesiological dimension does not exist in opposition to, or tension with, the nature of justification as forgiveness or his concern to oppose works righteousness. In the same sermon Calvin appeals to Rom 4:5 in order to establish that justification does not mean having a righteousness of one's own but rather denotes the forgiveness of sins. God's own righteousness means that God does not make anyone part of God's family unless sin is first dealt with, but in justification all offences are cancelled, and believers are granted a share in the righteousness of Christ. Calvin says of the washing away of sin that "This is justification, and this is to be blessed indeed. Whereas we were once accursed and vile in his [God's] sight, we are now adopted as his children."[22]

Although Calvin does not offer a single neat definition, it appears that if asked to define the nature of justification by faith his answer would be, in positive terms, the forgiveness of sins and receipt of the alien righteousness of Christ, and, in negative terms, refusal to rely on righteousness by works. However, it also seems that he would immediately want to add that the *result* of jus-

---

[17] *Comm. Gal* 3:7, *CTS* 21:87 = *OE* 16:66,28–33.
[18] Calvin, *Sermons on Galatians*, 249 = *CO* 50:481 (Sermon 16).
[19] Calvin, *Sermons on Galatians*, 246 = *CO* 50:478 (Sermon 16).
[20] Calvin, *Sermons on Galatians*, 249 = *CO* 50:481 (Sermon 16).
[21] Calvin, *Sermons on Galatians*, 253 = *CO* 50:484 (Sermon 17).
[22] Calvin, *Sermons on Galatians*, 255 = *CO* 50:486 (Sermon 17).

tification is to make those who believe members of Abraham's family and hence children of God. For Calvin, faith justifies from sin because it grasps hold of Christ and receives his righteousness, and, as it does so, the church, the family of Abraham in the world, is created.

2.4 The Family of Abraham in Calvin's "Commentary on Genesis" and "Sermons on Genesis 15"

When in his commentary of 1554 and sermons of 1560 Calvin comments extensively upon the text of Genesis 15 itself the same major features reappear. As was apparent in his *Commentary on Galatians,* Calvin understands Gen 15:1 to mean that God's principal promise is to give himself to Abraham. Since the Hebrew text lacks a verb (and translated literally says "I your shield and your wages very big"),[23] it can be understood to mean "I am your shield; your reward shall be very great" (NRSV) or "I am thy shield and thy exceeding great reward" (KJV). In the first meaning God promises to be Abraham's protector, and Abraham's reward is to be identified with the promise of an heir and a multitude of descendants (Gen 15:4–5) and/or that of the land (Gen 15:7–8). However, Calvin builds his interpretation of the chapter on the second meaning in which the reward promised to Abraham consists in God himself. Abraham's reward is to be united with God and to be a child of God. In support of this second meaning Calvin appeals to Ps 16:5, "The Lord is my chosen portion and my cup" (NRSV), as another text that speaks of God himself as the blessing enjoyed by God's servants:

we must follow David's example and if God blesses us and bestows his bounty on us, let us not fail to say that he alone is our inheritance. And if we are deprived of the good things of this world and endure many miseries and hardships, let us not fail to be at peace because God alone is sufficient for us, he alone. That is the meaning of the word 'reward.'[24]

From Calvin's perspective there can be no greater reward, and all God's other promises to Abraham follow from this first one and are enfolded within it as expressions of the filial relationship it establishes. The promise of the land is literal, but also points beyond itself to this relationship: "We must come to a high-

---

[23] John Goldingay, *Genesis,* Baker Commentary on the Old Testament: Pentateuch (Grand Rapids: Baker, 2020), 245.

[24] John Calvin, *Sermons on Genesis: Chapters 11–20,* trans. Rob Roy McGregor (Edinburgh: Banner of Truth, 2012), 300 (sermon 66) = Jean Calvin, *Sermons sur la Genèse Chapitres 11,5–20,7,* ed. Max Engammare, vol. XI/2 of *Supplementa Calviniana: Sermons inédits: Iussu Corporis Presbyterianorum Universalis* (World Presbyterian Alliance), ed. Erwin Mülhaupt (Neukirchen-Vluyn: Neukirchener Verlag, 2000), 736,30–737,4. See also *Comm. Gen* 15:1, *CTS* 1:400 = *CO* 23:208; John Calvin, *Institutes of the Christian Religion: 1541 French Edition,* trans. Elsie A. McKee (Grand Rapids: Eerdmans, 2009), 404 = *CO* 3:509; Institutes 2.11.2 (451) = *CO* 2:330–331; Institutes 3.25.10 (1005) = *CO* 2:741–742.

er understanding and see Abraham as inheritor of heaven. Even so, he still had a sign in this world that God was his Father."[25] The promise of an heir and a multitude of descendants points directly to its fulfillment in Christ and in Paul's proclamation that the Gentiles are justified by faith: "For in Christ the Gentiles also are gathered together, and are by faith ingrafted into the body of Abram, so as to have a place among his legitimate sons."[26] God makes Abraham his child and through faith in Christ makes the Gentiles the children of Abraham and hence also God's own children. Christ is vital to this creation of a family:

Let us now consider how the promise that God is our exceeding great reward can have its effect and be fulfilled. It is certain that without Jesus Christ it is impossible, for our distance from God is so great that there is never a way to approach him. These two points are inseparable: our Lord Jesus Christ binds us to God his Father; we enjoy all the blessings God presents us. In a word, he is our inheritance.[27]

Given this understanding of the relationship between 15:1 and the subsequent promises made to Abraham, it is unsurprising that apprehending and accepting God as Father is understood by Calvin as an essential aspect of Abraham's justifying faith in 15:6:

We do not say that Abram was justified because he laid hold on a single word, respecting the offspring to be brought forth, but because he embraced God as his Father. And truly faith does not justify us for any other reason, than that it reconciles us unto God; and that it does so, not by its own merit; but because we receive the grace offered to us in the promises, and have no doubt of eternal life, being fully persuaded that we are loved by God as sons ... Abram was therefore justified, because, relying on the paternal lovingkindness of God, he trusted to His mere goodness, and not to himself, nor to his own merits.[28]

Alongside this central emphasis on Abraham's embrace of God as Father, and the contrast he draws between this and any reliance upon human merit, Calvin

---

[25] Calvin, *Sermons on Genesis: Chapters 11–20* (see n. 24), 464 (sermon 74) = *Supplementa Calviniana* XI/2 (see n. 24), 838,28–30. Calvin has already said that "The land of Canaan was the heritage of all Abraham's children and of those who descended from his lineage, so that it was for them something like a token of heaven." See Calvin, *Sermons on Genesis: Chapters 11–20* (see n. 24), 385 (sermon 70) = *Supplementa Calviniana* XI/2 (see n. 24), 788,12–14.

[26] *Comm. Gen* 15:5, *CTS* 15:5 = *CO* 23:211.

[27] Calvin, *Sermons on Genesis: Chapters 11–20* (see n. 24), 304 (sermon 66) = *Supplementa Calviniana* XI/2 (see n. 24), 739,1–5.

[28] *Comm. Gen* 15:6, *CTS* 1:407 = *CO* 23:212–213. The balance in Calvin's teaching between faith and fatherhood is particularly clear in his sermons on Genesis 15. He preached nine sermons on the chapter, of which four focus directly on 15:6 and justification by faith, but with the others including discussion of various dimensions of God's fatherhood in relation to Abraham. A selection of Calvin's sermons on Genesis was published in English as early as 1592 and included these four sermons on justification but not the other sermons on Genesis 15. An edition with modernized spelling is available. See John Calvin, *Sermons on Melchizedek and Abraham: Justification, Faith and Obedience* (Willow Street, PA: Old Paths Publications, 2000).

develops his exegesis of Genesis in a further three ways that bear upon his understanding of Paul's statements about Abraham. Firstly, he finds canonical support for his insistence that Abraham's faith cannot be a meritorious virtue and that the patriarch must be numbered among the ungodly. For in his comments on Gen 12:1, where Abraham's relationship with God begins, Calvin has already raised the issue of Abraham's standing before God:

> Had Abram been beforehand with God by any merit of works? Had Abram come to him, or conciliated his favour? Nay, we must ever recall to mind, what I have before adduced from the passage in Joshua, that he was plunged in the filth of idolatry; and now God freely stretches forth his hand to bring back the wanderer ... For he is an example of the vocation of us all; for in him we perceive, that, by the mere mercy of God, those things which are not are raised from nothing, in order that they may begin to be something.[29]

The text in Joshua to which Calvin refers is Josh 24:2, where begins a narrative statement of God's deeds on behalf of Israel. It is said of Abraham and his family that "they lived beyond the Euphrates and served other gods."[30] Abraham must be ungodly, reasons Calvin, because he was an idolater just as Paul's Gentile converts were idolaters. There is an extensive tradition in Second Temple Jewish literature that portrays Abraham as the first convert.[31] Calvin seems not to be aware of this tradition, but he puts his finger very precisely on the canonical text that lies at its root. Its use may seem inconsistent with one of his arguments in the *Commentary on Romans* where, as we saw earlier, Calvin suggests that if even such an outstanding servant of God as Abraham was justified by faith alone then it is only by the same means that it is possible for others to be justified. However, the unfolding of Abraham's story in Genesis in fact grants Calvin the opportunity both to have his cake and eat it.

---

[29] *Comm. Gen* 12:1, *CTS* 1:343 = *CO* 23:174.

[30] The text of the LXX says that ἐλάτρευσαν θεοῖς ἑτέροις. See Jerome F. D. Creach, *Joshua*, Int (Louisville: Westminster John Knox, 2004), 124: "The text of Joshua 24 seems to suggest that Abraham's break with 'other gods' is initiated by God, not by Abraham's insightful rejection of idols ... The implication is that Abraham would have continued to worship the gods of his father if God had not urged him towards a singular devotion." See also Lissa M. Wray Beal, *Joshua*, The Story of God Bible Commentary 6 (Grand Rapids: Zondervan, 2019), 416: "God chose Abraham *while he was worshipping other gods*, gave him promises, and acted graciously to fulfill them" (her emphasis). Calvin reads the statement that God brought Abraham out of Ur of the Chaldees (Gen 15:7) in light of his understanding of Abraham's background as involving idolatry. See Calvin, *Sermons on Genesis: Chapters 11–20* (see n. 24), 381 (sermon 70) = *Supplementa Calviniana* XI/2 (see n. 24), 785,32–34: "That declaration serves Abraham to distance him from every idolatry and the superstitions on which he had been brought up formerly."

[31] See Edward Adams, "Abraham's Faith and Gentile Disobedience: Textual Links Between Romans 1 and 4," *JSNT* 65 (1997): 47–66; George W. E. Nickelsburg, "Abraham the Convert: A Jewish Tradition and Its Use by the Apostle Paul," in *Biblical Figures Outside the Bible*, ed. Michael Stone (Leiden: Brill, 1998), 151–175.

Abraham's ungodly origins in a family of idolaters are stressed in Calvin's interpretation of Genesis 12, so demonstrating that Abraham was not justified by works. In contrast, in Genesis 15 Calvin emphasizes Abraham's subsequent service to God, so demonstrating that even those who by human standards can claim to have been obedient must still rely exclusively upon faith when standing before God. At 15:6 Calvin observes that Abraham was only justified many years after obeying God and leaving his home country, becoming an exile. Therefore "the righteousness even of the most perfect characters consists in faith; since Abram, with all the excellency of his virtues ... was, nevertheless, justified by faith."[32] And all of this is achieved without compromising Paul's own chronological point in Rom 4:10–11 that Abraham was justified in Gen 15:6 some years before he was circumcised (Gen 17:22–27).

The second way in which Calvin develops his argument that has relevance for his understanding of Rom 4 relates to the theme of resurrection. As we saw in the quotation above which portrays Abraham as having been sunk in idolatry, Calvin argues that Abraham's calling by God is an example of being raised from nothing in order to be something. These words represent an application to Gen 12:1 of themes we saw present in Calvin's comments on Rom 4:17, where Paul defines the God who is able to make the aged Abraham the father of many nations as the "one who gives life to the dead and calls into existence the things that do not exist." Calvin follows Paul's connections between Abraham's faith in the promise of life from his functionally dead body and the resurrecting power of God:

A seed was promised to him as though he was in vigour and strength; but he was as it were dead. It was hence necessary for him to raise up his thoughts to the power of God, by which the dead are quickened. It was therefore not strange that the Gentiles, who were barren and dead, should be introduced into the same society.[33]

For Calvin, the rescue of Abraham from idolatry, the gifting to him of a son when in old age, and the justification of Gentile believers all reflect the creative and resurrecting power of God.

Finally, Calvin brings into his exegesis of Gen 15 elements of the theme of participation. This emerges in what Calvin says about the mysterious ceremony described in 15:17–21 where a smoking fire pot and a flaming torch pass between the halved carcasses of several sacrificed animals. Calvin offers quite diverse interpretations of the symbolic significance of various details of the ceremony,[34] but he is very clear about what he regards as the ceremony's central purpose:

---

[32] *Comm. Gen* 15:6, *CTS* 1:409–410 = *CO* 23:214.

[33] *Comm. Rom* 4:17, *CTS* 19:175 = *OE* 13:92,37–93,3.

[34] Calvin confesses that he is unsure why Abraham is commanded to include so many different kinds of animals but speculates that they represent Abraham's descendants. See *Comm. Gen* 15:10, *CTS* 1:412–413 = *CO* 23:216 where Calvin suggests that "by this variety itself, it was declared that all the posterity of Abram, of whatever rank they might be, should

In commanding the slaughtered animals to be cut in parts, it is probable that he followed the ancient rite in forming covenants, whether they were entering into any alliance, or were mustering an army ... the allies or soldiers passed between the severed parts, that, being enclosed together within the sacrifice, they might be the more sacredly united in one body.[35]

Calvin recognizes that the cutting up of the animals relates to the seriousness of the commitments made and that passing between the carcasses constitutes an enacted declaration: "If I bear false witness and am deceptive, let me be dismembered in this way."[36] However, this only makes it all the more striking that God should bind himself in this manner to a human being: "he speaks to us as person to person and condescends like one party obligating himself to another, although he owes us nothing."[37] There must be a reason for this astonishing act of divine self-lowering and it is that "in the person of Abraham God wanted to make himself a party with us in order to work his covenant more intimately and show the love he has for us."[38] It is God's desire to adopt human beings as his children and to be their father that lies at the root of God's covenant with Abraham. While covenant obligations must be treated with complete seriousness, covenant-making is not for Calvin narrowly focused on the terms of the agree-

---

be offered up in sacrifice, so that the whole people, and each individual, should constitute one sacrifice." He also thinks that the birds of prey driven away by Abraham (15:11) must represent the enemies of God's people. See Calvin, *Sermons on Genesis: Chapters 11–20* (see n. 2425), 410 (sermon 72) = *Supplementa Calviniana* XI/2 (see n. 24), 805,7–9: "when we are devoted to God ... there are always enemies who will try to spoil and corrupt the offering we make." There are striking similarities between this interpretation and that of Gordon J. Wenham, *Genesis 1–15*, WBC 1 (Waco, TX: Word, 1987), 332 who, drawing on ideas developed in relation to Leviticus by Mary Douglas, *Purity and Danger*, Routledge Classics (London: Routledge, 1966), argues that the sacrificial animals must represent Israel or its priestly leaders and the birds of prey unclean nations. Calvin does appear distinct from most recent interpreters in not taking the smoking fire pot and flaming torch directly to signify the presence of God with his people. He instead aligns the smoking fire pot (furnace) with the birds of prey (15:11) and the darkness that surrounds Abraham (15:12) as signifying the afflictions of God's people. The flaming torch he regards as signifying the grace of God. See Calvin, *Sermons on Genesis: Chapters 11–20* (see n. 24), 453–454 (sermon 74) = *Supplementa Calviniana* XI/2 (see n. 24), 832,3–23.

[35] *Comm. Gen* 15:10, *CTS* 1:413 = *CO* 23:216.

[36] Calvin, *Sermons on Genesis: Chapters 11–20* (see n. 24), 458 (sermon 74) = *Supplementa Calviniana* XI/2 (see n. 24), 835,14–16. Calvin also notes the relevance of Jer 34:18, where such a judgment is pronounced upon those who break their covenanted commitment to set free their slaves. See *Comm. Gen* 15:10, *CTS* 1:413 = *CO* 23:216. Calvin's understanding of this aspect of covenant-making is reflected in contemporary scholarship. See Goldingay, *Genesis* (see n. 23), 252: "Yahweh is submitting himself to a familiar human ceremony. His passing between the parts of the animals is his enacted prayer that he may be torn apart like them if he does not keep his promise."

[37] Calvin, *Sermons on Genesis: Chapters 11–20* (see n. 24), 462 (sermon 74) = *Supplementa Calviniana* XI/2 (see n. 24), 837,30–31.

[38] Calvin, *Sermons on Genesis: Chapters 11–20* (see n. 24), 461 (sermon 74) = *Supplementa Calviniana* XI/2 (see n. 24), 836,32–34.

ment or the promises made by the parties. For it involves their becoming united together. This is what is happening when Abraham becomes a child of God and the father of the family of faith.[39]

2.5 The Figure of Abraham and the Development of Calvin's Theology

There is a clear pattern in Calvin's treatment of the figure of Abraham across Rom 4, Galatians 3, and Genesis 15. With the exception of the first 1540 edition of his *Commentary on Romans*, Calvin everywhere strongly emphasizes the theme of "fatherhood" alongside that of "faith." This is not simply a matter of Calvin's sensitivity to the contours of Paul's argument in Rom 4:9–18. It also reflects his assumption that connected texts in different parts of the canon are to be interpreted in relation to each other. The meaning of Gen 15:6 is shaped by Paul's use of the verse, especially in Rom 4:3, so that it speaks directly of justification as the forgiveness of sins to the total exclusion of human merit. However, the influence does not flow only in one direction for the narrative of Genesis 15 also informs how Calvin hears the theme of "fatherhood" in Rom 4. The divine promise of Gen 15:1 is an overarching one which speaks of God's desire to be a father to Abraham and all his descendants and includes within itself all subsequent divine promises to the patriarch. Similarly, the covenant ceremony of Gen 15:9–21 speaks of the union created between God and Abraham and the grace of adoption. Paul's use of Gen 15:6 in Rom 4:3 apprehends this whole context.

Given Calvin's later consistency in synthesizing texts in this way the absence of the theme of "fatherhood" in 1540 stands out. Is its subsequent introduction into his exegesis of Rom 4 significant in relation to the development of his theology and its biblical basis? Here a comparison between this aspect of Calvin's handling of the figure of Abraham and that of other sixteenth century exegetes might be instructive in terms of potential influences upon him.[40] However, even without such a study, it is possible through comparison between the 1540 commentary and Calvin's own later texts to identify the exegetical and theological function of his growing emphasis on the theme of "fatherhood." It is widely

---

[39] An emphasis on covenant as creating kinship continues to be debated in contemporary scholarship. See John Bergsma, "Covenant," Oxford Bibliographies, DOI: 10.1093/OBO/9780195393361-0225, (last modified September 16, 2016). Bergsma notes that while all agree that a covenant is "a sacred relationship of obligation established by means of an oath … Many are also convinced that covenant was, in essence and origin, a legal means to extend kinship bonds to a party not related by blood." See also Scott W. Hahn, *Kinship by Covenant: A Canonical Approach to the Fulfilment God's Promises Across Scripture*, AYBRL (New Haven: Yale University Press, 2009).

[40] David C. Steinmetz, "Calvin and Abraham: The interpretation of Romans 4 in the Sixteenth Century" in *Calvin in Context*, ed. idem, 2nd ed. (Oxford: Oxford University Press, 2010), 64–77 argues strongly for the necessity of such a comparative approach but does not include the theme of "fatherhood" in his own survey.

recognized that in his *Institutes* Calvin positions justification, defined in forensic terms, and sanctification as twin aspects of the double grace of union with
Christ and that this structure is fundamental to his soteriology. Already in
1540, these commitments are apparent in his *Commentary on Romans* and are
reflected in Calvin's understanding of the structure of Paul's argument in the
letter. The transition between discussing justification and sanctification occurs
at 6:1 and Calvin is therefore insistent that in Rom 4 Paul is discussing justification.[41]

Yet while it matters to Calvin carefully to distinguish between justification
and sanctification in this way, they are the joint benefits of a single union.[42]
Forensic justification is not for Calvin an opposite theme in Paul's theology to
that of participation or union with Christ, but instead an expression of it.
Alongside the differentiation of the two benefits, integration is therefore also
necessary, and the 1540 commentary lacks much by way of explanation of how
justification and sanctification are related to each other. The incomplete nature
of sanctification clearly means that the receipt of Christ's righteousness in justification is necessary if the remaining sins of believers are not to result in their
rejection by God. It is also apparent that Calvin believes that these two benefits
are received simultaneously.[43] Yet beyond these two points of connection little
is said that helps to explain the relationship between them.[44] It is precisely this
gap that the theme of Abraham's "fatherhood" helps to fill. God's adoption in
Christ of those who share Abraham's faith is related by Calvin to justification
in his treatment of Rom 4, but the same themes will re-emerge strongly in the
context of sanctification, when Calvin comments on Rom 8:15, where Paul says
that the Spirit of adoption causes believers to cry "Abba, Father."[45] Doctrinally,
as Todd Billings argues, adoption is not a third grace to set alongside justification and sanctification but is for Calvin instead, "a prominent biblical and theological image used to speak about the double grace of union with Christ."[46] The

---

[41] See *Comm. Rom* 4:25, *CTS* 19:186 = *OE* 13:100,11–24. Here Calvin strenuously denies
that Paul's statement that Christ "was raised for our justification" refers to newness of life.

[42] The misperception that the Reformers typically ignored union with Christ in favor of a
narrow focus on justification defined in narrowly forensic terms is one of the main targets of
the argument of Chester, *Reading Paul with the Reformers* (see n. 3). On Calvin's handling of
the theme see 265–291.

[43] *Comm. Rom* 8:2, *CTS* 19:276 = *OE* 13:152,6–18. See note j on 152 for the very brief mention of justification and sanctification at this point in the 1540 edition. The relationship between justification and regeneration is explained much more fully in the 1556 edition through
the added material at *Comm. Rom* 8:2, *CTS* 19:277 = *OE* 13:153,2–18.

[44] See Chester, *Reading Paul with the Reformers* (see n. 3), 279–280.

[45] *Comm. Rom* 8:15, *CTS* 19:295–299 = *OE* 13:164,5–166,17.

[46] J. Todd Billings, "Union with Christ and the Double Grace: Calvin's Theology and its
Early Reception," in *Calvin's Theology and its Reception: Disputes, Developments, and New
Possibilities*, ed. J. Todd Billings and I. John Hesselink (Louisville: Westminster John Knox,
2012), 67. Julie Canlis, *Calvin's Ladder: A Spiritual Theology of Ascent and Ascension* (Grand

integrative role of adoption in Calvin's handling of the argument of Romans provides an exegetical basis for its position and function within his soteriology.

3. Cavin's Abraham and the New Perspective on Paul

3.1 N. T. Wright on Romans 4

Wright's interpretation of Rom 4 begins from the central concerns characteristic of the New Perspective on Paul. In contrast to the insistence of Reformation interpreters that Paul's denials that justification comes through the works of the law are intended to combat works-righteousness, "New Perspective" interpreters argue that Paul's target is rather "the typical national confidence of his own people as to their election by God and privileged position under the law."[47] The phrase "works of the law" does not speak of self-earned righteousness. Instead it is focused on the boundary-marking practices commanded by the law, especially circumcision, food laws, and sabbath observance. These boundary-markers served to separate Jews from Gentiles and so sustain Jewish national confidence and privilege. Paul's contrast between receiving righteousness as a gift and as wages in return for work in Rom 4:4–5 cannot form a denial that justification is received in response to human obedience to Torah but must receive an alternative explanation that fits this boundary-marking paradigm. The details of Wright's interpretation of Rom 4 are frequently distinct from those of other "New Perspective" scholars,[48] but his argument reflects this fundamental shared commitment.

For Wright, it is Abraham's fatherhood of a worldwide family composed of both Jews and Gentiles that provides the necessary alternative explanation of Rom 4:4–5. It is Abraham's trust specifically in the promise of such a family which is reckoned to him as righteousness (4:3). In making this argument, it is of fundamental importance to Wright that Paul's quotation from Gen 15:6 must not be interpreted in isolation. Through this quotation Paul evokes Abraham's whole story, understanding it in strongly covenantal terms, and the key to appreciating this is Gen 15:1. For when Abraham is promised a reward the term used in the Septuagint is μισθός. This is the same Greek term (which can also mean "pay" or

---

Rapids: Eerdmans, 2010), 130–139 argues that adoption enables Calvin to explain with more precision what he means by union with Christ.

[47] James D. G. Dunn, *Romans 1–8*, WBC 38A (Waco, TX: Word, 1988), 227.

[48] James D. G. Dunn, "The New Perspective: Whence, What, and Whither?" in *The New Perspective on Paul*, rev. ed. (Grand Rapids: Eerdmans, 2008), 47–49 treats Abraham as "the type of the ungodly-idolator-become-proselyte" (48) and takes Rom 4:4–5 as intended to point out simply that Abraham's election did not depend upon a pre-existing covenant faithfulness. As we shall see N. Thomas Wright is deeply concerned to deny what Dunn here affirms, namely that Abraham himself should be numbered among the ungodly (4:5).

"wages") that Paul uses in Rom 4:4–5 when he contrasts receiving righteousness as a gift with receiving it as an obligation due to one who has worked for it. Paul's use of the term is therefore to be regarded as a deliberate allusion to Gen 15:1. Wright understands the promise to mean not that God will be Abraham's reward but, as in the Septuagint, that "your reward will be very great."[49] The great reward received by Abraham is a vast family of descendants comprised of many nations (Gen 17:4, Rom 4:18).[50] Genesis 15 speaks of covenant and family and it is these themes that are decisive in Rom 4.[51] To take an alternative view is to insist that what Abraham believes in is the possibility of his own justification while ungodly. It is, in effect, to say that Abraham was justified because he believed "in an abstract system of justification or soteriology."[52]

This coheres for Wright with his general understanding of justification in Paul, which is that the righteousness received by those who believe in Christ is covenant membership with faith as its badge.[53] Those who are members of the covenant family do indeed receive forgiveness, but justification is primarily a declaration that a person belongs to God's people. For Abraham to have a worldwide family requires a way for ungodly Gentiles to be forgiven if they are to be included, but this is a secondary concern in Rom 4. Calvin's sense that justification is forgiveness and that this forgiveness leads to the establishment of a covenant family is thereby reversed. For Wright, the promise of the reward is fulfilled through Isaac, whose coming forth from the "dead bodies" of the aged

---

[49] This is the only meaning possible in the LXX, where the text of Gen 15:1 includes a verb and requires this translation: ὑπερασπιζω σου ὁ μισθός σου πολὺς ἔσται σφόδρα.

[50] This contrasts with Walter Brueggemann, *Genesis*, Int (Louisville: Westminster John Knox, 2010), 142 who argues that in Genesis 15 "Clearly, the reward for Abraham is the land." The promise of an heir is significant primarily because the reward of land requires heirs for it to be effective. However, as Wright points out, Paul's emphasis on Abraham and his descendants inheriting the world (4:13), and on the promise of the uncountable number of his descendants (4:18; see Gen 17:4), seems to widen the promise of the land to one about the whole world and to subsume it into a focus on a worldwide family. See Wright, "Paul and the Patriarch" (see n. 2) 559–560.

[51] Wright, "Paul and the Patriarch" (see n. 2), 579–584 also, following Richard Hays, argues against the most common translation of Rom 4:1 as a single sentence: "What then shall we say that Abraham, our forefather according to the flesh, has found?" He instead argues that it should be treated as two sentences: "What shall we say? Have we found Abraham to be our forefather according to the flesh?" However, the more usual translation makes better sense in the context. See John M. G. Barclay, *Paul and the Gift* (Grand Rapids: Eerdmans, 2015), 483 n. 88. Wright's alternative question makes little sense if addressed to Gentile believers since it is of course impossible for them to find that Abraham is their forefather according to the flesh. It makes not much more sense if addressed to Jewish believers since although Paul may not want them to rely on their Abrahamic descent before God but instead on their sharing in Abraham's faith, it is undeniable that they are Abraham's descendants according to the flesh. At this point in Paul's argument, before he has exegeted Gen 15:6, the question would require a qualifier such as "only" for it to make sense for Jewish believers.

[52] Wright, "Paul and the Patriarch" (see n. 2), 565.

[53] See N. Thomas Wright, *Justification: God's Plan and Paul's Vision* (London: SPCK, 2009).

Abraham and Sarah will lead in Christ to a worldwide family composed both of the circumcised and the uncircumcised (4:11–12). All is accomplished through the actions of the God who "gives life to the dead and calls into existence the things that do not exist" (4:17).

When Paul contrasts receiving the reward as a gift with working for it (4:4–5) all he intends to highlight is the fact that God was not obligated to give Abraham a worldwide family of descendants but did so as a gift. He does not at all intend to contrast the gift with righteousness received in response to obedience to Torah. The point of the statement that faith is credited as righteousness by the God who justifies the ungodly (4:5) is not to imply that Abraham numbered among the ungodly but to highlight God's promise to justify Abraham's ungodly (i.e., Gentile) descendants. The quotation of Ps 32 (LXX 31) in Rom 4:7–8 is intended to refer not to Jew and Gentile alike but specifically to the Gentile need for forgiveness. In line with his understanding of justification as covenant membership, Wright takes Paul's speaking of circumcision as a sign and seal of the righteousness that Abraham had by faith (4:11) to mean that it was a sign of the covenant granted to him by God.

3.2 N. T. Wright on Romans 4 in Comparison to Calvin

To read Wright on Rom 4 after reading Calvin is to enter a land that is at once both familiar and foreign. The familiarity stems partly from their shared characteristics as interpreters. Although divided by centuries and by the development of historical-critical methods, both are synthetic thinkers, concerned with larger theological patterns and frameworks as well as with exegetical detail. For both, the different motifs of Pauline theology form a single coherent structure and are to be related to the wider biblical narrative. Such dispositions are clearly manifested in their interpretations of Rom 4. For both Calvin and Wright, the whole of Gen 15 matters for Paul's meaning, for both the nature of the covenant contracted by God with Abraham is crucial, and for both its purpose is the establishment of a family. Also for both, Gen 15:1 is essential to understanding the covenant relationship and therefore to understanding Paul's use of Gen 15:6. As we have seen, however, there is a difference in their understanding of the content of Gen 15:1. God himself is Abraham's reward for Calvin, but for Wright the reward is a worldwide family of believers. The theological attractiveness for Calvin of understanding God to be Abraham's reward is clear,[54] and it enables him to nest the theme of Abraham's fatherhood of believers within that of God's adoption of the patriarch. Believers are children of Abraham, who is the child of God, and therefore themselves adopted by God.

---

[54] *Comm. Gen* 15:1, *CTS* 1:400 = *CO* 23:208. God "not only pours upon us the abundance of his kindness, but offers himself to us, that we may enjoy him. Now what is there more, which men can desire, when they really enjoy God?"

Wright, along with the overwhelming majority of recent commentators and Bible translations, takes the reward not as God himself but as other benefits that God will give to Abraham. For Wright, it is Abraham's family of descendants that is in view. This may well be exegetically superior, not only in relation to Gen 15,[55] but also in that Paul does not explicitly focus on God's fatherhood in the argument of Rom 4. Yet Calvin's reading does allow him to reflect connections between God's adoption of those who believe and Abraham's fatherhood of the family of faith that are made explicitly by Paul in the argument of Galatians, where those who are of faith are the children of Abraham (Gal 3:7, 3:29) and also children of God in Christ Jesus (Gal 3:26). Yet despite these important differences, the upshot of the two interpretations is very similar: central to the argument of Rom 4 is God's desire to create a family. Wright's insistence on this provides a point of continuity with the reformed interpretative tradition within which Calvin is a central figure.[56]

However, what is very much foreign in Wright's interpretation of Rom 4 compared to that of Calvin is Wright's elimination of the double focus of the argument of Rom 4. Abraham's faith and the basis on which it led to his justification (4:1–8, 19–25) and Abraham's fatherhood of all who believe (4:9–18) are not twin themes. Instead 4:1–8 exclusively concern Abraham's fatherhood of a worldwide family composed of both Jews and Gentiles.[57] The difficulties raised by this procedure are many. Wright argues that the connection he makes between "reward" (μισθός) in Gen 15:1 and Paul's use of the same term for "wages" (μισθός) in 4:4–5 demonstrates that Paul cannot be concerned to deny that obedience to Torah secures justification. Yet this ignores the widespread insistence in Second Temple literature on Abraham's obedience. As Francis Watson concludes, when interpreting Gen 15:6, "Jewish interpreters regard the promise motif as secondary to a story whose primary aim is to celebrate Abraham's

---

[55] John E. Hartley, *Genesis*, NIBCOT (Grand Rapids: Baker, 1995), 155 argues that the context provided by the preceding narrative in Gen 14 favours the translation "your reward shall be very great": "'Reward or pay' refers to the pay soldiers receive from the spoil (Ezek 29:19), but Abram had refused to take any of the spoil from his defeat of the kings of the East (14:23–24). Therefore, in making this assertion, God sanctioned Abram's generosity in paying a tithe to Melchizedek and giving back the spoils to the cities of the plain. Yahweh promised to be his protector and to make sure that Abram was well paid."

[56] Wright himself has sometimes acknowledged that the relationship between the New Perspective on Paul and the Reformed tradition is more complex than that between the New Perspective and the "Lutheran" tradition. See, N. Thomas Wright "New Perspectives on Paul," in *Pauline Perspectives* (see n. 2), 290. On the relationship between Wright and the Reformed tradition see Jonathan Huggins, *Living Justification: A Historical-Theological Study of the Reformed Doctrine of Justification in the Writings of John Calvin, Jonathan Edwards, and N. T. Wright* (Eugene, OR: Wipf & Stock, 2013).

[57] The exclusive focus on Abraham's family in "Paul and the Patriarch," (see n. 2) published in 2013, marks something of a shift in Wright's interpretation of Rom 4 compared to his earlier writings. See David Shaw, "Romans 4 and the Justification of Abraham in Light of Perspectives New and Newer," *Themelios* 40.1 (2015): 50–62.

outstanding piety and virtue."[58] Wright may well be correct that the use of μισθός in Rom 4:4 alludes to Gen 15:1, but it is perfectly possible for other Jewish interpreters to hear Abraham's reward as granted in response to the virtuous obedience that his faith represents.[59] Paul's insistence that justification is not earned like wages or a reward is intended to forestall any such inference and to deny that Abraham was justified on account of his obedient deeds.

This does not mean that interpreters today should return to a Reformation understanding of the phrase "works of the law." While Calvin is careful not to criticize works as such but rather the claiming of merit on the basis of works,[60] he clearly does think that Paul opposes a well-defined commitment to a principle of meritorious works as an efficient cause of salvation.[61] This is something that historical study of Second Temple Jewish sources has made simply implausible and it is undeniable that its rejection by the New Perspective on Paul represents a welcome advance in understanding. Although his acceptance of works-righteousness as characteristic of Judaism is unsurprising for a sixteenth-century interpreter, it leads Calvin says far too little in his interpretation of Rom 4 about Jew/Gentile relationships or the dynamics of Gentile inclusion in a Jewish movement in a first century context. Yet for his part, Wright leaps to a different kind of one-sidedness in which it must follow that if Second Temple Judaism was not a religion of works-righteousness Paul cannot have denied in Rom 4:4–5 that righteousness is received in response to human obedience to Torah. That Paul did deny this but for different reasons is a possibility that is left unconsidered. In fact, as John Barclay argues, Paul is concerned to emphasize that the Abrahamic family of faith "has been created by the grace and the calling of God, who has never paid regard to human criteria of capacity or worth."[62] Paul

---

[58] Francis Watson, *Paul and the Hermeneutics of Faith* (London and New York: T&T Clark, 2004), 268.

[59] For example, Philo, *Her.*, 91 (Colson and Whitaker, LCL) celebrates Abraham's faith as "the most perfect of virtues" (τὴν τελειοτάτην ἄγραφας). Josephus, *A.J.* 1.183 (Thackeray, LCL) sees the divine promise of a child and a multitude of offspring as prompted by Abraham's virtue in renouncing the booty he has captured in his successful ambush of the invading Assyrians (Gen 14:14–24): "thou shalt not lose the rewards (μισθούς) that are they due for such good deeds (εὐπραγίαις)."

[60] *Comm. Rom* 4:4, *CTS* 19:157 = *OE* 13:81,33–34. Paul forbids his readers "to demand anything from God, as though it were justly their due." It is the illusion that God can be obligated to human beings that Calvin finds particularly objectionable.

[61] Calvin says that the Jews gloried in circumcision not "as the symbol of God's favour, but as a meritorious observance of the law: and on this account it was that they regarded themselves better than others, as though they possessed a higher excellency before God." See *Comm. Rom* 4:9–10, *CTS* 19:163 = *OE* 13:85,21–23.

[62] Barclay, *Paul and the Gift* (see n. 51), 481. Paul's untrammeled commitment to the incongruity of grace is one of the main planks of Barclay's argument: "Paul has ruled out numerous qualifying criteria for divine selection: birth (natural rights of descent), status (comparative 'greatness'), and practice ('works'), all forms of symbolic capital humanly ascribed or achieved" (531). For an assessment of the implications of Barclay's argument for the meaning

is not combatting a principle of salvation by works but expressing his own commitment to the incongruity of divine grace. No form of human worthiness, not even the following of a nomistic way of life, shapes the gift of salvation in Christ. As components of such a way of life, neither the careful maintenance of Jewish ethnic identity nor deep ethical commitment to Torah can form any part of the basis of justification.

Further difficulties in Wright's argument arise from his commitment to understanding righteousness itself as covenant membership. In asserting that Abraham was reckoned as righteousness, Gen 15:6 means simply that God made a covenant with him. This leads Wright to deny that Abraham himself numbers among the ungodly (4:5) and to argue that instead God is promising to justify Abraham's ungodly, i. e. Gentile descendants. Similarly, Paul's quotation of Ps 32:1–2 does not speak of David himself as a sinner in need of forgiveness but rather invokes the king "as one who gives testimony to the blessing of forgiveness on anyone who has no 'works,' no outward sign of belonging to God's people."[63] Yet Paul specifically identifies the psalmist as David, Israel's greatest king, and therefore as one who is within the covenant and does not lack outward signs of belonging to it.[64] Far from speaking of Gentile sin and its forgiveness, Ps 32 focuses on the author's personal experience of sin and divine forgiveness (cf. Ps 32:5). It is difficult to understand why Paul would ever have quoted this text had he wished to restrict the category of the "ungodly" to Abraham's Gentile descendants. The careful attention to context exemplified by Paul's use of μισθός to allude to Gen 15:1 has implausibly given way to a radically out of context interpretation of Ps 32. Wright's prior commitment to understanding justification as covenant membership determines his interpretation of Paul's argument rather than the content of Paul's argument about justification determining Wright's understanding of its nature.

A considerable challenge to Wright's position is also posed by Paul's repeated use of the noun "blessedness" (μακαρισμός) and the adjective "blessed" (μακάριος). Rom 4:9 asks whether "this" (οὗτος) blessedness is for the circumcised only or also for the uncircumcised. The use of the pronoun ties the blessedness now granted to uncircumcised Gentiles back to the blessedness of the person to whom God reckons righteousness apart from works (4:6) and to the blessed state of those like David whose sins are forgiven (4:7–8). It is not just that this blessedness is to be extended to Gentiles as well as Jews but also that Paul's argument has defined it as righteousness apart from works understood in terms of

---

of Paul's phrase "works of the law," see Chester, *Reading Paul with the Reformers* (see n. 3), 346–349.

   [63] Wright, "Paul and the Patriarch" (see n. 2), 588.

   [64] See Simon J. Gathercole, *Where is Boasting? Early Jewish Soteriology and Paul's Response in Romans 1–5* (Grand Rapids: Eerdmans, 2002), 247: "David although circumcised, sabbatarian, and kosher, is described as without works because of his disobedience."

the forgiveness of sins. This is the blessedness that is for the circumcised but not for them only.[65] It is when Wright attempts to eliminate the double focus of Paul's argument and explain Rom 4:1–8 exclusively in terms of Abraham's fatherhood of all who believe that his interpretation becomes both least like that of Calvin and also the least convincing.

4. Conclusion: Calvin as a Resource for Contemporary Interpreters of Rom 4

"New Perspective" scholars typically define their interpretation of Paul in contrast to trajectories of interpretation stemming from the Reformation, identifying the latter with a discredited "Old Perspective" or "Lutheran" perspective. Yet a comparison between Calvin and Wright's interpretations of Rom 4 reveals that while that contrast and the exegetical disagreements on which it is based are real, it also represents an over-simplification. For in Calvin's exegesis of Rom 4 there is a deep concern with themes that resonate with the New Perspective on Paul. Wright presents his argument as a vanquishing of older perspectives, but in appealing to Abraham's fatherhood of the family of faith he in fact highlights a theme of vital importance to Calvin. Far from presenting a perspective on Rom 4 that is entirely new, Wright has creatively redeployed and radically intensified themes already present within Calvin's exegesis. This undercuts any temptation to contrast historical-critical and pre-enlightenment exegesis in absolute terms. Interpretation is always a contextual activity that takes place within the flow of history and part of the context of contemporary interpreters is the legacy of interpreters of previous eras. Just as it is not possible to understand Calvin's exegesis without attention to patristic and medieval interpretation, neither is it possible to understand a contemporary interpreter like Wright without attention to Reformation interpreters like Calvin.

Yet in the process of redeploying and intensifying themes already present in Calvin's exegesis, Wright also rejects other themes that Calvin would regard as equally vital to accurate interpretation of the passage. Wright correctly refuses to interpret Paul's argument as directed primarily against works-righteousness but does so in a way that entails the elimination of important elements of the theme of Abraham as believer. In contrast, Calvin is able successfully to integrate this theme with the theme of Abraham's fatherhood of the family of faith. It is this capacity to integrate themes that makes Calvin's treatment of the figure of Abraham of continuing relevance. As John Barclay puts it, "Our task is to integrate Paul's dual portrayal of Abraham, as both *believer* in God and *father*

---

[65] For a fuller discussion of the exegetical weaknesses of Wright's argument, see Chester, *Reading Paul with the Reformers* (see n. 3), 400–408.

of a multinational family."[66] It may not be possible to achieve such integration in precisely the same way as Calvin, but he can help to point contemporary interpreters in the right direction. Three features of his exegesis are particularly worthy of note:

1. Calvin gives equal weight to the different themes in Paul's argument. He does not need to treat parts of Paul argument as "embroidery" that carry "no weight in the passage as a whole."[67] Wright helpfully emphasizes Abraham's fatherhood of the family of faith but, as we have seen, especially in Rom 4:1–8, he is unable on the basis of this theme alone to offer a satisfactory account of various aspects of Paul's argument. In contrast Calvin is able to incorporate all the different aspects of Paul's argument into his interpretation and to treat them as significant in the passage as a whole.

2. To describe Calvin as integrating the twin themes of Rom 4 does not mean that he simply juxtaposes them, interpreting 4:1–8 and 4:19–25 in terms of justification by faith, and 4:9–18 in terms of Abraham's fatherhood of all who believe. Instead, as befits his understanding of forensic justification as a principal dimension of union with Christ, Calvin uses the two themes to interpret each other. In particular, he interprets the figure of Abraham as believer in 4:1–8 partly in terms of his fatherhood of a family. Through his interpretation of Gen 15:6, with its emphasis on Abraham's faith as embracing God's desire to be a father to him, Calvin brings the theme of fatherhood into the centre of his exegesis of 4:1–8. Paul's quotation of Gen 15:6 is vital not only to Calvin's understanding of justification and to his denial that human obedience justifies, but also to his understanding of how those who believe are incorporated into the family of Abraham.

3. This means that although from Calvin's perspective Paul certainly does have theological principles concerning justification that shape the argument of 4:1–8, Calvin is far from supposing that Abraham is justified because he believes in an abstract system of justification. Abraham is a paradigm figure for the justification of the ungodly, but he is not justified on the basis that he believes in the possibility of his own justification. Rather, Abraham is justified because he embraces as certain a divine promise of fatherly kindness.

Alongside these particular strengths of Calvin's exegesis, we should also note that the very strength of Calvin's commitment to the Abrahamic descent of believers itself reflects something of considerable significance in Paul's theology. Paula Fredriksen argues that Paul's use of the metaphor of adoption finds him at once at his most innovative and at his most traditional. He is innovative in arguing that it is possible for Gentiles to become children of Abraham and

---

[66] Barclay, *Paul and the Gift* (see n. 51), 481 (his emphasis).

[67] Wright, "Paul and the Patriarch" (see n. 2), 563. See the criticisms offered by Barclay, *Paul and the Gift* (see n. 51), 480–481.

hence part of the people of God without becoming Jewish, but he is also utterly traditional in his assumption that such kinship is vitally necessary to their salvation. Fredriksen writes that "Paul's adoption model ultimately coheres with the broader, ancient pan-Mediterranean construction of divine-human relations: *gods and their humans form family groups.*"[68] So too, it seems, in sixteenth century Geneva.

---

[68] Paula Fredriksen, *The Pagan's Apostle* (New Haven: Yale University Press, 2017), 150–151 (her emphasis).

Paulus lebendig – und Paulus literarisch

Der Epheserbrief in der Lektüre Luthers und Calvins aus der Perspektive historisch-kritischer Exegese[*]

Christine Gerber

Wenn die vor nicht langer Zeit in der Exegese lebhaft geführte Diskussion über alte und neue, angemessenere „Paulusperspektiven"[1] ein Ergebnis gezeitigt hat, auf das sich wohl die meisten Beteiligten einigen können, dann, dass es *den* Paulus nicht gibt. Die jeweilige Perspektive bestimmt die Wahrnehmung des Gegenstands so, dass dieser nie „objektiv" gegeben ist. So veranschaulicht dieser Band, dass es *die* eine reformatorische Paulusauslegung nie gab. Und auch der „historisch-kritisch" rekonstruierte „Paulus" der Exegetinnen und Exegeten heute hat sehr unterschiedliche Gesichter. Dies gilt umso mehr, wenn man die unter dem Namen des Paulus überkommenen Briefe in ihrem je eigenen Duktus liest.

Sehr eigentümlich ist beispielsweise der Epheserbrief (Eph), der nach verbreiteter Ansicht ein deuteropaulinischer Brief ist, der etwa drei Jahrzehnte nach dem Tod des Apostels entstand. In meiner Lektüre zeigt er sich als ein fiktiver Brief, der einen hermeneutischen Schlüssel liefert, um die authentischen Briefe des Paulus für eine veränderte Zeit zu erschließen. Er hebt die paulinische Theologie aus ihrer Situationsbezogenheit, dem Streit über die Bedeutung der Tora für die nichtjüdischen Völker, und ebnet so den Weg zur anthropologischen Rezeption der paulinischen Soteriologie und zur ekklesiologischen Vision einer orts- und traditionsübergreifenden Kirche. So gelesen tut bereits der Eph das, was in der Frühzeit der Debatten um die richtige Paulus-Perspektive der reformatorischen Paulusdeutung als „old perspective" vorgeworfen wurde: Er abstrahiert von den Problemen, die sich für Paulus stellten, und rekonstruiert „Paulus" für eine Zeit, in der die Zugehörigkeit der nichtjüdischen Völker

---

[*] Ich danke für die Anregungen der Tagung über Paulusauslegungen und Friederike Haller, May-Britt Melzer, Lea Zora Schmitt und Benedikt Skorzenski (Berlin) für Mithilfe in der Erstellung des Aufsatzes.
[1] Die „New Perspective on Paul" ist inzwischen selbst so alt, dass es diverse Überblicke, Websites und Lexikonartikel gibt; hier möge ein Hinweis auf den forschungsgeschichtlich orientierten Überblick von Michael WOLTER, Alte und neue Perspektiven auf Paulus, in: Peter Müller (Hg.), Paulus in der Schule. Grundlagen – Didaktik – Bausteine für den Unterricht, Stuttgart 2012, 15–30 (29), reichen.

zum Leib Christi selbstverständlich ist und die Gesetzesthematik nicht mehr im Brennpunkt steht.

Zu dieser Deutung führte mich jahrelange Arbeit an einem Kommentar zum Eph als deuteropaulinischer Schrift.[2] Daher war meine Fragestellung für das in diesem Band dokumentierte Gespräch zwischen zeitgenössischer Paulus-Exegese und reformatorischer Paulusauslegung schnell gefunden: Wie verstehen Martin Luther und Johannes Calvin den Epheserbrief als eigene Schrift, also dort, wo sie nicht nur einzelne Verse als Stichwortgeber heranzogen? Wie deuten sie die Eigenheiten des Epheserbriefs im Vergleich mit den als authentisch geltenden Briefen?

Diese einfach klingende Frage hat allerdings eine hermeneutische Fußangel, denn sie setzt in doppeltem Sinne Vergleichbarkeit voraus: Sie unterstellt erstens, dass man den Eph und die authentischen Paulusbriefe vergleichen kann, und zweitens, dass die Auslegungen von Luther, Calvin und mir vergleichbar sind. Die Fragestellung suggeriert also die distinkte Gegebenheit, eine „Objektivität" der Konzepte. Doch die „Epistelauslegung" von Luther ist gar kein Kommentar, sondern eine Sammlung von Predigten für die eigene Gegenwart. Und beide, Luther wie Calvin, lesen den Eph als echten Brief des Paulus und damit als integren Teil seiner Theologie. Wie soll das mit meiner Interpretation vergleichbar sein?

Vergleiche werden nie allen gerecht, denn es gibt keinen neutralen Standpunkt, von dem aus man vergleichen könnte. „Vergleiche sind vom Teufel", pflegte meine Großmutter zu sagen, die das als Mutter von zehn Kindern nur zu gut wusste. Doch Vergleiche sind nicht nur eine stete „Versuchung", sondern auch hilfreich, da sie den Blick für das jeweils Besondere schärfen. So sollte, wo verglichen wird, sowohl der eigene Blickwinkel wie auch der Kontext der anderen immer mitreflektiert werden.

Dies eingedenk lege ich die folgende Studie wie eine „kollegiale Intervision" an. Es geht nicht darum, eine „objektive", richtige Paulusauslegung auszuhandeln. Ich möchte vielmehr meine Auslegung des Eph mit der von Luther und Calvin als „Kollegen" in ein Gespräch bringen, so gut das 500 Jahre später geht: Ich schaue ihnen gewissermaßen bei ihrer Arbeit über die Schulter. Eine Intervision zielt auf das wechselseitige „Feedback". Zwar kann ich meine Rückmeldung nicht mehr den längst verblichenen Kollegen, sondern nur den Lesern und Leserinnen dieses Aufsatzes mitteilen. Aber ich kann die gegenwärtige Auslegungsarbeit im Spiegel dessen, was ich beobachte, reflektieren.

---

[2] Der Kommentar in der Reihe Ökumenischer Taschenbuchkommentar (Gütersloher Verlag) wird hoffentlich 2024 abgeschlossen; für den Ansatz vgl. im Detail Christine GERBER, Paulus als Ökumeniker. Die Interpretation der paulinischen Theologie durch den Epheserbrief, in: Jens Schröter/Simon Butticaz/Andreas Dettwiler (Hg.), Receptions of Paul in Early Christianity. The Person of Paul and His Writings Through the Eyes of His Early Interpreters (BZNW 234), Berlin 2018, 317–354.

Ich beginne also mit einer Erläuterung meiner Perspektive des Eph und der Beobachtungen, die mich bei meiner „Intervision" der Auslegung der „älteren Kollegen" leiten: Es sind die m. E. augenfälligen Differenzen zwischen dem Eph und den Homologumena unter den Paulusbriefen (1). Die anschließende Charakterisierung der Epheserbriefinterpretation durch Calvin in seinem Kommentar (2) und durch Luther, vor allem in seinen Epistelpredigten (3), geht „synchron" vor: Ich stelle die Frage, welche älteren Auslegungen und welche kirchlich aktuellen Kontroversen ihre Epheserbrieflektüre beeinflusst haben mögen, zurück.[3] Für meine „kollegiale Intervision" steht im Vordergrund, wie sich der Eph in ihrer Perspektive zeigt. Im Ergebnis (4) zeigt sich einerseits, bedingt durch Textgattung der Auslegung und historische Verortung des Briefes, die Vielfalt der Rezeptionsmöglichkeiten und andererseits, wie lohnend die Lektüre der reformatorischen Auslegungen für die modern-historisch-kritische Exegese des Epheserbriefs ist.

1. Der Ausgangspunkt: Der Eph als fiktiver Brief, der die Paulustheologie aus der situativen Veranlassung löst

Die These, dass der Eph ein Pseudepigraph ist, wird seit über 200 Jahren diskutiert, und sie wird hierzulande mittlerweile breit akzeptiert.[4] Es gibt stilistische und sprachliche Divergenzen, die die Annahme der Unechtheit begründen.[5]

---

[3] Eine Geschichte der Kommentierung des Eph, die natürlich mit Kommentaren bzw. Homilien aus der Väterzeit, namentlich von Origenes, Hieronymus und Johannes Chrysostomos (vgl. zu Origenes und Hieronymus: Ronald E. Heine, The commentaries of Origen and Jerome on St Paul's epistle to the Ephesians [Oxford early Christian studies], Oxford 2002; sowie zu Hieronymus: PL 26, 467–590; und zu Chrysostomos: PG 62, 10–176) beginnen müsste, würde gewiss viele Traditionslinien einerseits, Gegenlektüren andererseits aufzeigen. Zu Kommentierungen des Eph aus der Reformationszeit (Bugenhagen, Bucer, Brenz, Bullinger) vgl. Gerald Bray, Reformation Commentary on Scripture, Downers Grove 2011, liii–liv; seiner Darstellung nach ist der Kommentar von Calvin der erste mit Einfluss; er sei von den Folgenden oft nur noch nachgeschrieben worden (vgl. zu Calvins Quellen auch unter 2.).

[4] Zur Einschätzung der Echtheit seit der Reformationszeit vgl. die Übersicht bei Harold W. Hoehner, Ephesians. An Exegetical Commentary, Grand Rapids 2002, 6–20; demzufolge wurde die Echtheit erstmals Ende des 18. Jh. (1792) von dem englischen kritischen Theologen Edward Evanson (1731–1805) grundsätzlicher in Frage gestellt, dann von Ferdinand C. Baur, Paulus, der Apostel Jesu Christi. Sein Leben und Wirken, seine Briefe und seine Lehre. Ein Beitrag zu einer kritischen Geschichte des Urchristentums, Stuttgart 1843, 417f., und Friedrich D. E. Schleiermacher, Einleitung in das Neue Testament (Schleiermachers sämtliche Werke 8,3), Berlin 1845, 165f. Erst seit 1870 wird die Echtheit vermehrt angezweifelt. Im 20. Jahrhundert wechselten einzelne Exegeten wie Heinrich Schlier und Andrew Lincoln über der Arbeit ihre Meinung. In den letzten Jahrzehnten wird die Echtheit vor allem in der englischsprachigen Auslegung verteidigt; vgl. exemplarisch Hoehner, Ephesians, 6–61.

[5] Stilistische Unterschiede hatte bereits Erasmus in seinen Annotationes von 1519 notiert, aber die Möglichkeit eines anderen Verfassers nur im Irrealis kolportiert: *Certe stilus tantum dissonat a ceteris Pauli epistolis ut alterius videri possit, nisi pectus atque indoles Paulinae*

Insbesondere die literarkritische Einschätzung, dass der Kolosserbrief (Kol) im
Eph verarbeitet wurde, spricht für die Unechtheit zumindest des späteren Brie-
fes.[6] Es gibt aber auch inhaltliche Spannungen zu den sieben Homologumena.[7]
Ich nenne in gebotener Kürze fünf diesbezügliche Beobachtungen, die meine
Intervision der älteren Kollegen als Leitfragen bestimmen.

(1) Die Rechtfertigung des Menschen *sola fide* scheint im Eph keine Rolle zu
spielen: Das für die sog. Rechtfertigungslehre zentrale Wortfeld der „Gerechtigkeit Gottes" fehlt im Eph; δικαιοσύνη wird nur ethisch verwendet.[8] Nur einmal
scheint in 2,8–10 die Rechtfertigungslehre aufzublitzen, wenn es heißt: „Durch
Gnade seid ihr gerettet durch Glauben, und dies nicht aus euch: Gottes Geschenk ist es, nicht aufgrund von Werken, damit sich niemand rühme" (2,8 f.: Τῇ
γὰρ χάριτί ἐστε σεσῳσμένοι διὰ πίστεως· καὶ τοῦτο οὐκ ἐξ ὑμῶν, θεοῦ τὸ δῶρον· οὐκ
ἐξ ἔργων, ἵνα μή τις καυχήσηται). Auch hier wird der Satz aber im Kontext ethisch
eingebettet, geht es doch um den Lebenswandel (2,1–3.10), und die Passage
schließt: „Denn wir sind Gottes Geschöpf, erschaffen in Christus Jesus zu guten Werken, die Gott vorher bereitet hat, damit wir in ihnen wandeln" (2,10:
αὐτοῦ γάρ ἐσμεν ποίημα, κτισθέντες ἐν Χριστῷ Ἰησοῦ ἐπὶ ἔργοις ἀγαθοῖς οἷς
προητοίμασεν ὁ θεός, ἵνα ἐν αὐτοῖς περιπατήσωμεν).

Überdies wirkt der Glaube in V.8 mit διὰ πίστεως nur formelhaft addiert.
Daher warf etwa Ulrich Luz dem Eph vor, die Rechtfertigungsbotschaft des
Paulus um ihre eigentliche, „kritische" Pointe zu bringen.[9] Denn auch die für

---

mentis hanc prorsus illi vindicarent (Erasmus von Rotterdam, Annotationes in Epistulam
Pauli ad Ephesios [Erasmus Opera Omnia 6,9], Leiden 2009, 162). Der Eph weicht etwa mit
seinen mäandernd langen „Satzungetümen" (Michael Theobald, Der Epheserbrief, in: Martin Ebner/Stefan Schreiber [Hg.], Einleitung in das Neue Testament [KThSt 6], Stuttgart
³2019, 411–429 [413]) und pleonastischen Genitivketten von den Homologumena ab und verwendet Begriffe anders. Untypisch ist auch die Adressierung: Der Eph richtet sich nicht an
eine von Paulus gegründete bzw. von ihm zu besuchende Gemeinde – wie die allgemein als
authentisch anerkannten Briefe –, sondern an nichtjüdische Menschen, von deren Glauben
„Paulus" nur gehört hat (1,15 f.). – Vgl. zu den Argumenten im Detail Michael Gese, Das Vermächtnis des Apostels. Die Rezeption der paulinischen Theologie im Epheserbrief (WUNT
II 99), Tübingen 1997, 28–97; Theobald, Epheserbrief, 412–416.

⁶ Zur Diskussion und zu den Argumenten, die für die literarische Verarbeitung des Kol im
Eph sprechen (statt etwa für eine Selbstzitation des Paulus) vgl. Theobald, Epheserbrief (s.
Anm. 5), 414–417.

⁷ Weniger spannungsreich ist die Darstellung allerdings, wenn man den Kol für authentisch paulinisch hält, da dieser bereits mit der Haustafel und der Christus-Haupt-Metapher
arbeitet.

⁸ So in Eph 4,24; 5,9; 6,14. Die sog. Rechtfertigungslehre, die aus heutiger Sicht zentral für
die paulinische Theologie ist, spielt zumindest terminologisch in der Paulustradition kaum
eine Rolle: Sie klingt auch in den anderen Antilegomena und der Apostelgeschichte begrifflich
kaum an; vgl. den Durchgang durch mögliche Zeugnisse des Rechtfertigungskonzepts von
Michael Theobald, Der Kanon der Rechtfertigung (Gal 2,16; Röm 3,28): Eigentum des Paulus oder Gemeingut der Kirche?, in: Thomas Söding/Frank-Lothar Hossfeld (Hg.), Worum
geht es in der Rechtfertigungslehre? Das biblische Fundament der Gemeinsamen Erklärung
von katholischer Kirche und Lutherischem Weltbund (QD 180), Freiburg u. a. 1999, 131–192.

⁹ Ulrich Luz, Rechtfertigung bei den Paulusschülern, in: Johannes Friedrich/Wolfgang

die Soteriologie des Paulus so prägende eschatologische Grundspannung des „schon und noch nicht" scheint aufgehoben. Von der Rettung wird im Perfekt gesprochen (ἐστε σεσῳσμένοι 2,5.8), und die Auferweckung scheint bereits Realität. Dies suggeriert Eph 2,5 f.: „Uns, die wir tot waren in Übertretungen, hat Gott mit Christus lebendig gemacht ... und mit auferweckt und mit eingesetzt in den Überhimmeln" (2,5 f.: καὶ ὄντας ἡμᾶς νεκροὺς τοῖς παραπτώμασιν συνεζωοποίησεν τῷ Χριστῷ ... καὶ συνήγειρεν καὶ συνεκάθισεν ἐν τοῖς ἐπουρανίοις). Formulierungen wie diese brachten Andreas Lindemann zu seiner prägnanten These von der „Aufhebung der Zeit": Der Eph habe die futurisch–eschatologische Erwartung zugunsten der Vorstellung der Heilsgegenwart in der Kirche suspendiert.[10]

(2) Die Ekklesiologie des Eph verschiebt den Fokus von der Ortsgemeinde auf die Universalkirche.[11] Das Bild von der Gemeinde als „Leib Christi", das Paulus in 1 Kor 12,12–27 und Röm 12,4–8 verwendet, um die Zusammengehörigkeit der vielen verschiedenen Glieder zu einem Leib herauszustellen, wird in Eph 1,22 f.; 5,23 durch Zuordnung zum „Haupt Christus" verändert. Denn das Bild impliziert: Wie ein Haupt nicht mehrere Leiber hat, ist die ἐκκλησία als Leib Christi eine Einheit jenseits aller Ortsgemeinden.

Prägnant und wirkmächtig ist vor allem das Bild von der Kirche als Braut Christi, mit dem in der Eheparänese die Zugehörigkeit von Ehemann und Ehefrau verdeutlicht wird (5,22–33): „Ihr Männer, liebt eure Frauen, so wie auch Christus die Gemeinde geliebt hat und sich selbst hingegeben hat für sie, damit er sie heilige und reinige durch das Wasserbad im Wort, damit er selbst für sich die Gemeinde bereite als herrliche, die weder Flecken noch Runzeln oder dergleichen hat, sondern heilig und fehlerlos sei" (5,25–27: Οἱ ἄνδρες, ἀγαπᾶτε τὰς γυναῖκας, καθὼς καὶ ὁ Χριστὸς ἠγάπησεν τὴν ἐκκλησίαν καὶ ἑαυτὸν παρέδωκεν ὑπὲρ αὐτῆς, ἵνα αὐτὴν ἁγιάσῃ καθαρίσας τῷ λουτρῷ τοῦ ὕδατος ἐν ῥήματι, ἵνα παραστήσῃ αὐτὸς ἑαυτῷ ἔνδοξον τὴν ἐκκλησίαν, μὴ ἔχουσαν σπίλον ἢ ῥυτίδα ἤ τι τῶν τοιούτων, ἀλλ᾽ ἵνα ᾖ ἁγία καὶ ἄμωμος). Hier findet sich eine weitere Besonderheit des Eph: Die soteriologische Deutung der Lebenshingabe Jesu wird auf die ἐκκλησία und nicht, wie sonst bei Paulus, auf die Einzelnen bezogen.[12]

Pöhlmann/Peter Stuhlmacher (Hg.), Rechtfertigung. Festschrift für Ernst Käsemann zum 70. Geburtstag, Tübingen 1976, 365–383 (374 f.).

[10] Vgl. Andreas LINDEMANN, Die Aufhebung der Zeit. Geschichtsverständnis und Eschatologie im Epheserbrief (StNT 12), Gütersloh 1975; für eine Analyse der Aussagen als metaphorischer Zeitbeschreibung vgl. aber Sophie RANTZOW, Christus victor temporis. Zeitkonzeptionen im Epheserbrief (WMANT 123), Neukirchen-Vluyn 2008; zu 2,1–10 auch Christine GERBER, Leben allein aus Gnade. Eph 2.1–10 und die paulinische Rechtfertigungsbotschaft, NTS 57 (2011), 366–391.

[11] Vgl. zur Entwicklung der Ekklesiologie vom 1 Kor zum Eph Christine GERBER, Von der gottesdienstlichen Versammlung zur Vision einer allgemeinen Kirche. Ekklesiologische Diskurse in den paulinischen Schriften, in: Christof Landmesser/Enno E. Popkes (Hg.), Kirche und Gesellschaft. Kommunikation – Institution – Organisation, Leipzig 2016, 59–88.

[12] Vgl. so noch Eph 5,2, wie in den Homologumena (Gal 2,20; 1 Kor 15,3 u. ö.).

Dies wurde als Weiterentwicklung gegenüber den Homologumena gedeutet – ob in katholischer Zustimmung oder evangelischer Kritik:[13] Wie in einer „kopernikanischen Wende" nehme der Eph „die Kirche zum Ausgangspunkt, um das Christusereignis von ihr her zu interpretieren". Nur als „Mitglieder" der Kirche hätten die Glaubenden Anteil am Heil.[14]

(3) Die am patriarchalen Haushalt orientierte Ethik der Haustafel des Eph überschreibt in Aufnahme von Kol 3,18–4,1 die egalisierenden Tendenzen in den Homologumena, insbesondere im Widerspruch zu Gal 3,28. Ins Auge sticht vor allem, dass der Eph dem nach 1 Kor 7,7 f.32–35 selbst erklärten Eheskeptiker Paulus in die Feder diktiert, dass die Ehe Abbild des Verhältnisses von Christus und Kirche sei.[15]

(4) Der Eph unterscheidet sich von den als echt anerkannten Paulusbriefen auch darin, dass er fast ohne jede Polemik, aber auch ohne Bezug zu einer konkreten Situation schreibt. Dazu passt, dass Paulus nach Insinuation von Eph 1,15 die Gemeinde in Ephesus gar nicht selbst gegründet hat, sondern nur vom Hörensagen kennt.[16] Die als authentisch geltenden Briefe hingegen sind, abgesehen vom Römerbrief, mit dem sich Paulus in Rom vorstellen möchte, an Gemeinden gerichtet, die Paulus gegründet hat und die er deshalb weiterhin brieflich begleiten und bestimmen möchte.[17]

So liegt mitnichten auf der Hand, warum der Eph geschrieben wurde, weder für die fiktive Situation der Briefabfassung – Paulus schreibt aus dem Gefängnis – noch für die vermutete Entstehung etwa drei Jahrzehnte nach dem Tod des Paulus. Die Thesen über die Intention des Eph gehen daher auseinander.[18] Umstritten ist etwa, ob der Schwerpunkt in der theologischen Entfaltung der ersten drei Kapitel (1,3–3,21) oder in der ausführlichen, differenzierten Paränese (4,1– 6,9 mit 6,10–17 als peroratio) liegt.[19]

---

[13] Vgl. Rudolf HOPPE, Theo-logie und Ekklesio-logie im Epheserbrief, MThZ 46,2 (1995), 231–245, zur Debatte über die Ekklesiologie des Eph, die insbesondere durch die ontologische Sicht Heinrich Schliers, dass die Kirche Christus präsent macht, ausgelöst wurde.

[14] Vgl. Jürgen ROLOFF, Die Kirche im Neuen Testament (GNT 10), Göttingen 1993, 231 f.

[15] Das ist der deutlichste Widerspruch zu den Homologumena (vgl. THEOBALD, Epheserbrief [s. Anm. 5], 414).

[16] Der Widerspruch zur Paulusvita nach 1 Kor 16,8–9 und Apg 19,1–20 kann erklären, warum die Ortsangabe ἐν Ἐφέσῳ in den ältesten Handschriften fehlt (vgl. so Andreas LINDEMANN, Bemerkungen zu den Adressaten und zum Anlass des Epheserbriefes, in: ders. [Hg.], Paulus, Apostel und Lehrer der Kirche. Studien zu Paulus und zum frühen Paulusverständnis, Tübingen 1999, 211–227 [211–215]); vgl. aber unten Fußnote 23 zu harmonisierenden Erklärungen dieses Widerspruchs.

[17] Vgl. genauer Christine GERBER, Paulus und seine ‚Kinder'. Studien zur Beziehungsmetaphorik der paulinischen Briefe (BZNW 136), Berlin 2005, 47–77 zur Pragmatik der authentischen Paulusbriefe.

[18] Vgl. Gerhard SELLIN, Adresse und Intention des Epheserbriefs, in: Dieter Sänger (Hg.), Studien zu Paulus und zum Epheserbrief (FRLANT 229), Göttingen 2009, 164–179 (171–179).

[19] Vgl. Rudolf HOPPE, Ekklesiologie und Paränese im Epheserbrief (Eph 4,17–5,20), in:

Aus meiner Sicht ergeben die Eigenheiten ein kohärentes Bild, wenn man den Eph nicht als echten Brief, sondern als fiktiven Paulusbrief liest, d. h. als ein für die intendierten Leserinnen und Leser durchschaubares Pseudepigraph: Er ergänzt die ehedem auf konkrete Situationen reagierenden Briefe um einen weiteren, um zu zeigen, dass und wie der jüdische Völkerapostel und seine Gemeindebriefe auch unter veränderten Gegebenheiten von Bedeutung bleiben. Die Theologie und Paränese des „Paulus" gelten auch in Zeiten, in denen der Streit um die Beschneidungsfragen entschieden ist, in denen die Erwartung der Parusie Christi nicht drängend ist, es aber desto wichtiger ist, den christlichen Glauben im Alltag, auch im Umgang mit dem nichtchristlichen Umfeld, zu bewähren. Indem Eph 3,3 f. die Briefe als Texte der Lektüre empfiehlt, bahnt er auch den Weg zur Literarisierung des Paulus als Briefautors von allgemein-christlichem Interesse: „Paulus" bleibt so tragendes Fundament der Kirche (2,20). Er tritt aber nicht in Konkurrenz zu anderen Aposteln und Propheten, wie es die korinthische Korrespondenz insinuieren könnte (1 Kor 3,9–15; 2 Kor 10–13), sondern er ist in ökumenischer Verbundenheit derjenige, dem die Missionierung der nichtjüdischen Völker aufgetragen wurde (3,1–13; vgl. Gal 2,8; Röm 11,15).

(5) Der Profilierung des Paulus als Völkerapostel entspricht auch die Adressatenfiktion: Angeschrieben werden mit dem „Brief" dezidiert ἔθνη, also nichtjüdische Völker (2,11; 3,1). In der Paränese wird unterstellt, dass sie sich als frisch Bekehrte immer noch bewusst von ihrem einst gottlosen Leben abwenden müssen (4,17–24; vgl. 2,1–3; 2,11–13). Die moderne Formgeschichte erkennt hier die Gattung der „postkonversionalen Mahnrede": Nach der Bekehrung wird eingeschärft, dass es der bewussten Distanzierung vom alten Lebenswandel bedarf, um so der neuen, christusgläubigen Identität Ausdruck zu verleihen.[20]

Hingegen weckt die Haustafel 5,21–6,9 den Eindruck, dass sich der Brief an bereits christlich sozialisierte Häuser wendet. Und diese christliche Sozialisierung charakterisiert wohl, die Unechtheit des Briefes vorausgesetzt, die intendierten Leserinnen und Leser des fiktiven Briefes mindestens ebenso wie der vorgebliche Neophytenstatus. Der Auslegung stellt sich daher die Frage, warum die Schrift so dezidiert mit der Fiktion von frisch bekehrten Nichtjuden arbeitet: Wie oder inwiefern sollen sich Leserinnen und Leser, die bereits christlich sozialisiert sind, von den Aufforderungen, sich bewusst von ihrem früheren, vorchristlichen Leben abzuwenden, ermahnt und erbaut fühlen, zumal, da der Text hier mit Stereotypen arbeitet?[21] Welche Bedeutung soll die fiktive Adressierung

---

Michael Wolter (Hg.), Ethik als angewandte Ekklesiologie. Der Brief an die Epheser (SMBen. BE 17), Rom 2005, 139–162 zur Diskussion.

[20] Vgl. zu dieser Gattungsdefinition Klaus BERGER, Formgeschichte des Neuen Testaments, Heidelberg 1984, 130–135.

[21] Zur stereotypen Abwertung der „Heiden" als „Anderen" in der Tradition jüdischer antipaganer Polemik vgl. Christine GERBER, ,Not like the Gentiles who do not know God': The Function of Othering and Anti-Gentile Stereotypes of Sexual Wrongdoing in Early Jewish and Christian Texts, in: John M. G. Barclay/Kylie Crabbe (Hg.), The Reception of Jewish

an ein „Bekehrungschristentum" in der Lektüre eines „Traditionschristentums" entfalten?[22] Auch diese Frage nehme ich mit in die „kollegiale Intervision".

Nun lasen allerdings Luther und Calvin den Eph als echten Brief des Paulus, geschrieben am Ende seines Lebens als Gefangener in Rom, gerichtet an die Völkerchristen in Ephesus, eine Gemeinde, die er ehedem gegründet hatte.[23] Für beide bilden die dreizehn Briefe des Paulus eine kohärente Theologie. Es gibt für sie offenbar keinen Grund, eine Verschiebung von Themen zu vermuten – und deshalb lesen sie den Eph in einer ganz anderen Perspektive als ich.

Meine „Intervision" führt also zu einer ersten an sich naheliegenden, aber in der Diskussion über „alte" und „neue" Paulus-Perspektiven zu wenig bedachten Erkenntnis: Entscheidend für die jeweilige Sicht von Paulus und seiner Theologie ist, was unter „Paulus" verstanden wird. Die gegenwärtige, historisch-*kritische* Forschung fächert den „Paulus" des NT dreifach auf: Da ist erstens der „historische Paulus", also der Jude mit der wechselvollen Biographie. Zweitens steht „Paulus" personifiziert für die authentischen Briefe, die differenziert und kontextuell auf die Prägung und Situation der jeweils angeschriebenen Gemeinden reagieren. Und drittens gibt es die späteren Briefe unter seinem Namen, die eine je unterschiedliche Agenda verfolgen, so dass sich die Frage stellt, wie sie jeweils „Paulus" interpretieren. Da die reformatorische Sicht auf Paulus diese Differenzen gar nicht einzieht, stellt sich ihr „Paulus" anders dar.[24] So ist ein Vergleich dieser beiden Perspektiven zwar interessant, aber, wenn nicht „vom Teufel", so doch zumindest so schief wie der sprichwörtliche von Äpfeln und Birnen.

Wenn also die Differenzen, die die zeitgenössische Exegese zwischen dem Eph und dem „echten" Paulus ausmacht, für die reformatorische Interpretation des Eph nicht bestehen, ist dennoch von Interesse, wie sie die angesprochenen Aspekte interpretiert: Soteriologie, Ekklesiologie, Ständeethik, Intention des Briefes. Ich beginne – gegen die Chronologie – mit dem in der Reformationszeit

---

Tradition in the Social Imagination of the Early Christians (The reception of Jesus in the first three centuries 8), London/New York 2021, 63–86. Den gewissermaßen authentischen „Sitz im Leben" dieser Mahnrede kann man in 1 Thess 4,1–8 noch erkennen.

[22] Das wird in der Auslegung oft nicht bedacht; vgl. Michael WOLTER, Die Entwicklung des paulinischen Christentums von einer Bekehrungsreligion zu einer Traditionsreligion, Early Christianity 1 (2010), 15–40 (31–37): Der Eph schreibe die paulinische Theologie einer Bekehrungsreligion, namentlich die Rechtfertigungslehre, für ein Traditionschristentum fort.

[23] Dass 1,15; 3,2 insinuiert, dass Paulus die Adressierten nur vom Hörensagen kennt, wird von Luther und Calvin nicht in Betracht gezogen; Calvin vermutet vielmehr zu 3,2, dass Paulus beim ersten Aufenthalt von seiner Biographie noch geschwiegen hatte (COR II.16, 201 [COR bezieht sich hier und auch im Folgenden auf die Calvin-Gesamtausgabe]).

[24] Vgl. etwa James D.G. DUNN, The New Perspective. Whence, What and Whither?, in: ders., The New Perspective on Paul. Collected Essays (WUNT 185), Tübingen 2005, 1–88 (51–54), der rückblickend schreibt, dass die spätere Paulustradition zu wenig berücksichtigt sei, und Eph 2,8–10.11–13 als Zeichen für eine Rezeption des Paulus interpretiert: Der Ausschluss menschlicher Leistung für die Rechtfertigung einerseits, die Rolle des Glaubens statt der Beschneidung für die Hinzukommenden andererseits würden als distinkte Themen erkennbar (DUNN, New Perspective Whence, 53).

sehr einflussreichen Epheserbrief-Kommentar Johannes Calvins, weil er die
historischen Zusammenhänge des Briefes thematisiert.

2. Calvins Kommentar zum Eph

Johannes Calvin hat bekanntlich seine Kommentierungsarbeit mit dem Röm begonnen und dann, in der Reihenfolge des Kanon, die weiteren Paulusbriefe ausgelegt.[25] Den Kommentar zum Eph hat er erstmals 1548 in einem Band mit der
Auslegung von Gal, Phil und Kol publiziert, und die vier Briefe hat Calvin wohl
auch in einem Durchgang kommentiert.[26]

Der studierte Jurist interpretiert den Brief am Wortlaut orientiert,[27] seinem
Ideal entsprechend am Text entlang und möglichst knapp;[28] ältere Übersetzun-

---

[25] Zur exegetischen Arbeit Calvins vgl. insg. Raymond A. BLACKETER, Kommentare und
Vorreden, in: Herman J. Selderhuis (Hg.), Calvin Handbuch, Tübingen 2008, 179–190; R. Ward
HOLDER, John Calvin and the Grounding of Interpretation. Calvin's First Commentaries
(SHCT 127), Leiden 2006; detailliert zu den biographischen Umständen der Entstehung der
Kommentare, allen voran des Römerbriefkommentars, der 1539 fertig war, und zu den weite-
ren Epistelkommentaren, ihrer Drucklegung und Rezeption Thomas H. L. PARKER, Calvin's
New Testament Commentaries, Louisville ²1993, 6–35; zu Grundlinien der Pauluskommen-
tierung und ihrer Relevanz für die Theologie Calvins vgl. R. Ward HOLDER, Calvin as Com-
mentator on the Pauline Epistles, in: Donald K. McKim (Hg.), Calvin and the Bible, Cambridge 2006, 224–256; Barbara PITKIN, Calvin's Reception of Paul, in: R. Ward Holder (Hg.), A
Companion to Paul in the Reformation (Brill's Companions to the Christian Tradition 15),
Leiden 2009, 267–296.

[26] PARKER, Commentaries (s. Anm. 25), 7–31; Helmut FELD, Einleitung, in: COR II.16, IX f.;
HOLDER, Commentator (s. Anm. 25), 227–232. Die in mehreren Bänden sukzessive publizier-
ten Paulusbriefkommentare (einschließlich Hebr) wurden 1551 gesammelt und revidiert mit
einem Vorwort von Th. von Beza nochmals in Genf ediert (vgl. PARKER, Commentaries [s. Anm. 25], 25 f.; zum Umfang der Revision vgl. ders., Commentaries [s. Anm. 25],
36–58 am Beispiel der Revisionen der Kommentare zum Römer- und Hebräerbrief). Die hier
herangezogene Ausgabe des Epheserkommentars von Helmut Feld, COR II.16, fußt auf der
letzten noch von Calvin bearbeiteten Edition von 1556. Die Veränderungen gegenüber den
früheren Auflagen sind ausweislich des Apparats gering, in der Regel handelt es sich um erläuternde Ergänzungen.

[27] Das zeigt sich etwa an seiner Übersetzungspraxis für die Kommentare. Er prüft die
Übersetzungen von Vulgata und Erasmus am griechischen Original; auch die philologischen
Adnotationen von Erasmus und Budaeus sind offenbar berücksichtigt; vgl. dazu PARKER,
Commentaries (s. Anm. 25), 158–191. – Zum möglichen Einfluss der humanistischen Juris-
prudenz Frankreichs auf Calvins Reformation und Bibelauslegung vgl. Christoph STROHM,
Juristische Schulung und Bibelauslegung bei reformierten Theologen des 16. Jahrhunderts, in:
Christine Christ-von Wedel/Sven Grosse (Hg.), Auslegung und Hermeneutik der Bibel in der
Reformationszeit (Historia Hermeneutica. Series Studia 14), Berlin/Boston 2017, 333–356.

[28] Vgl. zu Calvins Methodik der Kommentierung, PARKER, Commentaries (s. Anm. 25),
85–93.191–205; HOLDER, Calvin (s. Anm. 25), 87–138; FELD, Einleitung (s. Anm. 26), XXVI–
XXXII; vgl. BLACKETER, Kommentare (s. Anm. 25), 182–184. Die kursorische Auslegung und
das Ideal der *perspicua brevitas*, Kürze und damit Zugänglichkeit, sowie die Orientierung an
der *mens scriptoris* – heute würde man wohl sagen: der Autorenintention – hat Calvin in der
Kommentierung des Römerbriefs, in Auseinandersetzung mit den reformatorischen Vorgän-

gen, philologische Erläuterungen und Kommentare hat er offensichtlich konsultiert, aber dies selten namentlich sichtbar gemacht.[29] In Diskussion mit anderen Übersetzungen und Deutungen führt er, gewissermaßen moderner Semantik vorgreifend, den Aussagekontext als ausschlaggebend an.[30] Auch zeigt er viel Sinn für die bildliche Sprache als solche. Das scheint mir im Vergleich zu Kommentaren unserer Tage vorbildlich, kreisen diese doch oft um Probleme, die sich die Exegese erst, auf Begriffe fixiert, selbst gestellt hat.[31] Wie eine heilsame Maxime der Hermeneutik klingt dagegen Calvins Auslegung von Eph 3,18.[32] Dort hält „Paulus" Fürbitte, damit „ihr imstande seid, mit allen Heiligen völlig zu erfassen, was die Breite und Länge und Höhe und Tiefe ist" (ἵνα ἐξισχύσητε καταλαβέσθαι σὺν πᾶσιν τοῖς ἁγίοις τί τὸ πλάτος καὶ μῆκος καὶ ὕψος καὶ βάθος). Während die Auslegung bis in die Gegenwart über die Bedeutung der sogar vier Dimensionen und kosmischen Ausmaße aufgeregt diskutiert und spekuliert,[33] kommentiert Calvin nüchtern:

gern und in Absetzung von der Orientierung an theologischen Loci und entsprechenden thematischen Exkursen, entwickelt. Auch seine frühe Kommentierung von Senecas *De clementia* hat auf Stil und Praxis eingewirkt (so PARKER, Commentaries [s. Anm. 25], 85 f.). Vgl. weiter HOLDER, Calvin (s. Anm. 25), 29–86 differenziert zu den hermeneutischen Prinzipien, etwa der Akkommodation Gottes, der Einheit der Testamente, der Orientierung an der *mens scriptoris* und der Kritik an allegorischen oder spekulativen Auslegungen; zusammenfassend Christoph STROHM, *Johannes Calvin*. Institutio Christianae Religionis, Buch I, Kap. 6–9, in: Oda Wischmeyer u. a. (Hg.), Handbuch der Bibelhermeneutiken. Von Origenes bis zur Gegenwart, Berlin/Boston 2016, 363–370.

[29] Vgl. differenziert FELD, Einleitung (s. Anm. 26), XXI–XXVI zu den bei der Kommentierung der vier Paulusbriefe wohl verwendeten Primärquellen (die NT-Ausgaben von Erasmus und Stephanus), den herangezogenen Hilfsmitteln sowie „Sekundärliteratur". Das sind für Eph vor allem Johannes Chrysostomos, Ambrosiaster, Erasmus' Annotationes und unter den Zeitgenossen der Kommentar Bullingers (Belege dafür in den Anmerkungen innerhalb der Edition). Nach PARKER, Commentaries (s. Anm. 25), 199–205 hat Calvin sich aber in seiner Deutung nicht von ihm vorliegenden Interpretationen einschränken lassen. Dass er andere Auslegungen oft nur anonym anführt, statt offen zu sagen, welchen Autoritäten er folgt bzw. widerspricht, habe auch taktische Gründe. Dies gilt nach FELD, Einleitung (s. Anm. 26), XXIV besonders für Bullinger: „Calvin wollte wohl Bullinger, dessen Interpretation er in den meisten Fällen ablehnt, persönlich nicht verletzen".

[30] Vgl. PARKER, Commentaries (s. Anm. 25), 194: „For help in philology Calvin will go to Budé chiefly, to Erasmus and Bucer certainly, perhaps also to Melanchthon. In the end, however, the context is the final court to appeal"; vgl. HOLDER, Calvin (s. Anm. 25), 98–108 zu den verschiedenen Ebenen, in denen Calvin den Kontext für die Auslegung priorisiert (etwa Argumentation, Autor und seine Situation).

[31] Das zeigt sich etwa im Vergleich mit Auslegungen aus dem 20. Jh., die mit der Annahme einer gnostischen Beeinflussung des Eph arbeiten und z. B. unter αἰών 2,2.7 eine Gottheit verstehen (vgl. RANTZOW, Christus [s. Anm. 10], 106–141 für diese Diskussion und die Widerlegung dieser These), während Calvin das Wort in seiner Kommentierung der Sätze einfach als Zeit-Begriff versteht.

[32] Vgl. HOLDER, Calvin (s. Anm. 25), 247–251 für die hier implizierte Kritik Calvins an älteren Auslegungen, namentlich Augustin, und die Präferenz des *sensus germanus*, der „natürlichen" Bedeutung.

[33] Vgl. Gerhard SELLIN, Der Brief an die Epheser (KEK 8), Göttingen 2008, 284–289 zur jüngeren Forschungsdiskussion.

[Paulus] entlehnt seine gleichnisartige Redeweise von den Mathematikern, um mit den Teilen das Ganze zu bezeichnen. Da bekanntlich das die gemeinsame Krankheit fast aller Menschen ist, sich von einer brennenden Wissbegierde für unnütze Dinge leiten zu lassen, ist die Erinnerung sehr nützlich, was uns zu wissen frommt (*quoniam hic omnium fere communis est morbus, rerum inutilium studio ardere. Utilis valde est ista admonitio*) und von welchem Gegenstand der Herr will, dass wir ihn von oben und von unten, zur Rechten und zur Linken, von vorn und von hinten betrachten.[34]

Der Eph ist in Calvins Theologie – wenig überraschend – insbesondere ein Zeugnis der Lehre, dass Gott die Menschen zum Glauben und damit zum Heil vorherbestimmt hat; die Entfaltung seiner Prädestinationslehre in Inst. III führt als Schriftbeleg vor allen anderen Eph 1,3f. an.[35] Umso interessanter ist für meine kollegiale Intervision, wie er in seinem Kommentar den Kontext des Briefes rekonstruiert. Denn auch wenn Calvin die Bedeutung der Aussagen für die eigene Gegenwart herausstellt, nicht zuletzt durch ein „nostrifizierendes" Wir, wird er seinem Anspruch, den Literalsinn auszulegen, in einzelnen syntaktischen[36] und historischen Erklärungen gerecht:[37] Er erklärt gerade durch eine historische Situierung des Eph (2.1) gleichermaßen die Pragmatik der Erwählungs- und Rechtfertigungsaussagen wie auch der Paränese (2.2).

Dass Calvin und die anderen Reformatoren aus dem Eph auch Argumente für die zeitgenössische Diskussion über die Verfasstheit der Kirche ziehen, sei nur an wenigen Beispielen vorab verdeutlicht: Die Metapher von Christus als „Haupt" der Kirche ist zunächst ein willkommener Beleg, um dem Anspruch des Papstes, „Haupt" der Kirche zu sein, zu widersprechen.[38] Die Kirche ist durch die Pre-

---

[34] Vgl. COR II.16, 216 ad 3,18. Die deutschen Übersetzungen folgen (mit orthographischen Angleichungen), wenn nicht anders angegeben, der Übersetzung von Otto WEBER, Johannes Calvin. Auslegung der Heiligen Schrift: Die kleinen paulinischen Briefe (Neue Reihe 17), Neukirchen-Vluyn 1963, 163.

[35] Inst. III,22,1–3, vor allem 22,3. Für die Lehre von der doppelten Prädestination wird dann allerdings Röm 9–11 signifikant; vgl. Inst. III,22,4–6; 23,4–6.11.

[36] Vgl. exemplarisch COR II.16, 159 z.B. zur Frage, ob ἐν ἀγάπῃ resp. *per charitatem* in 1,4 zur Erwählungsaussage 1,5 oder zum Vorausgehenden zu ziehen sei; COR II.16, 182 zu 2,5 als möglicher Interpolation.

[37] So nimmt Calvin in seiner Erläuterung des Zitats von Ps 67 LXX in Eph 4,8 Stellung zum Streit um den richtigen Bezug des Zitats auch gegenüber jüdischen Auslegungen: Tatsächlich spreche die „Auffahrt" im Psalmvers von Gott, aber die christologische Interpretation durch Paulus sei sachgerecht, denn David habe die Herrlichkeit Gottes *in perpetuo Ecclesiae statu* erkannt (COR II.16, 223f., Zitat 224). Zu 6,5 bemerkt er, gewissermaßen „sozialgeschichtlich", dass Paulus von gekauften Sklaven (*servi*) rede, nicht von Lohndienern (*famuli*), wie man sie zu seiner Zeit kenne. Die innere Haltung des Gehorsams unterscheide nach Paulus die christlichen Sklaven von den nichtchristlichen. Die Mahnung ließe sich aber auch *ad famulos ad ancillas nostri temporis* beziehen: *Deo enim semper curae est oeconomia, cuius est author* (COR II.16, 278).

[38] So Calvin, COR II.16, 175 zu Eph 1,22; vgl. Luther, Vom Papsttum in Rom, WA 6, 298f., mit Bezug auf Eph 4,15f.; auch AS IV zitiert Eph 1,22f.; 4,15f.; 5,24 gegen den Papst als Haupt der Kirche (BSLK 427).

digt des Wortes regiert.[39] Und schließlich spielt die Aufzählung der sieben „Einser" in Eph 4,4–6, einer singulären Aussage ohne Parallele im NT, eine zentrale Rolle in der Ausformulierung der Ekklesiologie durch Melanchthon für die Confessio Augustana (vgl. CA 7).[40]

2.1 Der Eph in historischer Lektüre: Gegen Beschneidungsforderungen

Schon in der instruktiven Vorrede, dem „argumentum", unseren „Einleitungsfragen" entsprechend, macht Calvin klar, dass er den Eph in derselben Konfliktlage interpretiert, die aus dem Galaterbrief ersichtlich ist:[41] Paulus mahne die „Heiden" in Ephesus, dass sie sich ihrer Erwählung gewiss sein können. Denn das können sie den Anwandlungen von „Lügenaposteln", die ihnen weismachen wollen, dass ihnen ohne die Beschneidung etwas abgeht, entgegensetzen.

Es ist nämlich wahrscheinlich, dass Paulus gefürchtet hat, falsche Apostel (*pseudoapostoli*) könnten ihren Glauben stören unter dem Vorwand, sie seien nur halb unterrichtet worden. Die Epheser waren nämlich Heiden gewesen und hatten den unvermischten christlichen Glauben angenommen; nichts hatten sie von äußeren Religionsgebräuchen, nicht von der Beschneidung gehört. (*Fuerant enim Gentiles et purum Christianismum amplexi nihil de caeremoniis, nihil de circuncisione audierant*). Allein diejenigen, die den Christen das Gesetz aufdrängen wollten, vollführten alle ein Geschrei, unheilig seien die, welche Gott nicht durch das Mittel der Beschneidung geweiht worden seien.[42]

Im Eph selbst ist allerdings keine Rede von *pseudoapostoli* resp. ψευδαπόστολοι[43] oder von Beschneidungsforderungen anderer Missionare.[44] Die Schrift selbst

---

[39] Vgl. COR II.16, 228–231 ad 4,11: Aus der Liste von Ämtern (Apostel, Propheten, Evangelisten, Hirten und Lehrer) wird erschlossen, dass die Kirche durch die *praedicatio verbi* regiert wird (vgl. a.a.O., 228) und gerade nicht durch eine Oberherrschaft wie die des Papstes (vgl. PITKIN, Reception [s. Anm. 25], 282–290 zu möglichen Einflüssen der Paulusauslegung auf die institutionelle Kirchenreform in Genf).

[40] Vgl. BSLK 61; vgl. Volker STOLLE, Luther und Paulus. Die exegetischen und hermeneutischen Grundlagen der lutherischen Rechtfertigungslehre im Paulinismus Luthers (ABIG 10), Leipzig 2002, 392–394. Dass damit Riten und Institutionen für zweitrangig gegenüber der Kirche als in Gottes Einheit gegründetem Leib Christi erklärt werden, ist m.E. auf der Linie der Pragmatik des Eph (vgl. GERBER, Ökumeniker [s. Anm. 2]), auch wenn, wie Stolle ebd. zurecht bemerkt, die Rezeption im Blick auf Israel und etwa den Sakramentsbegriff anachronistisch ist.

[41] Zum Bild des Paulus, das Calvin aus Gal 2 gewinnt – einerseits historisch orientiert, andererseits durchlässig für die theologischen Streitfragen seiner Gegenwart –, vgl. PITKIN, Reception (s. Anm. 25), 274–282.

[42] Argumentum, COR II.16, 152; dt. 102.

[43] Von „Pseudo-Aposteln" (ψευδαπόστολοι) spricht nur 2 Kor 11,13. Calvin denkt es vermutlich mit den „Pseudo-Geschwistern" (ψευδάδελφοι) aus Gal 2,4 (und 2 Kor 11,26) zusammen. Von Pseudoaposteln spricht Calvin auch in COR II.16, 156 ad Eph 1,3; 162 ad 1,8 (Paulus beanspruche Weisheit und Klugheit gegen die Attraktivität der Falschapostel); vgl. COR II.16, 201 ad 3,3 (Paulus verteidige sich mit dem Anspruch der Offenbarung gegen Pseudopropheten).

[44] Nur in 2,11 wird die körperliche Beschneidung erwähnt. Calvin entwickelt dazu eine differenzierte Auslegung: Die Beschneidung sei ehedem ein positives äußeres Zeichen gewesen, das den Heiden gefehlt habe. Dass die Beschneidung als „mit der Hand gemacht" be-

lässt über einen akuten Anlass zur Abfassung oder innerchristliche Konflikte gar nichts erkennen,[45] weshalb ihre Intention, wie erwähnt, notorisch umstritten ist.[46]

Calvins Interpretation verdankt sich offenbar dem Galaterbrief, den er direkt vorher kommentiert hatte. Er versteht den Eph als Reaktion auf Kritik am Evangelium des Paulus, dass Heiden und Juden gleichgestellt seien. Die Selbstpräsentation in 3,1–13, in der „Paulus" erklärt, dass ihm dieser vorzeiten festgelegte Ratschluss offenbart worden sei, zeige, dass der Konflikt erst nach dem Aufenthalt in Ephesus eingetreten sei.[47] Obwohl diese These Calvins am Text nicht zu belegen ist, ist sie doch angesichts der Kritik der New Perspective gegenüber alten Auslegungen bemerkenswert. Denn Calvin konstruiert „seinen Paulus" hier nicht als Antipoden zu einem werkgerechten Judentum.[48] Ich belege diesen Eindruck an drei Aspekten: Im Blick auf das Gesetz, das Paulusbild und das Bild des Judentums.

(1) Calvin rekonstruiert den Konflikt nicht als Streit um das ganze Gesetz und als Kritik an „Werkgerechtigkeit". Das wird deutlich an seiner Auslegung von 2,15 f., der einzigen Aussage des Eph, in der das Stichwort νόμος fällt. Dort heißt es von Christus: „Er hat das Gesetz der Gebote in Satzungen beseitigt (τὸν νόμον τῶν ἐντολῶν ἐν δόγμασιν καταργήσας), um die zwei durch Stiftung des Friedens in sich selbst zu einem neuen Menschen zu schaffen und die beiden in einem Leib mit Gott zu versöhnen durch das Kreuz, durch das er die Feindschaft getötet hat" (2,15 f.).

Calvin versteht die Aussage nicht als grundlegende Ablehnung des Gesetzes, sondern als Aufhebung der Ritualgesetze; das ähnelt (wohl nicht zufällig) der Erklärung von J. Dunn, dem „Archegeten" der „New Perspective", dass der Ausdruck ἔργα νόμου in Gal 2,16 spezifisch die Gesetze bezeichne, die die jüdische Identität markieren, also „boundary marker"[49]. Calvin schreibt:

---

schrieben werde, sei zwar abwertend. Dies sei aber aus dem Rückblick formuliert, um deutlich zu machen, dass es jetzt nur noch um die Beschneidung Christi gehe (so mit Kol 2,11; vgl. Calvin, COR II.16, 188 f. ad 2,11).

[45] Nur in 4,14 findet sich ein Hinweis auf verwirrende Lehren, anders als der „Paulus" des Kolosserbriefes, der in 2,8–23 ausführlich gegen eine „Philosophie" polemisiert.

[46] Bezeichnend ist, dass Eberhard Faust, Pax Christi et pax Caesaris. Religionsgeschichtliche, traditionsgeschichtliche und sozialgeschichtliche Studien zum Epheserbrief (NTOA 24), Freiburg/Göttingen 1993, gerade die zu Calvins konträre These entwickelt, dass der Eph die nichtjüdischen Adressaten vor Hochmut gegenüber den Juden warne: Der Eph wolle einer in Kleinasien greifbaren antijüdischen Stimmung nach dem Sieg Roms über Judäa und Jerusalem (70 n.Chr.) entgegenwirken.

[47] Vgl. die Kommentierung von Eph 3,1–3 in COR II.16, 201 f.: Calvin erwägt, dass ein früherer Brief verloren gegangen ist. Das sei aber nicht so schlimm, denn Gottes Vorsehung habe auch dafür gesorgt, dass die wichtigen Schriften erhalten geblieben seien.

[48] Das gilt, obwohl Calvin in seinem ersten Kommentar, der Auslegung des Römerbriefs, die Rechtfertigung aus Glauben als Zentrum der paulinischen Theologie identifiziert (s. Einleitung der Auslegung in den Römerbrief OE 13.4 = COR II.13, 8).

[49] Vgl. den initialen Aufsatz James D. G. Dunn, The New Perspective on Paul, BJRL 65

Was [Paulus] nach der Art eines Gleichnisses (*metaphorice*) mit dem Worte „Zaun" hatte zu merken geben wollen, das drückt er jetzt deutlicher aus, indem er sagt, aufgehoben seien durch Christus die heiligen Handlungen, in denen ein Bekenntnis des Unterschieds lag (*abolitas per Christum caeremonias fuisse dicens, in quibus erat discriminis professio*). Denn was waren die Beschneidung, die Opfer, die Waschungen, die Enthaltungen von bestimmten Speisen anderes als Zeichen der Heiligung, welche die Juden daran erinnern sollten, dass ihre Stellung von derjenigen der übrigen Völker verschieden sei (*sanctificationis symbola, quae Iudaeos admonerent, sortem suam a reliquis esse diversam*), wie jetzt das weiße und das rote Kreuz die Franzosen von den Burgundern trennt. ...

Denn der Apostel pflegt in der Art, wie er sich hier äußert, über das Zeremonialgesetz (*de lege caeremoniali*) zu reden, in welchem der Herr nicht nur eine einfache Lebensregel vorschrieb, sondern auch die Juden an mannigfalte Satzungen fesselte (*in qua Dominus non modo simplicem vivendi regulam praescribebat, sed alligabat etiam Iudaeos variis decretis*).

Daraus darf man schließen, dass Paulus hier nur vom Zeremonialgesetz spricht (*nonnisi de lege caeremoniali hic tractare*); denn das Sittengesetz (*lex moralis*) ist keine Zwischenwand, die uns von den Juden trennen würde, da es eine Lehre umfasst, die uns sowohl als den Juden gemeinsam ist (*quum doctrinam comprehendat non minus nobis quam Iudaeis communem*).[50]

Calvin betont also, dass „wir" mit jüdischen Menschen das Moralgesetz teilen, und bezieht das offenbar auch auf die Juden seiner Gegenwart. Diese Relativierung der Reichweite der Aussage 2,15, Christus habe das Gesetz der Gebote in Satzungen beseitigt, ist m. E. plausibel, denn der Eph zitiert später den Dekalog (6,1 f.) und kritisiert im Kontext nur die trennende Funktion des Gesetzes.

(2) Calvin hat die jüdische Herkunft des Paulus durchaus vor Augen. Auch wenn er (wie der Eph[51]) den christlichen Paulus nicht als „Juden" bezeichnet,[52] unterscheidet er deutlich zwischen Paulus einerseits, den „Ephesern" als ehema-

---

(1983), 95–122, wiederabgedruckt in: ders., The New Perspective on Paul. Collected Essays (WUNT 185), Tübingen 2005, 89–110. Die Nähe mag „genetische" Ursachen haben, wie Dunn selbst mit Blick auf seine reformierte Prägung und namentlich den Einfluss Calvins nahelegt; vgl. ders., New Perspective Whence (s. Anm. 24), 17–22. Vgl. auch Friedrich W. HORN, Die Darstellung und Begründung der Ethik des Apostels Paulus in der new perspective, in: Friedrich W. Horn/Ruben Zimmermann (Hg.), Jenseits von Indikativ und Imperativ. Kontexte und Normen neutestamentlicher Ethik/Contexts and Norms of New Testament Ethics. Band I (WUNT 238), Tübingen 2009, 213–231 (215–218), zu den konfessionellen Prägungen der Initiatoren der Debatte, Krister Stendahl, Ed Parish Sanders, James D.G. Dunn und Tom Wright. – Allerdings bezieht Calvin den Ausdruck „Werke des Gesetzes" in Röm 3,20 aufgrund des Kontextes auf das Gesetz als ganzes (vgl. COR II.13, 66 ad Röm 3,20; s. Anthony LANE, Calvin, in: Stephen Westerholm [Hg.], The Blackwell companion to Paul [Blackwell Companions to Religion], Malden/Oxford/Chichester 2014, 391–405 [401]).

[50] COR II.16, 192 f.; dt. 134.

[51] Dies fällt insbesondere in 2,11–18 auf, wo der fiktive Verfasser „Paulus" zwischen „euch als Fernen" und den Gott „Nahen" unterscheidet, ohne sich durch ein „wir" mit diesen Nahen zu identifizieren. Vgl. anders Gal 1,14; 2,15 und 2 Kor 11,22; Phil 3,3–5.

[52] Paulus' „bleibende" jüdische Identität wird heute zu Recht betont, vgl. exemplarisch Jörg FREY, Das Judentum des Paulus, in: Oda Wischmeyer (Hg.), Paulus. Leben – Umwelt – Werk – Briefe, Tübingen ²2012, 25–65: „Paulus war Jude, zeit seines Lebens, auch als Apostel Jesu Christi. Nichts erlaubt die Annahme, dass er irgendwann seine durch Geburt begründe-

ligen Heiden andererseits und konzediert, dass die jüdischen Menschen einen anderen Zugang zum Evangelium haben. Calvin berücksichtigt dabei die gelegentlich auftretende Unterscheidung von Aussagen in der 1. Pers. Pl. und der 2. Pers. Pl. im Eph. In der gegenwärtigen Auslegung ist umstritten, ob der Eph mit den Wechseln der Personen einen Unterschied zwischen „ihr Heidenchristen" und „wir Judenchristen" markiert oder nur rhetorisch variiert.[53] Für Calvin hat der Wechsel Relevanz, da er der jüdischen Herkunft des Paulus eingedenk ist. So schreibt er etwa zum Wechsel zwischen „wir" und „ihr" in 1,11–14 in Bezug auf V.11 (ἐν ᾧ καὶ ἐκληρώθημεν):

Jetzt beginnt Paulus mit einer Aufteilung. Bis dahin hat er von allen Erwählten im Allgemeinen gesprochen; jetzt spricht er von sich und den Juden oder, wenn man lieber will, von allen denen, die gleichsam die Erstlinge des Christusglaubens sind, nachher wendet er sich den Ephesern zu (*nunc de se et Iudaeis loquitur, vel si mavis, de omnibus qui erant veluti Christianismi primitiae: deinde ad Ephesios descendit*).[54]

In 1,13 f. wechsele Paulus wiederum in die 1. Pers. Pl., um die Gemeinsamkeit des Glaubens zu unterstreichen:

Hier gesellt Paulus sich und den übrigen, die gleichsam Erstlinge waren, die Epheser als Mitgenossen zu. Denn er sagt von ihnen, sie hätten in ähnlicher Weise auf Christus gehofft. Danach trachtet er: zu zeigen, dass beide Gruppe den gleichen Glauben haben. (*Huc autem spectat, ut ostendat eandem esse utrisque fidem.*)[55]

Was Paulus mit dieser Differenzierung beabsichtigt, erläutert Calvin in Bezug auf 2,1–3. Auch dort wechselt der Text die Personen, von der 2. Pers. Pl. („Auch euch, die ihr tot wart in Sünden und Übertretungen" 2,1[56]) zur 1. Pers. Pl. („auch wir alle" 2,3). Calvin erläutert:

Um nicht den Eindruck zu erwecken, er halte den Ephesern in kränkender Weise vor, wie geartet sie gewesen sein, oder er verwerfe die Heiden mit dem Hochmut eines Juden (*aut Iudaico supercilio gentes deiicere*), gesellt Paulus auch sich und seinesgleichen jenen bei (*se quoque et sui similes illis aggregat*). Und das sagt er nicht in Heuchelei, sondern in einem aufrichtigen Bekenntnis gibt er Gott die Ehre.[57]

---

te Zugehörigkeit zum erwählten Gottesvolk „Israel" … infrage gestellt hätte" (25, im Original mit Hervorhebung).

[53] Vgl. zur Diskussion über einen Referenzwechsel zwischen „wir" und „ihr" in 1,11–13 und „ihr" in 2,1 f. und „wir alle" in 2,3 GERBER, Gnade (s. Anm. 10), 375–377.

[54] COR II.16, 164; dt. 110 f.

[55] Vgl. COR II.16, 165 ad 1,13 f.; dt. 111.

[56] Beispielhaft sei darauf verwiesen, dass Calvin zu 2,1 einen Angriff gegen die „Papisten" anfügt, die glaubten, dass die Menschen nur *semimortuus* seien (vgl. COR II.16, 177 mit Fußnote zu dem ggf. angespielten Dekret *de iustificatione* des Tridentinums [Heinrich DENZIN-GER/Peter HÜNERMANN, Enchiridion symbolorum definitionum et declarationum de rebus fidei et morum. Kompendium der Glaubensbekenntnisse und kirchlichen Lehrentscheidungen, Freiburg/Basel/Wien ⁴⁵2017, 1521]).

[57] Vgl. COR II.16, 179 zu Eph 2,3. Im Anschluss nimmt er Stellung zu der möglichen Spannung gegenüber der Selbstaussage des Paulus, er sei untadelig gewesen (Phil 3,6): Niemand sei ohne den Geist Christi sündlos, das scheine nur so (a. a. O., 179 f.).

Diese Unterscheidung zwischen jüdischen und nichtjüdischen Menschen in der brieflichen Kommunikation ist für Calvin zentral, denn sie entspricht seiner These von der Pragmatik des Briefes: Es gehe darum, die nichtjüdischen Adressaten zu vergewissern, dass sie von Gott erwählt sind, wie sie sind. Paulus gehe auf die heilsgeschichtliche Vorzugstellung der Juden gerade deshalb ein, um deutlich zu machen, dass sie im Blick auf die Erwählung den nichtjüdischen Menschen nichts voraushätten.

Die Annahme, dass der „Paulus" des Eph hier zwischen sich und den Ephesern in Bezug auf die Vergangenheit unterscheidet, ist m. E. nicht nur plausibel, sondern auch sinnstiftend.[58] Sie wird aber in vielen Kommentaren der Gegenwart bestritten. Der Wechsel zwischen Anrede und „Wir"-Aussagen sei nur rhetorisch abgezweckt.[59] Damit wird jedoch die heilsgeschichtliche Differenz zwischen jüdischen und nichtjüdischen Menschen nivelliert; alle Aussagen werden als allgemein anthropologisch interpretierbar, die Lesenden eingeladen, sich mit allen „Wir"-Aussagen zu identifizieren. Anders Calvin, denn der sieht sich und seine Leser und Leserinnen als Nachfahren der nichtjüdischen Adressaten.[60] Besonders deutlich wird das in der Auslegung der Aussage in Eph 2,7, dass Gott in seinem Heilshandeln den Reichtum seiner Gnade „an uns" in den kommenden Äonen zeige:

Übrigens werden wir durch diese Stelle ermahnt, durch ein dauerndes Andenken sei die Barmherzigkeit Gottes zu verherrlichen, in der er sich herabgelassen hat, unsere Vorfahren in sein Volk aufzunehmen (*misericordia Dei, qua Patres nostros dignatus est in populum suum cooptare*). Denn die Berufung der Heiden (*gentium vocatio*) ist ein bewunderungswürdiges Werk der göttlichen Güte, das den Kindern die Eltern und die Großväter den Enkeln von Hand zu Hand weitergeben sollen, damit es niemals durch Stillschweigen aus den Seelen der Menschen ausgetilgt werde.[61]

(3) Anders als viele Arbeiten der „New Perspective" hat Calvin allerdings kein Interesse daran, ein verzeichnetes Bild vom Judentum zu korrigieren. Und „philo-jüdisch" ist die Position von Calvin keineswegs, vielmehr zeichnet er ein ambivalentes Bild vom Judentum. Das klang bereits im obigen Zitat zu 2,1–3 an, das den Apostel Paulus von Hochmut und Heuchelei freispricht, die Calvin offenbar mit Juden assoziiert. Und auch in der Auslegung von 2,11 f. konstatiert Calvin zwar, dass die jüdischen Menschen Gott nahe waren,[62] gleichzeitig aber deutet er Christus als Überbietung oder gar Ablösung der bisherigen Heilsga-

---

[58] Vgl. GERBER, Gnade (s. Anm. 10), 375–377.

[59] Vgl. etwa SELLIN, Epheser (s. Anm. 33), 114 f. zu 1,13–15; 160 zu 2,1–3; das gilt selbst für Ausleger, die den Eph als echten Paulusbrief lesen, vgl. so HOEHNER, Ephesians (s. Anm. 4), 231–234 zu 1,12 f.; 317 zu 2,3.

[60] So schreibt er zu Eph 1,4: *Quia scilicet antequam mundus esset, nos elegit. … Nam ex quo dicit nos in Christo electos, sequitur indignos fuisse in nobis* (COR II.16, 157 f.).

[61] COR II.16, 183 ad Eph 2,7; dt. 126.

[62] COR II.16, 195 ad 2,17 ff.: *Iudaeos Deo propinquos facit (sc. Paulus) ratione foederis.*

ben. Entsprechend erklärt Calvin bereits in Bezug auf 1,3 die Überlegenheit des geistlichen Segens gegenüber dem Segen des Gesetzes: Ziel (*scopus*) des Paulus

ist jedoch das geistliche Glück, so wie Christi Reich ein geistliches ist. Christus stellt der Apostel allen jüdischen Sinnbildern, in denen der Segen unter der Herrschaft des Gesetzes eingeschlossen gewesen ist, gegenüber; denn wo Christus ist, da sind alle diese Dinge überflüssig. (*Christum opponit iudaicis omnibus symbolis, quibus inclusa fuit benedictio sub lege. Nam ubi Christus, illio supervacua sunt ea omnia.*)[63]

Calvin stellt – m. E. zu Recht – fest, dass Eph 2,15 f. voraussetze, dass auch die Juden mit Gott versöhnt werden müssen.[64] Er kommentiert 2,16:

Jetzt dehnt Paulus die Wohltat der Versöhnung (*beneficium reconciliationis*) auch auf die Juden aus und lehrt, alle würden durch den einen Christus mit Gott verbunden. Dabei widerlegt er die falsche Zuversicht der Juden, die unter Verschmähung von Christi Gnade sich rühmten, das gottgeweihte Volk und auserlesene Erbe zu sein. (*In quo falsam Iudaeorum confidentiam refutat, qui spreta Christi gratia sacrum Deo populum se esse iactabant et haereditatem selectam*).[65]

Dass nach dem Eph auch die jüdischen Menschen der Errettung durch Christus bedürfen, ist m. E. zwar eindeutig aus Eph 2,3–10.15 f. abzuleiten. Dass Juden sich auf ein hybrides Gottvertrauen verließen, wird dagegen im Eph nirgends auch nur angedeutet. Calvin kolportiert aber mehrfach das Bild eines ruhmsüchtigen Judentums, ein antijüdisches Stereotyp, das sich bis in Paulusinterpretationen des 20. Jahrhunderts verfolgen lässt.[66] So interpretiert er den Ausdruck „die sogenannte Beschneidung, die mit der Hand im Fleisch gemacht wird" (ἡ λεγομένη περιτομὴ ἐν σαρκὶ χειροποίητος) in 2,11:

Allerdings räume ich zugleich ein, der Zusatz ‚welche am Fleisch mit der Hand gemacht' sei beigefügt worden, damit Paulus zu verstehen gebe, es sei eine doppelte Beschneidung vorhanden, und so den Ruhm der Juden dämpfe, die umsonst stolz sind auf die Beschneidung im buchstäblichen Sinne (*atque ita retunderet Iudaeorum gloriam, qui literali circuncisione frustra superbiunt…*).[67]

Bemerkenswert ist, dass Calvin die Spannung zwischen der Darstellung des heilsgeschichtlichen Vorzugs der jüdischen Menschen in 2,11 f. einerseits, ihrer Subsumption unter die erlösungsbedürftige, „in Sünden tote Menschheit" in 2,3 andererseits, sehr wohl wahrnimmt.[68]

---

[63] COR II.16, 157; dt. 104 f., ad Eph 1,3.

[64] Vgl. so COR II.16, 191 f. ad Eph 2,14; vgl. zu Eph 2,16: *Idque, ut Iudaeos significet non minus opus habere Mediatore quam Gentes* (COR II.16, 193).

[65] COR II.16, 191; dt. 133.

[66] Vgl. Florian WILK, Ruhm coram Deo bei Paulus?, ZNW 101,1 (2010), 55–77 zur Diskussion und Differenzierung zwischen hybridem Selbstruhm und angemessenem Ruhm vor Gott bei Paulus.

[67] COR II.16, 188; dt. 130 f. ad Eph 2,11.

[68] Vgl. auch FELD, Einleitung (Anm. 27) XL f. zur Anerkenntnis des Bundes Gottes mit Israel. Die Kontinuität zeige sich etwa darin, dass Paulus in Eph 2,20 die alttestamentlichen

Eine Frage jedoch tritt uns hier entgegen, nämlich die, warum Paulus die Juden wie die übrigen Menschen dem Zorn und dem Fluche unterstelle, während sie doch eine gesegnete Nachkommenschaft waren (*quum tamen essent semen benedictum*). Ich entgegne, dass die natürliche Beschaffenheit gemeinsam ist, dass sich die Juden nur insofern von den Heiden unterscheiden, als Gott sie, der Verheißung zuliebe, vom Verderben befreit. Aber das ist ein nachträgliches Heilmittel. (*Iudaeos tantum in hoc differre a gentibus, quod Deus eos, promissionis gratia, ab exitio liberat. Sed illud est superveniens remedium*)[69].

2.2 Die Erwählungslehre widerlegt jeden Anspruch, etwas selbst zu vermögen

Aus dieser historischen Situierung erklärt Calvin die Pragmatik der Aussagen über Gottes Prädestination. Er findet sie in der Eulogie, insbesondere in der Aussage 1,3 f., dass Gott gelobt sei für seine Segnung „mit allem geistlichen Segen in den Überhimmeln in Christus, wie und weil er uns erwählt hat in Christus vor der Grundlegung der Welt, dass wir heilig und fehlerlos seien vor ihm" (1,3b.4: ἐν πάσῃ εὐλογίᾳ πνευματικῇ ἐν τοῖς ἐπουρανίοις ἐν Χριστῷ, καθὼς ἐξελέξατο ἡμᾶς ἐν αὐτῷ πρὸ καταβολῆς κόσμου εἶναι ἡμᾶς ἁγίους καὶ ἀμώμους κατενώπιον αὐτοῦ). Dies sei deutlicher Ausdruck, dass die Erwählung allen eigenen Verdiensten vorausgehe.[70]

Sodann muss schon aus dem Zeitpunkt der Erwählung geschlossen werden, dass sie „unentgeltlich" sei (*gratuitam esse electionem*). Denn was kann unsere Würde (*nostra dignitas*) sein, was denn kann als unser Verdienst (*nostrum meritum*) hervortreten, bevor die Welt gegründet worden war?[71]

Albern (*puerile*) sei daher auch die These, dass Gottes Vorherwissen der Auswahl vorausgegangen sei (ebd.). Vielmehr bezeugen die Aussagen über Gottes Erwählung eben, dass die Menschen Gott kein verdienstliches Werk entgegenzubringen haben.

Die Eulogie zeige des Weiteren, dass die Erwählung ein doppeltes Ziel habe, nämlich das Lob Gottes, das drei Mal als Ziel der Erwählung genannt wird (1,6.12.14), und dieser untergeordnet die Heiligung, weshalb der rechte Lebenswandel eine Frucht der Erwählung ist. So folgert Calvin aus 1,4:

Propheten (angefangen mit Mose) neben den Aposteln zum Fundament, und das heißt für Calvin: zur *doctrina* der Kirche, zähle (COR II.16, 197).

[69] COR II.16, 181; dt. 124 ad Eph 2,3.

[70] Bemerkenswert ist, dass Calvin den Kirchenbegriff nicht in diese Prädestinationsaussagen einträgt. Das tun Auslegungen des 20.Jh., die die Interpretation von 1,3 f. als Aussage über die „Präexistenz der Kirche" und Gottes prädestinatianische Erwählung deuten: Der eine Gott habe, wie er damals Israel erwählt habe, „jetzt in Christus Jesus die Kirche erwählt" (Hans HÜBNER, Prädestination III. Neues Testament, TRE 26 [1996], 105–110 [108 f.] zum Epheserbrief, im Anschluss an Heinrich Schlier). Calvin deutet die Prädestinationsaussagen individuell. Die Kirche folgt der Wirkung Christi: So entnimmt Calvin Eph 2,20, dass die Kirche auf dem Fundament der wahren Lehre und letztlich Christi gründet (COR II.16, 197 mit Bezug auch auf 1 Kor 3,11).

[71] COR II.16, 157 f. ad Eph 1,4; deutsche Übersetzung hier von Christine Gerber.

dass Heiligkeit (*sanctitas*), Unschuld (*innocentia*) und alles, was an Tugend in den Menschen vorhanden ist, eine Frucht der Erwählung (*fructum electionis*) sei.[72]

Die Erwählung erlaube also den Menschen nicht, sich gehen zu lassen, sondern fordere sie, nach Vollkommenheit zu streben, auch wenn solche in diesem Leben noch nicht zu erreichen sei.[73] Damit ist für Calvin auch klar, warum der zweite Teil des Epheserbriefs in Mahnungen zum rechten Verhalten mündet, während die jüngere Exegese die Paränese oft als Anhängsel betrachtete.

Calvin ist aber wichtiger, dass die Prädestinationslehre Gottes Barmherzigkeit zeigt und damit den Menschen jeden Anspruch beschneidet, etwas zu können oder zu vermögen. So schreibt er im Kontext von 1,4 zur *doctrina praedestinationis*:

Es ist ja doch kein Abschnitt der (christlichen) Lehre nützlicher, wenn er nur in gebührender und nüchterner Weise erörtert wird, das heißt, wie ihn hier Paulus behandelt, indem er uns in ihm die unermessliche *Güte Gottes* (*immensa Dei bonitas*) zur Betrachtung vorlegt und uns zur Danksagung anspornt. Das nämlich ist die wahre Quelle, aus der die Erkenntnis der göttlichen Barmherzigkeit geschöpft werden muss, weil den Menschen, auch wenn sie in allen anderen Punkten Ausflüchte suchen, die Erwählung den Mund verstopft, damit sie nichts in Anspruch zu nehmen wagen oder vermögen (*quia ut in aliis omnibus tergiversentur homines, electio illis os obstruit, ne quid sibi arrogare ausint vel queant*).[74]

Zu dieser Pointe führen auch die Sätze, die für viele nur noch als abgeblasster Rest der Rechtfertigungslehre des Paulus gelten: „Durch Gnade seid ihr gerettet durch Glauben, und dies nicht aus euch: Gottes Geschenk ist es, nicht aufgrund von Werken, damit sich niemand rühme" (2,8f.). Für Calvin sind sie ganz im Gegenteil eine prägnante Zusammenfassung dieser Lehre:

Denn hier umfasst Paulus mit drei Worten, was er in so langen Disputationen im Römer- und im Galaterbrief behandelt: Aus Gottes Barmherzigkeit allein entstehe uns Gerechtigkeit; sie werde angeboten in Christus, und zwar durch das Evangelium; durch den Glauben allein ohne Verdienst der Werke werde sie empfangen. (*Ex sola Dei misericordia provenire nobis iustitiam, offerri in Christo, idque per Euangelium; sola fide, citra operum meritum percipi*.)[75]

Gegen die „Papisten" betont er, dass die Werke, von denen hier die Rede sei, nicht nur die „Zeremonialgesetze" einbezögen, sondern jegliches Tun des Menschen, so dass die ganze Rechtfertigung des Menschen aus Werken hier zurückgewiesen werde. Ausgeschlossen sei auch der Gedanke, dass Gott den Menschen mit einer ersten Gnade ausstatte zu guten Werken.[76]

---

[72] COR II.16, 158f. ad 1,4; dt. Übers. etwas abweichend von WEBER, Calvin, Paulinische Briefe (s. Anm. 34), 105f.
[73] COR II.16, 159 ad 1,4; dt. 106.
[74] Ebd.
[75] COR II.16, 184 ad Eph 2,8f.; dt. Übers. Christine Gerber.
[76] Vgl. COR II.16, 184f., wohl mit Bezug auf das Dekret *de iustificatione* des Tridentinums (D–S/D–H 1523–1539; vgl. die Anmerkungen von FELD ad loc., 185 FN 22; 186 FN 24).

Wichtig ist Calvin der im NT einzigartige Satz in 2,10, der davon spricht, dass Gott die Glaubenden „erschaffen hat in Christus Jesus zu guten Werken, die Gott vorbereitet hat, damit wir in ihnen wandeln" (κτισθέντες [sc. wir] ἐν Χριστῷ Ἰησοῦ ἐπὶ ἔργοις ἀγαθοῖς οἷς προητοίμασεν ὁ θεός, ἵνα ἐν αὐτοῖς περιπατήσωμεν). Er unterstreiche, dass auch die Werke, die die Glaubenden tun, nicht ihr eigenes Verdienst sind. Calvin argumentiert in seiner Auslegung gezielt mit dem Aussagekontext, um synergistische Deutungen aus dem Feld zu schlagen.[77] So schreibt er zur Aussage „Wir sind geschaffen zu guten Werken":

Man muss die Absicht des Paulus (*Pauli intentio*) im Auge behalten: indem er zeigen will, dass wir Gott nichts gebracht haben, wodurch er uns verpflichtet wäre, lehrt er, dass die guten Werke selber, die wir tun, von ihm herstammen (*ipsa etiam quae facimus bona opera ab ipso provenire*). Daraus folgt, dass wir nichts sind außer durch seine reine Freigebigkeit (*nihil nos esse nisi mera eius liberalitate*). Wenn nun diese gegen uns anführen, folglich würden wir zur Hälfte durch die Werke gerechtfertigt, was hat das mit dem Gedanken des Paulus zu tun? Und was mit der Sache, die er behandelt?[78]

Man müsse die Kontexte unterscheiden:

Denn wenn Paulus die Ursache der Gerechtigkeit bestimmt (*in quo iustitia consistat*), geht es ihm darum, dass unser Gewissen niemals ruhig sein wird, wenn sie nicht in der Vergebung der Sünden ihren Halt fände. An der vorliegenden Stelle berührt Paulus nichts Derartiges, weil er nichts anderes ausführt als, wir seien alles das, was wir sind, durch Gottes Gnade (*nisi totum quod sumus, id nos esse Dei gratia*).[79]

Wenn die guten Werke vor unserer Geburt schon bereitliegen – Calvin spricht anschaulich von einer „Schatzkammer Gottes" (*eius thesaurus*) –, dann doch, weil die Menschen offenbar nicht von sich aus dazu in der Lage seien. Damit habe Gott jeden Anlass des Stolzes genommen. So schreibt er in Anlehnung an Röm 8,30:

Denn welche er berufen hat, die rechtfertigt er und lässt sie wiedergeboren werden. (*Nam quos vocavit, eos iustificat et regenerat.*)[80]

Calvin zufolge argumentiert Paulus in eine bestimmte Situation hinein: Er vergewissert die nichtjüdischen Glaubenden ihrer Erwählung *solo Christo*, für die es keiner weiteren „Hilfsmittel" wie etwa der Beschneidung bedarf.[81] Daraufhin entwickelt Calvin aus dieser historisierenden Auslegung eine Botschaft für seine eigene Gegenwart, die ins Herz der reformierten Theologie und Ethik

---

[77] Hier kritisiert Calvin dezidiert synergistische Konzepte anderer Auslegungen: Nicht der Glaube sei die Gabe Gottes, sondern überhaupt die Rettung (COR II.16, 185 ad 2,9 sachlich zu V.9, formal zu V.8; vgl. Feld, 185 FN 23 zu den Kommentaren von Chrysostomos und Ambrosiaster, die hier wohl gemeint sind).

[78] Calvin, COR II.16, 186 ad Eph 2,10; dt. 129.

[79] Calvin, COR II.16, 186f.

[80] Calvin, COR II.16, 187 ad Eph 2,10; dt. 129.

[81] Calvin, COR II.16, 188 ad Eph 2,11.

führt: Es ist wichtig zu begreifen, dass Menschen nur aufgrund der souveränen Erwählung Gottes zum Glauben gekommen sind und nun Werke tun können.[82]

3. Der Eph in Luthers Epistelpredigten[83]

Martin Luther hat zum Eph weder eine Vorlesung gehalten noch einen Kommentar verfasst; vielleicht hätte er sonst, wie Bray erwägt, Zwist über die Prädestinationslehre in der zweiten Generation verhindert.[84] Er hat den Eph nicht erkennbar als eigenständige Schrift herangezogen, sondern Sätze bzw. Passagen als Niederschlag des paulinischen Evangeliums ausgelegt. Zwar hält Luther den Brief an die Epheser nach denen an die Römer und Galater für besonders wichtig.[85] Bezeichnend jedoch für seine nur ausschnitthafte Wahrnehmung ist die Vorrede auf den Eph von 1522. Für eine Bibelkundeprüfung hätte diese kaum ausgereicht:

In dieser Epistel lehrt S. Paulus aufs erste, was das Evangelium sei, wie es allein von Gott in Ewigkeit versehen (i. S. von „geplant")[86] und durch Christum verdienet und ausgegangen ist, daß alle, die daran glauben, gerecht, fromm, lebendig, selig und vom Gesetz, Sünde und Tod frei werden. Das tut er durch die drei ersten Kapitel.

Darnach lehret er meiden die Nebenlehre und Menschengebot, auf daß wir an einem Haupt bleiben, gewiß, rechtschaffen und völlig werden in Christo allein, an welchem wir's gar (i. S. von „genug") haben, daß wir außer ihm nichts bedürfen. Das tut er im vierten Kapitel.

Fortan lehret er, den Glauben üben und beweisen mit guten Werken und Sünde meiden und mit geistlichen Waffen streiten wider den Teufel, damit wir durchs Kreuz in Hoffnung bestehen mögen.[87]

---

[82] Entsprechend polemisiert Calvin gegen die positive Sicht der menschlichen Erkenntnisfähigkeit (COR II.16, 239 f. ad Eph 4,17): Der Mensch ist aufgrund der Sünde Adams an sich nicht in der Lage zur Erkenntnis Gottes. Aber auch die Glaubenden sind in der Gegenwart, anders als Christus, noch in der Sünde gefangen (COR II.16, 173 ad 1,20).

[83] Zu Luthers viel diskutierter Paulus-Rezeption, bis hin zur Identifikation mit dem Apostel, vgl. grundlegend STOLLE, Luther (s. Anm. 40); Mickey L. MATTOX, Martin Luther's Reception of Paul, in: R. Ward Holder (Hg.), A Companion to Paul in the Reformation (Brill's Companions to the Christian Tradition 15), Leiden 2009, 91–128. Für die Entwicklung der Theologie Luthers spielt der Eph, anders als Römer- und Galaterbrief, keine eigenständige Rolle; soweit ich sehe, gibt es dazu auch keine Forschung.

[84] BRAY, Reformation (s. Anm. 3), lii.

[85] Die „rechten und edelsten Bücher des Neuen Testaments" sind nach Joh „Sankt Paulus Episteln, sonderlich die zu den Römern, Galatern, Ephesern", WB DB 6,10,7 f.29 f., vgl. STOLLE, Luther (s. Anm. 40), 256 f.

[86] Dies dürfte weniger auf Eph 1,3 ff. referieren als auf das – in heutiger Diktion – Revelationsschema, das 3,1–13 prägt, wonach alles, was erst in der Verkündigung der Apostel und Propheten offenbar wurde, von Gott vorzeitlich festgelegt, aber verborgen war.

[87] Aus Heinrich BORNKAMM (Hg.), Luthers Vorreden zur Bibel, Frankfurt am Main 1983, 202, von dort auch die Klammerbemerkungen. Zum Paulinischen im Kanon angesichts der Vorreden vgl. STOLLE, Luther (s. Anm. 40), 254–266; ausführlich ist nur die Vorrede zum Römerbrief, die anderen sind laut Heinz BLANKE, Bibelübersetzung, in: Albrecht Beutel (Hg.), Luther Handbuch, Tübingen [3]2017, 258–264 (263) z. T. auch unter Zeitdruck entstanden.

Zwar klingt die Aussage über Gottes vorzeitliche Erwählung in 1,3 an, aber ansonsten erinnern die Beschreibungen des ersten Briefteils eher an Röm 5–8. Sie sind in der Sache nicht falsch, aber auch nicht spezifisch. Luther übergeht die Tatsache, dass die „Gerechtigkeit aus Glauben" im Eph nicht erwähnt wird und dass die Pointe des „Evangeliums" des Paulus nach Eph 3,6 in der Zugehörigkeit der Völker zum Gottesvolk liegt.

Hat er also den Eph nicht erkennbar als eine eigenständige Schrift gewürdigt, so hat er doch – ausweislich des Registers der Studienausgabe[88] – Aussagen des Eph, die unter den anderen Paulusbriefen keine direkten Entsprechungen haben, durchaus herangezogen, um reformatorische Überzeugungen zu Ekklesiologie und Ethik zu unterstützen. Spezifische Bedeutung kommt drei Texten zu: Eph 4,1–16 ist Grundlage für die Kritik an der römischen Hierarchie und Unterscheidung geistlicher Stände.[89] Die Eheparänese 5,22–33 ist wichtig für die Bestreitung der Sakramentalität der Ehe.[90] Und Luthers Lieblingstext aus dem Eph war wohl das Bild von der Waffenrüstung Gottes, seines „Harnisch" in 6,10–17; auf ihn kommt er immer wieder zu sprechen. Denn aus diesem Text sei zu entnehmen, dass der Teufel auf vielerlei Weisen droht, dass es nicht um einen Kampf mit Fleisch und Blut geht und dass das Wort als „geistliches Schwert" hilft (passim).

Bei dieser Ausgangslage kann es in meiner „kollegialen Intervision" Luthers also nicht darum gehen, seine Interpretation des Eph als einer Schrift zu begleiten. Ich gehe vielmehr von Luthers Predigten zu Perikopen des Epheserbriefs aus, die als „Luthers Epistelauslegungen" zusammengestellt sind.[91] Es handelt sich zumeist um Predigtnachschriften Georg Rörers,[92] der Gattung entspre-

---

[88] Vgl. die Register in Wilfried HÄRLE u.a. (Hg.), Martin Luther. Lateinisch-Deutsche/ Deutsch-Deutsche Studienausgabe, Leipzig 2009–2016.

[89] Eph 4,8.11 ist Grundlage für die Übernahme der Aufgabe durch einzelne in der Kirche (Über Konzilen und Kirche, WA 50, 633,3–5); als Beleg für das Priestertum aller Gläubigen dienen u.a. Eph 2,6; 4,4; 5,30 (De instituendis ministris Ecclesiae, WA 12, 179).

[90] De captivitate, s.u. 3.3, vgl. Anm. 114.

[91] Eduard ELLWEIN, Die Briefe an die Epheser, Philipper und Kolosser (Luthers Epistel-Auslegung 3), Göttingen 1973.

[92] Georg Rörers Predigtnachschriften bieten nicht die gesamten Predigten im Wortlaut (vgl. Helmut ZSCHOCH, Predigten, in: Albrecht Beutel [Hg.], Luther Handbuch, Tübingen ³2017, 358–365). Überliefert sind abgesehen von den Nachschriften eine Predigt zu Eph 4,1–6 in der 1544 von Cruciger edierten Sommerpostille (WA 22, 292–300; bei ELLWEIN, Epistel-Auslegung [s. Anm. 91], 46–53), zu Eph 3,14–21 ein „Sermon von der Stärke und dem Zunehmen des Glaubens und der Liebe" von 1525 (WA 17,I, 428–438; a.a.O., 30–40) und eine Predigt zu Eph 5,1–10 in der Fastenpostille von 1525 (WA 17,II, 205–213; a.a.O., 79–86). Außer der Perikopenreihe hielt Luther eine „Kasual-Predigt" zu Eph 5,22–33 anlässlich der Hochzeit von Cruciger am 24. April 1536, die zugleich auf das Osterevangelium Bezug nimmt (WA 41, 547–563, a.a.O., 104–110). Eine lange Predigt zu Eph 6,10–20 ist 1531 unter dem Titel „Von der Christen Harnisch und Waffen" im Druck erschienen; hier geht Luther die Aussagen, vor allem Waffenmetaphern, im Einzelnen durch (WA 34,II, 371–406; a.a.O., 140–154).

chend nicht kursorische Auslegungen, sondern Homilien, die auf die jeweilige Gegenwart bezogen werden.[93] Luther bespricht oft nur den Anfang des Episteltextes genauer. Die Predigttexte, orientiert wohl an der Perikopenordnung,[94] stammen fast nur aus dem zweiten Briefteil, der Paränese.[95] Absoluter Favorit ist auch hier die Waffenrüstung.[96]

Vielleicht also hat die Perikopenordnung verhindert, dass Luther der ersten Hälfte des Eph mehr Aufmerksamkeit schenkte. Im Vergleich sowohl mit dem, was aus heutiger Sicht die theologische Besonderheit des Briefs ausmacht, als auch mit Calvins Kommentar fallen jedenfalls Leerstellen auf: Luther übergeht die Eulogie; aus dem zentralen Abschnitt des ersten Briefteils 2,11–22 über die Versöhnung der ehedem geteilten Menschheit durch Christus zitiert er fast überhaupt nicht; und für ekklesiologische Fragen zieht Luther den Teil kaum heran.

In welchem Licht erscheint also der Eph in der Lektüre Luthers? Im Blick auf die eingangs formulierten Auslegungsfragen und Spezifika des Eph fallen bei meiner „Intervision" vier Aspekte auf: Die Bedeutung der Paränese (3.1), die aktualisierende Applikation der Aussagen über die Bekehrung der nichtjüdischen Adressatinnen und Adressaten (3.2), der Bezug der ekklesiologischen Aussagen auf den Glauben der Einzelnen (3.3) und die Lösung der Spannung zwischen der Freiheit jedes Christenmenschen und der Ständeethik (3.4).

3.1 Luthers Sinn für die Paränese des Eph

Während die Auslegung der letzten Jahrzehnte darüber stritt, ob der Eph im Überschwang einer präsentischen Eschatologie die Zukunft vergessen habe und wozu die ausführliche Paränese diene, hat Luther eine klare Deutung. So be-

---

[93] Zu Luthers Predigtpraxis und ihrer impliziten Hermeneutik vgl. ZSCHOCH, Predigten (s. Anm. 92).

[94] Vgl. Herwarth VON SCHADE/Frider SCHULZ (Hg.), Perikopen. Gestalt und Wandel des gottesdienstlichen Bibelgebrauchs (RGD 11), Hamburg 1978, 22–33 zur bleibenden Orientierung Luthers an der vorgegebenen Perikopenordnung sowie die Übersicht über die Perikopen des Kirchenjahres; Peter C. BLOTH, Schriftlesung I. Christentum, TRE 30 (1999), 520–558 (529–530). Luther predigte seit 1530 oft am Nachmittag über die Epistel des Sonntags, wenn er am Vormittag das Evangelium ausgelegt hatte (ZSCHOCH, Predigten [s. Anm. 92], 358).

[95] Ausweislich der Tabelle und der Ausgabe Rörers sind folgende Perikopen im Kirchenjahr (die meisten am Ende der Trinitatiszeit) Predigttexte: Eph 3,1–13; 3,13–21; 4,1–6; 4,22–32; 5,1–9; 5,15–21; 6,10–17.

[96] Eph 6,10–17, die Epistel für den 21. Sonntag nach Trinitatis, ist Luther besonders wichtig, da sie „den rechten Kampf des Glaubens" anzeigt: Paulus „macht's wie ein frommer und rechter Feldhauptmann, der seinen Kriegsleuten, die zur Schlachtordnung aufgestellt sind, eine Feldpredigt hält. Er sagt: Wenn ihr diesen Christus zum Herrn behalten wollt und seine Lehre, so seid gerüstet; denn ‚Wir haben nicht mit Fleisch und Blut zu kämpfen' (V.12). Darum ist's nicht genug, daß man den Christen predige, was man glauben und tun müsse; sondern man muß sie auch vor denen warnen, die ihre Widersacher sind, damit sie nicht den Glauben verlieren" (Predigt am 6. November 1530, WA 32, 141,20 f.; 142,16–23, hier zitiert nach ELLWEIN, Epistel-Auslegung [s. Anm. 91], 119).

schreibt er in einer Predigt zu Eph 4,1–10 die Funktion der Paränese im Gedankengang des Briefes: Paulus lehre,

wie Paulus *überall* zu tun pflegt: Zum ersten unterrichtet er die Menschen, was der Glaube sei und wie er sich zum Christenstand schicken soll. Sobald er den Glauben gepflanzt hat, lehrt er sie, wie sie äußerliche Werke tun und wie wir unser Leben führen sollen. So ist dieser Brief ein Mahnbrief, in dem er ermahnt, daß sie mit einem äußeren Lebenswandel ein frommes Leben führen sollen, der sich mit ihrem Glauben und Beruf reimt. Denn so muß man bei den Christen predigen, daß sie immer wieder ermahnt und getrieben werden, daß sie den Glauben nicht verlieren...[97]

Daran schließt das Bild von der Waffenrüstung an; für Luther vor allem eine Warnung vor dem Teufel, mit dem man unbedingt rechnen sollte:

Es genügt nicht, wenn man weiß, was man glauben, was man tun soll, sondern man muß auch darauf sehen, wie du dabei bleibst, daß dir der Teufel das Wort nicht nehme und ein giftig Maul dich nicht von deinem Amt abspenstig mache.[98]

Der Teufel lauert überall: in Anfechtungen oder in Anschlägen der Papisten oder Schwärmer. Mit dieser dämonischen Sicht auf die gegenwärtigen Kämpfe war Luther wohl näher am Weltbild des Eph als die spätere zur Entmythologisierung neigende Rezeption des Eph.[99] Und so erklärt sich auch, dass der Eph zur Hälfte aus Mahnungen für die verschiedenen Situationen und Stände besteht.

3.2 Der Kleiderwechsel vom alten zum neuen Menschen als Beschreibung der christlichen Existenz

In der Inszenierung des Eph fordert Paulus, der Völker-Apostel, die nichtjüdischen Adressatinnen und Adressaten auf, sich von ihrem früheren Lebenswandel zu distanzieren. Da Luther jedoch weder diese Briefsituation noch die Aussage über die Versöhnung von jüdischen und nichtjüdischen Menschen beachtet, werden die im Brief adressierten „Heiden" neu kontextualisiert. An Luthers Auslegung interessiert mich daher besonders, wie er die Mahnungen, die sich in der Brieffiktion spezifisch an „frisch" bekehrte nichtjüdische Menschen wenden (4,17–24; 5,3–8), auslegt: Welche Bedeutung erhalten sie für bereits im Glauben erzogene Christenmenschen?

Vielsagend ist hier Luthers Applikation des Bildes vom Kleiderwechsel in 4,22–24. Der Eph mahnt mit dem Bild die nichtjüdischen Glaubenden, sich de-

---

[97] Predigt über Eph 4,1–10, 17. Sonntag nach Trinitatis 1531, Rörer Nachschrift, WA 34,II, 298–308, hier 298f., hier zitiert nach Ellwein, Epistel-Auslegung (s. Anm. 91), 41.
[98] Predigt über Eph 6,10–17, WA 32, 141–149, hier 143f., bei Luther in der 2. Person; Rörer-Nachschrift der Predigt am 21. Sonntag nach Trinitatis, nachmittags, 6. November 1530; hier zitiert nach Ellwein, Epistel-Auslegung (s. Anm. 91), 119f. (dort mit Hervorhebungen).
[99] Vgl. zur astral-dämonologischen Weltsicht, die auch den Eph prägt, ausführlich Rainer Schwindt, Das Weltbild des Epheserbriefes. Eine religionsgeschichtlich-exegetische Studie (WUNT 148), Tübingen 2002.

zidiert von der heidnischen Vergangenheit zu distanzieren: „So legt nun von euch ab nach dem vorigen Wandel den alten Menschen, der durch Lüste im Irrtum sich verderbet. Erneuert euch aber im Geist eures Gemüts und ziehet den neuen Menschen an, der nach Gott geschaffen ist in rechtschaffener Gerechtigkeit und Heiligkeit" (4,22–24).[100] Für Luther ist das Gegenüber von altem und neuem Menschen nicht ein Bild für die Bekehrung der nichtjüdischen Menschen zum Christusglauben. Er bezieht den Kleiderwechsel auf die Existenz des einzelnen Christenmenschen: Das Ablegen des Alten ist ein lebenslanges Projekt.[101] Denn „heidnisch" sind nicht die nichtjüdischen Menschen, sondern alle Glaubenden, insofern sie die Wahrheit des Evangeliums immer wieder vergessen können:

> Es genügt nicht, wenn man an Christus glaubt. Die Taufe hilft einem nichts, wenn man weiterhin im Irrtum und Lüsten lebt. Sie hilft dann nichts. Ist aber der neue Mensch auf dem Plan, wird der alte abgetan. ...
> Der alte Mensch lebt im Irrtum; der neue Mensch lebt im Geist und hat die Wahrheit. Ihr habt die Wahrheit empfangen, euer Herz ist erleuchtet durch die Wahrheit und ist vom Irrtum weggerufen, in dem der alte Mensch gewesen ist. Darum wehrt euch wider den Irrtum und werdet je länger desto mehr ein neuer Mensch und zieht euch je länger desto mehr aus dem Irrtum in die Wahrheit. Das geschieht durch das Predigtamt, durchs Gebet und das Bedenken des Wortes Gottes.[102]
> Darum sagt Paulus: Gedenkt, daß ihr mit euch kämpfen müßt. ... Darum, rat ich, kämpft wider euch; legt (den alten Menschen) ab, wie ich einen alten bösen Rock ausziehe. Wir ziehen stets (ein Stück) davon ab; aber dann, wenn ich begraben werde, dann zieh' ich den alten Rock ganz aus, d.i. den alten Sack.[103]

Luther liest also, ganz so wie in seiner Auslegung von Röm 7, die Mahnungen zur Abkehr vom Alten unter der Spannung des *simul iustus et peccator*.[104] Es geht nicht um eine einmalige Bekehrung zum Christentum oder einen mit der

---

[100] Im Griechischen ist nicht eindeutig, ob die Aussagen imperativisch – wie hier übersetzt – oder zumindest teilweise rückblickend sind; daher ist hier die Übersetzung der Lutherbibel von 1545 (in modernisierter Sprache) zugrunde gelegt.

[101] Calvin deutet die Aussage hingegen als ursprünglich den Heiden geltenden Appell und den Kleiderwechsel als Wiederherstellung der ursprünglichen Gottesebenbildlichkeit durch Gott, nicht im Sinne eines lebenslangen Prozesses; COR II.16, 243–245.

[102] WA 41, 440,9f. Predigt am 19. Sonntag nach Trinitatis, 3. Oktober 1535, WA 41, 438–443 (440,9f.29–33) zitiert nach Ellwein, Epistel-Auslegung (s. Anm. 91), 62f.

[103] Predigt am 19. Sonntag nach Trinitatis, 22. Oktober 1536, WA 41, 701–704 (703,5.7–9); zitiert nach Ellwein, Epistel-Auslegung (s. Anm. 91), 70.

[104] Vgl. so auch im Antilatomus Rationis Latomianae Confutatio Eph 4,22 unter anderen als Beleg für die Sündigkeit des Menschen (WA 8, 110,17). Zu Luthers Interpretation des in Röm 7,14–25 gezeichneten Menschen im Zwiespalt auf den Christenmenschen, der zugleich gerecht und sündig ist, vgl. Stolle, Luther (s. Anm. 40), 210–222; zur Interpretation von Eph 4,22–24 in diesem Sinne bei Luther (vergleichend auch bei Calvin) Ulrich H. J. Körtner, Der alte und der neue Mensch. Systematisch-theologische Erwägungen zur christlichen Anthropologie im Anschluß an den Epheserbrief, in: Markus Lang (Hg.), Ein neues Geschlecht? Entwicklung des frühchristlichen Selbstbewusstseins (NTOA/StUNT 105), Göttingen 2014, 263–281 (273–278).

Taufe gewonnenen Heilsstand, sondern um ein lebenslanges Lernen im christlichen Leben.

Das ist, wie die „New Perspective" zurecht kritisiert, eine ahistorische Verschiebung des für Paulus aktuellen ekklesiologischen bzw. missionstheologischen Anliegens in eine allgemeine Anthropologie.[105] Es könnte aber sein, dass diese Transposition schon im Eph selbst angeregt ist. Denn wenn man ihn als fiktiven Paulusbrief liest, der bereits christlich sozialisierte Menschen adressiert,[106] dann sollte auch für solche die „postkonversionale Mahnrede" von 4,17–24; 5,3–8 Relevanz erhalten. Die Aufforderung zur aktiven Umsetzung des Kleiderwechsels mag auch schon für ein entstehendes „Traditionschristentum" zum Ende des 1. Jh. Mahnung gewesen sein, dass das Ablegen des „alten bösen Rocks" lebenslange Aufgabe ist.

3.3 Die Brautmetaphorik als Bild für die Christusbeziehung der Einzelnen

Im 20. Jh. steht im Zentrum der Aufmerksamkeit der Epheserexegese dessen Ekklesiologie: Die Kirche werde zu einer Größe eigener Würde jenseits der einzelnen Glaubenden. Für diese ekklesiologische Lektüre des Eph spielt die Analogie der Ehe mit der Beziehung von Christus und ἐκκλησία in Eph 5,22–33 eine tragende Rolle: Der Text wird oft, wiewohl im Rahmen der Haustafel auf die Ehe gemünzt, ekklesiologisch rezipiert.[107]

Luther allerdings bezieht den Begriff ἐκκλησία auch im Eph nicht auf eine Institution oder hypersummative Größe, sondern auf die Gemeinschaft der je einzelnen Glaubenden. So schreibt er in seiner Reaktion auf Ambrosius Catharinus mit Bezug auf 1,23:

Denn „Ecclesia" bezeichnet nichts anderes als die heilige Versammlung der Gläubigen, welche durch den Geist Gottes leben und geleitet werden, welche der Leib und die Fülle Christi sind, wie Paulus sagt.

Cum Ecclesia non significet, nisi sanctam fidelium congregationem, qui spiritu dei vivunt et aguntur, qui sunt corpus et plenitudo Christi, ut Paulus dicit.[108]

---

[105] Vgl. bereits die spätere Diskussionen vorwegnehmende Kritik von Krister STENDAHL, The Apostle Paul and the Introspective Conscience of the West, HThR 56,3 (1963), 199–215.

[106] Dies insinuiert ja die Haustafel; vgl. oben 1.

[107] Zur ekklesiologischen Rezeption der Brautmetaphorik von 5,22–33, unbenommen der Wahrnehmung von Eph 5,22–33 als Mahnung für die christliche Ehe, vgl. exemplarisch SCHLIER: Die Ehe bilde das Verhältnis der Kirche zu Christus ab (Heinrich SCHLIER, Der Brief an die Epheser. Ein Kommentar, Düsseldorf ⁷1971, 262–263 ad Eph 5,31 f.); Roloff: „Die Kirche ist die reale Partnerin Christi", was „Beschreibung gegenwärtiger Wirklichkeit" sei (ROLOFF, Kirche [s. Anm. 14], 236, im Orig. z. T. hervorgehoben); Gese: In 5,25 ff. werde die „Gründung der Kirche", in V. 29 ff. die „Erhaltung der Kirche" beschrieben (GESE, Vermächtnis [s. Anm. 5], 206–210, Zitat 208, im Original z. T. hervorgehoben).

[108] Ad librum eximii Magistri Nostri Magistri Ambrosii Catharini, defensoris Silvestri Prieratis acerrimi, responsio Martini Lutheri 1521 (WA 7, 742,34–36), unter Aufnahme von Röm 8,14. Vgl. zur grundlegenden Auffassung von der Kirche als wesentlich „Gemeine" von

Entsprechend versteht er auch die ekklesiologische Brautmetaphorik in Eph 5,22–33 als Bild für die Christusbindung des einzelnen Menschen. Es ist die Seele, die mit Christus vereint wird, und es ist das Individuum, das so gerettet wird.[109] In einer Predigt über Eph 5,22–33 anlässlich der Hochzeit Caspar Crucigers und Apollonia Günterodes sagt Luther 1536:

> Niemand kann aussagen und begreifen, daß ich Braut Gottes und des Sohnes Gottes bin; daß ich ein Fleisch und Bein mit ihm bin, mich all der Güter rühmen kann, die im Himmel sind, weil ich seine Braut bin… (In dieser geistlichen Hochzeit) ist alles beschlossen, was er uns gegeben hat und was wir haben; seine Gerechtigkeit ist unser eigen, und unsre Sünde ist sein. So hat er's uns bewiesen, so tut er's immerdar. Am Kreuz hat er alle unsre Sünde getragen und gesagt: Deine Sünden sind mein, und ich gebe mich selbst für sie, daß du vom Tode frei werdest und meine Gerechtigkeit und das Leben anziehst. Da schickt er seine Apostel, die solches verkündigen und die durchs Wasserbad reinigen und dich lehren sollen, daß du meine Braut bist. Das ist ein groß Geheimnis, ein hohes Fest, das vom Tode freimacht. Darum lerne, dich als seine Braut zu rühmen.[110]

Dass es in Eph 5,25–27 nicht um eine ekklesiologische Spitzenaussage über Christi Selbsthingabe zur Reinigung und Heiligung der dem individuellen Glauben vorgängigen Kirche geht, ist m. E. plausibel; die Gründe seien kurz angedeutet: Erstens macht die Parallelaussage in Eph 5,2 (vgl. Eph 1,7) wahrscheinlich, dass es auch in Eph 5,25–27 um die Heilsbedeutung des Todes Jesu für die einzelnen Glaubenden geht,[111] der Begriff ἐκκλησία in 5,25–27 mithin Sammelbegriff für diese Glaubenden ist. Zweitens kann diese individualsoteriologische Deutung die Funktion der Aussage über die Reinigung und Heiligung der Glaubenden erklären: Innerhalb der Eheparänese dient sie der Ermutigung der Männer, ihre Frauen zu lieben (5,25).[112] Da Christus durch seine Selbsthingabe die Glaubenden gereinigt hat, ist die Ehe zweier solchermaßen Geheiligter christusgemäß. Eph 5,22–33 macht dann, drittens, deutlich, dass die Ehe nicht, wie Paulus in 1 Kor 7,32–34 suggerierte, in Konkurrenz zur Christusbeziehung steht. So überschreibt der „Paulus" des Eph die Eheskepsis des authentischen Paulus.

Glaubenden bzw. derer, die das Wort Gottes hören, Dorothea WENDEBOURG, Kirche, in: Albrecht Beutel (Hg.), Luther Handbuch, Tübingen ³2017, 403–414 (405–406).

[109] So hatte Luther bereits in der Freiheitsschrift zu 5,30 (WA 7, 25,28–32) argumentiert: Aus der Ehe von Christus und der Seele folgt, „wie Paulus sagt, dass Christus und die Seele ein Leib werden", und beide tauschen, was sie ausmacht, Seligkeit und Sünde.

[110] WA 41, 547–562 (554,9; 555,1 f.; 557,2–8; Rörer-Nachschrift der Predigt am Montag nach Quasimodogeniti bei der Hochzeit Caspar Crucigers in Eilenburg, 24. April 1536); hier zitiert nach der etwas abweichenden Ausgabe von ELLWEIN, Epistel-Auslegung (s. Anm. 91), 107 f. Dem österlichen Zeitpunkt entsprechend interpretiert Luther die Epistel für die Trauung im Licht der Auferstehungsbotschaft.

[111] Vgl. Christine GERBER, Erlösung, Versöhnung und Opfer für Gott. Deutungen des Todes Jesu im Epheserbrief, in: David Du Toit u. a. (Hg.), Sōtēria. Salvation in Early Christianity and Antiquity (NT.S 175), Leiden/Boston 2019, 361–382 zur Interpretation des Todes Jesu im Eph.

[112] Vgl. genauer Christine GERBER, Die alte Braut und Christi Leib. Zum ekklesiologischen Entwurf des Epheserbriefs, NTS 59,2 (2013), 192–221 (208–214).

Auch Luther wandte sich gegen die Höherschätzung des Zölibats gegenüber der Ehe.[113] Da er den Eph als authentischen Paulusbrief las, verstand er allerdings Eph 5 nicht als Korrektur von 1 Kor 7.[114] Doch er betonte, dass die Ehe die Christusgemeinschaft sichtbar mache. Eine hohe Ekklesiologie und ontologisierende Deutung der Kirche als Braut Christi aus dem Eph abzuleiten, lag Luther aber fern.

3.4 Die Gleichzeitigkeit von christlicher Egalität und hierarchischer Ständeethik

Interessant ist schließlich, ob und wie Luther die Ständeethik der Haustafel (Eph 5,21–6,9; vgl. Kol 3,18–4,1) in Einklang bringt mit der Überzeugung von der Gleichheit aller Glaubenden vor Gott, die namentlich nicht zu unterschiedlichen religiösen Ständen führt. Für die moderne Lektüre zeigt sich diese Spannung weniger im Eph selbst als im Vergleich der Haustafel mit egalitären Aussagen aus Gal 3,28 und 1 Kor 7 sowie dem Philemonbrief. Für die Annahme, dass mit den Haustafeln der „echte" Paulus überschrieben werden sollte, um das patriarchale System der Welt christlich zu salvieren,[115] spricht die inzwischen allgemein geteilte Erkenntnis, dass die patriarchal-reziproke Ordnung der Haustafeln sich der hellenistischen Oikonomik verdankt.[116]

Auch Luther sieht einen Unterschied zwischen Egalität und Ständeethik, zwischen ekklesiologischen Einheitsaussagen und der Haustafel. Er thematisiert ihn deutlich, um ihn dann innerhalb der Unterscheidung der zwei Reiche und „Regierweisen Gottes"[117] zu interpretieren. Dafür knüpft er an die Formu-

---

[113] Allerdings wandte er sich gegen die auch mit Eph 5,30 begründete Auffassung, dass die Ehe ein Sakrament sei; vgl. so De captivitate (WA 6, 551 f.); Von den Konzilien und Kirchen (WA 50, 636 f.); vgl. ähnlich auch Calvin, COR II.16, 274f. zur St. sowie insgesamt Rudolf Schnackenburg, Der Brief an die Epheser (EKK 10), Zürich 1982, 343–349, zur Rezeption von Eph 5,31 f. in der Frage der Sakramentalität der Ehe.

[114] Vgl. zu 1 Kor 7 Das Siebente Kapitel S. Pauli zu den Korinthern, WA 12, 88–142 aus dem Jahre 1523 (ohne Bezug zu Eph); Vom ehelichen Leben, WA 10,II, 275–304 (ebenfalls ohne erkennbare Rezeption von Eph 5,22–33); für die positive Bedeutung der Ehe führt Luther die Pastoralbriefe an. Vgl. insgesamt Mattox, Luther (s. Anm. 83), 108–111 zu Luthers Auseinandersetzung mit 1 Kor 7.

[115] Der Eph deutet selbst in der Einleitung zur Haustafel an, dass es ein anderes Konzept als die hierarchische Subordination gibt: „Ordnet euch einander unter in der Ehrfurcht vor Christus" (ὑποτασσόμενοι ἀλλήλοις ἐν φόβῳ Χριστοῦ 5,21). Es bleibt aber den Lesenden überlassen zu gewichten, ob die *wechselseitige* Unterordnung das Ideal ist, unter dem die Unterordnungsforderungen der Haustafel zu lesen sind, oder ob umgekehrt die Mahnung zur reziproken Unterordnung durch die Haustafel im Blick auf Geschlecht, Status und Alter konkretisiert wird.

[116] Vgl. Dorothee Dettinger, Neues Leben in der alten Welt. Der Beitrag frühchristlicher Schriften des späten ersten Jahrhunderts zum Diskurs über familiäre Strukturen in der griechisch-römischen Welt (ABIG 59), Leipzig 2017 zur Oikonomik-Literatur und ihrem Einfluss auf die ntl. Haustafeln.

[117] Vgl. Eilert Herms, Leben in der Welt, in: Albrecht Beutel (Hg.), Luther Handbuch, Tübingen ³2017, 423–434 (426).

lierungen in Eph 4,1.4 an, die von der „Berufung" (κλῆσις, Vulgata *vocatio*) des Menschen sprechen: Gleichheit und Unterordnung betreffen unterschiedliche „Berufe" des Menschen.

Wir haben einen zwiefachen Beruf, einen geistlichen und einen äußeren. Der geistliche Beruf ist, daß wir alle durchs Evangelium zur Taufe und zum christlichen Glauben berufen sind und durchs Wort und die Taufe in Christus eingeleibt sind. Dadurch heißen wir Brüder ... Diese Berufung ist von allgemeiner Art und gleich. Denn des Königs Sohn erlange keine bessere Taufe als das Kind eines Knechts, und der Kaiser hört kein besser Evangelium als der Bettler. ...
    Der andre Beruf ist äußerlich, d. h. er macht einen Unterschied. Er ist ein irdischer Beruf, ob er schon auch göttlich ist. Da ist der Fürst nicht ein Bauer, der Schüler nicht ein Lehrer, der Knecht nicht ein Herr, der Vater nicht der Sohn, das Weib nicht der Mann. Dieser Beruf heißt ein leiblicher Beruf, indem wir voneinander so verschieden sind, wie wir dort im andern Beruf einander gleich sind. (Diesen andern Beruf) wollten die Bauern bei ihrem Aufruhr aufheben und gleichsam ineinanderkochen. Wär das wahr, so sollten die Weiber sagen: Wir sind lange genug Frauen gewesen, wir wollen Männer werden![118]

Was die Inhalte der Haustafel angeht, hat Luther keine Probleme, die Notwendigkeit von Unterordnungen zu erklären; die Aussagen über die Sklavinnen und Sklaven kann er auf die Mägde und Knechte beziehen. Interessant ist allerdings, dass er durchaus realisiert, dass diese Hausordnung nicht spezifisch christlich ist. Die moderne Exegese hat durch den Vergleich mit der antiken Oikonomik-Literatur gezeigt, dass die Unterordnungsvorstellung der Haustafeln der damaligen Kultur entspringt und nur die Begründungen für diese Unterordnung spezifisch christlich sind. Schon Luther hält fest, dass sich materialiter kein Unterschied gegenüber den „Heiden" zeige. Der Unterschied liege nicht in den äußeren Strukturen, sondern in der christlichen Gesinnung bzw. dem Wissen, dass man die Hausordnung als Dienst Gottes lebt.

So ist das christliche Leben so fein geordnet, daß es nichts zerreißt, was geschaffen ist. Vater und Mutter sind geschaffen, Sohn und Tochter, Knecht, Magd, Herr, Frau – Gott will's nicht zerreißen. Sondern wenn du gläubig geworden bist, so bleib darin und halt dich recht. Gott schmückt sie so, daß die Heiden es so nicht begreifen können. Die Heiden haben (wohl) auch Knechte und Mägde, Söhne und Töchter; aber diesen Schmuck haben sie nicht, daß sie Gott darin dienen. Die Heiden, die Ungläubigen sagen nur: Ich hab einen Mann; und hinwiederum: Ich hab ein Weib. So leben sie wie das liebe Vieh zusammen. So ist das eheliche Leben, wie's in der ganzen Welt ist. Aber das schöne göttliche eheliche Leben, das Gott geschmückt hat, daß sie wissen *können, sie dienen Gott damit* – das gehört nur den Christen zu.[119]

---

[118] WA 34,II, 300,7–13; 306,11–15; 307,1 (Predigt zu 4,1–10, s. bereits Anm. 98); Ellwein, Epistel-Auslegung (s. Anm. 91), 41.44 f., dort mit Hervorhebungen.
[119] WA 41, 444–449 (446,8–16; Rörer-Nachschrift der Predigt am 20. Sonntag nach Trinitatis, Oktober 1535); zitiert nach Ellwein, Epistel-Auslegung (s. Anm. 91), 100 (im Orig. mit Hervorhebung).

4. Summa

Ich beende meine kollegiale Intervision und bündele meine Eindrücke der Epheserlektüren Calvins und Luthers. Vergleiche sind vom Teufel, und gegen den wappnet man sich nicht mit herkömmlichen Waffen, sondern am besten mit dem Evangelium des Friedens (Eph 6,12.15): Es geht nicht um richtig oder falsch, sondern um den Vergleich der Argumentationen, ihrer Prämissen, ihrer Schlussfolgerungen.

1. Ein erstes Ergebnis hatte ich schon zu Beginn notiert: Die Variationsbreite der Paulusauslegung ist durch die unterschiedlichen Konzepte von „Paulus" bedingt. Je nachdem, wie die historische Person konstruiert wird und welche Briefe dafür herangezogen werden, ergibt sich ein anderes Paulusbild. Das beeinflusst gerade auch die Interpretation des Eph: Wer ihn als Ausdruck originärer Paulustheologie liest, füllt Leerstellen des Textes anders als die, die ihn wie ich als Weiterentwicklung paulinischer Theologie für eine veränderte Zeit lesen.

2. Ein übereinstimmendes Paulusbild garantiert aber noch keine übereinstimmende Lesart. So kommen Calvin und Luther, obwohl beide die Echtheit des Epheserbriefs und die Kohärenz der paulinischen Theologie voraussetzen, zu unterschiedlichen Eindrücken. Das liegt natürlich zunächst an der unterschiedlichen Gattung, einer kursorischen Kommentierung einerseits, Predigten andererseits. Es liegt aber auch daran, dass Calvin, anders als Luther, Paulus als Juden vor Augen hat und nicht in jedes „Wir" nostrifizierend einfällt. So führt das Fallbeispiel meiner kollegialen Intervision zweitens vor Augen, wie unterschiedlich die Paulusrezeption der Reformatoren sein kann.

3. Drittens zeigt sich, wie lohnend die Lektüre der reformatorischen Auslegungen auch heute noch ist, und das nicht nur (aber auch), um Wasser auf die eigenen Auslegungsmühlen zu leiten. So sehe ich mich von Calvin bestärkt in der Annahme, dass der – m. E. fiktive – Eph weiterhin bei seinen Leserinnen und Lesern das Wissen voraussetzt, dass Paulus als Jude schreibt, und dass der Eph ausgehend von der Alternative zwischen jüdischer und nichtjüdischer Herkunft argumentiert. Anders als Calvin prägen mangelnde Differenzierung und nostrifizierende Lektüren, für die Luthers Epheser-Predigten ein Beispiel sind, auch die historisch-kritische Exegese oft unreflektiert. Luther steht jedoch in der Ekklesiologie als mein Gewährsmensch gegen die Eintragung eines ontologischen Kirchenbegriffs.

Lohnend ist die Lektüre der Auslegungen Calvins, Luthers und anderer vormoderner Interpreten aber auch, weil sie in ihrem Weltbild deutlich näher am Eph sind, gerade wenn es um die „reale" Bedrohung durch das personifizierte Böse geht. Und schließlich können sie in manchen modernen Debatten ein Korrektiv sein, so beispielsweise bei der Verabschiedung von zu religionsgeschichtlich befeuerten Spekulationen, die die Besonderheiten des Briefes vor einem gnostischen Hintergrund erklären wollten.

4. Viertens bestärken mich die Reformatoren – wider ihren Willen – in der Interpretation des Epheserbriefs als eines fiktiven Paulusbriefs für die sich dehnende Zeit: Schon der Eph führt das Herz-Thema des Paulus, die Zugehörigkeit der Völker zum Gottesvolk, aus dessen aktuellen Debatten über die Bedeutung des Gesetzes und den Glauben hinüber in die Anthropologie. So könnte er als Brille die sog. „alte Paulus-Perspektive" mitbestimmt haben. Bemerkenswert ist, dass und wie der Eph dabei Paulus als Apostel der Völker charakterisiert und die existenzielle Erfahrung der Bekehrung wachhält. So sind der Eph, Luther, Calvin, wie natürlich auch zeitgenössische Auslegungen darin verbunden, dass sie von der bleibenden Relevanz der Paulusbriefe trotz ihrer situativen Adressierung ausgehen und Anknüpfungspunkte für ihre je eigene Gegenwart finden.

Dabei leistet der Eph einen zu wenig beachteten Beitrag für die christliche Selbstverständigung im Blick auf die jüdische Herkunft: Folgen wir seiner Pointe, dass der Leib Christi aus jüdischen und nichtjüdischen Menschen gebildet wird (2,15f.; 3,6), dann ist etwa die bis heute beliebte Paulus-Lektüre, die sich nostrifizierend mit den „Heidenchristen" identifiziert, fehl am Platz: Zum Leib Christi haben immer die „Nahen", jüdischen Menschen dazugehört, so wie Paulus selbst.

5. Schließlich ist ein Ergebnis der Intervision, dass der Ansatz der historisch-kritischen Exegese, die authentische und pseudepigraphe Paulusbriefe unterscheidet und sich zur Aufgabe macht, die Briefe für sich, in ihrem jeweiligen Kontext auszulegen, plausibel und relevant ist. Dabei kann es, gemäß der hermeneutischen Selbstbeschwichtigung, nicht darum gehen, ein „objektiv richtiges" Paulusbild zu entwerfen. Doch die Unterscheidung zwischen authentischen und pseudepigraphen Paulusbriefen zeigt die verschiedenen Paulus- und „Paulus"-Texte als Debattenbeiträge und macht Streitfragen und Entscheidungen im entstehenden Christentum als solche sichtbar: Wofür Paulus steht – ob es eines christlichen Ideals der Hausordnung bedarf, ob patriarchale Konzepte der Umwelt in Gemeinden gelten sollen –, all das muss immer wieder ausgehandelt werden.

Verzeichnis der Autorinnen und Autoren dieses Bandes

JON BALSERAK, Senior Lecturer am Department of Religion and Theology der University of Bristol.

LUCA BASCHERA, Privatdozent an der Theologischen Fakultät der Universität Zürich sowie Wissenschaftlicher Mitarbeiter am dortigen Institut für Schweizerische Reformationsgeschichte.

ALICIA BATTEN, Professor of Religious Studies and Theological Studies am Conrad Grebel University College der University of Waterloo.

MARTIN BAUSPIESS, Privatdozent an der Evangelisch-Theologischen Fakultät der Eberhard Karls Universität Tübingen und Pfarrer der Evangelischen Landeskirche in Württemberg.

STEPHEN CHESTER, Lord and Lady Coggan Professor of New Testament am Wycliffe College der University of Toronto.

CHRISTINE GERBER, Professorin für Neues Testament an der Theologischen Fakultät der Humboldt-Universität zu Berlin.

SVEN GROSSE, Professor für Historische und Systematische Theologie an der Staatsunabhängigen Theologischen Hochschule Basel.

PIERRICK HILDEBRAND, assoziierter Forscher am Institut für Schweizerische Reformationsgeschichte (Universität Zürich) und Pfarrer in der reformierten Kirche des Kantons Bern.

ARTHUR HUIBAN, Collaborateur scientifique am Institut d'histoire de la réformation der Université de Genève.

R. WARD HOLDER, Professor of Theology am Saint Anselm College, New Hampshire.

TOBIAS JAMMERTHAL, Wissenschaftlicher Assistent am Lehrstuhl für Kirchen- und Dogmengeschichte der Augustana-Hochschule Neuendettelsau.

ESTHER KOBEL, Professorin für Neues Testament an der Evangelisch-Theologischen Fakultät der Johannes Gutenberg Universität Mainz.

STEFAN KRAUTER, Assistenzprofessor für Neues Testament an der Theologischen Fakultät der Universität Zürich.

GRETA KROEKER, Associate Professor am Department of History der University of Waterloo, Canada.

JONAS MILDE, Wissenschaftlicher Mitarbeiter des DFG-Projektes „Edition Johannes Bugenhagen. Reformatorische Schriften. Band 2. 1525–1526" am Seminar für Kirchengeschichte I der Evangelisch-Theologischen Fakultät der Westfälischen Wilhelms-Universität Münster.

MANUEL NÄGELE, Assistent an der Professur für Neutestamentliche Wissenschaft an der Theologischen Fakultät der Universität Zürich.

ULLI ROTH, Professor für Katholische Theologie mit dem Schwerpunkt Fundamentaltheologie/Dogmatik am Institut für Katholische Theologie an der Universität Koblenz.

BENJAMIN SCHLIESSER, Ausserordentlicher Professor für Literatur und Theologie des Neuen Testaments an der Theologischen Fakultät der Universität Bern.

ULRIKE TREUSCH, Professorin für Historische Theologie an der Freien Theologischen Hochschule Gießen.

LOTHAR VOGEL, Professor für Kirchengeschichte an der Facoltà valdese di teologia in Rom.

MICHAEL WOLTER, Professor a. D. für Neues Testament an der Evangelisch-Theologischen Fakultät der Universität Bonn.

JOHANNES WOYKE, Professor für biblische Theologie und Religionspädagogik an der Europa-Universität Flensburg.

UELI ZAHND, ordentlicher Professor für Reformationsgeschichte am Institut d'histoire de la réformation der Université de Genève.

Stellenregister

Bibel

Schriften des hebräischen Kanons

Genesis

6,3	355
12,1	488
15,1	486f., 491, 493–498
15,6	45, 92, 145, 155, 187,
	482f., 487, 489, 491,
	493, 496, 498, 500
15,9–21	491
15,17–21	489
22,1ff.	155

Exodus

14,31	92
20,2–17	100
20,2	115

Deuteronomium

5,6	115

Josua

24,2	488

Psalmen

8,6	65f.
16,5	486
30,10	70
30,11	73
31,1f.	92
32,1	45
32,5	498
40,9	127
51,12	130
118,43LXX	152

Jesaja

54,1	89
66,23	117

Jeremia

31	124
31,31–34	124, 127
31,33	1

Zusätzliche Schriften der Septuaginta-Überlieferung

Sirach

44,10–12a	230

1 Makkabäer

1,52	155

Neues Testament

Matthäus

6,25	322
7,17–20	129f.
15,11	391
18,11	391
20,16	39

Johannes

1,36	72
6,28f.	132
6,35	50
7,22	113
15,5	129f.

8,14–17	244
8,15	78, 197, 353, 492
8,16	349
8,18–21	133
8,22f.	356
8,35	80
9,32	426, 431
10,3	130
10,4	111, 182
10,14–17	446
10,16	200
11,1	450
12,1	41
12,2	199
12,3	446
13,1–7	202, 389
13,8–10	112, 124
13,8	186
13,9	186
13,11	182
14,1	447
14,14	196
15,14	447
15,15	448
15,17	448
15,18	200
15,20	445
15,21	445
15,24f.	449
15,30	451
16	449
16,21–24	450

1 Korinther

1,12	143f.
1,13	144
1,17–25	371
1,18	144
1,30	243
2,14	341, 355, 375
3,1–15	377, 379
3,3	375
3,5	143
3,10–15	378
3,10f.	146
3,11	143
3,12	143, 157
3,13	378
3,15	379

3,16f.	236
5	390–392
5,7f.	391
5,11	391
6,13f.	342f.
6,14	349
6,16f.	343
6,18	344f.
6,20	345, 353
7	239f.
7,18	355
7,19	112, 124
7,23	93
7,32–34	529
9,20	36
9,22	93
10	218–222
11	50
11,23–29	388
11,24–26	48
11,27	50
14,29–32	373
15,10	41
15,35–44	339f.
15,35–38	342
15,38	339
15,44	353, 355

2 Korinther

3	124
3,6ff.	284
3,6	88, 100, 271, 387
3,7	426
3,14	430
4,7	396
4,16–18	396
5,21	68, 70f., 145
9,2	449
10,3	93
10,5	200
10,10	200
12,2	23
12,17	200
12,20	201

Galater

1,13f.	186
1,16	76
2	47, 110, 112, 122

Register der modernen Autorinnen und Autoren

Sachregister

Das Sachregister folgt im Wesentlichen den deutschen Begriffen; englische und lateinische Begriffe werden im Original wiedergegeben. Bei Abweichungen von diesem Schema oder bei Begriffen, die an verschiedenen Stellen im Alphabet stehen, arbeitet das Register mit entsprechenden Querverweisen (z.B. „Law" → „Gesetz"). Begriffe, die englisch und deutsch verwendet werden und sich im Schriftbild stark ähneln, werden unter einem gemeinsamen Stichwort (z.B. „Dekalog / Decalogue") aufgeführt.

History of Biblical Exegesis

Herausgegeben von
Mark W. Elliott, Jennie Grillo, David Lincicum
und Benjamin Schliesser

Die Schriftenreihe *History of Biblical Exegesis* (Geschichte der biblischen Exegese) umfasst Werke von bleibendem wissenschaftlichem Wert und herausragender Qualität, die von exzellenten Dissertationen oder ersten Monographien über wichtige Tagungsbände und Aufsatzsammlungen bis hin zu Fachmonographien etablierter Experten reichen, die sich einer Vielzahl von Formen anhaltender Beschäftigung mit dem biblischem Text widmen.

ISSN: 2748-0313
Zitiervorschlag: HBE

Alle lieferbaren Bände finden Sie unter *www.mohrsiebeck.com/hbe*

Mohr Siebeck
www.mohrsiebeck.com